漢文讀法과 東아시아의 文字

태학총서 19
漢文讀法과 東아시아의 文字

초판 제1쇄 인쇄 2006년 12월 11일 초판 제1쇄 발행 2006년 12월 30일

엮은이 구결학회

펴낸이 지현구 **펴낸곳** 태학사 **등록** 제406-2006-00008호

주소 경기도 파주시 교하읍 문발리 파주출판도시 498-8

전화 마케팅부 (031) 955-7580~2 편집부 (031) 955-7584~90 **전송** (031) 955-0910

홈페이지 www.태학사.com **전자우편** thaehak4@chol.com

인쇄 신일문화사 **제본** 문원문화사

ⓒ **구결학회**, 2006

값 34,000원

ISBN 978-89-5966-133-6 94710

ISBN 978-89-7626-500-5(세트)

漢文讀法과 東아시아의 文字

구결학회 편

태학사

머리말

口訣學會는 서울시립대학교와 공동으로 2005년 9월 1∼2일 '漢文讀法과 아시아의 文字'를 주제로 국제학술회의를 개최하였다. 서울시립대학교 국제회의실에서 열린 이 회의에는 5개국의 학자가 모여 이틀 동안 총 24편의 논문을 발표하였다. 이 책은 이들을 조금씩 수정·보완하여 간행한 것이다.

중국에서는 한자·한문의 발생과 한자의 形·音·義에 대한 연구가 문자학의 주축이지만 한국과 일본에서는 한자·한문의 수용과정과 자국어화 과정이 무엇보다도 중요한 연구과제가 된다. 한국과 일본에서 한자를 수용할 때에는 자국의 음운체계에 맞추어 중국의 한자음을 수용하고, 개별 한자의 의미를 이해할 때에는 이에 해당하는 自國語 단어를 대응시킨다. 뿐만 아니라 한문의 SVO 어순을 자국어의 SOV 어순으로 바꾸어 한문을 자국어의 통사구조로 변환하게 된다. 이 자국어화 과정에서 자국어의 음운·의미·문법적 속성이 두루 반영된다. 따라서 고대의 한국어와 일본어를 연구할 때에는 이 과정이 필수적인 연구 대상이 된다. 韓國의 口訣과 日本의 訓點은 이 자국어화 방식의 대표적인 예이다.

한국의 구결은 한 마디로 말하면 한문을 정확하게 이해하기 위한 표기 양식이다. 일본의 훈점도 이 점에서는 다를 바가 없다. 거의 동일한 연구 주제와 대상을 가지고 있으면서도 한국의 구결 연구자와 일본의 훈점 연구자가 서로 교류하는 일이 거의 없었다. 불과 몇 년 전만

하더라도 어떤 자료를 대상으로 삼아 어떻게 연구하고 있는지 서로 모르는 상황이었다. 그리하여 아집에 빠질 위험이 적지 않았고, 동아시아 전체를 대상으로 삼는 포괄적 논의에는 이르지 못하였다. 이 책은 이러한 상황을 개선하여 한일 양국의 고대어를 연구하는 데에 크게 이바지할 것이다. 더 나아가서 한중일 삼국의 고대 한자와 한문을 거시적·심층적으로 이해하는 데에도 기여할 것이다.

한일 양국의 학술 교류를 촉진하는 데에 결정적 계기가 된 것은 2000년 7월 초순에 이루어진 角筆口訣의 발굴이다. 천년의 신비를 간직한 채 실체를 드러낸 적이 없는 각필구결 자료가 한국에서 새로이 발굴된 것이다. 일본의 小林芳規·西村浩子 교수와 한국의 南豊鉉 회장을 비롯한 구결학회 임원들이 공동으로 각필 자료를 조사하던 중, 誠庵古書博物館(관장 趙炳舜) 소장의 『瑜伽師地論』 卷第八에서 각필로 기입된 각종의 점과 선을 찾아낸 것이다.

이 발굴을 계기로 한국의 구결 연구자와 일본의 훈점 연구자들이 연구 자료를 공유하고 연구 경험을 서로 나누어 가질 필요가 절실해졌다. 이 학술 교류는 2000년부터 시작되어 계속 이어지고 있는데, 한국의 연구자들이 주로 수혜를 받는 편이었다. 小林芳規 교수의 주선으로 이루어진 일본 石山寺 자료 조사를 비롯하여, 石塚晴通·藤本幸夫·池田證壽 교수가 각각 주최한 국제학술회의에서의 연구 발표, 小助川貞次 교수의 연구비를 이용한 자료 조사 등을 그 예로 들 수 있다. 이 과정에서 京都國立博物館의 赤尾榮慶 실장을 비롯하여 石山寺·奈良文化財研究所·東京國立博物館·東洋文庫·內閣文庫·大東急紀念文庫의 관계자 여러분으로부터 분에 넘치는 대접을 받았다.

구결학회에서는 이에 보답하기 위해서 국제학술회의를 개최하여 이분들을 초청하기로 하였다. 그동안 베풀어 준 후의에 감사하는 의미가 가장 큰 것이었지만 5년 동안의 각필구결 연구 성과를 해외에 널리 알리기 위한 목적도 있었다. 따라서 당초의 초청 대상이었던 小林芳規·石塚晴通·藤本幸夫·池田證壽·小助川貞次·赤尾榮慶의 여섯 분뿐만 아니라 일본의 月本雅幸, 중국의 李得春·方廣錩, 대만의 王三慶, 캐나다의 Ross King, 인도의 Ravikesh 교수 등도 초청하기로 하였다.

이처럼 규모가 커지다 보니 주제를 '漢文讀法과 아시아의 文字'로 확대할 수밖에 없었다. 이 주제에 관심이 있는 학자라면 누구나 참석할 수 있도록 국제학술회의 개최 사실을 해외에도 널리 알린 다음 투고를 기다렸다. 일본의 柚木靖史, 唐煒, 高田智和 세 분이 고맙게도 자발적으로 참여해 줌으로써 외국인 학자의 논문을 13편이나 모을 수 있었다. 회의를 이틀 동안에 모두 마치기 위해서는 한국인 학자의 논문을 11편으로 한정할 수밖에 없었다. 인도의 Ravikesh 교수를 고려하여 연구 대상 지역을 '東아시아'에서 '아시아'로 넓혔지만 Ravikesh 교수는 개인 사정으로 발표에 참여하지 못하였다. 이로 말미암아 이 책의 책명에서는 도로 '아시아'를 '東아시아'로 수정하게 되었다.

외국어 논문 13편을 한국어로 번역한 다음 논문의 내용을 읽어 보니 모두 다 최첨단을 지향하고 있었다. 새로운 연구 자료를 발굴하거나 연구 방법을 치밀하게 적용한 최고 수준의 연구였다. 한국인 학자의 논문 11편도 최첨단의 내용을 담고 있었다. '학자는 모름지기 전방(frontier)에 있어야 한다'는 말을 흔히 하는데, 이 24편의 논문은 한결같이 최전선을 향하고 있었던 것이다. 이러한 평가는 회의가 끝난 다음 곳곳에서 들을 수 있었다. 總評을 맡아 주신 鄭光·藤本幸夫 교수의 말씀을 군이 빌릴 필요 없이, "각필구결 해독 작업이 이렇게 빨리 진행될 줄 미처 몰랐습니다", "회의 진행에 막힘이 없었고 무엇보다도 발표된 논문의 수준이 높아서 좋았습니다", "이번 회의는 대성공이었습니다" 등의 호평이 뒤따랐다.

이러한 호평이 결정적 계기가 되어 이 책을 간행하게 되었다. 회의 당시의 發表論文集(proceedings)에는 상호 이해의 편의를 위하여 외국어 원본과 한국어 번역본을 모두 수록하였지만 이 책에서는 한국어 번역본만을 수록하였다. 지면을 절약할 수 있을 뿐만 아니라, 한국어 번역본만으로도 외국인 학자의 연구 대상 및 방법을 충분히 파악할 수 있다고 판단하였기 때문이다. 또한 발표논문집과는 달리, 이 책에서는 一部에 漢文讀法에 관련된 논문을, 二部에 東아시아의 文字에 관련된 논문을 배열하였다. 그 경계를 짓기가 다소 모호한 것도 없지 않지만 一部에는 한문의 독법에 직접 관련되는 통사론(문장론) 차원의 논문을, 二部에는 문자론을 비롯하여 형태론·음운론 차원의 논문과 서지학 관련 논문을 배열하였다.

이 책이 나오기까지 여러분으로부터 은혜를 입었다. 우선 한국학술진흥재단과 서울시립대학교의 연구비를 지원받아 커다란 규모의 국제 학술회의를 개최할 수 있었다. 이를 밝혀 감사드린다. 趙炳舜 誠庵古書博物館長께서는 회의에 참석한 외국인 학자를 초청하여 한국의 각필구결 자료를 열람할 수 있도록 배려해 주셨다. 구결학회의 南豊鉉 고문과 鄭光 회장께서는 초청 대상자 선정에서부터 회의 진행을 마칠 때까지 모든 것을 도와주셨다. 외국어 논문의 번역에는 윤행순, 오미영, 이미경 세 분이 수고해 주셨고, 회의 진행에는 박병철 대표이사를 비롯하여 박성종, 강인선, 정재영, 김영욱, 권인한, 장윤희, 박진호, 황선엽 등의 여러 임원이 한마음으로 뛰어 주셨다. 특히 서울시립대학교의 김영욱 교수는 국제회의장 준비에서부터 언론사 접촉에 이르기까지 열과 성을 다하셨다. 이 분들께도 머리 숙여 감사드린다.

이 책에는 각종 사진과 도표가 아주 많이 들어가 있다. 연구 자료의 객관성과 신빙성을 높이고 효율적 기술을 도모하기 위한 것이다. 이들이 책을 편집할 때에는 오히려 걸림돌이 될 때가 많다. 이러한 어려움을 극복하고 예쁜 책으로 꾸며 주신 태학사의 지현구 사장과 편집진 여러분께도 깊이 감사드린다.

2006. 12.

口訣學會 副會長　李丞宰

차례

머리말 • 5

一部

二部

諍

一部

行

色

界

日本 訓點의 一源流

小林芳規*

1. 日本 訓點의 起源說

日本 訓點의 起源에 대해서 지금까지 세 가지 說이 주장되고 있다.
첫 번째는 日本에서 創案하였다는 說이다. 淵源은 南都(奈良)古宗의 佛
徒의 손에 의해 平安朝 初頭에 고안되었다는 說이다. 春日政治 博士가
論文「初期點法例」[1]에서 언급한 以來로 오늘날까지 주장되고 있다. 두
번째는 中國大陸의 樓蘭・敦煌文獻의 加點에 의한 것으로 특히 敦煌文
獻의 句切點・破音字點의 影響이라고 하는 것이다. 石塚晴通氏가「樓
蘭・敦煌의 加點本」,「敦煌의 加點本」,「四聲點의 起源」[2] 等에서 주장
하고 있다. 세 번째는 韓半島의 新羅의 影響이라고 하는 것이다. 藤本
幸夫氏가 十餘年 前에「八世紀의 新羅留學僧에 의해서 華嚴宗과 함께
漢文訓讀法을 가져왔을 可能性」[3]을 指摘하고, 近年의 新羅나 高麗의 經
卷에서 角筆加點이 發見된 것에 의해서 이것을 그 증거[4]로 보려고 하

* KOBAYASHI Yoshinori, 일본 德島文理大學 教授, 廣島大學 名譽教授.

1) 春日政治,「初期點法例」(『國語國文』 第二十一卷九號, 昭和二十七年十月), (『古訓
  點의 研究』 昭和三十一年 六月에 再錄.)
2) 石塚晴通,「樓蘭・敦煌의 加點本」(『墨美』 第二○一號, 昭和四十五年 六月). 同「敦
  煌의 加點本」(『講座・敦煌第五卷 敦煌漢文文獻』 平成四年 三月). ISHIZUKA
  Harumichi "The Origins of the Ssu-shêng Marks" (ACTA ASIATICA 65, 1993).
3) 藤本幸夫,「李朝訓讀攷其一 ─『牧牛子修心訣』을 中心으로─」(『朝鮮學報』 第一四
  三輯, 平成四年 四月).

는 것이다.

첫 번째로 日本에서 創案되었다고 하는 說은 春日政治 博士가 그 推測의 前提로서「최초의 點法에 대한 것은 이것을 現存의 古資料에 비추어 볼 때」라고 언급하였듯이, 東大寺·聖語藏에 保存된 古經卷을 중심으로 한 調査에 기초하고 있다. 이러한 古經卷에는 訓點이 白點이나 朱點으로 기입되어 있으며, 가장 오래된 것이 平安時代 九世紀 初頭라고 생각한 점에 의거하고 있다. 그러나 최근에 奈良時代 八世紀에 角筆로 訓點을 기입한 古經卷이 發見되기 시작하였다는 점에서 日本의 訓點이 平安時代 九世紀 初頭에 만들어졌다는 說은 재고하지 않으면 안 되게 되었다. 더욱이 奈良時代 八世紀의 角筆 訓點의 內容을 檢討한 結果, 起源이 南都古宗의 佛徒의 손에 의해 만들어졌다는 說도 修正할 必要가 생기게 되었다.

두 번째로 敦煌文獻의 加點의 影響이라는 說은 石塚晴通氏가 敦煌文獻에 朱點(若干의 墨點도 있음)으로 기입된 破音字點을 예로 든 것이지만, 日本에서 白點, 朱點에 의한 訓點 記入이 시작된 平安時代 九世紀 初頭에 敦煌文獻의 加點의 影響을 받았다는 점을 具體的으로 나타내는 資料가 있다고는 할 수 없다. 특히 破音字點은 平安時代 初頭에 使用例가 보이지 않는다. 敦煌文獻에 보이는 것 같은 中國 大陸의 加點이 日本의 訓點과 親密한 關係에 있었다는 점은 확실하지만, 具體的으로는 平安 新興佛敎인 天台宗의 円珍이나 円仁의 在唐 中 및 歸朝 後의 資料에 의해서 알 수 있으며, 十世紀 初의 日本書紀의 加點에서 指摘되듯이, 그 時期는 九世紀 後半 以後이다. 中國大陸의 加點은 日本의 訓點에 미친 有力한 影響 가운데 하나이지만, 現段階에서는 日本 訓點의 起源이라고 하기에는 더 많은 증거 資料를 必要로 한다.

---

4) 拙著, 『角筆文獻研究導論 上卷 東아시아篇』 二〇二쪽.

세 번째로 新羅의 影響이라고 하는 說은, 우선 藤本幸夫氏가 返讀을 포함하여 訓讀의 順序를 나타내는 漢數字의 加點에 의거하여 제기한 설이다. 이 加點法이 韓半島의 十五世紀 後半의 口訣資料나 부호 기입 資料에 보이며, 동일한 方式의 加點이 日本의 平安時代 初頭의 訓點本 에서도 보인다는 점에 의거하고 있다. 藤本氏가 예로 든 大東急記念文 庫藏 華嚴刊定記 卷第五 외에도 新羅의 皇龍寺 스님인 表員이 撰集한 華嚴文義要決(佐藤達次郎氏 舊藏本)이나 東大寺圖書館藏의 華嚴刊定記 卷第九, 根本說一切有部毘奈耶 卷第二의 朱點・白點에서 보이며,[5] 모두 日本에서 毛筆에 의해 訓點 記入이 시작된 時期의 것이라는 점이 注目 된다.

최근에 韓半島의 十世紀・十一世紀의 古經卷에서 角筆의 加點이 發 見되어 藤本氏가 취급한 十五世紀 後半의 口訣資料 等에서보다도 時代 를 소급해서 日本의 訓點과의 關連을 생각할 수 있게 되었다.

여기서는 日本에 現存하는 八世紀・九世紀의 加點資料에 의거하여 藤本氏가 언급한 점, 新羅로부터 漢文訓讀法을 도입했을 可能性에 대해 서 具體的으로 考察해 보고 싶다.

2. 正倉院文書에 보이는 新羅高僧의 撰述書

印度・西域에서 傳來하여 中國大陸에서 漢語로 翻譯된 많은 經論과 그것에 기초해서 編述된 註釋書 等이 東아시아 周邊 諸國의 言語文化에 크게 影響을 미치면서, 日本에서두 佛敎가 傳來하여 널리 퍼짐에 따라 여러 佛典이 流入되었다. 奈良時代(八世紀)에는 官營의 寫經이 왕성하게

5) 注(4) 文獻 一九三・三五五・三五六쪽.

이루어짐에 따라 많은 佛典이 書寫되어 讀誦되었다. 그러한 具體的인 經卷名을 正倉院文書에 의해서 알 수 있다.

新羅의 高僧이 撰述한 佛典으로 奈良時代(八世紀)에 日本에 流入된 것을 正倉院文書에 의거해서 들어보면 다음과 같다. 여기에는 撰者에 따라 정리하여 正倉院文書 所載의 佛典名과 그 年月을 제시하고, 그 다음에 『大日本古文書』의 卷數와 面數를 [ ] 안에 제시한다. (以下 論述의 편의를 위하여 필자가 各 佛典에 일련번호를 붙였다.)

[新羅元曉]

1 華嚴疏一部十卷 元曉師 天平十五年三月 [8의 169]

2 両卷无量寿經宗旨一卷 元曉 天平勝寶四年十月 [12의 380]

3 勝鬘經疏一部三卷 元曉師 天平勝寶三年六月 [12의 9]

4 勝鬘經疏一部二卷 元曉師述 在慶俊師所 又處々甚多也 天平勝寶三年六月 [12의 14]

5 般舟三昧經略疏一卷 元曉師述 右疏審詳師書類者 天平勝寶五年八月 [13의 22]

6 楞伽宗要論一卷 天平十六年十月 [8의 513]

7 楞伽經宗要二卷一卷疏 天平二十年六月 [3의 85]

8 入楞伽疏一部八卷 元曉師述 在元興寺理教師所 天平勝寶三年六月 [12의 14]

9 楞伽經疏十三卷 元曉師 天平勝寶四年十月 [12의 380]

10 維摩宗要一卷 白紙 天平三年八月 [7의 23]

11 維摩經(疏)四部 元曉疏三卷 天平勝寶五年九月 [3의 642]

12 (深密經疏)一部三卷 元曉師 右疏在元興寺法隆師所 天平勝寶三年六月 [12의 10]

13 金光明經疏一部八卷 元曉師撰　依令旨所奉写式部卿 天平十六年
九月廿七日宣 天平十五年十一月 [8의 371]

14 最勝王經疏八卷 元曉師 天平勝寶三年九月 [12의 53]

15 八卷金鼓經疏 元曉 天平勝寶四年十月 [13의 380]

16 不增不減經疏一卷 元曉師述 天平勝寶三年五月 [11의 565]

17 大惠度經宗要一卷 天平二十年六月 [3의 86]

18 (法華)要略一卷 元曉師述 天平勝寶四年十月 [12의 380]

19 (法花)略述一卷 元曉師述 天平勝寶四年十月 [13의 379]

20 法花宗要一卷 天平十六年七月 [2의 356]

21 金剛三昧經論二卷中下 天平十五年三月 [8의 168]

22 金剛三昧經論一部三卷 元曉師述 天平勝寶三年五月 [11의 566]

23 金剛三昧經論疏三卷 元曉師撰 天平寶字七年七月 [16의 403]

24 一卷(涅槃經)宗要 元曉師述 天平勝寶四年十月 [12의 379]

(涅槃)
25 卅卅經疏一部五卷 元曉師述 在薬師寺及右大臣殿書中 天平勝寶三
年頃 [12의 15]

26 又(梵網經)疏二卷 元曉 天平勝寶三年九月 [12의 50]

27 菩薩戒本持犯要記一部 元曉 天平勝寶五年五月 [12의 542]

28 瓔珞經疏二卷 天平二十年六月 [3의 86]

29 瑜伽抄一部五卷 元曉師 天平勝寶三年六月 [12의 9]

30 雜集論疏一部五卷 元曉師 神護景雲元年九月 [17의 107]

31 中辺論疏 天平勝寶元年十二月 [11의 98]

32 中辺分別論疏四卷 元曉師 天平勝寶三年九月 [12의 55]

33 中辺分別論疏一部四卷 白紙表無軸 元曉師 神護景雲元年九月 [17
의 107]

34 又(辨中辺論)疏四卷 元曉師述 天平勝寶四年十月 [12의 381]

35 摂大乘論抄四卷 天平二十年六月 [3의 86]

36 世親摂論疏四卷 元曉師 白紙 已上 審詳師書 天平勝寶五年 [3의 654]

37 梁摂論疏抄一部四卷 元曉師述 審詳師書類 天平勝寶五年三月 [3의 618]

38 起信論別記一卷 元曉師者 天平十五年三月 [8의 169]

39 起信論記一卷 元曉師撰 天平寶字七年七月 [16의 405]

40 (起信論)一道章一卷 天平二十年六月 [3의 86]

41 (起信論)一道章一卷 元曉師述 天平勝寶三年五月 [11의 566]

42 (起信論)二部章一卷 天平二十年六月 [3의 86]

43 (起信論)二障章一卷 元曉師述 天平勝寶三年五月 [11의 566]

44 (起信論)二部章一卷 元曉師 天平勝寶四年十月 [12의 381]

45 大乘二障義一卷 元曉師撰 天平寶字七年七月 [16의 407]

46 起信論(疏)四卷 二卷恵遠師 又 二卷元曉師 天平十五年三月 [8의 169]

47 広百論撮要一卷 天平二十年六月 [3의 88]

48 広百論撮要一卷 元曉述 天平勝寶四年十月 [12의 383]

49 三論宗要一卷 天平勝寶二年七月 [11의 304]

50 寶性論宗要一卷 元曉師述 天平勝寶三年五月 [11의 566]

51 掌珍論料簡一卷 天平二十年六月 [3의 87]

52 掌珎論料簡一卷 元曉師 天平勝寶四年十月 [12의 382]

53 大乘觀行門三卷 天平二十年六月 [3의 88]

54 大乘觀行門三卷 沙彌元曉述 天平勝寶四年十月 [12의 382]

55 判比量論一卷 以上大官寺本 天平十二年七月 [7의 488]

56 十門和諍論一部二卷 元曉師述 天平勝寶三年五月 [11의 566]

57 六現観義発菩提心義浄義合一卷 天平二十年六月 [3의 88]

     (菩)

58 六現観義発卄提義浄土義合一卷 元曉師 天平勝寶四年十月 [12의 383]

[新羅義湘]

59 (華嚴)一乘法界圖一卷 天平二十年五月 [1의 278]

60 (華嚴)一乘法界圖一卷 天平勝寶三年五月 [11의 567]

[新羅表員]

61 華嚴文義要決一卷 表員師集 天平勝寶三年五月 [11의 567]

[新羅憬興]

62 无垢称經疏一部六卷 璟興師述 在玄印師書中 掌興福寺善和師 天平勝寶三年六月 [12의 14]

63 又(深密經疏)一部五卷 璟興師 右疏在現興寺法隆師所 天平勝寶三年六月 [12의 10]

64 最勝王經疏五卷 惊興師 天平十二年七月 [7의 489]

65 最勝王經疏十卷 璟興師 天平勝寶三年九月 [12의 53]

66 璟興師金光明經疏第一 天平十九年七月 [9의 426]

67 法花經疏十卷 璟興師撰 天平十九年六月 [9의 392]

     (涅)

68 □槃經述賛七卷 天平勝寶二年六月 [11의 260]

69 涅槃經述賛十四卷 璟興師 神護景雲元年九月 [17의 81]

(涅槃)
70 卅卅經疏一部十四卷 璟興師 天平勝寶三年六月 [12의 10]

(涅槃)
71 卅卅經疏一部十四卷 璟興師述 在大安寺玄智師幷在藥師寺弘耀師
所及元興寺仁基師所 天平勝寶三年六月 [12의 14]

72 彌勒經疏三卷 璟興師 天平十二年七月 [7의 490]

73 彌勒經述賛三卷 璟興師撰 天平十六年十二月 [8의 535]

74 大潅頂經疏一部二卷 神護景雲二年十一月 [17의 128]

75 顕揚論璟興述賛第四卷 天平十八年正月 [9의 23]

76 顕揚論述賛十六卷 璟興師撰 天平寶字七年七月 [16의 404]

77 成唯(識)論貶量三卷 天平勝寶三年三月 [11의 503]

78 (成)唯識(論)貶量一部廿卷 璟興師 「且来三卷」 天平勝寶三年六月
[12의 10]

79 俱舍論抄一部四卷 璟興師 天平勝寶三年六月 [12의 10]

[新羅明晶]
80 (華嚴)海印三昧論一卷 以上道済師本 天平十二年七月 [7의 491]

[新羅義寂]
81 (无量寿經)疏五卷 天平二十年六月 [3의 85]

82 大般若經剛要一卷 天平二十年六月 [3의 86]

83 大般若經剛要一卷 義寂師述 天平勝寶四年十月 [12의 381]

84 理趣(經)幽賛一卷 天平寶字七年七月 [16의 401]

85 (法華)料簡一卷 天平二十年六月 [3의 85]

86 (法華)料簡一卷 義寂述 天平勝寶四年十月 [12의 380]

87 (涅槃經)剛目二卷 天平二十年六月 [3의 84]

88 涅槃經義記一部五卷 寂法師述 天平勝寶五年五月 [12의 541]

89 涅槃經義記四卷 寂法師 神護景雲元年九月 [17의 82]

90 (涅槃經)云何偈一卷 天平勝寶四年八月 [12의 361]

　 (網)

91 梵納經疏二卷寂 天平十九年六月 [9의 383]

92 梵網經文記二卷 寂法師 神護景雲元年九月 [17의 87]

93 法花論述記一卷 天平寶字七年七月 [16의 402]

94 馬鳴生論疏一卷 天平二十年六月 [3의 86]

95 十二章 寂法師 天平十二年七月 [7의 491]

[新羅玄一]

96 (无量寿經)記二卷 天平二十年六月 [3의 85]

97 法花經疏十卷 玄一師撰 天平十九年六月 [9의 392]

98 随願往生經記一卷 天平二十年六月 [3의 85]

99 随願往生經記一卷 玄一述 天平勝寶四年十月 [12의 380]

100 (唯識)樞要私記二卷 天平勝寶四年十月 [12의 383]

[新羅太賢]

101 (梵網經)古迹一卷 天平勝寶三年九月 [12의 50]

102 成業論記一卷 天平十六年十二月 [8의 539]

[新羅智仁]

103 又(四分律)抄十卷 智仁師述 大半二十年八月 [10의 327]

104 顕揚論疏十卷 智仁師 天平勝寶三年九月 [12의 54]

105 (佛地論疏)又四卷 智仁師 天平勝寶三年九月 [12의 55]

[新羅行達]
106 瑜伽聊簡一卷 天平一六年七月 [2의 356]

當時에 日本에 전해온 新羅 撰述의 佛典은 여기에 제시한 것 외에도 더 있었다고 생각되지만, 上記의 百六點을 보면, 12 深密經疏와 같이 元興寺 法隆師所에 있다든지, 13 金光明經疏와 같이 令旨에 의해 奉寫하였다든지, 80 華嚴海印三昧論과 같이 道濟師本 등의 注記에 의해서 所在나 書寫의 事情을 엿볼 수 있는 것이 있다. 그 중에서 審祥(詳)의 藏書라는 注記가 다음과 같이 있다.[6]

5 般舟三昧經略疏一卷 元曉師述 右疏審詳師書類者
36 世親摂論疏四卷 元曉師 白紙 已上 審詳師書
37 梁摂論疏抄一部四卷 元曉師述 審詳師書類

審祥은 大安寺僧으로 新羅에서 華嚴을 배워서 新羅學生으로 불렸는데, 歸朝 後 天平十二年(七四〇)에 日本에서는 처음으로 華嚴經을 東大寺의 前身인 金鍾寺에서 講說한[7] 스님이다.

이러한 審詳의 藏書가 「大安寺審詳師經錄」으로서 堀池春峰氏에 의해 收錄되어 一覽되고 있다.[8] 正倉院文書에 보이는 審祥師經을 근거로 하

---

6) 「審詳師書」의 「書」라는 것은 62 「无垢稱經疏一部六卷 璟興師述 在玄印師書中 掌興福寺善和師」의 注記에 의하면 「藏書」의 뜻이라고 생각된다.
7) 凝然, 「三國佛法傳通緣起」 卷中, 華嚴宗.
8) 堀池春峰, 「華嚴經 講說에서 본 良弁과 審詳」 (『南都佛教史의 研究: 上 東大寺篇』 昭和五十五年 九月).

여, 凝然의 「華嚴宗經論疏目錄」, 「華嚴起信觀行法門」(「三國佛法傳通緣起
(所收)」, 「新羅學生大安寺審詳大德記」에 의거한 것이다. 計 百七十一點
이 제시되어 있다. 그 중에는 上記의 新羅高僧의 撰述書가 다음과 같이
들어가 있다.

元曉 1 華嚴(經)疏 2 両卷无量寿經宗旨 3, 4 勝鬘經疏 5 般舟三
昧經略疏 6 楞伽宗要論 9 楞伽經疏 15 金鼓經疏 16 不增不減經疏 18
法華要略 19 法華略述 23 金剛三昧經論疏 24 涅槃經宗要 28 瓔珞經疏
30 雜集論疏 32,33 中辺分別論疏 36 世親摂論疏 37 梁摂論疏抄 43,44
起信論二障章 46 起信論疏 47,48 広百論撮要 53,54 大乘観行門 55 判
比量論
義湘 59,60 華厳一乘法界圖
憬興 72 彌勒經疏
義寂 81 无量寿經疏 82,83 大般若經剛要 85,86 法華料簡 87 涅槃經
剛目 93 法花論述記 94 馬鳴生論疏
玄一 96 无量寿經記 100 唯識樞要私記

審祥의 藏書 중에는 支那學僧의 論著도 있으므로 藏書의 蒐集에는 몇
가지의 경로가 있었겠지만, 新羅高僧의 撰述書 중에는 審祥이 新羅에서
歸朝할 때에 가지고 온 것이 포함되어 있을 可能性이 있다. 이러한 것
들이 正倉院文書에서 처음 보이는 것이 審祥이 華嚴經을 처음 講說한
天平十二年(七四〇) 이후인 점도 그것과 關連이 있을지도 모르겠다.

3. 新羅 高僧 撰述書의 加點本

正倉院文書에 보이는 新羅 高僧의 撰述書는 書名으로부터 推測해 보면, 「華嚴經疏」, 「勝鬘經疏」와 같은 「疏」나 「料簡」과 같은 註釋書가 大多數이다. 이러한 註釋書는 그 本經을 讀解하기 위해 撰述되고 活用되었겠지만, 그 註釋書 自體도 讀解의 對象이 되었을 것이다. 그러한 것들이 當時에 어떻게 讀解되었는지는 그 原本이 거의 남아 있지 않기 때문에 그 全體像은 분명하지 않다. 그러나 다행히도 同一書名의 八世紀·九世紀의 古寫本이 약간이기는 하지만 남아 있으며, 게다가 當時의 加點이 기입되어 있는 것이 있다. 다음의 佛典들이다.

55 判比量論 元曉師撰

　　大谷大学圖書館所蔵 残一卷 八世紀中葉以前 書写

61 華嚴文義要決 表員師集

　　延曆寺蔵 二卷 延曆十八年(七九九) 書写

　　佐藤達次郎氏舊蔵 一卷 九世紀初頭 書写

72 彌勒經疏 憬興師撰

　　園城寺(三井寺)蔵 三卷 寬平二年(八九〇) 円珍追記奥書

각각의 加點 內容은 別稿에서 설명한 적이 있다.[9] 모두 新羅와의 관련을 생각할 수 있었다. 그 때에는 資料에 따라 個別的으로 설명하였지만, 여기서는 新羅와의 관련이라는 점에서 이것들을 연결시켜 보려고 생각한다.

---

9) 注(4) 文獻, 一八七·二三五·二六〇쪽.

우선 각각의 加點 內容에 대해서 要點을 서술하고자 한다.

3.1. 判比量論

大谷大學圖書館藏本은 本文 一〇五行과 卷末의 廻向偈 二行과 奧書 (卷末筆寫記) 三行의 殘簡인데, 本文과 廻向偈에 걸쳐서 角筆에 의해 漢字와 가나(假名) 및 諸符號가 기입되어 있다. 角筆의 漢字는 本文의 漢字의 音을 나타내는 데에 사용한 注音의 漢字와 本文의 漢字句의 釋義를 나타내는 漢字의 字句이다.

角筆의 假名에는 다음의 두 가지 用法이 있다.

(1) 本文에는 對應하는 漢字가 존재하지 않지만, 訓讀하는 데 있어서 보충하여 읽는 文法機能의 假名

(2) 本文의 漢字의 訓을 나타낸 假名·同訓字, 訓의 終聲을 添記한 音 假名, 文法機能을 표시한 假名

각각을 例示하면 다음과 같다.

(1)「良」

今於此中　直就所詮而立比量證□□圖 (第九紙26行)

(日訳[10] [지금 이것이 속에 있어서 즉시 所詮에 대해서 比量을 세우고 (第八)識이 있는 것을 證한다])

角筆의 圖 는 經 本文의 「中」 우측 약간 아래쪽에 기입되어 있으며,

---

10) 富貴原章信,「判比量論의 硏究」(『判比量論』 昭和 四十二年 九月의 「本文과 和譯」에 의함).

기입의 位置로 보면 補讀 文字라고 생각된다. 이 文字는 「良」의 草書體라고 생각된다.

日本에서 毛筆에 의한 訓點 記入이 시작된 平安時代 初頭에는 이 字體가 假名의 ra를 나타내는 데에 사용되어, 가타카나(片假名)의 「ラ」의 字源이 되었다.

여기서는 日本語의 「ラ」라 하여서는 意味가 통하지 않는다. 韓半島에서는 十二世紀 이후의 墨書口訣에 「良」을 字源으로 하는 音假名의 「ʒ」[11](아)가 사용되며, 處所格을 나타내고 있다. 日本語의 格助詞 「に」에 해당한다. 判比量論의 本文의 「中」의 右下에 기입된 것은 「中에」에 해당하는 助詞를 보충하여 읽은 것이라고 보여진다. 角筆의 는 이것의 古形이며, 字源 「良」을 草書로서 사용한 段階를 나타내고, 高麗時代의 墨書口訣의 「ʒ」는 그것을 한층 草書化한 것이라고 생각된다. 마치 日本의 히라가나(平假名)의 成立過程에 있어서 字源의 漢字를 처음에는 草書로서 사용한 것을 한층 略草化하여서 히라가나를 탄생하게 한 것과 통한다.

新羅의 歌謠를 전한다고 하는 鄕歌에도 「良」이 處所格을 나타내는 데에 사용되고 있다. 다음과 같은 것이다.

　　　一等隱枝良出古(「月明師爲亡妹営斎歌」) 三国遺事[12]卷五. 景徳王十九　　[七六〇])

---

11) 南豊鉉『瑜伽師地論 釋讀口訣의 研究』의 「文字體系」一一쪽 및 白斗鉉 「高麗時代 口訣의 文字體系와 通時的 變遷 — 高麗時代 釋讀口訣 자료와 麗末鮮初의 音讀口訣 자료를 대상으로 —」第一回 아시아 諸民族의 文字에 관한 國際學術會議 發表 論文, 一九九六年 九月, 나중에 口訣學會 編『아시아 諸民族의 文字』(一九九七年 七月 刊)에 所收

12) 李朝 中宗 七年 刊行에 기초한 學習院 東洋文化研究所 刊『三國遺事』에 의한다.

角筆의 ᵃ는 이러한 예들의「良」과 같은 用法이라고 생각되며, 本文「於此中」의「於」를 不讀하고 그 뜻을「中」에 첨가하여 읽는 것을 나타내고 있다.

그렇다면, 三國遺事(釋一然[一二○六～一二八九])가 著作된 十三世紀에서 五百年이나 거슬러 올라간 八世紀 新羅의 使用實例로서, 三國遺事 所收 鄕歌의「良」의 증거도 되며, 그것이 漢文讀解의 場에서 助詞를 보충하여 읽은 例가 된다.

(2)에는 音假名로 나타낸 例와 同訓의 漢字(準假名)로 나타낸 例가 있다. 모두 本文의 漢字의 바로 옆에 기입되어 있으며, (1)의 보충의 경우와 기입의 位置를 區別하고 있다.

(2)「多留」

此因亦有餘「多留」(我) 不定過 (第十一動63行) (「留」의 下드ㅁ에ㅣ우ㅎ을ㄷ가。未詳)
(日譯 [이 因에도 또한 餘의 不定의 過가 있다.])

本文의「餘」는「他(ほか)(의)」라는 뜻이며, 그 訓과 關係가 있을 것 같다.

(3)「火」

法處所攝不待根「火ヒ」(我) 故 (第十編42行)
(日譯 [法處所攝(色)은 根을 기다리지 않기 때문에])

이 本文은 '認識이 생겨나는 據點으로서의 存在領域에 들어갈 수 있는 얼마간의 色은 "根"에 依存하지 않기 때문에'라는 뜻이다.「根」은 目・耳・鼻・舌・身 등의 認識器官이며, 感覺을 일으키는 器官이며 能

力이기도 하여서, 草木의 根을 成長發展시키는 能力을 갖고 있으며, 줄 기나 가지를 만들어내는 데에 비유되고 있다.

南豊鉉 博士는 湖巖美術館 所藏 天寶十四年(七五五) 書寫의 大方廣佛 華嚴經의 奧書(卷末筆寫記)에서 「楮根中香水散爾成長令內弥」라고 사용 된 「根」에 대해서 「訓讀字로 '불'을 表記한 것으로, 十五世紀의 '불휘' 는 古代에는 '불'이었던 것으로 推定된다」[13](意譯)라고 언급하고 있다.

「根」의 우측의 角筆文字의 上字가 「火」의 草書인 것은 原本을 함께 調査한 金永旭氏의 敎示에 의한 것이며, 寫眞으로 확인한 것이다. 「火」 의 草書라고 하면, 南豊鉉 博士가 十三世紀의 『鄕藥救急方』의 「根」의 訓을 高麗語로 나타내는 데에 「火」(불)를 使用했다고 한 것과 통하 며,[14] 이것이 거슬러 올라가서 新羅時代의 加點에 使用된 例가 된다. 「根」의 우측의 角筆文字의 下字는 字形이 「是」의 草書의 省畫體와는 맞지 않고, 「利」의 旁의 省畫體와 맞는다. 이에 대한 解釋은 좀더 檢討 하지 않으면 안 되지만, 角筆의 「火」는 同訓의 漢字를 가지고 「根」의 訓을 나타낸 것이 된다. 이와 같은 加點方式은 日本의 平安 初期의 訓 點에 있어서 假名에 準하는 用法으로서 많이 보이는 것이다.

判比量論의 角筆의 假名에는 (1)과 같이 첨가하여 읽는 것이 三箇所 에 四例, (2)와 같은 訓이 準假名를 포함해서 八例가 인정되지만, 모두 日本語가 아니라 韓國語, 아마도 新羅語라고 생각되는 것이다. 判比量 論에는 角筆의 漢字・假名 외에도 諸種의 符號가 角筆로 기입되어 있 다. 節博士(梵唄譜)와 合符와 四聲點이 바로 그것이다. 節博士와 四聲點 은 다른 곳에서 설명한 바와 같이 日本에서는 八世紀・九世紀에는 毛 筆에 의한 白點・朱點으로서는 사용하지 않은 것으로 알려져 있으며,

---

13) 南豊鉉 『吏讀研究』(二〇〇〇年 十月 刊) 二一五쪽.
14) 南豊鉉 博士로부터 직접 들은 것에 의함.

그 資料가 보이지 않는다. 十世紀가 되어서 平安 新興의 天台宗 승려의 資料에서 나타나게 된다. 判比量論의 節博士에는 二種이 인정된다. 旋律의 움직임을 漢字의 周圍에 기입한 線으로 나타내는데, 數行에 걸친 線(A型으로 假稱)과 行間에 기입하는 譜(B型으로 假稱)의 二種이다. 이 중에서 數行에 걸친 線(A型)은 日本의 訓點에서는 使用例가 보이지 않는 것이다. 그런데 韓國의 十一世紀 以前 刊行의 版本과 初雕高麗版, 더 나아가서는 十五世紀 後半 刊行의 妙法蓮華經에 角筆로 이 A型의 線이 기입되어 있으며, 긴 것은 十數行에 걸쳐 있다.

行間에 譜를 기입하는 節博士(B型)도 韓國에서는 十一世紀의 初雕高麗版을 비롯하여 十三世紀의 再雕高麗版부터 十七世紀 刊行의 版本까지 角筆로 기입되어 있다. 거슬러 올라가서 八世紀의 新羅에서도 행하여졌다는 것은 天寶十四年(七五五) 書寫의 新羅白紙墨書大方廣佛華嚴經(湖巖美術館藏)의 奧書(卷末筆寫記) 속에 「書寫를 할 때에 「梵唄」를 讀誦하였다」라고 쓰여 있는 것에서 推定할 수 있다. 또한 三國遺事 卷五의 景德王 十九年(七六○) 四月의 記事에도 「聲梵」이라는 단어가 있다. 大谷大學圖書館藏 判比量論에 기입된 角筆의 節博士는 그 증거가 된다고 생각할 수 있다.

合符는 漢字 二字 또는 三字 以上이 하나의 槪念 또는 하나의 意味上의 통합을 나타내는 것을 표시하는 符號이다. 判比量論에 기입된 角筆의 合符는 해당 漢字 二字 또는 三字 以上의 全字의 字面上에 縱長線을 기입하고 있다. 日本의 訓點에서는 漢字와 漢字 사이에 짧은 縱線을 기입하는 方式이기 때문에 형태가 다르다.

判比量論의 角筆의 合符와 마찬가지로 字面上에 縱長線을 기입하는 것도 韓國의 加點에서 보이는 것이며, 十一世紀의 初雕高麗版이나 大方廣佛華嚴經 等의 角筆 加點에 使用되고 있다. 判比量論에 角筆로 기입된 이러한 符號가 韓國에서 使用된 符號와 일치한다는 것은, 判比量論에 角筆로 기입된 假名가 新羅語를 나타낸 것이라고 볼 수 있다는 사실과 함께 고려하면, 大谷大學圖書館藏 判比量論은 新羅의 加點方式을 角筆로 나타낸 것이라고 생각된다.

3.2. 華嚴文義要決

延曆寺藏本과 佐藤達次郎氏 舊藏本으로 전해지는 것 중에 延曆寺藏本은 延曆十八年(七九九)에 近事(こんじ)의 行福이 書寫하고, 三年 後인 延曆二十一年에 智円이 黃褐色으로 加點하였는데, 句切點만 있기 때문에 잠시 제쳐두고, 여기서는 佐藤達次郎氏 舊藏本(以下 佐藤本이라고 한다)을 들어 본다.

佐藤本 華嚴文義要決은 奧書(卷末筆寫記)가 없기 때문에 書寫 時期는 確定할 수 없지만, 書寫의 樣態가 延曆寺藏本과 유사하기 때문에 마찬가지로 八〇〇年頃의 平安時代 初期를 내려가지 않는 시기의 書寫라고 알려져 있다.[15]

全卷에 걸쳐서 오코토點과 諸符號가 黃褐色으로 기입되어 있다. 이러한 오코토點이나 諸符號도 日本의 毛筆에 의한 古訓點에는 전혀 보이지 않는 것이다. 그런데 韓國에서 發見된 十一世紀 刊行의 大方廣佛華嚴經의 角筆 點吐(오코토點)와 대부분의 點法이 맞으며, 諸符號도 一致하고 있다. 이것에 대해서는 別稿에서 설명하였기 때문에[16] 여기서는 다음에 要點만을 언급한다.

---

15) 山田孝雄, 「東大寺諷誦文幷華嚴文義要決解題」(昭和十四年 五月).
16) 注(4) 文獻 一八八쪽.

3.2.1. 오코토點

佐藤本 華嚴文義要決에 黃褐色으로 기입된 오코토點을 歸納하여 點
圖로 나타내면 다음의 第一圖와 같다.

〈第一圖〉佐藤本 華嚴文義要決의 오코토點

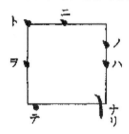

그 使用例를 제시한다. 文例 中의 平假名는 原本에 기입된 오코토點
을 解讀한 것이다.

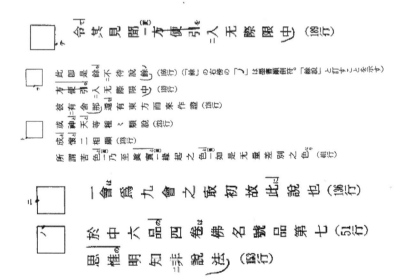

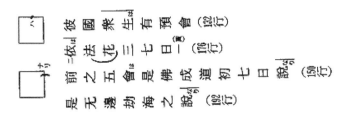

星點을 左下로부터 時計 방향에 따라 오른쪽으로「テ」,「ヲ」,「ト」, 「二」,「ノ」,「ハ」와 같이 사용하는 오코토點은, 日本의 古訓點의 경우 이것 以外에는 전혀 보이지 않는다. 그런데 韓國에서 發見된 角筆 加點 중에 十一世紀 刊行의 大方廣佛華嚴經에서 사용된 點吐(오코토點)의 星 點과 거의 一致하는 것을 알 수 있다. 이것의 歸納圖는 第二圖와 같다.

　(第二圖) 大方廣佛華嚴經(十一世紀 後半)의 角筆點의 星點圖

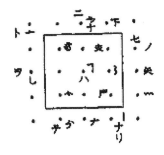

星點「·」을 기입한 位置나「ハ」의 位置,「ナリ」가 線點이라는 것 등의 약간의 차이가 있지만,「ノ」의 位置가 右上隅보다 약간 아래라는 것이 共通되는 점은, 日本의 佛書에서 이 位置에 오코토點을 기입하는 일이 전혀 없다는 점 등을 고려할 때, 佐藤本 華嚴文義要決의 오코토點 의 星點이 韓國의 大方廣佛華嚴經의 角筆 點吐와 密接한 關係가 있었다 는 것을 생각하게 한다.

3.2.2. 合符

佐藤本 華嚴文義要決에도 合符가 사용되고 있으며, 漢字 二字 또는 三字 以上의 熟合字의 字面上에 걸쳐서 縱長의 線을 黃褐色으로 기입하고 있다. 前揭의 「方便引」의 例와 같다. 이것은 大谷大學圖書館藏 判比量論의 角筆의 合符와 통한다.

3.2.3. 返讀符

佐藤本 華嚴文義要決에는 二種의 返讀符가 사용되고 있다. 第一種은 漢數字 「二」, 「三」, 「四」 등을 漢字 本文의 옆에 기입한 것으로서, 返讀과 함께 訓讀하는 順序를 나타내고 있다.[17] 이 符號는 앞에서 언급하였듯이 藤本幸夫氏가 韓半島의 十五世紀 後半의 口訣資料 等에 사용되고 있다는 점을 指摘하고, 日本의 大東急記念文庫藏 華嚴刊定記 卷第五의 朱點에도 보인다는 점에서, 日本의 漢文訓讀法이 新羅留學僧에 의해서 전래되었을 可能性을 주장하는 근거가 된 것이다. 日本에서는 前述한 바와 같이 佐藤本 華嚴文義要決이나 그 밖의 자료에서도 보이며, 모두 日本에서 毛筆에 의한 白點·朱點의 加點이 시작된 무렵의 資料에 주로 보이는데, 後世에는 사용되지 않게 되었다.

佐藤本 華嚴文義要決의 返讀符의 第二種은 返讀하는 最初의 漢字의 아래에서 붓을 일으켜 긴 弧를 위의 漢字의 옆에까지 그려서 返讀의 시작을 표시하는 것이다. 다음과 같다.

---

17) 注(4) 文獻 一九三쪽.

이 긴 弧 모양의 返讀符는 日本의 毛筆에 의한 古訓點에는 전혀 보이지 않지만, 韓國의 十一世紀의 角筆點에는 사용되고 있다.[18] 예를 들면, 誠庵古書博物館藏 大方廣佛華嚴經의 角筆點에서 다음과 같이 사용되고 있다.

昔 有 如 來 無 礙 月 (大方廣華嚴經卷第二十八 二十二張16行)

譬 如 金 師 鍊 治 眞 金 作 莊 嚴 具 (同右卷第三十六 四張19行)

以 一 切 法 平 等 爲 所 住 處 得 授 記 別 故 (同右卷五十七 十七張16行)

이 긴 弧 모양의 返讀符가 韓國에서 九世紀 初頭까지 소급해서 使用된 文獻은 아직 발견되지 않고 있지만, 그것은 現存資料의 制約에 의한 것으로서, 日本에서는 弧의 返讀符가 本文의 漢字 옆에 짧은 弧를 기입하는 데 그치는 다른 形態인 것과 對比해 보면, 佐藤本 華嚴文義要決의 弧의 返讀符는 當時의 新羅에서 행해진 返讀符를 反映했을 可能性이 있다.

이것을 佐藤本 華嚴文義要決의 오코토點, 合符 또는 漢數字의 返讀符가 新羅 方式이라는 점과 나란히 놓고 보면, 이러한 黃褐色의 加點은 대체로 親本에 기입되어 있었던 新羅의 오코토點, 合符 또는 返讀符를 移點했을 可能性이 높음을 보여 주고 있다. 이에 대해서 日本에서도 獨自的으로 행해지고 있었던 것이 우연히 一致한 것이라고 보거나, 더 나아가서는 日本의 이러한 符號가 新羅에 影響을 미쳤다고 보는 것은, 日本에서는 毛筆에 의한 訓點의 加點이 막 시작된 時期임을 고려하면, 不自然스럽다.

---

18) 注(4) 文獻 一四一쪽.

이와 같이 佐藤本 華嚴文義要決의 加點 方式도 新羅와 親密한 關係에 있으며, 符號가 新羅의 方式을 받아들였다고 볼 수 있다는 점에서는 判比量論의 경우와 통하지만, 訓讀의 用語에 있어서는 判比量論이 新羅語를 그대로 加點하고 있는 것에 비해서, 佐藤本 華嚴文義要決에서는 오코토點法은 新羅 方式을 따른 것으로 보이지만 그것이 나타내는 言語는 前揭 例文에서 알 수 있듯이 日本語로 되어 있다. 佐藤本 華嚴文義要決의 加點 時期는 大谷大學圖書館藏 判比量論보다 적어도 半世紀 以上은 내려온다. 이 半世紀 사이에 日本에서 受容 방식에 있어서 새로운 變化가 생긴 것인지 어떤지는 檢討를 要하는 問題이다.

3.3. 彌勒經疏

園城寺(三井寺)藏本은 卷上·卷中·卷下의 三卷이 전하고 있는데, 內題에 「彌勒經疏」로, 卷下의 尾題에 「三彌勒經疏一卷 憬興撰」으로 되어 있으며, 이것에 이어서 本文과는 다른 필체로 「金忠大德送施圓珍 寬平二年閏九月十一日 追記之珎」이라는 円珍의 追記가 墨書로 쓰여 있다. 寬平二年(八九○)은 円珍이 七十一歲로 입적한 寬平三年의 前年에 해당한다. 金忠大德에 대해서는 未詳이다. 國寶智證大師 關係 文書 典籍 중에 있는 將來經典 等 八種의 하나이다.

本文에는 褐朱色에 의한 假名·字音注와 오코토點이 기입되어 있으며, 一部에 白點의 오코토點과 漢數字「二…一」의 返讀符가 있다. 褐朱色의 假名는 卷上에 若干, 그리고 卷下의 한 군데에만 기입되어 있으며, 草書體로 日本語의 訓이나 助詞·助動詞를 기입하고 있다. 字體로 推定해 보면, 天台宗에서 九世紀末에 기입된 것으로 보아도 矛盾되지 않으며, 円珍 혹은 그 周邊의 天台宗 승려의 加點이라고 생각된다.

이 假名와 같은 필적의 오코토點이 三卷에 加點되어 있는데, 卷上의 卷初에서 第六紙까지와 第九紙·第十紙, 卷中의 一部와 卷下의 한 군데에 기입되어 있는 程度로서, 全卷에 걸친 것은 아니다. 오코토點이 나타내는 言語도 當時 日本語의 訓讀語이다.

따라서 褐朱點의 加點은 모두 日本語로 되어 있는 것을 알 수 있다. 그런데 오코토點의 符號 중에 韓半島의 點吐(오코토點)와 關連이 있는 것이 보인다. 園城寺藏 彌勒經疏의 오코토點을 歸納하여 點圖로 나타내면 다음과 같다.

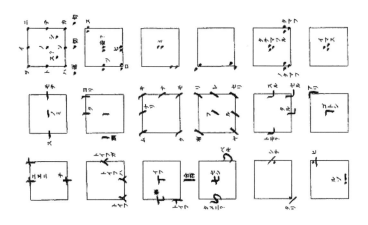

星點「·」과 線「一」,「|」과 鉤(갈고리 형태)와「十·人」등은 日本의 오코토點에 사용되는 것인데, 이러한 것들과는 별도로 日本의 平安初期 九世紀의 訓點本 一般에는 使用例가 보이지 않는 다음의 두 가지의 形式의 오코토點 符號가 포함되어 있다.

(a) 短線과 點을 조합한 符號「╱」「╲」「·|」「┆」

(b) 複星點「‥」,「:」의 변이 형태「‥」,「‥」와 點 세개의 符號
「∴」,「∵」

日本에서는 (a)는 十世紀 以後의 天台宗 寺門派系의 資料에 痕迹을 남
길 程度이며, (b)는 天台宗 山門派의 十世紀 資料에 若干 보이고 十一世
紀의 寶幢院點과 그 關係 資料에 보이지만, 寶幢院點에 있어서 그 使用
은 韓國의 點吐(오코토點)의 影響에 의한 것이라고 생각된다.[19] 이에 대
해서 韓國에서는 十世紀와 十一世紀의 刊本에 角筆로 기입한 點吐(오코
土點)의 符號形態가 星點「‧」 다음으로 (b)의 複星點「‥」,「:」,「‥」,
「‥」이 多用되고 있으며,「∴」,「∵」도 사용되고 있고, (a)의 短線과
點을 조합한 符號도 多用되고 있어서, 韓國 點吐(오코토點)의 형태상의
特徵을 이루고 있다.

한편으로 園城寺藏 彌勒經疏의 오코토點에서는 星點「‧」 다음으로
線이나 鉤(갈고리 형태)가 多用되고 있는 것에 비해서, (a)의 短線과 點
을 조합한 符號「╱」「╲」「‧│」「│‧」는 각각 各壺(점도)의 一箇所에
나타나는 데에 지나지 않고, 韓國처럼 四隅四邊의 周邊에 배치하는 積
極的인 사용법은 보이지 않는다.

(b)의 複星點「‥」,「‥」나「∴」도 마찬가지이며, 이러한 것들은
아마도 다른 系統의 오코토點의 影響에 의해 도입되어 사용된 痕迹을
이라고 생각된다.

이러한 다른 系統의 오코토點이라는 것은 日本의 訓點本에서는 찾아
볼 수 없는 것이다. 이러한 것이 韓國 오코토點의 特徵이라고 한다면,
그 影響을 생각해 볼 수 있다. 단, 韓國의 九世紀末의 오코토點 加點資
料가 발견되지 않는 점에 問題가 있지만, 이것은 韓國에 있어서 古典籍

---

19) 注(4) 文獻 二〇八쪽.

現存의 制約에 의한 것이므로, 역으로 日本에 現存하는 資料로부터 推測할 수밖에 없다.

대체적으로 平安 初期 九世紀 初頭부터 九世紀末에 이르는 약 百年間은 日本에서는 白點・朱點 等의 加點이 시작되어, 假名字體와 오코토點이 急速하게 發達하고 獨自色을 띠게 된다. 따라서 九世紀末의 彌勒經疏의 訓點이 日本色을 짙게 나타내고 있는 것은 當然한 일이지만, 그 符號의 一部에 新羅의 符號의 痕迹을 남긴 것이라고 볼 수 있다.

4. 新羅의 影響으로 보는 三型과 그 資料群

新羅 高僧의 撰述書로 八世紀와 九世紀의 加點本 三種에서 新羅와의 關係가 인정되지만, 그 내용은 三種이 각각 다르게 나타난다. 따라서 그 關係를 「型」으로서 검토해 보면 다음과 같다.

Ⅰ型: 加點이 모두 新羅 方式에 의한 것. 訓讀의 用語는 新羅語이며, 諸符號도 新羅의 符號를 사용하고 있다. 大谷大學圖書館藏 判比量論이 이에 속한다.

Ⅱ型: 訓讀의 用語는 日本語인데, 諸符號는 新羅의 符號를 사용한 것으로, 佐藤本 華嚴文義要決이 이에 속한다.

Ⅲ型: 訓讀의 用語나 諸符號가 日本 方式이지만, 符號의 一部에 新羅 方式이 남아 있는 것으로, 園城寺藏 彌勒經疏가 이에 속한다.

이 三型은 同時期에 並行的으로 행해진 것이라고 생각할 수도 있겠지만, 現存하는 三種의 加點本에 의하면, Ⅰ型은 八世紀 中葉 以前인 데 비해서 Ⅱ型은 半世紀 以上 내려온 九世紀 初頭이며 Ⅲ型은 약 百年을 더 내려온 九世紀末이므로, 세월의 推移에 따라 段階的으로 變化한 것을 反映하고 있을 可能性이 있다.

이것을 확인하기 위하여 日本의 八世紀·九世紀의 다른 加點本을 예로 들어서 檢討해 보기로 한다.

4.1. Ⅰ型의 加點本

加點이 모두 新羅 方式인 加點本은, 本文이 本來 新羅의 寫經인 경우에 인정될 可能性이 높다. 現段階에서는 大谷大學圖書館藏 判比量論 以外에는 Ⅰ型의 加點本이 確認되지 않고 있다. 新羅 寫經이 現存할 可能性도 있으며, 이에 대한 加點 調査의 기회가 있기를 기원하는 바이다.

4.2. Ⅱ型의 加點本

諸符號가 新羅의 符號이지만 訓讀의 用語가 日本語인 Ⅱ型의 加點本은 奈良時代의 角筆 加點本이 인정된다. 다음의 諸資料이다.

4.2.1. 大方廣佛華嚴經卷第四十一(新譯) 一卷 東大寺圖書館藏

東大寺의 本坊에 전해 내려오는 奈良時代 寫經(神護景雲二年(七六八) 御願經이라고 전해지고 있다)으로서 全卷에 걸쳐서 角筆에 의한 기입이 있다. 기입은 角筆에 의한 眞假名(省畫體 포함), 節博士(A型), 節博士(B型), 合符, 注示符가 확인되며, 四聲點인 듯한 圈點도 있다. 角筆의 眞假名(省畫體 포함)는 다음 例와 같은 것으로서, 本文을 日本語로 訓讀한 것을 나타내고 있다.

諸符號는 節博士(A型), 合符, 注示符와 같이 日本의 訓點에서는 사용하지 않거나, 또는 節博士(B型), 四聲點과 같이 平安 初期 九世紀의 白點·朱點에 사용하지 않고 十世紀 以後에 사용하게 된 것이다. 이 중에 節博士(A型), 節博士(B型), 合符와 四聲點인 듯한 圈點은 I型의 判比量論에 사용된 符號와 동일하며, 新羅의 符號로 인정된다.

이와 같은 II型의 加點은 다음의 諸資料에서도 확인된다.

4.2.2. 大方廣佛華嚴經卷第十二〜卷第二十 大一卷 東大寺圖書館藏

東大寺에 전해 내려오는 奈良時代 寫經으로 角筆의 眞假名, 節博士(B型), 合符, 注示符가 확인되며, 四聲點인 듯한 圈點, 漢字의 字音注 외에 科段符, 弧 모양의 返讀符도 사용되고 있다. 角筆의 眞假名는 本文을 日本語로 訓讀한 것을 나타내며, 諸符號 중에 節博士(B型), 合符와 四聲點인 듯한 圈點은 I型의 判比量論에 사용된 符號와 통한다.

4.2.3. 根本說一切有部毘奈耶卷第二 二卷 東大寺圖書館藏

奈良時代 神護景雲二年(七六八)의 寫經으로 角筆의 眞假名, 節博士(B型), 合符와 角筆의 字訓注가 확인된다. 角筆의 眞假名는 本文을 日本語로 訓讀한 것을 나타내며, 節博士(B型), 合符는 I型의 判比量論에 사용된 符號와 통한다.

4.2.4. 瑜伽師地論卷第七十〜卷第七十二, 卷第七十四, 卷第七十七, 卷第八十四, 卷第九十八〜卷第百 九卷 石山寺藏

奈良時代 天平十六年(七四四)의 寫經으로, 各卷에 角筆의 節博士(B型)가 확인되며, 더욱이 卷第七十과 卷第七十一에는 角筆의 合符가 I型의 判比量論과 동일하게 기입되어 있다. 角筆의 眞假名는 本文을 日本語로

訓讀한 것을 나타내고 있다.

4.2.5. 華嚴刊定記卷第五 一卷 大東急記念文庫藏

奈良時代 書寫(延曆二年[七八三] 以前 寫)로, 全卷에 걸쳐서 角筆에 의한 기입이 확인된다. 기입은 角筆에 의한 漢字, 節博士(A型), 節博士(B型), 合符, 注示符가 확인되며, 四聲點인 듯한 圈點이 있다. 角筆의 漢字에는 「爲(す)」라는 訓을 나타낸 用法이 있으며, 本文을 日本語로 訓讀한 것을 나타내고 있다.

4.2.6. 華嚴刊定記卷第九 一卷 東大寺圖書館藏

奈良時代 書寫로, 全卷에 걸쳐서 角筆의 기입이 확인된다. 기입은 角筆에 의한 漢字, 節博士(B型), 注示符가 확인된다. 角筆의 漢字에는 「或」「人」(角)과 같이 「ヒト」의 訓을 나타낸 用法이 있으며, 本文을 日本語로 訓讀한 것을 나타내고 있다.

이러한 奈良時代 八世紀의 角筆 加點을 一覽하고 判比量論 및 九世紀의 角筆 加點과 비교한 圖表를 끝에 첨부하였다. 奈良時代 八世紀 寫經에 기입된 角筆 加點의 時期가 마찬가지로 奈良時代인 점에 대해서는 별도로 論述하였으므로[20] 여기서는 省略한다.

4.3. Ⅲ型의 加點本

Ⅲ型의 加點本은 日本에서 白點·朱點 等에 의한 訓點의 記入이 시작되어 急速하게 發達되어서 獨自色을 띠는 平安 初期 九世紀의 資料에 보인다. 訓讀의 用語나 諸符號도 日本 方式이지만, 符號의 一部에 新羅 方式이 남아 있는 것이다.

---

20) 注(4) 文獻 附章 第二節 第四項

우선 平安 初期 九世紀의 訓點資料 중에 新羅에서 華嚴을 배운 大安寺 審祥의 藏書이었던 經典과 同一 書名인 것을 들어 보겠다.

4.3.1. 華嚴經探玄記卷第九 一卷 正倉院聖語藏

本文은 奈良時代의 書寫로서, 이것에 平安 初期의 古朱點(오코토點은 特殊點)과 白點(오코토點은 第四群點)이 기입되어 있다. 이 古朱點에 新羅의 符號와 통하는 二種의 符號를 사용하고 있다. 第一種은 漢數字의 返讀符로, 訓讀의 順序를 나타내는 符號로 사용되고 있다. 다음과 같다.

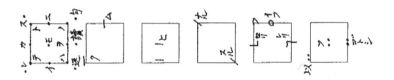

第二種은 오코토點에 複星點「‥」을 사용하고 있다. 오코토點의 歸納圖를 아래에 제시한다.

古朱點 다음에 加點된 白點의 경우, 漢數字의 返讀符는 위로 올라가는 方式으로만 되어 있으며, 訓讀의 順序까지 나타내는 用法은 보이지 않는다. 複星點「‥」은「モチテ」와「ゴトシ」가 사용되고 있다.

華嚴經探玄記는 魏의 沙門 法藏의 撰述인데, 審祥이 東大寺의 前身인 金鍾寺에서 처음으로 華嚴經의 講說을 행한 때의 本文은 六十卷本의 舊譯華嚴經이며, 그 註釋書로서 사용된 것이 이 探玄記였다.[21] 審祥이 使

用한 探玄記에 加點이 있었는지 어떤지, 있었다면 어떠한 內容의 加點이었는지는 이 當該本이 남아 있지 않기 때문에 未詳이지만, 聖語藏本의 古朱點에 新羅의 符號가 보이는 점은 모종의 關係를 생각하게 하는 것이다.

4.3.2. 大乘廣百論釋論卷第十 一卷 大東急記念文庫藏

本文은 平安 初期 九世紀의 書寫로서, 이것에 承和八年(八四一)에 白點과 朱點을 기입한 사실을, 卷末에 白書로 「承和八年七月八日」이라고 기록한 識語를 통해 알 수 있다. 이 白點·朱點(假名, 오코토點·第一群點)은 訓讀語나 諸符號 모두 日本 方式이지만, 이것과는 별도로 角筆에 의한 假名, 返讀符, 合符, 節博士(B型)와 四聲點의 圈點이 全卷에 걸쳐 기입되어 있다. 오코토點(第一群點)인 듯이 보이는 것도 일부 있지만, 確定할 수 없다. 角筆의 假名와 返讀符와 縱短線의 合符는 白點·朱點과 동일한 字體, 동일한 符號이므로, 角筆이 承和八年頃에 기입되었고, 또한 日本 方式으로 변한 것을 나타내고 있다. 그러나 節博士(B型)와 四聲點의 圈點과 合符 중 「>」는 Ⅰ型의 判比量論에 角筆로 기입되어 있으며, 또한 奈良寫經의 角筆 加點에 사용된 符號와도 통한다. 이러한 것들은 新羅의 符號를 이어받은 것이다.

大乘廣百論釋論은 護法 釋으로서, 玄奘의 譯出로 성립된 것인데, 審祥의 藏書 중에 이 經典名이 들어가 있어서 이러한 新羅 符號와 통하는 角筆 符號가 審祥의 讀解를 이어받은 것일 可能性도 있다.

4.3.3. 說无垢稱經 六帖 石山寺藏(一切經 二十二函 四三～ 四八號)

本文은 平安 初期 九世紀末의 書寫로, 같은 시기에 加點한 白點(假名,

---

21) 注(7) 文獻

오코토點・第四群點)이 全帖에 걸쳐 남아 있다. 全卷의 調査가 되어 있지 않지만, 오코토點에 複星點「:」(スル)가 사용되고 있다. 說无垢稱經은 玄奘의 譯인데, 審祥의 藏書 중에 이 經典名이 실려 있다.

다음으로 平安 初期 九世紀의 訓點資料 중 大安寺 審祥의 藏書에는 보이지 않는 經典 가운데에도 新羅의 符號와 통하는 符號를 사용한 것이 있다. 다음의 資料이다.

4.3.4. 守護國界主陀羅尼經卷第八 一卷 石山寺藏(校倉聖敎 十六函 一의 八號)

本文은 平安 初期 九世紀의 書寫로, 같은 시기 기입된 白點・朱點(假名,오코토點・第五群點)과 褐朱點(假名, 오코토點・第三群點)이 남아 있다. 모두 日本語의 訓讀을 加點한 것인데, 褐朱點의 오코토點 符號 중에

(a) 短線과 點을 組合한 符號의「ᅮ」「ㅣ・」「ㅣ」
(b) 複星點「・・」,「:」

가 포함되어 있다.

오코토點圖를 歸納하면 다음과 같다.

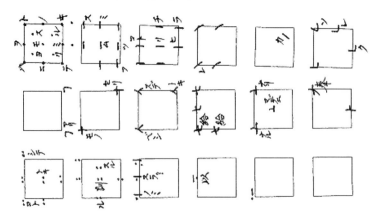

이러한 符號가 日本의 平安 初期 九世紀의 訓點本 一般에는 使用例가 보이지 않고, 九世紀末의 園城寺藏 彌勒經疏의 오코토點에 보인다는 것은 前述하였는데, 그것보다도 時代上으로 올라가는 것이다. 白點・朱點에도 複星點「‥」,「:」이 使用되고 있다.

이와 같은 오코토點 符號의 使用과 함께 假名 字體 가운데「ㅕ」의 使用도 注目된다.「ㅕ」는「斗」의 草書를 더욱 더 흘려서 略化한 字體로, 高麗時代의 口訣[22]에「ㅕ」(音 두)로 사용되고 있으며, 거슬러 올라가면 大谷大學圖書館藏 判比量論에 草書의 권가 사용되고 있다.[23] 그런데 日本 訓點의 假名로서는 그 외의 使用例는 보이지 않는다.[24] 新羅의 假名 使用과의 關連을 생각할 수 있다.

5. 맺음말

新羅 高僧 撰述書로 現存하는 八世紀와 九世紀의 加點本 三本, 즉 八世紀 中葉 以前에 角筆로 기입한 判比量論, 九世紀 初頭에 褐朱色으로 기입한 華嚴文義要決, 九世紀末에 褐朱色으로 기입한 彌勒經疏에 대해서, 加點 內容을 新羅와의 關係의 親疏에 따라 Ⅰ型・Ⅱ型・Ⅲ型으로 분류한 후에, 八世紀와 九世紀 日本의 訓點本 중에서 각각의 型에 屬하는 것들을 살펴보았다. 그 結果 Ⅰ型의 加點本은 判比量論 외에 다른 것은 現段階에서는 발견할 수 없지만, Ⅱ型은 奈良 寫經 중에 奈良時代 八世紀에 角筆로 加點한 諸資料가 이에 속하며, Ⅲ型은 平安時代 九世

---

22) 注(11) 文獻 중 白斗鉉氏 論文.
23) 注(4) 文獻 二八九쪽.
24) 大矢透『假名遣及假名字體沿革史料』, 春日政治『假名發達史序說』, 同『片假名의 研究』, 築島裕『平安時代訓點本論考: 假名字體, 오코토點圖』에는 이 字體가 보이지 않는다.

紀에 白點·朱點 등으로 訓點을 기입한 것에서 시작되어 日本式으로
發達한 資料 중에서 발견할 수 있었다.

Ⅰ型은 新羅의 加點 그대로이며, Ⅱ型은 符號가 新羅 方式이지만 訓
讀 用語에는 日本語를 사용한 것이며, Ⅲ型은 訓點 全體가 日本式으로
된 가운데 符號 一部에 新羅式이 남은 것으로 생각된다. 時期上으로 보
면, Ⅰ型이 八世紀 中葉 以前인 것에 비해서, Ⅱ型은 八世紀부터 九世
紀 初頭이며, Ⅲ型은 九世紀이다. 이것은 세월의 推移에 따라 新羅 加點
과의 親密度에 變化가 생겨서, 當初에는 新羅의 加點을 완전히 그대로
受容했던 것을 차츰 日本語로 바꾸어 訓讀하게 되었으며, 결국에는 新
羅의 方式은 符號의 一部에 남게 되었다고 하는, 新羅의 加點에 대한
受容의 段階的 變化를 反映한 모습이라고 생각할 수 있을 것 같다.

단, 이것을 명확하게 하기 위해서는 新羅와 關連性을 갖는 日本의 加
點本을 좀 더 늘릴 必要가 있다. 奈良時代 八世紀의 角筆 加點本은 今後
의 調査에 의해서 增加할 것이라고 예측할 수 있다. 平安 初期의 古點
本은 角筆 加點의 有無를 포함해서 新羅와의 關係라는 관점에서 再調査
를 할 必要가 있다. Ⅰ型에서 Ⅱ型으로, 더 나아가서는 Ⅲ型으로의 變
化가 上述한 바와 같이 段階的으로 이루어졌다고 본다면, 日本 資料에
의거해서 日本에 影響을 미친 新羅 加點의 八世紀로부터 九世紀로의 變
化를 推測하는 것도 興味있는 課題일 것이다. 예를 들면,

(一) 新羅에서도 假名가 먼저 사용되고 오코토點이 나중에 사용되었
는가? 日本의 奈良時代 八世紀의 角筆 加點에는 오코토點 使用
이 확인되지 않으며, 九世紀 初頭부터 오코토點 使用이 시작된
다. 이러한 星點 本位의 오코토點이 華嚴文義要決의 星點 本位의
素朴한 形式과 거의 一致하며 그 影響이라고 볼 수 있다는 점에
서 그런 생각을 할 수 있다.

(二) 新羅의 오코토點도 星點을 기본으로 하여 이어서 複星點, 點과 線을 조합한 符號가 성립되었고, 이러한 것들이 九世紀末까지는 갖춰져 있었다고 생각된다.

推測에는 다른 견해도 있을 수 있다. 어떠한 경우이든 資料에 의한 증빙이 바람직하다고 생각한다.

번역 : 尹幸舜(한밭대학교 일본학과 교수)

上古時代에 있어서 借字表記法의 發達

南豊鉉*

1. 序言

우리 선인들이 언제부터 漢字·漢文을 사용하였는가는 확실하지 않다. 견해에 따라서는 중국의 戰國時代 初期에 古朝鮮에서 '王', '大夫'와 같은 中國式 稱號를 쓴 것으로 보아 이 때에는 이미 漢字·漢文이 상당한 수준 보급되어 있었다고 보기도 한다.[1]

高句麗에선 372년에 太學을 세워 貴族 子弟들에게 儒學을 교육하였고 그 후기에는 僻巷窮村에까지 扃堂이란 私塾을 세워 經典과 弓術을 가르쳤다고 한다. 漢籍으로는 五經, 史記, 漢書, 三國志, 春秋, 玉篇, 字統, 字林 등이 있었고 특히 文選을 사랑하였다고 한다. 史書로는 國初부터 留記 100권이 있어 오던 것을 600년에 李文眞으로 하여금 新集 5卷으로 刪修케 하였다고 한다.

百濟에는 일찍부터 5經博士가 있어 敎育機關을 가졌었음을 말하여 주고 近肖古王 때에 博士 高興이 書記라는 史書를 편찬하였고 그 밖에도 日本書紀에 百濟記, 百濟本紀, 百濟新撰 등이 인용된 것으로 보아 여러 史書들이 있었음을 알 수 있다. 新羅는 眞興王 6년(545)에 居柒夫로

* 口訣學會 顧問.

1) 李丙燾·金載元 著(1959, 震檀學會), 『韓國史(古代篇)』, 乙酉文化史, 568면 참조.

하여금 國史를 편찬케 하였는데 당시에 남긴 巡狩碑를 보면 그 儒教的인 素養의 수준이 높았음을 보여 주고 있다.[2]

三國時代의 한문 보급은 內外 史書를 통하여 짐작할 수 있거니와 이러한 과정을 통하여 우리의 선인들은 한문을 그들의 文語로 사용하게 되었다. 그러나 한문은 중국어에 바탕을 둔 문어이므로 국어와는 큰 차이가 있었다. 그리하여 한문으로 된 文語와 口語와의 間隙을 좁히고자 하는 현상이 人爲的으로 또는 自然發生的으로 생겨나게 되었다. 이러한 현상들은 金石文을 통하여 당시인들의 구체적인 實相을 어느 정도는 엿볼 수 있다. 이 글에서는 漢字・漢文이 韓國化하여 國語의 表記體系로 발전해 가는 樣相을 金石文 資料를 중심으로 하여 고구해 보기로 한다.

2. 初期的 吏讀文과 破格의 類型

우리 先人들이 사용한 漢字・漢文은 階層이나 個人의 漢文驅使 能力에 따라 正統의 漢文을 사용하느냐, 또는 破格的인 漢文을 사용하느냐 하는 점에서 정도의 차이가 컸던 것으로 보인다. 三國時代의 資料들을 보면 중국어의 문법으로 보아 손색이 없는 한문을 驅使한 文體가 있는가 하면 國語文法의 影響을 받아 변형된 漢文 文體도 나타난다. 이것은 삼국이 공통되고 있다. 高句麗의 冬壽墓誌(357), 永康銘金銅佛像光背銘(396), 鎭墓北壁墨書(408)는 한문으로서 缺格이 없는 것으로 보인다. 百濟의 武寧王陵誌石銘(525)이나 砂宅智積碑銘(654年 推定), 新羅의 眞興王巡狩碑銘(咸州, 利原, 568)도 한문으로서는 결격이 없어 보인다. 이에

---

2) 上揭書, 568면 이하 참조.

대하여 韓國語的인 요소가 加해져 한문으로서는 破格인 文體들이 나타
난다. 廣開土大王碑(414)는 高句麗의 代表的인 漢文이라 할 것인데 그
가운데는 국어적인 어순으로 쓰인 곳이 나타나고 있다.[3] 百濟 武寧王妃
의 銀釧銘(520)은 짧은 내용이지만 국어의 어순으로 이루어져 있다. 新
羅의 이 계통의 문장은 비교적 많은 양이 전해지고 있어 그 변천상을
어느 정도는 그려 볼 수 있다.

이들 破格的인 漢文은 中國語와 國語의 構造的 차이와 문화적인 차
이에서 온 것으로 그 차이를 몇 가지 類型으로 나누어 볼 수 있다. 그
첫째는 語順의 差異로, 이는 주로 中國語의 動賓構造에 대하여 국어는
賓動構造로 대응하는 데서 온 것이다. 두번째는 漢字가 中國語의 用法
을 벗어나 國語의 特殊한 용법으로 발전한 데서 온 것이다. 셋째는 한
자의 訓을 이용하여 우리말을 표기한 데서 온 것이다.

종래 이러한 破格의 漢文을 初期的인 吏讀文, 變體漢文, 俗漢文 등으
로 불러 왔다. 初期的인 吏讀文이란 그 自體가 국어적인 요소를 지니고
있을 뿐 아니라 이것이 점차 吏讀文으로 발전하는 과정을 밟아 왔기
때문에 붙인 이름이다. 이러한 점에서 위에 제시한 세 類型의 차이를
검토하면 漢字·漢文이 국어의 表記法으로 발전해 오는 과정을 이해할
수 있게 될 것이다.

3. 初期的 吏讀文의 國語的인 語順

初期的 吏讀文의 國語的인 語順은 高句麗에서 이미 현저하게 나타난
다. 廣開土大王碑銘에 나타난 국어적인 어순은 오히려 消極的인 現象이

---

3) 홍기문 저(1957),『리두연구』, 과학원 출판사, 27~28면 참조.

라 할 것이고 그 현저한 양상을 보여 주는 것은 中原高句麗碑銘(495 推定)이다. 다음에 이 碑의 제3면으로 추정되는 碑文을 단락으로 나누어 제시한다.

1) 五月中 高麗太王祖王 令□新羅寐錦 世世爲願 如兄如弟 上下相和 守天

2) 東夷之寐錦 忌太子共

3) 前部大使者多亏桓奴 主簿貴德 細(類)□(等)(聆)(鄒)(去)弟□到至 跪營天

4) 太子共語 向壁上 共看 節賜太藿鄒 受食苟 東夷寐錦之衣服

5) 建立處 用者 賜之

6) 隨者 節□□奴人輩 敎 諸位 賜上下衣服

7) 敎東夷寐錦 遝還來

8) 節敎賜 寐錦土內 諸衆人 □□□□□國土 太位諸位上下 衣服 來 受 敎 跪營之

9) 十二月卅三□甲寅 東夷寐錦上下 至于伐城

10) 敎來 前部大使者多于桓奴 主簿貴□ □夷境□ 募人三百

11) 新羅土內幢主 下部拔位使者 補奴 □疏奴□□

12) 凶鬼蓋盧 供□募人 新羅土內 衆人跓動······

이 碑文을 各 段落에 따라 해석하면 다음과 같다.

1) 5월 중에 高麗太王의 祖王이 新羅寐錦으로 하여금 世世에 형제와 같이 上下가 和睦하고 하늘의 도리를 지키도록 誓願하게 하라고 하였다.

2) 東夷의 寐錦이 太子 共을 꺼리었다(忌避하였다).

3) 前部大使者인 多亏桓奴와 主簿인 貴德이 (어떤 조치를 하여) 王弟(?)□으로 하여금 이곳에 이르러 營天에 꿇어앉게 하였다.

4) 太子 共이 말하기를 壁上을 향하여 함께 보자고 하고 이 때에 太翟鄒를 賜하고 食苟과 東夷寐錦의 衣服을 授與하였다.

5) 建立處는 使用者에게 주었다.

6) 따라온 者들인 이 때의 □□奴人輩들에게도 諸位에게 명하여 上下에 따라 衣服을 賜하도록 하였다.

7) 東夷寐錦이 뒤따라 돌아올 것을 敎(지시)하였다.

8) 이 때에 寐錦土內의 여러 사람들에게도 □□을 주도록 명하고 □□國土의 太位와 諸位의 上下들은 衣服을 와서 받으라고 명하여 營에 (와서) 꿇어앉았다.

9) 12월 23일(甲寅)에 東夷寐錦의 上下가 于伐城에 이르렀다.

10) 前部大使者 多于桓奴와 主簿 貴德을 오게 하여 東夷의 境內에서 300명을 모집하도록 명하였다.

11) 新羅土內에 있는 幢主인 下部 拔位使者 補奴가 奴□□을 □疏하였다.

12) 凶鬼 蓋盧가 新羅 땅 안에서 □을 供與하면서 사람들을 모집하니 衆人이 머뭇거리면서 움직이어······

이와 같이 해석해 보면 이 碑文은 正格의 漢文으로서는 그 뜻을 전혀 풀어낼 수가 없음을 알 수 있다. 간혹 2)의 '東夷之寐錦 忌太子共'과 같이 한문의 어순으로 된 곳도 있으나 국어의 어순으로 풀어야 할 곳이 正格의 文章보다 더 많이 나타난다.[4] 이 글은 高句麗가 百濟를 圖謀

---

4) 拙稿(2000),「中原高句麗碑文의 解讀과 吏讀的 性格」,『高句麗硏究』10, 高句麗硏

하기 위하여 事前에 新羅를 懷柔하는 내용을 記述한 記事文이다. 造成
記와 같은 실용문이 아닌 데도 불구하고 初期的인 吏讀文으로 기술하
였다는 점이 주목된다. 이러한 문체가 국가의 최고기관에서 작성된 것
임을 감안할 때 당시에는 이러한 破格的인 漢文이 폭넓게 사용되고 있
었음을 말하여 주는 것이다.

　　高句麗의 한문이 파격적으로 사용된 예는 이 밖에도 더 확인된다.

　　　願亡師父母生生心中常値諸佛 / 發願하는 바는 돌아가신 스승과 부
　　모님께서 生生마다 心中에 여러 부처를 만나는 것이다.(辛卯銘金銅
　　三尊佛光背, 571 推定)

에서 文中에 삽입된 '心中'은 국어의 어순으로 풀어야 뜻이 통한다.

　　　若有罪右願一時消滅 / 만약 죄가 있으면 右願에 따라 一時에 消滅
　　하라.(永康七年銘金銅光背)

의 '右願'도 국어의 문법(어순)으로 풀어야 뜻이 통한다. 平壤城壁石刻
에서도

　　　卦婁盖切小兄加群 自此東廻上□里四尺治 / 卦婁盖切의 小兄 加群이
　　여기서부터 동쪽으로 돌아 올라가 □里四尺을 수리하였다.(平壤城壁
　　刻字, 566 推定)

와 같은 문장은 漢文으로서는 破格에 속한다. '東廻上'의 어순도 그렇거

<hr>

　　究會, 370면 이하 참조.

니와 '四尺治' 다음에 文의 終結辭로 '之'나 '矣'가 있어야 격에 맞는다.

百濟의 자료로서 武寧王陵에서 出土된 王妃의 銀釧銘(520)은 국어의 어순으로 표기된 것이다.[5]

庚子年二月多利作 大夫人分 二百三十主耳 / 庚子年(520) 二月에 多利가 만들었음. 大夫人의 몫임. (무게) 二百三十 銖이다.

이 文章은 국어의 語順으로 되어 있는데 '多利作'과 같은 표현도 '多利作之'나 '多利作矣'로 하는 것이 한문으로서는 格에 맞는다. '銖'를 '主'로 표기한 것도 百濟人들의 한자 사용의 일면을 보여 주는 것이다.

百濟의 木簡으로 추정되는 자료에서도 初期的인 吏讀文으로 보고된 것이 있다. 최근 夫餘 陵寺 遺跡地에서 발굴된 木簡에 墨書로 기입된 4句 16字의 詩句가 그것으로 國語의 語順으로 된 문체라고 한다.[6]

宿世結業 同生一處 是非相問 上拜白來 / 宿世의 結業으로 同生一處하니 是非를 相問하여 上拜하고 白來하져(사뢰져).

이 가운데서 '是非相問 上拜白來'가 국어의 어순이어서 초기적인 이두문의 특징을 보여 준다고 한다. 백제의 자료가 빈약한 현실을 감안할 때 위의 두 자료가 확인된다는 것은 백제에도 초기적인 이두문이 존재하였던 사실을 보여 주는 것이어서 귀중한 것이다.

新羅의 初期的인 吏讀文은 현재 그 最古의 碑文으로 추정되는 迎日冷

---

5) 鄭在永(2003), 「百濟의 文字生活」, 『口訣研究』11, 口訣學會, 112~113면에서 이 銀釧銘에 대하여 중요한 해석의 실마리를 제공하고 있다.
6) 金永旭(2003), 「百濟 吏讀에 대하여」, 『口訣研究』11, 口訣學會, 140면 이하 참조.

水里新羅碑銘(503 推定)에서부터 나타난다. 이 비문에서 '用珍而麻村節居利 爲證爾 / 珍而麻村의 節居利의 주장을 보증하는 것이었다'는 한문적인 표현에 가깝다. 이에 대하여

　　此二人世中了事 故記 / 이 두 사람이 世間에서 일을 마쳤으므로 기록한다.

와 같은 표현은 국어의 어순이다. 丹陽新羅赤城碑(540年代 推定)에서도

　　赤城佃舍法爲之 / 赤城의 佃舍法을 그것으로 삼는다.

와 같은 것은 한문의 표현으로 보인다. 그러나

　　更赤城烟去使之 / 다시 赤城烟에 가서 일할 것이니라.
　　國法中分與 / 국법에 따라서 나누어 준다.
　　合五人之 / 합해서 다섯 사람이다.

와 같은 표현은 初期的 吏讀文(變體漢文)으로 보인다.
　이와 같이 한문의 어순과 국어의 어순이 섞여 쓰이던 문체가 6세기 중반을 넘어서면 완전히 국어의 어순으로 쓰이는 文體로 발달한다. 그 대표적인 것이 壬申誓記石銘(552 推定)이다.

　　壬申年六月十六日 二人幷誓記 天前誓 今自三年以後 忠道執持 過失 無誓 / 壬申년 6月 16日 두 사람이 함께 盟誓하여 기록한다. 하느님 앞에 맹서한다. 지금부터 3년 以後 忠道를 執持하고 過失이 없기를

盟誓한다.

이와 같이 한자를 완전히 국어의 어순으로 배열하는 初期的 吏讀文은 戊戌塢作碑(578 推定), 南山新城碑(591), 明活山城作城碑(611 推定) 등에 이어지고, 新羅統一 이후의 上院寺鍾銘(720), 昌寧仁陽寺碑(810), 中初寺幢竿石柱銘(827)까지도 이어진다. 이러한 문체가 신라말까지 보편적으로 사용되어 왔음을 보여 주는 예들이다.

日本에서도 漢字를 日本語의 語順으로 排列하는 文體가 쓰이었는데 6世紀末에는 文章의 一部分에 나타나기 시작하여 7世紀에는 文章 全體를 日本語의 語順으로 쓰는 文體로 발전하였다고 한다.[7]

4. 漢字의 國語的 用法

한자가 중국어의 용법을 벗어나 국어의 특수한 용법으로 쓰이는 것은 우선 高句麗의 初期 吏讀文에서 나타나기 시작한다. 廣開土大王碑(414)의

買者制令守墓之 / 買入한 사람은 制令으로 守墓한다.

에 나오는 文末語助辭 '之'는 名詞 다음에 쓰였다는 점에서 初期的 吏讀文의 형태로 보아 왔다.[8] 이에 대하여 朴時亨(1966)의 『광개토왕릉비』에서는 '之'를 '於是', 곧 '焉('여기서'라는 뜻)'으로 보고 이 句를 '買者

---

7) 小林芳規著(1998), 『圖說 日本の漢字』, 東京大修館書店, 49면 이하 참조.
8) 李基文(1981), 「吏讀의 起源에 대한 一考察」, 『震檀學報』 第52号, 70면 참조.

制令守墓焉' 또는 '買者制令守墓於是'로 보았다.[9] 그러나 이 句는 漢文으로서는 불완전한 표현이니 '制令' 다음에는 '以'나 '從'과 같은 介詞가 들어가야 漢文文法에 맞는다. 이러한 점에서 이 句는 한문으로서는 불완전하고 國語的인 表現이라고 보아야 한다. 이러한 문장에 쓰인 '之'도 국어적인 요소가 가미된 것이라고 보아 이는 후대의 자료에 자주 쓰인 國語의 終結語尾 '-다'의 뜻에 해당하는 표현으로 보는 것이 옳은 것으로 생각된다. 中原高句麗碑文의 '跪營之 / 營에 (와서) 꿇어앉았다'의 '之'도 이와 같은 것이다. 이를 '跪營於是'로 보면 '是'는 '營'이라고밖에는 볼 수 없으니 같은 말이 중복되어 어색한 표현이 된다. 이러한 文末語助辭 '之'의 용법은 新羅에 이어져 初期吏讀文에 자주 쓰이다가 8세기초의 吏讀에서는 종결어미 '-다'를 표기하는 吐로 발전하였다.

中原高句麗碑文에는 '節'자가 '이 때에'의 뜻으로 쓰이는 예가 3번이나 나타난다. '節'의 이러한 용법이 新羅에 전파되어 삼국시대부터 사용되었는데 統一新羅時代를 거쳐 高麗時代와 朝鮮時代末의 吏讀에까지 이어져 왔다.

中原高句麗碑文에서 '敎'는 모두 5회나 사용되었다. 그 가운데는 한문으로서는 어색한 것도 있다.

節敎賜 寐錦土內 諸衆人 □□□□□國土 太位諸位上下 衣服 來受敎 跪營之

에서 앞의 '節敎賜'와 뒤에 나오는 '衣服來受敎'의 '敎'는 같은 문맥에 2회 중복되어 사용되었는데 어색한 표현이다. 이는 新羅의 迎日冷水里碑에서

---

9) 박시형(1966), 『광개토왕릉비』, 사회과학원 출판사, 232~233면 참조.

別敎 節居利 若先死後 令其弟兒斯奴 得此財 敎耳

에서 앞의 '別敎'와 뒤의 '敎耳'와 같이 '敎'를 중복하여 사용한 것과도
상통하는 바가 있다. 이 '敎'는 왕과 같은 '尊貴人의 명령(가르침)'을
뜻하는 것인데 新羅의 三國時代 吏讀文에서도 자주 사용되었으니 迎日
冷水里碑에서 6회, 蔚珍鳳坪碑에서 4회, 丹陽赤城碑에서 3회나 사용된
것이 그것이다. 이러한 '敎'의 용법도 高句麗의 初期吏讀文의 표현이
新羅에 전파된 것인데 南山新城碑文에선 이미 조동사 '이시-'의 표기로
발전하였다.

　新羅의 三國時代 初期吏讀文에서 후대에 吏讀로 발달한 漢字는 '更,
導, 白, 了, 事, 使, 幷, 者, 中' 등이 나타난다. 다음의 용례들이 그것이
다. 후대의 이두를 참조하면 이들의 이두적 성격이 이해된다.

　　更과 導; 此二人 後莫更導此財 / 이 두 사람은 후에 이 재물을 다
　　　　시 트집잡지 말 것(迎日冷水里碑文).
　　cf. '更良/가시아', '導良/드듸어'
　　白과 了; 此七人 跪跪 所白了事 / 이 7인이 꿇어앉아 사뢸 바를 마
　　　　친 일(上同).
　　cf. 白/솗-, 了/마치-
　　事; 節敎事 / 이 때에 명하신 일(丹陽新羅赤城碑銘).
　　cf. 事/일
　　使; 更赤城烟去使之 / 다시 赤城烟에 가서 일핤(근무핤) 것이다(上同).
　　cf. 使內/브리-
　　幷; 二人幷誓記 / 두 사람이 함께 맹서하여 기록한다(壬申誓記石).

cf. 并以/아오로(<아볼오).

者; 此成在△人者 都唯那 寶藏△尺干 / 이를 만든 사람은 도유나

　　보장△尺干임(戊戌塢作碑銘).

cf. '成內願旨者 / 조성한 願旨는(華嚴經寫經造成記)'의 '者/(으)ㄴ'.

中; 世中了事 / 세속 가운데의 일을 마침(迎日冷水里新羅碑).

　　世中子 / 세속 가운데의 子(인부?)(蔚珍新羅鳳坪碑).

　　國法中分與 / 국법 가운데서(국법에 따라서) 분여함(丹陽新羅

　　赤城碑).

'中'자는 비교적 자주 쓰이고 문맥에 따라 여러 의미를 나타내는데 이러한 용법에서 후대의 처격조사에 해당하는 다양한 의미가 나오게 된 것으로 보인다.

5. 訓讀字 表記의 發達

三國時代에 訓으로 읽힌 漢字들은 아직 정리되지 못한 것으로 보인다. 현재 筆者가 확인한 것을 들면 다음과 같다.

三國史記에 올라 있는 地名의 表記에는 漢字의 訓을 이용한 표기가 三國 共히 나타나고 있다. 그러나 이 地名表記는 三國時代에 사용되던 것이 統一新羅時代를 거쳐 三國史記가 편찬된 高麗時代에까지 原形대로 전하여졌다는 보장이 없다. 따라서 삼국시대에 訓을 이용한 국어의 표기가 존재하였다는 心證은 가지만 이것을 가지고 그 具體的인 證據로 삼을 수는 없다.

高句麗에서 訓을 이용한 국어의 표기는 그 末葉의 宰相 '淵蓋蘇文'의

이름에서 드러난다. 日本書紀(卷24, 皇極 元年)에서는 이 人名을 '伊梨柯須彌'로 표기하였다. 이는 '淵'이 高句麗語로서는 '伊梨/이리'로 訓讀되었음을 말하여 주는 것이다. 또 泉男生墓誌銘에서는 蓋蘇文을 '蓋金'으로 표기하였다. 이는 高句麗에서 '蘇'를 訓讀字 '金'으로도 표기하였었음을 보여 주는 것이다. 이러한 사실은 高句麗의 支配者들이 그 말기까지도 人名을 固有語로 지었고 그 표기에 한자의 訓을 이용하였음을 말하여 주는 것이다. 이런 점에서 고구려는 한자의 訓을 이용하여 그 언어를 표기하는 방법이 상당한 수준에까지 발달되어 있었음을 짐작할 수 있게 한다. 그러나 이 이상의 사실을 알려 주는 자료가 발굴되지 않아 좀 더 구체적인 상황을 파악하기는 어렵다. 高句麗에서 '節'이 '이 때에'의 뜻으로 쓰인 것은 한문의 '節'이 고구려의 독특한 용법으로 익어진 것이고 후대의 이두에서 훈독되었지만 그렇다고 하여 이 시대에 이를 訓으로 읽은 근거로 보기는 어렵다.

新羅의 三國時代 金石文에서 몇몇 한자들이 訓으로 읽혔음을 확인할 수 있다. 蔚州川前里書石 原銘(525 추정)에 新羅의 官等名으로 '大舍'가 나타난다. 이는 永川菁堤碑丙辰(536 추정), 眞興王巡狩碑(561, 568), 南山新城碑(591) 등에도 쓰였다. 新羅華嚴經寫經造成記(755)는 같은 내용이 卷10과 卷50의 끝에 두 번 기록되어 있는데 같은 사람의 官等名이 한 쪽에는 '大舍'로, 다른 한 쪽에는 '韓舍'로 기록되어 있다. 이는 '大'가 訓讀字 表記이고 音으로는 '韓/한'으로 읽었음을 말하여 주는 것이다. 이로 보면 같은 금석문에 쓰인 '小舍'의 '小'도 訓讀字일 가능성이 높다.

또 신라의 官等에서 第4位인 '波珍干支'는 川前里書石追銘(539 추정), 丹陽新羅赤城碑(540년대) 등의 三國時代 金石文에 나타난다. 이는 日本書紀에서 '波珍干岐'로 표기하고 'ハトリカムキ' 또는 'ハトリカン

キ'로 읽음을 표시하고 있다. 이는 '波珍'을 新羅에서 'ハトリ/*fator (바돌)'로 읽고 있음을 보여 주는 것이다. 한편 三國史記 職官上에서는 이를 '海干'이라고 한다고 하였다. '海'의 15세기어는 '바롤'로 이는 '바돌'에서 발달한 것으로 추정되는 것이니 '波珍'은 이 '*바돌'이나 그 古形 '*바돌'을 표기한 것임을 추정할 수 있다.[10] 여기서 '珍'이 '돌'로 읽힘을 확인할 수 있으니 이는 '珍'을 訓으로 읽은 것이다. 나아가서 이는 '珍'이 漢字의 본뜻과는 무관한 '假字(표음자)'로도 사용되었음을 보여 주는 것이다. 이와 같은 訓假字의 발달은 그 用字法이 매우 발달된 단계에 와 있다는 점에서 주목되는 것이다.

이와 같이 三國時代에 新羅는 漢字의 訓을 이용하여 고유어 단어를 표기하였음이 확인되지만 그것이 語彙表記의 수준이어서 이것이 文章表記에까지 이르렀는가 하는 것이 증명되었다고 할 수는 없다. 6세기 중엽 이후 壬申誓記石銘과 같이 한자를 완전히 우리말의 順序로 排列한 表記法이 발달하였다고 하여 그것이 곧 全面的인 우리말의 표기법이 발달한 것으로 볼 수는 없다. 昌寧仁陽寺碑銘(810)이나 安養中初寺幢竿石柱銘(827)과 같은 9세기의 吏讀文도 한자를 우리말의 어순으로 배열한 것이지만 이는 글 전체가 音讀된 것이다. 우리말로 읽는 吏讀文인 華嚴經寫經造成記(755)에서도 '楮皮脫(닥나무 껍질을 벗기는 사람)'과 '脫皮練(벗긴 껍질을 다듬는 사람)'은 한자를 우리말의 어순으로 배열한 단어이지만 音讀되는 漢字語이다. 이런 점에서 한자를 우리말의 語順으로 배열하였다고 하여 그 한자를 곧 우리말로 訓讀하였다고 할 수는 없는 것이다. 따라서 文章表記에 쓰인 訓讀字의 探索은 좀 더 愼重한 탐구가 필요한 것이다.

戊戌塢作碑銘(578 推定)의 '此成在△人者'의 '在'는 音으로 읽어서는

---

10) 梁柱東(1942), 『朝鮮古歌硏究』, 博文書館, 708면 참조.

그 문맥을 이해할 수 없다. '成在'라는 연결체가 漢文句나 漢字成語로
서는 뜻이 통하지 않기 때문이다. 후대의 吏讀나 口訣에 쓰인 바와 같
이 이 句의 '在'는 '겨-'로 읽고 '時間의 持續이나 完了를 나타내는 時相
의 표현에 쓰인 助動詞'로 해석된다.[11] 이 '在'를 訓으로 읽으면 이 구
의 다른 한자도 訓으로 읽어 '此/이', '成/일이-', '在/겨-', '者/(으)ㄴ'으
로 읽어야 된다. 이에 따라 이 구는

此成在△人者 / 이를 일이견 △人은(이를 이룬[조성한] △人은)

으로 읽게 된다.[12]

여기서 南山新城碑文(591)의 誓約 部分을 음독하여 온 것도 재고를
해야 할 것으로 생각된다.[13]

辛亥年 二月 二十六日 南山新城 作節 如法以 作後三年崩破者 罪教
事爲 聞教令 誓事之

에서 '罪教事爲聞教令'의 '爲'는 이 글에서 가장 해석하기 어려운 것이
다. 이는 그 앞뒤의 글자와의 관계가 분명치 않고 그 해석도 '되-', '삼-',
'ᄒᆞ-' 등 여럿이 있을 수 있기 때문이다.[14] 따라서 이는 국어의 어떤 한
형태로 訓讀하지 않으면 뜻이 통하는 문맥으로 파악하기가 어렵다. 이

---

11) 拙著(2000), 『吏讀研究』, 태학사, 144면 및 拙稿(2004), 시상의 조동사 '在/ナ/겨-'
　　의 발달, 『국어국문학』138, 국어국문학회, 17~32면 참조.
12) '△人'은 缺字가 있어 音으로 읽을지 訓으로 읽을지를 결정할 수 없다.
13) 拙著(2000)의 134면 이하에서는 音讀한 것으로 보고 해석하였으나 이를 訓讀한
　　것으로 수정하고자 한다.
14) '되-(爲)'는 고려시대의 釋讀口訣에서는 '-ㅔㄹ ㅅ乙 ﾉ/-일 돌ᄒᆞ-'이었다.

런 점에서 필자는 이를 '삼-'으로 훈독하기로 하는데 이 '爲'를 訓讀하
면 이 文章 전체도 釋讀해야 된다. 이에 따라

作/짓- 節/디위 如(만약) 法 以/로 作後 三年 崩破 者/(으)ㄴ 罪/
罪주- 敎/이시- 事/일 爲/삼- 聞/奏聞 敎令 誓/벼가- 事/일 之/-다

로 읽고[15] 이 文章을 해석하면 다음과 같다.

辛亥年 2月 26日 南山新城을 지을 때에, 만약 法으로 지은 後 三年
에 崩破하면 罪주실 일로 삼아 奏聞하라는 敎令으로 맹서하는 일이다.

이들 문장을 訓을 빌려 표기한 차자들은 그 漢字의 本來의 意味를
떠나 사용된 것이 아니다. 이는 이 시대에는 國語의 助詞나 語尾를 表
記하는 吐가 발달한 단계까지 이르렀다고 보기 어렵게 하는 것이다.
'在/겨-'나 '以/로'가 후대에 토로 쓰였지만 여기서는 訓讀字(表意字)의
범위를 벗어나지 않은 것이어서 토라고 보기보다는 단어의 수준에서
쓰인 것으로 본다. 다만 漢字의 訓을 빌려 우리말 文章을 표기하였다
는 것은 당시에 한자를 우리말로 읽는 訓이 성립되어 있었음을 말하는
것이고 또한 漢文이 널리 보급되어 이를 訓讀하는 一定한 方法도 성립
되어 있었음을 말하는 것이다.

---

15) 여기서의 訓은 15세기 국어와 近代의 吏讀學習書들의 讀法을 참고한 것이므로
이것이 곧 삼국시대의 어형으로 보는 것은 아니다. 釋讀은 音讀과 訓讀을 包含하
는 槪念으로 쓴 것이다.

6. 結語

이상에서 三國時代의 漢字·漢文이 吏讀文으로 발전되어 가는 모습을 살펴 보았다. 初期的 吏讀文(變體漢文)은 자료상으로 나타난 시대보다 훨씬 앞서서 이미 발전하여 있었던 것으로 보아야 할 것이다. 高句麗의 留記 100卷도 이러한 문체로 쓰였을 것으로 추정된다. 廣開土大王碑銘이나 中原高句麗碑銘의 문체를 고려하면서 또 조선시대의 承政院日記 등이 이러한 문체로 쓰인 것을 고려할 때 이러한 가능성은 충분히 있을 것으로 생각된다.

이러한 文體가 발달할 수 있었던 것은 高句麗人들이 중국으로부터 한문을 수입하되 獨自的인 방법으로 수용한 데 말미암은 것으로 생각된다. 특히 高句麗에선 漢籍을 학습하는 방법으로 釋讀法을 개발하여 扃堂과 같은 大衆的인 教育機關에서 응용하였을 것으로 추정된다. 이러한 교육이 全國的으로 普及되어 있는 데다가 國力의 伸張에 따라 中央이나 地方의 行政과 大軍을 움직이는 軍事行政 또는 個人的인 實用에서 文字表記의 必要性이 크게 요구되었을 것이다. 이러한 요구에 따른 문체는 엄격한 격식을 필요로 하는 것이 아니니 여기에서 우리말의 요소가 담긴 初期的인 吏讀文이 발전할 수 있었던 것으로 믿어진다. 더욱이 高句麗의 成長 過程에서는 中國大陸에 여러 國家의 浮沈이 심하여 高句麗의 漢字文化를 持續的으로 制約할 만한 능력을 가진 국가가 없었다. 高句麗는 國家的 體制와 文民化를 위하여 儒敎文化를 비롯한 漢文化를 수용하였지만 언제나 正格의 漢文을 驅使하여야 할 必要性이 없었을 것이다. 中國과의 外交關係에서 한문은 중요하였지만 이는 限定된 知識人에 국한된 것이고 이것이 이미 大衆化되어 있는 初期的 吏讀文의 사용을 개혁할 만한 힘으로는 작용하지 못하였을 것이다. 이러한 환경에서 變體漢文인 初期的 吏讀文이 널리 보급되었고 이것이 같은 言語構造를 가진 新羅와 百濟에, 나아가서는 日本에까지 전파되었던 것으로 추정된다. 新羅는 廣開土大王이 百濟와 伽倻를 견제하여 줌으로써 크게 국력이 伸張되었으므로 고구려와 정치적으로 가까웠을 뿐만 아니라 그 문화의 영향을 크게 받은 국가이다. 따라서 文字生活이나 學問에도 그 영향이 컸었던 것으로 추정된다. 百濟는 高句麗에서 分化된 나라이므로 高句麗가 南下政策을 쓰기 이전에는 친밀하고도 밀접한 관계를 맺고 있었으므로 그 영향이 적지 않았던 것으로 믿어진다.

高句麗에 독득한 漢文讀法이 발달되어 있었어노 國家的인 次元에서 정해진 틀이 있었다고 보긴 어렵고 學統에 따른 몇 가지의 독법이 존재하였을 것으로 생각된다. 비록 漢文을 釋讀하는 방법이 발달되어 있었다고 하더라도 그것은 暗誦의 단계이고 그 釋讀을 표기하는 방법은 발달되지 못하였던 것이 아닌가 한다. 漢文 釋讀의 표기는 吐의 발달을 전제로 하여야 하는데 三國時代의 文章 表記에서 漢字의 訓을 이용한 표기는 확인되어도 吐가 발달된 증거는 아직 확인되지 않는다. 다만 三國時代末期에는 어느 學統(學派)에서든 토를 사용하였을 가능성이 있고 삼국통일 직후 7세기 中後半에는 義湘의 華嚴學派에서 吐가 본격적으로 사용되었음이 거의 확실한 것으로 추정된다.[16] 이러한 釋讀의 表記方法을 크게 신장시키어 전국적으로 보급시킨 것이 7세기 후반에 薛聰이 方言(國語)으로 九經을 읽은 것(經書口訣)이었다. 薛聰 이전에 吐의 발달이 없는데도 薛聰이 厖大한 양의 經書의 釋讀口訣을 著述하였다고 보기는 어렵다. 그 이전에 그가 참고할 만한 토가 발달되어 있었고 또 이것이 널리 보급되어 있었기 때문에 經書口訣을 저술할 수 있

---

16) 拙稿(1988), 「釋讀口訣의 起源에 대하여」, 『국어국문학』 100 및 拙著(1999) 『口訣研究』(太學社) 중 '釋讀口訣의 起源' 참조.

었다고 보아야 할 것이다. 이 구결의 독법이 吏讀文에도 반영되어 현재 우리가 볼 수 있는 자료에 旷가 나타나는 것으로 보이는 것이다.

日本訓点語學의 諸問題
—比較訓讀을 中心으로—

月本雅幸*

1

大矢透가 그의 저서『仮名遣及仮名字体沿革史料』를 1909年에 公刊한 以來, 100年 가까이 日本의 訓点研究는 發展을 거듭해 왔는데, 現在 日本의 訓点研究는 큰 轉機를 맞이하고 있다고 생각한다. 이 問題에 대한 月本의 생각은 前稿에 大要를 언급하였다(「訓点語 研究의 現狀과 그 將來」,『訓点語와 訓点資料』第112輯, 2004年 3月, 2003年 11月에 행한 訓点語學會 創立 50 周年 記念 講演會에서 언급한 것을 정리한 것). 여기서는 그 때 언급한 問題의 하나인 比較訓讀에 대해서 조금 상세하게 언급하고자 한다.

日本의 訓点研究의 歷史를 뒤돌아보면, 最近 約40年間에 어떤 종류의 研究가 왕성하게 이루어져 왔던 것을 알 수 있다. 그것은 同一한 典籍에 대해서 記入된 複數의 訓点에 대한 異同을 檢討하여, 그러한 複數의 訓点에 의해서 나타나는 訓法의 차이가 그 訓点을 記入한 人物이 속하는 學派, 宗派, 流派의 相違에 對応한다고 생각하는 것이었다. 이와 같은 研究를 어떻게 이름을 붙일 것인가 대해서는 一定하지 않지만, 예

* TSUKIMOTO Masayuki, 東京大學 교수, tsukimot@L.u-tokyo.ac.jp

를 들면, 「比較訓讀」이라고 불리는 경우가 있다. 月本는 前稿(「訓点語研究의 現狀과 그 將來」)에서 이러한 것을 一括하여 「訓点系統論」이라고 하였지만, 여기서는 여러 가지의 誤解를 피하기 위하여 「比較訓讀」이라고 부르기로 한다.

다음에 比較訓讀을 언급한 論考의 一覽表를 제시한다.

1. 小林芳規 「神田本白氏文集의 訓의 類別」(『國語와 國文學』)40卷 1
   号, 1963年 1月, 나중에 『平安鎌倉時代에 있어서 漢籍訓讀의 國語
   史的硏究』〈1967年〉 所收)

2. 築島裕 「成唯識論의 古訓法에 대해서」(『國語와 國文學』46卷 10
   号, 1969年 10月)

3. 同 「平安時代의 古訓点의 語彙의 性格－大日経의 古訓点을 例로
   서－」(『國語學』 87集, 1971年 12月)

4. 同 「大日経疏의 古訓法에 대해서」(『五味智英先生 古稀 記念 上代
   文學論叢』 所收, 1977年 11月)

5. 小林芳規 「訓讀法의 変遷－平安時代의 妙法蓮華経의 古点本을 例
   로서－」(『漢文教育의 理論과 指導』 所收, 1972年 2月)

6. 三保忠夫 「蘇悉地羯羅経古点의 訓讀法」(『國語學』 102集, 1975年 9
   月)

7. 勝山幸人 「金光明最勝王経의 古訓法에 대해서」(『野州國文學』 33
   号, 1984年 3月)

8. 春日和男 「比較訓讀에 대해서 (一)」(『帝京大學文學部紀要(國語國
   文學)』 第17号, 1985年10月)

9. 同 「比較訓讀에 대해서(二)」(『帝京大學文學部紀要(國語國文學)』第
   18号, 1986年 10月)

10. 小林芳規「仁和寺尊藏金剛頂瑜伽護摩儀軌二本의 訓点－金剛頂瑜伽護摩儀軌의 訓讀史에서의 考察－」(『訓点語와 訓点資料』88輯, 1992年 3月)

11. 同「妙法蓮華経訓讀史叙述을 위한 基礎作業」(『訓点語와 訓点資料』90輯, 1993年 1月)

12. 松本光隆「平安鎌倉時代에 있어서 医書의 訓讀에 대해서」(『國文學攷』87号, 1980年 9月)

13. 同「平安時代에 있어서 金剛頂蓮華部心念誦儀軌의 訓讀에 대해서」(『小林芳規博士 退官 記念 國語學論集』所收, 1992年 3月)

14. 同「眞言宗小野流에 있어서 金剛界儀軌의 訓讀」(『國文學攷』132·133合併号, 1992年 3月)

15. 同「天台宗寺門派에 있어서 金剛界儀軌의 訓讀에 대해서」(『古代語의 構造와 展開 継承과 展開1』所收, 1992年 6月)

16. 同「平安鎌倉時代에 있어서 蘇悉地羯羅供養法의 訓讀」(『高知大國文』22号, 1991年 12月)

17. 同「實範의 訓讀－東寺觀智院藏金剛頂蓮華部心念誦儀軌의 訓讀을 中心으로－」(『鎌倉時代語研究』第16輯, 1993年 5月)

18. 同「平安鎌倉時代에 있어서 胎藏儀軌의 訓讀에 대해서」(『訓点語와 訓点資料』94輯, 1994年 9月)

19. 月本雅幸「大唐西域記의 古訓法에 대해서」(『國語와 國文學』57卷12号, 1980年 12月)

20. 同「不動儀軌의 古訓点에 대해서」(『築島裕博士還暦記念國語學論集』所收, 1986年 3月)

21. 同「因明論疏의 古訓点에 대해서」(口頭發表, 訓点語學會研究發表會, 1989年 10月)

22. 同 「弁顯密二敎論의 古訓点에 대해서 (上)」(『國文白百合』21号, 1990年 3月)

23. 同「院政期에 있어서 祖点－円堂点使用의 空海撰述書을 例로서」 (『訓点語와 訓点資料』90輯, 1993年 1月)

24. 同「十二世紀의 仏書訓点資料의 特質－從來의 硏究의 問題点과 今後의 課題－」(『國語硏究』所收, 1993年 10月)

25. 同「因明論疏의 古訓点에 대해서」(『築島裕博士 古稀 記念 國語學論集』所收, 1995年 10月, 21의 口頭發表를 근거로 한 것)

一見해서 알 수 있듯이 이런 종류에 대한 硏究의 開拓者는 小林芳規博士이다. 同博士는 上記의 文獻1에 있어서 神田本『白氏文集』卷3(神田喜一郎博士旧藏, 京都國立博物館藏)에 기입된 天永4年(1113)의 訓点(加点者는 藤原茂明)을 檢討하였다. 이 자료에는 數種의 訓点이 記入되어 있으며, 그것은 宮內廳書陵部藏時賢本『白氏文集』卷3(正中2年 [1324] 移点)에서 複數의 訓点이 墨, 朱, 黃褐色, 茶色의 4色으로 구분되어 있는 것과 對応하고 있다는 점을 解明하고, 時賢本의 訓点은 다음과 같이 나타난다.

墨訓＝菅原家의 訓法
朱訓＝藤原家(日野流)의 訓法
黃訓＝大江家의 訓法
茶訓＝菅原家의 訓法(別訓)

그리고 색깔로 구분된 것에 神田本의 訓点(墨書의 가나(仮名)와 朱書의 오코토점(ヲコト点)이 對応하고 있으며, 神田本의 訓点이 漢籍의 博

士家인 菅原家, 大江家, 藤原家(日野流)에 전해진『白氏文集』의 訓点을 併記한 것이라는 사실을 규명한 것이었다.

그런데 이것으로는 問題가 하나 남게 된다. 그것은 神田本의 加点者인 藤原茂明가 속하는 藤原家(式家)에 전하는 訓法이 어디에 기입되어 있는지가 不分明하게 되어버린다는 점이다. 이 問題는 나중에 小林博士 自身에 의해서 解明되었다(太田次男·小林芳規『神田本白氏文集의 研究)1982年, 勉誠社). 즉 사실은 神田本『白氏文集』에는 角筆로 訓点이 記入되어 있으며, 그것이 式家의 訓法을 나타내고 있다고 생각되는 것이다. 이렇게 해서 神田本은 菅原家, 藤原家(日野流), 藤原家(式家), 大江家의 각각에 伝承된 訓法이 併 記된 것이라는 점이 알려지게 되었다.

이러한 小林博士의 研究는 學界에 큰 影響을 미치고, 이윽고 仏典의 訓点에 이와 같은 方法論을 適用한 研究가 나타나게 된다. 덧붙여서 말하면 漢籍에 대해서는 平安時代의 訓点 資料의 点數가 仏典에 비해서 아주 적고, 同一의 漢字本文에 대한 複數의 訓点資料를 확보하는 것이 困難하기 때문에, 이런 종류의 研究는 主流가 되지 않았다.

小林博士의 方法論을 最初로 仏典의 訓点에 応用한 것은 築島裕博士이다. 예를 들면, 論文2에 있어서 同博士는『成唯識論』의 平安時代 中期頃의 訓点에는 興福寺의 法相宗, 東大寺의 三論宗, 比叡山의 天台宗이라는 세 가지의 유파가 있었다고 하였다.

또한 同博士는 論文4에 있어서 平安時代 後半期(11~12世紀)의『大日経疏』(『大日経』)에 대한 注釋書)의 訓点 約30種을 들어서, 이것이 크게 세 개의 그룹으로 나누어져 각각 眞言宗小野流, 眞言宗廣澤流, 天台宗에 對応한다는 점을 지적하였다.

그리고 자세한 것은 省略하지만, 앞에 들은 文獻目錄에 보이듯이 이런 종류의 研究는 다른 研究者에 의해서도 이루어졌다.

2

1에서 보았던 研究에 이끌려서 月本도 同一의 漢字本文에 대한 複數의 訓点을 比較하여 보았다. 그것은 당연히 이러한 訓点이 서로 明確한 相違를 나타내고, 이것이 宗派나 學派의 차이에 對応하고 있을 것이라는 점을 予想한 것이었다. 그렇지만, 檢討의 結果는 그렇지 않았다.

論文19에서는 『大唐西域記』의 12, 13世紀의 訓点 3種을 比較하여, 이러한 것이 部分的으로는 종종 一致하면서도 全体로서는 각각 다르다는 점을 지적하였다. 그리고 이러한 訓点은 그 以前 時代의 訓点을 서로 混合한 것 같은 樣相을 띠고 있다는 것을 언급하였다.

또한 論文20에서는 『不動儀軌』(仏敎에서는 不動明王을 供養하고, 所願을 成就하기 위한 手順을 기록한 것)의 訓点 14種을 比較하여, 이러한 것이 仏敎의 宗派나 學派에 의해서 明確한 相違를 나타내지 않는 점을 밝혔다.

그렇다면, 어째서 이와 같은 일이 일어나는 것일까. 여기에는 여러 가지의 理由를 생각할 수 있는데, 이미 論文19, 20에서도 그 一端을 언급하였지만, 現時点에 있어서 月本은 다음과 같이 생각하고 있다.

1. 書籍의 內容, 性格에 따라서 訓点이 系統으로 나누어지기 쉬운 것과 그렇지 않은 것이 있는 것은 아닐까. 仏敎의 敎義에 直結하는 것(経이나 그 注釋書의 類)은 나누어지기 쉽고, 敎義에 直結하지 않는 것(儀軌, 史伝의 類)은 나누어지기 어려운 것은 아닐까. 前述의 『大唐西域記』나 『不動儀軌』의 경우에는 이에 相當한다.

2. 書籍의 內容의 難解의 정도에 따라서 訓点이 系統으로 나누어지기 쉬운 것과 그렇지 않은 것이 있는 것은 아닐까. 難解한 書籍은

새로운 訓点을 만들어 내기 어렵기 때문에 少數의 古訓点이 그대로 保存되어, 그 結果 系統의 分離가 明確한 것은 아닐까. 『成唯識論』이나 『因明論疏』의 경우에 이에 相當한다.

3. 書籍이 널리 읽히고, 流布한 것은 다양한 訓点이 이루어지며, 그 結果 系統으로 나누어지기 어렵고, 각양각색의 訓法으로 되는 것은 아닐까.(『往生要集』 등). 반대로 별로 널리 流布하지 않았던 書籍은 그 訓点이 잘 保存되어 系統의 分離가 明確한 것은 아닐까 (『文鏡秘府論』 등).

이러한 1~3이 중복되어서 訓点의 系統이 明確하게 나누어지는 경우와 그렇지 않은 경우가 發生하는 것은 아닐까. 더 나아가 이 問題는 「移点」의 問題와 깊이 연관되어 있다고 月本은 생각하고 있다. 11世紀에 들어가면, 訓点은 이미 存在하는 訓点資料에서 베끼는 일이 많아진다. 이것이 「移点」인데, 이 移点이 원래의 寫本의 訓点을 忠實히 옮겨 적는 것에 한정되지 않고, 오히려 訓点을 베끼면서 改変하여 간다는 점이 松本光隆氏에 의해서 指摘되고 있다(論文15). 移点을 할 때의 改変이 크면 訓点의 系統은 점차로 不分明하게 되며, 改変이 적으면 訓点의 系統은 明確한 형태로 남게 되는 것이다.

그렇다면 移点할 때의 改変은 어째서 일어난 것일까. 이것은 不注意에 의한 것이 아니라 보다 나은 訓点을 찾고자 하는 움직임이었던 것이다. 旣存의 訓点에 疑問이 있거나 不適切하다고 생각된 경우에 學僧은 訓点의 改変을 행한 것이라고 月本은 생각하고 있다.

더 나아가 보다 나은 訓点을 찾는 움직임은 별도의 作業으로도 이어졌다. 그것은 몇 種類나 되는 많은 訓点을 모아서 漢字 本文의 옆(左右)에 倂記하는 것이었다. 그리고 複數의 訓点을 비교하여 보고 혼합하거나 한 것이라고 생각한다.

그러나 이러한 移点을 할 때의 두 가지의 作業, 訓点의 改変과 複数의 訓点의 倂記는 仏典의 訓点에 있어서는 매우 자주 이루어진 것에 비해서 漢籍에서는 조금밖에 이루어지지 않았다. 잘 알려져 있듯이 平安時代에 있어서 漢籍의 訓点을 担当한 博士(大學寮＝官吏養成機關의 教官)은 實力主義에서 이윽고 世襲制가 되며, 대대로 漢籍의 訓点을 전하게 되었다. 漢籍의 訓点에서는 先祖 伝來의 訓点을 계속해서 지키는 일이 이루어졌지만, 이윽고 다른 博士의 집(博士家)에 전해지는 訓点을 參照하여, 보다 나은 訓点을 模索하는 일이 이루어지게 되었다. 즉 論文1에 있어서 小林博士가 檢討한 神田本『白氏文集』는 그와 같은(訓点의 改変은 이루어지지 않았지만, 複数의 訓点의 倂記는 이루어진) 訓点資料이었던 것이다.

仏典의 訓点은 改変되는 일이 많은 것에 비해서 漢籍은 그것이 적고 固定的이었다. 아마도 이것은 仏教의 學問이 革新的이며, 새로운 要素를 계속해서 받아들여 행하여진 것에 비해서 漢籍의 學問이 保守的, 固定的이었기 때문이었을 것이다. 그 原因은 仏教의 學僧이 世襲制가 아닌 것에 반해, 漢籍의 博士家가 世襲으로 되어버린 점에서 찾을 수 있는 것은 아닐까 생각한다.

以上으로 언급한 것은 아직 仮說에 지나지 않고, 이것을 立証하는 일이 月本에게 주어진 課題이다. 그러나 從來와 같이 단순히 複数의 訓点을 비교해서 그 異同을 논의하는 것만 으로는 訓点의 實相에 다가가는 것은 어려우며, 그 訓点의 異同의 背後에 있는 것을 찾아내지 않으면 안되는 것이다.

3

比較訓讀의 研究는 그 出發点에 있어서는 큰 成果를 올렸지만, 곧바로 日本의 訓点研究(특히 仏典의 訓点研究)에 대해서 弊害를 초래하게 되었다고 月本은 생각한다. 그 弊害는 다음과 같은 것이다.

1. 比較訓讀의 研究만 행하게 되면, 訓点研究가 進展한다고 하는 誤解를 초래한 점(실은 그것만으로는 매우 불충분하다).
2. 宗派, 學派에 訓点의 相違가 明確하게 對応하고 있지 않은 경우, 그 研究 成果가 불충분하다고 간주되어 公表되지 않았던 점(宗派 등에 의해서 訓点이 明確하게 相違하지 않은 경우, 어째서 그렇게 된 것인지가 解明되어야만 하는 데에도 불구하고 그렇게 되지 않았다).
3. 訓点研究에 있어서 보다 큰 問題가 檢討되지 않고 放置된 점.

여기서는 3에 대해서 앞으로의 訓点研究의 方向性으로서 重要한 점을 들어보고 싶다. 우선 月本은 日本의 訓点의 世界 全体를 전망한 研究가 매우 적다는 점을 指摘하고 싶다. 예를 들면, 도대체 日本에 訓点資料가 몇 점 남아있는가라는 基本的인 情報조차 明確하게 되어 있지 않다. 訓点研究가 進展하였던 平安時代(9〜12世紀)에 대해서는 築島裕 博士가 몸소 1995年 1月까지 調査한 訓点資料의 点數가 3,355点이라는 것을 언급하였는데(『平安時代訓点 本論考 研究篇』, 1996年, 汲古書院), 当然히 現存하는 点數는 그것을 상회하는 것이다. 13世紀 이후에 대해서는 現存하는 訓点資料의 点數를 推計한 研究조차 없는 것이 現狀이다.

더 나아가 日本의 訓点 世界의 全体像을 解明하는 일이 必要하다. 日本의 訓点世界가 어떠한 構造를 가지며, 어떠한 原理에 의해서 움직이고 있었는가, 이 問題는 매우 重要하며, 日本의 訓点研究의 最終的인 目標이기도 하지만, 지금까지는 아직 누구도 이 問題의 解明에 成功하지 못했다. 月本도 이것에 대해서 明確한 생각을 가지고 있지 못하다.

또한 다음과 같이 訓点에 관한 重要하고 또한 基本的인 問題(이것을 月本은 「訓点의 基本的인 問題」라고 부르고 있다)가 아직 거의 檢討되지 않고 있다. 이 「訓点의 基本的인 問題」는 漢籍과 仏典의 경우에서는 그 內容이 다르다고도 생각되지만, 여기서는 仏典의 경우를 念頭에 두고 언급하고자 한다.

우선 訓点은 어째서 記入된 것인가라는 問題가 있다. 이것에는 몇 가지의 解答을 생각할 수 있는데, 講義를 聽講하였을 때 개개의 漢字를 어떤 식으로 읽을 것인가, 記憶을 도와주기 위하여 記入하였다는 견해에 대해서는 講義의 聽講 以外의 장소에서는 어떻게 될까라는 疑問이 提起될 것이다. 또한 難讀의 漢字에 대해서 訓点을 記入하였다는 생각도 할 수 있지만, 平安 時代의 訓点을 보는 한, 반드시 難讀이라고는 생각할 수 없는 漢字에도 訓点은 記入되고 있다. 그렇다면 實際로 어떠한 경우에 訓点이 記入되었는지는 잘 모른다는 것이 된다.

다음으로 訓点은 누가 언제 記入한 것인가 라는 問題가 있다. 이것에는 여러 경우가 생각될 수 있는데, 이러한 것에는 예를 들면, 다음과 같은 것이라고 생각된다.

A 講義의 聽講記録

B 講義의 準備

C 講義의 聽講記録을 정리하여 고친 것

D 個人的인 研究(祖点의 創始)

E 個人的인 研究(D를 移点한 것)

日本에서는 9世紀의 訓点資料의 필사기(奧書)에 「聽了」 등의 語句가
보인다는 점에서 從來의 9世紀(平安初期)의 訓点은 漠然하게 A의 경우
라고 생각되어져 왔지만, 時間을 들여서 정성스럽게 記入된 訓点도 있
으며, 이러한 것들은 B나 C이었는지, 그렇지 않으면 D 등도 있었는지
問題가 된다. 또한 개개의 訓点資料를 上記의 A～E로 分類하는 것도
必要하게 될 것이다. 어느 것으로 分類되는가에 따라서 개개의 訓点資
料의 言語的인 性格이 다르다고 想像되기 때문이다.

더 나아가 時代에 따라서 上記의 A～E의 비율이 어떻게 変化하였는
지가 問題가 된다. 從來에 平安時代 後期(11～12世紀)에는 D E가 中心
이 되며, 이미 存在하는 訓点資料에서 訓点을 베끼는(移点) 것이 왕성
하게 이루어졌다고 생각되고 있다. 仏典의 경우 複數의 訓点 資料에서
移点을 행하여 보다 나은 訓法을 模索하였을 것이라고 想像된다. 이것
이 하나의 資料에 數種의 訓点을 併記하게 되는 原因이다.

다음으로 祖点의 問題가 있다. 移点이 되어 後世까지 伝承된 訓点의
出發点이 되는 오래된 訓点을 祖点이라고 부른다. 從來에 이 祖点은 有
名한 學僧이 몸소 記入하고, 그것이 전해졌다고 생각되어 왔지만, 月本
은 그와 같은 견해에 의문을 품고 있다. 實際로 有名한 學僧의 自筆의
訓点은 매우 적다. 이것은 學力이 있는 學僧은 詳細한 訓点을 必要로
하지 않았기 때문이지 않을까, 著名한 學僧의 說이라고 하는 詳細한 訓
点은 그 著名한 僧의 弟子가 스승의 가르침을 받아서 記入한 것이 아
닐까 생각한다. 또한 後世까지 伝承된 祖点은 10世紀 後半이나 11世紀
의 것이라고 생각되는 경우가 많은 것 같지만, 12世紀가 되어서도 새

로운 祖点은 만들어져서, 後世에 伝承되어 행하여졌던 것은 아닐까(이 점에 대해서는 松本光隆氏의 論文17에 指摘이 있다).

以上으로 指摘한 바와 같이 日本의 訓点研究에는 아직 解明되어야만 하는 점이 많이 남겨져 있다. 그러나 이 40年 정도 比較訓讀의 研究에 힘을 소비한 나머지 이러한 問題点은 放置되어 왔다. 앞으로 이러한 점들을 解明하지 않으면 안되지만, 그러기 위해서 現在 日本의 訓点研究는 後継者의 育成을 緊急하게 必要로 하고 있다.

[付記] 本稿는 2005年 9月 2日에 開催된 口訣学会 第3回 国際学術会議(ソウル市立大学)에서 행한 研究講演의 原稿에 약간의 訂正을 한 것이다. 그 때 신세를 진 南豊鉉선생님, 鄭光선생님을 비롯하여 関係各位에 대해서 깊이 감사드리고 싶다. 또한 月本이 이 研究講演에서 이와 같은 테마를 취급한 것에는 理由가 있다. 눈부시게 発展하는 大韓民国에 있어서의 口訣研究는 멀지 않아 同一本文에 대해서 記入된 複数의 口訣의 比較研究라는 段階를 맞이하게 될 것이다. 그 때에 이전에 日本의 訓点語学에서 행하여진 研究方法과 그 弱点을 알아두는 것이 日韓両国의 訓点・口訣研究者의 共通의 利益이 될 것이라고 생각했다. 이 機会에 付言하게 된 것을 대단히 기쁘게 생각한다.

번역 : 尹幸舜(한밭대학교 일본학과 교수)

京都國立博物館藏 『華嚴經』 卷第十七의 訓點

李丞宰*

1. 머리말

이 글은 日本 京都國立博物館에 所藏되어 있는 舊譯『華嚴經』 卷第十七의 書誌 사항과 여기에 白點으로 記入된 訓點를 소개하는 데에 목적을 둔다.

필자는 日本 科學研究費의 지원을 받아[1] 2005年 2月 2日과 3日 兩日에 걸쳐 京都國立博物館 所藏의 여러 資料를 열람할 수 있었다.[2] 舊譯『華嚴經』 卷第十七(京博B甲79)은 그 중의 하나인데, 이 자료에서 白點을 이용하여 기입한 訓點을 처음으로 發見하였다. 日本 石山寺藏의『瑜伽師地論』과 新譯『花嚴經』에 白點으로 기입된 訓點을 이미 조사한 적이 있었기 때문에 필자는 이 白點이 訓點 자료임을 금방 알아볼 수 있었다. 또한 韓國 韓國學術振興財團의 지원을 받아[3] 2005年 7月 27日과

* 서울大學校 人文大 言語學科 교수.
  1) 연구책임자는 日本 富山大學의 小助川貞次 敎授이고 課題名은「國際的視點から見た日本語・朝鮮語における漢文訓讀に關する實證的研究」이다.
  2) 이 조사에는 日本의 小助川貞次, 藤本幸夫, 石塚晴通, 池田證壽, 高田智和 등이, 韓國의 李丞宰, 權仁瀚, 吳美寧, 朴鎭浩, 李安九 등이 참가하였다. 귀중한 자료를 열람할 수 있도록 노와준 京都國立博物館의 赤尾榮慶 保存修理室長과, 白點을 실사와 같이 읽어 가면서 많은 것을 가르쳐 주신 石塚晴通 敎授께 이 자리를 빌려 感謝드린다.
  3) 연구책임자는 서울大學校의 李丞宰이고 課題名은「周本華嚴經에 記入된 角筆 口

28日 兩日에 걸쳐 二次調査를 실시하여 이 白點을 모두 移點하였다.[4] 이 글은 이 조사에 대한 研究結果 報告書이다. 먼저 舊譯『華嚴經』卷 第十七(京博B甲79)의 書誌 사항을 간단히 정리한 다음, 이 자료에 白點 으로 기입한 訓點을 하나씩 소개하고자 한다.

筆者는 古代 日本語에 대한 知識이 全無한 상태이기 때문에 자료를 紹介・記述하는 정도에서 이 글을 끝낼 것이다. 새로 발견된 貴重한 資料를 學界에 널리 그리고 시급히 알리기 위하여 이 글을 쓰게 되었 다. 본격적인 논의에 도달하지 못 한 때가 있더라도 널리 양해해 주기 바란다.

2. 書誌

널리 알려져 있듯이『華嚴經』에는 舊譯本, 新譯本, 貞元本의 세 가지 가 있다. 京都國立博物館 所藏의『華嚴經』卷第十七(京博B甲79)은 東晉 의 佛陁跋陁羅가 418年에서 420年에 걸쳐 漢譯한 舊譯本의 一種이다.

舊譯本(또는 晉本)『華嚴經』은 흔히 말하는 60卷本『華嚴經』을 가리 킨다. 그런데 舊譯本을 두루 조사해 보면 舊譯本 중에는 60卷이 아니라 50卷으로 造卷된 것이 적지 않다.[5] 특히 이른 시기의『華嚴經』자료에 서 50권본이 발견되고 後代의 자료에서 60권본으로 再編된다는 사실 이 눈에 띈다. 이것은 가장 權威가 있는 目錄集인『開元錄』과『貞元錄』

訣의 解讀 및 飜譯」이다.
4) 이 조사에는 필자를 비롯하여 尹幸舜, 吳美寧, 黃善燁 교수가 참여하였다. 이 분 들께도 깊이 감사드린다. 二次 調査에서도 赤尾榮慶 室長께 다시 한 번 신세를 졌 다.
5) 李丞宰(2004, 2005)에서 50卷本『華嚴經』에 속하는 자료를 40點 찾아낸 바 있다.

에서 '元五十卷後人分(卷)爲六十'이라 한 데에서 다시 확인된다. 즉 원래는 50권이었으나 後人이 分卷하여 60권이 되었다는 기록이다. 이에 따르면 初期의 舊譯本은 50卷本일 가능성이 높은데 現存하는 자료를 최대한 검토한 결과 이것이 확인되었다. 50華嚴은 대부분 南北朝와 隋代의 資料 즉 早期의 資料임이 드러나기 때문이다.

京都國立博物館 所藏의『華嚴經』卷第十七(京博B甲79)을 열람하게 된 까닭은 바로 여기에 있었다. 舊譯本에 속하는 이 자료가 50卷本 系統인지 60卷本 系統인지를 확인하기 위하여 閱覽을 申請하였던 것이다. 確認한 結果 이 자료는 50권본 계통도 아니요 60권본 계통도 아니었다.

(1) 京博B甲79와 60卷本의 本文 對比

本文 內容 \ 異本	京博B甲79	再雕本	新脩大藏經
佛子何等爲菩薩摩訶薩第三等諸佛迴向	卷第十七 卷首	卷第十五(총23幅) 卷首	卷第十五 卷首 (493頁 中 11行)
不著衆生說衆生 善能隨順諸世間	卷第十七 卷尾	卷第十五(총23幅) 卷尾	卷第十五 卷首 (499頁 中 29行)

위의 本文 對比表에서 확인할 수 있듯이 卷次가 卷第十七인 京博B甲79의[6) 卷首 本文은 60卷本 계통인 再雕大藏經과 新脩大藏經의 卷第十五의 卷首 本文에 대응한다. 또한 이 자료의 卷尾 本文은 再雕本과 大正藏의 卷第十五의 卷尾 本文에 대응한다. 여기에서 京博B甲79의 卷第十七이 60卷本의 卷第十五와 텍스트가 一致함을 알 수 있다. 이에 따르면 이 자료는 60권본 계통이 아닐 뿐만 아니라 50권본 계통도 아니라는 결론이 나온다. 오히려 이 자료는 末卷의 卷次가 60 以上인『華嚴經』의 一種이라고 하여야 합리적이다. 算術的 比例式에 따르면 이 자료는 65

---

6) 뒤에서 '이 자료'라 한 것은 모두 이 京博B甲79를 가리킨다.

卷本 또는 70卷本일 가능성이 있다. 그러나 이처럼 分卷한 舊譯本은 아직 논의된 적이 없다. 따라서 이 자료는 舊譯『華嚴經』중에서도 아주 特異한 資料에 속한다. 日本에 전해지는 古代의 舊譯本에는 이처럼 60以上의 卷次까지 나아갈 듯한 『華嚴經』이 意外로 많다. 이것은 日本에 傳해지는 舊譯『華嚴經』의 대표적인 特徵이다.

이 자료의 表紙 背面에는 '大方廣佛華嚴經卷第十七'이라는 經名과 卷次가 나온다. 이 筆跡은 本文의 필적과 일치하므로 表紙도 제작 당시의 原本이라고 할 수 있다. 실제로 表紙는 아주 오래된 것이라고 한다. 木軸도 變改한 흔적이 보이지 않기 때문에 제작 당시의 것일 것이다.

종이의 原料는 楮紙이지만 제작법이 특이하여 麻紙의 제작 방식을 따랐다고 한다.[7] 그런데 주목할 만한 것은 끄트머리의 2張 즉 第20張과 第21張의 紙質이 그 앞의 지질과 다르다는 점이다. 앞의 종이는 品質이 좋은 데에 비하여 끄트머리 2張의 품질은 그리 좋은 편이 아니다. 이것은 保存 상태에서도 금방 드러난다. 第20張과 第21張에서는 天頭와 地脚 부분이 떨어져 나간 곳이 적지 않지만 그 앞의 종이에서는 破損된 부분이 별로 보이지 않는다. 앞의 종이에는 발[簾目, 篔目] 무늬가 촘촘하게 드러나 있는데, 背面에서 보면 이 발 무늬가 선명하게 잘 보인다. 紙質은 奈良時代의 것이 분명하다고 한다.[8]

每張의 크기는 조금씩 차이가 나지만 第2張의 紙高는 28.2cm, 紙長은 50.7cm이다. 表紙의 紙長은 24.0cm, 木軸에 연결된 第21張의 紙長은 21.4cm이다. 烏絲欄이 그어져 있는데 그 欄高는 21.7cm이다. 대체적으로 奈良時代에 유행하였던 크기라고 보아 無妨하다.

이 자료는 전체 21張이다. 第1張은 22行이지만 나머지는 대부분 24

---

7) 이에 대해서는 石塚晴通 敎授의 敎示를 따랐다.
8) 이에 대해서는 赤尾榮慶 室長의 敎示를 따랐다.

行이다. 그리고 每行이 17字로 이루어지므로 이 자료의 版式은 24行 17字라고 할 수 있다. 그런데 약간의 예외가 있다. 第5張은 특이하게도 22行인데, 第5張 끝의 本文이 第6張의 첫머리에 정확하게 연결되므로 本文의 一部가 漏落된 것은 아니다. 第5張의 종이 길이가 약간 짧기 때문에 이처럼 行數에서 차이가 난 듯하다. 또한 第19張도 23行이라서 특이하다.

그런데 第19張의 경우에 이처럼 23行인 것은 그럴 만한 이유가 있다. 원래는 第19張도 24行이었을 가능성이 있는데, 第19張의 끝 부분부터 缺落됨으로써 第19張이 마치 23行인 것처럼 보일 뿐이다. 缺落되어 없어진 부분은 다음과 같다.

寫眞 1

(2) 京博B甲79에서 缺落된 本文

本文 內容 \ 異本	京博B甲79	再雕本	新脩大藏經
匹 一切世間所不能壞 威攝衆魔莫能瞻對	卷第十七 19張 24行	卷第十五(총23幅) 19幅22行	卷第十五 498頁 下11行
无有色法及无色 亦无有想无无想	卷第十七 20張의 바로 앞	卷第十五(총23幅) 22幅2行	卷第十五 499頁 中6行

再雕本으로 계산하면 대략 2幅 5行 정도의 本文이 京博B甲79에서는 缺落된 것이다.

이처럼 缺落된 까닭은 아직은 밝히기 어렵다. 중요한 것은 바로 이 缺落된 부분에 이어지는 本文 즉 第20張과 第21張의 紙質이 앞의 紙質과 다르지만 筆跡은 서로 같다는 점이다. 이것은 筆寫 당시에 上品의 종이가 不足하여 品質이 떨어지는 종이로 끝 부분을 補充하였음을 暗

示한다. 따라서 종이가 大量으로 消費되었던 時期에 이 資料를 筆寫하였을 것이라는 推定이 可能하다. 奈良時代 중에서 大量으로 寫經이 이루어진 時期는 740年代이다(崔在錫 1998 參照).

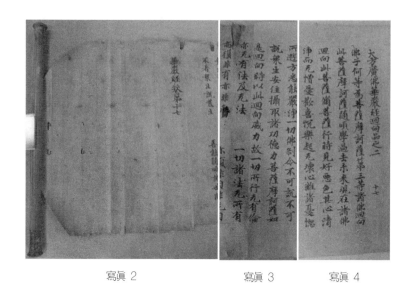

寫眞 2 　　　　 寫眞 3 　　　　 寫眞 4

이 자료의 본문은 第20張 23行에서 끝나므로 第21張의 첫째 行에 卷尾題 '華嚴經卷第十七'이 왔다. 따라서 第21張 1行에 卷尾題가 오고 11行 즉 第21張의 끝에 木軸이 연결되어 있다. 木軸의 양쪽 끝에는 紅塗칠을 하였다.

第1張의 첫째 行에는 '大方廣佛華嚴經迴向品之二'라는 卷首題가 나오는데, 이것은 經名, 品名과 品次에 해당한다. 品次의 3字 밑에 작은 글씨로 卷次 '十七'을 적었는데 卷首題를 이와 같은 방법으로 적은 것은 後代의 資料에서는 보기가 어렵다. 후대의 자료에서는 經名에 바로 이어서 '卷第十七'과 같은 卷次을 적고 品名과 品次는 오히려 다음 行의 첫머리로 옮겨서 적는 것이 一般的이다. 이 점에서도 이 자료가 古代

의 자료임을 알 수 있다.[9]

書風이나 筆跡은 典型的인 奈良時代의 것이다. 필자는 日本의 石山寺本 『瑜伽師地論』과 新譯 『花嚴經』을 조사한 바 있는데, 이들과 京博B甲79의 書風이나 筆跡은 類似하다. 석산사본 『瑜伽師地論』은 730年에 寫經하였다는 記錄이 奧記에 나오기도 하므로 京博B甲79의 제작 시기가 730年代로 거슬러 올라갈 수도 있다.

결론적으로 이 資料의 製作 時期를 8世紀 中葉으로 추정해 둔다. 정확히 말하면 740年代에서 770年代 정도의 시기에 제작되었을 것이다.

널리 알려져 있듯이 審祥이 東大寺에서 『華嚴經』 강의를 시작한 것은 740년이었다. 그런데 그 첫 講義의 대상이 新譯本이 아니라 舊譯本 『華嚴經』이었다(小林芳規 2003:19)는 사실이 중요하다. 京博B甲79가 마침 舊譯本이기 때문이다. 日本에 傳하는 舊譯 『華嚴經』에 訓點을 記入한 자료로는 아마도 이 資料가 가장 이른 時期의 자료가 아닌가 한다.

이 자료의 製作 時期와 『華嚴經』 講義 時期를 강조하여 이 자료의 白點도 8세기 중엽에 記入되었다고 推定할 수는 없다. 日本에서 白粉을 이용하여 訓點을 기록한 것은 黃褐色을 이용한 것보다 時期的으로 늦다. 즉, 일본의 8世紀末 자료에서 返讀符나 句讀點 등의 符號가 黃褐色으로 기입되기 시작하지만 言語 音은 800年代 初期의 자료에 들어서서야 비로소 白粉으로 표기되기 시작한다. 따라서 이 자료의 白點은 아마도 800-820年代에 기입된 것이 아닌가 한다. 이 平安 極初期는 訓點 發達의 초기 단계에 해당하므로 이 자료는 日本 訓點史의 서술에서 아주 중요한 위치를 차지할 것으로 판단된다.

---

9) 古代와 後代의 자료에서 卷首題를 적는 방법의 차이에 대해서는 李丞宰(2006)을 참고하기 바란다.

3. 訓點

이 자료 곳곳에 白點이 기입되어 있는데, 白點의 原料는 胡粉이라고 한다. 그런데 이 자료의 紙面을 자세히 살펴보면 이 胡粉이 하얗게 칠해진 부분이 적지 않다. 예컨대, 8張 7行의 '空', 12張 4行의 '日', 15張 13行의 '覆' 등에 胡粉이 많이 묻어 있다. 뿐만 아니라 欄上과 欄下에도 뿌옇게 胡粉이 묻어 있는 곳도 있는데, 9張 22行의 欄上에 묻은 胡粉이 대표적이다. 이 胡粉을 이용하여 點을 찍거나 線을 그어서 訓點을 기입하였다.

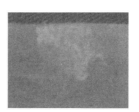

寫眞 5　12-4　　　寫眞 6　15-13　　　寫眞 7　9-22

日本의 訓點이란 用語는 각종 符號, 오코토點, 假名 등을 모두 포괄한다. 이 글에서는 訓點을 符號, 오코토點, 文字의 세 가지로 나누어 서술하기로 한다.

訓點이 기입된 位置를 辨別할 때에는, 논의의 便宜를 위하여 다음의 표를 이용하기로 한다. 이것은 漢字의 字形을 正方形 □로 보고 그 안쪽과 바깥쪽을 均等하게 나눈 다음 그 위치에 座標 數值를 부여한 것이다.

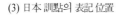

(3) 日本 訓點의 表記 位置   (4) 京博B甲79에서의 訓點 表記 位置

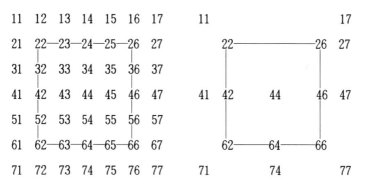

   11 12 13 14 15 16 17   11   17

   21 22—23—24—25—26 27   22————————26 27

   31 32 33 34 35 36 37

   41 42 43 44 45 46 47   41 42   44   46 47

   51 52 53 54 55 56 57

   61 62—63—64—65—66 67   62————64————66

   71 72 73 74 75 76 77   71   74   77

    (3)은 日本의 여러 資料에 두루 이용될 수 있는 訓點의 位置이다. 이것은 築島裕(1986)에 나오는 여러 點圖를 종합하여 만든 辨別的 位置인데, 理論的으로는 이처럼 最大 49곳까지 설정할 수 있다.[10] 그러나 개별적인 자료에서는 변별적 위치가 이보다는 줄어드는 것이 당연하다. 예컨대 京博B甲79에서 변별적 위치로 기능을 하는 것은 □의 四邊과 그 안쪽에 오는 8곳, □의 바깥쪽에 오는 8곳, 모두 합하여 16곳 정도에 불과하다. 前者의 8곳에는 주로 오코토點이 오고 後者의 8곳에는 각종 符號나 文字가 온다.

    이제 이 위치를 기준으로 각종 訓點을 기술하기로 하되 位置를 앞에 적고 訓點의 形態를 ( ) 안에 넣어 표기하기로 한다. 예컨대 42(·)은 42 위치에 온 星點을, 77(ㄱ)은 77 위치에 온 'ㄱ' 모양의 符號를 지칭한다.

寫眞 8
12-5

---

10) 他 資料와의 對比에 必要하기 때문에 이 理論的 位置를 먼저 제시한다.

3.1. 符號

이 자료에 나오는 符號로는 句讀點, 呼應符, 一二點, 合符 등이 있다.

句讀點은 가장 많이 쓰인 符號인데 漢字의 中下 位置에 찍힌다. 74의 위치에 오는 것이 일반적이지만 64 위치로 볼 수 있는 것도 있다. 찍힌 모양은 대개 '、' 모양이지만 '·'처럼 기록된 것도 눈에 띈다.

句讀點은 물론 句나 節이 끊어지는 곳에 隨意的으로 찍힌다. 그런데 이 자료에서는 句點과 讀點을 구별하지 않은 듯하다. 石山寺藏 新譯『花嚴經』의 경우에는 返點, 切點, 句點이 각각 71, 74, 77의 위치에 옴으로써(築島裕 1986:463) 切點과 句點의 위치가 구별되지만 京博B甲79에서는 이러한 구별이 보이지 않는다.

寫眞 9 3-15

寫眞 10 3-16

呼應符는 한 雙으로 기록되기 때문에 붙인 名稱이다.[11] 이 呼應符는 動詞의 目的語(혹은 賓語)가 아주 길어져 이에 呼應하는 動詞를 찾기 어려울 때에 기입되었다. 그리하여 動詞가 支配하는 領域이 어느 곳까지인지를 나타내는 기능을 담당한다. 동사의 마지막 漢字의 77 위치에서 'ㄱ'처럼 아래로 그어 내렸고 그 目的語의 마지막 漢字 77, 47, 27 등의 위치에서[12] 'ㄴ'처럼 위로 그어 올렸다. 이 자료에서는 呼應符가 다섯 번 쓰였다. 모두 漢字의 오른쪽에 바짝 붙어 있으므로

---

11) 日本에서는 일반적으로 이를 '弧의 返讀符'라고 부른다. 'ㄱ'와 'ㄴ' 둘 중 하나에는 '返讀'이라는 명칭이 맞지만 나머지 하나에는 '返讀'이란 명칭이 적절하지 않다. 따라서 여기에서는 '呼應符'라는 명칭을 사용하였다.

12) 실제로는 66, 46, 26의 위치에서 시작되지만 각종 符號가 □의 바깥쪽에 온다는 점을 중시하였다.

호응부는 □의 오른쪽에 기입하는 것이 원칙이었음을 알 수 있다.

　　(5) 永度[47(ナ),77(ヽ)] 苦海 苦受 苦陰 苦覺 增上[66(·)?]大苦 苦行
　　　　苦藏 苦根 苦舍 如是等无量无邊一切衆苦[42(·),77(ノ)] (3;14-16)

　이 呼應符는 佐藤本『華嚴文義要決』에 黃褐色으로 그려진 것과 誠庵
古書博物館藏의 初雕本『瑜伽師地論』의 角筆 逆讀線(또는 後置線)보다
는 길이가 짧다. 그러나 그 機能은 거의 같은 것이라 할 수 있다. 呼應
符가 쓰였다는 사실은 京博B甲79의 訓點이 新羅와 관계가 있음을 말해
준다. 이와 形態가 같은 呼應符(즉 弧의 返讀符)는 日本의 古訓點에서는
보이지 않기 때문이다(小林芳規 2004:177).
　漢文의 解讀 順序를 漢數字 '一, 二, 三 …' 등으로 표기한 것이 나오
는데, 이를 日本에서는 一二點이라 불러 왔다. 이 자료에는 이 一二點
이 두 번 쓰였다. <寫眞 11-12>에서 확인할 수 있듯이, '淨'에서는 左上
모서리 위치 즉 11 위치에 '二'가 오고, '界'에서는 41 위치에 '一'을 적
어 넣었다. 따라서 一二點은 □의 왼쪽 바깥에 온다고 할 수 있다. '界'
에서는 이 41 위치의 안쪽에 즉 42 위치에 후술할 오코토點이 왔다.
이 예는 41과 42 위치가 변별되었음을 보여주는 좋은 예이다.

　　(6) 清淨[47(ナ),11(二)]一切世界[42(·),41(一)]悉无有餘[74(·)] (10;5)

　그런데 이른바 一二點은 일본의 古訓點에서는 『大
日經』의 '爛脫'에 類似한 漢數字가 있기는 하지만 訓
讀의 順序를 나타내는 用法의 一二點은 佐藤本『華嚴
文義要決』에 나오는 것 이외에는 보이지 않는다(小林

寫眞 11 10-5

芳規 2002:33)고 한다. 이것은 京博B甲79의 呼應符가 『華嚴文義要決』의 弧 返讀符와 더불어 新羅의 영향을 받은 것임을 암시한다. 일찍이 藤本幸夫(1992)는 韓國

寫眞 12 10-5

의 一二點을 소개하면서 日本의 華嚴宗 계통 訓點은 新羅로부터 영향을 받았을 것이라고 推定한 바 있다. 이 자료는 『華嚴經』의 일종일 뿐만 아니라 마침 一二點이 기입되어 있으므로 이 추정은 實證的 證據를 가지게 되었다.

寫眞 13   寫眞 14   寫眞 15   寫眞 16   寫眞 17   寫眞 18   寫眞 19
6-9   6-14   12-23   14-8   14-10   20-10   20-21

合符는 둘 이상의 漢字가 單一 槪念語를 형성함을 나타낸다. 이 자료에서는 '興發, 隨喜, 思量, 讚歎' 등의 二字 중간에 垂直線을 그어 표기하였다. 이들은 모두 動詞類에 속한다. 다음의 여러 <寫眞>에서 合符는 대개 64에서 74 위치에 걸치는 垂直線임을 알 수 있다. 이보다는 약간 오른쪽에 그은 것 즉 65에서 75에 걸치는 것처럼 보이는 것도 있다. 일반적인 것을 따라 合符를 '64-74(|)'으로 표기할 수 있다. 合符가 64-74 위치에 오고 線이 짧기 때문에 마침 74 위치에 오는 句讀點과 혼동될 우려가 있다. 그러나 合符는 대개 動詞句 안에 오지만 句讀點은 目的語나 賓語의 끝에 온다는 차이가 있어서 거의 혼동되지 않는다. 더욱이 合符는 垂直線 즉 '|'의 모양으로 기록되지만 句讀點은 '丶' 또는 水平 方向인 '-' 모양으로 기록되므로 이 둘은 劃의 方向만으로도 쉽게

구별된다.

築島裕(1986:463)에 따르면 石山寺藏 新譯 『花嚴經』에서는 訓合符와 音合符가 구별된다고 하나 이 자료에서는 이 둘이 구별되지 않는다. 이 자료의 合符는 모두 音合符이다. 이 자료에서는 漢字를 訓으로 읽는 예가 많지 않은 편이다.

3.2. 오코토點

오코토點은 語彙 形態의 一部나 文法 形態의 言語 音을 點으로 표기한 것을 가리킨다. 京博B甲79에는 곳곳에 오코토點이 記入되어 있다. 정확히 말하면 1張에서 20張에 이르기까지 오코토點이 기록되어 있다. 그러나 이를 기입하지 않고 생략한 곳도 아주 많다. 특히 동일한 구문이 반복되는 곳에서는 더욱 그러하다.

결론에 해당하지만 이 자료에 나오는 오코토點을 (3)의 位置 辨別에 따라 먼저 제시하면 다음과 같다.

(7) 京博B甲79의 點圖

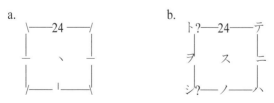

이 자료의 오코토點은 石山寺藏 新譯 『花嚴經』과 마찬가지로 漢字의 네 모서리와 四邊 線上에 온다. 이에 비하여 韓國의 『瑜伽師地論』과 『華嚴經』에 기입된 點吐는[13] 四邊의 안쪽이나 바깥쪽에 오는 것이 원

칙이다(南豊鉉 2000, 李丞宰 2001, 尹幸舜 2003). 이 점에서 日本의 오
코토點과 韓國의 點吐 記入 位置는 사뭇 차이가 크다.

(7a)에서 볼 수 있듯이 대부분의 白點은 點이라기보다는 線에 가까
운 모양으로 즉 線點으로 기입되어 있다. 그런데 이 線 모양이 오코토
點인지 線 모양의 符號인지는 대부분 구별이 가능하다. 22, 26, 62, 66
등의 네 모서리에 오는 오코토點은 대개가 漢字의 中心을 向하는 方向
으로 기입되기 때문에 餘他의 符號와 判別이 가능하다. 또한 42, 46 位
置에 오는 오코토點은 대개 水平 方向의 짧은 線으로, 64 위치에 오는
것은 垂直 方向의 짧은 線으로 기입된다. 中心의 위치인 44에는 '、' 또
는 '-'으로 기입된다. 이들을 종합하면 □의 네 모서리와 四邊에 기입
되는 것들은 모두 中心을 向하는 線點으로 기입된다는 결론이 나온다.
따라서 이 자료의 가장 큰 특징으로는 이것을 들어야 할 것이다. 다만
24의 위치에 온 오코토點은 아직 찾지 못하였다.[14]

그런데 (7)과 거의 一致하는 點圖가 보고된 바 있어 주목된다. 正倉
院 聖語藏의 『華嚴經』 卷第十九와 斯道文庫의 『華嚴經』 卷第十四(0800
5011)의 오코토點이 바로 그것이다. 聖語藏本은 '東大寺印'이 날인되어
있고 神護景雲(767-770年) 年間에 書寫된 것이라고 한다(小林芳規
2002:35). 이에 대한 築島裕(1986:459)의 點圖를 옮겨 보면 (8)과 같다.

여기에서 (7)과 (8)이 거의 同一한 點圖임을 알 수 있다. 22와 62에
오는 오코토點이 무엇인지 확정하기 어렵다는 점도 類似하다. 築島裕
(1996:329)은 26, 46, 66의 위치 즉 □의 右邊에 각각 'テ, 二, ハ'가 오
는 部類를 特殊點 乙類로 분류하면서 이에 속하는 자료는 8點밖에 없

---

13) 필자는 點吐라는 用語를 日本의 오코토點에 대응하는 개념으로 사용한다.
14) 아마도 위에 오는 漢字의 74 위치에 句讀點이 오기 때문에 이것과의 位置 辨別
   을 위하여 24에는 오코토點을 配定하지 않은 듯하다.

(8) 聖語藏本과 斯道文庫本의 『華嚴經』 點圖[15]

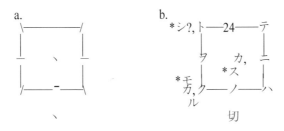

다고 하였다. 그 중에서도 聖語藏本과 斯道文庫藏本이 時期的으로 가장
이른 時期의 자료라고 하였는데, 바로 이 點圖와 京博B甲79의 點圖가
거의 一致하는 것이다. 이것은 京博B甲79의 訓點이 平安 極初期에 加點
된 것임을 뜻한다. 小林芳規(2002:35-36)는 (8b)가 韓國의 誠庵古書博物
館에 소장되어 있는 舊譯 『華嚴經』 卷第二十의 點圖로부터 變形된 것
이라고 하였다.[16] 日本 聖語藏本과 韓國 誠庵本의 22, 42, 44에 오는 오
코토點의 文法的 機能이 서로 一致한다는 점을 根據로 하여 이러한 논
의를 전개하였다.

京博B甲79에서는 雙點이나 線을 이용한 오코토點은 보이지 않는다.
따라서 垂直線 'ㅣ', 水平線 '-', 斜線 '/', 逆斜線 '\'인 것처럼 보이는 線點
을 모두 星點 (·)으로 표기하더라도 혼동될 우려가 없다. 線點의 方向의
차이가 讀法이나 文法的 機能의 차이를 반영한 것은 아니기 때문에 語
彙 形態의 一部나 文法 形態 즉 言語 音을 표기하는 오코토點은 이제부
터 星點 즉 (·)으로 통일하여 표기하기로 한다.

26(·) 즉 [テ]는 '以, 在, 樂, 離, 淨, 得, 發' 등의 動詞와 '迴向, 攝取,

---

15) *를 단 것은 斯道文庫藏本의 자료이다.

16) 즉 71(·) 혹은 72(·)으로 나타나는 韓國의 'シ[며]'가 聖語藏本 즉 (8b)에서는 26의
위치로 바뀌어 'テ'가 되었다고 한다. 그 대신에 26 위치에 있던 韓國의 屬格 'ヒ
[시]'이 (8b)에서는 64 위치의 'ノ'로 바뀌었다고 한다.

除滅, 守護, 遠離, 修習, 覺悟, 受生, 超出, 調伏, 具足, 成就, 廣說, 普照, 隨順 등의 動詞句에 표기되었다. 이들 動詞句는 대부분 音讀하였을 것이다. 홍미로운 것은 '於'에 26(·)이 통합되었다는 점이다.[17] '於[26(·)]'은 [おいて]에 대응하는 것인데, '於'를 動詞의 일종인 것처럼 訓讀하는 讀法이 韓國에는 없다.

46(·) 즉 [二]는 名詞類에 붙어 處格 機能을 나타낸다. '時[46(·)], 十方[46(·)], 方便[46(·)], 中[46(·)]' 등이 대표적인 예이다. 46(·) 즉 [二]는 副詞에 통합되기도 한다. 已[46(·)][18][すでに], 常[46(·)][つねに] 등이 그 예이다. 廣義의 處格에는 與格도 포함되는데 (9)의 '佛, 菩薩'과 '衆生' 등에 모두 46(·)이 온다. 따라서 이 자료에서는 尊稱과 非尊稱을 格範疇로 辨別하지는 않은 듯하다. 이것은 韓國의 釋讀口訣과 차이가 나는 점이다.

(9) 菩薩摩訶薩 以[26(·)]如是善根 迴向諸佛[46(·)]已 又復迴向一切菩薩[46(·)] (1;15-16)

66(·) 즉 [ハ]는 名詞類에 통합되어 主格(혹은 主題) 機能을 담당한다. '菩薩摩訶薩, 法, 性' 등에 통합된 66(·)이 그 예이다. 副詞에 통합된 것으로는 '亦[66(·)]' 즉 [または]가 있다.

이제 그 밖의 것들을 간단히 소개하기로 한다.

44(·)은 [ス]에 대응한다. 否定을 뜻하는 '不'에 오코토點이 올 때에는 대부분 44 위치에 온다. 그런데 '照, 覺, 學' 등의 동사에도 44(·)이

---

17) '究竟'에도 26(·)이 왔다. '究竟'이 動詞句로 사용되었음을 뜻하는데, 한국에서는 이것이 동사구로 해독된 예가 보이지 않는다.
18) '已'에 온 46(·)은 그 위치가 26 또는 36인 것처럼 보이는 것이 많다.

오는 것이 있다. 照[44(·)]은 [てらす]로, 覺[44(·)]은 [さます]로 읽을 수 있지만 '學'에 어찌하여 44(·)이 왔는지는 밝히기 어렵다.[19]

64(·)은 [ノ]에 대응한다. '諸根[64(·)]樂[42(·)], 一切法[64(·)]衆[64(·)]因緣地[42(·)]'의 64(·)은 屬格 機能을 담당하고 '己身[64(·)]自求樂, 佛刹[64(·)]无量'의 64(·)은 이른바 主語的 屬格의 용법으로 쓰였다.

22(·)은 [ト]에 대응하는 듯하지만 예가 적어서 단언하기는 어렵다. 여기에서는 예만 들어 둔다.

(10) a. 如是菩薩摩訶薩[66(·)] 以[22(·)]諸善根迴向菩薩已 又復迴向一切衆生[46(·)?]迴向 (1;22-2;1)

   b. 欲覺[22(·)]一切諸佛菩提 捨離煩惱及順煩惱法修習一切菩薩所學 (3;7-8)

   c. 悉解[47(く?)]諸法[66(·)]空无[22(·)]我 (6;21-22)

   d. 了達覺悟[26(·)]法[66(·)]无[27(·~へ?)]二[11(·)?,35(マ)]諸法[66(·)?]非二[47(マ)]非不[22(·)]二[22(·)?]不[47(マ)]作虛妄是佛子 (7;7-8)

   e. 以[26(·)?]如是等无量无數衆香莊嚴 以爲供養[22(·),74(·)?] (9;8-9)

   f. 守護[27(リ)]受持[22(·)]一切佛法故 (11;8)

   g. 一切世間最上福田[36(·)] 爲[46(·)]諸衆生作採寶導師[22(·)] (12;2-3)

   h. 了知[26(·)?]自性悉非[22(·)]性 於一切法无[22(·)]所著 (20;10-11)

---

19) '學'의 日本語 古訓이 [まなぶ]이기 때문이다.

42(·)은 [ヲ]에 대응한다. 주로 名詞類에 통합되어 對格 機能을 나타내는데, 오코토點 중에서 用例가 가장 많다. 선명한 예가 80여 회에 이르고 애매한 것까지 포함하면 150회를 상회한다. 漢文의 意味나 文脈을 파악할 때에 가장 효과적이었기 때문에 용례가 많은 것 같다.

(11) 知法空寂[42(·)] 捨離顚倒[42(·)]除滅愚癡 修諸善根[42(·)] 滿足大願成就[47(|)?] (17;1-2)

62(·)는 어떻게 읽어야 할지 확실하지 않다. 動詞類에 통합되어 連結語尾의 기능을 담당하는 예가 많으나 그것을 [シ]라고 단정할 수 있을지 의문이다. 여기에서는 62(·)이 확실하게 찍힌 예를 들어 두는 데에서 그치기로 한다.

(12) a. 菩薩所得種種樂 迴向[47(?)]諸佛[46(·)]爲[62(·)]衆生[64(·)] (6;7-8)

b. 如諸最勝所知見[62(·)] 一切智乘微妙樂 (6;11-12)

c. 皆悉迴[74(|)]向爲[62~52(·),77(ㄱ)]衆生 普令成就[47(ナ)]无上智[77(ノ)] (6;13-14)

d. 令一切衆生身[42(·)]入[62(·)]一衆生身[46(·)]故 (12;18-20)

e. 得至一切處刹那[46(·),74(?)?] 於一刹那[46(·)?] 現[62(·)]一切佛興[42(·),47(ろ)?] 於世[46(·)]故[74(·)] (12;21-22)

f. 不捨饒益衆生事 如是妙智[66(·)]人中勝[62(·)] (13;2-3)

g. 世間諸法无差別 照世燈明如是[47(ろ)]覺[62~52(·)] (13;8-9)

h. 三世諸佛[66(·)]從初發心修[62(·)]菩薩行[42(·)] (14;10-11)

i. 若有[62(·)]所行 若有[62(·?)]所得 若正憶念 (14;18)

j. 以[26(·)?]如是等无邊諸莊嚴具 莊嚴[62(·)] 无量无邊不可思
議諸佛世界[42(·)?,74(·)] (15;22-23)

지금까지 논의된 오코토點을 정리하기로 한다. (7b)에서 이미 보인
것처럼, 22(·)과 62(·)은 아직 확실하지 않지만 26(·)이 [テ], 46(·)이 [ニ],
66(·)이 [ハ], 44(·)이 [ス], 64(·)이 [ノ], 42(·)이 [キ]인 것은 분명하다.

이 자료의 오코토點은 築島裕(1996:329)의 特殊點 乙類에 속하는데,
聖語藏本・斯道文庫藏本의 『華嚴經』 오코토點과 거의 일치한다. 또한
네 모서리와 四邊에 오는 오코토點이 □의 中心을 向하는 線點 모양이
라는 특징도 일치한다. 따라서 이 자료의 오코토點은 平安 極初期에 加
해졌다고 할 수 있다.

3.3. 文字

獨自的 字形을 가지면서 言語 音을 表記한 것을 흔히 文字라고 한다.
일본의 訓點 중에서 文字의 範疇에 포함되는 것으로는 假名과 語音 符
號가 있다. 假名의 範疇에 속하는 듯하지만 오히려 符號로 看做되는 것
이 적지 않다. 日本의 假名은 一音節 文字이므로 二音節 以上을 표기한
것은 假名의 범주에서 제외하여 符號라고 칭할 때가 많다. 이 글에서
는 言語 音을 가지고 있다는 점을 重視하여 이들을 語音 符號라 부르
기로 한다. 音을 가지지 않는 合符, 呼應符, 句讀點, 一二點 등의 符號와
言語 音을 가지는 것은 서로 구별할 필요가 있기 때문이다.

이 자료에 가장 많이 나오는 語音 符號로는 'ナ' 혹은 '十'처럼 적힌
것을 들 수 있다. 이것은 斯道文庫藏本 『華嚴經』에도 나오는데(築島裕
1986:458), 대부분 '令'에 호응하여 쓰였으므로 使動의 의미를 가지는

형태에 해당한다. 따라서 이것을 '슈'의 古訓 [しむ]로 읽을 수 있을 것이다.

(13) a. 普令成就[47(ナ)]无上智[77(ノ)] (6;14)
　　 b. 悉令成就[47(ナ)]无上智 (6;16)

寫眞 20　寫眞 21
6-16　　6-14

　　　'ナ'(혹은 '十')를 假名의 일종으로 본다면 特殊點 甲類의 'ナ'[な], 乙類의 '十'[そ] 등이 예상되는데, 그렇게 되면 使動의 의미를 반영할 수가 없다. 따라서 이를 假名으로 보지 않고 [しむ]에 대응하는 語音 符號의 일종으로 간주한다.[20]

　　'リ' 또는 'ㆁ'는 '救護, 守護, 攝取, 成就, 分別' 등의 타동사에 주로 통합되지만 '安住'와 같은 자동사에도 통합된다. 혹시 [반 り]에 해당하는 語音 符號가 아닐까? '无'에 통합된 'リ'를 제외하면 語彙 例가 발견되

寫眞 22　寫眞 23
3-6　　　3-11

지 않아 단정하기 어렵다. 특히 눈에 띄는 것은 並列의 경우에 자주 쓰인다는 점이다.

(14) a. 一切世間所有想　究竟悉度无[47(リ)]有餘 (7;9)
　　 b. 令一切衆生[42(·)]究竟[47(リ)]佛法[46(·)] 遠離[26(·),47(ナ)]一切諸魔境界 (3;24-4;1)

　　'マ'는 聖語藏本 『華嚴經』에도 나오는 것으로서 '成就, 莊嚴, 攝取'

등의 타동사에 주로 통합된다. 善根에 통합된 예도 있으나 이것은 동사가 생략된 예인 듯하다. 語彙 例로 '俱マ, 二マ, 不マ, 未マ' 등이 있는데 어떻게 읽어야 할지 모르겠다.[21] 혹시 [なり]로 읽을 수는 없을까?

寫眞 24 7-7   寫眞 25 10-10   寫眞 26 10-14

(15) a. 若眠若覺[47(マ)]不失威儀 善攝諸根未曾散亂[74(·)?] (3;1-2)
      b. 心[66(·)?]不[44(·)?]稱量諸二法[42(·)] 了達覺悟[26(·)]法[66(·)]
         无[37(??)]二[11(·)?,47(マ)]諸法[66(·)?]非二[47(マ)]非不[22(·)]
         二[22(·)?]不[47(マ)]作虛妄是佛子 (7;7-8)

'ら'의 實際 字形은 <寫眞>에서 볼 수 있는 것처럼 그리스 문자 Ω를 90°로 회전한 것 같은 자형이지만 컴퓨터 조판의 제약으로 일단 'ら'로 표기하였다. 이것은 주로 目的語나 主語 內部의 動詞類에 기입되었다. 이 위치의 動詞는 形式名詞를 요구하거나 名詞化될 필요가 있다. 따라서 'ら'를 [こと]로 읽을 可能性이 생긴다.

寫眞 27 12-12   寫眞 28 12-14   寫眞 29 13-15

(16) a. 菩薩摩訶薩 …得至[47(ら)]一切處口業[46(·),74(·)] 微妙音聲充

---

21) 築島裕(1986:458)에서는 'マ'의 字源을 漢字 '也'로 보았다.

　　　滿十方一切世界[46(·)]故 (12;10-13)

　　b. 菩薩常樂[26(·)]寂滅法[42(·)] 隨順得至[57(ら)]寂滅境[46(·)]
　　　　(13;18)

　　c. 菩薩摩訶薩 修勝善根[42(·)] 悉入一切諸淸淨法 受持[26(ら)]
　　　　一切諸淸淨法[42(·)] 猶如變化 (15;8-10)

　특히 (16c)의 '受持[26(ら)]'는 '受持하는 것이'에 해당하고 이것이
뒤에 오는 '猶如變化'의 主語가 된다. 따라서 이곳의 'ら'를 [こと]로
읽을 수 있다. 斯道文庫藏本『華嚴經』에도 마침 이와 유사한 語音 符號
가 나오는데, 築島裕(1986:458)에서는 이를 漢字 '事'에서 비롯된 것이
라 하였다. 이 'ら'는 '事'의 草書體에서 온 것이 분명하므로 이를 [こ
と]로 읽을 수 있다.

　'し'는 假名 [れ]에 대응하는 듯하다. 다음 예의 離[35(し)]와 是[35
(し)]를 각각 [はなれ]와 [これ]로 읽을 수 있기 때문이다. 斯道文庫藏
本『華嚴經』에 나오는 'し'를 築島裕(1986:458)에서 [れ]로 읽은 바 있
다는 점을 지적해 둔다. 그런데 (17c)의 '等'에 통합된 [47(し)]를 [れ]
로 읽을 수 있을지 의문이다.

寫眞 30 5-3　　　寫眞 31 16-6　　　寫眞 32 10-8

(17) a. 住菩薩住[46(·)] 離[47(し)]諸惡住 (5;3-4)

　　b. 如是[47(し)]等三世一切諸佛佛利莊嚴 (16;6-7)

　　c. 无量心 充滿虛空法界等[47(し)]一切佛利[46(·),74(·)] (10;8)

‘フ’의 예로서 선명한 것은 다음의 두 예에 불과하다. 이 ‘フ’를 假名으로 읽으면 [ふ]가 될 가능성이 많지만 이 ‘フ’를 [ふ]로 읽으면 문맥에 맞지 않는다는 문제가 남는다. 다음 예의 ‘无我’와 ‘菩薩摩訶薩’은 文章의 主語 혹은 主題語에 해당하기 때문이다. 반면에 이를 韓國의 口訣字 ‘ㄱ [은]’으로 읽으면 아주 자연스럽다. ‘ㄱ [은]’은 主題를 표시할 때에 널리 이용되었기 때문이다.

寫眞 33 10-14 寫眞 34 16-7

(18) a. 譬如无[26(二?)]我[67(フ)]不[44(·)?,21(·)?]離諸法[46(·),74(·)?]
    (10;14-16)

  b. 菩薩摩訶薩[67(フ)] 以[26(·)]此善根[42(·)]皆悉迴向[26(·)?]
    (16;7-8)

그런데 흥미로운 것은 特殊點 乙類에 속하는 石山寺藏 新譯 『花嚴經』에도 바로 이 ‘フ’가 右下 모서리 위치에 왔다는 점이다. 築島裕 (1986:463)의 點圖에서는 이것이 未詳인 것으로 되어 있는데, 이것은 右下 모서리에 온 ‘フ’가 日本의 假名으로는 얼른 해결되지 않음을 뜻한다. 혹시 이를 韓國의 口訣字 ‘ㄱ [은]’으로 읽을 수는 없을까?

‘つ’와 비슷한 모양의 語音 符號가 보인다. 그런데 이들은 모두 否定과 관련이 있는 ‘非, 不, 无’ 등의 47 위치에 온다. 따라서 이 ‘つ’와 비슷한 것을 [ぜず]로 읽을 수 있을 듯하다.

寫眞 35 4-8 寫眞 36 7-10

(19) a. 知法如空 究竟得至非[47(つ)]趣彼岸 (4;7-8)

寫眞 37 7-11   寫眞 38 7-12

b. 亦不[47(つ?)]壞想及非想[47(マ)] 決定了知衆生想 (7;10)

c. 彼諸菩薩身淨已 則意淸淨[36(·)]无[47(つ)]瑕穢 口業已[36(·)?]淨[26(·)?]无[47(つ)]散亂 當知意淨[26(·)]无[47(つ)]所著 (7;11-12)

'ろ'처럼 보이는 것도 자주 나오는데, 앞에서 거론한 'ら'와 字形이 비슷하여 구별하기 어려울 때도 있다. 字形上으로는 [ム]에 가까울 때 도 있는데, [ム]로도 역시 풀리지 않는 문제가 남는다. 動詞類와 名詞類에 두루 통합된다는 것이 특징이다. 어떻게 읽 어야 할지 불분명하므로 여기서는 예만 들어 둔다.[22)]

寫眞 39 11-16   寫眞 40 12-1

(20) a. 離[27(ニ~コ?)]欲實際[64(·)?]等[47(ろ)]觀諸法　解了世間[74(·)] 猶如變化 明達衆生皆是一法分別无二 (11;15-17)

寫眞 41 12-22   寫眞 42 13-9

b. 菩薩摩訶薩 如是善根[42(·)?]迴向[47(ろ)] 令一切衆生淨[47(ナ)]一切刹[42(·)] 得佛自在[74(·)] (11;24-12;2)

c. 於一刹那[46(·)?]現[62(·)]一切佛興[47(ろ)]於世[46(·)]故[74(·)] (12;21-22)

---

22) 斯道文庫藏本『華嚴經』에도 이 예가 나온다고 하는데, 築島裕(1986:458)은 이를 [〈]로 읽었다.

   d. 世間諸法无差別　照世燈明如是[47(ろ)]覺[52(·)]　(13;9)

   e. 以[26(·)]巧方便善能入出[26(·)?]　趣[47(ろ?)]薩婆若[46(·)?,
      74(·)]　住諸佛利　(17;9-11)

  아직 거론하지 않은 것에 '二'처럼 보이는 것, 'く' 비슷하면서도 'し'처럼 보이는 것, '∝'를 180° 회전한 것처럼 보이는 것 등이 있다. 이들은 예가 많지 않고 判讀이 不確實하므로 여기에서는 이들에 대한 논의를 생략하기로 한다.

  다만, 한 가지 特記할 것이 있다. 黑墨으로 '二'를 記入해 넣은 예가 있어 주목된다.

  (21)　種種莊嚴淸淨具足功德普覆[42(·)?]　无量妙色不可思議香[77(二)]

     无量雜寶　无量寶樹　阿僧祇莊嚴　阿僧祇宮殿　阿僧祇微妙音聲

     [53(·)?]　隨善知識顯現无量一切功德　(15;13-16)

        '香'의 77 위치에 작은 글씨로 '二'를 기입한 것이다. 이것을 假名 [に]로 읽으면 문맥에 맞지 않는다. 이 '二'의 文法的 機能이 名詞句 竝列임이 분명한데, 日本語의 [に]에는 그런 用法이 없는 것이다. 반면에

寫眞 43 15-14

이를 韓國 釋讀口訣의 口訣字 'ᅩ[여]'로 읽으면 名詞句 竝列의 機能이 정확하게 맞아 떨어진다. 일본의 訓點으로는 解讀되지 않지만 韓國의 口訣로는 해독된다는 점에서 이 '二'는 무척 흥미롭다.

  지금까지 논의된 文字와 語音 符號을 간단한 표로 요약해 보면 다음과 같다.

(22) 京博B甲79에 기입된 文字와 語音 符號

例文	實例 寫眞	本稿에서의 表記	解讀
13	20-21	ナ	[しむ]
14	22-23	リ	[せり]?
15	24-26	マ	[なり]?
16	27-29	ら	[こと]
17	30-32	し	[れ]
18	33-34	フ	韓國의 口訣字 'フ', [un]
19	35-38	つ	[ぜず]?
20	39-42	ろ	??
21	43	ニ	韓國의 口訣字 'ニ', [yŏ]

　　지금까지의 記述을 통하여 밝혀진 것을 몇 가지 정리해 보기로 한
다. 첫째, 假名이나 語音 符號는 □의 右邊 바깥쪽에 기입된다. 그 위치
는 47을 기준으로 하여 17, 27, 37, 67, 77 등의 위치에 즉 다양하게 기
입된다. 그러나 이들 상호간에는 辨別力이 없는 것으로 보인다. 右邊
바깥쪽에 記入되기만 하면 바로 假名이나 語音 符號임이 드러나는 것
이다. 둘째, 假名이 거의 쓰이지 않았다는 점이다. 聖語藏本『華嚴經』
卷第十九에서도 假名은 거의 보이지 않는다. 假名 [れ]에 대응하는 듯
한 'し'를 제외하면 대부분이 語音 符號에 해당한다. 特殊點 甲類에 속
하든 乙類에 속하든 石山寺藏의 新譯『花嚴經』에 假名 자료가 아주 많
이 나온다는 것과 對照的이다. 이것은 京博B甲79의 訓點이 石山寺藏의
訓點보다 이른 시기에 記入되었을 가능성을 높여 준다. 셋째, 解讀하기
가 어려운 것이 많다는 점이다. 假名인지 語音 符號인지를 가리는 것도
어렵거니와 구체적으로 어떻게 읽어야 할지 판단하기 어려운 것이 적
지 않다. 筆者의 古代 日本語에 대한 知識이 全無한 데에서 비롯된 것
이기도 하지만 古代 日本語 지식을 갖추었다 하더라도 설명하기 어려
운 것이 있다. 예컨대 77 位置에 白墨으로 기입된 'フ'와 同一 위치에

黑墨으로 기입된 '二'는 古代 日本語 文法으로는 해명되지 않는다. 넷째, 바로 이 特異한 用例가 韓國의 口訣字로 읽으면 아주 자연스러워진다는 점이다. 즉 文法的 機能에 맞게 이들을 각각 口訣字 'ㄱ[은]'과 'ㅗ[여]'로 읽을 수 있다. 이것은 이 資料의 訓點이 혹시 新羅로부터 影響을 받은 데에서 비롯된 것은 아닐까?

4. 마무리

지금까지 논의된 바를 要約함으로써 結論을 대신하기로 한다.

京都國立博物館 所藏의 舊譯『華嚴經』卷第十七(京博B甲79)에서 白點으로 기입된 訓點을 새로 발견하였다. 이 京博B甲79는 舊譯『華嚴經』에 속하면서도 60卷本과도 卷次가 맞지 않고 50卷本과도 卷次가 맞지 않는다. 日本의 舊譯『華嚴經』에서 볼 수 있는 造卷法上의 特徵을 그대로 보여주고 있다. 이 자료는 奈良時代에 좀 더 한정한다면 8世紀 中葉에 제작된 것으로 보인다. 紙質, 書風, 卷首題 作成法 등의 여러 가지 書誌 사항을 검토한 결과 이 결론에 도달하였다.

이 자료에는 白色 胡粉으로 訓點이 記入되어 있다. 이 訓點은 平安極初期 즉 800-820年 경에 기입된 듯하므로 이것은 日本의 訓點 연구에 貴重한 자료가 된다. 寡聞의 탓이겠지만 舊譯『華嚴經』중에서 訓點이 기록된 것으로는 이 자료가 最古의 資料가 아닌가 한다.

이처럼 加點 時期를 推定하는 論據로는 다음의 몇 가지를 들 수 있다. 첫째, 後代의 자료에서는 返點, 切點, 句點 등이 세분되지만 이 자료에서는 句讀點 한 가지 즉 74(·)만 나타난다. 둘째, 合符도 訓合符는 보이지 않고 주로 音合符 64-74(|)만 이용되었다. 셋째, 呼應符 'ㄱ'와

'⌣'가 쓰였다는 점도 주목된다. 이것은 平安 極初期 자료인 佐藤本 『華嚴文義要決』에서만 찾을 수 있다. 넷째, 오코토點이 星點이 아니라 線點으로 나타난다. 이 線點은 漢字의 中心을 향하는 方向으로 기입되는데, 이 特徵은 平安 極初期 자료인 聖語藏本과 斯道文庫藏本의 『華嚴經』에서 볼 수 있다. 다섯째, 오코토點의 點圖가 特殊點 乙類에 속하면서도 聖語藏本과 斯道文庫藏本 『華嚴經』의 點圖와 一致한다. 이들은 平安 極初期에 加點된 것이 분명하므로 京博B甲79의 訓點도 바로 이 時期의 加點이라 할 수 있다. 여섯째, 假名이라 할 만한 것이 거의 보이지 않는다. 初期의 資料일수록 假名이 적게 나타난다는 점을 고려하면 이 자료는 훈점 자료 중에서도 이른 시기의 자료라고 할 수 있다. 특히 石山寺藏 新譯 『花嚴經』에서 假名이 많이 발견된다는 점과 아주 對照的이다. 일곱째, 解讀하기 어려운 語音 符號가 적지 않다. 예컨대 용례가 많은 편인 'リ(혹은 'ǁ')', 'マ', 'ろ' 등을 어떻게 읽을 것인지 斷定하여 말하기 어렵다.

京博B甲79에는 기본적으로는 日本의 訓點이 기입되어 있다. '於[26(·)]'을 [おいて]로 읽는다는 점, 處格(혹은 與格)範疇에서 尊稱과 非尊稱이 辨別되지 않는다는 점 등을 그 예로 들 수 있다. 屬格 標識가 64(·) 즉 [ノ] 하나로 표기된다는 점도 이에 속한다.[23] 그런데도 日本의 訓點 資料에서는 찾을 수 없고 韓國의 口訣 資料에서만 찾을 수 있는 特徵을 部分的으로 가지고 있어 주목된다. 呼應符와 一二點이 이에 속하는데, 이들은 日本의 古訓點 資料에서는 좀처럼 찾기 어렵다고 한다. 또한 古代 日本語로는 解讀하기 어렵지만 韓國의 口訣字로 읽으면 아주 쉽게 풀리는 예가 있어 주목된다. 77(ㄱ)와 77(ㄷ)가 대표적인 예이다. 77(ㄱ)는 主題 機能을 담당하는데, 이 'ㄱ'를 古代 日本語 表記로 간

---

23) 韓國의 口訣에서는 屬格 標識가 'ㄷ[ㅅ]'과 'ㅎ[의]'의 두 가지로 나뉘어 표기된다.

주하면 解讀이 不可能하다. 반면에 이를 韓國의 口訣字 'ㄱ[은]'으로 읽으면 主題 機能이 정확하게 맞아떨어진다. 77(ㄴ)는 名詞句 竝列의 機能을 가지는데, 古代 日本語에서는 [に]가 이 機能을 담당하는 예가 없다. 반면에 이 'ㄴ'를 韓國의 口訣字 'ㅡ[여]'로 간주하면 名詞句 竝列의 機能이 정확하게 맞아떨어진다. 이들은 韓國의 口訣이 日本의 訓點에 그 痕迹을 남긴 實證的 證據가 될 것이다.

京博B甲79는 平安 極初期의 訓點이 기입되어 있으므로 日本의 訓點 및 訓點史 연구에 貴重한 자료가 된다. 뿐만 아니라 日本 訓點과 韓國 口訣의 相互 關係를 논의할 때에도 貴重한 자료가 된다. 이 자료에는 부분적으로나마 新羅 口訣의 痕迹이 남아 있기 때문이다.

參考文獻

南豊鉉(2000), 「高麗時代의 點吐口訣에 대하여」, 『書誌學報』 24, 韓國書誌學會.

尹幸舜(2003), 「漢文讀法에 쓰여진 韓國의 角筆符號口訣과 日本의 오코토點의 비교-『瑜伽師地論』의 點吐口訣과 文字口訣을 중심으로-」, 『口訣研究』 10, 口訣學會

李丞宰(2001), 「瑜伽師地論 角筆 符號口訣의 解讀을 위하여」, 『국어연구의 이론과 실제』(이광호선생 회갑기념논총), 태학사.

李丞宰(2004), 「敦煌佛經の50卷本華嚴經を探して」, 『日本學·敦煌學·漢文訓讀の新展開』(石塚晴通教授退職記念會編), 東京:汲古書院

李丞宰(2005), 『50卷本 華嚴經 研究』, (近刊 豫定).

李丞宰(2006), 「湖嚴本と石山寺本の花嚴經の比較研究」, 『小林芳規教授喜壽紀念論叢』, (近刊 豫定).

崔在錫(1998), 『古代 韓日 佛教 關係史』, 一志社.

大坪併治(1992), 『石山寺本大方廣佛華嚴經古點の國語學的研究』, 東京:風間書房.

小林芳規(2002), 「韓國の角筆點と日本の古訓點との關係」, 『口訣研究』 8, 口訣學會.

小林芳規(2003), 「新羅經典에 記入된 角筆文字와 符號 - 京都·大谷大學藏 判

比量論에서의 發見」,『口訣研究』10, 口訣學會.

小林芳規(2005),『角筆研究導論(上卷 東アジア篇)』, 東京:汲古書院

築島裕(1986),『平安時代訓點本論考ヲコト點假名字体表』, 東京:汲古書院

築島裕(1996),『平安時代訓點本論考』, 東京:汲古書院

藤本幸夫(1992),「李朝訓讀攷其一-牧牛子修心訣を中心として-」,『朝鮮學報』143.

漢籍 訓点資料에서 『世說新書』의 위치

小助川貞次*

1. 들어가며

唐鈔本『世說新書』권6은 이전부터 10세기에 가점(加點)한 한적 훈점 자료의 하나로서 알려져 있지만, 훈점 자료로서 본격적으로 다루어진 것은 거의 없다.[1] 그 이유는 본서가 각필점(角筆點, 角點)을 포함한 자료이기 때문에, 기존에 간행된 복제 자료로는 연구될 수 없다는 점, 또 확인할 수 있는 가점 내용이 오코토점 중심이기 때문에, 古訓만을 대상으로 하는 연구에서는 연구 자료가 될 수 없었기 때문이라고 할 수 있다. 이러한 점에서, 본서는 10세기의 한적 훈점 자료 중에서는 이질적인 자료이다. 그러나, 가점자가 무엇을 의도하여 가점했는지, 또 가점의 결과 본서를 어떻게 이해했었는지 등과 같이 가점자의 측면에서 본서를 파악한다면, 한적 훈점 자료로서 본서의 위치 설정이 좀 더 용이해 질 것으로 생각한다.

본 발표에서는『世說新書』권6 중, 원본 조사를 실시한 쿄토 국립박물관 소장본(이하, 京博本으로 약칭)과 도쿄 국립박물관 소장본(이

---

* KOSUKEGAWA Teiji, 일본 富山大學 교수, kskgawa@hmt.toyama-u.ac.jp
1) 본서를 훈점자료로서 직접 다룬 논문은 小林芳規(1981), 築島裕(1979)(1986)(1996), 小助川貞次(2005a)에 불과하다.

하, 東博本)을 중심으로 다룬다.[2]

2. 서지 개요

2.1. 현존 4본의 관계

　『世說新書』권6은 현재 네 곳에 나뉘어 소장되어 있는데, 小川本 5紙 110행, 京博本 8紙 172행, 小西本 3紙 54행, 東博本 4紙 85행(권말의 空行1행, 尾題1행, 空行2행을 포함)이 있으므로, 합계 20紙 421행이다(연결해 합치면 17紙). 유포본과 비교해 권두의 2紙 정도가 결손되었지만, 그 외의 절단면에는 결손이 없고, 완전하게 연결되어 있다. 메이지 10년경에 다섯 가문(山添快堂, 桑川淸蔭, 神田香巖, 北村文石, 山田永年)에 의해 잘려지는 과정 중, 이 결손된 2紙가 어느 가문의 것에 해당하는지는 분명하지 않다.[3] 어쨌든 현재의 상황에서는 권6 전체(추정 19紙 473행)의 약 9할(17紙 421행)이 네 곳에 분리되어 소장되어 있는 셈이다.

　덧붙여 말하면, 뒷면에는 平安 시대 후기의 사본으로 보이는 金剛頂蓮華部心念誦儀軌(唐의 不空 번역)가 있고, 東博本 권말부터 小川本 권두의 몇 줄까지 계속해서 서사되어 있으며(단 발췌된 부분 있음), 院政시대 초기의 喜多院點이 백점(白點)으로 가점되어 있다.

---

2) 京博本은 2005년 2월 1일～2일, 東博本은 2005년 5월 17일～18일에 원본 조사를 실시했다. 小川本은 마이크로 필름에서 현상한 사진을 이용했다.
3) 山田永年, 『過眼餘唱』 제1집(1881년)(직접 참조하지 못함). 오사카시립미술관편 『唐鈔本』(1981년)의 해설에 의한다.

2.2. 가점의 개요

京博本(1822예)   東博本(325예)

□·□   287 (角朱點100, 角點6, 朱點181)   □·□   98   (角朱點16, 角點5, 朱點77)
□.□   382 (角朱點147, 角點4, 朱點231)   □.□174   (角朱點46, 角點2, 朱點126)
□－□   27 (角朱點1, 角點0, 朱點26)   □－□   (없음)
人名   166 (角朱點16, 角點1, 朱點149)   人名   53   (角朱點7, 角點0, 朱點46)
青紙   15 (墨見消와 공존하는 것 4)   青紙   8   (墨見消와 공존하는 것 2)
黃塗消1) 24   黃塗消   5
轉倒符2)   5 轉倒符1
墨見消3)   5 (青紙와 공존하는 것 4)   墨見消   2   (紙와 공존하는 것 2)
가나점   35 (角朱點2, 朱點33)   가나점   (없음)
오코토점 925 (角朱點492, 角點12, 朱點421) 오코토점   (없음)

角朱點4)758(42%), 角點23(1%), 朱點1041(57%) 角朱點69(21%), 角點7(2%), 朱點249(77%)

<현존 4본의 관계 일람>

現狀	篇章*	뒷면		
紙 출전 행	卷 節	紙 출전 행	大正藏의 페이지 수	

[小川本]
1,001-022,22 10.04-06 5,107-130,24 墨付19迄
2,023-046,24 10.06-07 4,078-106,29
3,047-071,25 10.07-10 3,048-077,30
4,072-096,25 10.10-13 2,018-047,30
5,097-110,14 10.13-13 1,001-017,17 p0307a01

[京博本]
1,001-011,11 10.14-15 8,194-206,13 p0306c26
2,012-036,25 10.15-18 7,164-193,30
3,037-061,25 10.19-23 6,134-163,30
4,062-086,25 10.23-25 5,104-133,30
5,087-111,25 10.26-27 4,074-103,30
6,112-136,25 11.01-03 3,044-073,30
7,137-161,25 11.03-06 2,014-043,30
8,162-172,11 11.06-07 1,001-013,13 p0303a08

[小西本] **
1,001-014,14 12.01-02 3,
2,015-039,25 12.02-05 2,
3,040-054,15 12.05-07 1,

[東博本]
1,001-010,10 13.01-02 4,088-099,12 p0301c22
2,011-035,25 13.02-07 3,059-087,29

3,036-060,25   13.07-10   2,030-058,29
4,061-085,25   13.10-13   1,001-029,29   p0299b08
----
* 중국 고전문학 대계(1969년, 平凡社)에 의한다.
** 오사카 시립 미술관편『唐鈔本』(981년)에 의한다.

仮名字體表　　　　　　　　　　오코토점도

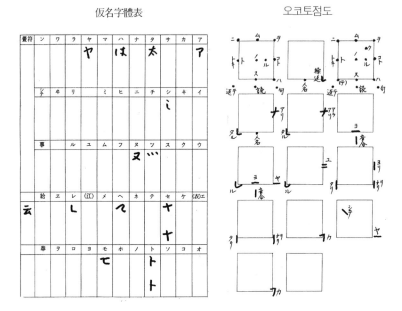

2.3. 가점의 특징

京博本, 東博本의 가점 개요를 10세기에 가점된 다른 한적 훈점 자료와 비교하면, 이하와 같은 특징을 들 수 있다.

· 구두점과 오코토점이 가점의 대부분을 차지해 가나점은 매우 적다.
· 성점(聲點), 반절주(半切注) 등의 음주가 전혀 존재하지 않는다.
· 쌍주(劉孝標注)도 본문과 같은 밀도로 가점된다.

· 京博本과 東博本은 僚卷(같은 책)이면서도, 東博本에는 가나점·오코토점이 존재하지 않는다.

가점이 세밀하다는 것은, 10세기에 가점된 한적 훈점 자료로서의 특징이다. 그러나 자세히 보면, 오코토점(=星點)이 가점 구획(壺)의 내부에 있는 것이나, 가점이 쌍주에도 상세하게 달린 것 등, 대체로 한적 중에서도 경서(經書)의 가점 상태에 가깝다. 특히 가나점이 조금밖에 보이지 않는다는 점은 『春秋經傳集解』卷2와 흡사하다. 본서가 자부(子部) 소설류에 속하는 텍스트인 것을 생각한다면, 당시의 학문 상황을 아는 데 있어서 흥미로운 자료가 된다.

<平安 중기 한적 훈점 자료의 가점 상황 일람>

	古文尚書	毛詩唐風	春秋經傳	漢書楊雄傳	漢書高帝紀	世說新書
오코토점	第五群點	第五群點	第一群點	第五群點	第五群點	第五群點
	가점구획내 있음		구획내 있음			구획내 있음
가나점	미세	미세	미세 소수	약간 미세	각필점	미세 소수
음주(聲點)	五聲	四聲	六聲	六聲	四聲	없음
음주(반절 음주)	反·直	反·直	反·直	反·直	直音注	없음
음주의 출전	經典釋文	經典釋文	經典釋文	師古注 외	?	―
쌍주에의 가점	상세	상세	상세	부분적	없음	상세
가점의 밀도	균등	균등	균등	균등	전반부 세밀	전반부 세밀?

3. 주점(朱點)과 각필점의 관계

小林芳規(1987)는 주점과 각필점의 선후 관계에 대해서 「각필에 눌려 함몰된 부분에 주점이 들어 있기 때문에, 먼저 각필점이 기입된 다음에, 이것을 주점이 덧쓰듯이 추가 기입된 것일 것이다」(p.879)라고 추정하고 있다. 그러나, 2장 (2)에서 가점 개요로 나타낸 바와 같이, 본서는 주점 단독의 가점이 가점 총수의 반수 이상을 차지하므로, 각필점을 확인할 수 없는 경우도 많다. 더욱이 각필점이 주점과 겹치지 못하고 주점의 바깥쪽에 가점되고 있는 예와 함께, 특히 구두점에는 이하와 같이 2종의 주점이 나타나는 예가 있다(용례는 「출전 : 가점된 본문」의 스타일로 보이며, 오코토점은 히라가나로, 가나점은 가타카나로 표시한다. 각필점은 g, 주점은 r로 나타내 보인다. 또 인명 주기(注記)의 가점이 있는 경우는 n으로 표시한다).

003:後grに 朝覲grときrにr、 r。	[讀點 ⇔ *句點(薄朱點)]
118(割):相反覆ことr、 r。	[讀點 ⇔ *句點(薄朱點)]
135(割):投衣grを 於江r。 r、	[句點 ⇔ 讀點(薄朱點)]
160:便廻還r。 r、	[句點 ⇔ 讀點(薄朱點)]
161:不堪人-間rにr。 r、	[句點 ⇔ 讀點(薄朱點)]
027(割):以我grをgrて 爲三公gr。 r、	[角朱句⇔ 朱讀(薄朱點)]
030:乏才gr。 r、	[角朱句⇔ 朱讀(薄朱點)]
032:在荊州r。 gr、	[朱句 ⇔ 角朱讀(薄朱點)]
033:我欲grとgrす 爲漢高r、 魏武grをr。 gr、 何如	[朱句 ⇔ 角朱讀(薄朱點)]
071(割):野人不能敍ことgr。 r、	[角朱句⇔ 朱讀(薄朱點)]
100(割):遂委罪grを國寶rngrにgr。 r、	[角朱句⇔ 朱讀(薄朱點)]
102:作此rの敍々rをgr。 r。 r、	[角朱句⇔ 朱讀(薄朱點)]
135(割):爲水r、 所r又淹gr。 r。 r、	[角朱句⇔ *朱讀(薄朱點)]
146:引軍grをgrて 垂にrと 至大桁にr、 gr。	[朱讀 ⇔ 角朱句(薄朱點)]
163(割):平北將軍蠢rn及袁眞rn等をr。 gr、	[朱句 ⇔ 角朱讀(薄朱點)]
163(割):嚴辭rときrにgr、 r。	[角朱讀⇔ *朱句(薄朱點)]

이 경우에 흐린 주점(薄朱點)은 단독으로 가점되는 것이 많고, 더욱이 훈독했을 때에는 선행하는 오코토점에 이어지지 않는 예도 있다 (* 표를 붙인 예). 따라서 선후 관계에 대해 말한다면, 「각필점 → 주점」

이라고 판단하기에 어려운 면이 있다. 다만 주점과 각필점의 훈독법을 비교하면, 상이를 보이는 곳은 모두 이러한 구두점에 관한 부분이고, 또 그 수도 적으므로, 당연히 (주점과 각필점은) 같은 부류의 점으로서 취급할 수 있을 것이다.

4. 가나점(和訓)이 적은 것은 왜인가?

한문 훈독은 한문 텍스트를 대상으로 한 해독 행위이며, 한문의 문법 구조와 어휘의 이해가 중심을 이룬다. 문법 구조를 이해할 때에는 구두점·어순·助字가 그 중심을 이룰 것이고, 한편 어휘를 이해할 때에는 해당 한자어가 문맥 안에서 어떠한 의미를 가지고 있는가 하는 점이 중요할 것이다. 한문 훈독을 이와 같이 생각한다면, 가나점(和訓: 일본어로서의 대역)이 적다는 상황은, 훈독의 한 축인 어휘 이해가 충분하지 않았다는 것을 의미한다.

京博本에서는 가나점이 35예(문자), 그 중에서 자립어는 16예 13語(활용어미만의 것 4語를 포함한다)밖에 없다. 또 오코토점을 이용한 자립어도 6예 4語밖에 없다.

[가나점에 의한 자립어의 전체 용례]
124:疑r アラ grむ   [アリ (有)]
138(割):魏武見而不能了r アgr こと   [アキラカニス (明)]
030:以爾grをrて 爲grセり柱石之臣   [ス (爲)]
061(割):嘗rn弗與rに同rセ   [ス (爲)]
132:魏武亦記rセgrるrこと之   [ス (爲)]
085:會rタrハヽヽ   [タマタマ (偶)]
143:可爲rツ 竹押楯grに   [ツクル (作)]
121:魏武<敢>rトr 少許grをgrて   [トル (取)]
123:人rヽ <敢>rrヘ一口grを   [クラフ (食)]
085:當rモrのrトrgは 被るgrに手grを   [モノ (者)]
086:小差rヤ   [ヤム (止)]

157:遣ヤ賤grをgrて詣桓grに　　　　　　　　[ヤル (遣)]
030:莫レ傾grこと人grの棟梁grを　　　　　　　[ナシ (無)]
042:仁祖rngrは是勝レるgrたる我許rに人grなりr　[マサル (勝)]
043:豈有grむ勝レ公grに人grに而　　　　　　　　[マサル (勝)]
129:令脩rngrをgrて別rに記所grを知rレ　　　　　[シル (知)]

[오코토점에 의한 자립어의 전체 용례]
005:故rことrに命駕grをgrて　　　　　　　　　[ことさらに (殊更)]
010:不得一言ことrモr。　　　　　　　　　　　[こと (言／形식名詞)]
016:以爲rすするrいふ察々之政grをr。　　　　　[す (爲)]
147:故rことgrに未斷gr。　　　　　　　　　　　[ことさらに (殊更)]
169:常在前rゆgrにgrてr、　　　　　　　　　　[ゆくさき (行先)]
172:在前rゆrに r。　　　　　　　　　　　　　[ゆくさき (行先)]

이 상황은 『春秋經傳集解』卷2의 경우와 매우 비슷하다. (발표자는)
『春秋經傳集解』卷2를 대상으로 「학문적인 활동의 유무, 계층적인 가
점 단계, 和訓의 필요성, 가점 연대」라는 문제에 대해 각각 검토하여,

> ・난해한 한자어가 적으므로, 일부러 가나점으로 和訓을 가점할
> 필요가 없었기 때문이 아닌가?
> ・한적 훈점 자료에 있어서의 가나점의 발달이 불충분한 상황・
> 시대를 반영하는 것은 아닌가?

라는 두 가지 가능성을 제시한 바 있다.[4] 본고에서는 이상에 언급한
한문 훈독의 실상을 살피면서, 京博本에 대해서도 같은 방식의 검토를
행한다.

4.1. 학문적인 활동

吉川幸次郎(1968a)(1968b)는 世說新語(『世說新書』)의 문장의 특징으

---

4) 小助川貞次(2001a)(2001b).

로서 이하와 같이 지적하고 있다.

· 전대의 문장보다 助字가 많고, 게다가 새로운 용법의 것이 적지
않다.
· 2음절의 복합어가 과다하게 사용되고 있다.
· 이러한 현상은 구어 그 자체의 반영이 아니고, 裝飾的인 문장을
지향한 것이다.

京博本에서는 이러한 助字類에 대한 가점을 볼 수 없다. 가점자가 새
로운 용법을 이해할 수 없었기 때문이었던지, 혹은 종래의 통상적인
훈독법으로 읽었기 때문에 가점할 필요가 없었던지와 같은 가능성을
생각할 수 있으나, 어느 쪽인지 분명하지 않다.

○將無 → 판단에 여유를 둘 때에 후행하는 助字
098(割):將不爲曹爽rn乎gr。
○相 → 동사에 첨가되어 단어에 여유를 실어 주기만 하는 것
004:必r、欲grとgrす苦grに相規r-誡r。
026(割):是時王導rn躬鑒rn撩亮rn相繼grて薨殂r。
087:王緒rn王國寶rn相爲gr、屑齒grとgrてr、
118(割):必有grは敎出grて相反覆ことr、
○是 → 「-은/는」에 해당하는 정도의 가벼운 의미
027(割):以我grをgrて爲三公r、gr。是天下rに無rなり
人矣r。
042:謝尙rngrは是何rに似rたる人gr。
042:仁祖rngrは是勝rレる我許rに人grなりr。

○復 → 극히 가볍게 사용되고, 거의 아무런 의미를 가지지 않는 말

> 052:當今r、豈復gr、煩grむ此grにr。
>
> 054:卿乃復倫伍r、不惡r。
>
> 123:復何rの疑rアラgrむ

○便 → 극히 가볍고, 「-(으)로」라고 할 정도의 의미에 빈번히 사용된다.

> 006:上坐grにgrて便言gr、方當永別r。

그러나 「也」「矣」「者」등의 통상의 助字類는 꼼꼼히 훈독되고 있다.

○也 → 「は〜なり〔也〕」(4예)

> 081:桓道恭rngrは玄rn之族rなり也r。
>
> 091(割):太傅謝安rngrは國寶rngrか婦rの父rなり也r。
>
> 092(割):會稽王grの妃rは國寶rnrか從妹rなり也r。
>
> 129:黃絹grは色rの絲rなり也gr。

「なり〔也〕」(2例)

> 116:王gr、嫌rなり門rの大grことgrを也r。
>
> 139(割):旣而称正平rnrなり也r。

「は〜 (なり)〔也〕」(3예) (그 외에 가점되지 않은 19예 있음)

> 130:幼婦grは少女也gr。
>
> 131:外孫rは女rの子也r。
>
> 168(割):石頭grはr、桓熙rn小字也r。

○矣　→「なり[矣]」(2예) (그 외에 가점되지 않은 3예 있음)

　　　　028(割):是天下rに無rなり人矣r。

　　　　034(割):斯傳聞rか之謬rなり矣

○者　→「者もの」(4예)

　　　　073:弟子rの中grにrして或grは有墮者rのr。

　　　　138(割):莫有grこと知者rのgr。

　　　　165(割):疑r、世說爲謬ことrを者rのrなり

　　　　167:時r-彦rの同遊者rの

　　　「こと[者]」(1예)

　　　　043:豈有grむ勝レ公grに人grに而行grこと非grを者gr。

　　　「者 (は)」(2예)

　　　　059(割):彡彡彡 (士吉射)者君rの側之惡人

　　　　134(割):孝女曹娥rn者上虞人r。

　　또「不」에 대해서도, 부정 추량의 조동사「じ」를 가점하고 있는 예
(2예), 선택 의문문「～, 不」로서 구두점을 가점한 예(1예) 등이 있으
므로, 결코 획일적인 가점이 아니다.

　　○不 [부정 추량의「じ」]

　　　　020:不rは建豹尾rをr、不シ復歸矣r。

　　　　086:不シ能堪grこと芒grに也gr。

　　○不 [선택 의문문]

　　　　127:魏武謂脩grngrにgr、卿解r、不gr。

　　　　(cf.東博本)061～062:宣武謂曰汝叔落賊r、汝知gr、不gr。

게다가 본서에는 인명이 다수 등장하는데, 상당히 엄밀하게 「인명」
에 대한 가점이 표시되어 있다. 다만 「字~」, 「~帝」, 「~王」, 「~氏」에는
「인명」가점이 없는데, 이것들을 제외하면, 「인명」 223예 중에서 168
예(75%)가 가점되고 있다. 가점되지 않는 것은 이하와 같은 특정한 패
턴이며, 이것들을 다시 제외하다면, 京博本에서 가점해야 할 인명은
178예가 되므로, 이 중에서 인명으로서 가점되어 있는 것이 168예
(94%)에 이른다.

- 성만 나타나는 경우(顧, 王, 陸, 庾, 許, 楊, 郗)
- 성＋관직명(郗太尉, 王丞相, 謝太傅, 殷荊州, 桓南郡, 郗司空)
- 성＋존칭(王公)
- 명백한 경우(魏武)
- 속칭(桓宣武, 桓武, 宣武, 謝鎭西, 謝中郞, 王東亭, 東亭, 右軍)

본서는 대역으로서의 일본식 훈점은 적지만, 한자어의 어휘 그 자체
에 대한 이해가 불충분했다고는 결코 말할 수 없다. 게다가 이상과 같
은 상세한 점은, 단지 『世說新書』의 본 문만이 아니고, 쌍주로서 나타
나는 劉孝標注에도 마찬가지로 확인된다. 이러한 결과는 劉孝標注가
본문의 세세한 부분을 해석하는 훈고적인 주석 내용을 가지는 주석서
가 아니라, 『中興書』 『晉陽秋』 『(陸遜)碑』 『(陸)玩別傳』 『文章志』 등 世說의
내용을 고증하기 위해서, 다양한 서적을 인용하고 있기 때문에 빚어진
것이다. 世說 텍스트와 함께 劉孝標注 자체가 또 하나의 텍스트가 되어
있다고 말할 수 있다.[5]

---

5) 劉孝標注의 성격은 기존서가 설명하는 대로라고 할 수 있는데, 內閣文庫藏林鵞
峯手校手跋本『世說新語』의 권말 발문 「孝標註或訂本文之誤增其不足, 古人謂, 郭璞

이상과 같이 정밀히 가점되었다는 사실로 볼 때, 역시 그에 상응하는 학문적 배경 지식을 상정할 수밖에 없다.

4.2. 계층적인 가점 단계

서지 개요에서 보인 것처럼, 본서의 구성은 (권두) → 小川本 → 京博本 → 小西本 → 東博本의 순서로 이어지고 있다. 한편 가점 개요를 보면, 東博本은 오코토점과 가나점이 존재하지 않으므로, 다른 것과는 이질적이다.

> 小川本 : 구두점, 오코토점(인명 주기를 포함한다), 가나점
> 京博本 : 구두점, 오코토점(인명 주기를 포함한다), 가나점
> 小西本 : (아직 조사 못함)
> 東博本 : 구두점, 인명 주기

만약, 본서의 가점이 권6의 권두로부터 순서대로 이루어진 것이었다면, 이러한 가점 상황은 적어도 이하와 같은 2단계의 점이 있었던 것을 시사한다[6]

註山海經<龜巨>道元註水經裴松之註三國志、與孝標世說註共可與本文並行, 非尋常解釋之比, 而可爲博識之助者也」라는 기술은 이 책의 성격을 잘 파악하고 있다.

6) 이것은 한문을 독해하는 과정으로서 지극히 중요한 사실을 시사하고 있다. 즉, 일본어로서 훈독하는 전 단계로서 한문의 구문을 이해하고, 그 후에 고유 명사를 파악하는 단계가 있었다는 것을 의미하고 있다. 구두점을 찍는 것은 돈황 가점 자료에도 공통적으로 볼 수 있으므로, 한문을 독해하는 과정에 언어를 초월하는 공통된 방법이 있었던 셈이 된다. 다만 東博本의 구두점은 일본어를 전혀 개재시키지 않는 음독의 단계를 반영하는가 하면, 반드시 그렇지만도 않다. 다음의 예와 같이 역독했다고 생각되는 예가 있다.
033(割)~034(割):有匪維外內掃蕩群凶r、之志r。
→外內(を)匪維(し)群凶(を)掃蕩(する)、〔之〕志有(り)

(제1 단계) 구두점, 인명의 가점

↓

(제2 단계) 오코토점, 가나점의 가점

京博本의 경우, 본서의 각필점과 주점의 관계를 생각했을 때, 주점으로 된 구두점에는 2종류가 있다는 것을 지적했다. 선행하는 오코토점에 연결되지 않는 흐린 주점도 이상의 제1 단계의 점이라고 생각할 수 있 다. 게다가 제2 단계에 해당하는 가나점의 가점이 적다는 것을 고려한 다면, 제2단계의 다음 단계로서 상세한 가나점이 가점되는 제3 단계가 예정되어 있었다고 생각할 수도 있다.[7]

4.3. 가나점(和訓)의 필요성

그러면 이러한 제3 단계의 가점을 상정했을 경우, 도대체 어떠한 가나점이 예정되어 있었던 것일까? 京博本에는 적어도 이하와 같은 난 독(難讀) 한자를 찾아낼 수 있다.

· 006:翹鬢grをgr、   [翹 → アグ]

· 006:厲色grをrてr、   [厲 → ハゲシクス]

· 008:辭殊grに不溜r。   [溜 → ナガル]

· 028:索杯r-酒rをr。   [索 → モトム]

· 031:戡rや卿rか良r-箴grをr。   [戡 → ヲサム]

· 040:逕grに就謝grにgrて數日gr、   [逕 → タダチニ]

---

7) 漢書楊雄傳天曆二年點에서는 선행하는 주점에 대해서 묵점(墨點)이나 백점이 추 가로 가점되어 있는데, 이것은 확실히 이러한 경우의 예이다.

・060:我rか病rは自grに當grに差gr。　　　　　[差 → イユ]

・072:講論gr、不輟r。　　　　　　　　　　　[輟 → ヤム]

・110:邵伯rか所茇　　　　　　　　　　　　　[茇 → ヤドル]

・117:魏武爲丞相r、辟grて爲主簿r。　　　　　[辟 → マネク]

・121:人餉grり魏武grに一杯grの酪をr。　　　　[餉 → オクル]

・123:人r丶噉rへ一口grをgr。　　　　　　　　[噉 → クラフ]

　　그러나 한편으로는 같은 수준 정도로 난이도가 높은 和訓이 실제로 가점되고 있는 예도 있다.

・001:既grて雅rより非所grに經rたる　　[雅 → (もと)より]

・085:會r夕r丿r丶丶丶　　　　　　　　　[會 → 夕ハ丶丶]

・086:玄rn自此gr、小差rや　　　　　　　[差 → ヤ(む)]

・121:魏武噉rト少許grをgrてr、　　　　[<噉> → ト(り)て]

・138:魏武見而不能了rアgrことgr。　　　[了 → ア(きらかにする)こと]

京博本에 가나점이 적다는 것은 사실이다. 그러나, 본서에는 인명・지명 등 본래 일본어가 될 수 없는 고유 명사가 많고, 더욱이『世說新書』의 언어적 특징으로서 2음절 한자어도 많이 존재한다. 본서는 원래부터 和訓을 달 수 있는 부분이 적었기 때문이 아니었는가 생각해 볼 필요가 있다.

　　　　일본어로 대역(和訓化)될 수 없는 2음절 한자어

　(고유 명사, 관직명, 첩어, 수사를 제외한다. □-□는 音合符5))

001:晚節, 002(割):羣書, 002(割):博覽, 002(割):章句, 002(割):通綜, 003:朝覲, 004:規-誠, 006:永別, 008:後面, 009:氷-矜, 011:八部, 011:從事, 012:下-傳, 012:同-時, 013:從事, 013:官長, 013:得失, 015:呑舟, 016:採聽, 016:風-聞, 016:呑嗟, 016:察々之政, 017:從事, 017:缺然, 018:東征, 019(割):京邑, 020(割):男兒, 020(割):豹尾, 020(割):復歸, 021(割):・器識, 021(割):淸敏, 021(割):風檢, 021(割):澄峻, 021(割):振威, 022:左右, 022:昌門, 026(割):蒐萪, 026(割):朝野, 026(割):憂懼, 027(割):德望, 027(割):辭讓, 027(割):歎息, 027(割):賓客, 027(割):天下, 028(割):時人, 028(割):知言, 028:杯-酒, 029:寫-著, 029:梁柱, 030:柱石之臣, 030:棟梁, 031:良-箴, 032:大會, 032:寮佐, 034(割):狂狷, 034(割):此若之言, 034(割):傳聞, 037:從事, 038(割):從事, 038:檢校, 040(割):郡家, 046:議論, 047:明府, 047:周旋, 047:逝沒, 050:奔走, 051:帖橙, 051:前後, 051:損益, 052:當今, 053(割):高臥, 053(割):軍旅, 053(割):輕入, 053(割):迂謬, 055(割):儁才, 055(割):時人, 055(割):法護, 057:病困, 057:半面, 059(割):惡人, 060:消息, 060:所-患, 062(割):小任, 064(割):本姓, 065(割):苗裔, 065(割):君長, 065(割):天下, 065(割):軍中, 066(割):滋部, 066(割):兄弟, 066(割):道術, 067(割):巡狩, 067(割):神靈, 067(割):秩祭, 069(割):隱潛, 069(割):仙人, 069(割):崖岫, 070(割):神仙之廬, 070(割):石門, 070(割):南嶺, 071(割):傳聞, 071(割):赤鱗, 071(割):涌出, 071(割):野人, 072:講論, 072:弟子, 073:桑榆之光, 073:遠照, 074:朝陽之暉, 075:諷誦, 075:辭色, 075:高足之徒, 076:肅然, 077:田狩, 077:車騎, 078:良馬, 078:馳擊, 079:雙-甄, 079:陵堅, 079:行-陳, 080: 暮免, 080:騰逸, 080:參佐, 080:繫束, 082(割):同堂, 084:絳綿, 085:人士, 087:脣齒, 087:權-要, 088(割):早終, 088(割):從事, 089(割):佞耶, 089(割):同擧, 090:朝廷, 090:內匡, 090:諸侯, 091(割):士業, 091(割):進-趣, 091(割):當世, 092(割):從妹, 092(割):早遊, 092(割):超遷,

093(割):貪-恣, 093(割):聲色, 093(割):妓妾, 093(割):免官, 094(割):萬機, 094(割):宰輔, 094(割):從弟, 095(割):去就, 096(割):外內, 097(割):憚疾, 098(割):勢利之間, 098(割):兵權, 098(割):大禍, 100(割):諸侯之兵, 102:獄吏之貴, 103(割):吏助, 103(割):侵辱, 103(割):千金, 103(割):獄吏, 104(割):公主, 104(割):百萬之軍, 104:獄吏, 108(割):先君, 108(割):棠樹之下, 109(割):詩人, 109(割):休息, 109(割):蔽箕, 110:文靜之德, 110:五畝之宅, 113:相國, 114:榛-栭, 117:才學思幹, 117(割):反覆, 118(割):守者, 118(割):白-事, 118(割):相反覆, 119(割):錯誤, 119(割):推問, 119(割):慙懼, 120(割):才解, 121:蓋-頭, 126:黃絹·幼婦·外孫·齊臼, 126:題作, 129:黃絹, 130:幼婦, 130:外孫, 132:絕妙好辭, 134(割):孝女, 135(割):號慕, 136(割):旬有七日, 136(割):悲憐, 136(割):改葬, 136(割):弟子, 138(割):詩人之作, 138(割):詭妄, 138(割):葷寮, 139(割):婦人, 139(割):汾沮, 139(割):離-合, 140:袁-本初(人名), 140:治裝, 141:竹片, 142:燒除, 143:竹押楯, 145:辨悟, 146:大桁, 146:中堂, 147:大桁, 148:左右, 148:悚懼, 149(割):兵勢, 149(割):大怒, 149(割):譌謬, 150:諸公, 151:須臾, 151:徒跣, 152:天威, 153:釋然, 153:諸公, 153:機悟名語, 155:兵權, 156(割):勁悍, 156(割):精兵, 156(割):京酒, 157:王室, 158:脩-復, 158:園陵, 158:世子嘉賓, 159:毀裂, 160:廻還, 160:老病, 160:人-間, 161:閑地, 161:自養, 163(割):申-勒, 163(割):嚴嶷, 163(割): 价疾, 163(割):戎行, 164(割):所-任, 165(割):處分, 167:兄弟, 167:郊野, 167:時-彥, 167:同遊, 168(割):長子, 169(割):諸人, 170(割):疲倦, 171:諸人, 171:從官, 172:悟-攝

4.4. 가점 연대

본서에 가나점이 적은 이유를 이상과 같이 생각해도, 또 하나의 큰

문제가 남는다. 그것은 본서 이외의 10세기에 가점된 한적 훈점 자료
에는 모두 파음(破音)6) · 성점(聲點) · 음주 기입(書込音注) 등 한자음에
대한 주가 존재하는데, 본서에는 그러한 것이 일체 보이지 않는다는
점이다. 일본어로 대역할 수 있는 한자어가 적고, 한자음으로서 읽지
않으면 안 되는 한자어가 많아지면 많아질수록, 한자음에 대한 정보는
불가결하게 될 것이다.

『古文尙書』『毛詩』『春秋經傳集解』와 같은 경서에는 古注를 포함한
텍스트 전체를 망라하는 陸德明의 『經典釋文』이 존재하고, 또 漢書의
경우에는 전통적인 顔師古注의 내부에 상세한 음주가 존재하므로, 모
두 제각각의 음주를 이용할 수 있는 조건이 갖추어져 있다. 한편 『世
說新書』의 경우를 보면, 쌍주에 있는 劉孝標注는 世說의 내용을 고증하
기 위해서 다양한 서적을 인용하고 있는 주이므로, 그 중에 음주는 포
함되지 않았다. 또 『經典釋文』과 같은 본서 전체를 망라하는 음주도
존재하지 않는다. 따라서, 본서에 성점이나 음주가 없는 이유는 경서
나 사서(史書)와는 달리 음주를 이용할 수 있는 조건을 갖추지 못했기
때문이라고 생각할 수 있다.

그러나, 한문 본문의 문맥에 따르는 음주가 없는 경우에도, 切韻 ·
玉篇 등의 범용적인 사전류를 이용하는 것은 가능했을 것이다. 漢書楊
雄傳에는 실제로 이상의 사전류로부터의 인용이 보인다.8) 본서의 경
우는 그러한 사전류의 인용도 전혀 존재하지 않는다. 그 이유는 당초
부터 음주를 가점하려는 의도가 없었던지, 혹은 음주를 이용할 수 있
는 환경이 아니었던지, 그 둘 중 하나일 것이다.

그런데, 일본 훈점 자료에서의 성점의 기원 문제에 대해서는 石塚晴
通(1995)의 중요한 지적이 있다.

---

8) 小助川貞次(2005b) 참조.

불전의 경우, 寬平期 이전의 약 백년간에 백 점을 넘는 훈점 자료가 있는데도, 파음이나 성점의 용례를 일례도 볼 수 없다. 이것은 지극히 시사적인 사실이어서, 일본에서의 파음·성점의 수법이 한적 훈점 자료에서 시작되었다는 것, 그 시기는 9세기 말기경인 것을 살필 수 있다. (p.55)

『世說新書』에 파음·성점·음주 기입이 전혀 존재하지 않는다는 현상으로부터 이 자료가 9세기 말기 이전의 상태를 보인다고 생각할 수도 있다. 그렇다면, 본 자료에 있어서의 가나점이 적다는 것은 가점의 필요성이 없었다는 이유 외에도, 또 하나의 가능성으로서 『漢春秋經傳集解』 권2의 경우와 동일하게, 한적 학습에 있어서의 가나점의 발달이 불충분한 상황·시대를 반영하는 것은 아닐까 하고 생각해 볼 수 있는 것이다.

5. 정리

이상에서 『世說新書』 권6 중, 특히 京博本·東博本을 대상으로 가점의 특징을 살피면서, 10세기에 가점된 한적 훈점 자료로서의 위치 설정을 시도했다. 본 발표에서는 일본의 한적 훈점 자료로서의 위치 설정에 머물렀지만, 京博本과 東博本의 가점 상황의 차이는 훈독·가점이 구체적으로 어떠한 공정을 거쳐 행해지는가 하는 것을 잘 나타내보이고 있다. 京博本과 같이 오코토점이 위주가 되는 가점은 한국의 점토구결 자료를 고찰하는 데 참고가 되며, 또 東博本과 같은 구두점 본위의 가점은 중국 돈황 가점 자료를 고찰하는 데 많은 참고가 될 것이다.

한문 텍스트에 점을「찍는다」/「찍지 않는다」의 배경에는 어떠한 상황이 있는지, 향후 일본·한국·중국의 가점 자료를 종합적으로 생각할 필요가 있을 것이다.

참고 문헌

石塚晴通(1995),「聲點の起源」(『日本漢字音論輯』所收、汲古書院)

小助川貞次(2001a),「加點希薄な漢籍訓點資料における典據の問題」(國際ワークショップ「漢文古版本とその受容 (訓讀)」、北海道大學)

小助川貞次(2001b),「訓點資料として見た春秋經傳集解卷第二について」,(第85回訓點語學會研究發表會 → 要旨『訓點語と訓點資料』108輯)

小助川貞次(2005a),「訓釋資料としての漢籍訓點資料」(第50回國際東方學者會議「漢文の自言語による訓讀」)

小助川貞次(2005b),「上野本漢書楊雄傳天曆二年點における切韻と玉篇の利用」(『築島裕博士傘壽記念國語學論集』、汲古書院、近刊)

小林芳規(1967),『平安鎌倉時代に於ける漢籍訓讀の國語史的研究』(東京大學出版會)

小林芳規(1987),『角筆文獻の國語學的研究』(汲古書院)

築島裕(1979),「平安時代における假名字母の變遷について」(『訓點語と訓點資料』第62輯)

築島裕(1986),『平安時代訓點本論考 ヲコト點圖假名字體表』(汲古書院)

築島裕(1996),『平安時代訓點本論考 研究篇』(汲古書院)

吉川幸次郎(1968a),「世說新語の文章」(『吉川幸次郎全集』第7卷所收、もと『東方學報京都』第10冊第2分、1939年)

吉川幸次郎(1968b),「六朝助字小記」(『吉川幸次郎全集』第7卷所收、もと『知慧』,1958年)

<부기>

본 연구는 과학 연구비·기반 연구B(2) 「국제적 시점에서 본 일본어·한국어에서의 한문 훈독에 관한 실증적 연구」에 의한 연구 성과의 일부분이다. 자료의 열람에는 赤尾榮慶님, 富田淳님, 石塚晴通 명예교수의 각별한 배려를 받았다. 또한 본 발표에 즈음하여 한국 구결 학회로부터 많은 지원을 받았다. 깊이 감사 말씀드리는 바이다.

<역주>

1) 塗消 : 현재의 수정액과 같이 오사(誤寫)된 한자에 안료를 하고, 그 위에 묵서(墨書)로 수정.

2) 轉倒符 : 어순이 잘못된 한자 본문에 대해, 그 우측에 가점되는 「レ」와 같은 작은 부호.

3) 墨見消 : 잘못된 한자에 대해, 그 우측에 가점되는 「ヒ(止)」와 같은 작은 부호.

4) 角朱點 : 각점과 주점

5) 合符 : 두 글자를 숙어로서 이해하기 위해서, 한자와 한자의 중앙에 가점되는 세로선 부호.

6) 破音 : 특정 문맥 안에서 그 한자가 파생적 의미로서 사용되고 있음을 나타내는 부호. 사성(四聲)의 가점 구획을 사용하는 것이 많다. 원래 의미로 사용되고 있을 때는 가점되지 않는다.

번역 : 박진완(일본 神戸女子大學 교수)

日本 京都國立博物館 所藏 『世說新書』와 內閣文庫 所藏 『世說新語』의 비교연구*

오미영**

1. 머리말

본 발표에서는 일본 京都國立博物館 소장 당초본(唐鈔本)『世說新書』(이하, 京博本)과 일본 國立公文書館 內閣文庫 소장 명간본(明刊本)『世說新語』(이하, 內閣本)를 대상으로

   1) 한문 원문의 변천

   2) 한문 훈독의 변천

이라는 두 가지 측면에서 비교·고찰한 결과를 보고하고자 한다.

이제까지 세설신어의 한문 원문의 변천에 대한 본격적인 연구는 한국과 일본 양국 모두에서 아직 발견하지 못했다. 京博本은 한중일을 통틀어 현존하는 세설신어 관련 최고(最古)의 사본으로 세설신어 경전사에서 특별히 귀중한 자료이다. 본 연구에서는 京博本과 內閣本을 일본 尊經閣 소장 『世說新語』(이하, 尊經閣本)를 함께 비교하여 세설신어

---

* 이 논문의 자료조사 및 연구의 과정에서 石塚晴通선생님과 小助川貞次선생님께 많은 가르침을 받았다. 특히 小助川貞次선생님께는 물심양면으로 큰 은혜를 입었나. 사료 열람에 있어서는 京都國立博物館의 赤尾榮慶선생님께서 큰 배려를 해 주셨으며, 內閣文庫 관계자분들께도 폐를 끼쳤다. 이 자리를 빌어 여러분들께 깊은 감사의 말씀을 드리는 바이다.
** 숭실대학교 일본학과 교수.

의 한문 원문의 변천에 대해 고찰함으로써 세설신어 경전사 연구에 기여하고자 한다.

京博本은 10C의 일본 훈독을 보여주는 자료이고, 內閣本은 전권에 걸쳐 상세하게 훈점이 기입되어 있는 일본 최초의 자료로서 각각 일본 한문 훈독사에서 차지하는 중요성이 일찍부터 강조되어 왔다.[1] 그럼에도 불구하고 각각의 자료에 대한 본격적인 연구는 많지 않았고,[2] 더구나 두 자료를 사적으로 비교하는 연구는 아직 없었다. 본 연구는 한문 훈독의 계승과 발전이라는 측면을 살펴보는 데도 의미가 있을 뿐만 아니라, 본 연구를 통해 두 자료가 지니는 훈점자료로서의 가치도 재확인할 수 있을 것이다.

---

1) 八木澤元(1970:20)는 京博本에 대해서 「現存の『唐寫本世説親書殘卷』は『世説新語』の現存最古の伝本で、その資料的価値は高い。(현존하는 『唐寫本世説親書殘卷』은 『세설신어』의 현존하는 가장 오래된 전본으로, 그 자료적 가치가 높다)」고 지적하고 있다. 또 內閣本에 대해서 八木澤元(1970:27)는 「本邦において、『世説新語』に訓点を施した最初の書は、林鵞峰(がほう)手校本が最初であろう。本書は明刊の凌濛初校八卷本に林鵞峰が自身で訓点と跋を書き入れた手澤(しゅたく)本であって、全卷に返り点と送りがなが施されている。有注八卷本は資料的にも珍しいし、最初の鵞峰手澤の訓点本だから、解讀には一応参照すべきものであり、『世説』研究には必見の資料であろう。(우리나라에서 『世説新語』에 훈점을 기입한 최초의 책은, 林鵞峰의 수교본일 것이다. 본서는 명간 凌濛初校 8권본에 林鵞峰 자신이 훈점과 발문을 적어 넣은 수택본으로, 전권에 카에리텐과 오쿠리가나가 기입되어 있다. 유주8권본은 자료적으로도 드물고, 최초의 鵞峰 수택의 훈점본이기 때문에 해독에는 우선 참고해야 하며, 『세설』연구에는 반드시 보아야 할 자료일 것이다)」라고 하였고, 目加田誠(1975:13)도「日本內閣文庫には、林鵞峰が明刊凌濛初校八卷本に自ら訓点を施したものがあり、先人の業績として評価されるべきものである。(일본 內閣文庫에는 林鵞峰가 명간 凌濛濠初校 8권본에 직접 훈점을 기입한 것이 있는데 조상의 업적으로서 평가할 만한 것이다)」와 같이 지적한 바 있다.

2) 京博本을 훈점자료로서 다루고 있는 연구에는 小林芳規(1981), 築島裕(1979)(1986)(1996), 小助川貞次(2005)가 있다.

2. 연구대상자료

세설신어는 본래 중국 위진남북조시대의 대표적인 소설가인 유의경 (劉義慶. 403-444)이 지은 일화집이다. 전체 36편에 걸쳐서 총 1130조 의 고사가 실려 있는데, 주로 동한(東漢) 말에서 동진(東晋) 말까지 약 200여 년간 실존했던 여러 왕과 고관귀족, 문인, 학자를 포함한 약 700 여 명의 언행과 일화가 수록되어 있다. 여기에 양대(梁代)의 문학가였 던 유효표(劉孝標. 462-521)가 원서의 오류를 수정하고 방대한 양의 서 적을 인용하여 주를 달았다.

세설신어는 당대(唐代) 이전에는 『세설(世說)』이라 불렸으나, 당대 에 들어와서 『세설신서(世說新書)』라는 명칭이 등장하였고, 남송(南宋) 초에는 『세설신어(世說新語)』라는 명칭이 정착한 것으로 보인다. 10권 본, 3권본, 8권본이 있다.[3)]

2.1. 京都國立博物館 所藏 『世說新書』[4)]

京博本은 10권본 중, 권6 한 권을 넷으로 나눈 것의 두 번째 부분이 다[5)]. 규잠(規箴) 제10의 후반 111행과 첩오(捷悟) 제11의 61행을 합쳐 172행이 수록되어 있다.

---

3) 『세설신어』의 전본(傳本) 및 명칭에 관해서는 八木澤元(1970:19-26)를 참고할 수 있다.

4) 京博本은 2005년2월1일~2일과 7월27일~28일 두 차례에 걸려 원본조사를 실시 하였다.

5) 네 부분으로 나누어진 마지막 부분(東京國立博物館 所藏本. 2005년 5월 17일~18 일 원본조사)에는 「世說新書卷第六」이라는 제목이 적혀 있다. 이로써 송대 이후 『세설신어』로 불렸던 것이 당대에는 『세설신서』로 불렸음을 알 수 있다.

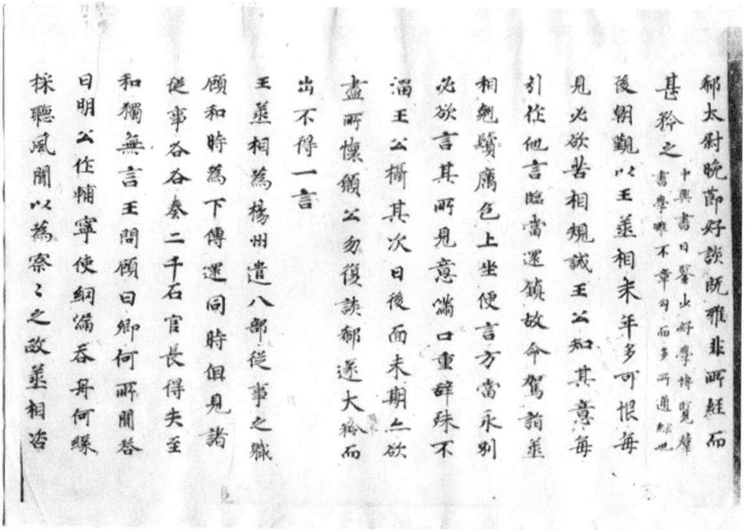
郗太尉晩節好談既雅非所經而
甚矜之 中興書曰鑒少好學博覽雖不及章句而多所通綜也
後朝覲以王丞相末年多可恨每
見必欲苦相規誡王公知其意每
引作他言臨當還鎮故命駕詣丞
相翹鬚厲色上坐便言方當永別
必欲言其所見意滿口重辭殊不
流王公攝其次曰後面未期亦欲
盡所懷願公勿復談郗遂大瞋而
出不得一言
王丞相為楊州遣八部從事之職
顧和時為下傳還同時俱見諸
從事各各奏二千石官長得失至
和獨無言王問顧曰卿何所聞答
曰明公作輔寧使網漏吞舟何緣
採聽風聞以為察察之政丞相咨

〈사진1〉 京都國立博物館 所藏『世說新書』[6]

필사 연대는 중국 당나라 때인 7C 후반에서 8C 전반으로 추정되어 현존하는 가장 오래된『세설신서』사본으로 꼽힌다. 한 장에 서사된 행수는 25행이며, 한 행의 글자 수는 본문의 큰 글씨의 경우는 13자 전후, 할주(割注) 형식의 작은 글씨는 16자 전후이다. 본행 및 할주 모두에 주점(朱点)과 각필점(角筆点)이 기입되어 있다. 각필점은 대부분 주점과 함께 나타난다. 단 주점이 진한 것과 약한 것 두 종류가 있고, 이 두 가지가 동시에 찍혀있는 예가 있는데, 그런 예는 모두 구두점(句讀点)일 경우뿐이므로 훈점은 한 종류로 판단하였다.

종이 뒷면에는 平安時代 후기에 서사된『금강정연화부심염송의궤(金剛頂蓮花部心念誦儀軌)』가 적혀 있는데 여기에도 백점, 백서(白書), 주서(朱書) 등이 기록되어 있어서 양면 모두 훈점자료로서 귀중한 가

6) 마이크로필름을 인화한 것 위에 이점(移点) 작업을 한 것을 사진파일로 만든 것이다.

치를 지닌다.

2.2. 內閣文庫 所藏『世說新語』[7]

內閣本은 8권본으로, 총 4책으로 되어있다. 전권에 걸쳐 林鵞峰 (1618-1680)의 훈점이 자세하게 기입되어 있고, 4책 말미에는 鵞峰 자신이 기록한 가점에 관한 발문(跋文)이 실려 있다.

<사진2>의 왼쪽 면 셋째 행부터 京博本의 서두부분인 규잠제10의 14번째 이야기인 치태위(郗太尉)의 일화가 보인다. 京博本의 해당부분은, 8권본인 內閣本에서는 권제5의 뒷부분(규잠(規箴) 제10의 후반부) 과, 권제6의 앞부분(첩오(捷悟) 제11)에 해당한다.

鵞峰는 주자학자로서 江戶 막부의 정치적 이념을 확립하고 교학(敎學)의 기초를 닦은 林羅山(道春. 1583-1657)의 셋째 아들이다. 鵞峰는 일본 및 중국 서적에 대한 방대한 지식을 기초로 일본 유학의 체계화 및 일본화에 기여한 인물이다. 가점 발문을 통해, 선대께서 세설신어 읽기를 즐겨하여 그에 가점하고자 하는 뜻을 품었으나 실현하지 못한 것을, 鵞峰이 그 뜻을 받들어 이 책에 가점하였다고 적고 있다[8]. 따라서 內閣本의 가점내용은 林家에서 행해지던 것으로서, 당시로서는 권위 있는 것이었다고 봐도 좋을 것이다.

---

7) 內閣本은 2005년 5월 17일~18일과 7월12일 두 차례에 걸쳐 원본조사를 실시하였다.

8) 「⋯先考常好讀世說。欲加之訓點、而未果。今玆每月定三夜之課、口授仲龍、欲遂先考之遺志、起于春孟、比及于冬孟。全部八卷、畢旁訓之功。⋯」

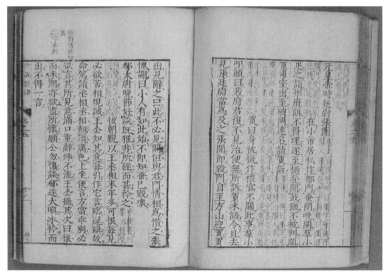

〈사진2〉 內閣文庫 所藏 『世說新語』

가나점은 가는 필체로 주로 적혀있으나, 간혹 그것보다는 약간 두꺼운 필체의 것도 발견된다. 그러나 이것은 서로 대립하는 내용이 아니라 상호 보완하는 형태로 적혀있어서 한 종류의 점으로 파악하였다.

3. 京都國立博物館 所藏 『世說新書』와 內閣文庫 所藏 『世說新語』

3.1. 한문 원문의 변천 고찰

앞서 말한 바와 같이 京博本은 현존하는 최고(最古)의 세설신어 사본이다. 京博本 이외에는 尊經閣本[9]가 가장 오래된 것인데 송나라 목판

---

9) 尊經閣本은 育德財團에서 1929년 간행한 영인본 『景宋本世說新語』를 이용하였다.

본으로 알려져 있다. 이후로는 그 외에도 송나라, 명나라, 청나라 간본이 알려져 있다. 현재 널리 유포되어 있는 세설신어는 청나라 간본을 기초로 한 것이다. 內閣本은 앞서 말한 바와 같이 명나라 간본이다.

京博本과 內閣本은 한문 원문에서 적지 않은 차이를 보인다. 규잠 제10의 16번째 이야기를 예로 들어 살펴보기로 하자.

10/16[10)]

王緒王國寶相爲脣齒竝弄(上下)權要『王氏譜曰緒字仲業太原人祖延**早終**父乂撫軍晉安帝紀曰緒爲會稽王從事中郎以佞**耶(邪)**親幸**間**王珣王恭**於王々恭**惡國寶與緒亂政與殷仲堪克期同擧内匡朝廷及恭**表**至乃斬緒**於市**以説**(悦)**于諸侯國寶**別傳曰國寶字國寶**平北將軍坦之弟三子**也少不脩士業進趣當世**太傅謝安國寶婦父**也其&惡爲人每而抑而(之)**不用**會稽王妃國寶從妹也由是得與王早遊聞安於王**薨相王輔政**超遷侍中々書令而**有貪恣聲色妓妾以百數(數百)坐事免官國寶雖爲相王所重既未爲孝武所親及上覽万機乃自進於上上甚愛之俄而上崩政由宰輔國寶**從弟緒有寵於王深爲其説**王忿其去就未之納也緒説漸行遷在僕射領吏部丹楊尹以東宮**兵配之國寶既得志權震(動)外内(内外)王珣王恭殷仲堪竝**爲孝武所待不爲相王所昵**國寶深憚疾之仲堪王恭疾其亂政抗表討之國寶懼不知所爲乃求計於王珣々曰殷王與卿素無深讎所競不遇勢利之間耳若放兵權必無大禍國寶曰將不爲曹爽乎珣曰是何言與卿寧有曹爽之罪殷王宣王之疇耶**車胤又勸(争)之國寶尤懼遂解職會稽王既不能距(拒)諸侯之兵遂委罪國寶**收付廷尉賜死**也』王大不平其如此乃謂緒曰汝爲**作此**

---

10) 10/16는 규잠제10의 16번째 이야기라는 뜻이나. 이하 통일하나. 한문 원문 비교의 경우, 진하게 나타낸 것은 京博本에만 있는 부분을 나타내고, 기울여 나타낸 것은 內閣本에만 있는 본문이다. 양쪽이 다른 본문일 경우는 他(它)와 같이 內閣本의 한자를 괄호 안에 넣어 나타내고 밑줄을 그었다.

欸々(歟)曾不慮獄吏之爲貴乎『史記曰**漢丞相周勃就國**有上(土)書告漢
丞相欸**勃**反文帝下之**廷尉吏稍侵辱勃以千金予獄吏々教勃以其子婦公
主爲證帝於是赦勃復爵邑**勃既出歟曰吾嘗將百万之軍安知獄吏爲貴耶
(也)』

　위에서 보는 바와 같이 한문 본문의 차이는 우선 「而:之」, 「耶:也」
와 같은 조자(助字)의 차이라든가, 「耶:邪」, 「說:悅」, 「距:拒」와 같이 한
자 통용의 문제나 한자 자체(字體)와 관련된 것이 있음을 알 수 있다.
이러한 차이는 훈독상에는 영향을 미치지 않을 수 있다. 그러나 「震:動」,
「勸:爭」과 같이 통용되지 않는 서로 다른 한자가 사용된 경우는 자연
히 훈독이 달라질 수밖에 없고, 어느 한 쪽에만 한자 및 한자 어구가
존재하는 경우도 또한 본문의 이해 및 한문 훈독에 차이를 가져올 수
있다.

　그 외에 본문의 차이에서 주목해야 할 것은 유효표 할주의 경우, 京
博本에서만 나타나는 부분이 적지 않다. 그렇다면 송나라 판본에서는
이 부분이 어떻게 나타나는지 尊經閣本에서 확인해 보기로 하자.

10/16 尊經閣本의 경우

王緒王國寶相爲脣齒竝上下權要『王氏譜曰緒字仲業太原人祖延父父撫
軍晉安帝紀曰緒爲會稽王從事中郎以佞邪親幸王珣王恭惡國寶與緒亂
政與殷仲堪赳期同擧內匡朝廷及恭表至乃斬緒以悅諸侯國寶平北將軍
坦之弟三子太傅謝安國寶婦父也惡而抑之不用安薨相王輔政遷中書令
有妾數百從弟緒有寵於王深爲其說國寶權動內外王珣王恭殷仲堪爲孝
武所待不爲相王所昵恭抗表討之車胤又爭之會稽王卲不能拒諸侯兵遂
委罪國寶付廷尉賜死』王大不平其如此乃謂緒曰汝爲此欸欸曾不慮獄吏

之爲貴乎『史記曰有土書告漢丞相欲反文帝下之廷尉勃既出歎曰吾常將
百萬之軍安知獄吏之爲貴也』

尊經閣本의 한문 원문을 보면, 밑줄 친 「㪍」「玘」두 자를 제외하고는
內閣本과 동일하다. 이 두 한자의 경우도 전자는 통용자이고, 후자는
오자이거나 통용자로서 취급된 것으로 볼 수 있다.

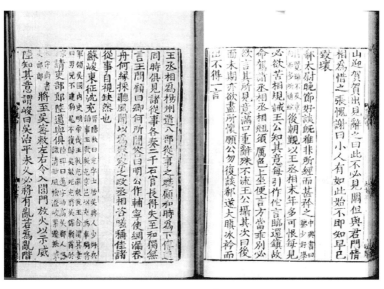

〈사진3〉 尊經閣 所藏『世說新語』

그렇다면 송대와 명대의 세설신어는 어느 정도, 어떤 차이가 있는지
살펴보기로 하겠다. 다음 <표1>은 內閣本과 尊經閣本의 본문을 비교하
여 차이가 있는 부분을 찾아내고, 다시 京博本의 본문과 비교한 결과
를 나타낸 것이다.

11, 18, 26은 尊經閣本의 본문 오류로 볼 수 있을 것이다. 5, 9, 13,
16, 22, 28은 한자 의 차이, 혹은 본문의 차이로 인정할 수 있는 예들

이다. 그 중 13을 살펴보면「次:文」의 대립에 의해서「次ヲ亂ス」와「文ヲ亂ス」와 같이 훈독상 큰 차이를 가져온다. 위의 9예를 제외한 나머지 20예는 모두 한자 자체와 관련된 것으로 볼 수 있다[11].

〈표1〉

		京博本(행수)	尊經閣本	內閣本	비교
1	10/14	他言(5)	佗言	它	京:尊:內
2	10/15	探(16)	採	采	京尊:內
3	10/16	勑	敕	勑	京內:尊
4	10/18	涓(34)	涓	狷	京尊:內
5	10/18	豈應狂狷哉諸有若此之言斯(34)	豈應狂涓如此哉若有斯言亦	豈應狂狷如此哉時若有斯言亦	京:尊:內
6	10/20	克(46)	剋	克	京內:尊
7	10/20	並有名而聲出(55)		並有名聲出	京尊:內
8	10/24	俠(68)	俠	挾	京尊:內
9	10/24	遂託室~(69)	遂室~	遂託室~	京內:尊
10	10/26	克(46)	剋	克	京內:尊
11	10/26	旣(100)	卮	旣	京內:尊
12	11/1	紙(119)	帋	紙	京內:尊
13	11/1	次(亂)(119)	次	文	京尊:內
14	11/2	杯(121)	盃	桮	京:尊:內
15	11/3	安(歌)(134)	桉	按	京:尊:內
16	11/4	(家)伏(144)	伏	服	京尊:內
17	11/5	歎(153)	嘆	歎	京內:尊
18	11/6	故(156)	放	故	京內:尊
19	11/6	迴(160)	迴	回	京尊:內
20	11/6	間(161)	開	間	京內:尊
21	11/6	勒(162)	勤	勸	京:尊:內

11) 尊經閣本과 內閣本이 원문의 한자가 차이를 보이는 예 중 2예는 京博本과 한자가 같고, 또 한문 자체가 차이를 보이는 예에서 內閣本이 京博本과 동일한 자체를 사용하는 경우도 11예로 반수 이상을 차지하고 있다. 이는 시대적인 자체 표준의 문제와 관련이 있을 것으로 추정된다.

22	11/6	平北將軍惛(163)	平北將軍	平北將軍惜	京內:尊
23	11/6	詔(164)	詔	紹	京尊:內
24	11/6	惜(164)	惜	惛	京內:尊
25	11/6	案(164)	桉	按	京:尊內
26	11/7	仕(至)(168)	仁	仕	京內:尊
27	11/7	乘(170)	秉	乘	京:尊內
28	11/7	向(諸人)(171)	向	回	京尊:內
29	11/7	弈弈(171)	弈弈	奕奕	京尊:內

이밖에 尊經閣本과 內閣本은 행의 구분도 두 군데에서만 차이를 보일 뿐 모두 동일하다. 따라서 尊經閣本과 內閣本의 한문 원문은 자체의 차이를 제외하고는 거의 동일하다고 판단할 수 있다.

이상에서 볼 때, 세설신어 한문 원문은 京博本, 즉 당사본과 송대 이후의 판본이 큰 차이가 있음을 알 수 있다. 목판본을 제작하는 과정에서 이전 시대 사본의 본문 교정이 철저하게 이루어졌고, 송대 이후의 세설신어 한문 원문은 이 때 교정된 한문 원문을 기초로 하여 제작된 것으로 생각된다.

3.2. 한문 훈독의 변천

한문 훈독의 차이는 다음과 같이 여러 측면에서 살펴볼 수 있다.

우선 구절의 이해, 다시 말해 하나의 구나 문장을 어떻게 파악하는가 하는 것인데, 본 연구에서는 문장 파악에 중점을 두고 살펴보았다. 이것은 한문 이해의 가장 기초적인 것으로, 어디까지를 하나의 구로, 혹은 문장으로 파악하느냐에 따라 훈독의 결과물인 일본어의 통사구조가 달라진다. 두 번째로는 한자 각각에 대해서 동일한 훈으로 읽더라도 어순의 차이를 나타내는 경우가 있다. 한 문장 안에서 부사의 위치라든가, 주동사를 무엇으로 파악하느냐에 따라 최종적으로 실현되는 일본어 문장은 차이를 보이게 되는 것이다. 또 어순은 같더라도 구체적인 훈이 다를 수 있고, 동일한 한자 및 한자 어구임에도 불구하고 음독(音讀)과 훈독(訓讀)이라는 차이를 나타낼 수도 있으며 서로 다른 일본어 훈으로 읽을 수도 있다. 그밖에 앞서 지적한 한문 원문의 차이로 인해 훈독이 달라지는 경우도 있다[12].

먼저 구절의 문제를 살펴보면 두 책의 구절 이해는 전체적으로 크게 다르지 않다. 예를 들어 규잠 제10의 15번째 이야기를 들어 살펴보면 밑줄 친 곳을 제외하고 京博本과 內閣本의 문장의 나눠이 모두 같음을 알 수 있다.

10/15

內:王丞相楊-州ヲ爲ム。[13]

京:王丞相楊州爲(リシ)ときに、

內:八-部從-事ヲ遣シテ職ニ之カ遣ム。

京:八部の從事を遣て職に之(カ)遣む。

內:顧和時ニ下-傳卜爲シテ還ル。

京:顧和時に下-傳爲(リ)とて還なり。

內:同-時倶ニ見ユル。

12) 한문 원문의 차이로 인한 것은 훈독의 차이이기는 하지만 훈독의 변천으로는 볼 수 없으므로 구체적인 용례를 들어 다루지는 않았다.
13) 이하 훈독문은 內閣本의 1문에 대하여 京博本을 배치하는 형식으로 한다. 內閣本의 가나점은 판본에 있는 그대로 片仮名로 나타내고 京博本의 ヲコト점은 平仮名로 나타낸다. 京博本에 구점(句点)과 독점(讀点) 양쪽이 찍힌 경우, ヲコト점과의 관계를 고려하여 훈독상 적절한 것을 표기하고 나머지는 (or)과 같이 나타낸다. 보독은 훈을 확정할 수 있는 경우에 한하여 최소한으로 하고 ( ) 안에 片仮名로 나타낸다. 또 다음과 같은 부호를 사용하였다.『 』할주, [ ] 부독자, 、 독점, 。구점, - 음합부, _ 훈합부

京:同-時に倶に見ゆ。

內:諸ノ從-事各二-千-石ノ官-長ノ得-失ヲ奏ス。

京:諸の從事、各各、二千石の官長の得失を奏す。

內:和ニ至テ獨言無シ。

京:和に至て、獨言(フ)こと無(シ)。

內:王顧ニ問テ曰ク、卿何ノ聞ク所ソ。

京:王顧に問て曰(ク)、卿、何の聞く所あら(ム)。

內:答テ曰ク、明-公輔ト作ル。

京:答曰(ク)、明公輔作り。

內:寧ロ網ヲ使シテ呑-舟ヲ漏サ使ム。

京:寧網を使て呑舟を漏(サ)使(ム)。

內:何ニ_縁か風-聞ヲ采リ_聽ン。

京:何縁か風-聞を採聽て

內:以_爲ラク察察之ノ政、丞-相呑嗟佳シト稱ス。

京:以察々之政を爲る(ト)いふ。丞相呑-嗟て佳と稱(ス)。

內:諸ノ從-事自視ルコト缺然タリ[也]

京:諸從事、自視に缺然たり。

　차이가 있는 첫 번째 예는 京博本에서는 한 문장으로 파악한 것을 內閣本에서는 두 문장으로 파악한 것인데, 이와 같이 京博本이 內閣本에 비해 1문장을 길게 파악하고 있는 것은 총 18곳에서 확인할 수 있다. 또 두 번째 것은 內閣本에서는 한 문장으로 파악하고 京博本에서는 두 개의 문장으로 파악하고 있는데, 이처럼 內閣本의 1문이 京博本에 비해 긴 것은 이 예뿐이다.

　다음 예는 京博本에서는 1문으로 파악했던 것을 內閣本에서는 세 개의 문장으로 파악한 예이다.

10/14

內:鎭ヨリ還ルニ臨テ故ラニ駕ニ命シテ丞-相ニ詣ス。
京:當に鎭に還(ルニ)臨て故に駕を命(ジ)て丞相に詣て
內:丞-相須ヲ翹ケ色ヲ厲シテ、上-坐ス。
京:鬚を翹(ケ)、色を厲(シクシ)て、坐に上て
內:便チ言ク方ニ當ニ乖-別ス當シ。
京:便(チ)言(ク)、方當(ニ)永別(ス)當(シ)。

그밖에 양쪽의 문장 나눔이 서로 엇갈려 일치하지 않는 경우도 있는데, 이러한 예는 다음 예가 유일하다.

11/6

內:信至ルト聞テ、急ニ牋ヲ取テ視竟テ、寸寸ニ毁-裂ス。
京:信至と聞て、急に牋を取て視。々竟て寸々に毁裂て
內:便ニ回テ、還テ更ニ牋ヲ作テ自老-病ヲ陳ス。
京:便廻還。(or、)更に牋を作て自陳、老病て
內:人-間ニ堪ヘ不。
京:人-間に堪不。(or、)

이번에는 어순의 차이를 나타내는 예에 대해 살펴보자. 다음의 두 예는 한자 원문과 한자의 훈은 모두 일치하면서 어순에 차이를 보이는 경우인데, 여기에서는 어순의 차이가 내용의 이해에까지 영향을 미치지는 않는다.

10/20

內:二-人、亡シテ後、右軍論議ヲ爲シテ更ニ克ツ。

京:二人亡て後に右軍議論て、更に克ことを爲(ス)。

10/21

內:太傅軍ニ在(リ)テ前-後、初ヨリ損-益ノ[之]言無シ。

京:太傅軍の前後に在(リ)。(or、)初より損益之言無(シ)。

또 훈독의 차이를 살펴보는데 있어 중요한 것은 내용의 이해와 결부되는 훈의 차이라고 할 수 있다. 그 중에서도 동일한 한자의 훈이 서로 다르게 나타나는 경우에 주목할 필요가 있고, 특히 일본어 문장 구조상 근간을 이루는 동사 훈을 적극적으로 살펴보아야 할 것이다.

10/14 「あわれむ:ほこる」

內:[而]甚夕矜ム[之]。

京:而を甚矜る[之]。

10/15 「をさむ:なる」

內:王丞相楊-州ヲ爲ム。

京:王丞相楊州爲(リシ)ときに、

10/15 「なる:たり」

內:答テ曰ク、明-公輔ト作ル。

京:答曰(ク)、明公輔作り。

10/16 「しぬ:しす」

內:敦死ヌ。

京:敦死す。

10/17 「なす:なる」

內:爾ヲ以テ柱-石ノ[之]用ト爲ス。

京:尔を以て柱石之臣爲れや。

10/23 「くるしむ:こんす」

內:殷覬病テ困ム。

京:殷覬病困す。

11/2 「くらふ:とる」

內:魏武少_許ヲ噉フ。

京:魏武少許を噉て、

11/6 「(つかは)す:やる」

內:賤ヲ遣シテ桓ニ詣セ遣メ、方ニ共ニ王室ヲ獎メ、園-陵ヲ脩-復セント欲ス。

京:賤を遣て桓に詣。方に共(二)王室を獎て、園陵を脩-復(セント)欲(ス)。

　　京博本의 경우 가점이 적어서 정확하게 훈을 파악하기 어렵다. 위의 예는 무리한 훈의 추정을 피하면서 최대한 신뢰 가능한 훈을 추출하고, 그 중에서 훈의 차이를 나타내는 예를 적은 것이다. 그러나 훈을 추정할 수 있는 예가 적다고는 하나 전체 동사 수[14]에 비해 훈의 차이를 보이는 예는 대단히 적음을 알 수 있다. 이것을 위의 구절 의식의 유사성과 관련시켜 생각해 보면 두 자료의 훈독은 대단히 유사하다고 말할 수 있다.

　　그 외에 훈독상의 차이에서 주목되는 것은 음독과 훈독이 대립하는 경우이다.

---

14) 京博本을 기준으로 동사를 추출한 결과 대략 603개의 동사가 추출되었다.

10/14

內:丞-相須ヲ翹ケ色ヲ厲シテ、上-坐ス。

京:鬚を翹(ケ)、色を厲(シクシ)て、坐に上て

10/14

內:矜ヲ冰ニシテ[而]出ツ。

京:氷-矜(シ)而て出(ツ)。

10/16

內:蘇峻東沈充ヲ征ス。

京:蘇峻沈充を東征す。

10/23

內:往テ覬與別レテ涕零シテ[15]屬スルニ消-息ノ患ル所ヲ以ス。

京:往て覬與、別。零を涕て屬るに、所-患を消息(セムコトヲ)以す。

10/25

內:常ニ自絳-綿-繩ヲ帶テ腰-中ニ箸ク。

京:常自、絳綿の繩を帶て、腰の中にして著たり。

10/26

內:王大其ノ此ノ如キヲ不-平ナリトス。

京:王大其(ノ)此(ノ)如(キ)ことを平(ニセ)不。

10/26

內:『史記ニ曰(ク)、上書シテ漢ノ丞-相反セント欲ルコトヲ告ルコト有リ。

京:『史記曰(ク)漢丞相周勃國に就。書上て勃を反むと告こと有(リ)。

11/4

內:裝ヲ治ム。

京:治裝の

---

15) リ와 같이 보이나 〆(シテ)일 것.

　음독과 훈독의 차이를 보이는 예는 대략 위와 같다. 그러나 위의 예에서 보는 바와 같이 어느 쪽이 음독, 혹은 훈독의 경향을 나타내지는 않는다. 또한 위의 예에서 보는 한, 이러한 차이는 내용상의 차이로 이어지는 것은 아니다.

　이와 같이 구절 의식의 면과 동사 훈의 변화와 음독과 훈독의 대립이라는 측면에서 京博本과 內閣本의 훈독의 변천을 살펴보았다. 위의 용례를 통해서 차이를 나타내는 부분들을 지적하였으나, 그것은 전체적으로 볼 때 상대적으로 낮은 비중을 차지한다고 할 수 있고, 오히려 아래와 같이 긴 구문에서 두 책의 훈독이 일치하고 있다는 점에 주목할 필요가 있다.

10/14

內:王丞相カ末-年恨(ム)可(キこと)多キヲ以テ、見ル毎ニ必(ズ)苦ロ
　ニ相ヒ規-誡セント欲ス。

京:王丞相の末の年に恨(ム)可(キ)こと多(キ)を以て、見(ル)毎(ニ)、
　必(ズ)、苦(ゴロ)に相規(セム)と欲す。

10/16

內:將ニ吳ニ至セント將ルトキ、密(カ)ニ左-右ニ勅シテ閶-門ニ入テ火
　ヲ放テ以テ威ヲ示サ令ム。

京:吳に至將ときに、峻密(カ)に左右に勅て、昌門に入て火を放以(テ)
　威を示(サ)令(ム)。

10/27

內:詩-人召伯ノ休-息ノ[之]棠ヲ見テ、美メテ[而]之ヲ歌テ曰ク、蔽-
　芾タル甘-棠、剪ルコト勿。

京:詩人邵伯(ノ)休息所[之]樹を見て美[而]歌[之]て曰(ク)蔽芾、甘棠

を、剪勿。

이상에서 살펴본 바와 같이 京博本과 內閣本의 훈독이 차이를 보이는 부분도 있었으나 약700년 가까운 시간적인 차이에도 불구하고 대단히 유사하다는 사실을 확인할 수 있다. 이것은 곧 다음의 몇 가지 중요한 사실을 시사한다고 할 수 있다.

첫째, 세설신어의 훈독은 10C 京博本 가점 당시에 이미 성립되어 있었다.

둘째, 이후 그것은 잘 계승되었고, 內閣本에 나타나는 林鵞峰의 가점은 이전 시대의 세설신어의 훈독을 충실하게 반영한 것이다.

셋째, 이렇게 볼 때 京博本과 內閣本은 한문 훈독의 계승과 발전이라는 측면을 잘 나타내는 한 쌍의 자료이며, 이로써 훈점자료로서의 가치를 상호 입증하고 있다.

4. 맺는말

이상, 당초본(唐鈔本) 京博本과 명간본(明刊本) 內閣本을 한자 원문의 변천과 한문 훈독의 변천이라는 두 가지 측면에서 살펴보았다.

한문 원문에 대한 고찰에서는 송나라 목판본인 尊經閣本을 함께 사용하여 고찰하였는데, 尊經閣本과 內閣本은 거의 일치하고 있으나 京博本과는 할주의 이동(異同) 등 큰 차이를 보였다. 이로써 세설신어의 한문 원문은 송판 제작 당시, 이전의 사본에 대한 철저한 교정 작업이 이루어졌고, 송대 이후의 세설신어의 원문에는 송판의 원문이 표준적으로 사용된 것으로 판단된다.

한문 훈독의 고찰에서는 두 책의 가점내용에서 확인할 수 있는 구절의식의 차이, 어순의 차이, 동사 훈의 차이, 음독과 훈독의 차이 등을 지적하였다. 그러나 이러한 차이는 전체적으로 볼 때 두 책의 훈독의 유사성을 부정할 만한 것은 아니다. 구절의식, 즉 하나의 구와 문장을 파악하는 태도는 두 책에서 대단히 유사하게 나타나고 있고, 어순의 차이나 동사 훈의 차이, 음독과 훈독의 차이도 전체 문장수나 어휘수에 비교해서 생각하면 상대적으로 적은 숫자임을 알 수 있다. 따라서 京博本과 內閣本은 한문 훈독이라는 측면에서 시대적인 간격에 비해 대단히 유사하다고 말할 수 있다. 이것은 세설신어 훈독의 성립시기와 두 책의 훈점자료로서의 가치를 입증하는 것이라고 볼 수 있을 것이다.

참고문헌

小助川貞次(2001), 「加点希薄な漢籍訓点資料における典據の問題」, 『國際ワークショップ 漢文古版本とその受容(訓讀)』, 北海道大學.

小助川貞次(2005), 「訓釋資料としての漢籍訓点資料」, 『第50回國際東方學者會議 漢文の自言語による訓讀』

小林芳規(1967), 『平安鎌倉時代に於ける漢籍訓讀の國語史的研究』東京大學出版會.

築島裕(1979), 「平安時代における仮名字母の変遷について」, 『訓点語と訓点資料』62.

築島裕(1986), 『平安時代訓点本論考 ヲコト点図仮名字体表』, 汲古書院

築島裕(1996), 『平安時代訓点本論考 研究篇』, 汲古書院

目加田誠(1975, 1976, 1978), 『世說新語 上, 中, 下(新釋漢文大系)』, 明治書院.

森三樹三郎(1969), 「『世說新語』解題」, 『世說新語・顏氏家訓(中國古典文學大系)』, 平凡社

八木澤元(1970), 「解說」, 『世說新語(中國古典新書)』, 明德出版者.

吉川幸治郎(1971), 「世說新語の文章」, 『吉川幸治郎全集 7 三國六朝篇』, 筑摩書房(初版1968).

吉川幸治郎(1971), 「六朝助字小記」, 『吉川幸治郎全集 7 三國六朝篇』, 筑摩書房(初版1968).

김장환(1996, 1997, 1996), 『세설신어 상, 중, 하』, 살림출판사.

한글 角筆 文獻『孟子』에 보이는 角筆의 返讀線
─한국에서의 角筆 使用의 一例로서─

柚木靖史*

1. 發見의 經緯

2003년 9월 20일(토), 일본어 교육 실습생들을 인솔하고 서울을 안내했는데 인사동 길가에서 고서들을 산더미같이 쌓으면서 판매하는 가게를 찾았다. 그 장정(裝幀)으로 미루어 보아 모두 19세기경의 판본인 것 같았다. 며칠 동안 한국 숙명여자대학교에서 11점의 각필 문헌을 발견한 바가 있었기 때문에, 이들 고서 중에 각필 문헌이 있을 가능성은 적잖이 있겠다고 생각하였다. 그러나 각필 조사로 학생들을 기다리게 할 수도 없었고 게다가 비가 오고 각필을 조사하기에 적합하지 않은 날씨였기 때문에, 각필의 유무도 확인하지 못한 채 일단 고서를 한 권만 사기로 하였다. 산적한 고서들 중에서 찾은 것은『孟子』였다. 숙명여자대학교 도서관에 있는『孟子』에서 각필된 것을 찾은 것, 한국과 유교의 관계, 또한 일본에서도『孟子』(江戶時代板本)로부터 수많은 각필 문헌이 발견되었기 때문에, 혹시 각필된 것이 있다면 그 비교 연구도 가능하지 않을까 싶은 기대를 하면서 이 한 권을 구입하고 귀국하기로 하였다.

* YUNOKI Yasushi, 일본 廣島女學院大學 교수.

귀국 후, 각필스코프(角筆スコープ)로 『孟子』의 지면을 보면 지면 전체에 자세한 각필로 그은 선이 보였다. 각필선은 얇고 가는 선이었기 때문에 아주 읽기가 힘들어서 처음에는 해독하는 것을 주저하였으나, 해독하는 것이 불가능한 것도 아니라고 생각하여 한 쪽씩 주의 깊게 읽어 나갔다. 모든 페이지를 조사하는 데 상당히 많은 시간을 필요로 하였지만, 그 결과 이 책에는 첫 쪽부터 마지막 쪽까지 실로 엄밀하게 각필이 써 놓여 있는 것을 알게 되었다. 또, 본서에는 『孟子』본문과 그 주해로 이루어져 있지만 각필로 해독을 한 것은 본문뿐이다. 그리고 주해 부분에도 각필이 기입되어 있는 것을 확인하였다.

(참고) 숙명여자대학교장 각필 문헌(淑明女子大學校藏 角筆文獻)

1. 論語集註大全 四冊 No. 111887
2. 孟子大全 三冊 CL181·v1~3
3. 麗澤齋遺稿 二冊 No. 73473
4. 禮谷集 一冊 No. 73485
5. 龍潭先生文集 二冊 No. 112331
6. 夢關集 上下 二冊 (刊記)「歲壬寅仲春新刊」No. 73403
7. 輓抄 一冊 (識語)「戊寅三月於七月」 No. 115447 (寫本)
8. 扶溪集 五冊 No. 112459
9. 梅隱集 二冊 No. 112536
10. 宋書百選 一冊 No. 111530
11. 冶谷先生集 四冊 No. 32762

이들 모두 19세기에 제작된 책이다. 7만이 사본이고 나머지는 판본이다. 책에 따라서는 각필로 기입된 수의 많고 적음에 차이가 있으나, 각필로 부호나 선, 구결 문자 등이 기입되어 있다. 부호와 선은 한문을 읽는 순서를 뜻하는 것으로 추측된다.

2. 韓國 角筆文獻 『孟子』의 書誌 事項

韓國 角筆文獻 『孟子』의 書誌 事項은 다음과 같다.

(外題・直・墨書)   孟子大全   一冊

(內題)   孟子集註大全

(刊記)   없음

(인쇄된 시대)   19세기?

(裝幀)   袋綴裝

(치수)   세로 33・0 cm × 가로 23・0 cm

(행수)   10 行 (글자수)   22 字

(기입의 유무)   묵서(墨書)로 구결이 기입되어 있음. 기타 각필의 기입(부호, 선, 구결)이 있음. 각필로 먼저 기입되었고, 그 후에 묵서로 기입되었음.

(表紙色)   갈색

(表紙의 面紙・墨書)　　　　　　(後表紙 面紙・墨書)

告子杞柳篇　　　　　　　　雪淡風輕止　千之得心

春宁事保隱□□　　　　　　植柳遍敎心　傳人而識

一夜相逢□□□　　　　　　閑心和收得論　一月癸卯之年

章數　公孫廿三勝十五　　　雪淡風輕

妻六一告三六   雪淡

正月初七日　癸   校監 (別筆로「校監」이라 重書)

紅裳□

半生□謂不合

二十月五日開學

元年初   (이 두 줄은 別書로 墨書되어 있음)

                  (□의 부분은 解讀이 불가능함)

　　이상, 한국 각필문헌 「맹자」의 서지적 사항을 제시하였다. 「正月初
七日癸」 「二十月五日開學元年初」 등, 이 책의 유래를 알아낼 실마리가
될지도 모르는 기술이 보이나, 유감스럽게도 이 묵서에서 지금으로서
는 이 책의 유래, 간행 년을 밝힐 수가 없다. 책 장정을 보면 19세기에
인쇄된 것으로 추측된다.

3. 韓國 角筆文獻 『孟子』에 기입된 角筆

　　한국각필문헌 「맹자」에 기입된 각필에는 대체로 다음과 같은 것이
있다. 이하, 알아낸 것, 생각한 것을 조목별로 쓴다.

　　① 묵서에 의한 구결 이외에 각필로 선과 구결이 자세히 기입되어
있다. 특히 반독(返讀) 방법이 각필선으로 의하여 상세히 기입되어 있
는 것은 주목할 만한 것이다.

② 각필에 의한 반독선(返讀線)은 반독의 기점(起點)이 되는 한자의 왼쪽 아래, 혹은 오른쪽 아래로부터 시작하고 착점(着点)이 되는 한자의 왼쪽 아래, 혹은 오른쪽 아래까지 도중에서 끊기지 않고 그어져 있다. 반독의 기점이 되어 있는 한자는 그 중심쯤에 반드시 갈고랑이와 같은 선이 그어져 있다. 반독선을 본문의 오른쪽에 긋는지 왼쪽에 긋는지에 대해서는 정해져 있지 않다. 본문의 중앙을 통해서 오른쪽으로부터 왼쪽으로, 왼쪽으로부터 오른쪽으로 가는 경우도 있다.

· 孟子曰乃若其情則可以爲善矣乃所謂善也 (告子上 11丁裏 6行目)
· 如使人之所欲莫甚於生 (告子上　29丁裏 4行目)

③ 아래에 이어가는 것을 뜻하는 한자의 오른쪽 아래에 그어진 두 줄의 선이 있다.

· 公都子曰冬日則飮湯夏則飮水然則飮食亦在外也 (告子上　10丁裏 4行目)

④ 세로 줄 부호는 숙어의 위쪽 한자와 아래쪽 한자 사이의 중앙, 왼쪽, 오른쪽에 있어 그 위치가 일정하지 않다. 또한, 숙어의 왼쪽 혹은 오른쪽에 가로로 선으로 괄호를 더하는 경우도 있다.

· 孟子曰拱把之桐梓人苟欲生之皆知所以養之者至於身而不知所以養之者豈愛身不若桐梓哉非思甚也　(告子上　35丁表 10行目)

⑤ 고유어를 뜻하는 부호는 직사각형과 같은 선으로 숙어의 중앙을

세로로 길게 뚫고 있다.

> ㆍ○孟子曰舜發於ㆍ畎之中傳說擧於版築之間膠鬲擧於魚鹽之中管夷吾
> 擧於士孫叔敖擧於海白里奚擧於市　(告子上　25丁裏 3行目)

⑥ 연체격(連體格, 일본어에서는 격조사「の」에 해당한다)을 가리키는 「　」형의 부호가 당해 한자의 중심에 쓰인다.

> ㆍ口之於味有同耆也易牙先得我口之所耆者也 (告子上 19丁表 4行目)

⑦ 주격을 가리키는 「　」형의 부호가 당해 한자의 중심에 쓰인다.

> ㆍ惻隱之心人皆有之羞惡之心人皆有之恭敬之心人皆有之是非之心 (告子上 13丁表6行目)

⑧ 구결은 각필로도 쓰여져 있다. 구결의 글자 종류는 먹물로 쓴 것이 많다. 묵서의 구결과 각필의 구결이 서로 일치할 때도 있으나, 먹물 구결만으로 각필 구결이 없는 곳, 반대로 각필 구결만으로 먹물 구결이 없는 곳, 먹물 구결과 각필 구결도 쓰여 있으나 그 글자 모양이 다른 곳도 있다. 각필에서는 「　」와 「　」라는 구결자가 흔히 사용된다.

이와 같이 한국에서의 한문 석독은 먹물에 의하여 써 놓인 구결 문자뿐만 아니라 각필에 의한 반독선이 중요한 역할을 했을 가능성이 있을지도 모르겠다. 각필에 의한 반독선을 더듬어 가면 그대로 한문을 읽어 갈 수가 있다. 그런 점에서 묵서의 구결만에 의지하는 것보다 읽기 쉽다. 만약 반독선을 묵서로 쓰면 종이는 먹물로 더러워져서 오히려 읽기 어려워지고 만다. 반독선이 각필로 되어 있는 것은 지면을 더럽히지 않는 각필의 특성을 살린다는 이유도 있을 것이다.

또한, 한국에서는 원래 한문은 음독하는 것이 보통이고 석독(釋讀)은 보통 하지 않았다고 한다. 이것을 생각하면 한문 본문에 선과 부호, 구결 문자를 먹물로 씀으로써 석독했던 것이 두드러지는 것을 피하고 싶다는 의식이 작용했을지도 모른다. 남이 글자와 부호의 존재를 쉽게 알아내지 못하도록 한다는 점에서 각필을 쓰는 편리성이 있었다고 할 수 있지 않을까. 어쩌면 석독을 배운지 얼마 안 되는 시기에 있어서 각필은 상당히 그 효력을 발휘했을지도 모른다.

이상의 것들을 생각하면 이 책에 한하지 않고 한국의 한문 석독에 있어서 각필은 넓게 한자를 읽는 순서를 가리는 데에 중요한 역할을 했을 가능성이 있다.

한국에서 앞으로 19세기의 문헌을 대상으로 한 각필 조사가 필요하다. 이것은 19세기 한국 문헌의 가치를 높이고, 문화재가 국외로 유출되는 것을 막을 방도가 될 것이다.

4. 일본에서의 한문훈독(漢文訓讀)과의 비교

이상, 한국 각필 문헌 「맹자」에 쓰여진 각필에 대하여 보았다. 여기서는 이것을 일본에서의 한문 훈독과 비교하고자 한다.

① 반독 부호 모양의 차이

㉠ 일본의 한문 훈독에서 반독은 一二點, レ點, 上中下點 등의 「返り點」(한문을 훈독할 때 한자 왼편 밑에 붙이는 기호)으로 표시된다. 또, 에도시대(江戶時代) 판본(板本)에서는 흔히 반독 부호를 훈점(訓點)으로 加하였다. 또한, 묵서나 각필로 「返り點」이 더해질 경우도 있다.

각필로 반독 부호를 더하는 것은 인쇄에 의한 반독 부호가 불선명한 곳을 보완할 경우나 인쇄에 의한 반독 부호의 위치를 고칠 경우 등이다.

한편, 한국의 한문 석독에 있어서의 반독은 구결과 선으로 한자를 읽는 순서가 적혀 있다. 구결은 묵서될 경우 이외에 각필로 될 경우도 있었다. 한국에서 반독선과 반독 부호, 구결 문자가 인쇄된 것을 아직도 본 적이 없다. 반독선은 주로 각필로 기입되어 있고, 그 각필 기입이 한문을 읽을 때 중요한 역할을 하였다. 각필이 구결 문자를 반독할 때의 어려움을 보완하고 이해하는 데에 도움이 되었다고 생각된다.

② 반독 방법의 일본과 한국의 비교

㉠ 『孟子』의 한자를 읽는 순서를 비교해 보면 한국과 일본은 그 순서가 대충 일치한다.

㉡ 일본에서 재독(再讀)되는 「猶」「將」「未」는 한국 각필문헌에서는 재독되지 않는다. 이 글자들은 모두 부사가 아니라 보조 용언에 해당하는 말로서 읽힌다.

「猶」
　・性猶杞柳也 (告子上　1丁表 4行目)
　・猶‥也 (告子上　1丁表 4行目)

・猶以杞柳爲・・ (告子上 1丁表 4行目)

・性猶湍水也 (告子上 2丁表 8行目)

・猶水之就下也 (告子上 2丁裏 5行目)

・猶是也 (告子上 2丁裏 10行目)

・猶白雪之白 (告子上 4丁裏 8行目)

・猶白之謂白與 (告子上 4丁裏 8行目)

・猶白玉之白與 (告子上 4丁裏 9行目)

・猶牛之性 (告子上 5丁表 4行目)

・猶人之性與 (告子上 5丁表 4行目)

・猶彼白而我 (告子上 7丁裏 5行目)

・猶芻豢之悅我口 (告子上 19丁裏 10行目)

・亦猶斧斤之於木也 (告子上 21丁裏 8行目)

・猶水勝火 (告子上 41丁裏 1行目)

・猶以一杯水救一車薪之火也 (告子上 41丁裏 1行目)

「將」

・將曰 (告子上 9丁裏 5行目)

・將曰 (告子上 9丁裏 7行目)

・將曰 (告子上 9丁裏 8行目)

・將至思援弓・而射之 (告子上 26丁裏 10行目)

・宋・將之楚 (告子下 7丁裏 9行目)

・先生將何之 (告子下 8丁表 1行目)

・我將見楚王說而罷之 (告子下 8丁表 3行目)

・將見秦王說而罷之 (告子下 8丁表 3行目)

・將有所偶焉 (告子下 8丁表 4行目)

・說之將如何 (告子下 8丁表 9行目)

・曰我將言其不利也　(告子下　8丁表 9行目)

・將輕千里而來告之以善　(告子下　23丁裏 1行目)

・則人將曰‥　(告子下　23丁裏 4行目)

・言將行其言也則就之　(告子下　24丁表 6行目)

「未」

・以爲未嘗有財焉　(告子上　20丁裏 9行目)

・以爲未嘗有才焉者　(告子上　21丁裏 2行目)

・未有能生者也　(告子上　26丁表 9行目)

・然而不亡者未之有也　(告子下　8丁表 7行目)

・未之有也　(告子下　9丁表 2行目)

・未嘗覩之也　(告子下　12丁裏 5行目)

・禮貌未衰　(告子下　24丁表 6行目)

・雖未行其言也　(告子下　24丁表 10行目)

③「所謂」「所以」「如何」는 반독하지 않고 숙어로서 읽는다.

「所謂」

・乃所謂善也　(告子上　11丁裏 7行目)

・所謂良臣古之所謂民賊也　(告子下　19丁裏 3行目)

「所以」

・其所以放其良心者　(告子上　21丁表 8行目)・(告子上　35丁表 10行目) [용례는 전 항목의 4에 표시]

・所以考其善不善者　(告子上　35丁裏 9行目)

・所以不願人之膏梁之味也　(告子上　40丁裏 8行目)

・所以不願人之交繡也　(告子上　40丁裏 9行目)

·所以動心忍性曾益其所不能 (告子下　26丁表 1行目)

「如何」

·吾如有萠焉何哉 (告子上　26丁表 1行目)

·說之將如何 (告子下　8丁表 9行目)

·如之何其可也 (告子下　21丁表 4行目)

④「以爲」는 일본과 마찬가지로 숙어의 경우와 반독할 경우가 있다.

[숙어로 읽을 경우]

·子以爲有王者作則魯在所損乎在所益乎 (告子下　18丁裏 5行目)

[반독할 경우]

·則可以爲善矣 (告子上　11丁裏 6行目)

⑤「奚爲～」는 일본에서는 두 자로「ナンスレゾ～」라고 읽을 때도 있으나, 여기서는「奚爲～」로 아래로부터 역독한다.

·然則奚爲喜而不寐 (告子下　23丁表 4行目)

이상과 같이 일본에서의 19세기 한문 훈독과 한국에서의 19세기 한문 석독을 비교해 보면 그 공통점, 상이점이 보이게 되었다.

우선, 공통점으로서는 한문을 읽는 어순이 거의 같다는 것이『孟子』(告子篇) 전문을 통하여 대략 밝혀졌다.

상이점으로 가장 현저한 것은 반독 부호의 모양, 반독 부호를 어떻게 기입하느냐 하는 표기상의 相異이다. 또한, 일본에서 재독되는 문자도 한국 각필 문헌『맹자』에서는 지금으로서는 재독한 흔적을 찾지 못하고 있다. 기타 「以爲」의 읽는 방법 등 앞으로의 검토를 기다려야 되지만, 같은 종류의 각필 문헌이 한국에서 다수 발견되는 것이 조건이 되기는 하지만 이들 일본의 한문 훈독과 한국의 한문 석독의 비교 연구라는 광명이 보이게 되었다고 생각된다.

5. 마무리 ―앞으로의 과제―

이상, 2003년에 한국에서 발견된 19세기의 각필 문헌 「맹자」에 대하여 논하였다. 이 자료에는 각필의 반독선이 상세하게 기입되어 있고 전문을 읽는 방법의 복원이 가능하다는 점에서 중요한 자료라고 할 수 있다. 또한, 19세기의 판본에서 이 종류의 각필 문헌이 발견되었다는 것도 간과할 수 가 없다. 19세기의 문헌은 고려시기 문헌에 비하여 대체로 경시될 때가 많다. 그러나 이들 19세기 판본은 대량으로 현존한다는 이점이 있다. 많은 연구자, 학생이 비교적 쉽게 조사할 수 있다는 이점도 있다. 전자는 한국 석독사, 현대 한국어 성립사라는 연구 제목에서 유리하고, 이 논문에서 논한 바와 같이 일본과 한국 사이에서 한문을 읽는 방법을 비교하는 연구에도 많은 도움이 될 것이다. 이 종류의 문헌이 각지에서 대량으로 발견되면 지역 차이, 유파(流派)에 의한 차이 등 더욱 자세하게 검토할 길도 열릴 것이다. 후자인 많은 연구자들이 볼 수 있다는 이점은 연구자 층의 확대로 이어진다. 경우에 따라서는 각필 연구를 대학의 수업에 도입하고 학생들과 함께 연구할 수 있는 길도 열릴 것이다.

다만, 이번에는 한 권의 각필 문헌에 의한 고찰이기 때문에 앞으로의 과제가 산적하여 있다. 이 과제들은 앞으로 같은 종류의 각필 문헌을 많이 발견해 나감으로써 보완할 수밖에 없다. 그 과제 중 하나에 한국 각필 문헌의 역사적 연구가 있다. 고바야시 박사는『角筆文獻硏究導論』중에서 11세기의 한국 각필 문헌의 예를 들고 계시지만 19세기 본 자료와 비교해 보면 박사가「반독하는 곳에 항상 기입되는 것이 아니라 필요에 따라서 기입되고 있다」고 쓰신 바와 같이 11세기 각필 문헌과 19세기 각필 문헌에는 공통점, 상이점이 있는 것 같다. 상이점으로서는 그밖에「반독선이 도중에 끊어지지 않는다」「아래로 이어지는 선과의 병용으로 반독을 제시한다」「기점이 되는 한자에 항상 갈고랑이 모양의 부호가 기입된다」등도 들 수 있다. 앞으로 구결의 역사적 변화의 해명이 기다려진다.

번역 : 尹幸舜(한밭대학교 일본학과 교수)

한국 각필 문헌 「맹자」 표지   한국 각필 문헌 「맹자」 표기 1丁表

각필 반독선의 확대 사진

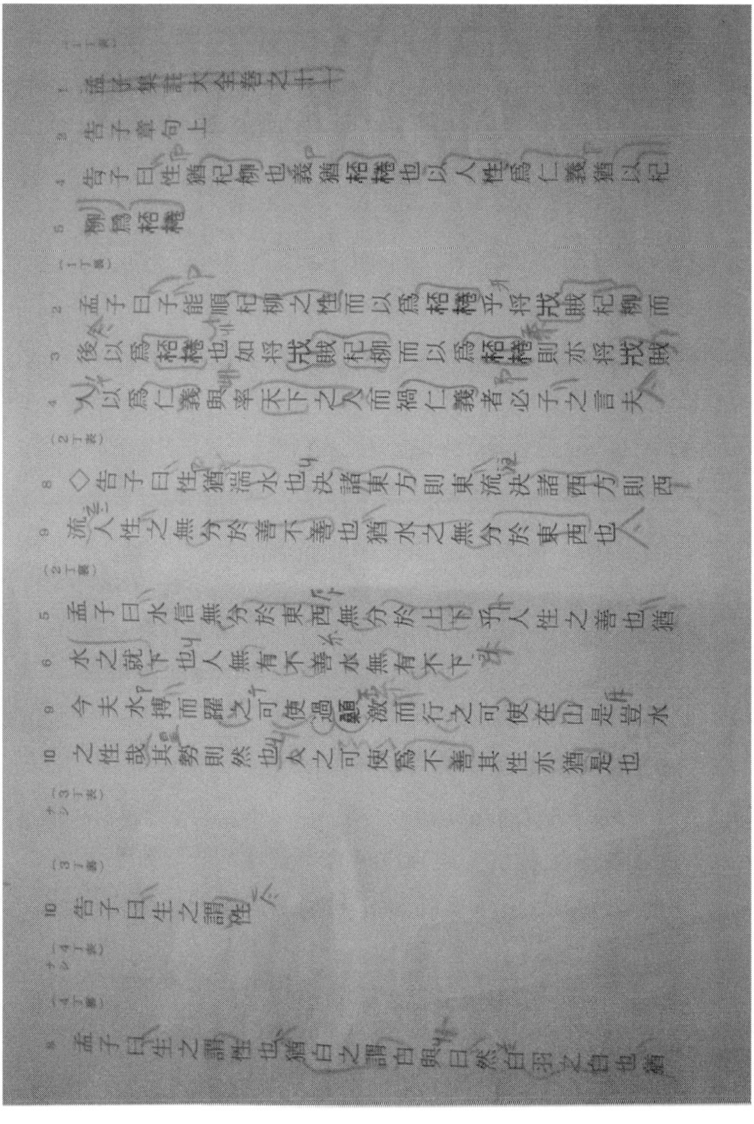
(1丁表)
1 孟子集註大全卷之十一
3 告子章句上
4 告子曰性猶杞柳也義猶桮棬也以人性爲仁義猶以杞
5 柳爲桮棬
(1丁裏)
2 孟子曰子能順杞柳之性而以爲桮棬乎將戕賊杞柳而
3 後以爲桮棬也如將戕賊杞柳而以爲桮棬則亦將戕賊
4 人以爲仁義與率天下之人而禍仁義者必子之言夫
(2丁表)
8 ◇告子曰性猶湍水也決諸東方則東流決諸西方則西
9 流人性之無分於善不善也猶水之無分於東西也
(2丁裏)
5 孟子曰水信無分於東西無分於上下乎人性之善也猶
6 水之就下也人無有不善水無有不下
9 今夫水搏而躍之可使過顙激而行之可使在山是豈水
10 之性哉其勢則然也人之可使爲不善其性亦猶是也
(3丁表)
(3丁裏)
10 告子曰生之謂性
(4丁表)
(4丁裏)
8 孟子曰生之謂性也猶白之謂白與曰然白羽之白也猶

(번각문(飜刻文)의 일부 1丁表~12丁表) 綠──角筆 靑──묵서(墨書)

（一九ㄴ）
鄉人長於伯兄一歲，則誰敬？曰：敬兄。酌則誰先？曰：先酌鄉人。所敬在此，所長在彼，果在外，非由內也。公都子不能答，以告孟子。孟子曰：敬叔父乎？敬弟乎？彼將曰：敬叔父。曰：弟為尸，則誰敬？彼將曰：敬弟。子曰：惡在其敬叔父也？彼將曰：在位故也。子亦曰：在位故也。庸敬在兄，斯須之敬在鄉人。

（二〇ㄱ）
季子聞之，曰：敬叔父則敬，敬弟則敬，果在外，非由內也。公都子曰：冬日則飲湯，夏日則飲水，然則飲食亦在外也？

（二〇ㄴ）
公都子曰：告子曰：性無善無不善也。

（二一ㄱ）
或曰：性可以為善，可以為不善；是故文武興，則民好善；幽厲興，則民好暴。

（二一ㄴ）
或曰：有性善，有性不善；是故以堯為君而有象，以瞽瞍為父而有舜，以紂為兄之子且以為君，而有微子啟、王子比干。

（二二ㄱ）
今曰性善，然則彼皆非與？孟子曰：乃若其情，則可以為善矣，乃所謂善也。

（二二ㄴ）
若夫為不善，非才之罪也。

晉本『華嚴經』卷第20의 點吐 解讀*

朴鎭浩**

1. 序論

本考는 高麗 中葉의 資料로 알려진 誠庵古書博物館 所藏 晉本『華嚴經』卷第20(以下에서 『晉華』라 略稱)에 記入된 點吐를 解讀하는 것을 目標로 한다.1) 이를 爲해 旣往에 이루어진 周本『華嚴經』(以下에서 『周華』라 略稱)의 點吐에 對한 解讀 結果 및 字吐 釋讀口訣 資料를 積極的으로 利用할 것이다.

點吐의 位置와 形態를 記錄하는 方法은 張景俊(2005)를 따른다. 點吐의 解讀을 試圖한 結果를 點圖로 나타내 보이면 다음과 같다.

* 이 글을 作成함에 있어 口訣學會 少壯 研究者들의 點吐 資料 講讀會에서 여러 同學들로부터 많은 도움을 받았다. 이 모임에서 다른 研究者들이 提示한 意見을 이 글에서 受容한 것이 많이 있다. 感謝의 뜻을 表한다.
** 漢陽大學校 어문학부 교수.
 1) 이 資料에 대한 書誌的 事項은 鄭在永 外(2003) 參照.

單點

·ミ	·ㄱ		·尸	·入ㄱ
·ろ?	·亐		·支	·七
·乙	·七?	·ㄱ	·口(八)	·矢
·乙	·ろ	·氵	·尸	·灬
·分	·分	·十		·丨

線

/ xミ \	丨 ろㄱ — xㄱ		/ x尸	
/ \ 尸丁?		— 立 丨氵立	\ 丆立?	\ ろ七 — x七
		\ 立x?		/ リ \ 去?
/ ㄱ入乙 \ 尸入乙 — ろㄱ入乙	— 巳 \ 去	\ 立? 丨 立?		
	\ ソろ / ノ今亐?	\	\ ろ尒 /	/ x丨 \ x丨

雙點, 三點

∴	: ソ↑	∵ xム	: ソ尸 x尸 ソロ尸	
		∴ ぢ		∵ ヒ七 : x七 : x七
∵ ノ禾 ∴ 3令	: ハ?	∵ xㄱ		∴ ㄱ/刀
∴ x乙 ∴ノ令乙 ∴ x乙 ∴ 入乙	∴ 亘		∵	∵ 入m ∴
∴ x分 ∴ x分 ∴ x分 ∴	∵ 白? ∴	: 3十 ∴ ㅋ十 ∴ ㅣ十		∴ ナㅣ

눈썹

	ㅏ 云ㄱ?	ㅏxム ∴ノ令 ㆍx令 ㅏx令	ㅏ 火ハ尸?	ㆍ
ㆍ				∴ソ ヒ七 ㆍx七 ㆍx七 ㆍx七 ∴x七 ㅏx七 ㅏx七
				ㅏx令 ㆍx令
ㆍxㄱ 入乙ㆍ	ㆍ ㅋ			∴x入m ㆍ尸入m ㅣ
ㆍx入乙 — x八己				
ㆍx分	— ㅋ ㆍ	ㆍ	ㆍ ㆍ	

느낌標

`\	\. x丁	! x令		
/`				
! ·- x乎				\.(ᄉ)刂 ./ `\ 白 ·-
! 刂尸入乙 ·- 彡丁入乙 -· x入乙 i x入乙 \. x丁乙				
	·- 3 八 i ./	-·ノ 令 十 \.乊? i x十 ·- /` x十 `\ x十	·- 乊? i	! 子?

2. 周本『華嚴經』과의 比較

『晉華』의 點吐들 中 單點은 『周華』와 大部分(20箇 中 18箇) 一致한다. 두 資料에서 一致하지 않는 가장 重要한 單點은 42(·)이다. 『周華』에서는 42(·)이 使動의 ‘(ᄉ)刂’를 나타내는데 『晉華』에서는 ‘3’를 나타낸다.[2)]

差異 나는 또 하나의 單點은 21(·)이다. 『周華』에서는 21(·)이 ‘丁’를 나타내는데 『晉華』에서는 ‘3’를 나타내는 듯하다.

---

2) 42(·)을 ‘3’로 보는 근거는 後述함.

(1) a. 心[53(:)]无所依[14(·),21(·),22(·)] // 心氵十 依(ノ)尸 所氵 无亏 <04:17-18>[3)]

b. 一切衆生[53(·.)]悉[42(·)]无所着[14(·),21(·),=52(·-)#42～52(·-)] // 一切 衆生ラ十 悉氵 着(ノ)尸 所氵 无氵ハ <09:19-20>

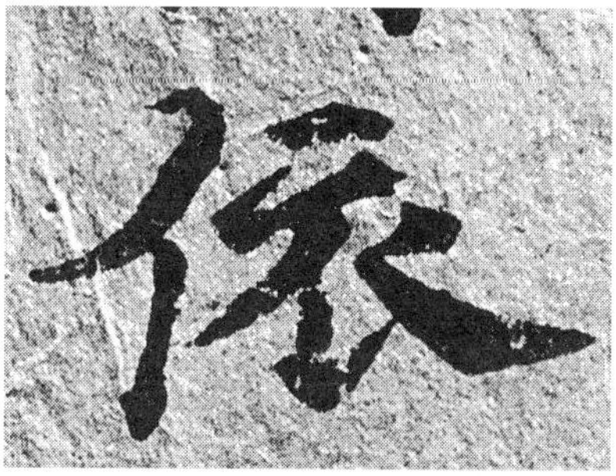
예문 (1a)

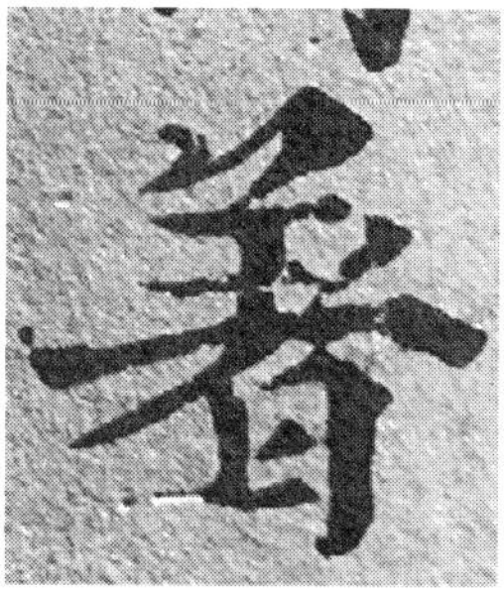
예문 (1b)

(1)과 비슷한 構文이 字吐 資料『華嚴經』과『華嚴經疏』에 모두 18回 나오는데, 15箇는 '…ノ尸 所氵 無…'으로, 1箇는 '…ヮ尸 所氵 無…'으로, 2箇는 '…ノ尸 所 無…'으로 되어 있다. (1)에서 字吐와의 對應關係가 좀 더 確實한 點吐들을 各各 字吐에 對應시키면 남는 것은 '所'字 뒤의 '氵'와 'ノ尸/ヮ尸'의 'ヮ/ノ'이다. 둘 中 前者의 可能性이 더 높다고 생각한다.

單點 以外의 點吐는『晉華』와『周華』가 一致하는 것이 많지 않다. 두 資料에서 一致하는 點吐들만 따로 모아 보면 다음과 같다.

3) 例文에서 文獻名을 밝히지 않고 張次와 行次만 표시한 것은『晉華』에서 가져온 것이다.

·ː	·ㄱ ːヽㄱ ∣ㅎㄱ	ːＸム	·ㄕ ːヽㄕ	·入ㄱ
	·ㅎ		·攴	·七 ːㅌ七
ːノ禾		·ㄱ	·口	·矢
·乙 ːノ今乙 ː入乙		·氵	·ㄕ	·m ː入m
·分 ːＸ分	·分	·十		·ㅣ ːナㅣ /Ｘㅣ

'乙'을 나타내는 單點의 境遇, 41 位置에도 나타나지만 그보다 좀 더 높게 31 位置에도 나타난다. 매우 頻度가 높은 點吐이기 때문에 다른 單點과 混同되지 않도록 상당히 넓은 領域을 配當한 것인지도 모르겠다. '分'를 나타내는 單點의 위치가 51에서 52까지 넓게 걸쳐 있는 것도 마찬가지로 解釋할 수 있다.

3. '氵'와 關聯된 點吐들

15世紀 以後와 마찬가지로 高麗時代에도 節과 節을 從屬的으로 連結하는 가장 無標的인 語尾는 '-아/어'였다. 字吐 釋讀口訣에서는 이 '-아/어'와 關聯된 吐로 '氵', '氵尒', '氵八' 等이 나타난다. 點吐 資料에서 두 節이 連結語尾 '-아/어'와 비슷한 裝置에 依해 接續될 때 使用된 點吐가 둘 以上인 境遇, 어느 것이 '氵'이고 어느 것이 '氵尒'이고 어느

것이 '氵八'인지 區別해 내기가 어렵다. 이 셋의 意味 差異가 分明하지 않을 뿐더러, 이 셋을 區別하게 해 주는 文脈的 指標도 찾기 어렵기 때문이다.

『晉華』에는 이러한 點吐로 42(·), 54(\), 52(\), 52(·-) 等이 나타난다.[4] 이들이 字吐 '氵', '氵尒', '氵八' 等과 어떻게 對應되는지를 알아내기 爲해서는, 두 節을 從屬的으로 接續한다는 基本 用法 以外의 特異한 用法에 눈을 돌릴 必要가 있다.

(2) a. 於十力[52(‾·)]智[53(:)]悉得[54(\)]安住[22(·)?] // {於}十力ラ 智氵十 悉 得氵尒 安住(ソ)亐 <02:02>

b. 悉得[54(\)]見聞无量[33(·)]佛法[41(·),13(··)?] // 悉 得氵尒 量 无ㄱ 佛法乙 見聞xム <03:18>

(2)에서 보듯이 54(\)은 節 接續의 機能 以外에 副詞로 쓰인 '得'字에 붙는다. 副詞 '得'은 字吐 資料에서 '得氵尒'으로 나타나므로, 54(\)은 '氵尒'에 對應됨을 알 수 있다.

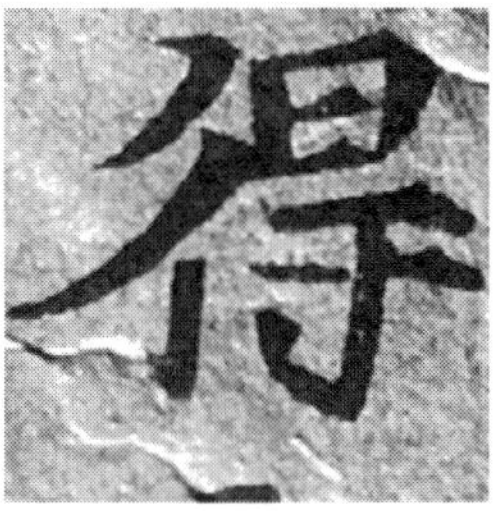
예문 (2a)

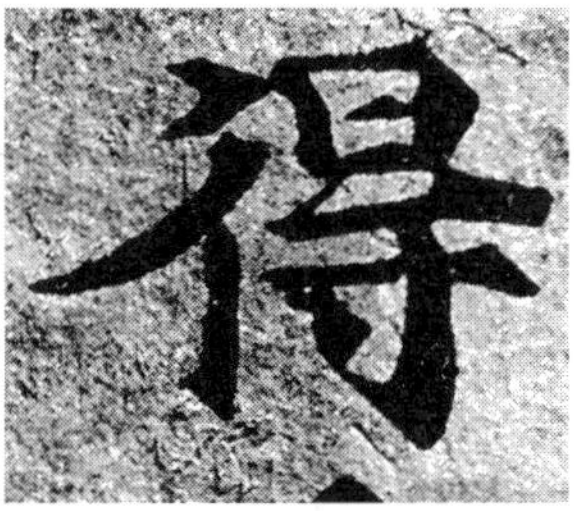
예문 (2b)

4) 『周華』에는 이러한 點吐로 34(|), 23(|), 43(|) 等이 나타난다.

(3) a. 一切功德[41(·)]皆悉[42(·)]滿足[22(·)] // 一切 功德乙 皆 悉ᄒ
満足(ᄂ)ᄒ <03:11>

   b. 佛子[42(·)]是[41(·)]名[14(·)#13(·)]菩薩摩訶薩[44(·)]第八如相
迴向[11(·),31(··),55(·)] // 佛子ᄒ 是乙 名尸 菩薩摩訶薩尸 第
八如相迴向ᄉノ斤ナ丨 <10:17-18>

예문 (3a)   예문 (3b)

　　(3a)에서 보듯이 42(·)은 부사 '悉'에 붙었는데, 이것은 字吐 資料에서
'悉ᄒ'로 나타나므로 42(·)이 'ᄒ'임을 알 수 있다. 또한 (3b)에서는
42(·)이 명사 '佛子'에 붙었는데 이것은 호격 조사 'ᄒ'를 나타낸다.

(4) a. 如不可壞[52(\), 24(\), 12(:), 25(··)] 如 善根亦尒 迴向一切衆
生[52(̄·)] 不可沮壞[52(\),24(\)?,12(:),35(·),53(·.)] // 壞ᄂᄒ
ᄆᄒ{可}(ᄂ)ᄂ七 不(矢)ヒ七 如(乙ᄂ尸) 如(支) 善根 亦(ᄀ)
尒 一切 衆生ᄒ 沮壞ᄂᄒᄆᄒ{可}(ᄂ)ᄂ七 不矢ᄒノ 迴向
(ᄂ分) <07:03-04>

   b. 菩薩[44(·)?] 无㝵[42(·)]不可制持[52(\),24(\),12(:),=35(·),25(··)]
自在神力[11(·)] // 菩薩尸 㝵 无ᄒ 制持ᄂᄒᄆᄒ{可}(ᄂ)ᄂ丁
不矢ヒ七 自在 神力ᄉ <16:07>

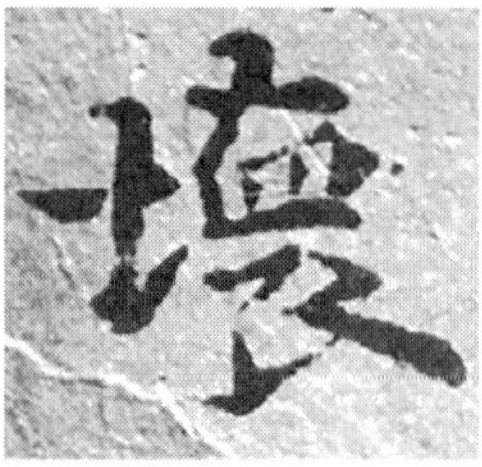
예문 (4a) 1

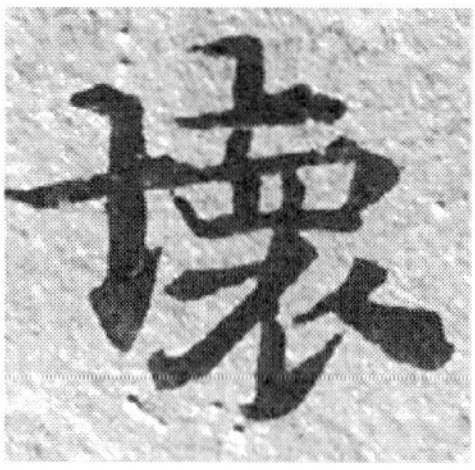
예문 (4a) 2

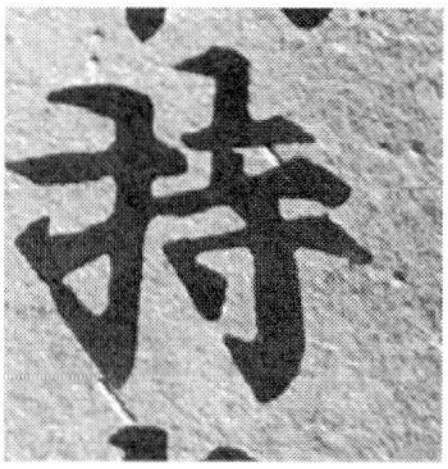
예문 (4b)

(4)에서 보듯이 52(\)은 '不可' 構文에 나타난다. 字吐 資料에서 이 構文은 '…(丷)氵 丆立 可七丷1 不矢…'와 같이 나타나는데, 字吐와의 對應 關係가 좀 더 確實한 點吐들을 各各 字吐에 對應시키고 나면, 52(\)은 '氵'나 '丷氵'에 對應됨을 알 수 있다. '氵'에 對應되는 點吐는 42(·)이 따로 있으므로 52(\)은 '丷氵'에 對應된다고 推測할 수 있다.5)

이렇게 42(·)='氵', 54(\)='氵 尔', 52(\)='丷氵'의 對應 關係를 얻고 나면 52(·-)에 對應될 것은 '氵 八'만 남는다. 이러한 對應 關係를 뒷받침하는 傍證으로 '以'字 構文을 들 수 있다. 字吐 資料에서 "-로써"의 의미를 나타내는 '以'字에는 '氵', '氵 尔', '氵 八'은 붙지만 '丷氵'는 붙지 않는다. 『晉華』에서도 '以'字에 붙는 點吐로 42(·)이 壓倒的으로 많고 54(\)과 52(·-)는 少數 있지만 52(\)은 없다.

4. 冠形節과 關聯된 25 位置의 點吐들

『周華』와 마찬가지로 『晉華』에서도 25(·)은 '七'을 나타내며 이것은

---

5) 『晉華』에서 '不可(窮)盡'의 경우에는 52(\) 대신 42(\)이 쓰이며, 字吐에서는 '盡厶立 可七丷ㅌ 不矢…'<화소19:14, 15, 22>와 같이 나타나므로, 42(\)이 '厶'에 對應됨을 알 수 있다.

大蓋 屬格 助詞이다. 또한 25 位置의 其他 點吐들이 'ㄴ'으로 끝나는 複合吐를 나타내며 이들이 冠形節에 쓰인다는 것도 두 資料가 마찬가지이다. 그러나 『晉華』는 『周華』에 比해 25 位置에 훨씬 多樣한 點吐들이 나타난다. '·', '\', '-', '··', '·.', '·.', '-', '⌐', '⊹', '/', '\', '|', '|' 모두 13 가지이다. 눈썹 유형이 7개로 절반이 넘는다.

한편 字吐 資料에서는 冠形節에 쓰이는 'ㄴ'으로 끝나는 吐가 다음과 같이 나타난다.

	'ㅌㄴ' 系列	'ㅅㄴ' 系列
'ㅁ/ノ'를 包含하지 않은 것	(ㅅ)ㅌㄴ (ㅅ)ㄱㅌㄴ ㅅ二ㅌㄴ ㄱㄱㅌㄴ 去ㅌㄴ 去ナㅌㄴ ㅅ去ㅅ二ㄱㅌㄴ	(ㅅ)ㅅㄴ (ㅅ)ㅎㅅㄴ/二ㅅㄴ 去ㅅㄴ ナㅅㄴ
'ㅁ/ノ'를 包含한 것	ㅁㅌㄴ/ノㅌㄴ ノㄱㅌㄴ (ㅅ)ㅎㅁㄱㅌㄴ	ㅁㅅㄴ/ノㅅㄴ ㅅ白ㅁㅅㄴ

가짓수가 많아서 複雜해 보이지만 몇 가지 規則을 알면 좀 더 單純하게 理解할 수 있다. 'ㅅ'는 앞의 動詞를 音讀하면 붙고 訓讀하면 안 붙는 것이므로 중요하지 않다. 本來 'ㄱㅌㄴ'에서 同音省略에 의해 /ㄴ/이 하나 脫落한 것이 'ㅌㄴ'이므로, 'ㅌ' 앞에 'ㄱ'이 있느냐 없느냐는

중요하지 않다. 先語末語尾 '-ㆆ/ノ-'의 介入 與否는 15世紀와 同一한 規則을 따른다. 卽 被修飾 名詞가 關係節의 目的語일 때는 必須的으로 들어가고, 冠形節이 補文일 때는 隨意的으로 들어간다. 冠形節의 必須 要素는 '(ㄱ)ㅌ七'이나 '亽七'이고 이 앞에 'ㆆ/ノ'는 위의 規則에 따라 들어갈 수 있다. 敬語法 先語末語尾 '㪅/ニ'나 '白'은 그 앞에 必要에 따라 들어갈 수 있다. 時制·相·敍法과 關聯된 先語末語尾 '去'나 'ナ'도 必要에 따라 들어갈 수 있다. 形容詞나 繫辭에는 'ㅌ七'이 붙는 경향이 있다. 動詞에 'ㅌ七'이 붙을 때는 過去 時制나 完了相을 나타내는 일이 많다. 가장 頻度가 높은 것은 'ノ亽七'과 '(丷)ㅌ七'이다.

『晉華』의 25 位置의 10餘箇의 點吐와 字吐 資料의 이 10餘箇의 吐가 서로서로 어떻게 對應되는지 完全히 把握하는 것은 現在 어렵다. 但只 한두 가지 可能性만 指摘할 수 있을 따름이다. 25(··)과 25(⏗)은 形容詞에 붙는 强한 傾向이 있으며 頻度도 相當히 높다. 따라서 이 둘이 'ㅌ七'이나 '丷ㅌ七'에 對應될 可能性이 높다. 25(··)은 主로 '不可' 構文의 '不矢'나 '非' 構文의 '非矢' 뒤에 붙거나 形容詞 '無'에 붙거나 體言 뒤에 붙는데, 이것은 字吐 'ㅌ七'의 分布와 거의 一致한다. 따라서 25(··)을 'ㅌ七'으로 본다. 한편 25(⏗)에 該當하는 字吐에 敬語法이나 時制·相·敍法 關聯 先語末語尾가 들어 있는 것으로는 보이지 않는다. 그래서 25(⏗)은 아무 先語末語尾가 들어 있지 않은 '丷ㅌ七'으로 본다. 25(·.), 25(-)도 形容詞에 붙는 傾向이 있으나 用例가 많지 않아 正確히 어떤 것에 對應되는지 말하기 어렵다.

한편 25(\)은 用例가 둘밖에 없어서 分明치는 않으나 '3七'을 나타내는 것 같다.

(5) a. 爲人中[25(\)]雄[41(!),22(·)] // 人 中3七 雄刂尸{爲}入乙(丷)

亐 <10:19>

b. 菩薩[33(·)?] 悉救護[13(··)] 三界[<u>25(\)</u>,55(!)#54～55(!),41(·)] 无有餘[12(:),35(/),51(·.)] // 菩薩ㄱ 悉(3) 救護xム 三界<u>3七</u>子乙 餘ソㄱ 无有リx分 <12:10>

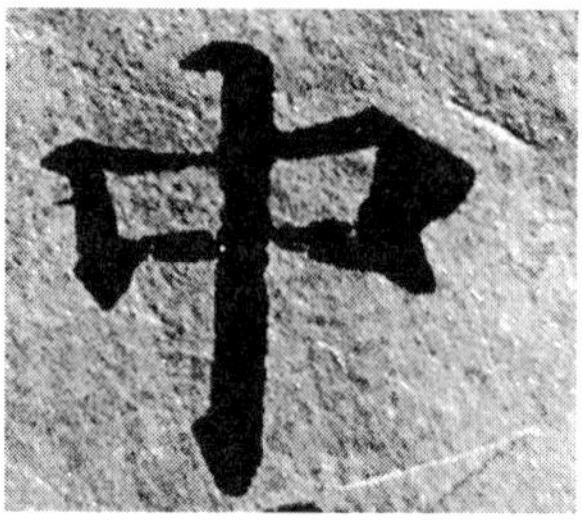

예문 (5a)

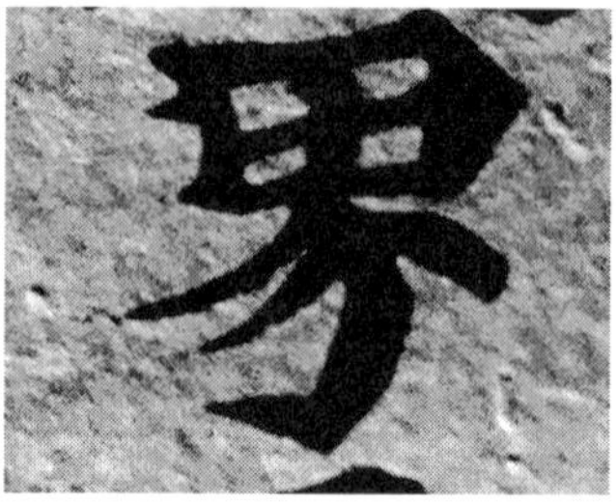

예문 (5b)

(5a)에서 冠形語 '人中'이 '雄'을 修飾하고 있는데, 字吐 資料에서 이렇게 '中'에 붙는 吐로서 '七'으로 끝나는 것은 12箇가 나타나는데 모두 '3七'이다. 따라서 매우 적은 用例를 가지고도 25(\)이 '3七'임을 比較的 强하게 推定할 수 있다. 이를 土臺로 해서 (5b)를 보면, 55(!)는 '3七'과 '乙' 사이에 오는 것으로 볼 수밖에 없다. 이렇게 屬格 '七'과 助詞 사이에 오는 것은 (6)에서 보듯이 字吐 資料에 '子'밖에 없다. 또한 字吐 資料의 '子'은 有情物을 가리키는데, (5b)의 55(!)도 '救護'의 目的語이므로 有情物로 볼 수 있다. 따라서 55(!)는 '子'으로 본다.

(6) a. 時十 無色界七<u>子</u>ㄱ 量 無七ㄱ 變ノㄱヒ七 大香花乙 雨ろㄱム <舊仁02:14-15>

b. 六方3七<u>子</u>刀 亦ソㄱ 復ろ {是}リ {如}丨ソヒハニ分 <舊仁03:11-13>

c. 卽ぅ {於}座七 中ぅ十 十恒沙七 天王ぇ 十恒沙七 梵王ぇ 十
恒沙七 鬼神王ぇ 乃ぅ 至ㄐ 三趣七子ミノ今 有セナㄱぇ 無
生法忍乙 得ナ今 <舊仁11:15-16>

d. 或 復 樂▽ 二立 第七子乙 與七 共住ゝ亐 <瑜伽26:13-14>

5. '▽/丿'와 關聯된 點吐들

『晉華』에는 '▽/丿'와 關聯된 點吐가 여럿 나타난다. 우선 35(‥)부터
보자.

(7) a. 常[35(/)]樂[35(‥)]守護諸菩薩[44(·)?]行[41(·),22(·)]樂[35(‥)]以
愛眼[41(·),42(·)]觀善知識[41(·),22(·)] // 常ㄐ 樂▽ 諸 菩薩尸
行乙 守護(ゝ)亐 樂▽ 愛眼乙 以ぅ 善知識乙 觀亐 <03:
19-20>

b. 復次 菩薩摩訶薩[33(·)] 若[25(·)] 見可樂[35(‥),23(-),12(:)] 國
土[11(·)] 林樹[11(·)] 華菓[11(·),41(:),51(·)] // 復 次 菩薩摩
訶薩ㄱ 若七 樂▽立{可}(七)ゝㄱ 國土ぇ 林樹ぇ 華菓ミノ今
乙 見x今 <03:04-05>

c. 迴向過去[11(·)] 未來[11(·), 13(亠)] 皆悉淸淨[52(·)] 現在
[53(:), 35(·)] 念念[53(:),55(·)] 現成正覺[41(·),41(-),35(‥),53(/'),
51(·)] // 過去ぇ 未來ミノ今 皆 悉(ぅ) 淸淨(ゝ)今 現在ぅ十
ユ 念念ぅ十(ヶ)ㅣ 正覺乙 成xへ乙 現▽x十 迴向(ゝ)今 <10:
05-06>

예문 (7a)

예문 (7b)

예문 (7c) 1

예문 (7c) 2

(8) a. 如一處[53(:),12(·\),24(·)]一切處[53(:)]亦復[35(·.)]如是[22(·)] //
　　一處ㅋ 十x기 如支 一切 處ㅋ 十 亦 復刀 是 如(ㅇ)ㅎ <18:09>

　b. 如如[41(·),14(:)] 善根 亦[35(·.)] 尒[53(\)#53(|)] // 如乙ㅇ尸
　　如(支) 善根 亦刀 尒X <05:11>

　c. 未曾[35(·.)]忘失脩習正業[41(·),41(\),44(·),52(\)] // 曾刀 正業
　　乙 脩習xㅅ乙 忘失尸 末(ㅣ)ㅋ <04:23>

　d. 如過去[35(·.)]非同[35(·),51(·)]未來[35(·.)]非故[35(·),51(·)]現在
　　[35(·.)]非異[25(··)]如 // 過去刀 同 非矢ㅋ 未來刀 故 非矢ㅋ
　　現在刀 異 非(矢)ㅌㅌ 如 如(支) <10:02-03>

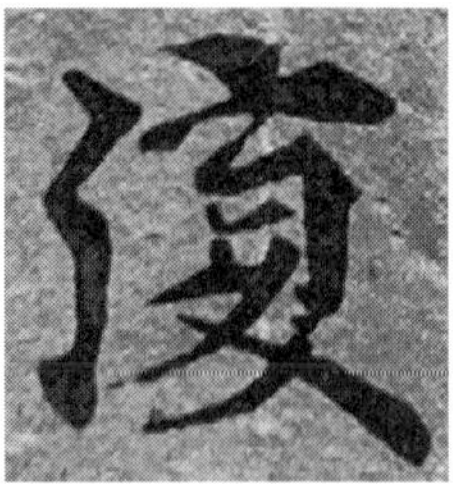
예문 (8a)

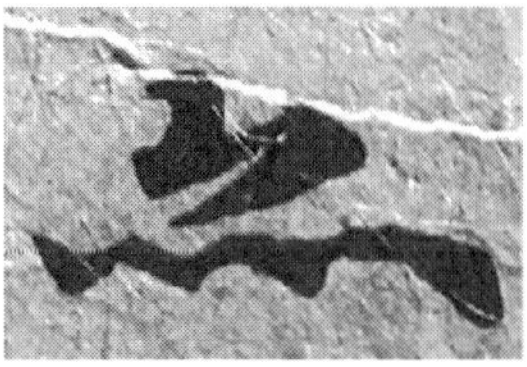
예문 (8b)

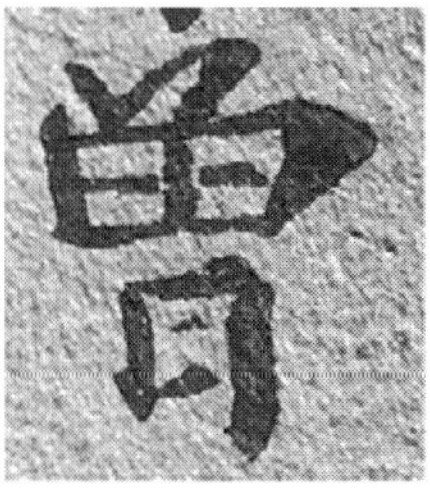
예문 (8c)

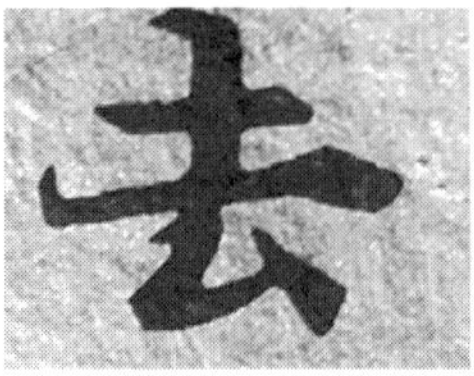
예문 (8d) 1

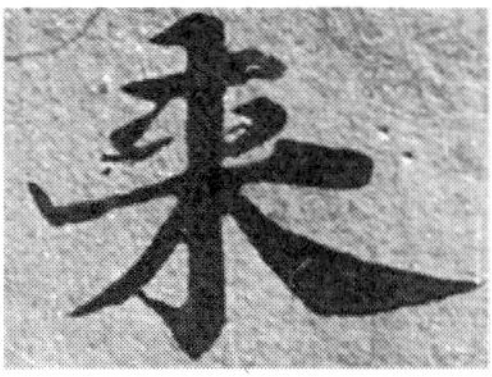
예문 (8d) 2

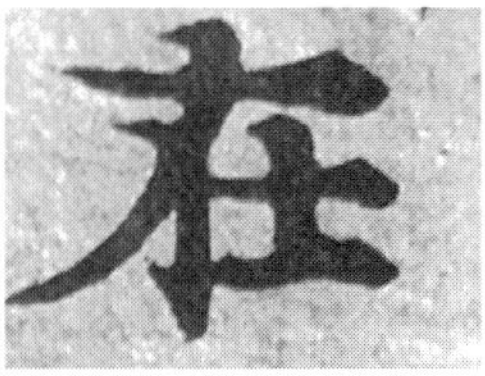
예문 (8d) 3

(7), (8)에서 보듯이 35(·.)은 副詞인 '樂'字, '復'字, '亦'字, '曾'字 等에 붙는데, 字吐 資料『華嚴經』과『華嚴經疏』에서 '樂ㆆ', '復ㄲ', '曾ハㅎㄲ'로 나타나므로, 35(·.)은 'ㆆ'와 'ㄲ' 둘 모두에 對應시킬 수밖에 없다. 副詞 '亦'은 字吐 資料에서 大部分 '亦ソㄱ'으로 나오나 '亦ㄲ'로 나오는 例도 少數이지만 있으므로 역시 35(·.)='ㄲ'의 對應을 支持한다. (7c), (8d)에서 보듯이 35(·.)이 補助詞 'ㄲ'를 나타내기도 한다. 한편 (7c)에서 보듯이 35(·.)이 他動詞 '現'의 末音添記인 'ㆆ'를 나타내기도 한다.

(7b)는 '可'字 構文과 관련하여 많은 것을 알려 준다. 字吐 資料에서 이 構文은 大蓋 '…(ソ3)ㆆㅎ 可ヒソㄱ …'와 같이 나타나므로, (7b)와 같은 例는 35(·.)='ㆆ', 23(-)='ㅎ', 12(:)='ソㄱ'의 對應 關係를 보여 준다.

그런데 '不可' 構文에는 35(·.) 대신 24(\)이 나타난다.

(9) a. 得最勝[54(\)] 不可壞[<u>24(\)</u>,12(:),35(·),25(··)] 心[41(·),52(·-)] //
最勝(ㅅ)ㅎㅊ 壞<u>ㅁㅎ</u> 可(ㄴ)ㅅㄱ 不矢ㅌㅌ 心乙 得ㅎハ <01:
23-24>

b. 如不可壞[42(·),<u>24(\)</u>,12(:),25(··)] 如 // 壞ㅎ<u>ㅁㅎ</u> 可(ㄴ)ㅅㄱ
不xㅌ 如(乙ㅅ尸) 如(支) <09:13>

예문 (9a)　　　　　　　예문 (9b)

위의 (4)와 (9)에서 보듯이 24(\)은 '不可' 또는 '非可' 構文에만 나타난
다. 肯定의 '可'字 構文에 35(·.)이 쓰인 것과 對照된다. 또한 24(\)이 나
타나면 23(-)은 나타나지 않는다. 肯定의 '可'字 構文에서 35(·.)과 23(-)
이 함께 쓰인 것과 對照된다. 이런 點을 考慮하면 24(\)을 'ㅁㅎ'에 對
應시킬 수 있을 듯하다.

이제 '隨'字 構文을 살펴보자.

(10) a. 令一切衆生[41(·)] 悉得諸佛[42(-)] 隨意[41(·),<u>53(\.)</u>] 愛樂
[52(\)] 供給[25(‾·)] 侍者[41(·),35(/)] // 一切 衆生乙 悉 諸
佛ㄴ 意乙 <u>隨ㅁ</u> 愛樂ㅅㅎ 供給xㅌ 侍者乙 得ㅣ 令(ㅣx分)
<03:16-17>

b. 知一切時[41(·),54(\)] 隨時[41(·),<u>53(\.)</u>] 脩習[55(/)] // 一切 時
乙 知ㅎㅊ 時乙 <u>隨ㅁ</u> 脩習xㅣ <10:14-15>

c. 隨應衆生[53(·.),25(∸)] 業[41(·),53(\.)] 菩薩[33(·)] 分別[22(.·)] 行[22(·)] // 衆生ㅋ十 應ソㅌ七 業乙 隨ㅎ 菩薩ㄱ 分別ㅎ 行(ソ)ㅋ <11:13>

d. 隨其所應[33(·),41(·),53(\.)]皆悉[42(·)] 得[54(\)] 聞[35(/),51(·.)] // 其 應(ソ)ㄱ 所乙 隨ㅎ 皆 悉⺀ 得⺀ホ 聞リx分 <13:25-14:01>

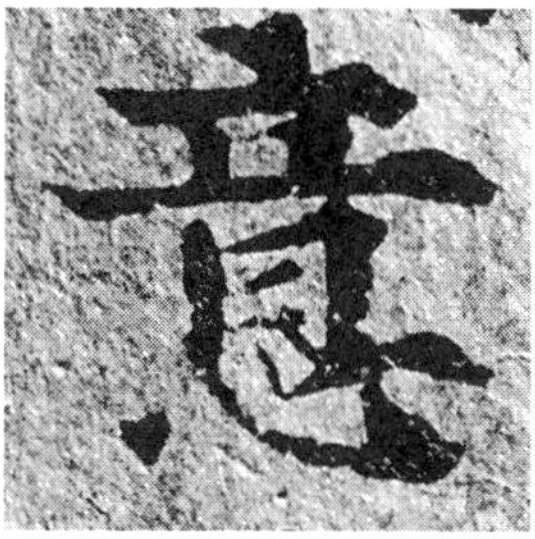

예문 (10a)

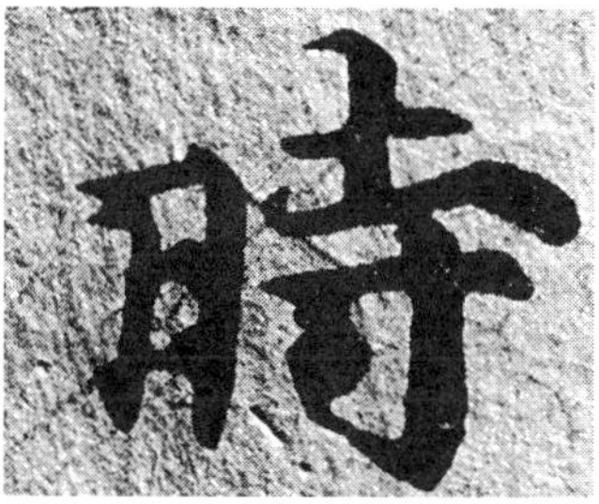

예문 (10b)

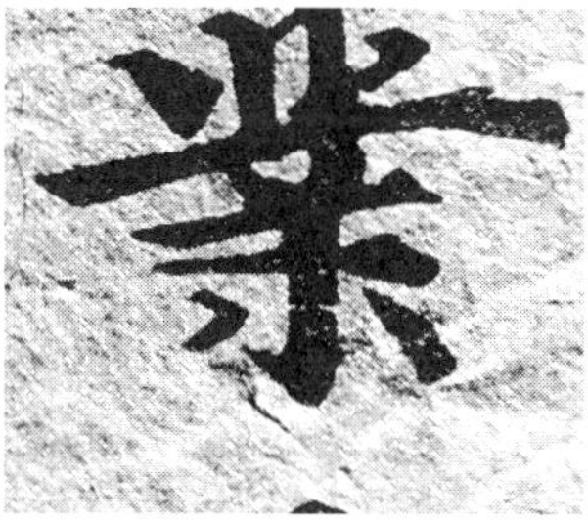

예문 (10c)

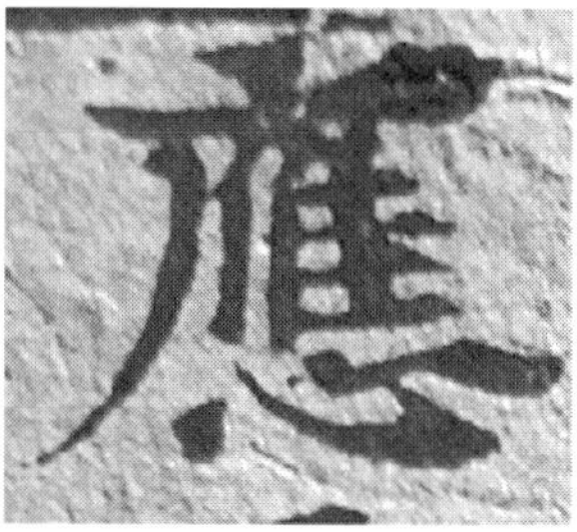

예문 (10d)

"-을 따라"의 意味를 갖는 '隨'字는 字吐 資料에서 例外 없이 '隨ㅎ'로 나타난다. 따라서 (10)에 보이는 53(\.)를 'ㅎ' 以外의 다른 것으로 보기 어렵다.

'具'字의 懸吐 樣相은 다음과 같다.

(11) a. 具慈心[25(·)?] 樂[41(·)?,53(\.),54(\)] // 慈心七 樂乙 具丆ʒ尔 <02:17-18>

b. 具眞實智[25(·)?] 離垢[22(·)] 正直[22(·),25(∸)] 菩提心[41(·),53(\.),52(·-)] // 眞實 智七 離垢(ソ)亐 正直(ソ)亐ソヒ七 菩提心乙 具丆ʒハ <02:19-20>

c. 具普賢[25(·)] 願[41(·),53(\.),51(·)] // 普賢七 願乙 具丆ケ <14:18>

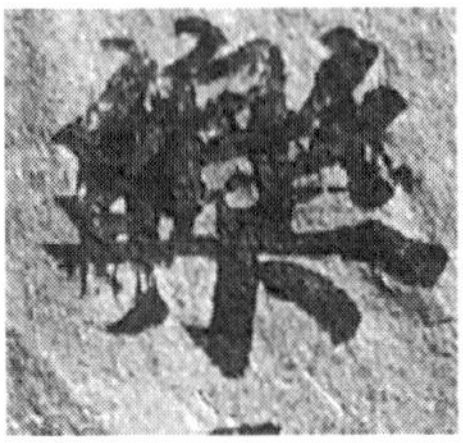
예문 (11a)

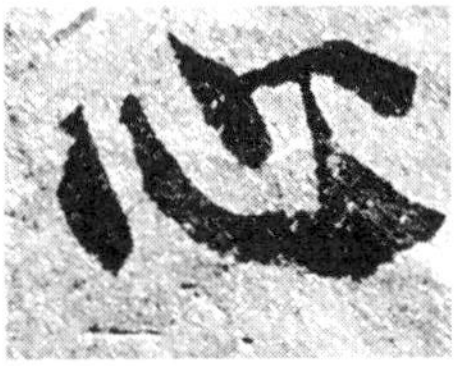
예문 (11b)

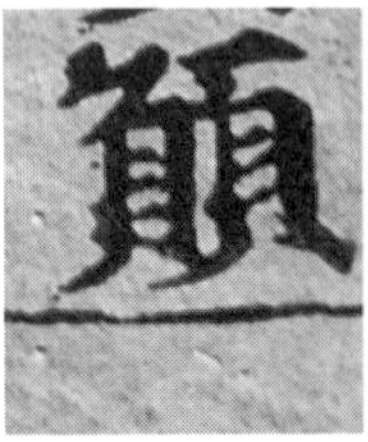
예문 (11c)

(12) a. 迴向一切具平等行[31(·),54(·-),13(!),53(·.)] // 一切 平等 行乙 具丆x亽ラ十 迴向(ソケ) <06:22>

b. 具菩薩[44(·)] 行[41(·),54(·-),54(\)] // 菩薩尸 行乙 具丆ʒ尔 <08:22>

c. 具正直心[41(·),54(·-),54(\)] // 正直心乙 具丆ʒ尔 <12:21>

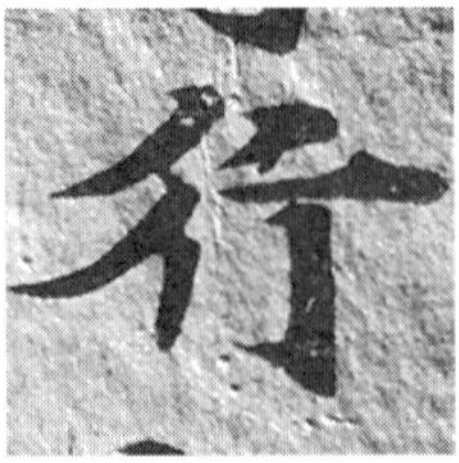
예문 (12a)

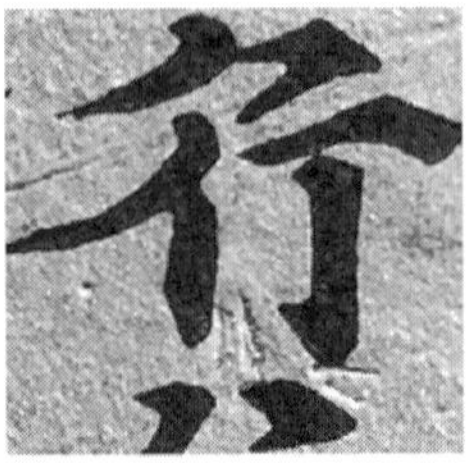
예문 (12b)

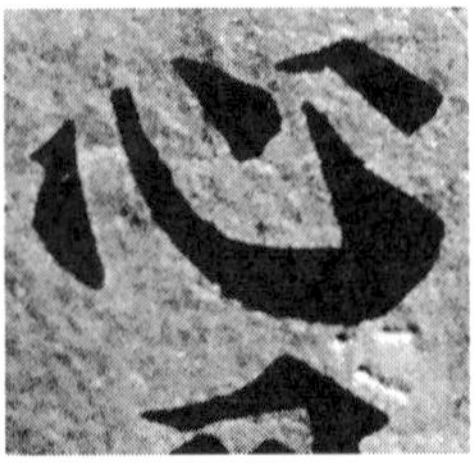
예문 (12c)

字吐 資料에서 他動詞 '具'는 大部分 '具ㆆ-'로 나타나므로, 他動詞 '具'에 붙고 語尾 앞에 오는 것으로 解釋되는 點吐는 末音添記 'ㆆ' 以外의 것으로 보기 어렵다. 그런데 이 點吐가 (11)에서는 53(\.)로, (12)에서는 54(·-)로 나타난다. (10)에서 53(\.)='ㆆ'의 對應 關係를 이미 얻었으므로 (11)은 이를 더 確固하게 해 준다. 그런데 (12)에서도 54(·-)를 '具ㆆ-'의 'ㆆ' 아닌 다른 것으로 보기도 어렵다. 둘 以上의 點吐가 하나의 字吐에 對應되는 例를 또 보게 된다.

6. '立'과 關聯된 點吐들

23(-)='立', 24(\)='ㆆ立'의 對應 關係는 이미 살펴보았다. 그런데『晉華』에는 이 外에도 '立'과 關聯된 點吐들이 더 있는 듯하다.

(13) a. 如爲己[52(¯·)] 身[41(·),54(\·),21(·\)#21(·)] 爲衆生[23(|)] 迴向亦復[35(·.)]如是[52(·-)] // 己ラ 身乙 爲X 如X 衆生 {爲}氵立 迴向 亦 復刀 是 如(ソ)阝八 <02:14>

b. 樂[35(·.)] 爲衆生[23(|)] 分別廣說[22(·),35(\.)] // 樂ㆆ 衆生 {爲}氵立 分別 廣說(ソ)ヨ 令リ(xケ) <03:23>

c. 能[=24(·)] 以一切衆生[52(¯·)] 諸念[41(·),52(·-)] 以[54(\)] 爲一念[23(|),22(·),13(··)] // 能支 一切 衆生ラ 諸 念乙 以阝八 以阝ホ 一念 {爲}氵立ヨxム <16:26-17:01>

d. 此諸方便[33(·)] 皆由普賢菩薩[44(·)] 深心究竟[41(/),23(|),42(·),52(·)] // 此 諸 方便ㄱ 皆 普賢菩薩ㄕ 深心 究竟(ソ)ㄱ入乙 由氵立阝(ソ)ケ <17:01-02>

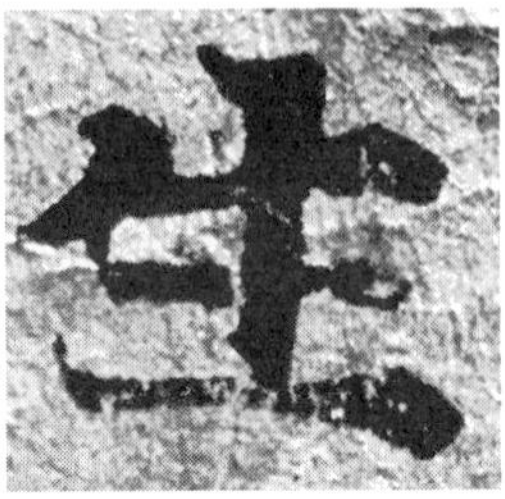

예문 (13a)

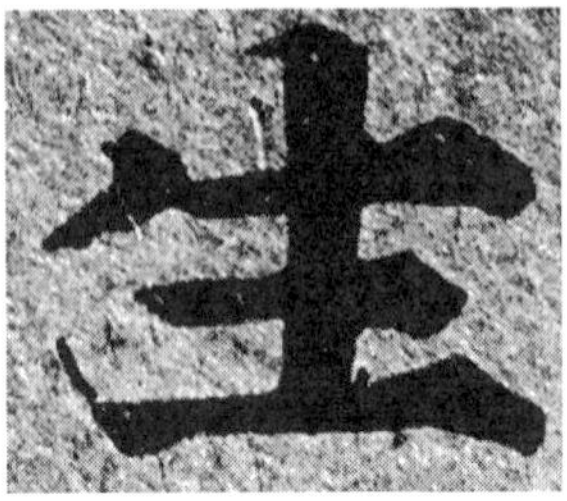

예문 (13b)

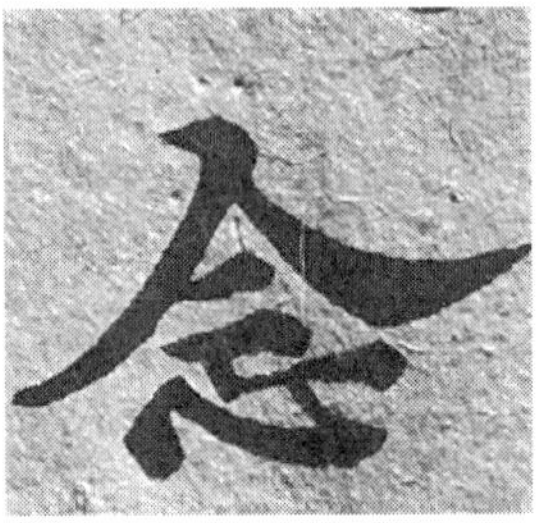

예문 (13c)

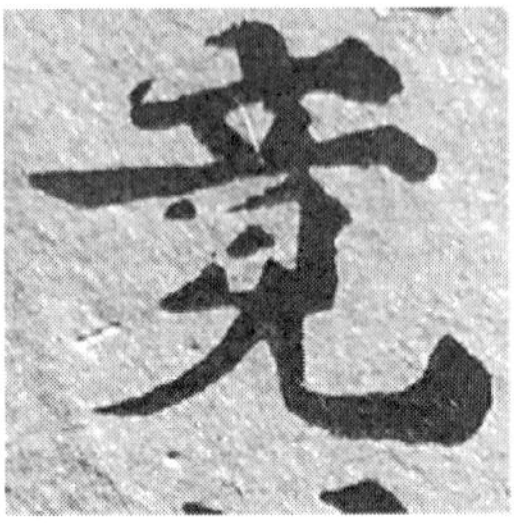

예문 (13d)

(13a, b)는 "-을 爲하여"의 意味를 갖는 '爲'字의 例이다. 이런 例는 字吐 資料에서 '…⺕ 爲氵'으로 나오며 이 때 '氵'는 '삼'으로 읽는다. 따라서 23(|)도 '삼'에 對應됨을 알 수 있다. 이 '삼'을 43(·)='氵'(사)와 구분하기 위해 '氵立'으로 表記하기로 하자. (13c)는 동사 '爲'의 例이고 (13d)는 "말미암다"라는 意味의 '由'의 예이다. 모두 23(|)="氵立"의 對應 關係를 支持한다.

다음으로 '心'字의 懸吐 樣相을 보자.

(14) a. 菩薩心[43(\)] 安住[55(/)] // 菩薩 心立 安住x丨 <11:10>

b. 其心[43(\)] 无嫌恨[22(·)] 正直[22(·)] 常淸淨[22(·)] 諸業[52(¯·)] 莊飾世[41(·),41(/)] 悉能[35(·)] 善[24(·)] 分別[22(·),45

(⌐·)] // 其 心ㅎ 嫌恨 无ㅎ 正直(ㇱ)ㅎ 常 清淨(ㇱ)ㅎ 諸 業
⇒ 世乙 莊飾(ㇱ)ㄱ入乙 悉(㔆) 能矢 善支 分別(ㇱ)ㅎ(ㇱ)尸
入ᄽ <11:11>

c. 其心[43(ǀ)] 清淨[52(\)] // 其 心ㅎ 清淨ㇱ㔆 <15:16>

d. 心[43(ǀ)] 不一[35(·), 33(··), 45(··), 경계선] 故[24(·)] // 心ㅎ
一 不矢ㄱ入ᄽ 故支 <18:06>

예문〈14a〉   예문〈14b〉

예문〈14c〉   예문〈14d〉

字吐 資料에서 '心'字가 主語로 쓰일 때에는 大蓋 助詞가 붙지 않고 末
音添記의 'ㅎ'만 붙는다. (14)에서 보듯이 '心'字에 붙은 點吐 43(\)과
43(ǀ)은 이 'ㅎ'에 對應되는 것으로 볼 수 있다.
　　'身'字의 境遇는 더 特異하다.

　(15) a. 迴向三世[25(·)] 一切諸佛[42(-)] 自在神力[11(·)] 及[25(·)] 一
　　　　切刹[11(·), 41(:)] 在身[33(\)#33~43(\)] 內[53(:), 42(·)#32(·),

52(·)] 現[13(·\),53(·)] // 三世ㅌ 一切 諸 佛ㄴ 自在 神力ㅊ

一切 刹ㅊノ仒乙 身쇼x 內ㅎ十 在X 現x仒ㅎ十 迴向(ﾉ分)

<07:22-23>

b. 於一身[33(\)] 內[=53(:)] 悉能[=24(·)] 容受无量[33(·)] 諸身

[41(·),52(·)] // {於}一 身쇼x 內ㅎ十 悉能攴 量 无ㄱ 諸 身

乙 容受(ﾉ)分 <17:02-03>

예문 (15a)　　　　예문 (15b)

字吐 資料에서 '身'字에 末音添記가 된 것은 主格의 '身쇼ᄯ' 2箇뿐

이다. (15)의 例들은 屬格이므로 末音添記가 되더라도 그 뒤에 'ᄯ' 代

身 다른 것이 붙어야 할 것이다. 그것이 무엇인지, 例가 적어서 確實히

알기 어려우므로 일단 33(\)이 '쇼x'에 對應되는 것으로 해 둔다.

7. 命名 構文

(16) a. 佛子 是[41(·)] 爲[14(·)] 菩薩摩訶薩[35(/)] 以一切善根[41(·),

42(·)] 隨順如相迴向[53(:),25(·),21(\),31(··),55(·)] // 佛子(ㅎ)

是乙 爲ﾉ口尸 菩薩摩訶薩ㅣ 一切 善根乙 以ㅎ 如相 迴向ㅎ

十 隨順七x丁ノ禾ナ丨 <11:07-08>

b. {是}刂乙 <u>爲丷口尸</u> 菩薩摩訶薩尸 十尸 第七 辯藏氵ノ禾ナ丨 <화소26:03>

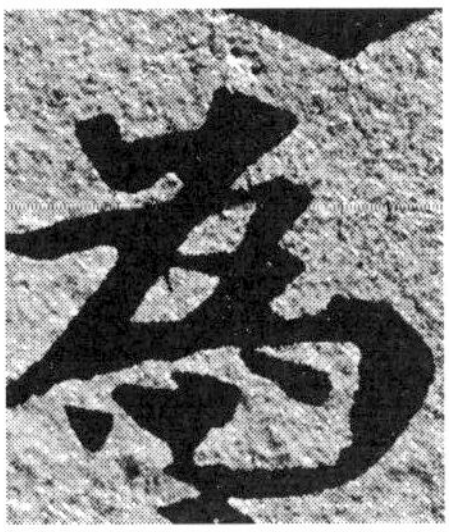

예문 (16a)

字吐 資料의 命名 構文에서, 붙여지는 이름에 該當하는 名詞句 앞에 '爲'字가 올 때, 그 '爲'字를 그 名詞句보다 나중에 새기기도 하고(卽 '爲'字에 左側吐가 붙음) 名詞句보다 먼저 새기기도 한다(卽 '爲'字에 右側吐가 붙음). (16b)는 後者의 境遇의 懸吐 樣相을 잘 보여 준다. (16a)에서도 14(·.)이 '爲'字에 직접 붙어 있으므로 後者의 境遇에 該當한다. 따라서 (16a)가 14(·.)의 唯一例이기는 하나 이것이 '丷口尸'에 對應될 것으로 推測할 수 있다. (16a)를 通해 31(··)='ノ禾', 55(.·)='ナ丨'의 對應 關係도 알 수 있는데, 이는『周華』와 完全히 同一하다.

(17) a. 除滅諸煩惱[41(·),22(·),41(·.)] 是[41(·)] 名[42(·)] 功德主[21(\),<u>31(·-)</u>] //諸 煩惱乙 除滅(丷)⺀xㄹ 是乙 名氵 功德主x丁<u>x禾</u>(分) <12:03>

b. 盡法[52(¯·)] 无盡性[41(¯·),42(·),43(·)] 无盡方便[25(·)] 滅[11(·), <u>31(·-)</u>,51(·)] // 法⺀ 盡性 无x入乙 盡氵氵 无盡方便七

滅ㆍㆍx禾ㅎ <12:04>

c. 法[52(⌐·)] 空[22(·)] 无自性[22(·)] 諸法[52(⌐·)] 无自在[12(:),
22(·),41(/)] 寂勝覺[52(⌐·)] 无我[11(·),31(·-),51(·)] // 法ㅋ 空
(ㆍㆍ)ㅎ 自性 无ㅋㅎ 諸法ㅋ 自在ㆍ기 无ㅋ乙 寂勝覺ㅋ 无我ㆍㆍ
x禾ㅎ <12:06>

예문 (17a)　　예문 (17b)　　예문 (17c)

(16)에 31(··)이 쓰인 것과 달리 (17)에서는 31(·-)가 쓰였다. 이에 對
한 解讀의 端緖를 現在로서는 더 얻기 어려우므로, 31(··)=‘ノ禾’와의
關聯性을 考慮하여 ‘x禾’ 程度로 보아 둔다.

8. ‘仒’와 關聯된 點吐들

『晉華』에는 仒’와 關聯된 點吐도 여럿 나타난다.

(18) a. 无我[11(·)] 我所[11(·),13(一),42(·)] // 我ㆍㆍ 我所ㆍㆍノ仒 无ㆍ
<08:17>

b. 廻向於一切境界[11(·)] 世界[11(·),53(·-)] 无所染着[14(·),13(ㆍ),
53(·.), 52(·)] // {於}一切 境界ㆍㆍ 世界ㆍㆍノ仒十 染着(ノ)尸
所 无x仒x十 廻向(ㆍㆍ)ㅎ <05:07>

예문 〈18a〉   예문 〈18b〉

(18a)의 13(￢)은 11(·)=‘ ; ’에 의해 名詞句들을 羅列한 뒤 맨 끝에 붙
는 ‘뒤 아우름 表現’인데 字吐 資料를 通해 이것은 ‘ノ소’임을 알 수
있다. (18b)의 53(··)는 그러한 名詞句 羅列 뒤의 아우름 表現에 處格 助
詞 ‘十’가 덧붙은 吐이므로 ‘ノ소十’로 볼 수 있다.

(19) a. 了知衆[33(·)?] 想[11(·)] 行[11(·),52(/)] 皆悉 是[33(·)] 虛妄
         [41(i), 31(!)] // 衆ㄱ 想; 行; ノ소ㅋ 皆 悉 是ㄱ 虛妄x入
         乙 了知X <12:11>

     b. 於法界[53(:)] 等[25(i)] 一切如來[11(·)] 菩薩[52(/)] 所行
         [41(·)] 悉能[24(·)] 脩習[13(··)] // {於}法界; 十 等x七 一切
         如來; 菩薩(;)ノ소ㅋ 所行乙 悉(;) 能支 脩習ノ尸ム
         <14:14-15>

예문 〈19a〉   예문 〈19b〉

(19)의 52(/) 亦是 名詞句 羅列 뒤의 아우름 表現인데, (19b)에서 보듯이 그 뒤의 名詞句 '所行'을 修飾하는 冠形語이므로 屬格 助詞 'ㅋ'를 덧붙여서 'ノㅅㅋ'로 읽는 것이 좋지 않을까 한다. (19a)에서는 '衆想行'이 主語이기는 하나 그에 呼應하는 敍述語가 名詞化되어 있으므로 主語的 屬格으로 볼 수 있다. 같은 位置의 52(⌒)이 'ㅋ'라는 事實이 間接的인 뒷받침이 된다.

(20) a. 音辭微妙[52(\)] 言[45(·)] 无能[35(·)] 及[31(·.),22(·)] // 音辭 微妙ノㅋ 言灬 能矢 及ㅋㅅ 无ㅋ <15:13>

    b. 當願衆生 一切 天人ㅣ 能矢 頂乙 見ㅋㅅ 無ㅌ됴 <화엄 08:09>

예문 (20a)

(20)은 "能히 …할 수 있는 이가 없다"는 意味의 構文인데, (20b)에서 보듯이 이런 경우 動詞에 'ㅋㅅ'라는 吐가 달린다. 이를 土臺로 하여 (20a)의 31(·.)이 'ㅋㅅ'임을 짐작할 수 있다.

그 밖에 35(/·)과 35(\·)도 'ㅅ'를 包含한 것으로 推測되나 用例가 적어서 正確히는 알기 어렵다.

9. 節 接續과 關聯된 點吐들

(21) a. 入一切世界[53(:),13(··)] 入幡覆世界[53(:),22(·)] 入伏世界[53(:),22(·),<u>11(/)</u>] 於一念[25(·)] 中[=53(:)] 悉能[=24(·)?] 遍[55(·)] 入十方[25(·)] 世界[25(·)] 一切佛刹[=53(:),52(·-)] // 一切 世界氵十 入x厶 幡覆 世界氵十 入(丷)亐 伏 世界氵十 入(丷)亐<u>x冫</u> {於}一念七 中氵十 悉 能攴 遍丨 十方七 世界七 一切 佛刹氵十 入(丷)氵八 <17:10-11>

b. 无量[33(·)?] 種種[25(·)] 世界[53(:)] 无量[33(·)] 方便[45(·)] 入深[33(·)?] 法界[35(/)] 皆如虛空[24(·), 12(:), 53(·.), <u>11(/)</u>] 而[33(·)] 亦[33(·)] 不壞世界[25(·)]之 性[41(·),22(·)] // 量 无乛 種種七 世界氵十 量乛 无 方便灬 深乛 法界刂 皆 虛空 如攴 丷乛ラ十 入x冫 而乛 亦乛 世界七{之} 性乙 壞 不(丷)亐 <17:13- 14>

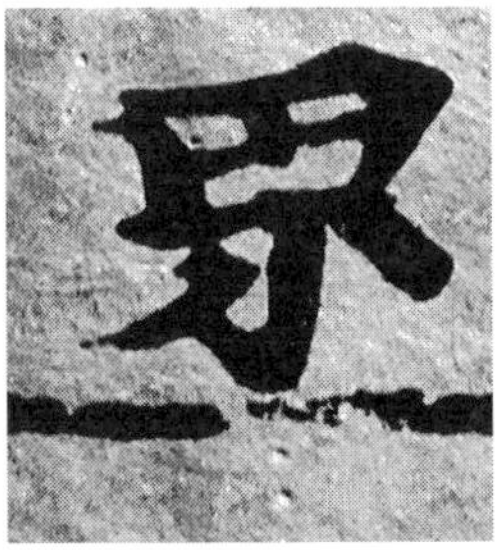

예문 (21a)

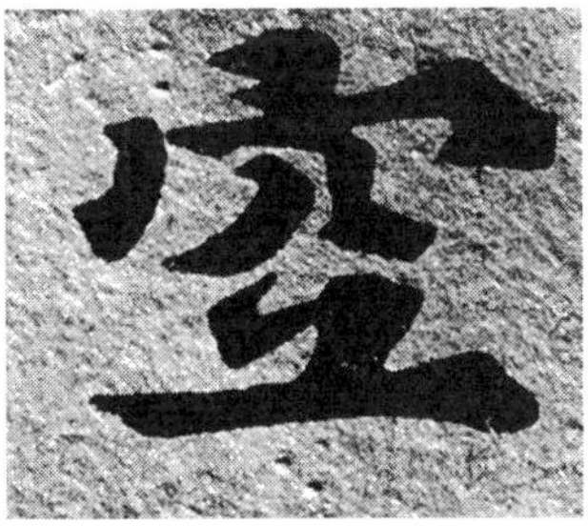

예문 (21b)

11(/)은 大蓋 節과 節을 接續할 때 쓰이는데, 11(/)의 모든 用例가 그런 것은 아니지만 逆接의 意味를 나타낼 때가 있다. (21)이 그러한 例인데, (21b)의 境遇 '而乛'이 있어서 接續된 두 節이 逆接 關係임을 더 明確히

알 수 있다.

(22) a. 永[35(\)] 離諸恚导[41(·),34(·)] 知法[41(·),22(·)] 亦[33(·)] 知義
[41(·),22(·),31(!)] 安住調御[25(·)] 地[53(:),=54(\)] 饒益一切衆
[41(·),51(·)] // 永厽 諸 恚导乙 離口 法乙 知亐 亦(丷)乁 義
乙 知亐X 調御七 地氵十 安住(丷)氵尔 一切 衆乙 饒益x分
<11:14>

b. 覺悟諸善法[52(⎺·)] 无量[51(·)] 不可數[12(:),41(··),31(!)] 悉
能[=24(·)] 分別[22(··)] 知[54(\)] 迴向益衆生[41(·),35(/),13(·\),
53(·.),55(/)] // 諸 善法亐 量 无分 數(宀宀) 可(七)丷乁 不(矢
乁)入乙 覺悟X 悉 能攴 分別亐 知氵尔 衆生乙 益川x分亐十
迴向x丨 <11:15>

예문 (22a)

예문 (22b)

(22)에서 보듯이 31(!) 亦是 節과 節을 接續하는 機能을 한다. 그러나
두 節 사이의 意味 關係를 明確히 把握하기도 어렵고 그 音相을 推測할
端緒도 별로 없다.

(23) a. 於現在[11(·.)] 佛[42(-)] 所[=53(:)] 得可愛樂巧妙方便[41(·),

14(.:),54(i)]　得可愛樂深妙方便[41(·),　54(\)]　无所鄁导[14(·), 14(.:),54(i)]　永[42(·)]　離愚癡[41(·),34(·)]　具足可樂平等離欲 [41(·),22(·)]　一切諸法[53(:)]　斷諸鄁导[41(·),22(·)]　決定[22(.·)] 深[35(/)]　解不二法界[41(·),22(·),14(·),54(i)]　具足可樂離欲際 等[12(:),31(·),52(\)]　一切諸法[53(:),54(\)]　入眞實際[53(:),14(·), 54(i),41(·),51(·)]　// {於}現在X 佛ヒ 所 ㅋ 十 愛樂(ノ ㅎ)　可(ヒ xヒ)　巧妙 方便乙 得xアX 愛樂(ノ ㅎ)　可(ヒxヒ)　深妙 方便乙 得 ㅋ ホ 鄁导ア 所 无xアX 永 ㅋ　愚癡乙 離ロ 樂(ノ ㅎ)　可(ヒ xヒ)　平等 離欲乙 具足(ヽ) ㅎ 一切 諸(ㄱ) 法 ㅋ 十 諸(ㄱ) 鄁 导乙 斷(ヽ) ㅎ 決定 ㅋ 深リ 不二法界乙 解(ヽ) ㅎ(ヽ)アX 樂 (ノ ㅎ)　可(ヒxヒ)　離欲際 等ヽㄴ乙 具足ヽㅋ 一切 諸(ㄱ) 法 ㅋ 十(ヽ) ㅋ ホ 眞實際 ㅋ 十 入アX乙(ヽ) ㅓ <04:03-07>

b.　不壞佛相[41(·),44(·),22(·)]　等[42(·)]　觀三世[41(·),22(·),14(·),54(i)] 了衆生[52(¯·)]　空[41(i),22(·)]　无所依住[14(·),22(·),14(·),54(i), 41(··),52(·),33(·),41(·)]　// 佛相乙 壞ア 不(ヽ) ㅎ 等 ㅋ 三世乙 觀(ヽ) ㅎ(ヽ)アX 衆生 ㅋ 空xㅅ乙 了(ヽ) ㅎ 依住(ノ)ア 所 无 ㅎ(ヽ)アXㅅ乙(ヽ) ㅓ(ヽ)ㄴ乙 <04:20-21>

예문 (23a) 1

예문 (23a) 2

예문 (23a) 3

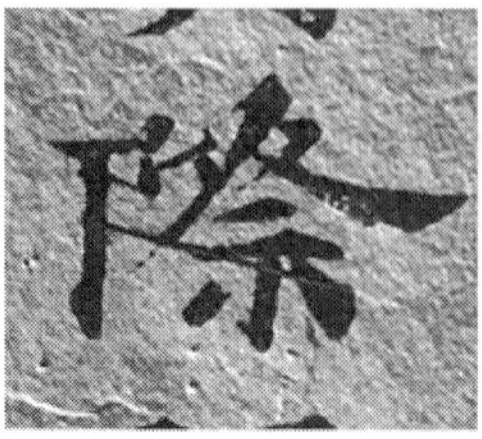

예문 (23a) 4

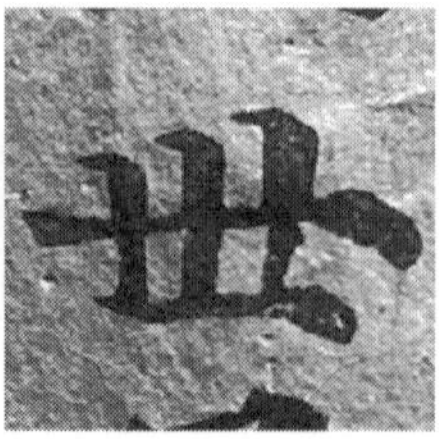

예문 (23b) 1

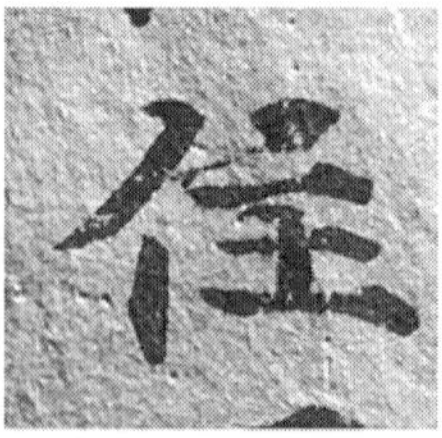

예문 (23b) 2

(23a)에서는 14(.·) 또는 14(·)과 54(i)가 함께 쓰여서 4箇의 節을 連結한 뒤 '乙(丷)㢱'로 아우름을 하고 있고, (23b)에서는 14(·)과 54(i)가 함께 쓰여서 2箇의 節을 連結한 뒤 '入乙(丷)㢱'를 붙여서 아우름을 하고 있다. 14(·)='尸'의 對應 關係는 確實한 證據를 많이 찾을 수 있으므로, 14(.·)도 '尸'을 包含할 것으로 짐작된다. 54(i)의 音相이나 意味는 現在로서 알 수 없다. 다만 그 뒤에 '乙'이나 '入乙'이 올 수 있다는 것이 稀微한 端緖가 될 수 있다. 뒤에 '乙'이나 '入乙'이 올 수 있으려면 '㇖'으로 끝나야 하지 않을까 한다.

10. 其他 點吐

副詞 '永'의 懸吐 樣相을 보자.

(24) a. <u>永[42(·)]</u> 離愚癡[41(·),34(·)] // 永氵 愚癡乙 離口 <04:05>

b. <u>永[35(\)]</u> 離諸恚㝵[41(·),34(·)] // 永厶 諸 恚㝵乙 離口 <11:14>

예문 (24a)　　　　　예문 (24b)

文章의 構造는 完全히 똑같은데 副詞 '永'에 달린 點吐가 다르다. (24a) 같은 例가 4箇 있고 (24b) 같은 例는 이것 하나뿐이다. 字吐 資料의 경우『華嚴經』과『華嚴經疏』는 모두 '永厼'로 나타나고『瑜伽師地論』은 '永彡'로 나타난다. 42(·)이 '彡'임을 위에서 보았으므로, (24a)는 字吐 資料『瑜伽師地論』과 一致하는 것이다. (24b)의 35(\)은 唯一例라 뭐라 말하기 힘들지만 一旦 '厼'로 보아 둔다.

(25) a. 如如[53(:),42(·.)] 善[41(·)] 迴向[51(·.)] // 如彡十 {如}亘 善乙 迴向x分 <11:16>

   b. 如如[25(·)] 性[52(¯·)] 如是[41(.·),42(·.)] 諸法[52(¯·)] 无所有 [41(/·),52(·)] 如如[52(¯·)] 離自性[41(/·),42(·.)] 智者[33(·)] 業 [41(·)] 迴向[51(·.)] // 如七 性彡 是 如x乙 {如}亘 諸 法彡 有 (丁) 所 无x入乙(\\)分 如彡 自性 離x丁入乙 {如}亘 智者丁 業乙 迴向x分 <11:22>

'如'字의 補語에 助詞가 달리지 않을 때에는 '如'자에 24(·)='厼'가 달리며, '如'字의 補語에 助詞 41(·)='乙'이나 53(:)='彡十'가 붙으면 '如'字에는 42(·.)이 懸吐된다. 字吐 資料『華嚴經』이나『舊譯仁王經』에서 後者의 境遇 '如'字에 '亘'이 懸吐되므로, 42(·.)은 '亘'으로 볼 수 있다.

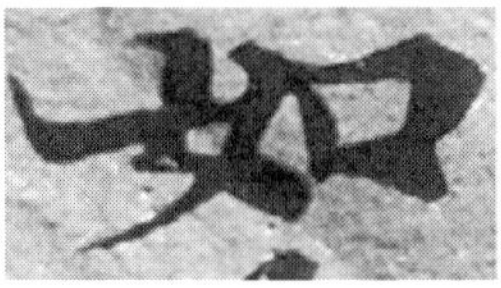
예문 (25a)

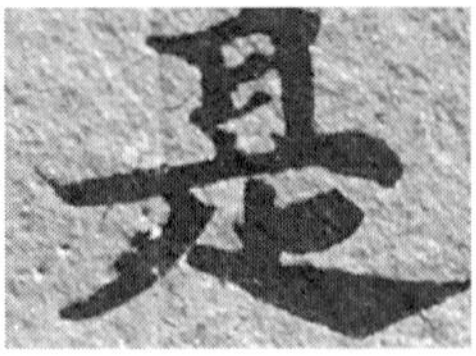
예문 (25b) 1

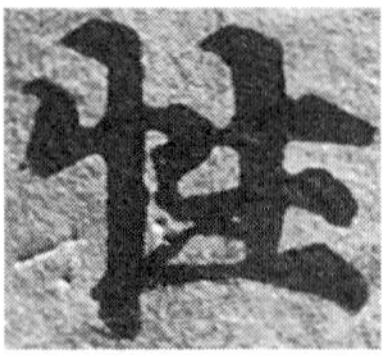
예문 (25b) 2

(26) a. 正念三世[25(·)] 一切諸佛[41(·),35(`\),52(·-)] // 三世七 一切諸佛乙 正念(ソ)白氵八 <01:25>

b. 不輕礼他方[25(·)] 佛[41(·),52(·.),41(·\)] 心 // 他方七 佛乙 礼(ソ)白x入乙 輕(氵尸) 不(x七) 心(⺀) <12:17>

c. 以无縛无着解脫心[41(·),42(·)] 具足普賢[42(¯·¯)] 得[54(\)] 見一切佛[41(·),52(·.),25(/·)] 諸陁羅尼[41(·),52(·)] // 无縛无着解脫心乙 以氵 普賢彡 得氵尒 一切 佛乙 見白x七 諸 陁羅尼乙 具足(ソ)ケ <13:01-02>

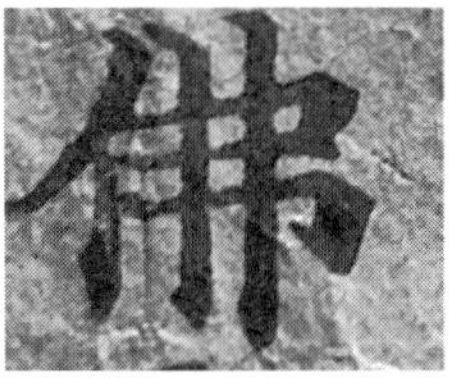
예문 (26a)

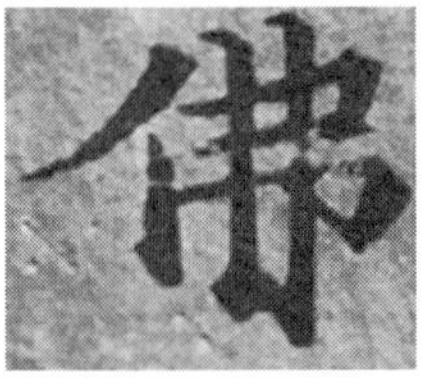
예문 (26b)

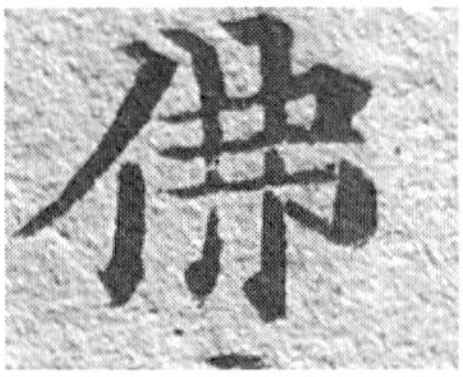
예문 (26c)

(26a)에서 보듯이 『晉華』에서 先語末語尾 '白'은 大蓋 35(`\)로 나타난다. 그런데 (26b, c)에서 보듯이 52(·.)이 '白'을 나타내는 境遇도 있는 듯하다. (26b, c)에서 52(·.)을 '白' 아닌 다른 것으로 解釋하기는 어려워 보인다.

(27) a. 菩薩摩訶薩[33(·)] 安住此迴向[53(:),12(|·),53(··),33(·)] 得无量
　　　[51(·)] 无邊[33(·)] 清淨法門[41(·),=54(\)] 爲人中[25(\)]雄
　　　[41(!),22(·)] // 菩薩摩訶薩ㄱ 此 迴向氵十 安住(ﾍ)厽ㄱ丨十
　　　ㄱ 量 无亇 邊 无ㄱ 清淨 法門乙 得氵示 人 中氵匕 雄刂尸
　　　{爲}入乙(ﾍ)ㅎ <10:18-19>

　 b. 離癡[25(⌐)] 法王[41(!),52(·)] // 離癡ﾍ匕匕 法王刂尸入乙
　　　(ﾍ)亇 <15:01>

예문 (27a) 1　　　　예문 (27a) 2　　　　예문 (27b)

(27)에서 보듯이 41(!)는 名詞句에 붙는다. 41(·)이 '乙'이고 41 位置
의 여러 點吐들이 '入乙'로 끝남을 考慮할 때 41(!)는 '刂尸入乙'에 對
應될 可能性이 매우 높아 보인다. (27a)의 12(|·), 53(··), 33(·)은 條件節 '-
厽ㄱ丨十ㄱ'을 나타내는 것으로 보인다. 12(|·)와 53(··)의 用例가 이것
하나뿐이기는 하지만, 53(··)이 『周華』에서도 'ㅣ十'에 對應된다는 點,
12 位置가 'ㄱ'과 關係가 깊다는 點 等을 考慮할 때, 이 對應 關係는 어
느 程度 信賴할 만하다고 생각된다.

11. 結論

『周華』에 比해 『晉華』는 資料의 量이 적기 때문에 解讀이 더 어렵다. 그러나 『周華』에 對한 解讀 結果 및 字吐 資料들과의 對應 關係를 積極的으로 活用하여 大體的인 輪廓은 그릴 수 있을 듯하다.

『晉華』에 對한 이러한 解讀의 暫定的인 結果를 볼 때 놀라운 점은, 둘 以上의 點吐가 하나의 字吐에 對應되는 일이 매우 많다는 것이다. 33(·)과 12(·)이 'ㄱ'에 對應되고 44(·)과 14(·)이 'ㄹ'에 對應되는 것은 『周華』에서도 이미 보았던 것이지만, 그 外에도 'ㅋ/ノ', 'ㅓ', 'ㅎ', '白'에 對應되는 點吐들이 둘 以上씩 있음을 보았다. 이러한 點吐 對 字吐의 多對一 對應은 點吐 資料에 比해 字吐 資料가 거칢을 말해 주는 것일 수도 있고, 現在의 우리의 解讀이 매우 거칢을 말해 주는 것일 수도 있다.

거칠게나마 얻어진 點圖를 들여다볼 때, 特히 눈썹과 느낌標가 特定 位置에 몰려 있는 傾向이 있음을 알게 된다. 느낌標는 53, 41 位置에 몰려 있고, 눈썹은 25, 13 位置에 몰려 있다. 이렇게 形態와 位置를 共有하면서 主軸의 方向에 依해서만 差異가 나는 點吐들이 果然 어떤 言語的 差異를 內包하고 있는 것인지 알아내는 것이 앞으로의 課題라 하겠다.

참고문헌

南豊鉉(2000), 「高麗時代의 點吐口訣에 對하여」, 『書誌學報』 24, 韓國書誌學會, 5-45.

南豊鉉(2002), 「高麗時代 角筆點吐 釋讀口訣의 種類와 그 解讀: 晉本華嚴經 卷20의 點吐釋讀口訣을 中心으로」, 『朝鮮學報』 183, 朝鮮學會,

1-22.

南豊鉉・李丞宰・尹幸舜(2001),「韓國의 點吐口訣에 對하여」,『訓点語と訓点資料』107, 東京: 訓点語學會, 69-102.

朴鎭浩(2003),「周本『華嚴經』卷第36 點吐口訣의 解讀: 字吐口訣과의 對應을 中心으로」,『口訣研究』11, 口訣學會, 211-247.

朴鎭浩(2004),「周本『華嚴經』卷第六의 點吐 重複 表記와 符號」,『口訣研究』13, 口訣學會, 129-148.

李丞宰(2001),「周本 華嚴經 卷第22의 角筆 符號口訣에 對하여」,『口訣研究』7, 口訣學會, 1-32.

李丞宰(2002),「옛 文獻의 각종 符號를 찾아서」,『새國語生活』12-4, 21-43.

李丞宰(2003),「周本『華嚴經』卷第57의 書誌와 角筆 符點口訣에 대하여」,『한글』262, 한글學會, 215-246.

李丞宰 外(2005),『角筆口訣의 解讀과 飜譯: 初雕大藏經의『瑜伽師地論』卷第五와 卷第八을 중심으로』, 太學社

張景俊(2003),「『瑜伽師地論』點吐釋讀口訣의 '指示線'에 對하여」,『口訣研究』11, 口訣學會, 189-209.

張景俊(2005),「點吐口訣 資料의 判讀 및 解讀 結果 記錄 方案:『瑜伽師地論』卷5, 8을 對象으로」, 李丞宰 外(2005) 收錄, 113-126.

鄭在永(2001),「誠庵古書博物館 所藏 晉本 華嚴經 卷二十에 對하여」,『口訣研究』7, 口訣學會, 33-56.

鄭在永 外(2003),『韓國 角筆 符號口訣 資料와 日本 訓點 資料 研究: 華嚴經 資料를 中心으로』, 太學社

황국정(2000),「釋讀口訣의 두 冠形詞節에 對해: '-ヒ乚/-ㅅ乚'과 '-ㄱ/-尸'이 實現된 構文의 統辭的 差異를 中心으로」,『口訣研究』6, 口訣學會, 281-342.

점토 체계의 특징이 부호의 사용에 미치는 영향
— 성암본『유가사지론』권5, 8의 사례를 중심으로 —

장경준*

1. 머리말

지금까지 연구되어 온 고려시대의 점토구결 자료는 크게『유가사지론』계통과『화엄경』계통으로 나눌 수 있다.[1] 이러한 분류는, 불교경전을 내용에 따라 분류할 때 이들 자료가 각각 '유가부'와 '화엄부'에 속한다는 데에서도 그 근거를 찾을 수 있지만, 이들 자료에 기입된 점토의 체계가 두 가지 계통으로 확연히 구분된다는 사실에 기반한 것이다.

점토구결에서 점토는 그것이 놓이는 위치와 그것이 취하는 형태에 의해 서로 구분된다.[2] 따라서 점토의 체계는 위치와 형태의 두 가지 측면에서 파악할 수 있는데,『유가사지론』계통에서는 점토의 위치가 정밀하게 세분되는 반면『화엄경』계통에서는 점토의 형태가 다양하

---

* 서울여자대학교 국어국문학과 교수.
1) 현재 공개적으로 논의가 진행되고 있는 자료는, 모두 성암고서박물관 소장본으로서,『유가사지론』권5, 8, (60권본)『화엄경』권20, (80권본)『화엄경』권6, 22, 36, 57 등이 해당된다.
2) '심노'는 '구결 표기법에서 일성한 소리나 언어 형식을 적는 데에 사용하는 점이나 선'을 가리키는 것으로서, 필자가 그동안 '구결점'이라 불러왔던 것이다. 현재 각필구결 연구 모임에서는 '점토'라는 용어가 널리 쓰이고 있는 점을 고려하여 이 글에서는 잠정적으로 '점토'라는 용어를 사용하기로 한다.

게 세분되는 특징을 보인다.

이 글에서는 두 계통의 점토구결에 사용된 점토의 체계가 갖는 특징들이 객관적으로 드러날 수 있도록『유가사지론』권5, 8과『화엄경』권36, 57의 점토들을 대상으로 그것들의 위치와 형태를 구체적으로 계량화하여 비교해 보기로 한다. 그리고『유가사지론』계통의 자료에서는 위와 같은 점토 체계의 특징이 부호의 사용에도 영향을 미치는 것에 대해 구체적인 사례의 분석을 통해 고찰해 보기로 한다.[3]

2. 점토의 체계

2.1. 점토의 위치

점토의 위치는 한자의 자형을 정방형의 사각형으로 가정했을 때 그 안팎의 어딘가에 정해지게 된다. 서로 다른 위치로 구분되는 경우의 수가 많을수록 하나의 위치가 차지하는 면적은 상대적으로 줄어들게 되어 점토를 달 때나 달아놓은 점토를 보고 그것의 위치를 파악할 때 그만큼 정밀함이 요구된다.

최근의 연구 성과에 따르면, 두 계통의 점토구결에서 서로 다른 위치로 구분되는 구획의 모형은 대체로 다음의 그림과 같이 표시할 수 있다.

『유가사지론』계통의 경우 [그림1]의 모형에 가까운 것으로 추정되

---

3) 이 글에서 사용한『화엄경』계통 자료의 데이터는 각필구결 연구 모임에서 공동 작성한 잠정 판독문에서 추출한 것이다. 이 자리를 빌어 판독문을 공동 작성한 회원 여러분께 감사의 말씀을 드리며, 혹 데이터 추출에 오류가 있다면 그 책임은 전적으로 필자에게 있음을 밝힌다.

고 있지만 아직 충분히 파악된 상태는 아니며, 『화엄경』계통의 경우 대체로 [그림2]의 모형이 적용되는 것으로 추정되고 있다(南豊鉉 2002: 16, 李丞宰 2003: 233, 박진호 2004: 130, 장경준 2005: 40-42 등).

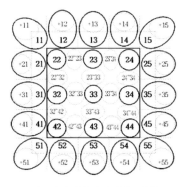

11	12	13	14	15
21	22	23	24	25
31	32	33	34	35
41	42	43	44	45
51	52	53	54	55

[그림1] 『유가사지론』계통
점토구결의 위치 분할 표시 모형

[그림2] 『화엄경』계통 점토구결의
위치 분할 표시 모형

위의 두 모형을 비교해 보면 『유가사지론』계통이 『화엄경』계통에 비해 점토의 변별 위치가 훨씬 조밀하게 되어 있다. 그리고 『유가사지론』계통의 이러한 특징은 점토의 구체적인 위치를 정할 때 현토 대상 한자의 자형에 크게 의존하게 되는 위치 변이 현상이 『유가사지론』 계통에서 뚜렷이 나타나는 것과 밀접한 관련이 있는 것으로 생각된다 (장경준 2004).[4]

---

4) 최근 李丞宰(2005)에서는 『유가사지론』계통에서는 구체적인 점토의 위치가 한 자의 자형에 크게 영향을 받지만 『화엄경』계통에서는 그렇지 않음을 중시하여, 두 계통의 현토 위치 결정 방식을 각각 '자획 기준 방식'과 '평면 분할 방식'으로 부른 바 있다. 그리고 이러한 두 가지 방식이 15세기 이후에 한자의 성조를 표시 한 자료에서도 모두 나타난다는 사실을 새로이 지적하였다.
그런데 15세기 이후의 자료에 나타난 성조 표시 방식이 과연 13세기 이전으로 추정되는 점토구결의 위치 결정 방식을 계승한 결과인지에 대해서는 좀더 면밀 한 조사가 필요할 것으로 보인다. 고려시대의 점토구결 자료에서는 성조를 표시

2.2. 점토의 형태

『유가사지론』 계통의 두 권(권5와 권8)과 『화엄경』 계통의 두 권 (권36과 권57)에 사용된 점토의 형태별 가짓수를 조사해 본 결과, 두 계통에서 각각 12가지와 25가지의 유형이 쓰인 것으로 파악되었다.[5] 조사된 자료에서 추출된 점토의 형태별 사용 빈도 통계를 표로 보이면 [표1, 2]와 같다.

다음의 [표1, 2]에서 확인할 수 있는 바와 같이, 『화엄경』 계통의 점 토구결은 『유가사지론』 계통에 비해 훨씬 다양한 형태의 점토가 사용 되었다. 그리고 두 계통 모두 단점과 선 모양의 점토가 주로 쓰이고(각 각 93.59%와 83.31%의 비율을 차지함), 단점이나 선이 가까이 붙어 있 는 형태의 쌍점, 눈썹, 느낌표는 사용 비율이 매우 낮다는 공통점 또한 확인할 수 있다.

한 사례가 아직 확인된 것이 없으며, 또한 15세기 이후의 조선시대 자료에서는 고려시대의 점토구결처럼 정교한 체계를 지닌 점토가 사용된 사례가 아직 알려 진 바 없기 때문이다. 한자의 네 귀퉁이에 고리점을 치는 조선시대의 성조 표시 방식은, 구두점과 함께 그 이전부터 중국이나 일본 등지에서 성행했던 성조 표시 방식에서 영향을 받은 것일 가능성도 고려해 보아야 할 것으로 생각된다.

5) 이 글에서 제시하는 『유가사지론』 권5와 권8의 관련 데이터는 장경준(2005)의 부록에 실린 잠정 판독문(2004년 12월 최종 작성)에서 추출한 것이고, 『화엄경』 권36과 권57의 관련 데이터는 각필구결 연구 모임에서 2003년 6월부터 축적하여 온 잠정 판독문의 2005년 6월 수정본에서 추출한 것이다. 데이터 추출 과정에서 점토인지의 여부가 분명치 않은 것(즉, '?' 표시된 것)은 모두 제외하였고, 둘 이 상의 판독 가능성이 있는 것(즉, '#' 표시된 것)은 먼저 제시된 것 하나만 반영하 였다.

형태		빈도	백분율	빈도	백분율	누적 백분율
단점	●	5427	77.99	5427	77.99	77.99
선	(기호)	1086	15.61	543	7.80	85.79
	(기호)			217	3.12	88.91
	(기호)			248	3.56	92.47
	(기호)			78	1.12	93.59
쌍점	(기호)	424	6.09	101	1.45	95.04
	(기호)			135	1.94	96.98
	(기호)			104	1.49	98.47
	(기호)			84	1.21	99.68
눈썹	(기호)	22	0.32	18	0.26	99.94
	(기호)			3	0.04	99.98
	(기호)			1	0.02	100

[표1] 『유가사지론』 권5와 권8에 사용된 점토의 형태별 사용 빈도(총6959예)

형태		빈도	백분율	빈도	백분율	누적 백분율
단점	●	3336	56.25	3336	56.25	56.25
선	(기호)	1605	27.06	270	4.55	60.80
	(기호)			195	3.29	64.09
	(기호)			254	4.28	68.37
	(기호)			886	14.94	83.31
쌍점	(기호)	686	11.57	89	1.50	84.81
	(기호)			118	1.99	86.80
	(기호)			205	3.46	90.25
	(기호)			274	4.62	94.87
눈썹	(기호)	219	3.69	6	0.10	94.98
	(기호)			31	0.52	95.50
	(기호)			14	0.24	95.73
	(기호)			1	0.02	95.75
	(기호)			57	0.96	96.71
	(기호)			24	0.40	97.12
	(기호)			7	0.12	97.23
	(기호)			40	0.67	97.91
	(기호)			39	0.66	98.57
느낌표	(기호)	85	1.43	2	0.03	98.60
	(기호)			0	0.00	98.60
	(기호)			2	0.03	98.63
	(기호)			1	0.02	98.65
	(기호)			4	0.07	98.72
	(기호)			12	0.20	98.92
	(기호)			21	0.35	99.27
	(기호)			43	0.73	100

[표2] 『화엄경』 권36과 권57에 사용된 점토의 형태별 사용 빈도(총5931예)

따라서 점토의 형태 면에서 볼 때 두 계통의 점토구결은, 단점과 선이 기본이 된다는 점에서는 공통적이면서도, 『화엄경』 계통이 『유가사지론』 계통에 비해 보다 다양한 형태의 점토가 사용되었다는 차이를 보인다고 기술할 수 있다.[6]

2.3. 두 계통의 점토구결에 사용된 점토들의 유형별 비교

이 절에서는 『유가사지론』 계통과 『화엄경』 계통의 점토구결에 사용된 점토의 체계를 구체적으로 비교할 수 있도록 유형별로 나누어 나란히 제시하기로 한다.[7]

아래 제시된 각각의 그림에 표시된 점토의 변별 위치는, 특히 『유가사지론』 계통의 경우, 아직 충분히 파악된 것이 아니어서 앞으로 수정될 여지가 많다는 점을 감안하고 보아야 할 것이다.[8] 괄호 안의 숫자는 해당 점토의 사용 빈도를 가리킨다.

---

6) 점토구결에서 쌍점이나 눈썹, 느낌표의 사용 비율이 단점이나 선에 비해 현저히 낮은 것은, 이들이 둘 이상의 단위로 분리되어 인식되는 형태상의 오인의 가능성이 상대적으로 크다는 점이 중요한 요인으로 작용하였을 것으로 추측해 볼 수 있다(장경준 2005: 40).
7) 『유가사지론』 계통의 자료를 왼쪽에 배치하고 『화엄경』 계통의 자료를 오른쪽에 배치하되, 『유가사지론』에서는 쓰이지 않은 느낌표 모양의 점토는 위의 원칙을 적용하지 않기로 한다.
8) 『유가사지론』 계통의 경우 기본적으로 위치 변이를 감안하면서 [그림1]의 위치 분할 모형을 적용하여 판독하고 기록한 결과를 모아 표시한 것이다. 그런데 아직 이 자료의 위치 변이의 양상에 대한 이해와 [그림1]의 모형에 대한 검증이 충분치 않은 상태여서 결과적으로 위치 해석을 일관되게 하지 못한 예들이 있다. 특히 사선과 역사선의 경우 현토 위치가 대단히 복잡하게 표시되어 있는데, 앞으로 해독이 진척되면 인접한 것들끼리 서로 묶여서 좀더 단순해질 것으로 예상된다 (장경준 2005: 40-47).
　반면에 『화엄경』 계통의 자료에서는 판독된 점토의 위치를 파악하는 데 큰 어려움이 없다. 위치 분할 모형이 단순하고 한자의 자형에 따른 위치 변이를 고려할 필요가 거의 없기 때문이다.

2.3.1. 단점[9]

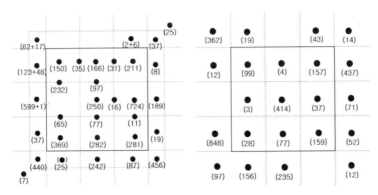

〔그림3〕『유가사지론』권5와 권8에
사용된 단점의 분포
(총5427예)

〔그림4〕『화엄경』권36과 권57에
사용된 단점의 분포
(총3336예)

---

9) [그림3]에서 '11, 14, 21, 31'의 위치는 각각의 단점에 대응되는 구결자가 두 가
지인 것으로 파악된다. 따라서 이들 위치에서 'ナ'의 앞뒤에 표시된 숫자들은 각
각 'ㅊ와 丁', '乃와 刀', '丷와 ㄒ', 'ㅅ와 灬'에 대응되는 것들의 빈도를 가리킨
다. 그리고 '52' 위치의 단점에 '( )' 표시를 한 것은, 이 단점이 '51' 위치의 단점
과 변별된다는 증거가 불충분하다고 판단하였기 때문이다. 자세한 것은 장경준
(2005: 4.2.절)의 해당 부분 참조.

2.3.2. 선[10][11]

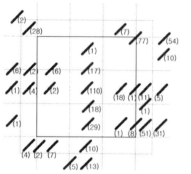

〔그림5〕『유가사지론』권5와 권8에
사용된 사선의 분포
(총543예)

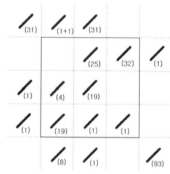

〔그림6〕『화엄경』권36과 권57에
사용된 사선의 분포
(총270예)

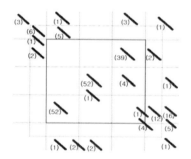

〔그림7〕『유가사지론』권5와 권8에
사용된 역사선의 분포
(총217예)

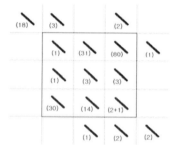

〔그림8〕『화엄경』권36과 권57에
사용된 역사선의 분포
(총195예)

10) [그림6]에서 '12' 위치의 사선의 빈도가 '1+1'로 표시된 것은, '12~22' 위치로
기록된 것이 하나 포함되어 있음을 가리킨다.
11) [그림8]에서 '44' 위치의 역사선의 빈도가 '2+1'로 표시된 것은, '44~45' 위치로
기록된 것이 하나 포함되어 있음을 가리킨다.

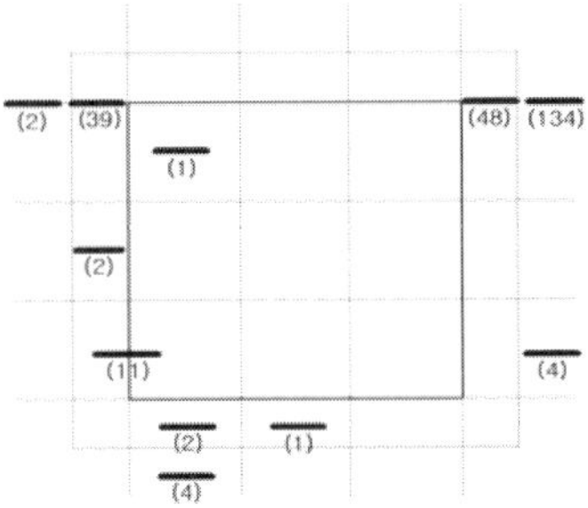

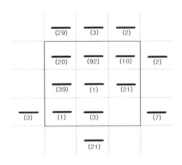

〔그림9〕『유가사지론』권5와 권8에
사용된 수평선의 분포
（총248예）

〔그림10〕『화엄경』권36과 권57에
사용된 수평선의 분포
（총254예）

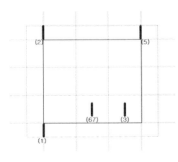

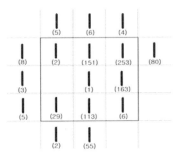

〔그림11〕『유가사지론』권5와 권8에
사용된 수직선의 분포
（총78예）

〔그림12〕『화엄경』권36과 권57에
사용된 수직선의 분포
（총886예）

2.3.3. 쌍점[12]

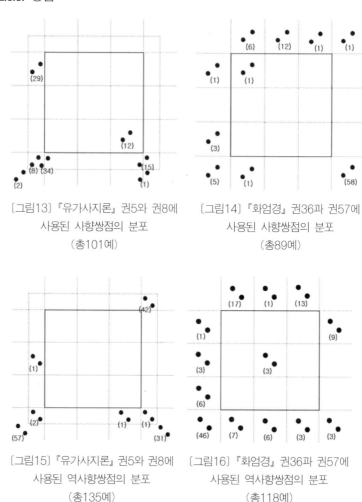

〔그림13〕『유가사지론』 권5와 권8에
사용된 사향쌍점의 분포
(총101예)

〔그림14〕『화엄경』 권36과 권57에
사용된 사향쌍점의 분포
(총89예)

〔그림15〕『유가사지론』 권5와 권8에
사용된 역사향쌍점의 분포
(총135예)

〔그림16〕『화엄경』 권36과 권57에
사용된 역사향쌍점의 분포
(총118예)

---

12) [그림18]에서 '21' 위치에 4개가 쓰인 것으로 표시된 것은, 실제로는 '21~31'
위치로 기록된 것이다.

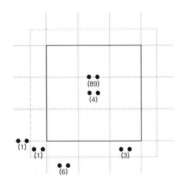

〔그림17〕『유가사지론』권5와
권8에 사용된 수평쌍점의 분포
(총104예)

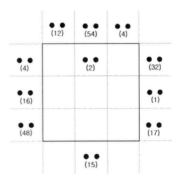

〔그림18〕『화엄경』권36과 권57에
사용된 수평쌍점의 분포
(총205예)

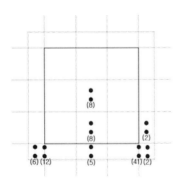

〔그림19〕『유가사지론』권5와
권8에 사용된 수직쌍점의 분포
(총84예)

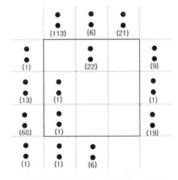

〔그림20〕『화엄경』권36과 권57에
사용된 수직쌍점의 분포
(총274예)

2.3.4. 눈썹[13)]

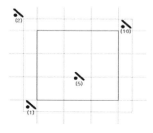

〔그림21〕『유가사지론』권5와
권8에 사용된 눈썹
(역사향우눈썹)의 분포 (총18예)

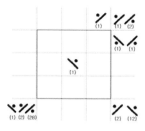

〔그림22〕『화엄경』권36과
권57에 사용된 사향/
역사향눈썹의 분포 (총52예)

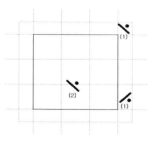

〔그림23〕『유가사지론』권5와
권8에 사용된 나머지 눈썹의
분포 (총4예)

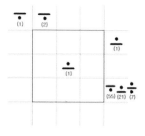

〔그림24〕『화엄경』권36과
권57에 사용된 수평눈썹의
분포 (총88예)

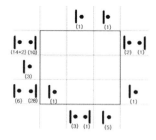

〔그림25〕『화엄경』권36과
권57에 사용된 수직눈썹의
분포(총79예)

13) 〔그림25〕에서 '21' 위치의 아눈썹(또는 우향수직눈썹)의 빈도가 '14+2'로 표시된
것은, '21~31' 위치로 기록된 것이 두 개 포함되어 있음을 가리킨다.

2.3.5. 느낌표

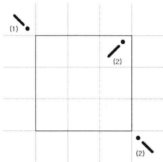

〔그림26〕『화엄경』 권36과 권57에
사용된 사향/역사향느낌표의
분포(총5예)

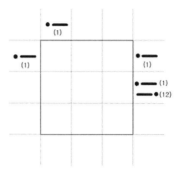

〔그림27〕『화엄경』 권36과 권57에
사용된 수평느낌표의 분포
(총16예)

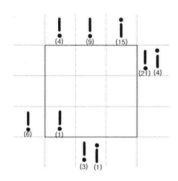

〔그림28〕『화엄경』 권36과
권57에 사용된 수직느낌표의
분포(총64예)

3. 점토의 체계가 부호의 사용에 미치는 영향

앞서 살펴 본 바와 같이 『유가사지론』 계통은 『화엄경』 계통에 비해 점토들이 서로 변별되는 위치가 훨씬 조밀하게 되어 있는 반면 점토들이 취하는 형태의 가짓수가 훨씬 적다. 따라서 『유가사지론』 계통의 점토구결에서는 하나의 위치가 차지하는 면적이 매우 작기 때문에, 『화엄경』 계통과는 달리, 점토를 기입하는 과정이나 기입된 점토를 해독하는 과정에서 주변의 다른 위치와 혼동되지 않도록 명시적인 기준을 설정할 필요성이 크게 제기된다고 할 수 있다. 그리고 실제 그러한 명시적인 기준으로써 현토 대상 한자의 자획이 중요하게 이용된 것으로 보인다. 그러므로 이 자료를 제대로 이해하기 위해서는 앞서 살펴본 그림에 표시된 점토의 위치(즉, 추상적인 기준 위치)가 현토 대상 한자의 자형에 따라서 어떻게 구체적으로 결정되는지를 파악하는 일이 필수적이라 할 수 있다(장경준 2002ㄴ, 2004).

그런데 다른 한편으로는, 한자의 자형은 매우 복잡다양하기 때문에 현토 대상 한자의 자획만을 기준으로 변이 위치를 결정하기가 곤란한 경우가 있으며, 이런 경우에는 경계선, 지시선, 구결자 등의 부호를 사용한 것으로 해석할 수 있는 예들도 다수 관찰된다. 여기서는 이러한 사례들을 구체적으로 살펴봄으로써 『유가사지론』 계통에 나타나는 점토 체계의 특징이 부호의 사용에도 영향을 미치는 것에 대해 고찰해 보기로 한다.[14]

---

14) 『유가사지론』 계통 점토구결에 사용된 부호에 대한 전반적인 기술은 장경준 (2005: 17-32)를 참조할 것. 『화엄경』 계통 점토구결에 사용된 부호에 대해서는 박진호(2004)에 자세하게 논의되어 있다.

3.1. 경계선의 사용

『유가사지론』권5와 권8에 사용된 부호 가운데 '경계선'은 현토 대상 한자의 자형상 위치 변이의 기준으로 삼을 만한 부분을 확정하기가 마땅치 않은 경우에 많이 사용되었다. 다음을 보자.

〔그림29〕　　　　　〔그림30〕　　　　　〔그림31〕
尋(08:12:17)　　　尋(08:08:20)　　　尋(05:11:13)

위 [그림29, 30, 31]은 모두 '尋'자에 'ㅣ'에 대응되는 '51(·)'이 현토된 것으로만 해석되고 다른 해석의 가능성은 찾기 어려운 예들이다. 따라서 '尋'자의 자형상 왼쪽 아래 모서리로 삼을 만한 부분이 두 군데이므로 결과적으로 [그림29, 30]과 같은 현토 결과가 나타난 것으로 추정할 수 있다. 이 때 현토자의 입장에서는 [그림29, 30]의 두 위치 가운데 어느 한 쪽으로 변이 위치를 정하기가 어려웠을 것이고, 이러한 현토자의 입장을 이해하지 못한 독자라면 당연히 오해의 여지가 많을 수 밖에 없다. 그래서 현토자는 이런 경우에 [그림31]에서처럼 기준으로 삼을 만한 왼쪽 아래 모서리 부분을 표시하는 경계선을 그려넣은 것으로 생각된다.

만일 이 자료에서 단점의 변별 위치가 [그림3]에서처럼 세분되어 있지 않았다면 현토자는 '尋'자에 '51(·)'을 기입할 위치를 정하기 위해

고심할 필요 없이 [그림31]에 경계선을 그어 표시한 그 위치에 단지 점 하나만 찍는 것만으로도 충분했을 것이다.

〔그림32〕　　　　　〔그림33〕　　　　　〔그림34〕
生(05:07:21)　　　別(08:07:05)　　　足(08:18:21)

위 [그림32, 33, 34]의 예들은 모두 한문 원문이 '…(名爲)X'로 되어 있으면서 '…이름하여 X라고 한다'로 해석되는 구문의 끝부분인데,『유가사지론』권20의 자토구결에서는 이러한 환경에서 X가 하나의 현토 단위일 경우 '…(名丅 爲)X亠丿ㅑㅣ'로 현토되어 있다.[15] 그러므로『유가사지론』권5, 8과『유가사지론』권20의 현토 양상의 유사성을 고려하면 이 예들은 공통적으로 '亠丿ㅑㅣ'에 대응되는 점토가 현토될 것으로 예상할 수 있다.

그리고 실제 '生, 別, 足'자에는 공통적으로 '53(·)'과 '+51(··)'이 현토되어 있고, 이 점토들은 각각 '亠'와 '丿ㅑㅣ'에 대응되는 것으로 잠정적으로 추정할 수 있으며,[16] 이들의 기준 위치를 그림으로 표시하면 아래 [그림35]와 같이 될 것이다. 이 세 용례들은 '53(·)'과 '+51(··)'의

---

15) 문장 종결 부분이 '亠'내지 'ㄱ'로 끝나는 특정한 환경에서는 현토 양상이 다르지만 [그림32, 33, 34]의 예는 그러한 환경에 속하지 않으므로 여기서는 더이상 고려할 필요가 없다.

16) '53(·)'이 '亠'에 대응되는 것은 거의 의심의 여지가 없지만 '+51(··)'이 '丿ㅑㅣ'에 대응되는지의 여부는 아직 분명치 않다.

현토 위치를 정하는 데 큰 어려움이 없었을 것으로 보인다. '生, 別, 足'자의 자형상 사각형의 왼쪽 아래 모서리로 삼을 만한 부분을 쉽게 정할 수 있기 때문이다. 이런 점을 고려하면서 동일한 환경, 즉 '53(·)' 과 '+51(∴)'이 현토될 것이 예상되는 환경에 있는 다음 예를 보자.

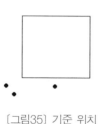

〔그림35〕 기준 위치

〔그림36〕 䏽(08:08:01)

[그림36]은 '䏽'字에 '53(·)'과 '+51(∴)'이 현토되어 있고 사각형의 밑변을 나타내는 경계선이 길게 그어져 있다. 여기에 쓰인 경계선은 단점의 위치가 '53'이며 역사향쌍점의 위치가 '+51'임을 명확히 표시하기 위해 사용된 것이 분명해 보인다. 그리고 이 경계선을 그은 이유도 [그림31]에서와 동일한 이유, 즉 위치 변이 과정에서 기준으로 삼을 만한 한자의 획이 마땅치 않았기 때문이었을 것이다.

이처럼 『유가사지론』 권5, 8에서 경계선이 사용된 예들을 고찰해 보면 현토 대상 한자의 자형상 점토의 위치를 정하기가 마땅치 않은 경우가 많다는 것을 알 수 있다. 한편 『화엄경』 권36과 권57에서는 경계선으로 볼 만한 것이 거의 보이지 않는다. 이는 『화엄경』 계통에서는 하나의 위치가 차지하는 면적이 넓어서 점토를 기입할 때 한자의 자형을 심각하게 고려할 필요가 없다는 점에서 보면 충분히 이해할 수 있는 현상이라고 할 수 있다.

3.2. 지시선의 사용

『유가사지론』계통 점토구결에서 '지시선'은 점토를 원칙적으로 달아야 할 글자에 달지 못하고 그 위 글자나 아래 글자에 달았음을 표시해 주는 기능을 한다. 이러한 지시선을 사용하게 되는 환경 가운데에는 현토 대상 한자의 자형상 점토를 기입하기가 곤란한 경우도 포함되는데(장경준 2003), 다음과 같은 예들은 점토의 변별 위치가 세밀하게 구분되는 것과 관련하여 특히 주목할 만하다.

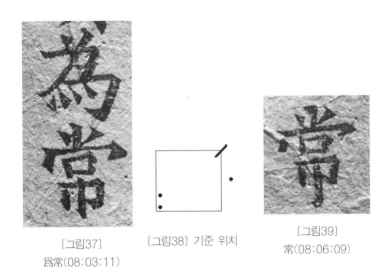

〔그림37〕
爲常(08:03:11)

〔그림38〕 기준 위치

〔그림39〕
常(08:06:09)

[그림37]은 '常'자에 'ハ'에 대응하는 '32~42(·)', 'ᄒ'에 대응하는 '35(·)', 'ᆞ소'에 대응하는 '15~24(/)', 'ㄴ'에 대응하는 '42(·)'이 각각 차례대로 현토될 환경에서 나중의 두 개는 위 글자인 '爲'자에 현토하고 지시선을 통해 그것을 표시한 것으로 해석되는 예이다. 여기 현토된 점토들의 기준 위치를 그림으로 표시하면 [그림38]과 같이 될 것이

다. 그런데 언뜻 보면 '常'자에 달아야 할 점토의 일부를 '爲'자에 나누어 현토한 이유가 분명치 않은 것 같다. 이 '常'자에는 아직 '15~24(/)'과 '42(·)'을 현토할 공간이 충분히 있어서 굳이 '爲'자를 빌릴 필요가 없어 보이기 때문이다. 거의 비슷한 환경에서 '32~42(·)', '15~24(/)', '42(·)'이 '常'자에 모두 현토된 [그림39]의 예를 고려하면 이러한 의구심은 더욱 분명해지는 듯하다. 그러나 좀더 깊이 고찰해 보면 [그림37]의 예에서 지시선을 사용할 만한 동기가 있음을 발견하게 된다.

아래 [그림40]은 '常'자에 'ㄴ'에 대응되는 '42(·)'이 현토된 것으로 해석되는 예이다. '常'자의 자형상 왼쪽 아래 모서리로 삼을 만한 부분을 고려하면 이 단점은 '42(·)'임이 분명하며 이것이 'ㅆ'에 대응되는 '43(·)'으로 해석될 여지는 거의 없다.

〔그림40〕 〔그림41〕 〔그림42〕

常(05:15:19) 常(05:04:12) 果(08:17:05)

그런데 [그림41]을 보자. [그림41]의 '常'字에는 아래쪽에 단점이 하나 찍혀 있는데 이 '常'자가 속한 통사적인 환경을 고려할 때 여기에 찍힌 단점은 '43(·)'으로 해석된다.[17] 그러나 만일 이 용례가 'ㄴ'에 대응

---

17) 이 '常'자는 한문 원문에서 '出'나 '以'를 서술어로 하고 '故'로 끝나면서 후행설의 이유·원인으로 해석되는 선행절의 목적어 성분에 해당한다. 이 자료에서는 이러한 환경의 목적어 성분이 하나의 현토 단위일 경우 '乙, ㅓ, ㅆ'에 각각 대응하는 '34(·), 24(·), 43(·)'이 현토되는 특징적인 모습을 보인다. 그리고 [그림41]의

되는 점토가 현토될 환경에 있었다면, 이 '常'자의 자형상 문제의 단점은 '42(·)'으로 해석되었을 것이다. 같은 '常'字라도 아래 부분('巾')의 세로획의 길이와 같은 미세한 자형상의 차이로 인해 [그림41]에서는 '42(·)'과 '43(·)'이 동일한 변이 위치로 실현될 수 있으나 [그림40]에서는 그렇지 않은 것이다.

이제 [그림40, 41]의 '常'자의 자형상의 차이를 염두에 두고 [그림37]의 '常'자를 다시 보자. 그러면 이 '常'자에 원칙대로 '15~24(/)'과 '42(·)'을 현토할 경우 여기에 현토된 '42(·)'은 [그림41]의 '常'자에서처럼 자형상 '43(·)'으로 해석될 여지가 있음을 발견하게 된다. 그리고 그 위치의 '32~42(·)'과 '42(·)'은 현토자의 의도와는 달리 [그림42]에서 보이는 것과 같은 한 단위의 점토인 '43(:)'으로 오인될 여지가 충분히 있으며, 따라서 현토자의 입장에서는 '32~42(·)'과 '42(·)'을 서로 다른 글자에 현토함으로써 미리 오해의 가능성을 차단할 필요가 있었다고 추정할 수 있게 된다. 반면에 [그림39]에서는 '32~42(·)'과 '42(·)'이 '43(:)'으로 오인될 가능성이 거의 없으므로 당연히 지시선을 사용할 필요도 없었을 것이다.

우리의 이러한 판단은 이 자료의 점토의 체계에서 '43(:)'은 존재하지만 '42(:)'은 존재하지 않는다는 아직 입증되지 않은 가정을 전제하는 것이므로 잘못되었을 가능성도 배제할 수 없다([그림19] 참조). 하지만 『유가사지론』 권5, 8에서는 '43(:)' 등의 몇 가지 유형을 제외하면 점도상의 기준 사각형 내부에서는 쌍점 형태의 점토가 잘 관찰되지 않는다는 사실은 시사하는 바가 크다고 생각한다. 현토자의 입장에서는 변별되는 단점 사이의 거리가 특히 가까운 위치에서 두 개의 단점

'常'자에는 '34(·), 24(·)'으로 해석되는 단점들이 함께 현토되어 있어서 문제의 단점은 '43(·)'으로만 해석되고 '42(·)'으로는 해석될 수 없음이 명백하다.

인지 하나의 쌍점인지에 대한 판단의 불확실성을 제거할 수 있는 방법 중의 하나가 가급적 쌍점 형태의 사용을 피하는 것이 될 수 있기 때문이다.

이상으로 [그림37]의 예를 대상으로 지시선을 사용한 동기를 추정하는 과정에서 우리는 이 자료의 현토자가 점도상의 기준 사각형 내부에서는 쌍점 형태의 점토를 잘 사용하지 않았으며, 인접한 두 단점이 한 단위의 쌍점으로 오인될 가능성이 있는 경우에는 그 두 단점을 서로 다른 글자에 나누어 현토하기도 하였음을 추론하였다. 이러한 추론이 옳다면, 이것은 이 자료에서 적어도 단점의 경우 특히 기준 사각형 내부에서 매우 정밀하게 위치가 세분되어 있음을 보여주는 하나의 방증 자료가 될 수 있을 것이다.

한편『화엄경』계통의 점토구결에서는 위에 본 바와 같은 기능을 하는 부호가 전혀 사용되지 않았고, 이 또한 점토의 변별 위치에 대해서는 특별한 주의를 기울일 필요가 없는『화엄경』계통의 특성상 충분히 예측할 수 있는 일이라 할 수 있다.

3.3. 구결자의 사용

『유가사지론』권5, 8에는 점토와 그에 대응되는 구결자가 같이 기입되어 있는 예들이 많이 있다(장경준 2002ㄱ). 그 가운데 다음과 같은 예들은 이미 점토가 기입된 상태에서 추가로 구결자를 기입해 넣은 것으로 추정할 만한 단서를 쉽게 발견할 수 있다.

〔그림43〕 方(08:09:09)　　　〔그림44〕 縛(08:08:04)

[그림43]에는 '方'자에 '十'에 대응하는 '44(·)'과 함께 구결자 '十'가 기입되어 있다. 이 '方'자의 자형을 고려하면 현토자가 '44(·)'의 변이 위치를 현재 기입된 곳으로 결정한 것은 자연스러운 일로 보인다. 사각형의 오른쪽 아래 모서리에서 가까운 안쪽으로 삼을 만한 부분은 현재의 위치밖에 없어 보이기 때문이다. 하지만 전체적으로 볼 때 이 위치는 '方'자의 아래쪽 한가운데에 있어서 'ᄴ'에 대응되는 '43'으로 해석될 수 있는 위치이기도 하다. 독자의 입장에서는 이 '方'자의 자형만을 고려할 경우 현재 현토된 단점을 '44(·)'으로 해석할 수도 있고 '43(·)'으로 해석할 수도 있는 것이다. 그래서 '方'자에 구결자 '十'를 기입함으로써 이 글자에 현토된 단점은 '44(·)'으로 해석해야 함을 분명히 보여주려 한 것으로 추정할 수 있다.

[그림44]의 '縛'자에는 해독을 고려하지 않으면 '33(·)'으로 보이는 단점과 구결자 'ㅌ'이 기입되어 있다. 그런데 이 '縛'자는 'ㅣㄱ' 또는 'ㅌ'에 대응되는 '33~43(·)'이 현토될 것이 예상되는 환경에 속해 있고,[18] 따라서 이미 현토된 단점의 위치는 '33~43'으로 해석해야 한다.

---

18) 『유가사지론』 권8의 8張 3行부터 20行까지에는 'X者 Y 謂 …'의 구성을 가지면서 Y의 마지막 글자에 '33~43(·)'이 현토되는 동일한 양상을 보이는 구문이 13

현토자가 '縛'자에 기입한 단점의 위치가 일반적으로 예상되는 위치보다 조금 높아서 독자가 오인할 가능성이 큰 셈이다. 결국 이 단점이 비록 '33(·)'으로 보이더라도 '33~43(·)'으로 해석해야 함을 적극적으로 독자에게 알릴 필요가 있었고, 그래서 구결자 '邱'을 기입한 것으로 추정할 수 있다.

위 [그림43, 44]의 용례들은 이미 기입된 점토가 현토자의 의도와는 다른 위치에 놓인 것으로 오인될 여지가 많을 때 현토자의 의도를 정확히 전달하기 위해 구결자를 기입했을 가능성이 큼을 보여준다. 그리고 이러한 구결자의 기입 현상 역시『유가사지론』점토구결에서 점토들의 변별 위치가 매우 조밀하게 되어 있기 때문에 나타난 것으로 이해할 수 있다.

만일 이 자료에서 점토들이 변별되는 위치가 우리가 추정하는 것만큼 가깝지 않다면 [그림43]에서처럼 다른 위치로 오인될 가능성을 감수하면서까지 한자의 획을 기준으로 현토 위치를 정할 필요가 없었을 것이고, [그림44]에서처럼 일반적으로 예상되는 변이 위치에서 조금만 벗어나도 다른 위치에 놓인 것으로 오인될 가능성을 염려하여 구결자를 기입할 필요도 없었을 것이기 때문이다. 그리고 우리의 이러한 해석은『화엄경』계통의 점토구결에서는 구결자가 기입된 사례가 거의 없다는 사실을 통해서도 간접적으로 뒷받침될 수 있다.

4. 맺음말

이 글에서는 성암고서박물관 소장의『유가사지론』권5, 8과『화엄

번 반복된다. 그리고 [그림44]의 '縛'자는 이 중 두번째 구문에서 Y의 마지막 글자에 해당하므로 '33~43(·)'이 현토될 것으로 예상할 수 있다.

경』권36, 57에서 판독된 점토들의 위치와 형태를 구체적으로 비교하여 경전의 계통에 따라 점토의 체계도 확연히 구분됨을 살펴 보고, 그 가운데『유가사지론』계통에서는 점토들의 변별 위치가 매우 세밀하게 구분되는 특징이 '경계선, 지시선, 구결자' 등의 부호의 사용에도 영향을 미쳤음을 고찰해 보았다.

전반적으로 볼 때 그동안 이루어진 점토구결의 연구가 여러 측면에서 커다란 성취를 얻었음은 분명하다. 하지만 현재 제시되고 있는 점토구결 자료의 해독 방안이 아직 그것을 믿고 이용할 만큼의 수준에 이르지 못한 것 또한 분명한 사실인데,『유가사지론』점토구결의 경우 점토들의 변별 위치가 서로 구분되는 양상에 대한 이해가 아직 충분치 못한 것이 그 한 예라고 할 수 있다. 비교적 용례가 풍부하고 지금까지 연구가 많이 이루어진 단점에 대해서는 이제 어느 정도 그 실체가 파악된 것으로 보이지만 단점 이외의 점토들의 경우에는 아직 충분한 이해에 이르지 못한 부분이 많다. 앞으로의 분발을 다짐하며 이 글을 맺는다.

참고문헌

南豊鉉(2000),「高麗時代의 點吐口訣에 對하여」,『書誌學報』24, 한국서지학회, 5-45.

南豊鉉(2002),「高麗時代 角筆點吐 釋讀口訣의 種類와 그 解讀-晉本華嚴經 卷20의 點吐釋讀口訣을 中心으로-」,『朝鮮學報』183, 조선학회, 1-22.

박진호(2003),「周本『華嚴經』卷第36 點吐口訣의 解讀-字吐口訣과의 對應을 中心으로-」,『口訣研究』11, 구결학회, 211-247.

박진호(2004),「周本『華嚴經』卷第6의 點吐 重複 表記와 符號」,『口訣研究』13, 구결학회, 129-148.

서민욱(2005),「『瑜伽師地論』卷5·8의 點吐口訣 研究」, 가톨릭대학교 박사

학위논문.

李承宰(2001),「周本 華嚴經 卷第22의 角筆 符號口訣에 對하여」,『口訣研究』 7, 구결학회, 1-32.

李承宰(2002),「옛 文獻의 各種 符號를 찾아서」,『새국어생활』 12-4, 국립국어연구원, 21-43.

李承宰(2003),「周本『華嚴經』卷第57의 書誌와 角筆 符點口訣에 對하여」,『한글』 262, 한글학회, 73-98.

李承宰(2004),「角筆 符點口訣의 意義와 研究 方法」,『口訣研究』 13, 구결학회, 289-316.

李承宰(2005),「韓國 符點口訣의 記入 位置」,『朝鮮學報』 194, 조선학회, 1-25.

李承宰 外(2005),『角筆口訣의 解讀과 飜譯－初雕大藏經의『瑜伽師地論』卷第五와 卷第八을 中心으로－』, 태학사.

장경준(2002ㄱ),「점토석독구결 자료에 기입된 구결자와 대응 구결점에 對하여－『유가사지론』권5, 8을 대상으로－」,『口訣研究』 9, 구결학회, 205-225.

장경준(2002ㄴ),「구결점의 위치 변이에 대한 기초 연구－『유가사지론』권5, 8을 대상으로－」,『국어사 자료 연구』 3, 국어사자료학회, 5-30.

장경준(2003),「『유가사지론』 점토석독구결 자료의 '지시선'에 대하여」,『口訣研究』 11, 구결학회, 189-209.

장경준(2004),「구결점의 현토 위치의 세분과 위치 변이 현상에 대하여－『유가사지론』권5, 8을 대상으로－」,『口訣研究』 13, 구결학회, 149-174.

장경준(2005),「『유가사지론』 점토석독구결의 해독 방법 연구－권5, 8의 단점(單點)을 중심으로－」, 연세대학교 박사학위논문.

鄭在永 外(2004),『韓國 角筆 符號口訣 資料와 日本 訓點 資料 研究－華嚴經 資料를 中心으로－』, 태학사.

石塚晴通(1995/2003),「聲點의 起源」,『口訣研究』 10, 구결학회, 23-52(김혜진, 오미영 譯).

小林芳規・西村浩子(2001),「韓國遺存의 角筆文獻 調査報告」,『訓點語と訓點 資料』 107, 東京: 訓點學會, 36-68.

釋讀口訣의 被動 表現

金星周*

1. 서론

　사동은 자토석독구결과 점토석독구결에서 고유한 구결자와 점토가 있다. 그러나 피동은 그러한 구결자나 점토가 없다. 석독구결에서 피동을 표현하는 구결자나 점토가 없다면 고려시대 국어에서 피동은 사동과 달리 문법범주(grammatical categories)로서 정착되지 않았을 가능성이 있다.

　현대국어와 중세국어에서는 사동사와 함께 피동사가 확인되는 반면에 고려시대의 국어에서는 사동에 비해 피동은 문법적으로 정형화된 형식으로 표현되지 않았다. 이 글은 고려시대 국어의 문법적 연구가 가능할 정도로 많은 문법적 정보를 지니고 있는 석독구결자료를 대상으로 고려시대 국어의 피동이 어떤 식으로 표현되었는가를 밝히려는 데 목적이 있다.

　이 글에서 검토하는 자료는 자토석독구결 자료인 『화엄경소』 권제35, 『화엄경』 권제14, 『구역인왕경』 권상 낙장 5매, 『합부금광명경』 권제3, 『유가사지론』 권제20 등과 점토석독구결 자료로서 『주본화엄경』 권제6, 권제22, 권제36, 권제57, 『진본화엄경』 권제20, 『유가사지론』권제5, 권제8(성암고서박물관 소장본) 등이다.

이 글은 크게 두 가지의 의문에서 출발하였다. 첫째는 고려시대 국어에서는 피동을 어떤 식으로 표현했는가이며, 둘째는 고려시대 국어에서 피동을 표현하는 형식이 있다면 이 형식의 문법적 지위는 어떠한 것인가이다.

이 글의 논의 순서는 다음과 같다. 2장에서 고전중국어(Classical Chinese)에서 사용된 피동문 형식을 살펴보고 그 중 특히 '爲A所B' 피동문 형식이 석독구결의 피동문 해석 양상을 검토하기 위한 좋은 예라는 점을 알아본다. 3장과 4장에서 소위 '爲A所B' 피동문이 『화엄경』계열[1]과 『유가사지론』계열의 석독구결에서 어떻게 현토되었는가를 살핀다. 5장에서는 『유가사지론』계열에서 이른바 '爲A所B' 피동문의 해석에 쓰인 '爲ハ-' 구문의 문법적 지위에 대한 문제를 다룬다. 6장에서는 '爲ハ-' 구문과 함께 『유가사지론』계열에서 피동과 관련 있는 것으로 보이는 '爲ー‖-' 구문에 대해서 살펴본다. 7장에서는 이상의 논의를 토대로 석독구결의 피동 표현에 대한 표현 양상을 정리하고, 석독구결에서 '爲A所B' 구문의 현토 양상이 보여주는 문법적 지위에 대해서 정리한다.

2. 고전중국어의 피동문

고전중국어(Classical Chinese)의 피동문은 기본적으로 현대중국어의 피동문과 일치한다(許慧 1997: 426, 廖振佑 1979: 359). 고전중국어에서

---

1) 이후로 『주본화엄경』권제6, 권제14, 권제22, 권제36, 권제57, 『진본화엄경』권제20, 『화엄경소』권제35 등의 자료를 통칭할 때 『화엄경』계열이라 하고, 『유가사지론』권제5, 권제8, 권제20, 『합부금광명경』권제3 등을 통칭할 때 『유가사지론』계열이라 부른다.

피동문을 표시하는 대표적인 허사로는 '于(於), 爲, 見' 등이 있다. 중국 어에서 피동문의 출현 시기는 학자에 따라 견해가 약간 다르지만 늦어 도 先秦時代 이후에는 피동문이 출현한 것으로 보는 것에는 학자들의 견해가 일치한다.

고전중국어의 피동문은 크게 다음의 네 가지 유형으로 나눌 수 있 다. 첫째, 동사 뒤에 '于(於)'가 피동문의 동작명사구 표지로 쓰이는 경 우, 둘째, 피동문의 주어 뒤에서 '爲'가 피동문의 동작명사구 표지로 쓰이는 경우, 셋째, 동사 앞에서 '見, 被, 爲' 등이 와서 피동사를 구성 하는 경우, 넷째, 주어 뒤에 '爲'를 써서 피동문의 동작명사구를 표현 하고 동사 앞에 '所'를 써서 피동문을 구성하는 경우 등이다.

이 가운데 이른바 '爲A所B' 피동문은 주로 한대 이후부터 출현하는 데(任炳權 1992:62-67), 이 형식은 고려시대의 석독구결 자료의 원문에 서 피동문을 표현하는 보편적인 형식으로 쓰이고 있다. 고전중국어에 사용된 대표적인 피동문 형식의 예를 보이면 아래와 같다.[2]

(1) 가. 高祖擊布時 **爲**流矢**所**中 (高祖가 淮南王 黥布를 칠 때 날아 온 화살에 맞았다) <史記, 高祖本紀>

　　나. 衛太子**爲**江充**所**敗 (衛太子는 江充에게 敗했다) <漢書, 霍 光傳>

(2) 가. 善戰者致人 而不善戰者致**於**人 (戰爭을 잘 하는 사람은 敵 軍을 부리고, 잘하지 못하는 사람은 敵軍에 의해 부려진 다) <孫子, 虛實>

　　나. 身客死於秦 **爲**天下笑 ((楚懷王은) 자신이 秦나라에서 客死

---

2) 고전중국어의 피동문 예문들은 許璧(1997:431-432)과 廖振佑(1979:359-365)에서 재인용한 것임.

하여 天下 사람들에 의해 비웃음거리가 되었다) <史記,
屈原賈生列傳>

다. 厚者**被**戮 薄者**見**疑 (事情이 重大한 이는 殺戮을 당하고 事
情이 輕微한 이는 疑心을 받는다) <韓非子, 說難>

라. 靈公少侈 民不附 故**爲**弑易 (晉靈公은 젊어서 奢侈하여 百
姓들이 服從하지 않아 그 때문에 弑害되어 交替되었다)
<史記, 晉世家>

마. 昔者, 彌子瑕**見**愛**於**衛君 (예전에 彌子瑕는 衛王에 의해 寵
愛를 받았다) <史記, 老莊申韓列傳>

(1가)에서 피동문의 주어는 '漢高祖'이며, 피동문의 동작명사구는
'流矢'이고, 피동사는 '中'이다. 이때 피동문의 동작명사구는 '爲'에 의
해서 표지되며, 피동사는 '所'에 의해서 표지된다. (1나)에서도 '爲'에
의해서 동작명사구 '江充'이 표지되며, '所'에 의해서 피동사 '敗'가 표
지된다. 이와 같이 '爲A所B' 피동문은 동작명사구와 피동사를 표지하
는 분명한 문법 형태가 존재한다.

그러나 (2)의 例들은 비록 고전중국어의 전형적인 피동문이기는 하
나 피동문 표지가 '爲A所B' 구문에 비해 분명하지 못하여 동작명사구
나 피동사 가운데 어느 하나만을 가리키는 경우가 일반적이다. 따라서
피동문의 형식적 특징은 '爲A所B' 피동문에 비해 뚜렷하지 않다고 볼
수 있다. (2마)와 같이 피동사와 동작명사구가 모두 표시되는 피동문
형식이 있지만 이 형식은 석독구결의 원문에 사용되지 않았다.

한편 고전중국어는 종종 타동사 자체로 피동의 기능을 가지기도 한
다(廖振佑 1979:364). 그러나 이때에는 형식상 일반적인 능동문과 구별
되지 않기 때문에 피동문임을 문맥에 의존해서 파악해야 한다. 따라서

원문을 중심으로 석독구결문의 피동문을 검토할 때에는 '爲A所B' 피동문이 동작명사구와 피동사를 모두 표지한다는 점과 가장 생산적으로 쓰이는 형식이라는 점을 고려하면, 고려시대 석독구결의 피동문 현토 양상을 고찰하기 위해서는 '爲A所B' 구문이 가장 적합하다는 사실을 알 수 있다.

3. 『화엄경』 계열에서 '爲A所B' 구문의 현토 양상

'爲A所B' 구문에 대한 『화엄경』 계열과 『유가사지론』 계열의 석독구결문의 현토 양상이 다르므로 둘로 나누어 살피는 것이 편리하다. 『화엄경』 계열의 '爲A所B' 구문은 '-ㅣ尸入乙ㆍ'로 현토된다. 그러나 '-ㅣ尸入乙ㆍ' 구문은 반드시 '爲A所B' 구문의 현토에만 쓰인 것은 아니다.

> (3) 가. 時十 或刀 有ナㅣ 人ㅣㅣ 而灬 來ㅣㅣㅣ 白ㅣ 言白ナ尸丁
> {此}ㅣㅣ 轉輪位ㅣ十 王ㄱ 處ㅣㅣㅣㅁ厶 已ㅣ 久去ハㅣㅁㄱ
> ㅣ 我ㄱ 曾ハㅎ刀 得尸 未ㅣㅣㄴㄷ乙ㅁㅣ 惟ハ 願ㅁ尸入
> ㄱ 大王ㅣㅣㅣㄱㅣㄱ 之乙 捨ㅣㅣㅣ 我ㅣ十 與ㅣㅁㅣㅎ分
> 幷灬 及ㄴ 王ㅣ 身刀 我ㅣ 臣僕ㅣ尸{爲}入乙ㅣㅁㅣㅎ효
> ㅣ去ㄱㅣ十 (그때 혹 있다, 사람이. 와서 사뢰기를, '이
> 轉輪王位에 왕은 處하시되 이미 오래 되셨으나 저는 조
> 금두 얻지 못했습니다 오직 원하건대, 大王께서는 그것
> 을 버려서 저에게 주시며 아울러 왕의 몸도 저의 臣僕이
> 되소서' 할 경우에는) <화소35, 11:18-20>

나. 一切 衆生ラ 善根乙 種植ノ令人 淨心七{之} 主刂尸 **{爲}入乙(ソ)𢒿** 一切 衆生ラ 福德乙 發生ノ令人 **最上(七) 良田刂尸 {爲}入乙(ソ)𢒿** (爲一切衆生[23(-)]種植善根[41(·),13(/),42(/)] 淨心[25(·)]之主[14(!),41(··),22(·)]爲一切衆生[23(-)]發生福德[41(·),13(/),42(/)]最上良田[14(!),41(··),22(·)] 一切 衆生의 善根을 심는 것과 깨끗한 마음의 主人이 되고 一切 衆生의 福德을 發生시키는 것과 最上의 복밭이 되고,) <화엄22, 17:01-02>

(4) 가. 林藪氵十 處ソㄱ乚 見(氵ㄱ丨十ㄱ) 當(八) 願(口尸入ㄱ) 衆生(ㄱ) **天人ラ{之} 歎仰ノ尸 所刂尸{爲}入乚ソ**立{應}七ソヒ立 (숲에 處한 사람을 볼 때에는 반드시 願하건대 '衆生은 天人에게 歎仰 받으소서') <화엄14, 07:02>

나. {於}生死海七 中十(ソ)氵尒 **覺觀七 波濤灬 {之}漂溺(ソ)ㄱ 所刂尸{爲}入乙ソ**ㄱ(刂) 丨(ソ)矛ナ丨 (於生死海[25(·)]中[53(·),43(|)]爲覺觀[25(·)]波濤[45(·)]之所漂溺[12(·),14(i),41(··),12(:),55(\·),55(/)] "…生死海 中에서 覺觀의 波濤에 漂溺된다." 할 것이다.) <화엄36, 09:20-21>

(3)은 '-刂尸入乙ソ-'가 현토되었으나 피동문이 아닌 일반동사 '되다'로 해석된다. (3가, 3나)는 각각 자토석독구결과 점토석독구결의 예인데, (3가)에서 밑줄 친 부분은 '王의 몸이 나의 臣僕이 되다'로 해석된다. (3나)의 밑줄 친 부분은 '菩薩은 淨心의 主人이 되고, 最上의 良田이 되다'로 해석된다. 그런데 이들은 '-刂尸入乙ソ-'로 해석되어 있으나 피동을 표현하고 있는 것은 아니다.

(4)는 (3)과 동일하게 '-刂尸入乙ソ-'로 현토되어 있는데 고전중국

어의 전형적인 피동문인 '爲A所B' 구문에 대응하고 있음을 볼 수 있다. (4가, 4나)는 각각 자토석독구결과 점토석독구결의 예인데, (4가)의 밑줄 친 부분에서 피동문의 주어는 '衆生'이고, 동작명사구는 '天人'이며, 피동사는 '歎仰ソ-'이다. 따라서 (4가)의 밑줄 친 부분은 '衆生이 天人에게 歎仰 받다'로 해석된다. '爲A所B' 구문은 피동문의 동작명사구가 '爲' 뒤에, 피동사가 '所' 뒤에 오므로 (4가)에서 피동문의 동작명사구로서 '天人'과 피동문의 원동사 '嘆仰ソ-'를 쉽게 확인할 수 있다.

(4나)의 밑줄 친 부분은 '凡夫가 生死海 中에서 覺觀의 波濤에 의해 漂溺되다'로 해석되는데, '爲A所B' 구문의 특성상 피동주 '凡夫', 피동문의 동작명사구 '覺觀의 波濤', 피동문의 원동사 '漂溺ソ-'를 손쉽게 파악할 수 있다. 해당 점토를 보면 피동문의 동작명사구 '覺觀의 波濤'에는 '45(·)(=ᄽ)'이 현토되어 있고,[3] 피동문의 원동사 '漂溺ソ-'에는 '12(·), 14(i), 41(··), 12(:), 55(\·), 55(/)' 등이 현토되어 있는데, 이 중에서 점토 '14(i)'는 구결자 'ㅣ尸'에 해당되고, 점토 '41(··)'은 구결자 'ㅅ乙'에 해당되며, '12(:)'은 'ソ-'를 포함하기 때문에 '爲A所B' 구문에 관한 한 자토석독구결과 점토석독구결은 정확한 일치를 보인다.

(3)과 (4)의 예를 통해서 『화엄경』 계열의 석독구결은 '되다' 구문과 '爲A所B' 구문을 구분하지 않고 '-ㅣ尸ㅅ乙ソ-'로 현토된다는 사실을 알 수 있다. 이것을 피동의 관점에서 보면, 고전중국어의 전형적인 피동문인 '爲A所B' 구문의 현토가 『화엄경』 계열의 석독구결에서는 일반동사 '되다' 구문과 구분되어 쓰이지 않는다고 말할 수 있다. 이것은 『화엄경』 계열에서 '-ㅣ尸ㅅ乙ソ-' 구문이 비록 '爲A所B' 구문의 해

---

3) '爲A所B' 구문의 동작명사구는 '43(·)(=ᄽ)'이나 '23(-)(=ᄀ)'으로 현토된다. 전자는 주로 원인을 표현하는 [-animate] 명사구일 경우에, 후자는 피동문의 실질적인 동작주가 되는 [+animate] 명사구일 경우에 현토되는 경향이 있다.

석에 쓰였지만 이 구문은 피동을 표현하는 고유한 형식이 아님을 말해준다.

4. 『유가사지론』 계열에서 '爲A所B' 구문의 현토 양상

『유가사지론』 계열에서도 '-リ尸入乙ソ-' 구문이 쓰인다. 그러나 『유가사지론』 계열에 쓰이는 '-リ尸入乙ソ-' 구문은 일반동사 '되다' 구문으로만 해석될 뿐, 『화엄경』 계열과 같이 '爲A所B' 구문의 해석에 쓰이지는 않는다.

(5) 가. 最大神通氵十 得氵尒 意乙 如ハ 未ハソトㄱ刀 **無明リ {爲}因リ尸入乙**ソ彡 微妙秘密ソヒ七{之} 藏乙 修行ノ尸厶 足未ハソトㄱ刀 **無明リ {爲}因リ尸(入乙ソ)**矛罒 是ㄱ 十地七 障亠ノ矛彡 (最大神通에 대해서 능히 뜻과 같이 하지 못하는 것도 無明이 因이 되며, 微妙하고 秘密스러운 藏을 修行하되 충족하지 못함도 無明이 因이 되는 것이라 이는 十地의 障이라 하며) <금광3, 08:06-08>

나. 思擇力灬 攝ノ尸 不淨想七 中氵十 當ハ 知𠮧丨 **五法リ 所對治リ尸{爲}入乙ソ**矛リㄱ丁 (思擇力으로 攝受할 不淨想 中에서 반드시 알아야 한다. 五法이 所對治가 될 것이다.) <유가20, 09:20-21>

다. 經十 言X {如}支丨 **業ㄱ {爲}感生因リ尸入乙(ソ)**彡 **愛{爲}生起因リ尸入乙X**丨(ソ)丨 (如經[44(·)]言[33(··),11(·),51(·)] 業[33(·)]爲感生因[+45(/),55(·)]愛爲生起因[+45(/),51～

52(.·),+51(·)] 經에 言한 바와 같다. 業은 感生因이 되며 愛는 生起因이 된다고 하였다) <유가5, 12:22-23>

(5가, 5나)는 자토석독구결의 예이고, (5다)는 점토석독구결의 예인데, 전자에서는 『화엄경』 계열의 자토석독구결과 같이 '-リ尸入乙ソ-'가 현토되어 있으나 피동으로 해석되지 않고 일반동사 '되다'로 해석된다. 『유가사지론』 계열에서는 '-リ尸入乙ソ-' 구문은 『화엄경』 계열과는 달리 '爲A所B' 구문의 현토에는 전혀 쓰이지 않는다.

『유가사지론』 계열에서 '爲A所B' 구문의 현토에는 '爲八-' 구문이 사용된다.

(6) 가. 是 {如}支 精勤亐 善品乙 修ソ今七 **者1 略亐 四苦ラ{之} 隨逐ノ尸 所乙 爲八**ナ㐄七丨 (이와 같이 부지런히 善品을 닦는 이는 四苦에 隨逐 當한다.) <유가20, 18:01-02>

나. 此 若 无x+1 {者} 復 **餘親ラ{之} 守護(ソ)尸 所乙 爲八㢱 (ソ㢱)** (此若无[44～54(|),33(·)]者復爲餘親[23(·)]之所守護[+15～25(-),34(·),32～42(·),35(·)] 이들이 만약 없을 때에는 또 남은 親戚의 守護를 받고 (하며) <유가08, 12:13-14>

(6가)는 자토석독구결의 예이고, (6나)는 점토석독구결의 예인데 어느 경우에나 원문의 '爲A所B' 구문에 대한 현토에는 '-リ尸入乙ソ-' 구문이 아니라 '爲八-' 구문이 사용되었다. (6가)에서 피동주는 '是{如}支 精勤亐 善品乙 修ソ今七 者(이와 같이 善品을 부지런히 닦는 사람)'이며, 동작명사구는 '四苦'이고, 피동문의 원동사는 '隨逐ソ-'이다. 점토석독구결의 점토 '32～42(·)'은 자토석독구결의 구결자 '八'와

정확하게 일치한다.

'爲A所B' 構文의 대응 구결문인 『화엄경』 계열의 '-ㅣ尸ㅅ乙ﾍ-' 구문이나 『유가사지론』 계열의 '爲ㅅ-' 구문의 동작명사구 표지는 'ﾠ' 또는 'ﾠ'로 同一하다. 그러나 피동문의 원동사를 표현하는 部分에서는 양자가 다른 모습을 보인다. 『화엄경』 계열의 '-ㅣ尸ㅅ乙ﾍ-' 구문에서는 '所'에 'ㅣ尸'이 현토되고, '爲'에 'ㅅ乙ﾍ-'가 현토되었으나, '爲ㅅ-' 구문에서는 '所'에 '乙'이 현토되고 '爲'에 'ㅅ'가 현토되었다.

『유가사지론』 계열에서 '爲A所B' 구문은 항상 '爲ㅅ-' 구문으로만 현토되며 여기에는 例外가 없다. '爲ㅅ-' 構文의 독법에 대해서 알려진 바는 없다. '爲ㅅ'의 'ㅅ'는 原字를 '只'로 추정하고, 독음을 '기' 또는 'ㄱ'로 보는 것이 일반적이나, '爲ㅅ'에 관한 한 '爲'가 읽혔는지 읽히지 않았는지 알 수 없으며, 읽혔을 경우에도 어떻게 읽혔는지 추정하기 어렵다. 단지 '爲ㅅ-'는 대격 '乙'을 지배하고 있으므로 형식상 타동사임을 알 수 있을 뿐이다.

5. '-ㅣ尸ㅅ乙ﾍ-' 구문과 '爲ㅅ-' 구문의 문법적 위상

우리는 앞에서 고전중국어의 전형적인 피동문 형식인 '爲A所B' 구문이 『화엄경』 계열에서는 'ㅣ尸ㅅ乙ﾍ'로 현토되고 『유가사지론』 계열에서는 '爲ㅅ'로 현토된다는 사실을 확인했다. 그러면 '-ㅣ尸ㅅ乙ﾍ-' 구문과 '爲ㅅ-' 구문은 피동을 표현하는 문법적 구성인가? 먼저 '-ㅣ尸ㅅ乙ﾍ-' 구문에 대해 논의하기로 하자.

3장에서 살펴보았듯이 '-ㅣ尸ㅅ乙ﾍ-' 구문은 '爲A所B' 구문의 해석에도 쓰이지만 '되다'로 해석되는 일반동사 구문에도 쓰이므로 '-ㅣ

尸ㅅ乙ㅄ' 구문을 피동을 표현하는 문법적인 구문으로 볼 수 없다. 일반적으로 어떤 구성이 문법적 구성이 되기 위해서는 일정한 문법범주(grammatical categories)를 표현해야 하며 동시에 고유한 형식이 있어야 한다.[4] 그러나 '-ㅣ尸ㅅ乙ㅄ' 구문은 피동 범주를 표현하기 위한 고유한 형식으로 볼 수 없으므로 피동을 표현하는 문법적인 구성으로 볼 수 없고, 고전중국어의 전형적인 피동문인 '爲A所B' 구문의 해석에 '-ㅣ尸ㅅ乙ㅄ' 구문이 쓰인 것으로 파악해야 한다.

이제 '爲ㅅ-' 구문의 문법적 위상에 대해 알아보자. '爲ㅅ-' 구문은 여러 가지 면에서 '-ㅣ尸ㅅ乙ㅄ' 구문과는 다른 모습을 보인다. 『화엄경』 계열에서 '-ㅣ尸ㅅ乙ㅄ' 구문은 '爲A所B' 구문의 현토에도 쓰였지만 일반동사 '되다' 구문의 현토에도 쓰였다. 그러나 『유가사지론』 계열에서는 '-ㅣ尸ㅅ乙ㅄ' 구문은 '되다'로 해석되며, '爲ㅅ-' 구문은 '爲A所B' 구문의 해석에 사용된 점이 다르다.

그렇다면 『유가사지론』 계열에서 '爲A所B' 구문의 해석에 사용되는 '爲ㅅ-' 구문은 피동을 표현하는 문법적 구성으로 볼 수 있는가? 여기에 대한 대답을 단정적으로 하기는 어렵지만, '爲ㅅ-' 구문이 고전중국어의 전형적인 피동문 형식인 소위 '爲A所B' 구문의 해석에 쓰인 점을 근거로 고려시대 국어에도 피동이 전형적인 문법범주를 이루고 있었다는 결론에 이르기에는 부족하다고 생각한다.

(7) 謂乙 {於}四沙門果氵十 能分 隨丿 證丿尸 所乙 {有}刂尸 未ㅅ
ㅄ乙ㅅㅡ 故丿 猶ㅣ 惡趣苦ᄒ 隨逐丿尸 所乙 爲ㅅ分 體ㅣ 是乙

---

4) 물론 여기에서도 원형이론(prototype theory)의 범주관이 지배하기 때문에 양항적(binary)으로 문법범주를 논할 수는 없다. 원형이론의 범주관에 대해서는 Taylor(1989)를 참조.

　　生老病死ㄴ 法ㅣㄱ入ㅡ 故ノ 內壞苦ㅋ{之} 隨逐ノ尸 所乙 爲
ㅅ分 一切 所愛離別ㄴ 法ㅣㄱ入ㅡ 故ノ 愛壞苦ㅋ{之} 隨逐ノ
尸 所乙 爲ㅅ分 自業ㅋ 作ノㄱ 所ㅣㄱ入ㅡ 故ノ **一切 苦因ㅋ**
{之} 隨逐ノ尸 所ㅣㅣ (말하자면 四沙門果에 대해 能히 따라
證할 것을 가지지 않은 까닭으로 오히려 惡趣苦에 隨逐되며
體가 이것은 生老病死의 法인 까닭으로 內壞苦에 隨逐되며 一
切 所愛離別의 法인 까닭으로 愛壞苦에 隨逐되며 自業이 지은
것이므로 一切 苦因에 隨逐된다.) <유가20, 18:02-07>

　　(7)의 구결문에는 네 개의 피동문이 있는데, 앞의 세 개는 '爲A所B'
구문으로 되어 있고, 마지막의 하나는 'A所B' 구문으로 되어 있다. 앞
에 있는 세 개의 피동문의 동작명사구는 각각 '惡趣苦, 內壞苦, 愛壞苦'
인데, 마지막 피동문의 동작명사구는 '一切 苦因'이므로 앞에 있는 세
개의 동작명사구를 포괄하는 동작명사구이다. (7)의 현토 양상을 살펴
보면 고전중국어 원문에서 '爲'가 있을 경우에는 '爲ㅅ'로 현토되지만
'爲'가 없는 경우에는 피동문의 동작명사구와 피동문의 원동사에는
'爲A所B' 구문의 경우와 동일하게 현토되어 있으나, '爲ㅅ-' 구문과는
달리 '所'에는 'ㅣㅣ'가 현토되어 있다. 이것은 적어도 '爲ㅅ-' 구문에
서 피동 표현을 담당하는 부분이 '爲ㅅ-'에 있다고 보기보다는 '동작
명사구 + 隨逐ノ尸 所'에 이르는 구성에서 결정된다고 보는 것이 타
당하다. '爲ㅅ-' 구문에서 피동을 담당하는 부분이 '爲ㅅ-'에 있지 않
다는 사실은 그만큼 이 구문이 문법적인 구성일 가능성이 희박한 것임
을 말해준다.

　　15세기 언해문에서도 '爲A所B' 구문을 흔히 볼 수 있는데, '爲A所B'
구문의 언해 양상은 '爲ㅅ-' 구문에 가깝다기보다는 '-ㅣ尸入乙ㅄ-'

구문에 가까운 것으로 보인다.

(8) 가. 내 一定히 반ᄃᆞ기 부톄 ᄃᆞ외야 **天人의 恭敬호미 ᄃᆞ외야**

(我定當作佛ᄒᆞ야 爲天人所敬ᄒᆞ며) <法華經諺解 02:26>

나. 一切人 사ᄅᆞ미 다 五眼ᄋᆞᆯ 뒷건마ᄅᆞᆫ **迷惑이 두푸미 ᄃᆞ외야**

(一切人이 盡有五眼컨마ᄅᆞᆫ 爲迷所覆ᄒᆞ야) <金剛經諺解 118>

(8가)와 (8나)는 각각 『법화경언해』와 『금강경언해』의 예인데, '爲A 所B' 구문이 각각 '天人의 恭敬호미 ᄃᆞ외야'와 '迷惑이 두푸미 ᄃᆞ외야' 로 언해되어 있다. 이 형식은 피동문의 원동사를 명사형 '-옴/움'으로 연결하고 동사 'ᄃᆞ외-'가 연결되어 있어, '所'에 대격 'ᄅᆞ'이 연결되고 '爲'에는 'ハ'가 현토된 '爲ハ-' 구문보다는 '所'에 'ㅣㄷ'이 현토되고, '爲'는 'ㅅㄹᆞ-'가 현토된 '-ㅣㄷㅅㄹᆞ-' 구문에 가까운 것으로 보 인다. 문법적 구성으로서의 '爲ハ-' 구문의 지위와 15세기 언해문에서 의 언해 양상을 직접적으로 관련시키기에는 시대차가 너무 큰 것이 사 실이지만, 후대의 15세기 국어에서도 '爲A所B' 구문의 번역에 전형적 인 피동문이 사용되지 않았다는 사실은 고려시대 당시에도 피동문의 번역에 사용된 '爲ハ-' 구문의 문법적 지위가 그다지 확고하지는 않았 다는 방증은 될 수 있다.

6. '爲ーㅣ-' 구문

『유가사지론』계열에는 '爲ハ-' 구문 이외에도 피동적으로 해석될 가 능성이 있는 '爲ーㅣ-' 구문이 있다. 먼저 예문을 보이면 아래와 같다.

(9) 가. 此 障㝵乙 由 3 {於}一切 種 3 十 出離 能 不ハ∨ 分 設一八
得 永 出家∨ 3 乃 此 尋思 ∾ {之} 擾動 ノ 1 所乙 由 3 **障㝵**
乙 爲一 リ 尸 ㅅ ∾ 故 ノ 喜樂乙 生尸 不多∨ ト 1 ᅩ (이 障
碍로써 一切의 種에서 능히 出離할 수 없으며 設使 능히
出家하더라도 이 尋思에 의해 擾動됨을 말미암아 障㝵가
되는 까닭으로 喜樂을 내지 못한다.) <유가20, 08:08-10>

나. 又 此 二十種 七 所對治法 1 略 口 1 四相乙 由 3 {於}生起
ノ 尸 所 七 三摩地 七 中 3 十 堪能 亦 **障乙 爲一 リ ナ ㅊ 七 l**
(또 이 스무 가지의 所對治法은 간략하게 말하면 四相을
말미암아 生起하는 三摩地 中에서 능히 障碍가 됨에 틀림
없다.) <유가20, 14:17-19>

다. 卽 此 二 雜染品乙 斷∨ {爲}ㅅ 善說法 ᅩ 毘柰耶 ᅩ ノ 令 十
入∨ ヒ 七 時 ᅩ 十 能 分 **障㝵乙 爲一 リ 令 七** 有∨ 1 所 七 煩
惱 リ 1 此 諸 煩惱 1 能 分 隨眠 リ 尸 {爲}入乙∨ 3 深遠 亦
心 3 十 入∨ 考 又 能 分 種種 七 諸 苦乙 發生∨ 考∨ 禾 四 若
能 分 {於}此 氵 十 餘 艮 无 亦 永斷∨ 尸 入乙 名 下 極淨道果
乙 {爲}證得∨ 3 1 丁 ノ 禾 l (곧 이 두 雜染品을 끊고자
善說法이니 毘柰耶(계율)니 하는 것에 들 때 能히 障碍가
되는 所有한 煩惱인 이 모든 煩惱는 능히 隨眠이 되어 깊
고 멀리 마음에 들어가고 또 능히 갖가지 모든 苦를 發
生하고 할 것이다. 만약 여기에서 남김없이 永斷하면 이
것을 일러 極淨道果를 證得한다 할 것이다.) <유가20, 30:
07-11>

(9)는 자토석독구결『유가사지론』권제20의 예문인데, '爲ㅡ ㅣㅣ'가 모두 '障导'를 목적 논항으로 취하고 있음이 주목된다. 현대국어로 해석하면 '障碍가 되다' 정도이다. 그러므로 '爲ㅡ ㅣㅣ-' 구문은 피동과 관련된다기보다는 '되다' 구문과 관련된다고 보는 것이 타당하다.[5] 한편 동일한 의미로 보이는 문맥에서 '-ㅣㅣ 尸 入乙ﾍ-' 구문으로 현토된 예가 보인다.

(10) 가. 五 卽ｼ 是 {如}ｔ ﾍ ㄱ 方便作意乙 依 ﾗ {於}法 ﾗ ㅏ 精勤
ﾍ ﾗ ㅊ 論議決擇 ﾍ ﾗ {於}立破門 ﾗ ㅏ 多 ㅣ 言論乙 生 ㅣ ﾗ
相續不捨 ﾍ ﾗ ノ 尸 入 ㄱ 此 ㄱ {於}寂靜 ㆆ 正思惟 ﾍ ㅅ ㄴ 時
ㅗㅏ 能ㅅ **障导 ㅣ 尸 {爲} 入乙 ﾍ 尸 矢 ﾁ** (다섯 째 곧 이와
같은 方便作意에 依支하여 法에 대해 精勤하여서 論議決
擇하고 立破門에 대해 言論을 많이 내어 相續不捨하고 하
면 이는 寂靜하게 正思惟하는 때에 <u>能히 障碍가 될 것이
며</u>) <유가20, 12:07-10>

나. 又 二法 有 ㄴ ㅣ {於}現觀乙 修 ノ ㅅ ㅏ 極 **障导 ㅣ 尸 {爲} 入
乙 ﾍ ﾁ ㅗ** (또 두 가지 法이 있다. 現觀을 닦는 데 至極히
<u>障碍가 될 것이다.</u>) <유가20, 24:10>

---

5) 이 글이 지나치게 문맥적 의미에 의존하고 있다는 점을 지적받은 적이 있다. 예를 들어 '障导乙 爲ㅡ ㅣㅣ-' 구문에서 '障导를 받다' 정도의 의미를 추출하는 것은 석독구결자 중에서도 그 기능을 정확하게 알고 있는 대격 표지 '乙'의 기능을 무시한 판단이라는 것이다. 필자는 이 글이 문맥에 많이 의존하고 있다는 점을 인정한다. 특히 '爲ㅡ ㅣㅣ-' 구문과 같이 구결자 각각에 대해서 거의 알지 못하는 경우에는 더욱 그러하나. 필자가 '爲ㅡ ㅣㅣ-' 구문을 이와 같이 처리하게 된 근거는 '-ㅣㅣ 尸 入乙ﾍ-' 구문의 존재 때문이다. 이 구문도 통사적으로는 대격 표지 '乙'을 가진 타동 구문임이 분명하지만 현대국어의 '되다' 정도의 의미로 파악하고 있다.

(10)의 '障득Ⅱ 尸 {爲} ㅅ 乙 ㅸ-'는 '장애가 되다'의 의미로서 (9)의 '障득乙 爲ㅡ ⅱ-'와 유사한 문맥으로 보인다. 의미적인 측면에서 볼 때 '障득Ⅱ 尸 ㅅ 乙 ㅸ-'와 '障득乙 爲ㅡ ⅱ-'는 동일한 의미를 지녔다고 보아도 좋을 것이다.

따라서 자토석독구결 『유가사지론』 권제20에서 보이는 '爲ㅡ ⅱ-' 구문은 피동과 관련이 있다고 보기보다는 『유가사지론』 계열에서 일반동사 '되다'의 해석에 사용되는 '-ⅱ 尸 ㅅ 乙 ㅸ-' 구문과 유사성이 크다고 볼 수 있다.

7. 結論

지금까지 자토석독구결 자료 『화엄경소』 권제35, 『화엄경』 권제14, 『구역인왕경』 권상 낙장 5매, 『합부금광명경』 권제3, 『유가사지론』 권제20과 점토석독구결 자료 『주본화엄경』 권제6, 권제22, 권제36, 권제57, 『진본화엄경』 卷第20, 『유가사지론』 권제5, 권제8(성암고서박물관 소장본)을 대상으로 석독구결의 피동 표현에 대해서 살펴보았다. 이상의 논의를 요약함으로써 결론을 대신한다.

첫째 사동은 자토구결에서 'ㅅ'나 'ⅱ'로 현토되고, 점토구결에서 '42(·), 24(·), 24(∥)'으로 현토되는데 비해, 고려시대 석독구결에서 피동에 대응되는 구결점이나 점토는 없다.

둘째, 고전중국어의 전형적인 피동문 형식인 '爲A所B' 구문은 고려시대의 석독구결의 원문에서도 가장 생산적으로 쓰인 피동문 형식이며, 이 형식은 피동문의 동작명사구와 원동사의 식별이 용이하기 때문에 피동문의 현토 양상을 살피는데 유효한 구문이다.

셋째, 이른바 '爲A所B' 구문의 석독구결의 현토 양상은 『화엄경』 계열에서는 '-ㅣ尸ㅅ乙ㅅ-' 구문이 쓰였고, 『유가사지론』 계열에서는 '爲ハ-' 구문이 쓰였다.

넷째, 『화엄경』 계열에서 '爲A所B' 구문의 현토에 쓰인 '-ㅣ尸ㅅ乙ㅅ-' 구문은 피동 표현에만 쓰이는 것이 아니라 '되다' 구문에도 쓰이므로 피동문을 위한 고유한 형식이라 볼 수 없다.

넷째, 『유가사지론』에서는 '爲A所B' 구문이 '-ㅣ尸ㅅ乙ㅅ-' 구문으로 쓰이지 않고 반드시 '爲ハ-' 구문으로 해석되므로, 『화엄경』 계열의 '-ㅣ尸ㅅ乙ㅅ-' 구문과는 다른 양상을 보인다.

다섯째 『유가사지론』 계열에서는 『화엄경』 계열과는 달리 '爲A所B' 구문의 해석에 '되다'의 의미로 해석되는 '-ㅣ尸ㅅ乙ㅅ-' 구문과는 달리 '爲ハ-' 구문이 전적으로 쓰였다고 하더라도 이 점을 근거로 고려시대 국어에 피동을 전적으로 담당하는 표현이 있었다는 결론은 유보적이다. '爲ハ-' 구문이 피동 표현에 쓰였다고 하더라도 그것은 어디까지나 『유가사지론』 계열에만 보이는 현상이지 고려시대 국어 전체를 대상으로 하지는 않기 때문이다.

여섯째, 『유가사지론』 계열에서 피동문과 관련되는 것으로 보이는 또 하나의 구문인 '爲一ㅣ-' 구문은 '-ㅣ尸ㅅ乙ㅅ-' 구문과 함께 '되다'로 해석되는 점과 특정한 명사구를 취하는 점 등을 고려하면 '爲一ㅣ-' 전형적인 피동문으로 보기에는 역시 다소 무리가 있다.

지금까지 고려시대 석독구결에서 피동에 대응하는 구결자와 구결점이 없는 점과, 고대중국어의 전형적인 피동문이면서 고려시대 석독구결의 원문에서 피동문으로 가장 생산적으로 쓰인 '爲A所B' 구문의 현토 양상을 고려할 때, 고려시대 국어에서 피동은 문법 범주로서 정착하지는 못했던 것으로 판단된다.

이 글은 주로 고전중국어의 이른바 '爲A所B' 구문의 현토 방식을 중심으로 고려시대 구결의 피동 표현에 대해 살펴보았다. 그러나 본문에도 지적했다시피 고전중국어에는 피동을 표현하는 여러 가지 방법이 있고, 이들에 대해서는 구체적으로 살펴보지 못했다. 여기에 대해서는 다른 글을 통해서 더 구체적으로 살펴보고자 한다.

참고문헌

강명순(2001), 「국어 사·피동법의 역사적 변화 방향 및 그 원인에 관한 새로운 고찰」, 『한글』 254, 한글학회, 119-160.

高正儀(2004), 「口訣 研究의 現況과 課題」, 『口訣研究』 12, 口訣學會, 5-44.

金星周(2005), 「'爲'에 懸吐되는 口訣字와 機能」, 『口訣研究』 15, 口訣學會, 29-52.

남경란(2003), 「<대방광불화엄경소 (권35)>에 대하여」, 『배달말』 32, 배달말학회, 137-159.

남권희(2002), 『高麗時代 記錄文化 研究』, 淸州古印刷博物館.

박진호(1998), 「고대 국어 문법」, 『국어의 시대별 변천 연구 3 -고대 국어-』, 국립국어연구원, 121-205.

박진호(2004), 「주본 『화엄경』 권 제36 점토구결의 해독 -자토구결과의 대응을 중심으로-」, 『구결연구』 11, 구결학회, 215-231.

서민욱(2005), 「『瑜伽師地論』 卷5·8의 點吐口訣 研究」, 가톨릭대학교 박사학위논문.

이상억(1970/1999), 『국어의 사동·피동 구문 연구』, 서울: 집문당.

이 용(2004), 「점토구결의 연구 현황」, 『한국문화』 34, 서울대 한국문화연구소, 273-305.

이은규(2003), 「『대방광불화엄경소(권35)』 석독 입겿문의 동사 '삼-'에 대하여」, 『어문학』 81, 한국어문학회, 165-188.

이향천(1991), 「피동의 의미와 기능」, 서울대학교 박사학위논문.

任炳權(1992), 「古代 中國語의 被動文 研究」, 成均館大學校 博士學位論文.

장경준(2005), 「『유가사지론』 점토석독구결 해독 방법 연구 - 권5,8의 단점을 중심으로-」, 연세대학교 대학원 박사학위논문.

장윤희(2004), 「석독구결 및 그 자료의 개관」, 『口訣研究』 12, 口訣學會, 47-80.

許　璧(1997), 『中國古代語法』, 서울: 신아사.

廖振佑 편저(1979), 『古代漢語特殊語法』, 呼和浩特: 內蒙古人民出版社, 번역: 이종한(2001), 『한문 문법의 분석적 이해』, 대구: 계명대학교 출판부.

Li, C.N. & S.A. Thompson(1976), *Mandarin Chinese: A Functional Reference Grammar*, Berkeley and Los Angeles: University of California Press. 번역: 『표준중국어문법』, 박정구 외(1989), 서울: 한울 아카데미.

Pulleyblank, E.G.(1995), *Outline of Classical Chinese Grammar*, Vancouver: UBC Press. 번역: 양세욱(2005), 『고전 중국어 문법 강의』, 서울: 궁리.

Siewierska, A.(1984), The Passive: A Comparative Linguistic Analysis, London: Croom Helm.

<辭典>

Asher ed.(1994), *The Encyclopedia of Language and Linguistics*, Seoul: Pergamon Press.

大漢和辭典(1959), 東京: 大修館書店.

漢語大詞典(1968), 上海: 上海辭書出版社.

『六祖大師法寶壇經』의 구결 연구

남경란*

1. 서론

이 글은 고려시대부터 조선시대까지 간행된 입곁[口訣][1] 자료 가운데, 아직까지 학계에 소개된 바 없는 『六祖大師法寶壇經』을 대상으로 하여 이 자료의 이본들을 소개하고 이들 이본에 나타나는 문자 체계와 形態書誌 및 구결의 특징을 고찰하는 데 목적이 있다.[2]

『六祖大師法寶壇經』은 唐나라 慧能[3]의 일대기를 기록한 불교 경전으로 上・下, 혹은 上・中・下卷으로 되어 있다. 이 경전은 『六祖法寶壇經』 또는 『法寶壇經』, 혹은 줄여서 『壇經』이라고도 부른다. 이 글에서 소개하고자 하는 『六祖大師法寶壇經』(이하 단경)은 크게 3부류로 나눌 수 있다.

하나는 한국에서 고려시대부터 조선시대까지 간행된 『단경』 가운

* 영남대학교 민족문화연구소 전문연구교수.
1) 이 글에서는 구결이라 칭하기로 한다.
2) 현존하는 고려부터 조선까지의 음독 구결자료 가운데 대표적인 것으로는 『大佛頂如來密因修證了義諸菩薩萬行首楞嚴經』, 『南明泉和尙頌證道歌』, 『永嘉眞覺禪師證道歌』, 『天台四敎儀』, 『梵網經菩薩戒』, 『金剛般若經疏論纂要助顯錄』, 『禪宗永嘉集』, 『評校正本慈悲道場懺法』, 『金剛般若波羅密經』, 『佛說四十二章經』, 『法華經』 등의 불경 자료와 『警民編』, 『孟子諺解』, 『小學』, 『詩傳正文』, 『書傳正文』 등의 유경 자료들을 들 수 있다.
3) 혜능은 중국 불교의 한 종파인 禪宗의 제6대조이다.

데 음독 구결이 달린 이본 5종이고, 또 하나는 일본에서 간행된 『단경』 가운데 일본 구결이 달린 이본 2종이며, 나머지 하나는 조선 연산군(燕山君) 때인 1496년에 간행된 『六祖大師法寶壇經諺解』에 달린 한글 구결 1종이다. 이 가운데 한국에서 고려시대부터 조선시대까지 간행된 『단경』의 이본 5종은 고려말기에 간행된 것으로 추정되는 목판본 1종과 조선초기에 간행된 것으로 추정되는 1종, 성화(成化) 15년 (1479)에 병풍암에서 간행된 1종, 홍치(弘治) 9년(1496)에 옥천사(玉泉寺)에서 간행된 1종, 그리고 만력(萬曆) 2년(1574)에 전라도 광제원(廣濟院)에서 중간된 1종이다. 또 일본에서 간행된 『단경』 가운데 일본 구결이 달린 이본 2종은 명치(明治) 17년(1887)에 山田大應이 편집한 상·하권으로 이루어진 1종과 하권만 있는 1종이 그것이다.

이 글의 주된 대상을 여러 가지 구결 자료 가운데 『단경』으로 한정하는 것은, 지금까지 이들 이본이 학계에 발표된 바가 없음[4] 뿐만 아니라 이본들이 많아[5] 정밀한 비교 분석이 가능하기 때문이다. 또한 이들 자료가 고려 말기에서 조선 말기까지 걸쳐 있어, 구결의 문자 체계가 어떻게 변화되었는가를 통시적으로 보여줄 수 있기 때문이다. 더욱이 이 자료는 1496년에 간행된 한글 언해본까지 있어 음독 구결과 한글 구결과의 비교·분석이 가능하다는 장점도 있기 때문이다.

따라서 고려시대부터 조선시대까지 간행된 구결 자료 가운데, 아직까지 학계에 소개된 바 없는 『단경』을 대상으로 하여 이 자료의 이본 8종을 소개하고, 이들 이본에 나타나는 문자 체계와 형태서지 및 구결

---

4) 이들 이본 가운데 1496년에 간행된『六祖大師法寶壇經諺解』만 학계에 소개되었고 나머지는 소개된 바 없다.『六祖大師法寶壇經諺解』에 대해서는 김동소(1999), 남권희(1999) 등을 참조할 수 있다.

5) 고려부터 조선까지의 음독 구결자료 가운데 특히 이본이 많은 것으로는『大佛頂如來密因修證了義諸菩薩萬行首楞嚴經』(11종),『梵網經菩薩戒』(5종),『佛說四十二章經』(5종),『妙法蓮華經』(3종) 등을 들 수 있다.

의 특징을 고찰하는 데 목적이 있다.

2. 형태서지

2.1. 嶺南大 (가)본

이 판본의 서명은 '法寶壇經'이고 내제는 '六祖大師法寶壇經'이다. 이 책은 원문이 1冊 63張,[6] 四周雙邊으로 이루어진 목판본이다.

책의 크기는 22.7×15.0cm이고, 半匡은 內廓이 18.0×12.9cm이다. 版心은 黑魚尾가 上下向으로 있고, 版心題는 '壇'이다. 원문은 無界 10行이고 글자 數는 大槪 18字로 되어 있다.

본문의 체제는 略序, 悟法傳衣第一, 釋功德淨土第二, 定慧一體第三,, 教授坐禪第四, 傳香懺悔第五, 叅請機緣第六, 南頓北漸第七, 唐朝徵詔第八, 法門對示第九, 付囑流通第十으로 이루어져 있으며, 권말의 간기는 낙장이다.

사용된 구결 자형은 '可, 厺, 去, 口, 古, 了, 乃, 又, 卜, 匕, 𠤎, 丨, 大, 力, 氐, 丁, 刀, 斗, 入, 去, 厶, 乚, 丶, 亽, 彡, 刂, 广, 久, 丆, 七, 叱, 氵, 全, 西, 亣, 立, 戶, 小, 二, 士, 白, 阝, 卩, 才, 亠, 午, 亐, 乀, 土, 丿, 兮, ソ, 十'의 53개이고, 결합 유형은 총 388개이다.

이 책은 형태 서지 등을 고려해 볼 때 고려말기에 간행된 것으로 추정되며 구결도 고려시대에 기입된 것으로 추정된다.

6) 63장 이하의 발문(跋文)은 낙장이다.

2.2. 嶺南大 (나)본

이 판본의 서명은 '六祖法寶壇經'이고 내제는 '六祖法寶壇經(序)'이다. 이 책은 영남대학교 동빈문고(東彬文庫) 소장으로 원문이 1책 67장, 四周單邊으로 이루어진 목판본이다.

판심은 흑어미가 上下內向으로 있고, 판심제는 '壇'이다. 원문은 무계 10행이고 글자 수는 대개 18자로 되어 있다.

본문의 체제는 六祖大師法寶壇經序(德異撰), 略序, 悟法傳衣第一, 釋功德淨土第二, 定慧一體第三, 敎授坐禪第四, 傳香懺悔第五, 叅請機緣第六, 南頓北漸第七, 唐朝徵詔第八, 法門對示第九, 付囑流通第十, 跋文으로 이루어져 있으며, 발문은 낙장된 부분이 있다.

이 책은 '嶺南大 (가)본'의 번각(飜刻)으로 보이며 조선 초기에 간행된 것으로 추정된다.

사용된 구결 자형은 '可, 厽, 口, 人, 罗, 乃, 又, 卜, 丁, 匕, 卽, 丷, 尸[러], 乙, 万, 久, 丆, 勿, 丂, 氵, 金, 一, 尸[소], 小, 二, 土, 七, 叱, 阿, 我, 彡, 厓, 才, 亠, 午, 位, 令, 之, 他, 只, 丿, 冖, 丂, 屎, 丷, 力, 加, 月, 刂, 乀'의 62개이다.

2.3. 1479년 간행본

이 판본의 서명은 '六祖壇經'이고 내제는 '六祖法寶壇經(序)'이다. 이 冊은 원문이 1책 68장, 四周單邊으로 이루어진 목판본이다.

책의 크기는 略 24.5×20.6cm이고, 반광은 內廓이 18.9×15.1cm이다. 판심은 複合花紋魚尾가 上下內向으로 있고, 판심제는 '壇'이다. 원문은 무게 10행이고 글자 수는 17자로 되어 있다.

본문의 체제는 六祖大師法寶壇經序(德異撰), 略序, 悟法傳衣第一, 釋功德淨土第二, 定慧一體第三, 敎授坐禪第四, 傳香懺悔第五, 叅請機綠第六, 南頓北漸第七, 唐朝徵詔第八, 法門對示第九, 付囑流通第十, 刊記로 이루어져 있다.

사용된 구결 자형은 '可, 厶, 口, 尹, 乃, 又, 卜, 了, 匕, 尼, 匕, ㄱ, 尸, 卩, ㅣ, 夕, 大, 氏, 丁, 刀, 圡, 入, 厶, 丶, ㄴ, 万, 久, ㄱ, 勿, 卫, 巴, 氵, 人, 一, 尸[러], 小, 二, 氏, 士, 七, 阿, 阝, 厓, 才, 午, ㄢ, 之, 丿, 㔾, 㫈, ㇲ, 力, 月, 刂, 丶, 尸'의 56개이다.

이 책은 간기(成化十五年己亥五月日白雲山屛風庵開)를 참조해 볼 때 1479년 白雲山 屛風庵에서 改版한 것임을 알 수 있다.

2.4. 1496년 언해본

이 판본의 서명은 '壇經'이고 내제는 '六祖大師法寶壇經'이다. 이 책은 학계에서 흔히 『六祖大師法寶壇經諺解』라 불리며 1496년 5월에 왕실(王室)에서 木活字로 만들어졌다.

현전하는 『六祖大師法寶壇經諺解』는 상·중·하권이며, 이 가운데 하권은 1551년의 간기(嘉靖三十年辛亥暮春日全州府地淸溪山圓岩寺開版)가 있어 그 인출(印出) 시기가 달랐음을 알 수 있다.

2.5. 1496년 간행본

이 판본의 서명은 '六祖大師法寶壇經'이고 내제도 '六祖大師法寶壇經'이다. 이 책은 원문이 1책 77장, 四周單邊으로 이루어진 목판본이다.

책의 크기는 약 24.5×15.0cm이고, 반광은 내곽이 16.2×12.0cm이다. 판심은 大黑口가 있고 흑어미가 상하내향, 판심제는 '壇'이다. 원문은 무계 9행 17자로 되어 있다.

본문의 체제는 六祖大師法寶壇經序(德異撰), 略序, 悟法傳衣第一, 釋功德淨土第二, 定慧一體第三, 教授坐禪第四, 傳香懺悔第五, 叅請機緣第六, 南頓北漸第七, 唐朝徵詔第八, 法門對示第九, 付囑流通第十, 跋(南翁;延祐丙辰(1316)), 간기로 이루어져 있으며, 권말의 간기는 낙장이다.

사용된 구결 자형은 '可, 厺, 口, 乃, 又, 卜, 匕, 㠯, 丁, 尸, 阝, ホ[과], 丨, 大, 底, 丁, 刀, 土, 入, 厶, 丶, 乚, 万, 久, 丆, 未, 氵, 亽, 一, 小, 所, 二, 士, 西, 七, 阝, 才, 亠, 午, 爲[위], 亏, 其, 之, 丿, 乊, 亐, 丷, 力, 月, 刂, ㇏, 戶'의 52개이다.

이 책은 간기(弘治九年五月日 慶尙道居昌土玉泉寺開板)를 참조해 볼 때 1496년 경상북도 거창군의 옥천사(玉泉寺)에서 개판한 것임을 알 수 있다.

2.6. 1574년 간행본

이 판본의 서명은 '壇經'이고 내제는 '六祖大師法寶壇經(序)'이다. 이 책은 원문이 1책 80장, 四周單邊으로 이루어진 목판본이다.

책의 크기는 약 23.3×15.0cm이고, 반광은 내곽이 15.5×12.1cm이다. 판심은 흑어미가 상하내향으로 있고, 판심제는 '壇'이다. 원문은 무계 9행 17자, 註雙行으로 되어 있다.

본문의 체제는 六祖大師法寶壇經序(德異撰), 略序, 跋, 悟法傳衣第一, 釋功德淨土第二, 定慧一體第三, 教授坐禪第四, 傳香懺悔第五, 叅請機緣第六, 南頓北漸第七, 唐朝徵詔第八, 法門對示第九, 付囑流通第十, 知訥跋, 謹

跋로 이루어져 있으며, 萬曆二年이라는 간기가 있다.

사용된 구결 자형은 '可, 厽, 厺, 口, 乃, 又, 卜, 匕, 尼, 㔾, 女, 丁,
尸, 朩[며], ㅣ, 大, 弋, 氐, 丁, 田, ㅋ, 乙, 入, 厶, 丶, 万, 久, ㄱ, 勿,
氵, 人, 一, 小, 二, 是, 士, 七, ㄱ, 彡, 才, 亠, 午, 五, ㅋ, 日[리], 之,
ノ, ㆍ, 力, 加, 月, 刂, 丶, 尸'의 54개이다.

이 책은 간기(萬曆二年甲戌...全羅道...廣濟院重刊...)를 참조해 볼 때
1574년 전라도 광제원에서 중간된 것임을 알 수 있다.

2.7. 1880년 (가)본

이 판본의 서명은 '增註六祖壇經'이고 내제는 '六祖壇經重刻自序'이
다. 이 책은 원문이 상·하 2권 2책이며 상 42장, 하 35장, 四周雙邊으
로 이루어진 목판본이다.

책의 크기는 약 25.1×18.0cm이다. 판심은 흑어미가 上下向으로 있고,
판심제는 없다. 원문은 무계 9행 18자이고, 원문의 增註는 24행
35(35-37)자로 되어 있다.

본문의 체제는 六祖壇經重刻自序略序(山田大應), 六祖大師法寶壇經序
(德異撰), 六祖大師緣起外紀, 六祖大師法寶壇經卷上(行田第一, 般若第二,
疑問第三, 定慧第四, 坐禪第五, 懺悔第六), 六祖大師法寶壇經卷下(機緣第
七, 頓漸第八, 宣詔第九, 付囑第十, 題跋, 刊記로 이루어져 있다.

사용된 자형은 'イ, ヴ, エ, オ, カ, ガ, キ, ク, ケ, サ, シ, ス, セ,
ソ, タ, チ, ツ, テ, デ, 卜, 二, ヌ, ノ, ハ, バ, フ, ヘ, ベ, マ, ム, メ,
モ, ヤ, ユ, ヨ, リ, レ, ロ, 卅, ヲ, ン, 玉, 一'의 43개이다.

이 책은 간기(明治十七年六月...同十八年八月刻成)를 참조해 볼 때
1885년에 일본에서 간행된 것임을 알 수 있다.

2.8. 1880년 (나)본

이 판본의 서명은 '增註六祖壇經'이고 내제는 '六祖壇經重刻自序'이다. 이 책은 원문이 1책 63장, 四周雙邊으로 이루어진 목판본이다.

책의 크기는 약 25.5×18.2cm이다. 판심은 흑어미가 상하향으로 있고, 판심제는 없다. 원문은 무계 9행 18자이고, 원문의 증주는 24행 35(35-37)자로 되어 있다.

본문의 체제는 六祖大師法寶壇經卷下(機緣第七, 頓漸第八, 宣詔第九, 付囑第十, 題跋, 刊記로 이루어져 있고 六祖壇經重刻自序略序(山田大應), 六祖大師法寶壇經序(德異撰), 六祖大師緣起外紀, 六祖大師法寶壇經卷上은 없다.

사용된 자형은 'ア, イ, ヴ, カ, ガ, キ, ク, ケ, サ, シ, ス, セ, ソ, タ, チ, ツ, テ, ト, ニ, ノ, ハ, バ, フ, ヘ, マ, ム, メ, モ, ヤ, ユ, ヨ, リ, レ, ロ, ヲ, ン, 玉, ゴ, ヒ, ビ, ナ'의 41개이다.

이 책은 간기(明治十七年六月...同十八年八月刻成)를 참조해 볼 때 1885년에 일본에서 간행된 것임을 알 수 있다

3. 구결의 특징

『단경』 이본의 구결들을 『단경』 언해본과 비교해 본 결과 '영남대 (가)본'은 언해본과 70% 이상 차이를 보이는 데 반해, '영남대 (나)본' 과 '1479년본'은 80% 이상 일치하고 있음을 알았다. 또 '1496년본'은 언해본과 거의 일치하나, '1574년본'은 70% 정도가 일치하였다.

3.1. 문자 체계

　『단경』의 이본들은 총 7종으로 한국에서 간행된 자료 5종 5권과 일본에서 간행된 자료 2종 2권이 있으나, 일본에서 간행된 자료의 자형은 문자표에서 제외하기로 한다.

　『단경』 이본의 구결 문자 체계는 다음과 같다.[7]

번호	자형	독음	영남대 가	영남대 나	1479본	1496본	1574본	본자
1	可	가	○	○	○	○	○	可
2	厶	거	○	○	○	○	○	去
3	去		○				○	
4	口	고	○	○	○	○	○	古
5	古		○					
6	朩	과				○		果
7	人			○				
8	尹	나		○	○			那
9	乃		○	○	○	○	○	乃
10	女	녀					○	女
11	又	노	○	○	○	○	○	奴
12	了	뇨		○	○			了
13	ヒ	니	○	○	○	○	○	尼
14	尼				○		○	
15	ヒ	느/나	○	○	○	○	○	飛
16	ㄱ	ㄴ	○	○	○	○	○	隱
17	ㅣ	다	○	○	○	○	○	多
18	夕				○			

------

7) 구결 자형의 독음은 왼쪽 두 번째 간에 제시하고, 본자는 오른쪽 마지막 간에 제시하였으며 표의 맨 아래쪽에 이본별 자형의 개수를 제시하였다. 구결의 문자 체계에서 자료를 제시한 순서는 자료의 간행 연대가 아니라 자료에 기입된 구결들의 기입 연대를 추정한 순으로 제시하였다.

번호	자형	독음	영남대 가	영남대 나	1479본	1496본	1574본	본자
19	大	대	○	○	○	○	○	大
20	力	더	○	○	○	○	○	加
21	加			○				
22	月	돌		○	○	○	○	月
23	氐	뎌/져	○	○	○	○	○	底
24	丁	뎡	○	○	○	○	○	丁
25	田	뎐					○	田
26	ㅋ	도					○	刀
27	刀		○	○	○	○		
28	屮	두	○					斗
29	土	디	○		○			地
30	木	둘		○				等
31	入	들	○	○	○	○	○	入
32	厶	디	○	○	○	○	○	矣
33	弋	대					○	代
34	﹅	라	○	○	○	○	○	羅
35	ㅅ		○					
36	罒			○				
37	ㅛ	로	○					以
38	ㄴ	ㄹ/을	○		○	○		乙
39	乙			○			○	
40	尸	러/려		○				驢/戾
41	尸			○	○	○	○	
42	刂	리	○	○	○	○	○	利
43	日						○	里
44	广	마	○					麽
45	万	만		○	○	○	○	萬
46	夂	며	○		○	○	○	旀
47	ア	면	○	○	○	○	○	面
48	勿	믈		○	○		○	勿

번호	자형	독음	영남대 가	영남대 나	1479본	1496본	1574본	본자
49	未	미				○		未
50	木	미					○	未
51	卫	ㅂ		○	○			邑
52	巴				○			
53	氵	사	○	○	○	○	○	沙
54	入	샤			○	○	○	舍
55	金		○	○				
56	一	셔		○	○	○	○	西
57	西		○		○			
58	亠		○					立
59	立		○					
60	尸	소	○	○				所
61	所				○			
62	小	쇼	○	○	○	○	○	小
63	二	시	○	○	○	○	○	示
64	氏				○			氏
65	士	ᄉ	○	○				士
66	白	습	○					白
67	七	ㅅ	○	○	○	○	○	叱
68	叱		○	○				
69	阿	아		○	○			阿
70	卩		○	○	○	○	○	
71	卩				○	○		
72	我			○				我
73	彡	야/어	○	○	○	○	○	良
74	厓	애		○				厓
75	ㄱ	야					○	也
76	才	어	○	○	○	○	○	於
77	亠	여	○	○	○	○	○	亦

번호	자형	독음	영남대 가	영남대 나	1479본	1496본	1574본	본자
78	五	오					○	五
79	午		○	○	○	○	○	午
80	卜	와	○	○	○	○	○	臥
81	位	위		○				位
82	爲					○		爲
83	◟			○				
84	⸆	의	○	○	○	○	○	衣
85	ﺍﺍ	이	○	○	○	○	○	伊
86	其	제/그				○		其
87	只			○				
88	之	지		○				之
89	他	타		○				他
90	土	토	○					土
91	下	하	○					下
92	ノ	호	○	○	○	○	○	乎
93	⸑	호		○	○	○		
94	亏	히	○	○	○	○		兮
95	屎			○				屎
96	◡	흐	○	○	○	○	○	爲
97	昰	시					○	是
98	十	히	○					中

『단경』 이본들의 구결을 『단경』 언해본과 비교하여 살펴보면 8번의 '尹'와 9번의 '乃', 15번의 'ㅌ'는 동일한 음에 대응되는 경우가 있음을 알 수 있다. '영남대 (가)본'의 경우는 그 쓰임에 있어 9번의 '乃'는 '丶乃', '才二乃', '◡乃' 등과 같이 주로 연결어미에 사용되는데 반해 15번의 'ㅌ'는 '丶ㅌ, ノㅌ, ノ‖ㅌ, ◡ㅌㅌ, ◡ㅌ, ◡二ㅌㅌ' 등과 같은 연결어미 '나'에 대응될 뿐만 아니라 'ㅌㆍ, ◡ㅌㅌ, ㄴ◡ㅌㅌ, ㄴ◡ㅌㅌㆍ, ㆍ◡ㅌㅌ, ㆍ◡ㅌㅌ丶ㅣ, 丶ㆍ◡ㅌㅌ, ◡ㅌㆍ◡

ㅌㅎ, ㅅㅌㅁ, ㅅㅌㄱ, ㅅㅌㅎ, ㅅㅌㅎㆍ, ㅅㅌㅅㅣ, ㅅㆍㅅㅌㅅ
ㅅㅣ' 등과 같이 선어말어미 'ᄂ'에 대응된다. '영남대 (나)본'의 경우
는 8번의 'ㅋ'와 9번의 '乃'는 연결어미 '나'의 표기에 대응되는 반면,
15번의 'ㅌ'는 선어말어미 'ᄂ'의 표기에 대응됨을 알 수 있다. '1479
년본'은 이본들보다 15번 'ㅌ'의 쓰임이 매우 적은 편이나 '영남대
(나)본'의 경우와 마찬가지로 8번의 'ㅋ'와 9번의 '乃'는 연결어미 '나'
의 표기에 대응되는 반면, 15번의 'ㅌ'는 선어말어미 'ᄂ'의 표기에 대
응된다. '1496년본'과 '1574년본'에서는 9번의 '乃'가 연결어미 '나'의
표기에, 15번의 'ㅌ'는 선어말어미 'ᄂ'의 표기에 대응됨을 알 수 있
다.[8]

『단경』이 외의 음독 구결 자료에도 이들 자형들이 거의 동일한 자
리에 쓰인 용례도 많이 나타나는데, 이는 선어말어미 자리에 동일하게
쓰인 '可ㅅㅌㅎ, 去ㄷㅌㅆ, ㅌㅎ, ㅅㅅㅌㅎ, ㅅㅅㄷㅌ入ㅡ, 尸ㄱ
入ㅅㄷㅌㅎㅅ, 午ㅅㅌ저, ㅅㅌㅎ, ㅅㅌㅎㅅ, ㅅㅅㅅㅌㅎ, ㅅㅅㅅ
ㅌㅎㅣ, ㅅㅅㅅㅌㅎㅅ, ㅅㅌ去ㄷㅣㅅ, ㅅㅌㅁ, ㅅㅌㅎ' 등과 어말
어미 자리에 동일하게 쓰인 '去乃, 去乃ㅅㄱ, 去ㅣㅅ乃, ㄱ禾ㅅㅅ
乃, ㄴㅅㄷ乃, ㅅㅅ乃, 今乃, 才乃, 才乃ㅅㅎ, ㅅ乃, ㅅㅅㅅ乃, ㅣ
乃, ㅣ今乃ノㅎ, ㅅ乃, ㅅㅅㅅ乃, ㅅㄷ乃, ㅅㅅ乃' 등과 '去ㅌ才
ㅌ, 去ㅌ, 去ㄷㅌ, ㅁㅡㄷㅌ, 土ㄷㅌ, ㅅノㅌ, 今ㅌ, 才ㅌ, 才ㄷㅌ,
ㅅㅌ, ㅅ今ㅌ, ㅣ才ㄷㅌ, ㅅㅌ, ㅅ쿠才ㅌ, ㅅ쿠ㅑㅌ, ㅅㄷㅌ' 및

---

8) 이 자형들과 관련하여 정재영(2000:73-103)에서는 고대국어 선어말어미 '-ᄂ-'와
   그 변화에 대해 논하면서 '-乃-', '-ㅌ-'로 표기된 고대국어의 선어말어미 '-ᄂ-'가
   선어말어미 '-겨-'나 '-거-'와 대립되는 것으로 보았다. 또한 그 기능을 현재를 나
   타내는 시상형태소도 아니고 확인법도 아닌, 서법을 나타내는 문법형태소로 보
   고 확인, 회상, 추정 등과 대립되는 것이라 보았다. 또한 백두현(1996:175)에서는
   석독 구결에서 선어말어미와 형식명사로서 기능했지만 음독 구결에서 형식명사
   의 기능이 없어졌다고 보았다.

'厷尹, 尹, 才尹, 才尹丷匕, 乀尹, 丷尹, 丷尹匕, 丷二尹' 등이 그것이다. 이때의 자형 '乃'와 'ㅌ'는 중세한국어 언해에서 앞 문장과 뒷 문장 가운데 어느 하나를 선택할 경우에 오는 연결어미 '-나'와 확인의 의미 요소, 현재 시상의 의미 요소를 표기하는 데 사용되었다. 이로 미루어 볼 때 자형 '乃'와 'ㅌ'는 선어말어미에 사용되든 어말어미에 사용되든, 그 음가는 'na'를 표기한 것으로 보여 진다. 이 두 자형은 '尹'로도 표기되었는데 이때의 자형 '尹'도 그 독음이 동일했을 가능성이 크다.[9] 이때의 8번 '尹'와 9번 '乃', 15번 'ㅌ'는 구결을 기입하는 기입자의 자형 선택에 따라 선택되었을 가능성이 크다. 음독 구결에서 '乃'와 'ㅌ' 두 자형 모두가 초기 자료에서는 선어말어미와 어말어미에 사용되었던 것으로 여겨진다. 그러다가 시간이 지나면서 자형 '乃'는 선어말어미의 세력이 약화되어 점차 어말어미 자리에서만 쓰이게 되었으며, 선어말어미의 자리는 자형 'ㅌ'가 차지하게 된 것으로 보여 진다.[10]

11번의 '又'와 37번의 '爫'도 언해본과 비교해 보면 언해본에서 동일한 음에 대응되는 경우가 있음을 알 수 있다. '영남대 (가)본'의 경우는 그 쓰임에 있어 11번의 '又'는 '又丨[로다]'와 '爫丨', '乚又[으로]'와 '乚爫', '乀又丨[이로다]'와 '乀爫丨'와 같이 음 '로'에 대응되는 경우가 있는 반면, 37번의 '爫'의 경우는 역으로 '丷爫匕[ᄒᆞ노니], 丷爫、[ᄒᆞ노라], 丷爫七丨[ᄒᆞᄂᆞᆺ다], 丷爫乀丨[ᄒᆞ노이다], 丷3爫、[ᄒᆞ야노라]'에서와 같이 음 '노'에 대응되는 경우을 흔히 찾을 수 있다. '영남대 (나)본'과 '1479년본', '1496년본', '1574년본'의 경우는 37번의 '爫'가 나타나지 않고 다만 11번의 '又'가 언해본과 비교해 볼 때 '노

9) 남경란(2005:199-200) 참조.
10) 남경란(2005:198-199) 참조.

(丷又ヒ 등)'와 '로(又西, 丷へ勿又 등)'의 두 음에 대응되고 있음을 알 수 있다.

『단경』 이외의 음독 구결 자료에도 이들 자형들이 거의 동일한 자리에 쓰인 용례도 많이 나타나는데, '丶又ㄱ 㐅[이론디], 丶又ヒ[이로니], 丶又丨[이로다], 丶又厶[이로딕], 丷ㅌ又[ᄒᆞᄂᆞ로], 丷灬ᄉ[ᄒᆞ노라]' 등을 들 수 있다. 11번의 '又'는 음독 구결 자료에서 대부분 의도의 의미와 감동의 의미를 지닌 요소로서 선어말어미 '-ᄂᆞ-'와 의도의 의미 '-오-'의 결합 형태로 볼 수 있다. 남경란(2003)에서는 37번 '灬'와 11번 '又'의 시기별 분포를 검토하여 고려말기 자료인『능엄경』'(나)본', '(가)본', '(라)본'에서의 '又'의 쓰임이 조선 초기본인 '(다)본'과 '파전본'보다 더 많음과 '又'의 쓰임이 '灬'보다도 더 많음을 밝힌 바 있다. 또한 남경란(2005)에서는 37번 '灬'가 음독 구결의 고려 말기 자료에서는 빈번히 사용되다가 조선 초기 자료에서는 거의 사용되지 않고 '灬' 대신 '又'가 사용되고 있음으로 미루어 자형 '灬'류는 14세기 말경에 이미 소실되기 시작하여 후대로 오면서 자형 '又'로 통합된 것으로 본 바 있다.[11)]

27번의 'ㄲ'와 28번의 'for'는 언해본과 비교해 보면 언해본에서 두 자형이 동일한 음에 대응되고 있음을 알 수 있다. 특히 '영남대 (가)본'에서 그러한데 '丶丶ㄲ/丶丶ᅫ', '丷ㄲ丨/丷ᅫ丨, 丶丶丷ᅫ丨' 등을 들 수 있다. 음독 구결 자료에서 27번의 'ㄲ'와 28번의 'ᅫ'는 일반적으로 감동, 양보, 공동, 첨가 등의 의미에 대응되는데, 고려시대에 간

11) 37번의 '灬'에 대해 이승재(1992:115-116)에서는 이두에 사용된 '以'의 기능이 기구, 자격, 방향, 원인 등으로 나타난다고 보고, 또한 주격, 대격, 처격 등의 격 기능의 표기에도 사용된 듯한 예도 많다고 보았다. 또 백두현(1996)에서는 이 자형이 구격 조사로 가장 많이 쓰이고 '-로' 음을 표기한 '灬'가 후대 문헌일수록 '-又'로 대치되는 경향이 있다고 보았다.

행된 자료에 나타나는 이 자형들은 음독 구결 자료에 나타나는 자형
'ㅛ'류와 그 의미 기능뿐만 아니라 독음도 동일했던 것으로 보여진다.
그런데 이들 가운데 28번의 'ㅛ'는 14세기말부터 소실되기 시작하여
15세기 초가 되면 거의 사라지고 점차 27번의 'ㄲ'로 통합되어[12] 15세
기 초 이후의 자료에서는 거의 27번의 'ㄲ'로만 표기되고 있다.

17번의 'ㅣ'와 22번의 'ㅒ', 30번의 'ㅊ', 31번의 'ㅅ' 역시 언해본과
비교해 보면 언해본에서 이들 자형이 동일한 음에 대응되고 있음을 알
수 있다. '영남대 (가)본'의 경우는 17번의 'ㅣ'와 31번의 'ㅅ'가 언해
본의 음 'ㄷ'와 대응되고 있으며, '영남대 (나)본'의 경우는 22번의
'ㅒ'가 언해본의 음 'ㄷ'에 31번의 'ㅅ'는 언해본의 음 'ㄷ', 또는 'ㄷ'
에 대응된다. '1479년본'과 '1496년본' 및 '1574년본'에서는 31번의
'ㅅ'이 언해본의 음 'ㄷ', 또는 'ㄷ'에 대응됨을 알 수 있다.

음독 구결 자료에 나타나는 17번 'ㅣ'와 22번 'ㅒ', 30번 'ㅊ', 31번
'ㅅ'과 관련하여 남경란(1997)에서는 구결 자형의 쓰임에서 자형 'ㅣ'
와 공통성을 찾을 수 있는 구결을 자형 'ㅊ', 'ㅕ', 'ㅅ'라 지적한 바
있다. 또한 남경란(1997)에서는 'ㅣ', 'ㅕ', 'ㅊ'는 모두 문장 종결 어미
로 사용되었으며, 또 'ㅣ', 'ㅅ', 'ㅊ'는 조건을 나타내거나, 회상의 의
미를 나타내는 데 쓰였다는 공통점이 있다고 하였다. 다만 자형 'ㅣ'
는 '문장 종결, 비유 구문, 회상법, 조건 표현' 등에 사용되었으며, 자
형 'ㅅ'는 '감동 표현, 회상법, 조건 표현, 원인 표현, 형식 명사형' 등
에 사용되었다는 점과 또 자형 'ㅊ'은 '회상법, 형식 명사형, 비유 구
문, 조건 표현, 가정의 표현, 원인의 표현, 감동 표현' 등에 사용되었다
는 차이가 있다는 점을 밝힌 바 있다.[13]

---

12) 남경란(2005:226-227) 참조.
13) 이승재(1993)에서는 'ㅅ'은 형식명사 'ㄷ'에 'ㄹ'이 통합된 '둘', 그리고 '-거든/

19번의 '大'와 31번의 'ㅅ'은『단경』이본 가운데 특히 '영남대 (가)
본'에 있어 공통점을 찾을 수 있는데 '厺ㄱ 大ㄱ/厺ㄱ ㅅㄱ', 'ㄱ 大ㄱ/
ㄱ ㅅㄱ', 'ㅣ 大ㄱ/ㅣ ㅅㄱ', 'ㅣㄱ 大/ㅣㄱ ㅅ', 'ㅣㄴ 大ㄱ/ㅣㄱ ㅅㄱ',
'ㅣ灬ㄱ 大ㄴ/ㅣ灬ㄱ ㅅㄱ' 등이 그것이다.

56번의 'ㅡ'와 57번의 '覀', 58번의 'ㅎ', 59번의 'ㅛ'는 언해본과 비
교해 보면 언해본에서 동일한 음에 대응되는 경우가 있음을 알 수 있
는데 대개 음 '셔'에 대응된다.『단경』이본 가운데 '영남대 (가)본'의
경우는 '厺ㅣ小覀, ㄴ覀ㅣ灬ㆍ, ㄴ ㅣ 3 覀, 覀, ㅣ小覀, ㅣ小ㅛ, ㅣ
小ㅎ, ㅣ 3 ㅎ' 등과 같이 57번 '覀', 58번 'ㅎ', 59번 'ㅛ'가 동일한 음
에 대응되고 있음을 알 수 있으며, '영남대 (나)본'과 '1479년본'과
'1496년본' 및 '1574년본'에서는 모두 56번 'ㅡ'가 언해본의 음 '셔'에
대응되고 있음을 알 수 있다. 다만 '1479년본'에는 57번 '覀'가 56번
'ㅡ'와 마찬가지로 언해본의 음 '셔'에 대응되는 것이 '영남대 (나)본',

___

어든'의 어미를 표기하는 데에 쓰이는데, '든'을 표기할 때에는 'ㅅ' 뒤에 항상
'ㄱ'을 덧표기하였다고 지적하였다.[예] ㅣㄱㅅ(인돌), ㅣㄱㅅㅡ(인드녀), ㅣㅅㅅ
ㄱ(이어든), 厺ㅅㄱ(거든)] 그리고 남풍현(1990)은 'ㅅ'의 대표음을 入의 훈을 고
려하여 [들]로 잡고 1) '들-/돌', 2) '들-/드-/ᄃ'로 전용되어 쓰였다고 보았으며,
(1996)에서는 'ㄱ' 동명사의 수식을 받는 의존명사 'ㅅ'에 대해 논하면서 'ㄱ ㅅ'
에 'ㄴ'이 결합한 'ㄱ ㅅㄴ/ㄴ들'은 후대에는 어미로 발달한 것이지만 당시의 각
형태소의 기능이 분명히 살아 있다고 보았다. 또 'ㄱ ㅅ'에 'ㄱ'이 결합한 'ㄱ ㅅㄱ
/ㄴ돈'의 경우도 역시 후대의 '-거든'에 이어지는 어미로 발달하기도 하였으나 결
합형에는 각 형태소의 구별이 분명히 드러난다고 하였다. 아울러 'ㄴ', 'ㄱ' 대신
에 '灬'가 연결될 때 'ㄱ ㅅ灬'는 '灬'에 의해 원인의 의미가 더해지며 동명사어미
와 의존명사 'ㅅ'가 그 장치를 만드는 데 보조를 하여 인과관계를 표현하는 형태
로 발달하였다고 보면서 이 인과관계의 표현, 'ㄱ ㅅ灬/ㄴ ᄃ로'는 이두에서도 쓰
이는 것으로 신라시대부터 쓰여 온 것으로 추정하였다. 또 남풍현은『직지심체
요절』에서 '厺ㅅ 尸/커든'을 찾아내어 이것이 중세국어의 조건의 뜻과는 달리 대
조의 뜻으로 쓰였다고 하였다. 아울러 (1997)에서는 15세기 정음문헌의 과거시제
어미 '-더-'가 고려시대에는 '-드-'로 소급되며 이것의 표기가 'ㅅ'라고 보면서 'ㅣ
ㅅ 舍 可/ᄒ드샤가'를 분석하면 'ᄒ+드+시+오+가'가 되니, '드'와 '시'의 순서를 바
꾸면, 'ᄒ+시+드+오+가'가 되고 '드+오'가 결국 '-다-'가 되는 것을 '드'에서 '-
더-'로의 변화한 과정이라 지적한 바 있다.

'1496년본', '1574년본'과 다르다. 이 자형들은 여말선초 음독 구결 자료에서 'ㅊ'로도 표기되기도 하였는데, 『능엄경』 이본에 나타나는 'ㅊ ㅗ小ㅊ, ㅗ小ㅊ' 등이 그것이다. 이때의 자형 'ㅊ'의 본자는 1992년에 국립국어연구원에서 발행한 『동양 삼국의 약체자 비교 연구』(225쪽)과 1977년에 발행된 『명문신옥편』(160쪽) 등을 참고해 볼 때 한자 '서'로 추정된다.[14]

60번의 'ㄹ', 61번의 '所'와 62번의 '小'는 『단경』 이본 가운데 '영남대 (가)본'과 '영남대 (나)본', '1496년본', '1574년본'에서는 공통점이 없으나 '1479년본'에서의 쓰임이 흥미롭다. '1479년본'에서는 60번 'ㄹ'와 62번 '小'가 언해본과 비교해 보면 동일한 음 '소'에 대응됨을 알 수 있는데 이는 음독 구결 자료에 나타나는 일반적인 현상에 위배(?)되는 것이라 할 수 있다. 음독 구결 자료에서 특히 62번의 '小'는 'ㅊ비小효ㅗ全, ㅊㅗ小西, ㅊㅗ小효, ㅊㅗ小ㅊ, ㅗㅗ小효, ㅗ小 ㅡ, ㅗ小西, ㅗ小효, ㅗ小효ㅗ子, ㅗ小ㅊ' 등과 같이 중세한국어 문헌 자료의 음 '쇼'에 대응되는 것이 일반적이나 '1479년본'에서는 62번의 '小'가 음 '쇼'뿐만 아니라 60번의 'ㄹ'과 같은 음 '소'에 대응되고 있기 때문이다. 음 '소'에 대응되는 62번 '小'의 용례는 'ㅈ小ㄴㅣ'와 'ㅗㅣ小ㄴㅣ' 등을 들 수 있다.

81번의 '位'와 82번의 '爲', 83번의 'ㅗ'는 언해본과 비교해 보면 모두 음 '위'에 대응되고 있음을 알 수 있다. 이 가운데 83번의 'ㅗ'는 96번의 'ㅗ[ㅎ]'와 그 꼴이 같아 이견을 제시할 수도 있을지 모르지만 83번의 'ㅗ'는 본자 '爲'의 음을 빌려온 것이고 96번의 'ㅗ[ㅎ]'는 본자 '爲'의 석(새김)을 빌려온 것이기 때문에 그 각각의 대응 음이 다르다. 그런데 '영남대 (나)본'에 나타나는 81번의 '位'는 음독 구결 자료 가운

---

14) 남경란(2005:263) 참조.

데서 흔히 찾을 수 없는 자형으로 82번 '爲'와 83번 'ꟲ'와 마찬가지로 언해본의 음 '위'에 대응된다. 남경란(2005:284-286)에 의하면 이들 자형들은 훈민정음 창제 이후『능엄경』이 언해되던 시기에 음독 구결 자료에서 새롭게 만들어진 것으로 추정된다.

이밖에 28번 'ㅛ'와 35번 'ㅅ', 44번 '广', 90번 '土', 91번 '下', 97번 '十' 등은 '영남대 (가)본'에서만 사용되었으며, 72번의 '我', 89번의 '他', 94번의 '屎' 등은 '영남대 (나)본'에서 사용되었다. 또 10번의 '女', 25번 '田', 33번 'ꟳ', 43번 '日', 75번 'ㄱ', 96번 '羆'는 '1574년 본'에만 사용되었다. 이 가운데 90번 '土'와 89번 '他'는 여말선초 음독 구결 자료에서 드물게 발견되며, 후대에는 한글 구결 '토/土', '타' 를 그대로 사용하여 표기하는 경우도 있다. 90번 '土'는 '彔'와 결합하여 중세한국어 언해 자료의 '어디어디에 미침'의 의미를 지닌 '-도록', '-트록'[15]의 형태에 대응하는 유형이며, 89번의 '他'는 여말선초에 간행된『법화경』이본에서 'ノ女他可', 'ノ·他ㅌ', 'ノ·他ㄴ丨', '他ㄴ丨' 등으로 실현되는데 중세한국어 언해 자료의 '-타-'[16]에 대응된다.

---

15) (1) 혼 빼 계도록 긷다가 몯ᄒᆞ야『월七 9』
　　　 더리도록 아니 앗기놋다 ᄒᆞ야『석六 26』
　　(2) 비록 ᄆᆞᆼ일톡록 행ᄒᆞ야도 아니 몯ᄒᆞ야『능一 81』
　　　 반ᄃᆞ기 죵신토록 공급ᄒᆞ야 돈녀 브리요리라『법화四 154』
16) 열반애 섈리 드로리로타가(疾入於涅槃)『법화一 235』
　　나가고져타가 호랑올 전노라(欲出畏虎狼)『두초八 29』

3.2. 결합 유형

可	可ㅽㄢ	厷	<u>厷口ㆍ</u>	厷ㄱ大ㄱ
厷ㄱㅅㄱ	<u>厷ㄱㆍ</u>	厷ㄱ广ㄱ	厷卜	厷ヒ
厷ヒ卜	厷ㅅ	厷ヒ七口	厷ヒ午	厷ヒㆍ七口
<u>厷ㅅ厷</u>	厷ㅅㄱ	厷し	厷ㆍ	厷广ㄱ
厷七口	厷ニヒ	厷七ㆍヒ	厷七ㆍ全土ㆍ丨	厷ニし
厷ㆍ丨	厷ㆍㄱヒㆍ	厷ㆍㅿㄚ	厷ㄥ丨ヒ	厷ㅽヒㆍ
厷ㅽㅼヒ	厷ㅅㄱ	厷ㅽ小西	厷ㅽㄥ口	厷ㅽㄚ
口	口ㄱ	<u>口ㆍ</u>	ㄱ	ㄱ大
ㄱ大ㄱ	ㄱ氏	ㄱㅅㄱ	ㄱㅅㄱ丁	ㄱㅅㄱㅽㄚヒ
ㄱㅅし口	ㄱㅅㅗ	ㄱㅅしㅽ久	ㄱㅅしㅽㄥ口	ㄱㅅしㅽㄚ
ㄱ才ヒ	ㄱㅅㅽㄥ口		ㄱㅅしㅽ丨ㅽ七口	
乃	又	又丨	卜	卜ㄱ
卜ヒ	卜ㅽ	ヒ	ヒㆍ	ヒㆍㅽヒヒ
ヒ午	丨	大ㄱ	刀	ㅅㄱㅽㄥ口
ㅅ	ㅅㄱㅽヒㆍ	土ヒ(?)ㅽヒ	土七口ㅽㄱ	土七ㅽヒ
ㅿ	し	し[]ㅽㄚヒ	しㄱ大	し又
しヒㆍ	しㅅし口	し土	しㆍ刀	しㅽ
しㅽㄱ	し西ㅽㅼㆍ	しニヒ	しㅽㄚヒ	<u>しㅽ丨土丁</u>
しㅽヒ	しㅽヒㆍ	しㅽ七ヒ	しㅽ七ヒㆍ	しㅽㅗヒ午
しㅽし土	しㅽㅗ	しㅽㄚヒ	しㅽㄚ西	
ㆍ	ㆍヒ	ㆍ刀	ㆍㅅㄱ	ㆍ七可
ㆍㅽㄚヒ	ㆍㅽㄱ	ㆍㅽヒㆍ	ㆍㅽヒヒ	ㆍㅽヒヒㆍ丨
ㆍㅽニ丨	ㆍㅽㅗし	ㆍㅽㅗニヒ	ㆍㅽ丨丨ㆍ	ㅎ
ㅼ	ㅼㄱ	ㅼ丨	久	久ㅽ
ㄱ	七	七可	七口	七ㅽㄚ
叱	氵	西	ニㄱ	ニヒ
ニヒㆍㅽヒㆍ		ㄚ	ㄚㄱ	ㄚㅅしㅽㄚ
ㄚ七	ㄚ氵	ㄚㅽㄚㅽ丨	ㄗ	才ㄱ
才ㄱ丁	才ㄱ广ㄱ	才ヒ	才ヒ卜	才ヒ七ㅗ
才丨	才ㅅㄱ	才し	才七丨	才ニ乃
ㅗ	ㅗヒㆍ	ㅗㅽヒ	午	午ㅽㄚ
ㅎ	ㅽ	ㅽ刀ㄱヒ	ㅽ刀ㆍ	ㅽ口
ㅽㄱ	ㅽ乃	ㅽ又	ㅽ又丨	ㅽヒ
ㅽ丨	ㅽ大ㄱ	ㅽㅅ	ㅽㅅㄱ	ㅽㆍ
ㅽㆍ[]	ㅽㆍ口	ㅽㆍヒ	ㅽㆍヒ	ㅽ丨丨ㄱ

ヽ・刀	ヽ・ム	ヽ・入し ソ 二口	ヽ・七	ヽ
・午	ヽ・ヽ 1	ヽ・ソ カ ヒ	ヽ・ソ ヒ	ヽ・ソ ヒ ヒ
ヽ・ソ・	ヽ・ソ ム 1	ヽ・ソ ッ ヒ	ヽ・ソ 久	ヽ・ソ 二口
ヽ・ソ ゝ	ヽ・ソ 二ヒ	ヽ ッ 1	ヽ ッ ム	ヽ ッ 戸 1
ヽ ッ ヽ 1	ヽ ッ 戸 ヽ 1	ヽ 久	ヽ ッ ソ 1 大1	ヽ 七可
ヽ 七口	ヽ 七 1	ヽ ゝ・	ヽ 才 1 丁	ヽ 才 ヒ
ヽ 才 1	ヽ 才 丁	ヽ 才 入 1	ヽ 才 ノ 1 丁	ヽ 才 二ヒ
ヽ 才 し	ヽ 亠	ヽ 午	ヽ 午 1	ヽ ヽ 七口
ヽ 1|	ヽ リ ヒ・	ヽ リ・	ヽ リ 七口	ヽ リ 午
ヽ ノ リ・	ヽ リ ヽ 七口	ヽ ソ 久	ヽ ソ ゝ 丁	リ・
リ 七	リ 午	リ ヽ 七口	ノ 1	ノ 1 大
ノ 1 入 1	ノ 1 入 ッ	ノ 1 土	ノ 1 ム 1	ノ ヒ
ノ ヒ・	ノ ヒ 午	ノ ヒ	ノ ム	ノ ヽ 1
ノ リ	ノ リ ヒ	ノ リ ヒ	ノ リ 1	ノ リ・ソ 1 大
ノ リ・	ノ リ・ソ ゝ	ノ リ 七口	ノ リ ヽ 1	ノ リ ヽ 七口
芳	ソ [] 1	ソ カ ヒ	ソ カ ヒ・	ソ カ ヒ 午
ソ カ・	ソ カ 亠	ソ カ 全可	ソ カ 二ヒ	ソ 去 七 1
ソ 口	**ソ 口 1 ム**	ソ 1	ソ 1 大	ソ 1 大 1
ソ し 入	ソ 1 入 1	ソ 1 入 し	ソ 1 入 し 口	ソ 1 入 ッ
ソ し 土	ソ 1 入 亠	ソ 1・大	ソ 乃	ソ 又 ヒ
ソ 又 1	ソ 又 入 1	ソ 又 土	ソ 又・	ソ ヒ
ソ ヒ 口	ソ ヒ ト	ソ ヒ ヒ	ソ ヒ・	ソ ヒ・ソ ヒ ヒ
ソ ヒ ヒ	ソ 七	ソ ヒ 口	ソ ヒ 1	ソ ヒ ヒ
ソ ヒ ヒ・	ソ ヒ ヽ 1	ソ 1	ソ 1 可	ソ 1 ヒ
ソ 大 ヒ	ソ 刀 1	ソ ム 1	ソ 入 全可	ソ 入 二ヒ
ソ し	ソ し 土	ソ 入 ソ 全可	ソ し 可 ソ ッ []	ソ し 可 ソ ッ・
ソ し ッ	ソ し 二ヒ ソ し 二 ソ し・		ソ 二口	ソ し 二 午
ソ し 土	ソ し 土 ヒ	ソ し ソ 全ム	ソ・	ソ・口
ソ・1 ム	ソ・ヒ	ソ・ヒ 1	ソ・ヒ 午	ソ・ソ ヒ し ヽ 1
ソ・ゝ	ソ・ソ 二1	ソ・ソ カ ヽ 1	ソ・ソ 二口	ソ ッ 1 大 1
ソ ッ	ソ ッ 1 土	ソ ッ ヒ	ソ ッ 1	ソ ッ 1 入 1
ソ ッ・	ソ ッ 七 1	ソ ッ ヽ 1	ソ 久	ソ 久 1
ソ 久 ヒ	ソ ア	ソ ア 1	ソ 全	ソ 全 ム
ソ 小 西	ソ 小 立	ソ 小	ソ 二口	ソ 二古
ソ 二 1 大	ソ 二ヒ	ソ 二ヒ ヒ	ソ 二ヒ・	ソ 二 1
ソ 二ム	ソ 二し 土	ソ 二 久	ソ 二ア	ソ 二 ソ ヒ ヒ

﹀白口	﹀ニ﹀屮	﹀彡	﹀彡去广	﹀彡丁
﹀彡ヒ	﹀彡刀	﹀彡入丁	﹀彡厶	﹀彡乚
﹀彡、	﹀彡ッ、	﹀彡久	﹀彡氵	﹀彡ㄱ[]乀丨
﹀彡乀丨	﹀彡﹀大	﹀彡	﹀亠ヒ午	﹀亠乚
﹀刂口	﹀亠ニヒ	﹀亠ニ乚	﹀刂ヒ、	﹀刂ヒ乀
﹀刂ヒ	﹀刂、	﹀刂、﹀全	﹀刂七口	﹀刂尸乀丨
﹀刂午	﹀刂オ久	﹀刂乀口	﹀刂乀七口	﹀十
十	[]﹀乚ニヒ	[]オヒト		

이상에서 제시한 결합 유형은 『단경』 이본 가운데 '영남대 (가)본'
의 결합 유형이다. 총 388개 가운데 '去(02ㄴ1), 去口、(08ㄱ7), 去丁
、(57ㄱ6), 去入去(08ㄱ6), 去七口(51ㄱ10), 口、(08ㄱ10)(08ㄱ8)(08
ㄴ4), 乚﹀丨士丁(36ㄱ5), ﹀去七丨(52ㄱ5), ﹀口丁厶(43ㄱ2), ﹀ニ
﹀ヒヒ(15ㄱ1), ﹀ニ﹀屮(34ㄱ10), ﹀十(05ㄴ4)' 등의 쓰임이 흥미롭
다. 이들의 쓰임을 『단경』 언해본과 비교하여 제시하면 다음과 같다.

(1) 去

[영(가)본] 祖以坐具一展ニヒ 盡覃曹溪四境四天(02ㄱ10)游揚﹀彡 **至
前去** 師乀 以鉢又 舀之﹀ニ口 龍不能動師持鉢堂上(02ㄴ1)
與龍又 說法﹀ニヒ 龍乀 遂蛻骨而去去乚 其骨長可七寸ナヒ
首尾(02ㄴ2)角足乀 皆具﹀丶カヒ 留傳寺門﹀ヒ、(02ㄴ3)

[諺解本] 祖丨 以坐具를 一展ㅎ시니 盡覃曹溪四境(서015ㄱ-5)커늘
四天游揚**至前**커늘 師丨(서021ㄴ-4)以鉢로 舀之ㅎ시니
龍不能動커늘 師丨 持鉢堂(서021ㄴ-5)上ㅎ야 與龍說法
ㅎ시니 龍이 遂蛻骨而去ㅎ니 其(서021ㄴ-6)骨長이 可七
寸이오

(2) 去口﹅

[영(가)본] 望上(08ㄱ6)人ﾉﾂﾟﾋ 引至偈前ﾂ彡 禮拜**去口﹅** 童子引
至偈前ﾂㄴ 作禮ﾂﾛ 能ﾂ 曰ﾉㅿ(08ㄱ7)

[諺解本] 望(상023ㄱ2)上人이 引至偈前ㆆ야 禮拜**ㆆ라** 童子ㅣ 引
至偈(상023ㄱ3)前ㆆ야 作禮케ㆆ대 能이 曰ㆆ더

(3) 去ㄱ﹅

[영(가)본] 興化ﾂ彡 建立吾宗ﾉㅿ 締緝伽藍ﾂァ 昌隆法嗣ﾂㆀﾟ
問曰彡 未(57ㄱ5)知**去ㄱ﹅** 從上佛祖ﾂ 應現已來ㄱ 傳授
幾代ﾂㆀﾋㅁ 願垂開示ﾂ小西(57ㄱ6)

[諺解本] 同時興化ㆆ야 建立(하66ㄱ7)吾宗ㆆ야 締緝伽藍ㆆ야 昌
隆法嗣ㆆ리라 問曰호대(하66ㄱ8)未知**커이다** 從上佛祖
ㅣ 應現已來ㅣ 傳授幾(하66ㄴ1)代ㅣ니잇고 願垂開示ㆆ
쇼셔

(4) 去入去

[영(가)본] 上人彡 我此踏碓**去入去** 八箇餘月ﾂﾟﾟㅿ 未曾行到堂前ﾂ
ﾟﾟ﹅(08ㄱ6)

[諺解本] 上人아 我此(상023ㄱ1)踏碓**ㆆ얀디** 八箇餘月호대 未曾行
到堂前호니

(5) 去七口

[영(가)본] 德ﾂ 皆云ﾉㅿ 欲得會道ㄱ大ㄱ 必須坐禪習定ﾉㆀﾋ 若
不因禪定(51ㄱ9)而得解脫者ㄱ 未之有也ﾋﾂﾂﾋﾋ 未審
去﹅ 師所說法ㄱ 如何**去七口**(51ㄱ10)

[諺解本]　德이　皆云호디　欲得會道ㄴ댄　(하31ㄱ6)必須坐禪習定이
　　　　　니　若不因禪定ᄒ고　而得解脫(하31ㄱ7)者ㅣ　未之有也ㅣ라
　　　　　ᄒᄂ니　未審커이다　師의　所說(하31ㄱ8)法은　如何ㅣ잇고

(6)　ロ丶

[영(가)본]　能丶　曰ノム　能(08ㄱ7)不識字ソツヒ　請上人ソツヒ　爲讀
　　　　　ロ丶　時氵　有江州別駕丶　姓ㄱ　張午　名ㄱ　曰(08ㄱ8)用ヒ
　　　　　便高聲しツ　讀ソ氵し　能聞已ソロ　因自言ノム　亦有一偈
　　　　　ノヒ　望別駕ソ丶ヒ(08ㄱ9)　爲書**ロ丶**　別駕言ノム(08ㄱ10)

[諺解本]　能이　曰호디　能은　不識字ᄒ노니(상023ㄱ4)請上人이　爲
　　　　　讀ᄒ라 (상024ㄱ3)時有江州別駕ㅣ　姓은　張이오　名은　曰
　　　　　用이러니　(상024ㄱ4)便高聲으로　讀ᄒᆫ대　能이　聞已ᄒ고
　　　　　因自言호디　亦有(상024ㄱ5)一偈호니　望別駕ㅣ　爲書ᄒ라
　　　　　別駕ㅣ　言호디

(7)　しソㅣ土丁

[영(가)본]　而告師曰ノム　法達ㄱ　徒(36ㄱ4)昔已來ツ　實未曾轉法華丶
　　　　　氵　乃被法華ㅌ　轉**しソㅣ土丁**　再啓曰ノム　經(36ㄱ5)云
　　　　　ノム　諸大聲聞ㅏ　乃至菩薩ㅏ丶　皆盡思共度量ソ氵刀(36
　　　　　ㄱ6)

[諺解本]　而告師曰호디　法達은　徒昔已來로　實未曾(중066ㄱ3)轉法
　　　　　華ᄒ고　乃被法華轉**ᄒ다ᄉ이다**　再啓曰호디　經(중066ㄱ
　　　　　4)云ᄒ샤디　諸大聲聞과　乃至菩薩이　皆盡思共(중066ㄱ5)
　　　　　度量ᄒ야도

(8) ▽厶乚ㅏ

[영(가)본] 卽離兩邊(52ㄱ4)說一切法▽氵厶 莫離自性▽ヽ 忽有人ヽ
問汝法▽厶乚ㅏ 出語ヽ 盡雙(52ㄱ5)皆取對法▽氵

[諺解本] 卽離兩邊ᄒᆞ고 說一切法호ᄃᆡ 莫離自性이니라 (하41ㄱ5)
忽有人이 問汝法커든 出語를 盡雙ᄒᆞ야 皆取對(하41ㄱ6)
法ᄒᆞ야

(9) ▽口ㄱ厶

[영(가)본] 三匝▽口 振錫而立ヽヽ久 師曰▽厶 夫沙門者ㄱ 具三
千威儀八(43ㄱ1)萬細行ヒ 大德ㄱ 自何方而來▽口ㄱ厶
生大我慢口 覺ヽ 曰ノ厶 生死(43ㄱ2)事大▽氵 無常迅速
▽ㅣ尸ヽㅣ(43ㄱ3)

[諺解本] 三匝ᄒᆞ고 振錫而(중99ㄴ7)立호ᄃᆡ 師曰ᄒᆞ샤ᄃᆡ 夫沙門者
ᄂᆞᆫ 具三千威儀와 (중99ㄴ8)八萬細行이어시니 大德은 自
何方而來완ᄃᆡ 生大(중100ㄱ1)我慢고 覺이 曰호ᄃᆡ 生死
事大ᄒᆞ야 無常이 迅速(중100ㄱ2)이니이다

(10) ▽二▽ヒヒ

[영(가)본] 善知識氵 摩訶般若波羅蜜▽氵 最尊最上最第一ヽ 無(14
ㄴ10)住無往▽氵 亦無來▽ヒ 三世諸佛ヽ 皆徒中出▽二
▽ヒヒ 當用大智(15ㄱ1)慧▽氵 打破五蘊煩惱塵勞ノㅣヒ
如此修行▽ノ 定成佛道▽ㅣヽ(15ㄱ2)

[諺解本] 善知識(상59ㄱ6)아 摩訶般若波羅蜜은 最尊ᄒᆞ며 最上ᄒᆞ
며 最第(상59ㄱ7)一이라 無住ᄒᆞ며 無往ᄒᆞ며 亦無來ᄒᆞ야
三世諸佛이 (상59ㄱ8)皆徒中出ᄒᆞ야 當用大智慧ᄒᆞ야 打

破五蘊煩惱(상59ㄴ1)塵勞ᄒᄂ니 如此修行ᄒ면 定成佛道
ᄒ야

(11) ㅅㄹㅅ씨

[영(가)본] 弟子誦(34ㄱ9)法華ㄱ 經未解ノ厶 經義心常ㅅㅌ 有疑ㅅㅣ
ㄴ 和尙ㄱ **智慧廣大ㅅㄹㅅ씨** 願(34ㄱ10)略說經中義理ㅅ
小西

[諺解本] 弟子ᄂᆫ 誦法華經ᄒ디 未解經義ᄒ야(중57ㄱ2) 心常有疑
ᄒ노니 和尙이 **智慧廣大ᄒ시니** 願略(중57ㄱ3) 說經中義
理ᄒ쇼셔

[諺解本석] 弟:뎨子(중57ㄴ5)ㅈ·ᄂ 法·법華화經경·을 외·오
디 經경ㅅ ·ᄠᅳ(중57ㄴ6)들 :아디 :몯·ᄒ야 ᄆᅀᆞ·매
샹·녜 疑의心심·을(중57ㄴ7) ·뒷노·니 和화尙·
샹·이 **智·디慧:혜** 넙·고 ·크시(중**57ㄴ8)·니** 願:
원혼·ᄃᆞᆫ 經경中듕ㅅ 義:의理:리·를 :잢(중58ㄱ1)간 니
ᄅᆞ·쇼셔

(12) ㅅ十

[영(가)본] 世人ㄱ(05ㄴ3) 生死事大ㅊㄴ 汝等ㄱ **終日ㅅ十** 只求福田
ㅓㄱㄱ 不求出離生死(05ㄴ4)苦海ㅅㅈㅣ 自性若迷ㅅㅈ 福
何可求ㅌㅓ(05ㄴ5)

[諺解本석]:사ᄅᆞ·미 :살·며 죽ᄂ :이리 ·크니 너희·ᄃᆞᆯ히(상10
ㄱ5) **져·므ᄃ·록** 오·직 福·복田뎐·을 求구ᄒ·고
生(상10ㄱ6)싱死:스苦·고海:ᄒᆡ·예 여·희여 :나몰 求
구·티(상10ㄱ7) 아·니·ᄒᄂ·니 제 性:셩·을 ·ᄒ

다·가 모·ㄹ면 福(상10ㄱ8) ·복·이 :엇·데 어·루

求:구ㅎ·리오(상10ㄴ1)

4. 결론

이 글은 고려시대부터 조선시대까지 간행된 구결 자료 가운데, 아직
까지 학계에 소개된 바 없는 『단경』을 대상으로 하여 이 자료의 이본
들을 소개하고 이들 이본에 나타나는 문자 체계와 형태 서지 및 구결
의 특징을 고찰하는 데 목적이 있었다.

이상에서 논한 바를 간략히 정리하여 결론으로 삼는다.

첫째, 『단경』의 이본들을 형태 서지 및 구결 자형 등으로 검토해 볼
때 이본들의 구결 기입 순서는 '영남대 (가)본', '영남대 (나)본'과
'1479년본', '1496년본', '1574년본' 순으로 추정된다.

둘째, 각 이본들에 사용된 구결 자형은 '영남대 (가)본'이 53개이고,
'영남대 (나)본'은 62개, '1479년본'은 56개, '1496년본'은 52개, '1574
년본' 54개이다.

셋째, 1880년 (가)본과 1880년 (나)본은 일본에서 간행된 것으로 자
형은 1880년 (가)본이 43개이고 1880년 (나)본은 41개이다.

넷째, 『단경』 이본들의 구결을 『단경』 언해본과 비교하여 살펴본
결과 8번 '尹'와 9번 '乃', 15번 'ㅌ'가 동일한 음에 대응되는 경우가
있으며, 11번 '叉'와 37번 'ᄡ'도 언해본과 비교해 보면 언해본에서 동
일한 음에 대응되는 경우가 있음을 알았다. 또한 17번의 'ㅣ'와 22번
의 '月', 30번의 '㫆', 31번의 'ㅅ' 역시 언해본과 비교해 보면 언해본
에서 이들 자형이 동일한 음에 대응되며, 19번의 '大'와 31번의 'ㅅ'

역시 '영남대 (가)본'에 있어서만 그 공통이 있음을 알았다. 그리고 56번의 '一'와 57번의 '襾', 58번의 '宀' 및 59번의 '𠘨'도, 60번 '尸', 61번 '所' 및 62번 '小'도, 81번 '位', 82번 '爲', 83번 '丷'도 언해본과 비교해 보면 모두 동일한 음 '위'에 대응될 수 있음을 알았다.

다섯째, 28번 '屮'와 35번 '厶', 44번 '广', 90번 '土', 91번 '下', 97번 '十' 등은 '영남대 (가)본'에서만 사용되었으며, 72번의 '我', 89번의 '他', 94번의 '屎' 등은 '영남대 (나)본'에서, 또 10번의 '女', 25번 '田', 33번 '七', 43번 '日', 75번 '⁻', 96번 '冞'는 '1574년본'에만 사용되었음을 알았다.

여섯째, 『단경』고려본 '영남대 (가)본'의 총 결합유형 388개 가운데 '去(02ㄴ1), 去口·(08ㄱ7), 去ㄱ·(57ㄱ6), 去入去(08ㄱ6), 去七口(51ㄱ10), 口·(08ㄱ10)(08ㄱ8)(08ㄴ4), ㄴ丷丨土丁(36ㄱ5), 丷去七丨(52ㄱ5), 丷口ㄱ厶(43ㄱ2), 丷二丷匕匕(15ㄱ1), 丷二丷屮(34ㄱ10), 丷十(05ㄴ4)' 등의 쓰임이 흥미로웠다.

참고문헌

김동소(1999), 『한국어변천사』, 형설출판사.

김동소(2000), 「『육조 법보 단경 언해』하권 연구」, 『국어학』35, 국어학회, 3-34.

김무림(2000), 「한자음(漢字音)」, 『새국어생활』10-4, 국립국어연구원.

김문웅(1993), 「한글 구결의 변천에 관한 연구」, 『한글』219, 한글학회, 115-154.

김영욱(2000), 「14세기 국어의 시상과 서법―'-ᄂᆞ-, -더-, -리-, -거-, -ᄂᆞ-'를 중심으로―」, 『구결연구』제6집, 구결학회, 61-85.

남경란(1997), 「고려본 『능엄경』의 음독 입겿과 'ㅣ'형 종결법 연구」, 대구가톨릭대학교 석사학위 논문.

남경란(2003), 「<대방광불화엄경소> 입곁 연구」, 『배달말』 32, 배달말학회, 137-159.

남경란(2005), 『麗末鮮初 音讀 입곁(口訣)의 綜合的 考察』, 경인문화사.

남권희(1999), 「朝鮮中期부터 舊韓末까지의 口訣資料에 관한 書誌學的 硏究」, 『書誌學硏究』 第18輯, 서지학회, 445-519.

남풍현(1990), 「高麗末·朝鮮初期의 口訣 硏究－楞嚴經 記入吐의 表記法을 중심으로－」, 『진단학보』 69, 진단학회.

남풍현(1997), 「借字 表記法과 그 資料」, 『국어사 연구』, 태학사.

박성종(1996), 「宋成文本 楞嚴經 解題」, 『口訣資料集三 朝鮮初期 楞嚴經』, 한국정신문화연구원.

박진호(1997), 「차자 표기 자료에 대한 통사론적 검토」, 『새국어생활』 7-4, 국립국어연구원.

백두현(1996), 「고려 시대 구결의 문자체계와 통시적 변천」, 『아시아 제민족의 문자』, 태학사.

안병희(1988), 『中世國語口訣의 硏究』, 일지사.

이승재(1992), 『高麗時代의 吏讀』, 태학사.

이승재(1993), 「麗末鮮初의 口訣資料」, 『國語史 資料와 國語學의 硏究』, 문학과지성사.

장윤희(2002), 『중세국어 종결어미 연구』, 태학사.

정재영(2000), 「선어말어미 '-內-', '-飛(ㅌ)-'와 '-臥(ㅏ)-'－고대국어 선어말어미 '-ᄂ-'와 그 변화」, 『형태론』 통권3호, 박이정.

황선엽(1996), 「一簑文庫本 『大方廣圓覺略疎注經』」, 『口訣硏究』 1, 구결학회, 95-126.

Connecting dialects and kwukyel

Ross King*

0. Introduction and preliminaries[1]

The discovery in December, 1973 of the *kwuyek inwangkyeng* (舊譯 仁王經) and its subsequent announcement to the academic community in 1976 hinted at the promise of rich linguistic data about pre-alphabetic Korean in the form of annotations of Buddhist texts in Classical Chinese. More recently, that promise has begun to be fulfilled as more and more **kwukyel** texts and fragments of different types have come to light since the 1990s.

Virtually all of the substantial **kwukyel** materials discovered thus far date to the Kolye period, and thus are nearly a thousand years removed from contemporary Korean. Not surprisingly, decipherment work and attempts to delineate the diachronic developments implied by the **kwukyel** data focus primarily on the data from (Late) Middle Korean -- the language reflected in the texts from the first fifty years or so after the

---

* Associate Professor of Korean, University of British Columbia

1) The author is grateful to Professors Eungyu Lee (Yi Unkyu) and Seungjae Lee (Yi Sungcay) for their assistance and guidance with **kwukyel** materials in general, and with this paper, in particular. Needless to say, they are not responsible for any of the errors I commit herein.

promulgation of the *Hwunmin cengum* in 1446. Moreover, the relatively shallow time-depth of the linguistic data available on Korean dialects, as well as the relatively modest extent of variation between regional varieties of Korean, appear to have discouraged researchers from linking **kwukyel** materials to data from Korean dialects.

Nonetheless, it is the contention of this paper that, in attempting to understand the language of the **kwukyel** materials, useful hints can be obtained from excursions into modern Korean dialects[2].

Writing about **kwukyel** in English

Almost nothing has been published in English about **kwukyel** materials. This raises the question of conventions for transcribing **kwukyel** data in Roman script, and I would like to suggest here that all the necessary tools are available in the elaborated version of the Yale romanization as expounded in Martin (1992). Thus, all Korean forms in this paper -- whether from modern standard Korean, Middle Korean, or **kwukyel** materials -- are transcribed using the Yale system. For those unfamiliar with the system, its key features are as follows: modern Korean forms (or dialect forms rendered in hankul orthography) are written in **bold**, while pre-1933 forms (anything using the 'alay a') are written in *italics*. The vowels ㅡ and ㆍ are rendered as *u* and *o*, respectively, while ㅜ and ㅗ are rendered as *wu* and *wo*. Cases where

---

2) It probably also behooves us to remain open to the possibility of regional variation within the linguistic data of the **kwukyel** materials themselves, but this topic does not appear to have been broached in the literature yet.

Middle Korean syllable-initial ○ is thought to have represented a lenited *k* (e.g., words like *yezGi* "fox (nominative)," *swulGwuy* "cart," etc.) are represented with 'big *G*,' the sign △ is rendered by *z*, all diphthongs are rendered in their full forms (e.g., 위 is rendered as *wuy* for Middle Korean, but as **wi** for modern standard, etc.), 'w' is never abbreviated after labials (문 is always *mwun* for Middle Korean, but for modern standard can be abbreviated as **mun**), etc.[3] Chinese characters are usually rendered in CAPS in their modern Korean readings.

In the following sections, then, I sketch out three cases where modern dialect data can shed new light on otherwise puzzling froms from the **kwukyel** materials:

1) subject-honorific *-kye-*
2) copular comitative~quotative *ye*
3) instrumental *-(u)llwo*

1. Subject-honorific *-kye-*

---

3) In many cases, a thorough familiarity with the etymologically oriented analyses in Martin (1992) and with the Yale romanization can be of great assistance in approaching **kwukyel** materials. For instance, in the case of Martin's 'big *G*', see Martin (1992: 271), where he suggests that Middle Korean *-u/o · sya*, the modulated honorific, "may well be the EFFECTIVE with the modulator absorbed (i.e. suppressed, as with ‥*a*-stems in general, p. 270): *-u/o · si- · (G)a-[· w^{u/o}-]*." The 'effective' in Martin's grammar is the *- · ke- ~ - · ka-* ending that lenites to *- · Ge- ~ - · Ga-*, and here Martin's 'big *G*' finds surprising corroboration in the **kwukyel** materials in the early Kolye interpretive **kwukyel** ending '-ㄷ ㅜ' {-siha}, an ending that is condensed to just '-쇼/ㅅ {-sya} in the **Songtok kwukyel** materials from the end of the 13th century.

The first (and to my only knowledge, thus far the only) case of an appeal to modern dialect data in the interpretation of a **kwukyel** grammatical marker is that of the somewhat controversial element marked by '-ナ-' *-kye-*. Different scholars have approached this marker in different ways, with some interpreting it as an auxiliary verb, others as a tense-aspect marker or Aktionsart marker, and yet others as a mood marker with properties similar to those of Middle Korean *-ke-* ~ *-ka-*. However, Yi Sungcay has argued in a series of papers (1996a, 1998, 2001, 2003) that '-ナ-' *-kye-* was a subject-honorific marker. Thus, he describes a three-tiered listener-oriented speech level system as follows for mid-Kolye: 'ゝ 勿 立 {*hosisye*}'-style, 'ゝ ヒ 立 {*honassye*}'-style and ' ゝ ㄸ {*hola*}'-style. Moreover, Yi Sungcay analyses mid-Kolye period Korean as having a three-tiered honorific system:

Speech Level	Verb marker	Vocative Particle
Super-honorific	'-勿-' or '-ニ-' {*-si-*}	'-下' {*-ha*}
Honorific	'-ナ-' {*-kye-*}	'- ㇇ ' {*-ye*}
Plain/Low	Ø	'- ㇋ ' {*-a*}

Under this system and in the Buddhist texts that constitute the **kwukyel** corpus, Buddhas and boddhisatvas count as 'super-honorific' and take {*-si-*}, Buddhist believers/followers count as 'honorific' and take {*-kye-*}, and the lay masses count as 'plain/low' and take Ø. This system was typical of the 12th century, but was starting to disintegrate already by the mid-13th century, after which 'super-honorific' and 'honorific' collapsed in favor of {-*si*-}.

The dialect connection is not central to Yi Sungcay's argumentation, but is significant nonetheless. Thus, Yi Sungcay (1998) cites the following examples of subject-honorific '-**kye/key-**' from Cenla dialects and the northern portion of north Kyengsang province (citing Ogura 1938/1944 and Pak Yangkyu 1980):

1.a. Kwulyey area   **encey kaykeyssso? ecikkey kaykeyssnunkapso.**

     Analysis   /**ka** + **kye** + **ess**/

     Standard   **encey kasyessso? ecey kasyessna pwa yo.**

     Gloss   When did (s)he go? Seems (s)he went yesterday.

   b. Kwulyey area   **malley lo olla oykeylawu.**

     Analysis   /**o** + **kye** + **elawu**/

     Standard   **malwu lo olla osey yo.**

     Gloss   Please come up into the house.

2.a. Kohung-Yechen area   **ku tongan cal ci:keyssso (cey:keyssso)?**

     Analysis   /**kye** + **kye** + **ess** + **so**/

     Standard   **ku tongan cal kyeysyessso?**

     Gloss   Having you been keeping well these days?

   b. Nacwu area   **akka puthe celukho simmun man poko ci:keysselawu.**

     Analysis   /**kye** + **kye** + **ess** + **so**/

Standard	**akka puthe celehkey sinmun man poko kyeysey yo/ kyeysyesseyo.**
Gloss	(S)he was just reading the newspaper like that a short time ago.

Under this scenario, then, Cenla and north Kyengsang subject-honorific '-**kye/key**-' is a survival of a mid-Kolye (12th-century) grammatical marker and provides additional evidence in favor of Yi Sungcay's claim that kwukyel '-ナ-' {-*kye*-} was a type of subject-honorific marker.

2. Copular comitative~quotative *ye*

Payk Twuhyen (2005: 502-509) summarizes the functions of **kwukyel** '-ㅗ-' *ye* (rendered as ' ⨡ ' in the ***Kwuyek Inwangkyeng***) as follows:

    a) it attaches to nouns for the concatenation/coordination of nouns and noun phrases

    b) it attaches to verb forms for the concatenation/coordination of sentences

    c) it attaches to verb forms and functions as a connective ending

    d) it functions as an 'exclamatory expression'

For our purposes here, we focus on just (a), where Payk distinguishes two sub-types -- a concatenative~coordinating function and a quotative function. Both types can be seen in the following example (金光 3;09:15-18):

3. 惡獸ᅩ 人非人 等ᄼㄱ 怨賊ᅩ 災橫ᅩ 諸惱ᅩ
ノ尸ㄴ...

AKSWU ye INPIIN TUNGhon WENCEK ye CAYHOYNG ye CEYNOY ye hwol [$^{u/o}$]l$^{i)}$...

nappun cimsung kwa salam kwa salam anin kes kwa wencek kwa cayhoyng kwa motun

pennoyla hanun kes ul

As Payk notes, these two functions are both extremely common in the **kwukyel** materials. In effect, then, (a) encompasses two functions:

Concatenation/coordination: NP$_1$ *ye* NP$_2$ (*ye*)
Quotation: NP *ye hwo-/ho-*

Two things are worth noting here. Firstly, these two widespread functions of **kwukyel** *ye* find a close parallel in Japanese *to*. Secondly, there is good evidence to suppose that Japanese *to* is, in origin, a copular form (see Frellesvig 2001). Thus, it makes sense to explore *ye* further in the context of its connections to copular **i-** and the ways in which copular

---

4) A strict grammatological approach to **kwukyel** graphs would demand that every graph be represented as CV or VC. Moreover, the status of the minimal vowel [$^{u/o}$] in pre-*Hwunmin cengum* materials is controversial. For now, we follow the conventions of south Korean scholarship.

verb forms have been grammaticalized throughout Korean linguistic history.

Searching for reflexes of **kwukyel** *ye* in post-*Hwunmin cengum* materials

In origin, this **kwukyel** *ye* must be a copular form, based on the copular stem *i-* + infinitive *-e*. Martin (1992: 273) notes that in the case of the Middle Korean copula -ㅇ]- we can imagine two different underlying stems depending on the shape of the infinitive form; underlying * · *i-* would give · *i* · *ya* but underlying · *iy-* would give (*) · *iy* · *e*. As evidence for the latter treatment, he cites the lenition of suffix-initial *k* to *G* in gerund forms like · *i* · *Gwo*, and goes on to note that "the form · *i* · *ye* and its postvocalic reduction ' · *ye* can be found serving as a quasi-particle meaning 'whether, or; and; or/and the like' after a noun or the (unmodulated) substantive - ˙$^{u/o}m$..." (See also Martin 1992: 939; 892).

Examples of the quasi-particle function of Middle Korean · *iy* · *e* are *na.c i* · *ye* · *pa.m i* · *ye* "day and night" (1475 Nay 2:2:17b), an example also attested in compressed form as · *na.c ye* · *pa.m ye* (1481 Twusi 8:29a) and · *na* · *c ye* · *pa* · *m ye* (?1517 Pak 1:13b, 1518 Sohak-cho 8:15a). Martin (1992: 940) seems inclined to treat the latter examples as contractions or conflations of *na.c i* · *ye* · *pa.m i* · *ye*, but we should also consider the possibility that *ye* was an archaism or carryover from Kolye-period *ye*.

Martin's linking of the **ye** in modern conjunctive -**(u)mye** ← -$^{u/o}m$

ye is interesting in the light of **kwukyel** *ye*. In other words, Martin believes that modern **-(u)mye** has its origins in (unmodulated) substantive $- \cdot {}^{u/o}m$ *ye*, with this same copular infinitive $\cdot i \cdot ye/ \cdot ye$ (another way to conceive of the relationship between $\cdot i \cdot ye$ and $\cdot ye$ would be to see the former as 'conflated' and the latter as 'compressed', independent of whether the preceding element is a vowel or consonant -- see Martin 1986; 1992: 51).[5]

On a perhaps related note, Martin (1992: 330) notes that modern Korean intentive **-(u)lye** derives from Middle Korean $\cdot {}^{u/o} \cdot l$ *ye,* where his spacing indicates that he analyzes the *ye* here as a postmodifier. Martin (1992: 257; 892) identifies this *ye* as ، variant of the postmodifier **ya** 'question'," but we should also entertain the possibility that *ye* here is the same copular quotative~comitative element attested in the **kwukyel** materials. The parallel is not exact, but again, Japanese <u>to</u> comes to mind in its usage in the pattern <u>nani nani suru to</u>. Moreover, the fact that in Middle Korean this pattern always took the modulator ($\cdot$ ${}^{wu/wo} \cdot l$ *ye,* and, hence, could be interpreted as a first-person form) likewise suggests that the form could be a quotative in origin.

In any case, it seems clear that **kwukyel** *ye* survived into Middle Korean in at least its comitative~concatenative function (N_1 *ye* N_2), and that it perhaps lurks in modern endings like **-(u)mye** and **-(u)lye**. Can we

---

5) Martin's etymology gains support from dialect forms with final **-ng** like **-(u)myeng** meaning 'while; whilst', which can be analyzed as ← earlier * $\cdot {}^{u/o} \cdot m$ *yeng* where *yeng* ← $\cdot i \cdot ye$ + *-ng*, or as (unmodulated) substantive $- \cdot {}^{u/o}m$ + particle *yeng* ← $\cdot i \cdot ye$ + *-ng*. See below for other reflexes of **kwukyel** *ye* with accretion of *-n* or *-ng*.

find any traces of **kwukyel** *ye* in modern dialects?

Comitative *ye* in modern dialects

Modern varieties of Korean show a number of different comitative particles that have their origin in a copular form. Modern standard Korean has **-(i)lang** ← **ila* + *-ng*, as well as the rather literary **iye** ← Middle Korean · *i* · *ye/* · *ye*. Modern dialects show at least three different types of comitative particle derived from copular forms: a) **iye**-type, b) **ita**-type, and c) **iko**-type. Thus, Yi Kikap (2003: 105) lists the following:

Northwest:	**ilang // itang, ittang**
Central:	**ilang // iye**
Southwest:	**ilang // iya, iye**
Northeast:	**ilang, ila // ilamey, ilami // ikwung**
Ceycwu:	***iyeng***[6]

In the specific case of Ceycwu dialect, Yi Kikap (2003: 107) also notes that central dialect sentence-final copular **-ita** and **-ila** are realized in Ceycwu as **-iye**, and that Ceycwu ***iyeng*** has the same concatenative, enumerative, and comitative functions as standard **ilang**[7]. Other sources

---

6) Ceycwu dialect forms are rendered in ***bold italics***, because they are on the one hand contemporary, but need to follow the pre-1933 Yale romanization because of the retention of the 'alay a' in this dialect.

7) Ceycwu also has comitative **kwang** corresponding to standard **kwa**.

on Ceycwu dialect also list this concatenative particle as just *yeng*.

Quotation particles from copular forms

Indirect quotation in modern standard Korean relies on the quotative particle -**ko**, a grammaticalizion of earlier **hako** ← *hokwo* "saying/doing, and ..." via *ho*-deletion. Verbatim reported speech in modern standard Korean is handled in two different ways: 1) with "QUOTE" **hako** followed by a reporting verb (but not by **ha-**), and 2) by -**(i)lako** followed by any reporting verb (including **ha-**). In origin, the verbatim quotative -**(i)lako** is a grammaticalization of copular -*ila hokwo* with *ho*-deletion. The typological literature on reported speech particles and their origins focuses primarily on the grammaticalization of forms of reporting verbs, and typically devotes but little attention to quotative particles that have their origin in copular forms, but Korean is a clear case of a language that has developed quotative particles from copular forms.[8]

However, whereas the history of reported speech patterns in mainland Korean dialects is relatively well researched and understood by now, the same cannot be said for pre-alphabetic sources on Korean or for Ceycwu dialect.

Quoted speech in Ceycwu dialect: a survival of **kwukyel** *ye*?

Yi Kikap (2003: 592) describes the Ceycwu verbatim quotation particle as *iyeyn* and gives the following example:

---

8) See King (1994) for a lengthier discussion of the history of reported speech in Korean.

4. *i ken myengtwopwong, hwok hyengceypwong iyeyn two hekwok...*
"This is called a *myengtwopwong* or else also a *hyengceypwong...*"

Other sources list both *iyeyn* and *iyeyng* as variants, and some even suggest that *iyeyn* and *iyeyng* were once used differently depending on the tense of the main reporting verb (see King 1994 for details and references).

As for the non-verbatim[9] quotation particle, Yi Kikap (ibid.: 169; 589-590) describes this as *in/ing*, and supposes that it has its origin in much the same development that gave the modern standard Korean indirect quotation particle -**ko**:

modern standard/mainland dialects: *ho-kwo* "saying..." → **ko**
Ceycwu: *ho-ye* + -*n/-ng*   → **in/ing**

In other words, Yi Kikap assumes that the same process of *ho*-deletion applied in both cases, but that the form affected in Ceycwu was the older infinitive form in -*e* whereas on the mainland it was the newer *kwo*-for m[10].

---

9) The terms 'verbatim quotation particle' and 鮮on-verbatim quotation particle' are mine; the point of the latter term is that the applicability of the terms 'direct quotation' and 'indirect quotation' in the case of Ceycwu *in/ing* is even less evident than with quoted speech in mainland forms of Korean. Ceycwu *in/ing* can attach to virtually any final ending.

10) On the spread of -*kwo*-forms at the expense of -*e*-forms in the transition from Middle Korean to modern Korean on the mainland, see Yi Kikap (1981). Ceycwu -*en/-eng* is a common ending corresponding to just -**e** in mainland forms of Korean and is assumed to be infinitival -*e* + -*n/-ng*.

However, there are several problems with Yi Kikap's scenario. Firstly, he has no good explanation for how *ye* went to **i**; secondly, he does not address the question of how it is that Ceycwu **in/ing** can attach to any and all final endings in Ceycwu dialect -- a major difference between quotation patterns in Ceycwu and on the mainland; thirdly, his analysis requires both *ho*-deletion and an *ad hoc* explanation of how *ye* changed to **i**; and fourthly, he has no good explanation for the difference in shape between direct quotation marker **iyeyn/iyeyng** and the quotation marker **in/ing**.[11]

However, if one assumes that the Ceycwu quotation markers developed directly from Kolye/**kwukyel** copular quotative *ye*, rather than from truncation of a quoting verb *ho-* "do; say," the explanations are rather simpler. The phonological development must have been as follows:

Ceycwu verbatim quotation particle[12]

*-*iye-n*	→	*-*iyey-n*	→	*-*i-n*
*-*iye-ng*	→	*-*iyey-ng*	→	*-*i-ng*

11) Note also that Yi Kikap's account runs into trouble if one assumes that Ceycwu, like other dialects of Korean, has a constraint against quotations of the sort ***ha-** ... **hata** -- i.e., using a **ha**-based quotative to quote the verb **ha-**. Thus, modern standard Korean does not allow ***'haca' hako hayssta** "said 'let's do it'," requiring instead **'haca' lako hayssta**, with the verbatim quotative particle based on the copula. But Ceycwu seems to allow both **'hoce' iyeyn hayssta** and **hoceyn hayssta**.

12) Alternatively, if one assumes that the Ceycwu verbatim quotative particle is completely parallel in its development with modern standard -(i)la-ko, one could also assume:

*-*iye ye-n*	→	*-**iye i-n**	→	*-**iyey-n**
*-*iye ye-ng*	→	*-**iye i-ng**	→	*-**iyey-ng**

Under this scenario, the first -*iye* is just the sentence-final copula, while the *ye* is the old quotative, itself a grammaticalization (and compression) of -*iye* → -*'ye* → *ye*.

Ceycwu non-verbatim quotation particle

-'ye-n   →   *-i-n*

-'ye-ng   →   *-i-ng*

For affixation of the final *-n* and *-ng*, compare also Ceycwu *kocyen*/*kocyeng*, grammaticalized from *kocye* "take, and..." and used in a parallel fashion to modern standard **kaciko** as an auxiliary verb. (Yi Kikap 2003: 160)

Residual problems with the Ceycwu data

I believe that my proposal here to derive the Ceycwu quotative markers from **kwukyel** *ye* is more promising that Yi Kikap's proposal of **ho-yen[g]* → **in[g]** via *ho*-deletion, but am the first to admit there are some details to be worked out with the phonological developments. Thus, we need to know more about how sequences like *ye*, *yey*, *ye i-*, *iye*, *iyey*, etc., developed in pre-modern Ceycwu dialect. In this regard, we note that for most Ceycwu speakers, the name of their island is *cicwu* ← **cyeycywu*. Furthermore, there is the question of chronology with Ceycwu comitative *-yeng*, which I assume to be a later development (also from copular *-(i)ye* + *-ng)* than the quotatives.

Returning to Martin's proposal about the origin of **-(u)mye** ← *-($^{u/o}$)m ye*, we also note that the modern standard conditional ending **-(u)myen** derives from this same *-($^{u/o}$)m ye* + *n'*, a truncation of thematic *(n)un~(n)on*. Here we would simply remark that the Ceycwu equivalent to **-(u)myen** is *-(u)min* (example from Yi Kikap 2003: 79):

kunyang eymi   etiley   ka pwul-min...
just   mother somewhere-to go throw-cond.
(f the mother just up and goes somewhere..."

Ceng Sungchel (1995) links the development of earlier *ye* to **i** in this ending to the tendency for *ye* → **i** after labials in Sino-Korean, but if the *ye* in Middle Korean -$^{(u/o)}m$ *ye* was indeed the same copular *ye* as Kolye/**kwukyel** *ye*, there is no need to extend this explanation in such an *ad hoc* fashion to the shape of conditional **-(u)min**.

3. Instrumental -(u)llwo vs. directional -(u) lwo

Modern standard Korean has just one particle -(u)lwo that is used in a wide variety of functions, including both instrumental and directional:

5. **polpheyn ulo   phyenci lul ssunta**
ball-point pen-instr. letter-acc. writes
"writes a letter with a ball-point pen"

6. **cip ulo   kanta**
home-directional goes
"goes [in the direction of] home"

Modern standard Korean also has an accusative particle (l)**ul** that can mark destinations, or else combine with directional **ey**, in addition to its main function of marking direct objects:

7. **yulep ul**   **yehayng kanta**

   Europe-acc. travel   goes

   "goes traveling around Europe"

8. **cip ey lul**   **kanta**

   home-dir.-acc. goes

   "goes home"

And some dialects of Korean in the southeast have shapes for the accusative particle that coincide with the modern standard Korean accusative particle: **ulwo/lwo; ul/lwo** (Yi Kikap 2003: 44).

Moreover, both modern standard Korean and Middle Korean have examples of conflated instrumental -**(u)llo** (MK -$^{(u/o)}$*llwo*), albeit typically only after pronouns (**nallo ~ nalo hayekum** "me" [as causee] or **ke** "thing" (abbreviated from **kes: i kello** "with/by means of this").

Thus, one might say that there is rather a lot of syncretism (or potential for syncretism and/or confusion) with particles involving liquids, and it is in this context that we would like to examine a third and final potential parallel between **kwukyel** materials and modern dialect data.

Accusative and instrumental in Yukcin dialect

The accusative particle in Yukcin dialect (as attested in the Kazan' materials from the first years of the 20th century) has the shapes **-u** (after consonants) ~ **lu** (after vowels) and **-wu** ~ **lwu** (after labials and rounded vowels). The Yukcin accusative marker developed from *-(l)ul* by losing its final l.

But where modern standard Korean has just **-(u)lwo** for both instrumental and directional usages, the Kazan' materials show a clear distinction between instrumental **-(u)llu** and directional **-(u)lu**[13]. With extremely few exceptions, nearly all the numerous examples of **-(u)lu** in the Kazan' materials are used in a purely directional sense (, longside; along; in the direction of"), while **-(u)llu** has predominantly an instrumental function, but also occasionally functions with directional meeting.

The relevant particles in Yukcin can be summarized as follows[14]:

-iri(šɔ):   always directional in the senses of ، longside; along;
                   in the direction of"

---

13) Yi Kikap (2003: 77) simply lists **ulu** and **ullu** as variant equivalents for modern standard instrumental **ulo** for both North Hamkyeng in general and Yukcin in particular, and again (ibid.: 80) lists "**ulwu, ullu, ullwu//u/lu**" as variants of the instrumental for the same regions, but the Kazan' materials show a clear difference in function. Moreover, Yi Kikap's assertion (ibid.: 81) that **u~lu** in northeastern dialects functions as accusative, dative, instrumental, status and directional all at once needs to be treated with extreme caution.

14) All Yukcin data are from King (forthcoming), albeit with some changes in transcription dictated by the restrictions imposed in the process of adapting Macintosh Nisuswriter files into HWP format.

-uru(šɔ)

> 방쳔으르, 짝으르, 밭으르, 촌으르, 북으르, 곁으르
> ~ 곁으르, 마당간으르, 물밑으르,
> 허덕으르, 어드르, 대문으르, 나무밭 속으르, 물
> 역으르, 한곧으르, 강으르,
> 상으르, 방으르, 댱으르, 낭그르, 방안으르
> 집우루(셔), 셩듀루, 우루, 두루, 쯤우루

-illɨ: usually instrumental, sometimes directional

-ullu:

> 이 길르, 마알르, 물르 ~ 물루, 바당물르, 함물르,
> 풀루, 모샐르, 금젼을르

> Exceptional examples of directional illɨ/-ullu:
> 나무밭 속을르, 마당을르, 죽을르, 산을르, 바안을
> 르, 모분 두룰루, 딮가릴르(셔), 밭을르, 골목일르
> (x2), 창문을르, 나무밭을르, 내 두울루, 동녤르, 곁
> 을르, 따알르

    Case syncretism can occur with nouns that end in a vowel, in which case two analyses are possible: accusative and directional. E.g.: 눈무디르, 어드르(셔), 둥지르, 어드메르, -는데르. Note that accusative 르 ~ 으르 can also mark destination in Yukcin dialect.

-irɨ(šɔ):   "from" (ablative)

-uru(šɔ):

댱을르(셔) "from the market;" 겅곌르셔 "from there"

The dative ending -계르 is almost certainly from either *-key-lwo (dative -key + directional -(u)lwo → *-keylwu → -keylu, or from *-key + accusative -*lul → -lu, rather than from *-key + instrumental -(u)lwo or accusative -*(u)lwu → -(u)lu.

Here are some examples of directional -(u)lu/-(wu)lwu in Yukcin dialect (taken from a total corpus of 53 examples in the Kazan' materials):

9. šö kɨ tstsag<u>iri</u> kasso. (Azb 4)
   The cow went in that direction.

10. purgun kurumi pug<u>iri</u> kani xanɨri parɣasso. (Azb 5)
    The red clouds went to the north, and the sky has cleared up.

11. kɨ sarɨmu čɔtx<u>iri</u> nyǽgiri xadɔn sarɨmdɔri wa... (Azb 10)
    The people who had been talking came alongside him...

12. adɔri namu patx<u>iri</u> kašɔ. (Azb 13-14)
    The children went to the forest.

13. adɔri madaŋ kan*ɨ́ɨ* kašɔ. (Azb 14)

The children went to the barn.

14. natsxɨ namu tstsaɣɨ̇rɨ̇ ponægu, kɔŋge andzašɔ. (Azb 19)

[The man] sat there having turned his face toward the tree.

15. tse čiburu čxɔŋ ɣæ mur mitxɨrɨ. (Azb 20)

invited it to its [own] house under the water.

16. šiyŋnyæ, tæ munɨrɨ tɨrɔ kadaɣa... (Azb 34)

As the wolf was entering the main gate...

17. "orun tstsagɨrɨ morara! kkargætta!" (Azb 34)

"Drive to the right! I'll run you over."

18. "xanɨnimke tsɔr ɣæ du, muryɔgɨ̇rɨ̇ pægiu." (Azb 37)

"Pray to God, but row towards the shore."

19. šiyŋnyæ puršerɨ kã̄ɨrɨ ttwe tɨrɔ ɣašɔ (Azb 38)

The wolf suddenly leapt over to the river and went in

20. mandžɔ narɨ noara naŋgɨrɨ olla karyarɨ (Azb 40)

First let me go, so I can go up the tree

21. tsuy tstsɨmešɔ tse naɣanærɨ pã anɨ̇rɨ̇ tærye tirye wašɔ (Azb 40)

The mouse took its guest out of a crack into the room, and...

22. turi sãir̲i̲ olla ɣašɔ. (Azb 40)

the two of them went up onto the table.

23. nanšiy ttæ txa guk kunsædɔri xan kodɨ̇r̲i̲ wašɔ. (Azb 47)

In wartime, foreign soldiers came to a [certain] place.

24. namu kyɔtxešɔ pxagidu pxagu, namu patxir̲i̲du tæŋgigu (Azb 49)

would both dig beside the tree and wander in the forest

25. čɔguna kɨɣɔttɔri tstsimur̲u̲ tɨrɔ ɣašɔ. (Azb 41)

They barely made it into the crack.

Here are some examples that exemplify the contrast between instrumental and directional:

26. kɨge xɔdɔgir̲i̲ nara olla ɣašɔ, nargæl̲l̲i̲ tudurigu, modirgi sorir̲i̲ xǣšɔ (Azb 20)

It flew up to the shed, beat with its wings, and cried loudly

27. nara našɔ pa anil̲l̲i̲ tsxaŋ munir̲i̲. (Azb 63)

[the siskin] ... flew out into the room toward the window.

28. ɔndzena tyɔ tsxonir̲i̲ i kil̲l̲i̲ kɔrɔ kar-màn xào? (RKR 52-53: 363)

How long does it take to go to that village on foot along this road?

29. tarɨn kɨri ɔpso, tarɨn tstsagɨllɨ tsxonɨrɨ tɨrɔ karyàrɨ? (RKR
    52-53:364)
    *Is there no other way so as to arrive at the village from the
    other side?*

Finally, here are some examples of instrumental -(u)llu being used
in directional function:

30. maàllɨ kìna kanɨn kɨllɨ (RKR   20-21:84)
    along the inter-village roads.

31. xabundza obun turullu tara tæŋgyera. (Azb 29)
    Run around the entire field by yourselves.

32. yaŋdɔri patxɨllɨ tæŋgyešɔ. (Azb 19)
    The sheep were roaming about the field.

33. kɨ ɣanna namu pat soɣɨllɨ kašɔ. (Azb 22)
    She went into a forest.

Explaining the Kazan' Yukcin data

The easiest way to explain this situation in the older Yukcin
materials is to assume that an earlier distinction between instrumental

-(u)llu and directional **-(u)lu** was in the process of being wiped out through an extension of instrumental **-(u)llu** into the directional functions formerly handled by **-(u)lu**. As for the phonological changes involved in these particles, older *-*(u)llwo* and *-*(u)lwo* must have raised first to *-*(u)llwu* and *-*(u)lwu*, after which the rounding element was lost in wu (both processes are widespread and well-attested in Yukcin dialect -- see King forthcoming).

Middle Korean shows no evidence of a distinction between instrumental *-(u)llwo* and directional *-(u)lwo*, and instead has just *-(u)lwo* in much the same functions as modern **-(u)lo**. There is no shape *-(u)llwo* in Middle Korean other than in the few cases of conflation mentioned just above. Thus, there are two ways to interpret the Yukcin distinction between instrumental **-(u)llu** and directional **-(u)lu:**

    a) the distinction is a Yukcin innovation that developed after the Middle Korean period;

    b) the distinction is an archaism that pre-dates Middle Korean and had disappeared

    already in the central dialects by the time of the invention of the Korean script.

Given the remote location of the Yukcin region, as well as the presence of other significant archaisms in the Yukcin dialect, we cannot discount possibility number (2), but with just the Yukcin and Middle Korean evidence to go by, it is difficult to say much more.

However, there are interesting examples in the interpretive **kwukyel** materials of the instrumental particle being written with two liquids. As Yi Sungcay (2000b: 11-12) explains, the instrumental marker in the **kwukyel** materials functions to mark instrument, direction, cause/reason and status, and is typically written with the sign '-⋯', read by scholars now as {*lwo*} and originally an abbreviated form of the Chinese character 以, the shape with which this particle was written from a very early date in Itwu materials. Yi Sungcay gives examples like the following:

34. 有七ㄱ 入 ⋯,　　　　心⋯,　　　　六種⋯,
大慈⋯

{HAVE}　*s*　*n*　*to*　*lwo*,　{MIND}　*lwo*,　{SIX　TYPES}　*lwo*,{GREAT　GRACE}　*lwo*

Yi Sungcay goes on to note that examples of instrumental '-⋯' {*lwo*} denoting instrumental and reason are the most numerous in the **kwukyel** materials, while those denoting status or direction are rather few.

Most interesting for our purposes here is Yi Sungcay's observation that an alternate shape of the instrumental particle appears "not infrequently," namely: '-乙 ⋯'. Yi Sungcay gives examples like the following:

35. 肉血乙 ⋯,　　　　因緣乙 ⋯,　　　　多ナㄱ の
乙 ⋯,　　　　光乙 ⋯, etc.

{FLESH & BLOOD} *l lwo*, {KARMA} *l lwo*, {MANY} *kye n to l lwo*, {LIGHT} *l lwo*

Yi Sungcay describes this variant as a kind of 'redundant graphism' (**cwungchep phyoki**), notes that "the preceding nouns for the most part end in a consonant" (later on the same page he strengthens this to "such redundant graphism occurs only when the preceding noun ends in a consonant) and supposes that the addition of the 'ㄹ' in front of '…' was intended as a device to signal the presence of the epenthetic vowel u/o. As one argument in support of this idea, he notes that 'ㄹ' begins with a vowel and '…' begins with a consonant: 'ㄹ' ul and '…' lwo. In his view, then, the l of 'ㄹ' is redundant -- in fact nonexistent and not to be read, and used in this context only to carry the linking vowel u that he assumes preceded lwo after noun-final consonants. Thus, he concludes, "we must take the view that the epenthetic vowel *u/o* was already in existence by the time of mid-Kolye."

However, Yi Sungcay's interpretation of this particular **kwukyel** particle strikes me as unnecessarily clever. One would like to see examples of other similar redundant graphisms' -- for example, why are there no examples of * ㅜ ㅕ um mye in addition to just ㅕ for mye?15) And one wonders if there are really no examples of ㄹ … occurring after a vowel.

Once again, it is difficult to say anything conclusive about the

---

15) Especially in light of Yi Sungcay's (2000a) proposal that certain **kwukyel** graphs be interpreted as having multiple readings, whereby a morphological 酉ucleus' or 'core' (**hyengthayso uy hayk**) is accompanied by different vocalizations. E.g.: ㄹ as {*lq/olq/ wolq*}, ㅎ as {*m/om/ wom*} and ㄱ as {*n/on/ won*}, etc.

relationship between **kwukyel** instrumental '-乙 ···' and Yukcin instrumental **-(u)llu**, but we cannot dismiss the possibility that in Kolye times and/or earlier, Korean had a distinction between instrumental *(u)llwo* and directional *(u)lwo*. The **kwukyel** materials, then, would bear witness to the period when these two particles were collapsing into just *(u)lwo* through the generalization of this latter shape to both instrumental and directional functions, while the Kazan' Yukcin materials reveal a dialect in the process of generalizing **(u)llu** to both functions. Future research on kwukyel materials needs to ascertain whether there are, in fact, no examples of '-乙 ···' after nouns ending in vowels, and whether there are examples of '-乙 ···' used in a directional function.

4. Conclusions

As we continue to try to understand the increasingly rich data preserved in the Kolye period **kwukyel** materials, it behooves us to mobilize any and all ancillary materials available. Despite the significant distance in time between the **kwukyel** materials and modern Korean dialects, data from regional varieties of Korean can provide valuable hints to us as we try to uncover historical developments and refine our analyses of **kwukyel** forms. In this paper, I have reviewed Yi Sungcay's claims about subject-honorific '-ナ-' *-kye-* and his explicit linking of this element to the subject-honorific '-**kye/key-**' found in Cenla dialects and in the northern portion of north Kyengsang. To this one putative connection between kwukyel and a modern dialect, I have attempted to add two more: a) copular comitative~quotative *ye* in the **kwukyel** materials and the Ceycwu quotative markers, and b) the variant '-乙 ᐧᐧᐧ' of the instrumental particle in the **kwukyel** materials and Yukcin dialect instrumental **-(u)llu**. Perhaps inevitably, my analyses remain somewhat speculative and inconclusive, but the attempt will have been worthwhile if it prompts others to ponder these **kwukyel** data in a new light.

References

Ceng, Cayyeng and Nam Sengwu. 1998. *Kwuyek Inwangkyeng* sektok kwukyel uy phyokipep kwa hankul censa [Orthography and hankul transcription of the interpretive **kwukyel** in the *Kwuyek Inwangkyeng*]. *Kwukyel yenkwu* 3.

Ceng, Sungchel. 1995. *Ceycwuto pangen uy thongsi umwunlon* [Historical phonology of Ceycwu dialect]. Seoul: Thayhaksa.

Frellesvig, Bjarke. 2001. A common Korean and Japanese copula. *Journal of East Asian linguistics*, vol. 10, no. 1, pp. 1-35.

King, Ross. 1991a. *Russian Sources on Korean Dialects*. Unpublished Harvard University PhD dissertation (Linguistics).

King, Ross. 1991b. Korean language studies in the USSR: Past, present and future. *Icwungenehakhoyci* 8, pp. 42-153. Seoul: Korean Society of Bilingualism.

King, Ross. 1994. History of reported speech in Korean. *Korean Linguistics* 8, 1-39.

King, Ross. (forthcoming). *Russian sources on Korean dialects*. (Volume one: *Amateur sources* volume two: *The Kazan' materials* volume three: *A grammatical sketch of Yukcin dialect on historical principles*).

Kōno, Rokurō. 1969. The Chinese writing and its influences on the scripts of the neighbouring peoples -- with special reference to Korea and Japan. Memoirs of the Research Department of the Toyo Bunko (The Oriental Library) No. 27, pp. 83-140. Tokyo: The Toyo Bunko.

Martin, Samuel E. 1986. Phonetic compression and conflation in English and in Korean. Nam-Kil Kim (ed.), *Studies in Korean Language and Linguistics*, pp. 118-24. Los Angeles: USC East Asian Studies Center.

Martin, Samuel E. 1992. *A reference grammar of Korean.* Rutland and Tokyo: Charles E. Tuttle.

Miyake, Marc Hideo. 1998. *HYANGCHAL*: A modern view of an ancient script. Byung-Soo Park and James Hye Suk Yoon (eds.), *Selected papers from the 11th International Conference on Korean linguistics, July 6-9, 1998, University of Hawaii at Manoa*, pp. 346-355.

Nam Phunghyen. 1999a. *Kwukesa lul wihan kwukyel yenkwu* [Studies on kwukyel for Korean language history]. Seoul: Thayhaksa.

Nam, Phunghyen. 1999b. **Yukasacilon** *sektok kwukyel uy yenkwu* [A study of the interpretive kwukyel in the Yukasacilon]. Seoul: Thayhaksa.

Ogura, Shinpei. 1938. Chōsengo ni okeru kenyōhō-sonkeihō no jodōshi [Humilific and honorific auxiliary verbs in Korea]. Reproduced in *Ogura Shinpei choshakushū*, vol. 2 (1944).

Pak, Yangkyu. 1980. Senam pangen kyengepep uy han muncey [A problem in southwestern dialect honorifics]. *Pangen 3*. Sengnam: Hankwuk Cengsin Munhwa Yenkwuwen.

Payk, Twuhyen. 2005. *Sektok kwukyel uy munca cheykyey wa kinung* [Interpretive kwukyel: writing system and function]. (Kolye sitay hankwuke yenkwu). Seoul: Hankwuk Munhwasa.

Pravoslavnoe Missionerskoe Obshchestvo [Orthodox Missionary Society]. 1904. *Azbuka dlia Koreitsev* [ABC for Koreans]. Kazan'.

Yi, Kikap. 1981. Ssikkuth '-a' wa '-ko' uy yeksa-cek kyochey [Historical alternation of the endings '-a' and '-ko']. *Ehak yenkwu* 17.2. Seoul: Sewultay Ehak Yenkwuso.

Yi, Kikap. 2003. *Kwuke pangen munpep* [Korean dialect grammar]. Seoul: Thayhaksa.

Yi, Sungcay. 1996a. Kolye cwungki kwukyel calyo uy cwuchey kyengepep senemal emi '-ナ(kye)-' [The subject honorific pre-final ending '-ナ(kye)-' in the mid-Kolye kwukyel materials]. *Yi Kimun kyoswu cengnyen thoyim kinyem nonchong*, pp. 517-556. Seoul: Sinkwu Munhwasa.

Yi, Sungcay. 1996b. 'k' yakhwa-thallak uy thongsi-cek kochal: Nam Kwenhuy-pon Nungemkyeng uy kwukyel calyo lul cwungsim ulo [A diachronic study of k-weakening and loss: based on the kwukyel materials in the Nam Kwenhuy copy of the Nungemkyeng]. *Kwukehak* 28, pp. 49-79.

Yi, Sungcay. 1998. Kolye cwungki kwukyel calyo uy kyengepep senemal emi '-ナ(kye)-' wa kyengepep cheykyey [The honorific pre-final ending '-ナ(kye)-' in mid-Kolye kwukyel materials and the honorific system]. *Kwuke ehwuyuy kipankwa yeksa*, Thayhaksa.

Yi, Sungcay. 2000a. Conkyengpep senemal emi '-ぁ/ㄹ[si]-' uy hyengthay umsolon-cek yenkwu -- kwukyel calyo lul cwungsim ulo [A morphophonemic study of the honorific pre-final ending '-ぁ/ㄹ[si]-' -- focusing on kwukyel materials]. *Cintan hakpo* 90, pp. 215-235.

Yi, Sungcay. 2000b. Chaca phyoki calyo uy kyekcosa yenkwu [A study of case particles in chaca phyoki materials]. *Kwuke kwukmunhak* 127, pp. 107-132.

Yi, Sungcay. 2001. Kotay itwu uy conkyengpep '在 CAY[kye]-' ey tayhaye [On the old itwu honorific '在 CAY[kye]-']. *Emun nonchong* 112, pp. 53-70.

Yi, Sungcay. 2003. Salacin '-ナ(kye)-' uy munpep pemcwu lul chacase

[Revisiting the grammatical category of the obsolete '-ナ(kye)-']. Sewul Silip Tayhakkyo Kwuke Kwukmunhakkwa, Hyengthaylon Phyenciphoy, & Kwukcey Emun Kyoyuk Pikyo Yenkwuhoy (eds.), Hyengthaylon kwukcey hakswul tayhoy palphyo nonmuncip [Department of Korean in the University of Seoul, Editorial Committee of Morphology, and International Comparative Society of Language Education (eds.), *Proceedings of the International Workshop on Morphology*, 2003.11.29], pp. 136-168.

Yi, Sungcay. 1998. Kolye cwungki kwukyel calyo uy kyengepep senemal emi '-ナ(kye)-' wa kyengepep cheykyey [The honorific pre-final ending '-ナ(kye)-' in mid-Kolye kwukyel materials and the honorific system]. (unpublished ms.)

二部

한국어 한자어의 기준에 대한 관견

이득춘*

1.

한국어에서 한자어가 차지하는 비중과 위치에 대하여 누구나 다 알고 있다. 그리고 현실에서 수시로 새 한자어들이 나타나고 있는 것 역시 사실이다. 한자를 혼용하는 한국의 언론, 출판물에서는 더 말할 것도 없고 한자 사용을 폐지한 평양에서도 새로운 한자어가 심심치 않게 나타나고 있다.

국립국어연구원『2002년 신어』에서 보면 2002년에 생긴 신조어 408개 중 한자어와 한자어가 부분적으로 관련된 단어가 총 204개로 전체의 50%를 점하나 고유어의 경우는 고유어와 고유어가 부분적으로 관련된 것까지 모두 포함해도 90개로 22.1%에 지나지 않는다.『2003년 신어』에서 보면 656개의 신조어 중 한자어와 한자어가 부분적으로 관련된 단어는 총 374개로 57%를 점하지만 고유어는 고유어가 부분적으로 관련된 단어까지 합하여 122개로 18.6%밖에 안 된다.『2004년 신어』에서도 한자어는 외래어 버금으로 많으며 그 비중은 고유어와 비교하면 상대가 되지 않을 정도로 많다. 2004년의 신조어를 몇 개 들어 본다.

* 중국 연변대학 조문학부 교수

○謹弔國會, 週末創業, 敎育家電, 苦痛節, 放閥, 新名品族, 三一絶, 慣
習憲法, 超熱帶夜, 腕章文化, 早出殘業, 中禍論, 愛必, 自紹書, 司法
統治, 靑白全, 四五六四世代, 一八三空世代, 夜間型人間, 企業都市,
文化接待, 接待實名制, 現金領收證制度, 豪客每場, 生活治療, 胎
盤注射.

○손風機, 스타指數(star~), 실버골制度(silvergoal~), 色깔獨裁, 깡桶
不動産, 토廢人(toeic~)

이처럼 한자어는 시시각각 우리 어휘 구성 속에 침투해 오고 있다.
또 한자어는 고유어와 쌍벽을 이루는 하나의 완연한 어휘 체계로 존재
하고 있다. 이처럼 날로 생성되는 '한자어'에 대하여 그 용어의 개념을
어떻게 규정해 왔는가?

먼저 우리말 사전들에서 제시하고 있는, '한자어'(또는 '한자말')에
대한 뜻풀이를 열거해 보려 한다.

⑴ 『우리말큰사전』(한글학회)
한자어(한자말): 한자로써 된 말.
⑵ 『표준국어대사전』(국립국어연구원)
한자어: 한자로 적을 수 있는 단어.
⑶ 『조선말사전 5』(과학원출판사)
한자말: 한자에 기초한 단어를 고유 어휘에 상대하여 이르는 말.
⑷ 『조선문화어사전』(사회과학출판사)
한자말: 한자로 이루어진 단어.
⑸ 『조선말대사전』(사회과학출판사)
한자어(한자말, 한자어휘): 한자에 기초하여 만들어진 말마디.

(6) 『연세한국어사전』(연세대)

　　한자말: (한국의 고유어에 대하여) 한자로 이루어진 낱말, 한자
　　　　　로 된 말.

　　한자어: (한국의 고유어에 대하여) 한자로 이루어진 낱말, 한자
　　　　　에서 비롯된 말.

(7) 『동아새국어사전』(두산동아)

　　한자어: '한자에서 비롯된 말'을 고유어에 상대하여 이르는 말.

　　한어(漢語): ①한자(漢字)로 된 말. 한자어. ②한족(漢族)의 언어.
　　　　　중국어.

2.

2.1.

위선 지적하고자 하는 것은 "한자로 이루어진 낱말", "한자로 된
말", "한자에서 비롯된 말", "한자로써 된 말", "한자에 기초하여 만들
어진 말마디", "한자에 기초한 단어" 등으로 풀이한 사전들에서의 어
의(語義)는 한자어에 대한 정확한 해석으로 되기에는 좀 부족하다는
것이다.

이들 해석은 모두 한자로 조성된 낱말이라는 점만 지적하고 있다.
한자로 조성된 낱말이란 개념은 좀 미비하다. 그것이 미비하다고 하는
원인은 한자로 조성된 낱말이라고 할 때 그것이 한자의 초지역적 특징
으로 하여 내포하고 있는 뜻을 무시하였기에 오해를 가져올 수 있기
때문이다. 왜냐하면 한자로 조성된 말은 한국어뿐 아니라 무릇 한자를

쓰는 나라와 민족에게 모두 있기 때문이다. 다시 말하면 한자로 된 단어는 한자 종주국인 중국에는 물론, 일본을 포함한 기타 주변국에도 있기 때문이다. 이 나라들의 한자로 된 말을 우리가 구별 없이 끌어다 쓰던 시대는 이미 지나갔다. 또 이 나라들의 한자로 된 말은 같은 한자로 되어 있다 해도 우리의 한자어와 꼭 같은 뜻을 나타내는 것은 아니다. 중국어에서는 우리가 말하는 '공장(工場)'을 쓰지 않고 '工廠(공창)'이라 하며 '광우병(狂牛病)'을 '瘋牛病(풍우병)'이라 한다. '工廠', '瘋牛病'이 한자로 되었다 하여 한국어 한자어라 할 수 있겠는가?

중국어에서도 우리나 일본처럼 '汽車'나 '足球'라는 단어를 쓰는데 그 뜻은 전혀 다르다. 중국어에서는 '汽車'로써 '자동차'를 가리킨다. 중국어에서 '足球'는 우리가 말하는 '축구'를 가리키는데 한국어에서는 '足球'가 "두 팀이 네트를 사이에 두고 코트 안에서 공을 발로 3번 차서 넘기는 경기"를 가리킨다. 중국어의 '汽車'나 '足球'가 같은 한자로 되었다 하여 우리 한국어의 '자동차'나 '축구'와 같은 뜻으로 쓸 수 있는가? 대답은 그럴 수 없다는 것이 명백하다. 이러한 단어는 얼마든지 예를 들어 보일 수 있다.

(예)
階段/樓梯, 寫眞/相片, 酸素/氧气, 片道/單程,
誘導彈/導彈, 飛行機/飛機, 冷凍庫/氷箱,
美貨/美元, 日貨/日元(圓), 韓貨/韓幣

여기서 우리는 타국어의 '한자로 된 말'이 꼭 한국 한자어가 되는 것이 아님을 알 수 있다. 우리말에 아직 차용되지 않은 중국이나 일본에서 쓰는 한자로 된 말이 한국어의 한자어가 될 수 없다는 것이다.

극소수 중국어 단어나 일본어 한자어가 우리의 출판물에 등장할 수 있다. 얼마 전에 (2005년 4월) '어언(語言)'이란 중국어 어휘가 고유 명사의 조성 부분으로 한글로 KBS TV 화면에 나타났다. '어언'이 언론에 쓰였다 하여 그것이 우리말에 들어왔다고 할 수 없다. 한국어에는 이미 '언어(言語)'라는 한자어가 있으므로 '어언'이란 단어는 독자적으로 쓰일 가망이 거의 없다. 이 경우 이 단어는 한국어 어휘 구성 속에 수용될 수 없으므로 모 개인이 썼고 또 인쇄물에 나와 있다 해도 보통 명사로서의 한국어의 한자어는 될 수 없다. 이와는 달리 '한류(韓流)'는 중국 매체에서 한국 대중문화의 분위기를 일컫는 데 쓰는 것을 한국에서 한국 한자음으로 받아들여 쓰고 있다. '세계배(世界杯)'라는 중국어는 '월드컵'이라는 동의어가 있음에도 '2002년 신어'에 수록되어 있고, '안전투(安全套)'란 단어도 '콘돔'이란 단어가 있음에도 수용되었다.

(예)

다름 아닌 '세계배(월드컵)' 덕분이다.<"동아일보", 2002년 6월 14일 6면>

중국답게 그들은 콘돔을 '안전투'라 부르고 있다.<"일간스포츠", 2003년 12월 9일 21면>

'어언'과는 달리 '세계배'나 '안전투'는 동의 경쟁 속에서 한국어에서 계속 쓰일 경우 보통 명사로 고정될 수 있다. 따라서 우리는 '신조어'로 등장했더라도 일시적으로 나타났다 도태되는 것은 한국어 한자어라 보기 힘들다. 그 까닭은 최종적으로 한국어 어휘 구성 속에 용납되지 못했기 때문이다.

따라서 우리가 말하는 한국어 한자어는 말 그대로 반드시 한국어 어휘 구성 속에 자리하고 있는 것이어야 한다. 한자로 조성된 것이라 하여 한국어 어휘 구성 속에 자리 잡지 못한 중국어나 일본어의 한자어를 함께 지칭하는 것이 아니다. 이것을 망각하면 우리말 속에 타국의 한자어를 마구 끌어들이는 현상이 생길 수 있다.

이상의 것들과 연계시켜 한국에 유행되는『동몽선습』의 구결문 한 단락을 인용해 보자.

> 天地之間 萬物之衆厓 唯人伊 最貴爲尼 所貴乎人者隱 以其有五倫也
> 羅. …… 然則 父慈子孝爲旀 君義臣忠爲旀 夫和婦順爲旀 …….

『동아새국어사전』에 의하면 "天地, 間, 萬物, 人, 貴~, 五倫, 然則, 父, 子, 孝, 君, 義, 臣, 夫, 和~, 順~" 등은 명사, 부사, 형용사 등 형식으로 한국어 어휘로 쓰이고 있다. 이는 장시기의 한문 사용 과정에 문어로 차용된 것이다. 따라서 분명히 한국 한자어이다. 그러나 "之, 衆, 唯, 其, 也, 慈, 忠, 婦"등은 아직도 한국어 어휘로 차용되지 못하였다. 이런 경우에 이것들은 한국어 한자어라 할수 없다. (『조선말대사전』(평양)에는 "之, 衆, 唯, 其, 也, 慈, 婦" 등은 없지만 "忠"은 단어로 올라 있다.) "最, 所, 者"는 차용되었다 하더라도 접사, 의존 명사로만 쓰인다.

이처럼 한문 속의 모든 단어가 한국어 어휘로 될 수 없음은 더 말할 것도 없고 이두문 속의 한자로 된 단어가 현실적으로 모두 한국어 단어로 되는 것도 아니다.

> 彼將乙 能斬爲旀, 彼軍矣 旌旗乙 能奪爲旀, 萬里軍鋒乙 摧折爲旀, 他
> 國軍衆乙 率領來降一國人民乙 安寧令是旀, 邊塞疆境乙 開關有大功勞

爲去等, 右功勞乙 大常旗良中 書上爲有臥乎人 ……. <"大明律直解", 名
例律 편, 八議 중 議功>

『동아새국어사전』, 『표준국어대사전』에서 보면 '奪, 摧折, 軍衆, 率
領, 來, 降, 書上' 등 단어는 표제어가 없으며 '彼將, 彼軍'도 없다. '彼'
는 '他'처럼 관형사로 쓰이지도 않고 '他國'처럼 단어도 이루지 못하였
다. 비록 이두문의 어휘이지만 현대 한국어의 어휘 구성 속에 자리
잡지 못한 것임을 설명해 준다. 한자로 이루어졌어도 현대 한국어 한
자 어휘는 아닌 것이다.

2.2.

『표준국어대사전』에서는 '한자어'에 대하여 "한자로 적을 수 있는
단어"라고 풀이하고 있다. 보다시피 한자어의 정의를 한자로 적을 수
있는 단어여야 한다고 분명히 지적하고 있다.
　여기서 우리는 2.1.에서 논의한 "한자에서 비롯된 말", "한자에 기초
하여 만들어진 말"일지라도 '한자로 적을 수 없는' 단어 부류가 있음
을 제시하지 않을 수 없다.
　역사상 한국어에서 이루어졌거나 중국어에서 차용한, 한자로써 이
루어진 한자어라 하더라도 오늘날 한자로 적을 수 없는 것들이 있다.
예를 들어 '사냥, 성냥, 생철, 붓, 접시, 가지, 피리, 베, 장난, 동아, 썰
매' 등 단어는 분명 "한자에서 비롯된 말"이지만 현실적으로 그것을
한자로 적기 어렵다. 그것은 한자란 음과 뜻이 어울린 것인데 이런 단
어의 현실음과 뜻에 맞는 한자가 무엇인지 오늘 우리는 알 수 없거니
와 어원을 따져 단어 출현 초기의 한자를 기록해 놓아도 그 한자의 음

은 단어의 현실음과 다르기 때문이다. 바꾸어 말해서 '山行, 石硫黃, 西洋鐵, 筆(不律), 欅子, 茄子, 觜篘, 布, 作亂, 冬瓜, 雪馬' 등으로 적어 놓으면 그것은 '산행, 석류황, 서양철, 필(불률), 접자, 가자, 필률, 포, 작란, 동과, 설마'로밖에 되지 않기 때문이다. 이런 단어들은 '학교, 공장' 등과 같이 한글로 적었어도 그 음에 의해 '學校, 工場'과 같이 한자로 적을 수 있는 단어와 달라 현행 단어의 음에 대응되는 동의의 한자가 없다.

이상과 같은 것들을 제쳐 놓으면 현실의 한국 한자어는 한자를 직접 사용하여 적을 수 있고 전혀 한자를 사용하지 않고 한글로 적을 수도 있다. 후자의 경우 한자로 치환할 수 있다. 한국 한자어의 기본 부분이라고 할 수 있는 중국어에서 차용한 한자어는 더 말할 것도 없고 일본어에서 차용한 한자어(음독 한자어, 훈독 한자어 그리고 일부 일본 외래어로부터 한국 한자음으로 차용한 것도 포함)도 모두 한자로 적을 수 있거나 한글로 적은 것이면 한자로 치환할 수 있다.

(예)
○형태소(形態素), 음운론(音韻論), 생성 문법(生成文法), 철학(哲學), 이성(理性), 총리(總理), 자본(資本), 정맥(靜脈), 중재(仲裁), 학위(學位), 전보(電報), 본질(本質)
○출장(出張), 취체(取締), 견습(見習), 수속(手續), 광장(廣場), 시장(市場), 조합(組合), 신분(身份), 취소(取消), 견본(見本), 입구(入口)
○호열자(虎列刺), 임파(淋巴), 낭만(浪漫), 구락부(具樂部)

한국어에는 중국이나 일본에서 차용한 한자어가 아닌 한국 자체로 만든 한자어가 있다. 한국 자체로 만든 한자어는 중국 한자로 조어한 것, 한국 자작 한자로 조어한 것 등이 있다. 이런 한자어들은 모두 한자로 적을 수 있으므로『표준국어대사전』의 어의 풀이에 의하면 한자어가 될 수 있다.

(예)
○중국 한자의 원뜻을 보유하면서 조어한 단어:

훈장(訓長), 양반(兩班), 어중간(於中間), 육담(肉談), 촌기(村氣), 칠판(漆板), 권솔(眷率), 식구(食口), 방송(放送), 잡가(雜歌), 잡탕(雜湯), 평시조(平時調), 진서(眞書), 동산(東山), 백정(白丁), 양주(兩主), 야단(惹端), 별실(別室), 소피(小避), 선달(先達), 편지(片紙), 천엽(千葉), 생선(生鮮), 세답(洗踏), 소지(所志), 분간(分揀), 사음(舍音), 명주(明紬), 책보(冊褓), 미안(未安)

○한국식 뜻을 가진 중국 한자[國義字]로 조어한 단어:

매부(妹夫), 광목(廣木), 청태(靑太), 동태(凍太), 고과(告課), 결전(結錢), 처남(妻男), 제수(弟嫂), 백목(白木), 월세(月貰), 근각(根脚), 전차(詮次), 무면(無麪), 지차(之次), 당목(唐木), 척사(擲柶), 지만(遲晚), 월자(月子), 보(洑), 기운(氣運), 외면(外面), 내외(內外), 사촌(四寸), 삼시(三時), 배지(牌旨), 봉상(捧上), 시가(媤家), 고목(告目), 전세(傳貰), 시숙(媤叔), 등내(等內), 온돌(溫堗)

○한국한자(국자)로 조어한 단어:

전답(田畓), 책장(冊欌), 대지(垈地), 거도선(艍舠船), 동의대(胴衣襨), 엇시조(旕時調), 산자(橵子), 답(畓), 전피(㹴皮), 숙궁(稤宮), 서실(閪失), 선전(縇廛), 신답(新畓), 가대(家垈), 의장(衣欌)

평양에서는 한자 사용을 폐지한 지 반세기가 넘었다. 오늘날 한자를 쓰지 않는다 하여도 의연히 한자에 기초하여 만들어져 한글로 기록되는 새 한자어들이 있다. 이처럼 한자 사용 폐지 후에 반세기가 넘어도 새 한자어가 생성되는 원인은 사람들의 '언어 의식' 속에 한자와 한자음 체계가 의연히 살아 있으며 이에 기초해 새 단어가 만들어지기 때문이다. '통일각', '주체탑', '친필교시비', '구호문헌' 등 한글로 적힌 단어는 '統一閣', '主體塔', '親筆敎示碑', '口號文獻' 등의 한자에 기초하고 있다는 것이 아주 분명하다.

천리마체, 천리마운동, 천리마학급, 천리마정신, 주체사상, 주체공업, 주체사상탑, 주체형, 친필비, 결사옹위

이러한 사실은 한자 폐지 이후 오랫동안 한글로 한자어를 적어왔기 때문에 한자어는 더 이상 한자로 분석하거나 복원할 수 없다고 여기는 견해에 대하여 좋은 반박이 되지 않을 수 없다. 한자로 표기하지 않았더라도 고유어와 다른, 한자음 체계와 의미 구조는 한글로 적힌 한자어를 통해 보존되고 '언어 의식' 속에 이어져 새 한자어를 생성할 수 있는 것이다. 현실적으로 새 한자어가 의연히 인간 두뇌 속의 한자로써 조성되어 한글로 적힘으로써 그것을 다시 한자로 복원할 수 있는 것이다.

2.3.

무릇 글자라 하면 음이 있기 마련이다. 한자는 표의 문자이면서 하나하나의 글자가 음을 가지고 있다. 한자는 한국에 수용된 후 중국어

와는 다른 자기의 발음 체계를 확립하고 있다. 그렇다고 하여 한자 음운 체계가 꼭 고유어의 음운 체계와 일치하는 것은 아니다.

한자어는 한자로 조성되어 있기에 한자음을 떠나서는 생존하기 어렵다. 그리고 그것이 한자로 기록되었든 한글로 기록되었든 한국의 한자 독음 규범에 부합되어야 한다. 2.2. 부분에서 이미 지적한 바와 같이 역사상 한자에서 비롯된 단어라 하더라도 한자어로 보기 어려운 것이 있다. 그 원인 중의 하나가 그 단어의 음이 규범 독음과 다르기 때문이다. 위에서 예를 보인 '사냥'은 원래 한자어 '山行'에서 유래되었다. 이 단어는 여러 가지 어음 변화를 거쳐 오늘의 '사냥'이 되었는데, 오늘 우리의 의식에서 '사냥'과 '山行'을 연계하기 어렵다. 물론 한국 한자에 '사'나 '냥'의 음을 가진 한자는 있지만 그 뜻이 '山行'과 어울릴 수 없다. '붓'은 한자 '筆' 혹은 반절 '不律'에 유래한다고 하지만 현실 한국 한자음에는 '붓'이라는 음이 없다.

이런 유형에 속하는 한자어들은 음이 변하였는바, 음이 변하였다는 것은 그것을 다시 원 한자와 연계시킬 수 없음을 말해 주는 것이다. 음이 변함에 따라 한글 표기까지 변한 이러한 단어들은 한자 독음 규범의 견제를 받는 것이 아니라 고유어 어음 법칙을 따르게 된다.

(예)
벽력(霹靂)＞벼락(음소 탈락, 모음 변화)
휴지(休紙)＞수지(구개음화)
작란(作亂)＞장난(자음 동화)
악수(惡水)＞억수(모음 조화)

한자의 음은 한자어가 정음으로 표기되었든 한자로 표기되었든 관계없이 한자와 더불어 한자어의 기본 표식의 하나가 아닐 수 없다.

일부의 한자어들은 그 음이 고유어 어음 법칙을 따라 변했을 뿐만 아니라 그 뜻도 변하고 있다. '衆生'은 '즘승, 짐승'으로 변하였을 뿐만 아니라 뜻도 원래의 불교에서 일체 생명체를 가리키거나 사람과 동물을 가리키던 데로부터 '날짐승과 길짐승' 혹은 '몸에 털이 나고 네발 가진 동물'을 가리키게 되었다.

따라서 현실적인 한자어와 기원적으로 한자어지만 현실적으로 한자와 관계를 끊은 것을 구별해야 한다. 후자의 경우 보통 '고유어화한 한자어' 혹은 '귀화어'라고 한다. 한마디로 말하면 고유어화한 한자어란 한국인의 언어생활에서 오랫동안 사용하는 과정에 단어의 어음 구조에 변화가 생겨 원   한자 및 현실 한국 한자음과 연계되지 않음으로써 한국인의 의식 속에서 고유어처럼 느껴지고 한자어라 의식할 수 없는 단어들이다.

현실적으로 한자와 연계되지 않는다는 면에서는 오히려 고유어와 상사하거나 일치한다. 따라서 우리가 말하는 '귀화어'는 현실적으로 한자어에서 갈라내는 것이 바람직하다.

한자에 기초해 만들어진 것이지만 애당초 한국 한자음이 아닌 중국음으로 구어를 통해 들어온 단어들이 있다. 구어를 통해 중국어의 음과 뜻을 그대로 받아들인 단어들은 최근에도 생산되고 있다.

(예)

치우미＞츄미(球迷) 【명】 중국에서 광적인 축구 팬을 이르는 말.

하한쭈(哈韓族) 【명】 한국의 대중문화에 열광하는 중국의 신세대.

빠스(拔絲) 【명】 중화요리의 하나. 옥수수, 찹쌀떡, 고구마 따위에
     전분이나 쌀가루를 묻혀 기름에 튀긴 후 꿀, 물엿 따위를 발

라 만든 음식.

자차이(榨菜)【명】채로 썬 개채(芥菜) 뿌리에 고추기름, 설탕 따
    위로 양념을 하여 만든 중국식 밑반찬.

샤오쯔(小資)【명】중국에서, 중산층을 이르는 말.

하이구이(海歸)【명】중국에서, 외국에 간 유학생이 공부를 마친
    후 자기 나라로 돌아옴을 가리키는 말.

이 부류는 중국음대로 혹은 중국음과 비슷하게 읽히고 있다.

	중국어 병음	한국어 차용음
球迷	[qiumi] >	[tshiumi]
榨菜	[zhacai] >	[tsatshai]
小資	[xiaozi] >	[siaots'ï]
海歸	[haigui] >	[haikui]
苦力	[kuli] >	[kuri]

일반적으로 이런 부류는 한국 독음에 위배되기에 한자어라 할 수
없으므로 외래어에 귀속시키고 있다. 차용된 역사가 길고 자주 쓰이는
용어인 경우 어떤 것은 그것을 고유어로 착각할 때가 있다.

(예)

白菜>배채>배추

推刨>대파>대패

洞簫>퉁쇼>퉁소

笆子>바조>바자

荒貨>황호, 황후>황아

蜀黍>슈슈>수수

赤根菜>시근채>시금치

이상의 예들에서 '배추, 대패, 퉁소, 바자, 황아, 수수, 시금치'는 어원적으로 중국어에서 온 단어들이다.

그런데 사전들에는 '배추, 수수, 시금치'에 대해 같은 말로서 '백채, 촉서, 적근채'를 표제어로 올리고 있다. 이것은 이 단어들이 중국음으로 유전됨과 아울러 한국 한자음으로도 유전되고 있음을 보여 준다. 후자의 경우 한국 규범 한자음에 부합되므로 한자어라 할 수 있다.

보다시피 '배추'나 '수수, 시금치'처럼 구어 차용 시기의 어음 구조를 기본상 그대로 갖고 있어서 사람들에게 전혀 한자로 된 중국어 구어 차용 요소임을 의식하지 못할 정도로 귀화된 것이 있는가 하면 '백채, 촉서, 적근채'처럼 구어 차용어의 중국음을 한국음으로 환원하여 놓은 것도 있다.

구어 차용음을 한국 한자음으로 치환한 단어는 다음과 같은 것들이 있다.

흉븨(胸背)>흉배, 탕쇠(湯水)>탕수

챵(床)>상, 갸기(驕氣)>교기

던링(團領)>단령, 미라(蜜蠟)>밀랍

파란(法瑯)>법랑, 대믜(玳瑁)>대모

구어 차용음이 이렇게 한국 독음으로 바꾸어진 까닭은 중국음이 한국 독음 규범에 익숙한 한국인의 입에 오르지 않기 때문이다.

일찍 정약용은 『아언각비』(권2)에서 이렇게 바뀌게 된 까닭을 사대부들에게 귀결시켰다.

如此之類, 不可勝數. 誦之以言, 未嘗有誤 (皆合于華音); 譯之爲文, 乃成異物(從東音以爲文故). 夫物名流傳, 多出仆隷; 文字譯成, 皆由學士, 由是言之文物之至蒙昧, 皆士大夫粗率之咎也.<『雅言覺非』 卷2>

한자에 의해 창조된 중국의 단어를 구어로 수용하였을 때는 한자어라 할 수 없지만 그것이 한국 독음으로 치환되었을 경우 그것은 한자어임이 틀림없다.

2.4.

2.1.에서 우리는 "한자로 된 말"을 말하면서 "한자에서 비롯된 말"이라 하여 모두가 한국의 한자어로 될 수는 없음을 지적하였고 2.2.에서는 "한자에서 비롯된 말"이지만 오늘날 한자로써 적을 수 없고 환원할 수 없는 것이 있음을 지적했다. 그리고 2.3.에서는 한자음이 한자어의 주요 표식의 하나임을 강조하여 언급하였다.

앞에서 한자로 적을 수 있거나 한글로 적혔지만 한자로 환원할 수 있는 단어는 한자어라 할 수 있다고 했는데, 이번에는 한자로 적혀 있는 단어는 모두가 한자어라고 할 수 있는가에 대하여 의논해 보려 한다.

한국어에는 이미 2.2.에서 말한 중국 한자로 조어되고 한국 독음에 맞는 자작 단어와 한국 국자, 국의자로 조어되어 한자 독음 규범에 맞는 자작 한자어가 있는가 하면 한자의 뜻과 음을 빌려 한국어를 표기하던 역사 과정에서, 즉 차자 표기를 하는 과정에서 생겼던 이두어가 또 있다.

예를 들어 '不冬(안들), 不喩(아닌디), 水賜(무수리), 水鐵(무쇠), 斗落(마지기), 令是(시기), 用良(쓰아), 向入(앗드러), 矣徒(의내), 物物(갓갓), 私音丁(아람뎌), 使內(바리), 始叱(비롯), 舍音(마름), 易赤(이내여), 物物(갓갓), 故只(짐즉), 斜只(빗기), 捧上(밧자), 這這(갓갓), 進賜(나으리), 節(디위), 隨乎(좃초)' 등과 같이 옛 문헌에 나타난 이두어들은 한자로 되었지만 한자어라고 하기 어렵다. 우선, 이것들은 한자의 읽기가 한자 독음과 다르다. 다음, 이것들은 본디 한자로써 이러한 새 단어들을 창조한 것이 아니라 이미 있는 고유어를 한자를 활용하여 기록했을 따름이기 때문이다. 다시 말하면 한자에 기초하여 만들어진 것이 아니라 고유어에 기초해서 한자로 표기된 것이다. 그리고 일부 경우에 한자 독음으로 읽을 수 있으나 그 역시 고유어의 표기에 불과하다. 『삼국유사』나 『삼국사기』에서 보면 이런 것들이 적지 않다.

첫째, 가차법(假借法)으로 된 단어들은 그것이 고대 한자음에 의거했지만 이미 있는 고유어를 한자음을 빌려 기록했을 뿐이므로 한자로 표기되기 이전에 벌써 존재한 고유어다.

尼師今(齒理)(『삼국유사』), 關智(小兒)(『삼국유사』), 徐伐(셔블)(『삼국유사』), 弗矩內(赫居世)(『삼국유사』), 居柒夫(荒宗)(『삼국사기』)

둘째, 석독법으로 된 단어들은 아예 한자 독음과 관계없다.

大山(翰山, 한뫼)(『삼국사기』), 酒多(舒弗邯)(『삼국사기』), 金川(素那)(『삼국사기』), 絲浦(谷浦)(『삼국유사』)

셋째, 반가차(半假借) 반석독(半釋讀) 단어도 마찬가지 이치다.

角干(酒多)(『삼국사기』), 屈火(曲城)(『삼국사기』),

熊閒山(功木達)(『삼국사기』), 炤知(毗處)(『삼국사기』)

향가(향찰 표기)에 나타난 단어들 역시 한자로 적혔지만 그중의 거의 대부분은 한자로 표기하기 전에 먼저 고유어로 존재한 것이다. 『삼국유사』의 '도솔가'를 보자.

今日此矣散花唱良	오늘 이에 산화(散花) 불러
巴寶白乎隱花良汝隱	뽑혀 나온 꽃아, 너희는
直等隱心音矣命叱使以惡只	곧은 마음의 명(命) 시키는 대로
彌勒座主陪立羅良	미륵좌주(彌勒座主) 뫼셔라

'今日, 此, 唱良, 巴寶, 花, 汝, 直等隱, 心音, 使以, 陪立' 등은 그것을 '오늘, 이, 불러, 뽑혀, 꽃, 너희, 곧은, 마음, 시키는, 뫼셔'와 같은 고유어로 읽으므로 한자로 기록되었지만 한자 독음과 관계없다. 그리고 '矣, 隱'은 가차 원리로 된 한국 고유의 격표지이다. 그러나 '散花, 命, 彌勒座主'는 중국 한자로 만들었고 또 한자 독음에 맞으므로 한자어라 보아야 할 것이다.

"한자로 적혀 있는 것"이 모두가 한자어가 아닌 것은 의학 문헌 『향약구급방』에서의 차자 표기 단어에서도 찾을 수 있다.

| 중국어(中國語) | 향약목(鄕約目) |
| 鷄冠[계관] | 鷄矣碧叱(닭의 볏) |

苦參[고삼]	板麻(너삼)
桔梗[길경]	道羅次(도라지)
鹿角[녹각]	沙參矣角(사슴의 뿔)
麥門冬[맥문동]	冬沙伊(겨우살이)
牡蠣甲[모려갑]	屈召介甲(굴조개 껍질)
白朮[백출]	沙邑菜(삽주)
百合[백합]	犬那里花(개나리꽃)
橡實[상실]	猪矣栗(돝의 밤)(도톨밤)
蜈蚣[오공]	之乃(지네)
郁李[욱리]	山叱伊賜羅次(산앵두, 산이스랏)
蝟皮[위피]	高參猬矣皮(고슴도치 가죽)
蒼耳[창이]	刀古休伊(도꼬마리)
茺蔚[충울]	目非也次(눈비앛)(익모초)
菟絲子[토사자]	鳥伊麻(새삼)
萆麻子[피마자]	阿叱加伊實(아주까리씨)
黃芩[황금]	精朽草(속썩은풀)
熨斗[울두]	多里甫里(다리미)

이상의 한자로 적힌 한약재들에서 앞에 놓인 중어명은 차용되어 한국 독음으로 읽으므로 한자어라 하지만 향약목의 단어들은 이두식 표기로 읽어야 하므로 한자로 적혔지만 한자어라 할 수 없다.

그런데 한국어에는 한글 창제 후에도 한자로써 이미 있는 고유어를 표기한 것들이 있다. 이 경우 한자의 뜻과는 관계없이 한자의 독음만 빌려 이미 있던 고유어의 음을 표기한다. 즉 한자의 가차 방법만을 빌려 고유어의 음을 표기한 것이다. 본고에서는 이런 부류만을 '취음어'

또는 '부회어'라 규정지으려 한다.

(예)

사돈＞査頓	각시＞閣氏
진지＞進止	단골＞丹骨
아기씨＞阿只氏	조개＞朝開

취음어에는 한국 국자로 조어된 것도 있다.

(예)

갈초(乫草), 돌(乭), 고삐(嵩非), 솔(乺)

이런 부류에서 민간 어원이나 어원 추측에 의해 비슷한 뜻과 같은 음의 한자를 쓴 것들은 자칫하면 한자어라고 그릇 인정할 수도 있다.

(예)

번개＞飜開	안개＞眼蓋
바다＞波多	수박＞水朴
모기＞暮起	우레＞雨來
보선＞包跣	개천＞開川
임금＞人君	임자＞任咱

보다시피 이두어와 취음어는 한자로 기록되었다 하여도 한자어로 간주할 수 없다. 이두어의 석독음은 중국음도, 한국 한자음도 아닌 것이며 가차 한자는 고유어 표기 수단으로만 씌었을 뿐이다. 취음어의

한자 독음은 한국식 독음이지만 고유어가 먼저 있었고 한자는 고유어
가 있은 연후 오직 그 표음 수단으로만 썼을 따름이다. 따라서 취음어
한자의 뜻은 고유어의 의미와는 전혀 무관하게 견강부회한 것이다.

3.

우리는 이상에서 사전들에 제시된 '한자어'의 어의 해석들을 검토해
보았다. 우리는 한자로 이루어진 것이라 하여 꼭 한국어 한자어가 되
는 것이 아니고 한자로 적을 수 있는 단어라 하여 꼭 한자어가 되는
것이 아님을 지적하였다. 한자로 이루어진 단어라 하여도 한국어 어휘
체계에 수용되지 않은 것은 우리의 한자어가 될 수 없으며, 역사상 한
국어 어휘 체계 내에 있었고 또 한자로 적힌 것이라도 고유어이지 한
자어가 될 수 없는 것이 있음을 지적하였다. 따라서 현실적으로 한자
와 연계가 없는 것, 한자로 환원할 수 없는 것은 한자어라 하기 어렵
다. 이러한 인식에 기초하여 한자어 가운데서 고유어화하여 한자와 연
계를 끊은 것을 기원의 각도를 떠나서 현대인의 시각으로 볼 때 의연
히 한자어라고 할 것인가 하는 문제가 제기된다. 이것은 언어 발달의
견지에서 응당 재고의 여지를 두어야 할 문제이다. 이두어, 취음어는
한자로 만들어졌거나 기록되었어도 한자어가 아니다. 총괄해 보면 중
국어에서 차용했거나 일본어에서 차용했거나 한국에서 조어하였거나
를 막론하고 한자에 기초했고 한자로 적을 수 있거나 환원할 수 있으
며 현실 독음 규범에 맞고 한국어 어휘 구성 속에 있는 것은 현실 한
자어로 인정해야 한다.

이상의 인식에서 출발하여 일부 학자들의 "한자어"에 대한 견해를

찾아 보려 한다.

김광해 『국어어휘론개설』: "중국과의 접촉을 통하여 직접 차용된 것과 한문을 배경으로 하여 수입되는 간접차용어로 나뉜다. 특히 후자의 경우에는 ……그 음은 국내 한자음과 일치되어야 했고 그 형태론적 투명성도 한문을 배경으로 하여 유지되었다. 이러한 간접차용어사들은 한자로 표기됨이 원칙이었다. 이러한 한자어들은 국어 속에서 너무나도 자연스럽게 사용되던 나머지 발음은 물론, 어감이나, 의미 변화까지 겪으면서 고유어로 착각할 정도로 귀화의 과정을 밟은 경우도 있다."(248~249쪽)

이익섭 『한국의 언어』: "중국어로부터의 차용어, 그중에서도 한자어는 한국어 어휘체계 내에서 특별한 지위를 차지하고 있다. 한자어는 본래는 차용어이지만 ……모두 한국어의 음운체계에 동화되어 한국한자음으로 읽힌다. 그뿐만 아니라 고유어와 자유롭게 결합되어 새 단어를 형성하는 등 ……생산력을 가지고 있고 외래요소라는 이질적인 느낌도 주지 않는다."(151쪽)……. "중국어 차용어 중 극히 일부를 제외하고는 한자로 표기할 수 있고 또 실제상 직접 한자로 표기하는 일도 많다. 그리하여 이들을 한자어라 부른다."(146쪽)

김수경 등 저 『조선어 어휘론 및 어음론』: "한자어휘란 한자에 기초하고 있는 조선어의 어휘를 말한다. 따라서 우리가 한자 어휘라 할 때 그것은 한자로 된 어휘 일반을 의미하는 것이 아니라 바로 조선어의 어휘구성 안에 있는 한자어휘를 념두에 두게 된다."(87쪽)

최정후 『조선어학개론』: "한자어란 한자에 기초해서 만들어진 어휘로서 우리 인민들의 언어실천활동에서 쓰이고 있는 어휘들이다. 따라서 한자어라고 할 때 우리말 어휘구성 속에 들어와있는 한자어를 념두

에 둔다"(263쪽)

리동빈 『조선어기본』:"한자어휘란 한자에 기초하여 만들어진 어휘를 말한다"(11쪽)

김문창(金文昌) 『고유어에 대하여』: "우리 학계에서는 '한자어'에 관련된 용어들의 개념이 제대로 정의되지 않은 상태이다"(19쪽)라고 하면서 다음과 같이 정리하고 있다.

① 한자: 하나하나의 중국 문자를 지칭한다.

② 한자어: 한자를 한국어 발음으로 읽는 독음 또는 한자를 한글로 표기한 음절 문자

③ 한자단어: 1개의 한자나 또는 2개 이상의 한자로 합성된 구성체가 한국어 안에서 형태상,의미상 자립형식의 자격을 갖춘 단어, 즉 한자로 기록된 낱말을 지칭한다.

④ 한자어 단어: 한자단어를 국어음으로 발음한것, 또는 한글로 표기된 낱말을 지칭한다. ……

계속하여 다음과 같이 말하였다. "우리가 여기서 논하는 '한자어'란 이 용어의 개념 그대로 하나하나의 국어음절이 아니라 사실은 '한자단어'를 의미한다. …… 한자어, 정확하게는 한자단어 혹은 한자어 단어의 특성은 아래와 같다."(20쪽)

이상에서 인용한 한자어에 대한 각자의 어의(語義)풀이는 일치하지 않다. 이에 대하여 하나하나 검토하면서 한자어란 구경 어떻게 정의를 내려야 하는지, 한자어가 포괄하는 내용은 어떤 것들이어야 하는지에 대하여 논하여 보려 한다.

김광해 교수가 지적한 "한문을 배경으로 하여 수입"하였다는 것은 한자로 이루어진 말임을 의미하며 "한자로 표기됨이 원칙"이었다는 것은 한자로 적을 수 있고 한글로 된 것도 한자로 환원할 수 있음을

의미한다. 그리고 아주 명백히 "음은 국내한자음"과 일치한다는 것을
지적하였다. 비록 김광해 교수가 한자어는 반드시 우리말 구성 속에
수용된 것이라는 말은 하지 않았지만 "한문을 배경으로 하여 수입되
는 간접차용어"라고 한 것은 우리가 이미 차용하였음을 말해주는 것
임이 틀림 없다. 그리고 "원산지 의식이 희박해지면서"(274쪽) "귀화
의 과정을 밟는 경우"도 명백히 지적하고 있다. 아울러 고유어와 한자
어의 2원체계를 언급하면서 "한자어와 중국어의 차용이 각각 간접차
용과 직접차용으로 구별될 필요가 있을 정도로 국어에서 한자어라는
존재는 매우 특별한 존재이다"(274쪽)라고 하였다.

김광해 교수의 한자어에 대한 언급은 거의 완벽할 정도이지만 오직
중국어 차용어만을 취급하고 있어 아쉬운 점이 없지 않다.

이익섭 교수도 한자어가 "한국어 어휘체계내에서 특별한 지위"를
갖고 있음을 지적한 것은 한국어 어휘구성 속에 수용된 것임을 확인하
는 것이고 "한자로 표기할 수 있고 또 실제상 직접 한자로 표기하는"
것이란 바로 "한자로 적을 수 있는 단어"임을 확인하는 것이다. 이익
섭교수는 "한국한자음으로 읽힌"다는 것도 똑똑히 지적하였다. 그리고
"고유어와 자유롭게 결합되어 새 단어를 형성"함을 지적한 것은 결합
되는 한자어와 한글의 결합을 말하는 것이므로 "한자에 기초해서 만
들어진 말마디"라는 전제에도 맞는다.

특히 이익섭 교수는 "배추"나 "비단"(匹緞) 등 직접 구어로서 차용
된 단어들은 "일반인들은 차용어로 인식하지 않"고 "고유어처럼 잘못
인식되기도 한다"고 하면서 "이처럼 직접 한자로 환원되지 않는 차용
어들"에 대하여 특별히 각주를 달아 "따라서 이들은 '한자어'가 아니
다. 우리가 '한자어'라고 할 때는 당장 한자로 표기할수 있는 경우에
한한다"고 하였다. (141쪽)

이익섭 교수도 오직 차용어만 취급하고 한국 자작한자어와 취음어 등을 언급하지 않는 아쉬움이 있다.

『조선어 어휘론 및 어음론』, 『조선어학개론』, 『조선어기본』에서는 한결같이 "한자에 기초하여 만들어진 어휘"라는 점과 "조선어의 어휘 구성 안에 있는 한자어"라는 점을 지적하고 있다. 『조선어 어휘론 및 어음론』에서는 이밖에도 "리두"와 관계되는 단어거나 기타 자작한자 어를 "조선어에만 고유한 한자어휘"라 하면서 상세히 언급하고 있으며 "한자어휘라는것을 의식하지 못하"는 한자어휘, 그리고 고유어요소 와 어울리어 조어된 단어에 대하여도 언급하고 있다. 특히 "한자어휘 는 조선어의 어음조직에 알맞은 조선 한자음의 독특한 체계를 이루고 확고한 규범을 수립"하였다고 하면서 구체적으로 어음특징을 설명하 였다. (88~93쪽)

그러나 이 책들에서는 한자로 직접 적을 수 있어야 하며 한자로 치 환할 수 있어야 한다는 점에 대하여는 언급하지 않고 있다. 그리고 "한자어휘라고 의식하지 못하"는 단어 즉 고유어화(귀화)에 대하여는 각기 부동한 견해를 갖고 있다. 『조선어 어휘론 및 어음론』에서는 그 러한 단어로서 "짐승(衆生), 생철(西洋鐵), 광(庫房)"을 예로 들었다. 보 다시피 이것은 어음이 변하여서 한자음과 연계할 수 없는 것들이다. 그러나 『조선어기본』에서는 한자어휘를 세 부류로 나누면서 그중의 한 부류인 "완전히 조선말로 굳어진 한자말"의 예로 "학교, 방, 삼각 형" 등 단어를 제시하였다. (11쪽) 이와 같이 두 책에서 지적하고 있는 예들은 다르다. "학교, 방, 삼각형"은 본 문장에서 말한 기준으로 보면 고유어화된 것이 아니며 명실공히 한자어인 것이다.

이러한 견해는 『조선어사』(김영황)에도 반영되어 있다. "한자말의 우리말화"라고 지적하면서 그것은 "고유어휘와 마찬가지로 인식하고 많이 사용하는 어휘부류"라고 정의하고 있다. 그러면서 "'대두'라는 한자말은 그에 대응하는 고유어휘로서 '콩'을 가지고 있"기에 "우리말로 굳어질 수" 없고 "'방'이라는 한자말은 그에 대응하는 고유어휘를 따로 가지고 있지 않"기에 "인민들의 언어의식에서 우리말로 굳어질 수 있는 가능성이 많다"고 하였다. 또 "학교"라는 말은 "인민들의 언어의식에서 이미 한자와의 연계가 끊어진 것"이기에 "우리말로 굳어져버린 한자말"이라고 하였다. 물론 이 책에서는 "무명(木綿)"을 예들면서 "어음이 바뀌어 이제 와서는 한자로 그것을 표기하기가 힘들게 됨으로써 한자와의 관계가 끊어지고 말았다"고 언급하고 있다. (241~245쪽)

한자어에 대한 기본 인식의 차이가 일부 표현된 것이라 하겠다. 이는 한자 폐지의 결과 언어사용환경과 기타 여건이 다름으로 해서 나타난 현상이므로 사회언어학적으로 깊이 연구하기 전에는 시와 비를 가르기 어렵다. 세대가 바뀌면서 한자를 인식하지 못하는 세대속에서는 오히려 그것이 응당할는 지도 모르는 일이다.

『언어학사전(2)』(金大출판사, 1986년)에서는 표제어 한자어에 대하여 다음과 같이 풀이하고 있다. "우리말 어휘구성속에 들어있는 한자 기원의 단어. 한자어는 한자에서 기원한 말뿌리에 기초하여 만들어진 단어이지만 그것은 한자로 된 단어 전체(중국어의 어휘, 일본식 한자어휘)를 말하는것이 아니다……한마디로 말하여 한자어의 범주에는 우리 나라에서 만들고 우리 한자음으로 발음되는 것만이 포함된다. ……한자어는 한자의 차용에 의해서 생겨나고 한자말뿌리에 기초하여 우리나라에서 만들어진 단어로서 중국식 한자어와도 구별되는 특성을 가진다."

『언어학사전(2)』의 풀이는 대체로 『조선어어휘론및어음론』, 『조선어학개론』, 『조선어기본』의 견해와 같으나 "우리 나라에서 만들어진 단어"라는 부분이 좀 이해하기 어렵다. 중국어, 일본어에서 차용한 대량의 한자어는 언급하지 않고 있기 때문이다. 그런데 "한자의 차용에 의해서 생겨나고 한자말 뿌리에 기초하"였다는 구절의 뜻에 그런 부분이 포함되었다고 보기는 좀 어렵다.

김문창 교수의 글은 고유어에 대하여 연구하면서 "한자어의 언어적 특징"이라는 한 제목을 전문 설정하고 한자어란 무엇인가를 위에서 인용한 바와 같이 서술하고 있다. 논문에서 "한자", "한자어", "한자단어", "한자어단어"를 세분하고 있는데 그 하나하나에 대한 정의는 꼭 지당하다고 할수 없겠다. 작자가 "한자어"를 "한자를 한국어발음으로 읽는 독음 또는 한자를 한글로 표기한 음절문자"라고 정의한 것은 사실은 우리가 말하는 "한자어"가 아니라 "한자"를 가리키는 것이다. "음절문자"란 곧 한자이고 한자이면 음이 있게 마련이기 때문이다. "한자어", "한자단어", "한자어단어"에 대한 개개의 정의는 단독적으로는 미비하나 저자가 "한자어, 정확하게는 한자단어 혹은 한자어단어"라고 한데 근거하여 두 가지 정의를 종합해보면 다음과 같은 것들이 도출된다. 첫째, 한자로 된 구성체이다. 둘째, 한국어 안에서 자립형식을 갖춘 단어이다. 셋째, 한자로 기록되거나 한글로 표기한다. 넷째, 국어독음으로 발음한다.

이 네 가지는 비교적 정확한 것이라고 인정하지 않을 수 없다. 그러나 정의만 내리고 구체적 논증은 없으므로 그 세목을 알기 어렵다.

김문창 교수의 논문에서는 "형태상, 의미상 자립형식의 자격을 갖춘 단어"임을 간단히 스쳐 지적하고 있는데 이는 우리들이 특히 중시해 보아야 할 논제이다. 한자로 된 단어들도 고유어와 마찬가지로 문법적형태를 갖추고 형태변화체계를 갖출 수 있으며 특히 대부분 명사로써 조사나 보조사를 첨가할 수 있다. 한자로 된 단어도 다른 단어와 문장에서 일정한 자격으로 관계를 맺을 수 있고 새 단어를 조어할 수도 있다. 그리고 대부분은 접사 "하다"와 어울려 용언의 기능을 가진다. 한자로 된 단어는 실질적인 어휘적 의미를 갖고 있다.

한국어 단어의 정립 기준은 흔히 자립성과 분리성이라고 말한다. 그러므로 형태상, 의미상 자립 형식 자격을 갖추어야 단어라 일컬을 수 있다.

'자립 형식의 자격'이라는 데 비추어 보면 한자로 되었어도 실질적·어휘적 의미 없이 문법적 의미만을 나타내는 것은 한자어라 하지 못한다.

凡流罪良中犯爲在乙良<『대명률직해』 1권 16장>
事狀乙囚人亦中漏通令是乎矣<『대명률직해』 28권 4장>
徒流罪良犯爲在乙良<『대명률직해』 1권 19장>

여기서 '良中', '良', '亦中'은 '아해', '여해'로 읽어 그 음이 한자음과 어긋나는 것은 제쳐 놓고라도 그것이 문법적 의미만을 가졌다는 점에서 한자어로 될 수 없다.

唯只二死三流罪段各同一減<『대명률직해』 1권 41장>

여기서 '段'은 '단' 내지 '쏜'으로 읽는데 '란/으란'이라는 문법적 의미만 가진 것이므로 한자어가 아니다. 그러나 다음의 글에서의 "段"은 실질적 어휘적 의미로 쓰이므로 한자어로 된다.

○열두 살 때 <u>단</u>(段)을 딴 실력자다.(여기서는 자립 명사)
[참고] 층계를 한꺼번에 세 <u>단</u>씩 뛰어 올라간다.(여기서는 의존
　　　명사)

또 다음의 예를 보자.

犯人矣自己分坐罪爲乎事<『대명률직해』 1권 13장>
靑魚五百冬音式詳定<"紹修書院" 立議>
十惡乙犯爲在隱不用此律<『대명률직해』 1권 8장>
未蒙昭釋之典是乎尼<『유서필지』>
唯人伊最貴爲尼<『동몽선습』>

예들에서 "分, 式, 乙, 尼" 등은 "분(쑌), 식, 을, 니" 등으로 읽어 한
자 독음(혹은 유사음)에 부합되나 그것들은 문법적 형태에 불과하므로
한자어라 할 수 없다. 그러나 다음의 경우 실질적 의미를 가지고 한자
독음으로 읽히므로 한자어가 된다.

○<u>분</u>에 넘치는 대접을 받다.(명사)
[참고] 3시 30<u>분</u>(의존 명사)
　　　　　3인<u>분</u>(접미사).
○<u>식</u>을 거행하다.(명사)
　[참고] 한국<u>식</u>(접미사)
　　　　　다섯<u>씩</u>(접미사, 이두문의 "式"과 통한다.)
○건물주를 갑, 입주자를 <u>을</u>이라 한다.(명사)
　　　<이상 『동아새국어사전』>

○尼曰阿尼<『계림유사』>

阿尼典母六人<『삼국사기』권39, 신라 관직>

見女處曰阿尼帖<『삼국유사』권5>

以長公主妻之,是爲阿尼夫人<『삼국유사』권1>

‘尼’는 불교어에서 ‘여승’을 가리키므로 ‘阿尼’도 고려와 고려 이전 시대에는 ‘여승’을 가리켰다고 본다. 그러나 다음 문장의 ‘尼’는 그런 뜻이 전혀 없고 오직 구결토로서 연결 어미일 뿐이다.

○天地之間 萬物之衆厓 唯人伊 最貴爲尼

4.

본고에서 토론한 모든 것들을 귀납하여 한자어의 기준에 대하여 다음과 같이 정의하여 본다.

첫째, 한자어는 반드시 한자에 기초하여 만들어진 낱말이거나 이미 이루어진 기성 한자어에 기초하여 파생 또는 합성된 것이어야 한다.

둘째, 한자어는 반드시 한국어 어휘 체계 속에 수용된 것이어야 한다.

셋째, 한자어는 반드시 한자와의 연계를 잃지 말아야 하며, 한자로 적을 수 있어야 하며, 한글로 표기된 것이면 한자로 환원할 수 있어야 한다.

넷째, 한자어는 한글로 표기했든 직접 한자로 기록했든, 그 음은 반드시 한국 한자 독음 규범에 부합되어야 한다.

다섯째, 한자어는 반드시 형태상, 의미상의 자립성을 가져야 하는 바, 한자로 적혀 있고 한자 독음에 부합되더라도 형식 형태소로서 문법적 관계만을 나타내는 것은 한자어라 할 수 없다.

이런 기준에 따라 다음과 같은 것들은 현대 한국어 한자어라 하기 어렵다.

첫째, 역사적으로 한자어였지만 오늘날 그 음이나 뜻이 한자와 연계가 끊어졌거나 애초에 중국음으로 차용한 것들은 한자어라 할 수 없다.

둘째, 역사적으로 사용되었고 또 현실적으로 한자로 적혀 있는 낱말일지라도 그 독음이 현실 한자음에 부합되지 않는 것이면 한자어라 할 수 없다.

셋째, 역사적으로 사용되었고 또 현실적으로 한자로 적혀 있으며 그 독음이 현실 한자음에 부합되는 것일지라도 한자를 이용해 기성 고유어를 적은 것이면 한자어라 할 수 없다.

참고 문헌

국립국어연구원(1999), 『표준국어대사전』, 두산동아.

김광해(1993), 『국어 어휘론 개설』, 집문당.

김문창(1995), 「고유어에 대하여」, 『仁荷語文硏究』 제2호, 인하대 인하어문연구회.

김수경 등(1964), 『조선어 어휘론 및 어음론』, 고등교육도서출판사.

김영황(1997), 『조선어사』, 김일성종합대학출판사.

김종훈 외(1998), 『韓國語의 歷史』, 대한교과서.

김종훈(1983), 『韓國固有漢字硏究』, 집문당.

두산동아 사전편집국(2001), 『동아새국어사전』, 두산동아.

리동빈(1999), 『조선어 기본』, 김일성종합대학출판사.

박용찬(2002), 『2002년 신어』, 국립국어연구원.

박용찬(2003), 『2003년 신어』, 국립국어연구원.

박용찬(2004), 『2004년 신어』, 국립국어원.

사회과학원 언어학연구소(1992), 『조선말대사전』, 사회과학출판사.

심재기(1987), 『國語語彙論』, 집문당.

양하석 등(1986), 『언어학사전(2)』, 김일성종합대학출판사.

언어문학연구소 사전연구실(1962), 『조선말사전』, 과학원출판사.

언어학연구소(1973), 『조선문화어사전』, 사회과학출판사.

연세대 언어정보개발연구원(1998), 『연세한국어사전』, 두산동아.

이기문(2002), 『新訂版 國語史槪說』, 태학사.

이득춘(1987), 『고대 조선어 강독』, 연변대학 교무처.

이득춘(1988), 『조선어 어휘사』, 연변대학출판사.

이익섭 등(1997), 『한국의 언어』, 신구문화사.

최정후(1983), 『조선어학 개론』, 과학백과사전출판사.

한글학회(1997), 『우리말큰사전』, 어문각.

吏文과 漢吏文

鄭 光*

1. 緒論

韓半島에서는 역사 이전부터 중국 대륙으로부터 漢文을 수입하여 자신들의 언어를 기록하였다. 한문은 중국어를 기록하기 위하여 개발된 문자이며 따라서 한반도의 언어를 한문으로 기록하는 데는 많은 문제가 있었다. 왜냐하면 한반어의 토착어는 중국어와는 문법구조가 다른 교착적인 언어이어서 이 언어를 고립적인 문법구조의 중국어로 번역하여 한문으로 기록하기에는 매우 어려움이 따랐다. 특히 중국어로 번역할 수 없는 고유명사를 표기하기 위하여 한자의 발음과 새김을 빌려 표기하는 방법을 啓發하였다.

이와 같은 고유명사 표기로부터 한자의 음과 뜻을 빌려 표기하는 방법이 삼국시대에 유행하게 되었다. 그러나 이러한 차자표기 방법은 모두가 한반도에서 창작된 것이라고 보기 어렵다. 이미 중국 주변의 여러 민족들은 아주 오래전부터 이러한 차자표기 방법을 사용한 흔적이 있기 때문이다. 적어도 그러한 發想은 다른 민족들의 한자표기에서도 있었다고 추정된다.

한반도에서는 문법구조가 다른 한문을 읽기 위하여 口訣의 방법을

* 가톨릭대학교 교수.

開發하였다. 아마도 新羅가 그 시작으로 보이지만 현재로는 高句麗나 百濟에 口訣이 없었다고 斷言하기에는 너무나 자료가 부족하다. 그러나 新羅에서는 口訣을 사용하였음을 기록으로 남겨두었다.[1] 또 한자를 빌려 신라어를 기록하는 鄕札의 방법도 매우 발전하였다. 그러나 역시 우리말을 기록하기에는 마땅치 않아 훈민정음이란 표음문자를 발명하게 된다.

그러나 어느 때부터인가 吏文이란 특수한 한자 표기를 고안하여 공문서나 법률문서에 사용하였다. 훈민정음을 발명한 이후에도 한문의 變體로 볼 수 있는 吏文은 甲午更張까지 공문서의 정문으로 계속해서 사용되었다. 실로 조선시대 5백 년 동안 모든 공문서의 正文은 吏文이란 독특한 한자 표기였다. 그러나 국어학계는 이 吏文의 발생경로나 변천과정에 대하여 아무런 연구가 없었고 그저 그 해독에 급급하였다.

그러나 발표자는 중국의 元代에 새로운 口語體의 문장어가 생겨나서 司法律, 行政 문서에 사용한 것을 吏文이라고 불렀음에 착안하고 이것과 한반도의 吏文과 어떤 영향관계가 없었는지 고찰하고자 한다. 본 발표는 우리의 吏文이 대륙의 어떤 한자 표기와 연관을 맺고 발생하게 되었는가를 고찰하고자 하는 것이다.

2. 漢吏文의 形成과 發展

2.1. 漢文의 古文과 變文

---

1) 예를 들면 『三國史記』(권46) 「列傳」6 '薛聰'조에 "以方言讀九經 訓導後生 至今學者從之"나 『三國遺事』9권4 「元曉不羈」조의 薛聰에 관한 기술에서 "以方音通會華夷方俗物名 訓解六經文學 至今海東業明經者 傳受不絶"의 기사는 薛聰이 釋讀口訣의 방법을 이용하였음을 증언한다.

漢文은 中國의 언어를 漢字라는 표의문자로 기록한 것이다. 언어학적인 분류에 의하면 중국어는 口語를 말하고 한문은 文語를 말한다. 모든 自然言語는 口語가 있은 다음에 이를 기록한 文語가 있기 마련이다. 즉 살아있는 언어를 문자로 기록할 때에는 문자가 가진 여러 가지 제약에 의하여 약간의 변화를 입게 된다. 뿐만 아니라 文語는 독자적인 발달을 하면서 상당한 기간이 지나면 口語와는 매우 다른 언어가 된다. 漢文도 口語인 중국어를 모태로 하여 생겨난 文語인 것이며 그후에 독자적 발전을 거듭하였다.

그런데 여기서 중국어가 어떤 언어인가는 그렇게 간단하게 정의할 수 없다. 우선 역사적으로 중국어는 몇 천 년의 변화를 거듭한 것이어서 각 시대별로 매우 다른 언어의 모습을 보여준다. 또 하나 중국어는 지역적으로 많은 方言을 갖고 있다. 실제로 方言 이상의 차이를 보이는 언어도 여럿이 있다. 뿐만 아니라 中原의 公用語는 覇權을 잡은 민족의 언어나 정치 중심지의 방언에 의하여 수시로 변화였다. 여기서 우리는 '漢文이 中國語를 漢字로 기록한 文語'라는 정의가 매우 애매함을 깨닫게 된다.

우리가 보통 漢文이라고 부르는 것은 先秦시대에 古文을 말한다. 보통 四書三經으로 불리는 초기 儒教 經典의 漢文을 古文이라고 말하는데 이 文語는 東周의 首都인 洛陽의 언어를 기본으로 하여 형성된 것이다.[2] '雅言'이라고 불리는 周代의 公用語가 先秦 때까지는 學文의 언어이었고 周의 行政言語이기도 하였다. 古文은 簡潔性과 暗示性을 특징으로 하는 기록과 의사전달이 주된 목적으로 형성된 文章語이었다.[3]

---

2) B. Karlgren(高本漢, 1940)에서는 <詩經> 이전 시기를 '太古 漢語', <詩經> 이후부터 東漢시기까지를 '上古 漢語', 六朝 시기부터 唐末까지를 '中古 漢語', 宋朝 시기를 近古 漢語, 元明 시기를 '老官話'로 구분하였다(蔣紹愚:1994).

3) 古文은 先秦시대에 만들어진 <論語>, <孟子>, <莊子>, <荀子>, <韓非子> 등의 諸

그러나 이러한 古文은 시대의 변화에 따라 바뀌게 된다. 春秋戰國시대에 各國의 언어가 독자적으로 발전하였고 秦의 통일 이후에 長安의 언어가 새로운 公用語로 부상하게 되었다. 보통 '通語'라고 부리는 이 새로운 언어는 그동안 中原의 公用語로 사용되었던 雅言의 권위에 도전하였다. 儒教 經典의 언어이었던 古文은 다른 종교의 經典의 언어처럼 매우 보수적이었고 다른 언어로의 변화를 받아드리지 못하였다. 따라서 通語는 儒教 經典의 언어를 바꾸지는 못하였고 이후에 詩文의 언어로 발전한다. 즉 古文의 簡潔性과 暗示性으로부터 粧飾性이 추가된 通語를 바탕으로 생겨난 새로운 文語는 六朝시대에 이르러 더욱 장식성이 두드러지게 나타났다. 이렇게 변형된 한문을 '變文'이라고 부른다.

變文의 시작을 唐代 중기 이후 불경 번역문에서 찾는 학자도 있다. 문법구조가 다른 梵語를 번역하면서 그 문법에 이끌렸고 특히 佛僧들의 俗講에서 古文의 雅言과는 다른 通語가 사용되었다. 이 때에 불교의 教理를 大衆에게 전파하기 위하여 곡조를 붙일 수 있는 韻文과 교리를 설명하는 散文을 혼합하여 連唱帶講하는 경우가 있었는데 변문은 이와 같이 韻文과 散文이 혼합된 것이 특징이다. 소박하고 간결하며 고립적 문법 구조인 古文에 비하여 變文은 詩文에 사용된 것이기 때문에 화려하고 장식적이다. 唐, 宋, 元 이후에 발달한 平話, 詞話, 白話小說, 寶卷, 彈詞, 鼓子詞 등이 모두 변문으로부터 나온 것으로 본다.[4]

家의 議論文에서 기틀이 잡혔고 漢代에 賈誼의 <治安策>, <過秦論> 등의 論策文과 左丘明의 <春秋左氏傳>, 司馬遷의 <史記> 등에서 서사문으로 발전하였다.

4) 淸의 光緒 25년(1899)에 중국 甘肅省 敦煌의 千佛洞 石室에서 2만여 권의 장서가 발견되었다. 그 가운데 佛經의 俗講 교재로 보이는 變文으로 된 사본이 다수 포함되었다. 이것이 소위 敦煌 變文 자료로서 盛唐(8세기 후반)부터 宋 太宗 2년(977)의 것이 가장 새로운 것이라고 한다. 따라서 變文은 唐代 中葉부터 발달한 것으로 본다.

그러나 變文은 동 시대에 한자를 빌려서 자신들의 民族語를 기록한 異民族의 한문 표기에서도 나타난다. 그것은 한문 고문의 문법에서 벗어나 자신들이 언어에 맞추어 표기했기 때문이다. 이 변문은 주로 동북아 알타이제어의 한문표기에서 나타난다. 예를 들면 南宋시대에 金의 使節로 會寧(지금의 吉林)에 간 洪邁(1123~1201)는 契丹의 어린이들이 漢詩를 읽을 때에 우리의 吏讀文과 같이 女眞語의 語順에 맞추어 읽는다고 하였다. 그는 예를 들어 金나라 사신으로 갔을 때에 자신을 영접한 副使 秘書少監 王補가 推敲의 故事로 유명한 唐代 賈島의 '題李凝幽居'의 絶句 "鳥宿池中樹 僧敲月下門"을 "月明裏和尙門子打 水底裏樹上老鴉坐"라고 읽어 웃음을 금치 못했는데 王補는 錦州사람으로 契丹人이었다는 기사가 있다(『夷堅志』「丙志」第18 '契丹誦詩' 조).[5]

물론 이와 같은 '契丹誦詩'를 變文에 넣지는 않는다. 오히려 이것은 우리의 吏讀文과 같은 것으로 쓰기는 한자로 쓰였지만 읽기는 아마도 여진어로 읽었을 것이다. 당시 중국 대륙과 그 주변의 여러 민족이 그들의 다양한 언어를 한자로 기록하였으며 그 가운데는 古文의 문장구조와 일치하지 않는 일종의 變文도 적지 않았던 것으로 보인다.

전술한 中唐 이후에 발달한 변문들은 古文에서 조금 逸脫한 것으로 그 문법구조는 중국 上古語, 즉 古文의 그것에 맞춘 것이다. 그러나 隋, 唐을 거치면서 通語의 세력은 더욱 커져 이 언어를 모태로 한 새로운 文語가 등장하였으니 그것이 白話, 또는 白話文이다. 보다 口語的인 이

---

5) 淸格爾泰(1997)에서는 이 "月明裏和尙門子打 水底裏樹上老鴉坐--달 밝은 가운데 화상이 문을 두드리고 물 밑 나무 위에 갈가마귀가 앉았다--"에 해당하는 몽고어 "saran-du xooošang egüde toysixu-du nayur taxi modun-du xeriy-e sayumui"를 들면서 중국사신 洪邁가 듣기에는 우스운 중국어 語順이지만 契丹語로는 당연한 것이고 이 어순은 몽고어와도 일치함을 주장하였다. 물론 이것은 우리말의 어순과 이와 일치하면 아마도 우리의 吏讀文도 이와 같이 '우스운' 중국어의 하나이었으며 이러한 현상은 고립적인 중국어 문법에 의한 한문과 교착적 문법 구조의 契丹文이나 吏讀文의 차이에서 생겨난 것이다.

새로운 문체는 散文에 쓰였으나 일부는 문학작품의 언어가 되었다. 唐, 宋에 이르러 口語的인 이 문체로 古文의 유교 經典들이 註釋된다.[6]

2.2. 元代의 漢兒言語

중국어의 역사에서 가장 특기할 만한 일은 몽고족에 의하여 건립된 元의 건국으로 인하여 언어 중심지가 北方의 北京으로 옮겨진 것이다. 쿠빌라이(忽必烈), 즉 元 世祖가 燕京, 지금의 北京에 도읍을 정할 때에 이 지역은 동북아의 여러 이민족이 漢族과 각축을 벌리던 곳이어서 여러 언어가 混用되었다. 13세기 초에 몽고족이 세력을 얻어 이 지역의 패권을 차지하면서 몽고어가 많이 혼입된 형태의 중국어가 등장하게 되었는데 이것이 종래 蒙文直譯体, 또는 漢文吏牘体로 불리던 漢兒言語다.[7] 이 언어는 종래의 雅言이나 通語와는 의사소통이 불가능할 정도의 다른 언어이었던 것이다.

김문경 외(2002/369~370)에서는 北宋의 許亢宗이 宣和 7년(1125)에

6) 이러한 儒教 經典의 註釋은 後漢시대 鄭玄의 <十三經奏疏>까지 거슬러 올라가지만 唐·宋代 通語에 의한 經典의 주석은 朱子에 의해서 본격적으로 이루어진 것으로 볼 수 있다.

7) '漢兒言語'는 발표자에 의하여 세상에 알려진 元代 北京지역의 口語로서 실제 이 지역의 공통어이었다. 元代 高麗에서는 이 언어를 학습하는 '漢語都監'을 두었고 (졸저:1988) 이 언어를 학습하는 <老乞大>, <朴通事>를 편찬하였는데 조선 太宗朝에 간행된 것으로 보이는『老乞大』가 최근 발견되어 소개되었고 발표자에 의하여 이것이 漢兒言語를 학습하던 교재이며 거의 原本으로 추정되었다(졸저:2002a, 2004). <原本老乞大>의 발견과 이것이 漢兒言語의 교재라는 주장은 중국과 일본의 중국어 역사를 전공하는 많은 연구자들에게 충격적인 것이었을 것이다. 이미 中宗朝에 崔世珍에 의하여 소개된 바 있는 元代 漢兒言語와 그 교재의 존재에 대하여는 졸고(1999, 2000, 2003, 2004)에 의해서 여러 차례 주장되었고 이제는 많은 중국어 연구자들에게 사실로 받아들이고 있는 것으로 보인다(金文京 외:2002). 졸고(1999)는 일본어로 동경에서, 졸고(2000)는 국어로 서울에서, 그리고 졸고(2003)는 영어로 ICKL에서 발표한 것이며 졸고(2004)는 중국어로 北京에서 발표되었다.

金 太宗의 卽位式에 祝賀의 使節로 다녀오면서 쓴 여행기『許奉使行程
錄』을 인용하면서 어떻게 이런 언어가 생겨났는지를 소개하였다. 즉
許奉使 일행이 遼의 黃龍府(지금 하얼빈에서 남서쪽으로 약 100km 지
점) 부근을 지날 때의 기록으로 "契丹이 强盛했을 때에 이 부근으로 여
러 민족을 이주시켰기 때문에 여러 나라의 풍속이 섞여있어서 서로 말
이 통하지 않았는데 '漢兒言語'를 써서 처음으로 의사가 소통했다는
기록이 있다"(『三朝北盟會編』 권20)고 하여 이 지역에 이주해온 여러
이민족들이 漢兒言語로 의사를 소통했음을 지적하였다. 실제로 북경지
역에 모여 살게 된 동북아 여러 민족들이 일종의 코이네(Koinē)로서[8]
漢兒言語를 사용하였고 이것은 종래 中原의 공용어였던 長安의 언어
를 기본으로 한 通語와는 매우 다른 엉터리 중국어이었던 것이다.

漢兒言語는 앞에서 언급한 '契丹誦詩'와 같이 몽고어의 어순에 맞추
고 몽고어의 조사와 어미를 삽입한 상태의 언어로서 졸저(2004)에서
발표자는 일종의 크레올로 보았고 金文京 외(2002)에서는 이를 '胡言漢
語'라 불렀다.[9] 元에서는 이 언어를 공용어로 하여 고려가 중국과의 교
섭에서 사용하게 하였다. 따라서 고려에서는 元이 建國한 이후에 漢語
都監을 두어 이 언어를 별도로 교육하게 되었다.[10]

元은 蒙古人에 의하여 국가가 통치하였지만 실제 한족의 백성을 다

---

8) 코이네(κοινη, Koinē)는 알렉산더대왕 이후 지중해 지역을 석권한 대 희랍제국
   의 공용어로서 아티카 방언을 기본으로 한 것이다. 이로부터 大帝國의 공용어를
   '코이네'라고 한다.
9) 金文京 외(2002/370~371)에 '胡言漢語'에 대하여 "南宋人이 '漢人', '漢兒'라고 말
   하는 경우 그것은 반드시 北方의 金나라 治下에 있는 중국인을 가르킨다. 따라서
   '漢語'도 북방에서 사용되는 중국어를 의미하지만 그 언어는 南宋人에게는 奇妙
   한 말로 들린 것 같다. 南宋의 저명한 철학자 陸九淵(1139~93의 『象山語錄』(卷下)
   이나 禪僧의 傳記集인 『五灯會元』(卷 16) '黃檗志因禪師' 조 등에 엉터리, 이상한
   말이라는 의미로 '胡言漢語'라는 말투가 보인다"라고 기술하였다.
10) 고려시대의 '漢語都監' 및 '吏學都監'의 설치와 운영에 대하여 졸고(1987, 1990)
    및 朴龍雲(근간)을 참고할 것.

스리는 일은 漢人들이었고 몽고인들은 이들을 감독하는 일을 하였다.[11] 따라서 漢人들은 몽고인 통치자에게 보고서를 올리게 되었는데 이 보고서에 사용된 것은 古文이 아니라 漢兒言語를 모태로 하여 새롭게 형성된 文語이었다. 이렇게 새롭게 생겨난 文語를 그동안 '漢文吏牘体', 또는 '蒙文直譯体'라고 불렀는데 이에 대하여 前揭한 金文京 외(2002/372)의 설명에 의하면 다음과 같다.

金의 王族은 몇 마디라도 '漢語'를 말할 줄 알았지만 몽고의 王族이나 貴族은 일반적으로 漢語를 알지 못하였으며 또 배울 생각도 없는 것 같았다. 그렇기 때문에 특히 汗의 命令과 같이 중요한 사항은 汗이 말한 몽고어로 번역하여 기록할 필요가 생겨났다. 거기에는 원래 엉터리 중국어이었던 '漢兒言語'를 사용하는 것이 가장 간편하였고 또 정확하였을 것이다. 만일 정규 중국어, 혹은 文言(古文이나 후대의 백화문 등)으로 번역하려고 생각하면 意譯에 의하여 의미의 어긋남이 없을 수가 없게 된다. 더구나 이것을 읽는 사람들이 契丹人, 女眞人 등 漢兒言語를 사용하고 있을 '漢人'들이었다. 이리하여 '漢兒言語'는 口語에서 文章語가 되었다. 소위 '蒙文直譯体'라는 漢文이 바로 그것이다.

그러나 이러한 설명들은 이 문장어가 모두 漢兒言語라는 당시 실존한 口語를 반영한 것이라는 점을 看過한 것으로 이제는 빛바랜 주장이

---

11) 예를 들면 元代 各省에는 몽고인의 감독관이 있어 漢人 官吏를 지휘하였는데 大都省에는 '札魯花赤, 首領官, 六部官, 必闍赤人' 등의 몽고인이 있어 漢人 官吏를 감독하게 되었으나 『元典章』延祐 7년(元 英宗 卽位年, 1320)의 '中書省 奏過事內 1件에 이들이 출근을 게을리 하므로 皇帝가 일찍 출근하고 늦게 퇴근할 것을 申飭하는 聖旨가 실려 있다. 여기서 '札魯花赤'는 "몽고인 斷事官"을 말한다.

라고 아니할 수 없다. 이미 발표자의 여러 논저(졸고:1999, 2000, 2003, 2004)에서 당시 漢兒言語와 蒙古語가 混淆된 漢語가 일종의 코이네(공통어)로서 실제로 존재하였고 '蒙文直譯体'란 이 口語를 그대로 기록한 것이며 漢文吏牘体는 漢語를 기반으로 하여 새롭게 형성되어 司法과 行政에서 사용된 文章語의 문체를 말하는 것이기 때문이다.

蒙古帝國의 제2대 大汗인 太宗 오고타이(窩闊大)가 몽고인 書記官(必闍赤人)의 子弟에게는 '漢兒言語'와 그 문서를, 그리고 漢人의 자제에게는 몽고어를 학습시키라는 聖旨를[12] 내린 것은 이 漢·蒙 官吏들이 몽고어와 그를 번역할 한아언어와 그 文語를 서로 학습하여 의사소통에 지장이 없도록 할 목적으로 내린 것이었다.

2.3. 漢吏文과 漢文吏牘体

元代의 口語인 漢兒言語를 기반으로 하여 형성된 문장어를 '蒙文直譯体'와 '漢文吏牘体'로 나누어 생각한 학자가 있다. 즉 田中謙二(1964)에서는 그 논문 冒頭에

「元典章」, 정확하게는 「大元聖政國朝典章」에 수록된 문서의 스타일은 크게 나누어서 漢文吏牘体와 蒙文直譯体의 2종으로 나누어진다. 전자는 행정·사법의 실무에 종사하는 胥吏의 손으로, 적어도

---

12) 이 오고타이 大汗의 聖旨는 北京의 地誌인 『析津志』(『析津志輯佚』, 北京古籍出版, 1983)에 실려 있으며 元 太宗 5년(1233)에 내린 것이다. 그 내용은 燕京(元의 首都)에 '四敎讀'이란 학교를 설립하고 그곳에서 몽고인 必闍赤의 子弟 18인과 중국인의 자제 22인을 함께 起居시키면서 몽고인의 자제에게는 '漢兒言語·文書'를, 중국인의 자제에게는 몽고어와 弓術을 교육하게 하라는 것이었다. 여기서 '漢兒言語'는 당시 漢人들의 口語를 말하며 또 '文書'는 文語인 漢吏文을 말하는 것으로 이해할 수 있다. 金文京 외(2002) 참조.

北宋 때에는 거의 완성된 法制文書用의 문체이다. 이에 대해서 후자
는 몽골족이 지배하는 元 王朝의 특수 情況 아래 발생하였고 몽고어
로 쓰인 法制문서를 譯史(飜譯官)가 중국어로 번역할 때에 사용한
문체를 가르친다. 蒙文直譯体라는 말은 임시로 지은 이름에 지나지
않고 이것도 역시 한자로 쓰인 일종의 漢文이다. 다만 이들 2종의
문체는 통상의 중국문과 조금씩 樣相을 달리 하기 때문에 일반적으
로「元典章」의 문장은 難解하다고 하여 살아있는 사료를 많이 가지
고 있지만 지금도 충분하게 활용하지 못하고 있다(田中謙
二:1964/47).

이러한 주장은 漢文吏牘体가 北宋 때부터 시작되었고 蒙文直譯体는
元代에 발생한 것으로 보았으나 발표자는 후자가 元代 北京地域의 口
語인 漢兒言語를 그대로 기록한 것이고 전자는 이를 文語化한 것으로
본다. 이에 대하여 吉川幸次郎(1953)에서는 元代 吏牘文의 대표적 자료
인『元典章』의 문체에 대하여 다음과 같은 언급한 것은 비록 그가 漢
兒言語의 존재를 몰랐다 하더라도 당시 현실을 꿰뚫어본 것이다.

(전략) かくきわめて僅かではあるが、あたかも元曲の白のごとく、
口語の直寫を志した部分が存在する。なぜこれらの部分たけ口語を直
寫しようとするのか。それは恐らく、いかなる言語に誘導されての犯
罪であるかが、量刑に關係するからであり、その必要にそなえる爲で
あろうと思われるが、要するに吏牘の文が、必要に応じてはいかなる
言語をも受容し得る態度にあることを、別の面から示すものである。
(후략)-- [元典章에는] 아주 정말 적기는 하지만 마치 <元曲>의 '白'
과 같이 口語를 그대로 적으려고 한 부분이 존재한다.[13] 그것은 아마

도 어떤 언어로 유도된 범죄인가가 형량을 정하는데 관계됨으로 그 러한 필요에 대비하기 위한 것일 수도 있다고 생각된다. 요컨대 吏 牘으로 된 문장이 필요에 응하기 위하여 어떤 언어라도 수용할 수 있는 태도라는 것을 다른 면에서 보여준 것이다--

이 언급은 원대 吏牘文이 司法에서 사용될 때에는 罪人의 供招라든 지 訴訟의 訴狀에서 사실을 파악하기 위하여 그들이 사용하는 口語를, 그것이 어떤 언어이든지 그대로 기록하려고 한 부분이 있다는 것이 다.[14] 여기서 어떤 언어라는 것은 두말할 것도 당시 북경 지역에서 코 이네로 사용되던 漢兒言語이며 元代 吏牘文에는 이러한 口語를 蒙文直 譯体란 이름으로 잠정적으로 규정한 것이다.

그러나 후대의 학자들은 吉川幸次郎와 田中謙二의 이러한 잠정적 용 어를 마치 실제로 漢文에 그러한 문장체가 존재하는 것처럼 신봉하여 왔다. 이것은 모두가 漢兒言語의 존재를 미처 이해하지 못한 결과라고 할 수 있다.

발표자는 지금까지 논의한 元代에 司法이나 行政에서 주로 사용한 漢文吏牘体를 '漢吏文'으로 보고자 한다. 다시 말하면 지금까지 일본인

---

13) 吉川幸次郎(1953)은 『元典章』에서 사건 관계자의 회화를 본래의 회화대로 기록 하려고 한 부분은 거의 刑部조에만 보이지만 간혹 戶部에도 보인다고 하였다.

14) 吉川幸次郎(1953)에는 당시 口語를 『元典章』에 그대로 기록한 예를 몇 개 들었 는데 그 중 하나를 소개하면 다음과 같다. 『元典章』(권) 「殺親屬」 제5의 예로 妻 를 죽인 범인의 供招가 있는데 皇慶 元年(1312) 6월 12일 池州路 東流縣으로 饑饉 을 피하여 온 霍牛兒가 乞食의 동무인 岳仙과 싸움하여 여지없이 얻어맞았는데 그것을 본 妻가 "你喫人打罵。做不得男子漢 。我每日做別人飯食。被人欺負。--당 신은 사람들에게 얻어맞고 욕을 먹네. 사내로서 자격이 없어. 내가 매일 다른 사 람의 밥을 얻어먹으니(?) 사람들로부터 바보라고 하지--" 라고 하여 처를 죽였다 는 심문 내용에 나오는 문장이다. 이깃은 구이체로서 古文과는 매우 다른 문장이 며 형식을 갖춘 漢文吏牘体와도 다름을 지적하였다. 실제로 이 문장구조는 발표 자가 漢兒言語의 자료로 소개한 『原本老乞大』의 그것과 일치한다. 蒙文直譯体란 당시 北京지역에서 실제 口語로 사용되던 漢兒言語를 말한다. 졸저(2004) 참조.

학자들에 의하여 주장된 '漢文吏牘体', '蒙文直譯体'라는 한문의 變文은 실제로 元代 吏文으로 口語를 直寫한 것을 말하는 것이다. 특히 '漢文 吏牘体', 즉 원대 이후 발달한 중국의 '吏文'을 朝鮮시대에 한반도에서 널리 쓰이던 吏文과 구별하여 '漢吏文'으로 불러왔다.[15)]

지금까지 漢文吏牘体의 元代 文章語가 古文과 다른 문체를 보이며 이를 漢吏文임을 언급한 일이 없다. 그러나 조선 초기까지 元代에 시작된 吏文, 즉 漢吏文을 시험하는 漢吏科가 있었으며 『世宗實錄』(권47) 세종 12년 庚戌 3월조의 기사에는 詳定所에서 諸學의 取才에 사용할 出題書를 규정하여 謄載하였는데 여기에 漢吏科의 課試 방법이 상세히 설명되었다.

그 가운데 漢吏學의 출제서로는 '書, 詩, 四書, 魯齋大學, 直解小學, 成齋孝經, 少微通鑑, 前後漢, 吏學指南, 忠義直言, 童子習, 大元通制, 至正條格, 御製大誥, 朴通事, 老乞大, 事大文書謄錄, 製述奏本·啓本·咨文'을 들었는데 이 취재에 사용된 출제서야 말로 漢吏文을 학습하는 교재임이 틀림없다.

위의 취재서 가운데 '書, 詩, 四書'는 先秦시대의 고문으로 작성된 것이고 <朴通事>, <老乞大>는 당시의 口語인 漢兒言語를 학습하는 교재이며 나머지는 漢吏文을 학습하는 교재임이 분명하다. 이 각각에 대하여 소개하면 다음과 같다.

먼저 <魯齋大學>은 元의 許衡이 편찬한 <魯齋遺書> 3권의 <大學直

---

15) 成三問의 <直解童子習序>에 의하면 조선시대 초기에는 漢吏文을 承文院에서 교육하여 事大文書 작성에 임하게 하였고 司譯院에서는 구어, 즉 漢兒言語를 학습하여 통역을 담당하게 하였다는 기사가 있다. 즉 그 序文에 "(前略) 自我祖宗事大至誠 置承文院掌吏文 司譯院掌譯語 專其業而久其任(下略)--(전략) 우리 조종으로부터 사대에 지성이시매 承文院을 두어서는 이문을 맡기시고 司譯院을 두어서는 언어의 통역을 맡기시어 그 업을 한갓지게 하고 그 직을 오래게 하시니((하략)"에 의하면 司譯院에서는 구어를 배워 통역을 담당하고 承文院에서는 吏文, 즉 漢吏文을 학습하였음을 알 수 있다. 본문의 해석은 洪起文(1946)을 참고함.

解>를 말하는 것으로 四書의 하나인 <大學>을 당시 원대 漢兒言語로
풀이한 것으로 보이며 <成齋孝經>은 元代 北庭成齋의 <孝經直解>을 말
한다.[16] <大元通制>는 元의 건국초기부터 延祐年間(1314~1320)에 이르
기까지 元代의 법률제도를 집대성한 책으로 元이 皇慶 1년(1312)에 仁
宗이 阿散에게 개국 이래의 法制事例를 편집하도록 명하여 至治 3년
(1323)에 완성된 元代 유일한 체계적 법전이다.

<至正條格>은 元 至正 6년(1346)에 <大元通制>를 刪修한 것이다.
<御製大誥>은 明 太祖가 元代의 악풍을 바로잡기 위하여 官民의 犯法
사례를 채집하여 이를 근거로 洪武 18년(1385) 10월에 '御製大誥' 74조
를 반포하였으며 이듬해 다시 '御製大誥續編' 87조(1권)와 '御製大誥三'
의 47조(1권)를 만들었는데 이를 통칭하여 <御製大誥>라고 한다.

<事大文書謄錄>은 조선시대 承文院에서 중국 朝廷과 왕래한 문서를
모아놓은 것으로 <世宗實錄>의 기사(권51, 세종 13년 1월 丙戌조, 동
권121, 세종 30년 8월 丙辰조)와 <端宗實錄>(권13, 단종 3년 1월 丁卯
조)의 기사에 의하면 5년마다 한 번씩 書寫하고 10년마다 한 번씩 인
쇄하여 출간하였다고 한다(정광 외:2002) 참조.

따라서 '魯齋大學, 直解小學, 成齋孝經, 少微通鑑, 前後漢'은 '大學, 小
學, 孝經, 通鑑, 前漢書, 後漢書' 등의 經史書를 漢兒言語로 풀이한 것이
고 '吏學指南, 忠義直言, 大元通制, 至正條格, 御製大誥'은 그동안 漢文吏

---

16) 『成齋孝經』은 精文硏(1986/484)에 "明의 陳璚이 지은 책. 兒童의 敎訓을 위하여
지은 것이다"라는 설명이 있어 정광 외(2002/18)의 주3에서 "<成齋孝經>은 元代
의 <直解孝經>을 明代 陳璚(號 成齋)이 당시 북경어로 주석한 것이다. (중략) 精文
硏(1986) 참조"로 보았다. 그러나 이것은 잘못된 것으로 <直解孝經>은 元代 北庭
成齋 小雲石海涯(自號 酸齋, 一名 成齋)의 작이며 일본에 전해지는 『孝經直解』는
그 서명이 '新刊全相成齋孝經直解'이며 卷尾에는 '北庭成齋直說孝經終'으로 되었고
서문의 말미에 '小雲石海涯 北庭成齋自敍'로 되었다. 발표자의 여러 논문에서 精
文硏(1986)을 인용하여 실수한 경우가 많은데 이것도 그 가운데 하나이다. 참으로
독자 제위에게 미안하게 생각한다.

牘体라고 불러왔었던 元代 발생한 새로운 文語, 즉 漢吏文으로 작성된
것이며 이 가운데 '吏學指南'은 이러한 漢吏文을 학습하는 참고서다.[17]
그리고 '忠義直言, 大元通制, 至正條格, 御製大誥'는 앞에서 살펴본 『元
典章』과 같은 부류의 책으로 元代의 法律, 詔勅, 上疏 등의 行政文書를
모은 문헌이다. '老乞大, 朴通事'는 口語인 漢兒言語를 학습하는 교재인
데 이 언어가 漢吏文이란 文章語의 모태이었음은 누차 언급하였다.

그러면 위에서 漢吏文, 즉 漢文吏牘体와 蒙文直譯体의 교본으로 본
'魯齋大學, 直解小學, 成齋孝經, 少微通鑑, 前後漢'을 중심으로 漢吏文이
어떠한 漢文인가를 살펴볼 수 있다. 이들 漢吏文 교재 가운데 발표자
가 자유로인 이용할 수 있는 <成齋孝經>을 예로 하여 漢吏文의 정체를
찾아보기로 한다.

2.4. <成齋孝經>의 蒙文直譯体

앞에서 살펴본 바와 같이 <成齋孝經>은 元代 小雲石海涯가 <孝經>
을 魯齋(元의 許衡)가 <大學>을 당시 북경어로 直說한 것을 본 따서 역
시 당시 北京 지역의 口語인 漢兒言語로 풀이한 것이다.[18] 이 책의 저자
小雲石海涯는 『元史』(권143)에

---

17) 『吏學指南』에 대하여는 정광 외(2002)를 참조할 것. 元 大德 5년(1301)에 徐元瑞
가 편찬한 <吏學指南>을 조선 세조 4년(1458) 경에 경주에서 복간하였는데(奎章
閣 소장) 정광 외(2002)에서는 이 책을 영인하여 공간하면서 상세한 해제와 색인
을 붙였다.

18) 이에 대하여는 일본에 전해지는 『新刊全相成齋孝經直解』의 권두에 붙은 自敍에
"(전략) 嘗觀魯齋先生取世俗之□直說大學 至於耘夫竟子皆可以明之 世人□之以寶 士
夫無有非之者於以見 云云(하략)"라는 기사를 참조할 것. □부분은 훼손되어 글자
가 보이지 않는 부분임. 일본에 전해지는 <孝經直解>에 대하여는 太田辰夫・佐藤
晴彦(1996) 참조.

小雲石海涯家世 見其祖阿里海涯傳 其父楚國忠惠公 名貫只哥 小雲石
海涯 遂以貫爲氏 復以酸齋自號(중략) 初襲父官爲兩淮萬戶府達魯花赤
(중략) 泰定元年五月八日卒 年三十九 贈集賢學士中奉大夫護軍 追封京
兆郡公 謚文靖 有文集若干卷 直解孝經一卷 行于世--소운석 해애의 家
世는 그 조부 아리해애의 전기를 보면 아버지가 초국의 忠惠公으로
이름이 貫只哥이었으며 그리하여 小雲石 海涯는 '貫'으로 성을 삼았
다. 또 自號를 '酸齋'라 하였다. (중략) 처음에는 아버지의 관직을 세
습하여 '兩淮萬戶府達魯花赤'이 되었다. (중략) 태정 원년(1324) 5월
8일에 돌아갔다. 나이가 39세 集賢學士 中奉大夫 護軍을 贈職하였고
京兆郡公으로 추증되었다. 謚號는 文靖이며 문집 약간 권과 <直解孝
經> 1권이 있어 세상에 유행하였다--

이 기사를 보면 小雲石海涯(1286~1324)가 <直解孝經> 1권을 지어 세
상에 유행시켰는데 그는 원래 위글인으로 漢名을 貫雲石이라 하였으며
이것은 <孝經>을 당시 북경어, 즉 漢兒言語로 알기 쉽게 풀이한 것임
을 알 수 있다. 그는 貫酸齋란 이름으로 樂府散曲의 작자로도 널리 알
려졌다.

<直解孝經>은 당시 매우 인기가 있었던 것으로 錢大昕의『補元史 藝
文志』(권1)과 金門詔의『補三史 藝文志』에 "小雲石海涯直解孝經一卷"이
란 기사가 보이며 倪燦의『補遼金元 藝文志』와 盧文弨의『補遼金元 藝
文志』에 "小雲石海涯孝經直解一卷"이란 기사가 보인다. 明代 焦竑의『國
史經籍志』(권2)에는 "成齋孝經說 一卷"으로 기재되었다(長澤規矩也:1933).

貫雲石의 <成齋孝經>은 그의 自敍 末尾에 "至大改元孟春旣望 宣武將
軍 兩淮萬戶府達魯花赤 小雲石海涯 北庭成齋自敍"라 하여 至大 元年
(1308) 正月 15일에 완성되었음을 알 수 있다. 그는 許衡의『魯齋大學』

과 같이 <孝經>을 당시 漢兒言語로 풀이하여 直說한 것으로 발표자가 소개한 『原本老乞大』(이하 <原老>로 약칭)와 『孝經直解』(이하 <孝解>로 약칭)는 당시 북경어를 동일하게 반영한다.

<孝解>가 <原老>와 같이 漢兒言語의 문체를 갖고 있는 예를 <孝解>의 직해문에서 찾아보면 다음과 같다.

> 『新刊全相成齋孝經直解』「孝治章 第八」
> 원　문: 治家者不敢失於臣妾 而況於妻子乎 故得人之懽心 以事其親
> 직해문: 官人毎 各自家以下的人 不着落後了 休道媳婦孩兒 因這般上
> 頭 得一家人懽喜 奉侍父母呵 不枉了有 麼道(관인들은 각기
> 자신의 아랫사람을 홀대하지 않는다. 아내나 아이들에게
> 는 말할 것도 없다. 이러한 차례로 일가 사람들의 기쁨을
> 얻어 부모님에게 시중을 들면 굽힘이 없다고 말할 것이다)

이 예문에서 밑줄 친 ①毎와 ②上頭, ③呵, ④有, ⑤麼道는 모두 몽고어의 영향으로 한문에 삽입된 것이다. 이제 이들을 고찰하여 <孝解>가 <原老>와 같이 당시 口語인 漢兒言語로 直解한 것임을 살펴보기로 한다.

① 毎

이 직해문의 "官人毎"에 보이는 '毎'는 명사의 복수접미사로 후대에는 '毎 > 們'의 변화를 보였다. 조선 中宗조 최세진의 『老朴集覽』에서는 <原老>에 '毎'가 사용되었음을 알고 있었고 이에 대하여 다음과 같이 언급하였다.

每 本音上聲 頻也 每年 每一箇 又平聲 等輩也 我每 咱每 俺每우리
恁每 你每너희 今俗喜用們字(單字解 1 앞)--본음은 上聲이고 '빈번하
다'이다. '每年 - 해마다', '每一箇 - 하나씩. 또는 平聲으로 읽으면
等輩(같은 무리)'와 같은 의미를 나타낸다. 我每(우리들), 咱每(우리
들, 청자 포함), 俺每(우리들), 恁每(당신들), 你每(너희들) 등이다. 지
금은 일반적으로 '們'자를 즐겨 쓴다--"

이 해설에 의하면 '每'가 복수접미사임을 말하고 있고 <노걸대>의
新本, 즉 刪改本에서는 이미 '每'가 '們'으로 바뀌었음을 증언하고 있
다. 실제로 <原老>의 '每'는 『刪改老乞大』[19]와 『飜譯老乞大』(이하 <飜
老>로 약칭)에서는 '們'으로 교체되었다.

別人將咱每做甚麼人看(<原老> 2앞)
別人將咱們 做甚麼人看(<飜老> 上 5 뒤)
漢兒小廝每 哏頑(<原老> 2 앞)
漢兒小廝們 十分頑 漢兒(<飜老> 上 7 앞)
俺這馬每不曾飲水裏(<原老> 9 앞)
我這馬們不曾飲水裏(<飜老> 上 31 앞)

복수의 의미로 '們'이 사용되기 시작한 것은 宋代부터이었으며 '懣
(瞞, 瞒, 門(們)' 등의 형태로 나타난다. 元代에 이르러서도 '們'이 부분
적으로 사용되었으나 대부분은 '每'로 바뀌었다. 그러다가 明代 중엽부
터 다시 '們'의 사용이 많아지기 시작하였다. 이처럼 宋·元·明代에

19) 고려 말에 편찬된 <原本老乞大>를 조선 성종 14년(1483) 경에 漢人 葛貴 등이 刪
改한 것으로 <飜老>와 『老乞大諺解』의 저본이 되었다.

는 '們 > 每 > 們'의 형태로 반복되는 과정을 거쳤으며 그 원인에 대해서는 정확히 밝혀지지 않고 있다. 주목되는 것은 元代에 이르러 북방계 官話가 표준어로 되면서 '每'가 통용되었지만 남방계 官話에서는 여전히 '們'을 사용하였으며 원대 이후에는 또한 북방계 관화에서조차 '每'가 점차 사라지게 되었다는 것이다(呂叔湘:1985/54). 따라서 <孝解>가 <原老>와 같이 북방계 漢兒言語를 반영함을 알 수 있다.

② 上頭

직해문의 "因這般上頭"에 나오는 '上頭'는 후치사로서 이 시대의 漢兒言語에서만 사용되고 후일에는 '上頭 > 因此上(-까닭에)'으로 바뀌었다. 『老朴集覽』에 "上頭 견츠로 今不用(累字解 2 앞)--'上頭'는 '까닭으로'라는 의미로 현재는 사용하지 않는다--"라는 주석이나 "因此上 猶言上頭(累字解 2 뒤)--'因此上'은 '上頭'(까닭으로)와 같은 의미이다--"라는 주석은 '上頭'와 '因此上'이 같은 의미였음을 말하고 있다.

'因此上'은 원인을 나타내는 접속사의 형태이며 '上頭'는 '上'에 '頭'가 첨가된 형태로서 원인을 나타낸다. 모두 몽고어의 영향을 받은 후치사의 형태로 분석된다. 『元朝秘史』의 대역문에는 '禿剌(tula)'로 대응되는데 이를 余志鴻(1992/6)에서 옮겨보면 다음과 같다.

注　音: 騰格裏因　札阿隣　札阿黑三　兀格　黍貼昆　禿剌(『元朝秘史』
　　　　206-567)
對譯文:　天的　　神告　告了的　言語 明白的 上頭
意譯文: 天告你的言語 明白的上頭(『元朝秘史』 206 앞013)

따라서 <孝解> 자주 쓰인 '上頭'는 몽고어 '禿剌(tula)'에 대응되어

삽입된 것이다. 이 예는 <효해>의 직해문을 蒙文直譯体라고 보는 것을
이해하게 한다.

③呵

다음으로 직해문의 "奉侍父母呵"에 나오는 '呵'는 역시 후치사로서
몽고어에 이끌려 삽입된 것이다. 후대에는 '呵 > 時(-면)'로 변화되었
는데 이에 대하여 『老朴集覽』에서는 "時 猶則也 古本用呵字 今本皆易用
時字 或用便字(單字解 5 앞)--'時'는 '則'과 같다. 古本에서는 '呵'자를
사용하였는데 今本에서는 모두 '時'자로 바꾸거나 또는 '便'자를 사용
하였다--"[20]라고 하여 古本의 '呵'를 今本에서 '時'로 교체하였음을 밝
히고 있어 <原老>에서는 '呵'이었음을 알 수 있다. 예를 <原老>에서 찾
아보면 다음과 같다.

身已安樂呵 也到(몸이 편안하면 도착하리라. (<原老> 1 앞)
既恁賣馬去呵 咱每恰好做伴當去(이제 네가 말을 팔러 간다면 우리
들이 벗을 지어 가는 것이 좋다. (<原老> 3 앞)[21]

---

20) 『老朴集覽』에는 '呵'에 대한 <音義>의 주석을 옮겨놓았다. 이를 인용하면 "音義
云 原本內說的[呵]字不是常談 如今秀才和朝官是有說的 那箇[俺]字是山西人說的 [恁]
字也是官話不是常談 都途(弔)了改寫的 這們助語的[那][也][了][阿]等字 都輕輕兒微微
的說 順帶過去了罷 若緊說了時不好聽 南方人是蠻子 山西人是豹子 北京人是太子 入
聲的字音是都說的不同--<音義>에 의하면 原本에서 사용한 '呵'자는 일상용어가 아
니라고 하였다. 현재는 秀才나 조정의 관리 중에 그 말을 사용하는 사람들이 있
다. 그 '俺'자는 山西人이 사용하는 말이며 '恁'字 역시 官話로서 일상용어가 아
니므로 모두 지워버리고 고쳐서 쓴 것이다. 어조사인 '那', '也', '了', '阿' 등 글
자들은 가볍게 발음하여 지나가야 하며 만일 발음을 분명히 할 경우 듣기가 좋
지 않다. 南方人은 '蠻子', 山西人은 '豹子', 北京人은 '태자'라고 하는데 이들은 入
聲字의 發音을 각기 다르게 한다--"라고 하였다.
21) 이들은 『飜譯老乞大』에서는 모두 '呵 > 時'로 교체되었다.
身已安樂時 也到(<飜老> 上 2 앞)
你既賣馬去時 咱們恰好做火伴去(<飜老> 上 8 앞)

'呵'는 語氣助詞로 분석될 수도 있겠으나 예문이 보여 주는바와 같이 가정의 의미를 나타내는 후치사 형태로 보는 것이 더욱 타당할 것이다. 이것은 몽고어에서 그 흔적을 찾아 볼 수 있는데『元朝秘史』에 의하면 '阿速'(-[b]asu/esü)의 대역문으로 '呵'가 사용되었고 이 몽고어는 국어의 '-면'과 같이 가정의 의미를 나타내고 있으며 '[b]'는 모음 뒤에서만 사용된다(余志鴻:1992/3).

④有

졸저(2004)에서 <原老>의 특징으로 몽고어의 時制와 문장종결을 나타내는 'a-(to be), 'bayi-(to be)'를 '有'로 표기하였고 이것이 원대 漢兒言語의 영향임을 최세진은『老朴集覽』에서도 밝힌 바 있음을 소개하였다. 즉,『老朴集覽』에 '漢兒人有'의 설명에서 "元時語必於言終用有字如語助而實非語助 今俗不用--원대어에서는 반드시 말이 끝나는 곳에 '有'자를 사용하는데 語助辭인 듯하나 실은 語助辭가 아니다. 지금은 세간에서 사용하지 않고 있다"(「老集」上 1앞)라고 하여 어조사(語助辭)처럼 사용되는 문장 종결어미의 '有'가 원대 언어에 있었으나 최세진 당시에는 더 이상 사용되지 않음을 말하고 있다.

몽고어의 動詞 'bui(is), bolai(is), bülüge(was)'와 모든 동사의 정동사형(all finite forms of the verbs)인 'a-(to be)', 'bayi-(to be)', 그리고 동사 'bol-(to become)'은 모두 계사(繫辭, copula)로 쓰였다.[22] 따라서 <原老>에 쓰인 문장종결의 '有'는 몽고어의 'bui, bolai, bülüge, a-, bayi-, bol-'

---

22) 이에 대하여는 Poppe(1954/157)의 "The Simple Copula' "The verbs bui "is," bolai "is," bülüge "was," and all finite forms of the verbs a-"to be," bayi- "to be," and bol- "to become" usually serve as copula."라는 설명을 참조하라.

가 문장의 끝에 쓰여 문장을 종결시키는 통사적 기능을 대신하는 것으로 몽고어의 영향을 받은 원대 북경어의 특징이라고 보았다(졸저: 2004/518~519).

<孝解>의 직해문에서 '有'가 사용된 용례가 많으며 그 가운데 몇 개를 추가하면 다음과 같다.

    ㉠ 원　문: 夫孝德之本也, <孝解>「開宗明義章 제1」
　　　　직해문: 孝道的勾當是德行的根本有(효행이라는 것은 덕행의 근본이다)

    ㉡ 원　문: 敬其親者 不敢慢於人, <孝解>「天子章 제2」
　　　　직해문: 存着自家敬父母的心呵 也不肯將別人來欺負有((스스로 부모를 존경하는 마음을 갖고 있는 사람은 다른 이를 업신여기지 않는다)

    ㉢ 원　문: 君親臨之厚莫重焉, <孝解>「聖治章 제9」
　　　　직해문: 父母的恩便似官裏的恩一般重有(부모의 은혜는 마치 천자의 은혜만큼 무겁다)

    ㉣ 원　문: 宗廟致敬不忘親也 修身愼行恐辱先也, <孝解>「感應章 제16」
　　　　직해문: 祭奠呵 不忘了父母有, 小心行呵 不辱末了祖上有(제를 지내는 것은 부모를 잊지 않으려는 것이다. 수신하여 행동을 조심하는 것은 선조를 욕되게 함을 두려워하기 때문이다)

이 예문의 직해문 문말에 쓰인 '有'는 志村良治(1995:384)에서는 入矢義高(1973)의 주장에 따라 元代 초기부터 사용되기 시작하였으며 확정적인 의미를 나타낸다고 주장하였다. 한편 太田辰夫(1991:179)에서는 '有'자의 이러한 용법은 元代에서 明初에 걸친 자료들에서 많이 찾아볼 수 있는데 실제 口語體에서 사용되었던 것임에 틀림이 없다고 하였다. 그리고 元曲에 이르러서는 더 이상 사용되지 않았으나 '一壁有者' (한 쪽에서 기다리고 있다)와 같은 관용어적 용법은 원곡에서도 찾아볼 수 있으며 따라서 '有'는 어휘적 의미가 없는 문장 말 종결어미였을 것으로 추정이 된다고 하였다.

<原老>에서는 문장 말에 '有'가 대량으로 사용되었음을 발견할 수 있다. 이것은 『老朴集覽』의 해설과 같이 바로 원대의 大都지역의 언어임을 보여주는 유력한 근거라 할 수 있다.[23] <原老>에 나오는 예를 두 개만 들어보자.

ㅁ 我也心裏那般想著有(나도 마음에 이렇게 여기노라)(『原老』3뒤)
ㅂ 您是高麗人却怎麽漢兒言語說的好有(너는 고려인인데 어떻게 漢兒言語로 잘 말하느냐(<原老> 1앞)[24]

이 예문들을 보면 '有'가 문장종결어미로서 과거완료 時相을 보여주

___

23) 『元朝秘史』의 경우를 살펴 보면 '有'는 '-UmU'에 대응되는데 다음과 같은 예문에서 보여 주는 바에 의하면 과거에서 현재까지(미래까지 지속 가능한) 지속되는 시제를 나타낸다고 하였다(余志鴻:1988).
　　貼額周 阿木'載着有(『元朝秘史』 101, 948) 迭兒別魯 梅'顫動有(『元朝秘史』 98, 947)
　　莎那思塔 木'聽得有(『元朝秘史』 101, 948)
24) 『飜譯老乞大』에서는 이 '有'가 없어진다.
　　我也心裏這般想着(<飜老> 上 11앞)
　　你是高麗人 却怎麽漢兒言語說的好(<飜老> 上2앞)

는 것으로 보인다.[25]

⑤應道

‘應道’는 <孝解>만이 아니고 元代의 聖旨나 그를 새긴 碑文에서도
발견된다. 이것은 몽고어의 ‘ge'e(말하다)’를 표기한 것으로 蒙漢對譯
漢兒言語 碑文을 보면 몽고어의 "ge'en, ge'eju, ge'ek'degesed aju'ue"를
대역한 것이다. 즉 ‘應道’는 "~라고 말씀하셨다'에 해당하는 몽고어를
대역한 것이다. 예를 大德 5년(1301) 10월 22일의 上奏文에서 찾으면
다음과 같다.

大德五年十月二十二日奏過事內一件
陝西省 官人每 文書裏說將來 "貴(責)赤裏愛你小名的人 着延安府屯
田有 收拾贖身放良不蘭奚等戶者 應道 將的御寶聖旨來有 敎收拾那怎
生?" 應道 ‘與將文書來’ 應道 奏呵 ‘怎生商量來’ 應道-- 대덕 5년 10월
22일에 上奏한 案件 하나: 섬서성 관인들이 문서로 전해 와서 "貴赤
(弓兵)의 愛你(아이니)라고 하는 사람이 延安府의 屯田에 와서 ‘속량
금으로 평민적을 회복한 보론기르(不蘭奚, 옛 南宋 지구에서 몽고군
에 포로로 잡혀 와서 노예로 일하는 사람을 말함. ‘孛蘭奚’로도 씀)
를 돌아가라’고 말한 御寶聖旨를 휴대하고 있습니다만 돌아가게 시
키면 어떨까요?" 라고 하는 문서를 보내 왔다고 上奏하였더니 "어떻
게 상담하였는가? 라고 하여--. 밑줄 친 부분은 ‘應道’를 번역한 곳.

---

25) 몽고어의 "ge'ek'degsed aju'ue(말하고 있다)"가 ‘說有, 說有來'로 표시되는 예를
   들 수 있다(田中謙二:1962).

이 예를 보면 밑줄 친 麽道가 3번 나오는데 모두가 인용문 형식을 취하고 있다. 물론 <原老>에는 이러한 인용문이 없기 때문에 '麽道'는 사용되지 않는다. 발표자는 <孝解>의 이러한 문체가 <原老>의 漢兒言語로부터 文語로써 漢吏文으로 발전해 가는 과정을 보여주는 것으로 본다. 여기서 <노걸대>의 漢兒言語는 口語로서 일상회화에 사용되는 언어이었고 <孝解>의 직해문은 문어의 모습을 보이는 것으로 장차 吏文으로 발전한 것이다.

이와 같이 <효해>에는 보통 한문에서 사용되지 않는 '每, 上頭, 呵, 有, 麽道' 등의 어휘를 사용하였으며 문장 구조도 古文과는 상당한 차이를 보인다. 그러나 <효해>가 조선 前期에 시행된 漢吏科의 출제서임으로 이러한 한문, 다시 말하면 漢吏文을 실제로 학습하였고 이것으로 사대문서를 작성하였음을 알 수 있다.

2.5. <元典章>의 漢文吏牘体

위에서 언급한 『世宗實錄』(권47) 세종 12년 3월 庚戌조의 기사에는 詳定所에서 漢吏科, 즉 漢吏文을 시험하는 출제서로 '忠義直言, 大元通制, 至正條格, 御製大誥'이 있었고 이들은 『元典章』과 같은 부류의 책으로 元代의 法律, 詔勅, 上疏 등의 行政文書를 모은 문헌이었다. 吉川幸次郞(1953)에서는 <元典章>, 즉 『大元聖政國朝典章』(60권)과 『新集至治條例』(不分卷)의[26] 한문 文體를 고찰하였다. 그리고 이 자료에 보이는 한문은 蒙文直譯体로 보이는 것도 없지는 않지만[27] 대부분은 漢文吏牘体

---

26) 약칭하여 <元典章>이라고 하는 이 자료는 正集에 2,400餘例, 新集에는 200餘例의 勅令, 判決例를 모아놓은 방대한 元代의 法律集이다.

27) <元典章>에서 蒙古語直譯体를 보이는 예로 제19 戶部의 「房屋」에 "관리가 房屋을 사는 것을 禁함"이란 條에 "至元二十一年四月. 中書省奏過事內一件. 在先收附了

로 보인다고 하였다.[28] 예를 들어 <元典章>(권42) 「刑部」‘雜例’ 가운데 "사람을 치어죽이고 시체를 옮긴 일"이란 제목에서 다음과 같은 예를 골랐다.

看碾子人李鎭撫家驅口閻喜僧狀招. 至元三年八月初八日. 本宅後碾黍間. 有小厮四箇. 於碾北四五步地街南作要. 至日高碾亻齒(亻+齒). 前去本家. 取墊碾油餠回來. 到碾上. 見作要小厮一箇. 在西北碾槽內. 手脚動但掙揣. 其餘三箇小厮. 碾北立地. 喜僧向前抱出小底. 覰得頭上有血. 抱於西墻下臥地. 恐驢踏着. 移於碾東北房門東放下. 倚定瘑楷坐定. 手動氣出. 喜僧委是不知怎生碾着. 避怕本使問着. 走往阜城縣周家藏閃. 在後却行還家. 干證人殷定僧等三人狀稱. 崔中山於碾內弄米來. 俺三箇碾外要來. 趕碾的人無來. 法司擬. 旣是殷定僧等稱. 崔中山自來弄米. 別無定奪. 止據閻喜僧不合移屍出碾. 不告身死人本家得知. 合從不應爲. 事輕. 合笞四十. 部擬三十七下. 呈省准擬

내용은 방앗간을 지키는 사람으로 李鎭撫의 노예인 閻喜僧의 狀招(문초한 내용)인데 "지원 3년(1266) 8월 초팔일 李鎭撫 댁의 뒤편에서 기장을 맷돌에 돌릴 때에 남자 아이 4명이 맷돌의 북쪽 4~5보 되는 곳의 길 남쪽에서 놀고 있었다. 해가 높게 이르렀을 때에 맷돌이 잘 돌

江南的後頭. 至元十五年行省官人每. 管軍官每. 新附人的房舍事産. 不得買要呵. 買要呵. 回與他主人者應道. 聖旨行了來. 如今賣的人. 用着鈔呵. 沒人敢買. 生受有. 人待買呵. 怕聖旨有. 依着聖旨. 官人每不得買. 百姓每買呵. 賣呵. 怎生應道. 闊闊你敎爲頭衆人商量了. 與中書省家咨示來. 中書省官人每. 俺衆人商量得. 依已前體例. 官吏不得買者. 百姓每得買賣者應道. 奏呵. 那般者應道. 聖旨了也. 欽此."(띄어쓰기, 구두점은 吉川의 것을 따름)를 들었다(吉川幸次郎:1953). 역시 ‘每, 呵, 應道’등의 漢兒言語의 어휘가 쓰였다.

28) 그는 <元典章> 자료의 예문 가운데 4분에 3인 蒙古語直譯体가 아니라고 주장하였다(吉川幸次郎:1953/1)

지 않아서 집으로 가서 맷돌에 칠 기름덩어리(油餠?)를 갖고 돌아왔더니 길가에 놀고 있던 남자 아이 하나가 서북쪽에 있는 절구 속에 넘어져 팔다리가 늘어져 움직이지 않고 나머지 세 명의 아이들을 방아의 북쪽에 서있는 것을 보았다. 염희승은 앞으로 나아가서 그 아이를 안아내었는데 머리에 피가 난 것을 보고 안아서 서쪽 담 밑으로 데려가서 땅에 뉘었지만 나귀가(아마도 나귀가 맷돌을 돌리는 방아인 것으로 보인다) 밟을지 모르기 때문에 맷돌의 동북쪽에 있는 집 문 앞의 동쪽에 옮겨 내려놓았다. 염희승은 아이가 죽은 것이 맷돌에 치였기 때문이어서 관청에 잡혀갈 일을 걱정하여 阜城縣 周家의 집으로 달려가 숨어서 집에는 돌아가지 않는다고 하였다. 이에 대하여 증인이 된 殷定僧 등 3인의 아이들의 심문에 의하면 "崔中山(맷돌에 치여 죽은 아이를 말함)은 맷돌 안에서 쌀을 갖고 놀고 있었고 우리 세 사람은 맷돌 밖에서 놀고 있었습니다. 맷돌을 들리는 사람은 없었습니다."라고 하였고 法司에서는 "이미 이것은 은정승 등의 말한 바와 같이 최중산이 스스로 와서 쌀을 갖고 놀다가 치인 것이라면 별로 定奪할 것이 없음. 다만 염희승이 못되게 시체를 움직여 맷돌에서 끌어내었고 죽은 애의 본가에 아려서 알게 하지 않은 것은 확실히 범죄라고 판단한다. 가벼운 일이므로 40대의 태형을 쳐야지만 37대로 한다는 내용이다.[29]

이 한문 문장은 당시의 口語를 그대로 채용한 것으로 보이는 어휘가 보이고 古文이라면 다른 단어를 사용하였을 것으로 보이는 어휘가 빈번하게 혼용되었다. 예를 들면 古文이라면 '男兒'라고 할 것을 '小廝,

---

29) 『南村輟耕錄』(권2) 「五刑」조에 "大德中刑部尙書王約數上言 國朝用刑寬恕 笞杖十減其三 故笞一十減爲七 "이라 하여 3대를 감하는 제도에 의하여 40대의 笞刑을 37대로 한 것이다(梁伍鎭:1998/31). 明代 葉子奇의 『草木子』에 의하면 元 世祖가 인심을 얻으려고 모든 笞刑은 그 대수에서 3대를 감하였는데 한 대는 하늘이 감해주고 또 한대는 땅이 감해주면 마지막 한 대는 세조 자신이 감한다는 것이다 (정광 외:2002/91).

小底'라고 하고 '어린 아이들이 노는 것'은 '作戲'라고 해야 할 것을
'作要'라고 한다든지 運動을 '動但', '발버둥치는 것'을 '拵攔', '서는
것'을 '立地'라고 하고 '보는 것'을 '見, 看'이라고 하지 않고 '覷得'라고
하며 '어떻게 하든지'를 '如何'라고 하지 않고 '怎生'이라 하는 것들이
바로 그런 예들이다.

이러한 예로부터 발표자는 元代의 漢文 吏牘이 '漢兒言語'라는 口語
를 바탕으로 형성된 것으로 보는 것이다. 다시 말하면 漢兒言語가 口語
라면 元代 吏文은 그에 의거한 文語라 할 수 있다. 따라서 漢吏文, 즉
漢文의 吏牘 문체는 어디까지나 중국어이며 문법적으로는 古文의 그것
과 그렇게 크게 다르지 않다.[30] 왜냐하면 한아언어는 비록 어휘나 문법
요소에서 몽고어의 영향을 받았지만 문법구조는 중국어이기 때문이다.

이 한문 吏牘 문체는 하급관리인 漢人이 통치자인 몽고인에게 올리
는 일체의 행정문서에서 일괄적으로 사용되었다. 따라서 고전적 교양
을 중시하던 옛 중국의 관습은 무너지고 실무의 지식과 기능이 중시되
었다. 여기서 '士, 선비'보다는 실제 법률 지식이 풍부한 '胥吏'가 우대
를 받았다. 몽고인의 통치를 받고 있는 元代에 漢人이 出世하는 길은
法律, 行政, 文書作成과 같은 실무 지식과 漢吏文에 정통하는 길밖에 없
었다(宮崎市定:1987).

여기서 발표자는 元代에 유행하기 시작한 吏牘의 한문 문체를 漢吏
文으로 보려고 한다. 조선 전기에 漢吏科를 개설한 것은 事大文書를 작
성하는데 漢吏文에 정통한 인원이 필요하였기 때문이며 이 때의 출제

---

30) 이에 대하여 吉川幸次郎(1953/7)에서는 "元典章中の漢文の吏牘、その語法の基礎
   となっているものは、古文家の古文のそれとそんなに違ったものでない。口語
   的な語彙の混用から、語法的にも口語に近いものを多く含むと豫想するならば、
   この豫想はあたらない。語法の基礎となるものは、やはり大たいに於いて古文
   家のそれである。"라고 하여 元代의 한문 吏牘이 문법적으로는 古文 계통임을 강
   조하였다.

서로 전술한 漢吏文 교재들이 선택된 것이다. 중국에서는 이러한 漢吏
文을 학습하는 것을 '吏道'라고 하였으며 '吏牘'은 원래 漢吏文으로 쓰
인 문서이었으나 점차 漢吏文 작성 자체를 말하게 된다. 즉 일정한 공
문서 서식에 의하여 작성된 이문을 吏牘이라 한 것이다. 전자에 대하
여 한반도에서는 '吏頭'로, 후자에 대하여는 '吏讀'로 한 글자를 고쳐
서 術語로 사용하게 된 것으로 본다.

3. 吏文과 吏讀文

한반도에서도 元代 이후에 발달한 漢吏文을 본 따서 행정, 법률 등
의 공문서에 사용하는 吏文을 만들어 사용하였다. 그러나 吏文은 후대
에 吏讀文과 혼용되어 양자의 구별이 불가능하게 되었다. 또 1970년대
중반에 <舊譯仁王經>의 釋讀 口訣資料가 발견된 이래 口訣에 대한 관
심이 높아져 口訣文과의 구별도 있어서 혼란이 가중되었다. 본 발표에
서는 우선 이러한 術語의 정리로부터 한반도의 吏文에 대하여 고찰하
고자 한다.

3.1. 吏讀와 口訣

韓半島에서는 오래 전부터 중국의 文物을 받아들이면서 중국어를
배우고 한자를 익혀 漢文으로 된 각종 文獻을 읽고 또 스스로 한자를
빌려 우리말을 기록하였다. 한문은 고립적인 문법구조를 가진 중국어
를 표의문자인 漢字로 기록한 것이기 때문에 이것을 읽을 때에는 우리
말로 풀어 읽거나 교착적인 우리말의 문법구조에 따라 조사와 어미를

첨가하여 읽었다(졸고: 2003a,b). 이런 한문 독법 가운데 전자를 釋讀이라 하고 후자를 順讀, 또는 誦讀이라 하며 이 때에 揷入되는 우리말의 문법요소, 즉 조사와 어미를 口訣, 입겿이라 한다.

반면에 우리말을 한자로 기록하는 경우에는 먼저 중국어로 번역하여 한자로 쓰는 방법이 있다. 이것은 중국어를 기반으로 한 漢文과 다름이 없다. 그러나 중국어로 번역하여 표기하는 경우 번역이 불가능하거나 어려운 것이 있는데 人名, 地名, 그리고 고유의 官職名이 그러하다. 이 경우에는 한자로 번역하거나 발음대로 표기하는 방법이 있다. 예를 들면 신라 武將 '居柒夫'를 '荒宗'으로, '奈乙'을 '蘿井'으로, '舒弗邯, 舒發翰'을 '角干'으로 적는 방법이다. 이것은 실제 신라어를 한자를 빌려 발음대로 표기하고 이를 중국어로 번역한 예이다.

이와 같이 고대국어의 고유명사를 표기하는 방법에서 한걸음 나아가서 우리말의 語順으로 한자를 羅列하는 방법이 있는데 이것은 이미 널리 알려진 바와 같이 壬申誓記石의 표기 방법으로부터 발전한 것이다. 이렇게 우리말 어순에 맞추어 한자로 표기한 문장을 지금까지 '鄕札文', 또는 '吏讀文'으로 불렀고 여기에 사용된 한자들을 '鄕札', 또는 '吏讀字'라고 보았다.[31]

이와 같이 우리말을 한자로 語順에 맞추어 표기하는 吏讀文에는 중국어에 없는 고유명사나 문법요소와 같은 것을 한자의 뜻과 발음을 빌려 표기하는 경우가 있다. 예를 들어 葛項寺 造塔記(758)의 "二塔天寶十七年戊戌中立在之-두 탑은 천보 17년 무술에 세우겨다-"의 '在之'는 時相과 문장 종결을 나타내는 문법부의 표기를 위하여 사용된 것이다.

---

31) 이승재(1992/14)에서는 吏讀文은 문장으로서 創作文의 實用文에 해당하는 것으로 보아 文藝文의 鄕札文과 구별하였다. 또 口訣文은 창작문이 아니라 飜譯文으로 이두문과 구별하였다. 그러나 이두와 향찰은 동일한 것으로 고려전기까지 唐文에 대한 鄕札이란 명칭으로 불렀다.

이 때의 '在'나 '之'는 口訣과 많이 유사하다. 그러나 중요한 차이는 吏讀가 한자로 우리말을 기록하는 데 사용된 것이라면 口訣은 한문을 읽을 때에 挿入되는 것이다. 따라서 吏讀文은 문법구조가 우리말에 기반을 둔 것이며 口訣文은 중국어의 문법구조에 따른 한문 문장에 우리말의 문법부인 口訣을 삽입한 것이다. 또 하나의 차이는 口訣이 우리말의 文法部를 기록하는 것에 局限되는 반면 이두는 고유명사를 표기하는 경우에 意味部를 기록하는 경우도 있다.[32]

그리고 '吐'가 있다. 이것은 吏讀나 口訣에서 특히 우리말의 문법부, 즉 助詞나 語尾를 한자를 빌려 표기한 것을 말하는 것으로 '口訣吐'와 '吏吐'가 있게 된다. 吏吐의 경우는 吏讀가 간혹 의미부를 기록하는 경우가 있음으로 따로 독립되어 구별될 수 있지만 '口訣吐'는 口訣이 대부분 문법부를 기록하는 것임으로 구별이 쉽지 않다.[33]

3.2. 吏文과 吏讀

吏讀文이 바로 吏文이 아님은 지금까지의 논의에서 이해하였을 것이다. 즉 漢吏文과 같이 한반도에서도 한자를 이용하여 공문서의 작성에 유용한 문체를 만들어 사용하게 되었다. 朝鮮吏文이[34] 언제부터 정

---

32) 吏讀와 口訣은 혼동한 예로 류렬(1983)을 들 수 있다. 그는 口訣에 대하여 "구결은 리두의 퇴화된 특수한 한 형태이다. 구결은 엄격한 의미에서는 조선말을 기록하는 서사수단이 아니다. 그것은 한갓 한문을 우리말식의 줄글로 읽기 위하여 덧보태는 문법적인 보충수단으로서의 일정한 토를 표기하기 위한 수단으로만 쓰이게 퇴화하여 굳어진 리두의 '화석' 형태에 지나지 않는다"(띄어쓰기 표기법은 원문대로, 류렬:1983/31)라고 하여 구결과 이두를 혼동하고 있다.

33) 남풍현(1980)에서는 구결과 토를 구별할 것을 주장하고 '口訣 = 漢文 + 吐'라고 보았다. 그리고 이어서 "吐는 口訣에 소속되는 하나의 형식이지 그 자체가 체계적인 의사전달의 내용을 갖는 것은 아니다"라고 하여 구결의 방법으로 懸吐하는 것으로 보았다.

34) 고려시대에도 吏文이 존재하였는지는 확인할 수 없다. 따라서 잠정적으로 漢吏

식으로 공문서의 공용문어가 되었는지는 아직 아무런 연구가 없다. 그러나 漢吏文의 영향을 받아 조선이문이 이루어졌다면 고려 말이나 조선 초기의 일로 볼 수 있다.

이 吏文이 조선시대의 공문서의 공용문어로서 모든 공문서는 吏文으로 작성되어야 효력을 발생했다. 『受敎輯錄』(1698)「戶部」'徵債' 조에 "出債成文(중략) 諺文及無證筆者 勿許聽理"이라 하여 언문으로 쓴 것, 증인이 없거나 쓴 사람이 분명하지 않은 경우 채권의 효력을 인정하지 않았음을 알 수 있다.

吏文이 吏讀文과 구별된 사실을 다음 『世祖實錄』의 다음 기사에서 알 수 있다.

吏曹啓 吏科及承蔭出身 封贈爵牒等項文牒 皆用吏文 獨於東西班五品以下告身 襲用吏讀 甚爲鄙俚 請自今用吏文 從之--이조에서 계하기를 吏科 및 承蔭 출신으로 작첩 등을 封贈하는 문서에 모두 이문을 사용하지만 홀로 동반 서반의 5품 이하 고신에서만 관습적으로 이두를 사용하여 심히 비루하고 속되었습니다. 이제부터 이문을 사용하도록 청합니다. 따르다--

여기에서 말하는 吏文은 漢吏文에 근거하여 고려 말과 조선 전기에 관청에서 사용하던 것을 말하며 吏讀란 한자의 음과 훈을 빌려 우리말을 기록하는 것을 말한다.

朝鮮吏文의 전형을 보여주는 것으로 中宗조 최세진이 편찬한 『吏文大師』(이하 <吏師>로 약칭)를 들 수 있다. 이것은 말할 것도 없이 조선吏文의 학습서로서 漢吏文에 정통했던 최세진이 그것과 比肩되는 朝鮮

文에 대하여 朝鮮吏文으로 구별한다.

吏文의 학습서를 편찬한 것이다.

조선 초기의 吏文은 漢吏文의 문체 맞춘 것으로 吏讀文과는 구별되었다. 다만 <吏師>에서 볼 수 있는 것처럼 套式이 있고 특수한 慣用句를 사용하며 공문서에 사용하는 漢文을 吏文이라 부른 것이다. 그런데 吏文의 특수 관용구는 놀랍게도 吏讀文에서 가져온 것이 많았다.

<吏師>의 권두에 소개된 관용구 가운데 대부분은 吏讀로 된 것이다. 예를 들면 '右謹言所志矣段'는 所志(陳情書, 또는 告訴狀)의 序頭에 붙는 관용구인데 통사구조가 우리말이고 '矣段(-익똔)'과 같은 吏讀가 들어 있다. 내용은 "앞으로 삼가 말씀드릴 소지라는 것은"의 뜻이다. 또 '右所陳爲白內等(앞으로 말씀드리려고 하는 것은)'도 고문서의 첫머리에 사용하는 관용구인데 여기에도 '爲白內等(ᄒᆞᄉᆞᆲ닉든)'과 같은 이두가 들어있다.

그러나 내용에 있어서는 漢吏文의 문체를 사용한다. 예를 들어 <吏師>에는 朝鮮 吏文에 자주 쓰이는 四字成句가 다수 실려 있다.

合行牒呈 - 牒呈, 즉 공문서를 보내기에 합당하다는 뜻.

照驗施行 - 대조하여 시행하는 것.

他矣財穀 - 남의 재물과 곡식, 즉 타인의 재산 .

夜間突入 - 밤에 무단으로 남의 집에 들어가는 것.

偸取恣意 - 偸取, 즉 남의 물건을 훔치는 것을 恣意로 한다는 것.

連名資生 - 겨우 목숨을 이어갈 정도로 살아가는 것.

現露辭緣 - 모두 드러난 내용.

依律施行 - 법률에 따라 시행함.[35]

---

35) <吏師>에는 이 이외에도 吏文에 자주 쓰이는 四字成句를 많이 소개하였다. 발표자가 고대 도서관 소장본으로 헤아려 본 결과 140여 개가 넘었다. 개중에는 '物

이와 같이 四字成句를 많이 사용하는 한문 문체는 漢吏文의 특징으로서 조선 吏文이 이를 본받은 것이다. 吉川幸次郎(1953)에서는 <元典章>의 漢文 吏牘의 문체적 특징으로 緊張感을 들고 긴장을 유발하는 요인으로써 다음 두 가지를 들었다.

ⓐ 四字句, 또는 그 변형을 기본으로 하는 리듬.
ⓑ 어떤 종류의 구어적 어휘를 포함한 吏牘 특유의 말을 빈번하게 사용함.[36]

이에 의하면 조선 이문도 漢吏文과 같이 四字句를 기본으로 하는 문체적 리듬을 가졌고 구어적 표현을 가미하였으며 이문에만 사용되는 관용구를 빈번하게 사용하여 공문서로서의 권위와 긴장을 유발한 것으로 보인다. 이것은 조선 吏文이 전혀 漢吏文의 문체를 본받은 때문인 것으로 본다.

조선 후기에 들어오면 吏文의 套式은 그대로 유지하였으나 吏讀 표기가 늘어난다. 발표자가 譯官의 名門인 川寧 玄氏家의 고문서에 찾은 玄啓根의 陳試 所志를 예로 들면 다음과 같다. 이 所志는 乾隆甲子 式年

故公文'과 같이 이두에 의한 것도 없지 않지만 대부분 漢吏文에서 사용되는 四字成句를 표제어로 하였다.

36) 吉川幸次郎(1953)에서는 이를 포함한 한이문의 특징을 "元典章中の漢文吏牘の文體は、(1) 古文家の文語と文法の基本をおなじくしつつも、古文家の文語のごとく藝術的緊張をめざさない。(2) しかも吏牘の文をしての緊張をめざす。(3)緊張を作る要素としては ⓐ 四字句もしくはその變形を基本とするリズム、ⓑ ある種の口語的語彙をふくむ吏牘特有の語の頻用、(4) しかしその緊張は、容易に弛緩をゆるすのであって、往往、更に多くの口語的要素を導入して、緊張をやぶる。(5) さればといつて緊張を全くくずし去ることはない。"로 정리하였다. 이와 같은 문체적 특징은 조선 이문에도 그대로 적용된다.

試의 上式年(1743) 譯科 初試에 合格하였으나 이듬해에 실시하는 譯科 覆試에는 父親喪으로 참여할 수 없어서 시험 응시를 늦춰달라는 陳試의 所志로서 1744년 10월에 작성된 것이다.[37]

원문

譯科初試擧子·喪人玄敬躋[38]

右謹言所志矣段 矣身今甲子式年譯科初試 以漢學擧子入格矣 五月分 遭父喪是如乎 依例陳試 事後考次立旨 成給爲只爲 行下向敎是事

禮曹 處分 手決 依法典

甲子 十月 日 所志

해석

역과 초시의 거자로서 상제인 현경제가

이제 소지할 것은 이 몸이 이번 갑자 식년시 역과 초시에 중국어학으로 응시하여 입격하였으나 5월에 부친상을 당하였기 때문에 전례에 따라 시험을 연기하고 사후에 시험함. 이를 입증하는 문서를 만들어 주도록 분부를 내리옵실 일

예조에서 법전에 의거하여 처분하고 수결을 둠.

갑자년(1744) 10월 일 소지

이 吏文에는 모든 행정 所志의 冒頭에 붙는 慣用句 "右謹言所志矣段"가 있고 "矣身(의 몸, 제가), 是如乎(이다온, 이라고 하는), 立旨(신청서

---

37) 譯科의 初試와 覆試, 그리고 倭學 譯官 玄啓根의 譯科 應試와 喪故에 의한 陳試에 대하여는 졸저(1990/210)를 참조할 것.
38) 玄敬躋는 玄啓根의 兒名임(拙著:1990).

의 말미에 이 사실을 입증하는 뜻을 부기한 관아의 증명),[39] 爲只爲(ᄒ
기ᄉᆞ, 하기 위하여), 行下向敎是事(힝하아이샨일, 명령하옵실)" 등의 吏
讀와 吏文으로 된 慣用語가 쓰였다.

따라서 조선 吏文은 漢吏文의 영향을 받아 형성된 것이며 漢吏文이
소위 蒙文直譯体로 알려진 漢兒言語를 기반으로 형성된 文語인 것처럼
조선 吏文은 신라시대의 鄕札표기에 기반을 둔 吏讀文을 기반으로 형
성되었고 漢吏文의 한문 문체를 수용하였다.

이 조선 吏文은 甲午更張(1894)에서 한글을 공문서에 사용할 수 있
다는 勅令이 내려지기 전까지 조선시대의 유일한 공용 文語이었다. 몇
백년간 계속된 유일한 공용 문어인 조선 吏文에 대한 연구가 그렇게
많지 않은 것은 참으로 국어연구의 발전을 위해서 참으로 안타까운 일
이다.

3.3. 吏讀 명칭의 淵源

吏讀는 앞에서 언급한대로 우리말을 중국어로 번역하지 않고 우리
말 어순에 따라 한자로 기록하고 한자가 없는 조사와 어미는 한자의
발음과 뜻을 빌려 차자 표기하는 방법을 말한다. 한반도에서 '吏讀'란
명칭이 언제부터 사용되었는지 명확하지 않다.

지금으로는 『世宗實錄』(권103) 세종 25년(1444) 2월 庚子(20일)조에
부재된 崔萬理 등의 훈민정음 반대 上疏文에 "吏讀行之數千年 而簿書期
會等事 無有防礙者--이두가 행해진 지 수천 년에 문서를 기록하고 날자

---

39) '立旨'는 所志의 말미에 붙여 신청한 일을 관아에서 증명한다는 附記로서 토지
문기나 노비문서 등에 사용되는 관용어이다. 예. 本文段 失於火燒를 遣 立旨一張乙
代數爲去乎(安東 金俊植 宅 토지문기), 各別 立旨成給爲白只爲 行下向敎是事(海南
尹泳善 宅 <所志>). 장세경(2001/432)

를 정하는 등에 아무런 문제가 없는데--"라는 기사나 『訓民正音』(1446)의 卷末에 부재된 鄭麟趾의 後序에 "薛聰始作吏讀 官府民間至今行之--설총이 이두를 시작하여 관부와 민가에서 오늘에 이르기까지 행하고 있다--"에 나타나는 吏讀가 가장 오래된 것으로 보인다.

이두에 대하여 류렬(1983/13)에서는

리두는 비록 한자로 씌여있으나 그것은 결코 한문이 아니며 따라서 한문으로는 제대로 읽을수 없는 어디까지나 조선말을 적어놓은 독특한 조선글의 하나였다. 조선말을 적어놓은 조선글의 하나이기는 하면서도 또한 한자를 전혀 모르고는 제대로 읽을수 없는 특수한 류형의 글이었다. [중략] '리두'라는 이름은 그 자체의 발전력사와 관련되여있으며 그 기능의 내용, 성격과도 관련되여있다. '리두'란 이름은 '吏讀, 吏頭, 吏道, 吏吐, 吏套' 등으로도 쓰이고 '吏札, 吏書' 등으로도 쓰이였다. 이 여러 가지로 쓰인 이름들은 모두가 그 첫 글자를 '官吏'를 뜻하는 '吏'자를 쓰고있으며 그 둘째 글자는 대체로 '글자'나 '글'을 뜻하는 글자들이나 또는 그런 글자들과 그 음이 비슷한 글자를 쓰고있는 것이 특징적이다. 이것은 곧 이 이름들이 모두 '관리들의 글', '관리들이 쓰는 관청의 글'이라는 말이다. [하략] (띄어쓰기, 맞춤법은 원문대로)

라고 정의하였다.

그리고 '이두'라는 명칭에 대하여는 류렬(1983)의 같은 곳에서 "그러므로 '이두'라는 이름은 7~8세기이후에 쓰이기 시작한 것이라 볼 수 있다. 그러나 '이두'의 발생, 발전 역사는 이보다 훨씬 오랜 이전부터 시작되었던 것이다'라고 하여 '吏讀'는 신라시대에 이미 사용된 것으로 보았다.

그러나 '吏讀'라는 명칭은 전술한『세종실록』의 기사가 가장 앞선 것으로『三國史記』나『三國遺事』는 물론 고려시대의 문헌에서도 발견 되지 않는다. 물론 신라시대에도 한자의 音訓을 빌려 신라어를 기록하 는 방법이 있었으며 薛聰이나 強首先生이 이를 정리하였다는 기록이 남아있지만 그것은 어디까지나 '鄕札'이었지 吏讀라는 명칭으로 나타 나지는 않는다. 따라서 한자의 音과 訓을 빌려 우리말을 기록하는 방 법은 멀리 삼국시대부터 있었지만 이를 '吏讀'라고 부른 것은 조선 초 기의 기록이 현재로는 가장 이른 시기의 것이다.

현재로는 다음에 언급할 조선 '吏文'이 漢吏文의 영향으로 고려 후 기에 생겨났고 그의 영향으로 漢吏文의 독특한 문체의 표기인 '吏牘' 을 '吏讀'으로, 漢吏文을 학습하는 漢吏學을 '吏道'로 한 것에 대하여 '吏頭'로 바꾸어 적은 것으로 본다. 따라서 류렬(1983)의 "'吏讀, 吏頭, 吏道, 吏吐, 吏套, 吏札, 吏書'는 각기 다른 뜻을 가진 술어로서 다음과 같이 설명할 수 있다.

> 吏讀 - 漢吏文의 '吏牘'에 해당하는 술어로 이두문을 표기하는 것
> 　　　자체를 가르친다.
> 吏頭 - 漢吏文의 '吏道'에 해당하는 술어로 吏文을 학습하는 것을
> 　　　말한다.
> 吏吐 - 吏讀文에 삽입되는 문법요소, 吐를 말한다.
> 吏套 - 吏文類의 문체를 말함.
> 吏札 - 吏讀文에 쓰이는 한자 借字들을 말함.
> 吏書 - 이두로 쓴 문서, 또는 글월

따라서 이상의 술어는 漢吏文의 영향으로 한반도에서도 吏文이 생겨난 다음의 일이며 고려 말에서 조선 전기에 확립된 것으로 본다.

4. 結語

이상 중국에서 원대 이후에 발달한 漢吏文과 조선시대의 공용문서의 正文이었던 吏文과의 관계를 살펴보았다. 漢吏文은 元代 北京地域에서 移住해온 북방민족들이 공통어(코이네)로 사용하던 '漢兒言語'를 기반으로 하여 형성된 文語임을 주장하였다. 따라서 이 漢兒言語는 고립적인 문법구조의 중국어에 교착적인 주변 민족의 언어가 混淆된 일종의 크레올로서 法律, 行政 문서에 사용되었고 종래 우리가 알고 있는 古文과는 매우 다른 문장 언어이었음을 강조하였다.

한반도에서는 고려후기 이후에 元代 漢吏文의 영향으로 吏文이 생겨나서 역시 법률, 행정에 사용되었다고 보았다. 초기에는 중국의 漢吏文에 의거하여 吏文이 형성되었으며 몇몇 특수한 관용어와 고유명사 등의 어휘 표기에만 吏讀가 사용되었지만 이 양자의 구별은 분명하였다. 그러나 중국 漢吏文의 바탕이 된 漢兒言語가 교착적 문법구조를 수용한 것처럼 한반도의 吏文도 우리말 어순에 의거한 吏讀文을 수용하여 후대에는 吏文과 吏讀文의 구별이 어렵게 되었다.

吏文이 비록 중국의 漢吏文에 영향을 받아 형성되었다고는 하나 이두를 수용하였고 후대에는 이두문과 혼동될 정도로 우리말 어순에 맞춘 문장 표기를 보였기 때문에 우리말의 연구에 필요한 자료로 생각한다. 이에 대하여는 앞으로 더 많은 연구가 필요하다. 다만 조선시대 500여년의 공문서의 正文이었던 吏文에 대한 연구가 국어학에서 매우 소홀하게 된 것은 온당하다고 보기 어렵다.

이 발표가 吏文에 대한 새로운 인식이 있기를 바라며 국어학계에
만연한 편협하고 비타협적인 생각에서 벗어나기를 바라는 마음 간절
하다. 국어학은 국어, 즉 우리말과 글에 대한 어떠한 것도 연구대상으
로 삼아야 할 것이다.

참고문헌

金文京 외(2002), 『老乞大--朝鮮中世の中國語會話讀本--』, 金文京・玄幸子・
　　　　　佐藤晴彦 譯註, 鄭光 解說, 東洋文庫 699, 平凡社, 東京..
金完鎭・鄭光・張素媛(1997). 『國語學史』, 韓國放送通信大學出版部, 서울.
長澤規矩也(1933). 「元刊本成齋孝經直解に關して」, 『書誌學』(日本書誌學會) 第1卷
　　　　　第5號 이 논문은 후일 『長澤規矩也著作集』 제3권 「宋元版の研究」
　　　　　에 수록됨.
南豊鉉(1980), 「口訣과 吐」, 『국어학』(국어학회) 제9호. 이것은 남풍현(1999)
　　　　　에 재록되었음.
　　　　(1988), 「釋讀口訣의 起源에 대하여」, 『國語國文學』(韓國 國語國文學會)
　　　　　제100호. 이것은 남풍현(1999)에 "釋讀口訣의 起源"이란 제목
　　　　　으로 재록되었음.
　　　　(1993), 「國語史 史料로서의 三國史記에 대한 檢討」, 『三國史記의 史
　　　　　料的 檢討』, 韓國精神文化研究院 '93 人文科學 學術討論會, 서울
　　　　(1999), 『國語史를 위한 口訣研究』, 太學社, 서울.
田中謙二(1961), 「蒙文直譯体における白話について」, 『元典章の文體』(校定本
　　　　　元典章 刑部 第1冊 附錄).
　　　　(1962), 「元典章における 蒙文直譯體の文章」, <東方學報>, 1962年
　　　　　第32冊. 이 논문은 『元典章の文體』(校定本 元典章 刑部 第1冊
　　　　　附錄)에 재록됨.
　　　　(1965), 「元典章文書の構成」, 『元典章の文體』(校定本 元典章 刑部 第
　　　　　1冊 附錄).

都守熙(1982), 「百濟前期의 言語에 대하여」, 『百濟研究』(충남대학교), 제13호.

_____(1985), 「百濟 前期語와 伽倻語의 관계」, 『한글』(한글학회), 제187호.

董同龢(1968), 『漢語音韻學』, 廣文書局, 臺北.

劉 烈(1983), 『세나라시기의 리두에 대한 연구』, 과학, 백과사전출판사, 평양.

林 燾(1987), 「北京官話溯源」, 『中國語文』(中國語文雜志社), 1987-3, 北京.

前田直典(1973), 『元朝史の研究』, 東京大學出版會, 東京.

宮崎市定(1987), 『科擧史』, 平凡社, 東京.

朴炳采(1968), 「국어에서 차지하는 漢語의 위치에 대하여」, 『고대문화』 제9집

_____(1971), 『古代國語의 研究』, 高麗大學校出版部, 서울.

_____(1983), 『洪武正韻譯訓의 新研究』, 高麗大學校 民族文化研究所, 서울.

志村良治(1995), 『中國中世語法史研究』, 中文版, 北京: 中華書局.

有坂秀世(1936), 「漢字の朝鮮音について」, 『方言』(日本 方言學會), 第10号
　　　　　　(4・5月号).

_____(1957), 『國語音韻史の研究』, 東京.

石塚晴通(2002), 「漢字文化圏の加点史から見た高麗口訣と日本語初期訓点資料」,
　　　　　　『口訣研究』(口訣學會), 제8輯.

安炳浩(1984), 『朝鮮漢字音体系의 研究』, 金日成綜合大學出版社, 平壤

梁伍鎭(1998), 『老乞大朴通事 研究』, 태학사, 서울

呂叔湘(1985), 『近代漢語指代詞』, 學林出版社, 上海

_____(1987), 「朴通事里的指代詞」, 『中國語文』(中國語文雜誌社), 1987-6, 北京.

余志鴻(1983), 「元代漢語中的後置詞 '行'」, 『語文研究』 1983-3, 北京.

_____(1988), 「蒙古秘史的特殊語法」, 『語文研究』 1988-1, 北京.

_____(1992), 「元代漢語的後置詞系統」, 『民族語文』 1992-3, 北京.

小倉進平(1940), <增訂朝鮮語學史>, 刀江書院, 東京

太田辰夫(1953), 「老乞大の言語について」, 『中國語學研究會論集』 제1호.

_____(1954), 「漢儿語言について」, 『神戶外大論叢』 5-3。

_____(1991), 『漢語史通考』 中文版(日文原版: 1988), 重慶出版社

_____(1987), 『中國語歷史文法』 中文版(日文原版: 1958), 北京大學出版社

太田辰夫・佐藤晴彦(1996), 『元版 孝經直解』, 일본 汲古書院, 東京

渡部薰太郎(1935), 『女眞語の新研究』, 大阪.

王 力(1958), 『漢語史稿』, 科學出版社, 北京.

_____(1985), 『漢語語音史』, 社會科學出版社, 北京.

吉川幸次郎(1953),「元典章に見えた漢文吏牘の文體」,『元典章の文體』(校定本
　　　　元典章 刑部 第1冊 附錄)

李基文(1961),『國語史槪說』, 民衆書館, 서울

李敦柱(1979),『漢字學總論』, 博永社, 서울

_____(1985),『中國音韻學』, 一志社, 서울 B. Karlgren: Compedium of Phonetics
　　　　in Ancient and Archaic Chinese(1954)의 譯註

_____(1990a),「韻書의 反切과 國語漢字音의 乖離現象」,『姜信沆敎授 回甲
　　　　紀念 國語學論文集』, 太學社, 서울

_____(1990b),『訓蒙字會漢字音硏究』, 弘文閣, 서울

入矢義高(1973), 陶山信男「『朴通事諺解 老乞大諺解語彙索引』序」, 采華書林

李丞宰(1992),『高麗時代의 吏讀』, 太學社, 서울

李丞宰・安孝順(2002),「角筆 符号口訣 資料에 대한 조사 연구-誠庵本『瑜伽
　　　　師地論』 卷第5와 卷第8을 중심으로--」,『口訣硏究』(韓國口訣
　　　　學會), 제9집.

精文硏(1986), 韓沽劤 외 5인『譯註 經國大典 註釋篇』, 韓國精神文化硏究院
　　　　人文硏究室, 서울

장세경(2001),『이두자료 읽기 사전』, 한양대학교 출판부, 서울.

蔣紹愚(1994),『近代漢語硏究槪況』, 北京大學出版社, 北京.

拙著(1990),『朝鮮朝譯科試券硏究』, 大東文化硏究院(成均館大學校附設), 서울.

____(2002),『原本老乞大』(解題・原文・原本影印・倂音索引), 鄭光主編 編著
　　　　梁伍鎭, 鄭丞惠, 外語敎學与硏究出版社, 北京.

____(2002),『吏學指南』, 정승혜・양오진 공저, 태학사, 서울.

____(2002),『譯學書 硏究』, J & C, 서울.

____(2004),『역주 原本老乞大』, 김영사, 서울.

拙稿(1987),「朝鮮朝의 譯科 漢學과 漢學書--英・正祖時代의 譯科漢學試券을
　　　　중심으로--」,『震檀學報』(震檀學會) 제63호

____(1999),「元代漢語의『舊本老乞大』」,『中國語學硏究 開篇』(早稻田大學 中
　　　　國語學科), 제19호3>

____(2000),「<노박집람>과 <노걸대>・<박통사>의 舊本」,『震檀學報』(진단
　　　　학회), 제89집.

____(2003),「韓半島에서 漢字의 受容과 借字表記의 變遷」,『口訣硏究』(口訣
　　　　學會) 제11호

____(2003b), 「朝鮮漢字音の成立と變遷」, 日本 中國語學會 제53회 全國大會 심포지움. 「漢字音研究の現在」主題發表, 2003년 10月25日 日本 早稻田大學 大隈講堂.

____(2003), 「<老乞大>의 성립과 그 변천」, Sang-Oak Lee & Gregory K. Iversion『한국 언어와 문화 탐색』, 도서출판 박이정, 서울.

____(2004), 「朝鮮時代的漢語教育与教材-以<老乞大>爲例」, 『國外漢語教學動態』, 北京外國語大學, 總第5期.

____(2005), 「漢吏文에 대하여」, 한국어학회 제36차 전국학술대회 기조강연, 2005년 8월 18일, 부산외국어대학교 외국어학습관 중강당.

周法高(1973), 『漢字古今音彙』, 香港 中文大學, 香港.

清格爾泰(1997), 「關於契丹文字的特點」, 『아시아 諸民族의 文字』(口訣學會 編), 태학사, 서울.

洪起文(1946), 『正音發達史』上, 下, 서울新聞社出版局, 서울.

____(1956), 『鄕歌解釋』, 科學出版社, 平壤.

藤本幸夫(1988), 「古代朝鮮の言語と文字文化」, 『ことばと文字』, 中央公論社, 東京.

____(1992), 「李朝訓讀攷」, 『朝鮮學報』(일본 朝鮮學會), 143호.

Ishizuka(1992), Ishizuka Harumichi, "Devices for Readung Chinese Texts among the Neighbouring Peoples, Proceedings of the XXXII International Congress for Asian and North African Studies, Hamburg, Franz Steiner Vedrlag Sttutgart, Germany.

Kalgren(1964), Bernhard Kalgren, Grammata Serica Recensa, Museum of Far Eastern Antiquities, Stockholm.

Poppe(1954), N. Poppe, Grammar of Written Mongolian, Otto Harassowitz, Wiesbaden.

Street(1957), J. C. Street, The Language of the Secret History of the Mongols, New Haven.

東아시아의 漢文典籍과 訓點

石塚晴通*

1. 現存 漢文 典籍 (宋版 이전)

東아시아에 宋版 이전의 漢文 典籍이 현존하는 상황은

　　中國傳世寫本　少數 (敦煌本 이외의 傳世寫本은 극히 적다)

　　韓國傳世寫本　少數

　　日本傳世寫本　多數 (中國대륙 및 한반도의 寫本과 섞여서 다수
　　　　　　　　　　현존한다)

『聖語藏經卷』隋唐의 經篇 CD R(丸善, 2001)이 간행된 지금 해명이 필요하다. 隋唐의 經典으로 분류된 것은 後世이고, 聖語藏이 東大寺에 소장되어 있는 것을 볼 때, 신라 寫本이 포함되어 있을 가능성이 있다. 또 초기 전래본과 日本 寫本을 구별하는 기준은 필적, 종이의 재료 등 인데 日本의 초기 寫本의 筆寫者는 외국인·귀화인이 많고, 종이 재료 도 수입품이 있기 때문에 식별은 대단히 어렵다.

　　<사진1>의 中國 浙江省博物館藏 『大般若波羅蜜多經』 卷第六十七이 그 예이다. 浙江省博物館에서는 敦煌本으로 취급하고 있으나 光緒壬寅 (1902)歲에 日本에서 中國으로 건너간 寫本이므로 敦煌本이 아니다. 전 체를 中國式으로 보수하였기 때문에 종이의 재료를 명확히 알 수 없으

* ISHIZUKA Harumichi, 北海道大學 명예교수.

〈사진1〉浙敦064(浙傳039)大般若波羅蜜多經卷第六十七

나 日本 奈良時代 초기의 日本 寫經으로 보인다. 참고로 동일한 寫經의
卷第六十六이 天津市 文物公司에 소장되어 있는데 그곳에서는 日本 寫
本으로 취급하고 있다. (『天津市文物公司藏／敦煌寫經』, 文物出版社, 1998)

또 하나 소장기관에 따라 어느 나라의 寫本인지 견해가 다른 典籍으
로서 『大和寧國本華嚴經』(恭親王舊藏)의 예를 들겠다. 中國 국가도서관
소장본인 卷第五는 宋나라 寫本으로 취급하고 있고, 韓國 誠庵古書博物
館의 卷第三十八(사진2)는 渤海寫本일 것으로 추정(趙館長見解)하고 있
으며, 日本 京都國立博物館 소장본인 卷第六十七·第六十八은 朝鮮 건
국시기의 寫本일 것으로 추정(松本コレクション)하고 있다. 또한 東
京 書道博物館藏本인 卷第六·第六十四는 늦은 唐寫本(『書道博物館／所
藏／經卷文書目錄／附解說』, 書道博物)으로 취급하고 있어서 동일한
寫經이면서도 소장기관에 따라 견해가 다르다는 것을 알 수 있다. 中
國 국가도서관이 宋寫本으로 간주한 근거는 그곳에 소장되어 있는『金
栗山大藏中阿含經』治平5年(1068) 寫本과 유사하다는 점에 있다. 그러나

〈사진2〉誠庵古書博物館藏 『大和寧國本華嚴經』

두 寫本은 서지적인 특징이 서로 다르다. (大和寧國本料紙 縱27.7cm(淡朱界高23.1cm, 十七字) 橫50.9cm(27行) 有斑點黃麻紙, 金栗山大藏本料紙 縱30.5cm(朱界高24.7cm, 十七字) 橫60.4cm(30行) 黃麻紙) 참고로 동 박물관 소장『大般若波羅蜜多經』卷第八十九 熙寧10年(1077) 書寫本의 서지는 料紙 縱30.5cm(朱界高23.6cm, 十七字) 橫59.5cm(30行) 黃麻紙로서 金栗山大藏本과 유사하지만 大和寧國本과는 다르다.

誠庵古書博物館藏本의 漢字 字體에 주목해 보면(사진3), 다음과 같다.

初唐標準字體 事12-0 (전체 12예 모두 唐나라 초기의 標準字體로 異體字가 없다. 이하 같다), 來35-0, 土16-0, 微17-0, 悉27-0, 所76-0, 此64-0, 爲56-0, 等23-0, 能54-0,

盛唐標準字體 功10-0, 無216-0,

開成標準字體 於53-6 (初唐標準字體가 6예 섞여 있다), 與17-0

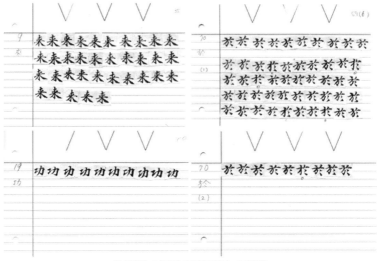

〈사진3〉 誠庵古書博物館本 字體例

이로써 9世紀 이후의 筆寫本이라는 것이 판명된다. 종합적으로 보면 9~10世紀 筆寫本으로 中國 寫本이 아닐 가능성도 적지 않다. 참고로 日本 石山寺에는 日本 貞觀3년(861)에 渤海의 사신이 가져온『佛頂尊勝陀羅尼記』의 院政期 筆寫本이 현존한다(田島公,「海外との交涉」,『古文書の語る日本史』, 筑摩書房, 1991). 渤海寫本일 가능성을 포함하여 일련의 『華嚴經』의 筆寫地와 전래에 대해 더욱 자세히 고찰할 필요가 있다.

다음으로 서역출토본 (소위 敦煌本)은 4~5만점이라는 방대한 양이 현존하지만 僞寫本도 많기 때문에 주의할 필요가 있다. 僞寫本에는 2종류가 있다.

① 20세기초 敦煌 주변에서 만들어진 것. 펠리오 이후의 탐험대가 구입.

→ "Dunhuahg Manuscript Forgeries" The British Library, 2002.

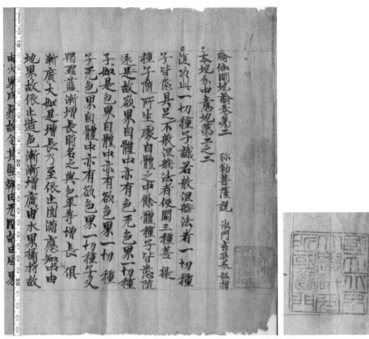

〈사진4〉 北海道大學藏瑜伽師地論 卷第二 20世紀 初敦煌寫本

② 天津 등 中國 내에서 제작된 것. 精品과 粗惡品이 있다. 제작 연대와 지역에 대한 해명이 필요하다.

ISHIZUKA Harumiti "Japanese Manuscripts and Forgeries Intermixed among Dunhuang Manuscripts", 二十一世紀敦煌學國際學術研討會, 臺灣, 2001→石塚晴通 「敦煌文獻中混入日本抄本及僞抄本」, 『新世紀／敦煌學論集』, 巴蜀書社出版, 2003. (改訂英文) "Cultures of the Silk Road and Modern Science"所收, Ryukoku Univ, 2005.

赤尾榮慶編, 『敦煌寫本の書誌に關する調査研究─三井文庫所藏本を中心として』, 科學研究費報告書, 2003.

<사진4>는 20世紀 초에 敦煌에서 제작된 大中9년(855) 筆寫本의 模

寫이다.

2. 漢字字體 規範 데이터 베이스

筆者는 漢字 字體에는 시대·지역(나라)에 표준이 존재하며, 그 표준은 시대·지역(나라)에 따라 변천한다는 것을 입증하기 위해 20여 년에 걸쳐 「石塚 漢字字體 資料」를 만들어왔다. 각 시대, 각 지역(나라)의 표준적 문헌을 선별하고, 해당 문헌의 전 용례를 데이터베이스로 만든 것이다. 목적을 명확히 나타내기 위해 비표준적 문헌을 사용한 것도 있다.

「石塚 漢字字體 資料」一覽

敦煌南北朝寫本：P2179 誠實論 卷八(프랑스 國立圖書館本(이하 P는 모두 같다), 514年), S2067華嚴經 卷十六(大英圖書館本(이하 S는 모두 같다), 514年), S81 大般涅槃經 卷十一(506年), S767 大般涅槃經 卷二十三(6世紀) P2160 摩訶摩耶經 卷上(586年)

隋寫本：P2413 大樓炭經 卷三(589年), 正倉院本賢劫經 卷二(610年), P2334 妙法蓮華經 卷五(617年)

高昌寫本：大品經 卷二十八(京都國立博物館本)

初唐寫本：今西本妙法蓮華經 卷五(671年), 守屋本妙法蓮華經 卷三(675年), P2195妙法蓮華經 卷六(675年) S2577 妙法蓮華經 卷八(7世紀末), 上野本漢書楊雄傳(初唐期)

則天寫本：守屋本花嚴經 卷八(京都國立博物館本)

開成石經：孝經(東洋文庫藏拓本(이하 같다), 837年), 論語(837年), 周
　　　易(837年), 五經文字(837年), 九經字樣(837年)

敦煌吐蕃寫本：S5309 瑜伽師地論 卷三十(857年)

敦煌僞寫本：北大本瑜伽師地論 卷二(20世紀 초기)

北宋版：通典卷一(11世紀), 東禪寺版 阿毘達磨大毘婆沙論 卷百七(1100
　　　年), 齊民要術卷五(高山寺藏) 寶篋印陀羅尼經(天理圖書館本), 金剛般
　　　若經(京都國立博物館本), 開元寺版 道神足無極變化經 卷四(1126年)

南宋版：華嚴經 內章門等 雜孔目 卷一(高山寺本 1146年), 法藏和尙傳
　　　(高山寺本 1149年), 後漢書光武帝紀(南宋時代)

韓國資料：新羅本 華嚴經卷八(湖嚴美術館本 754年), 金剛般若經(趙氏
　　　藏本・8-9世紀), 晋本華嚴經卷二十(趙氏藏本・10世紀), 高麗初彫
　　　本瑜伽師地論卷五(趙氏藏本・11世紀), 高麗再彫本華嚴經卷六(趙氏
　　　藏本・13世紀)

大和寧(渤海か)寫本：華嚴經卷三十八(趙氏藏本・9-10世紀)

日本寫刊本：小川本金剛場陀羅尼經(686年), 藤原宮木簡(7世紀末　8世
　　　紀初), 大寶二年御野國戶籍本簣郡(702年), 大寶二年御野國戶籍味
　　　蜂郡(702年), 和銅經大般若經卷二百五十(守屋本 712年), 高山寺本
　　　彌勒上生經(738年), 五月一日經續高僧傳(守屋本・740年), 高山寺
　　　本大敎王經卷一(815年), 寬治二年刊本成唯識論卷十(1088年), 德富
　　　本文鏡祕府論(12世紀전반), 東禪寺版寫大敎王經卷一(守屋本・12
　　　世紀), 東禪寺版寫最上祕密部挐天經(中國國家圖書館臺北本・12世
　　　紀), 春日版大般若經卷八十(守屋本・13世紀), 淨土十疑論(13世紀),
　　　明惠自筆華嚴信種義(高山寺本・1221年), 親鸞自筆阿彌陀經註(鎌倉
　　　時代　初期), 親鸞自筆敎行信證卷四(東本願寺本・1224年), 道元自
　　　筆普勸坐禪儀(1227年), 守屋本藥師功德經(1412年)

日本書紀：巖崎本卷二十四(10世紀)，圖書寮本卷二十四(1142年頃)，北野
　　　本卷二十四(12世紀) 兼右本卷二十四(天理圖書館本・1540年)，寬文
　　　九年版卷二十四(石塚藏書・1669年)，　兼方本卷二(京都國立博物館
　　　本・1286年 이전)，鴨脚本卷二(國學院大學本・1236年)，淸原宣賢
　　　寫日本書紀纂疏卷六(天理圖書館本・1511年)，慶長勅版卷二(東洋文
　　　庫本・1599年)，慶長十五年版卷二(東洋文庫本・1610年)，寬文九年
　　　版卷二(石塚藏書・1669年)

　20여년 동안 종이 카드로 만들어서 축적해온 것을 6년 정도 전부터
北海道大學言語情報學講座의 공동작업으로 데이터베이스화, 온라인공
개화 작업을 시작하여 현재 32문헌228,976용례의 畵像데이터를 「漢字
字體規範데이터베이스」(약칭HNG)라는 이름으로 인터넷에 공개하고
있다.

　　「漢字字體 規範 데이터 베이스」
　　(위의 것 중 인터넷 공개분 http://jcs.aa.tufs.ac.jp/HNG/)
　　2005年 3月 公開

初唐寫本	今西本妙法蓮華經卷五(671年)	今西英治氏藏	<宮廷今西>
〃	守屋本妙法蓮華經卷三(675年)	京都國立博物館藏	<宮廷守屋>
〃	S2577妙法蓮華經卷八(7世紀末)	大英圖書館藏	<S2577>
〃	上野本漢書楊雄傳(初唐期)	上野信三氏藏	<漢書楊雄>
開成石經	論語(837年)	東洋文庫藏拓本	<開成論語>
〃	周易(837年)	東洋文庫藏拓本	<開成周易>
北宋版	東禪寺版阿毘達磨大毘婆沙論卷百七(1100年)	京都國立博物館藏	<東禪毘婆>
〃	齊民要術卷五(北宋末期)	高山寺藏	<齊民要術>
〃	開元寺版道神足無極變化經卷四(1126年)	北海學園大學藏	<開元神足>
南宋版	華嚴經內章門等雜孔目卷一(1146年)	高山寺藏	<華嚴孔目>

日本書紀	巖崎本卷二十四 (10世紀)	京都國立博物館藏	<巖崎紀24>
〃	兼方本卷二 (1286年)	京都國立博物館藏	<兼方紀2>
〃	慶長勅版卷二 (1599年)	東洋文庫藏	<勅版紀2>
日本寫刊本	和銅經大般若經卷二百五十 (712年)	京都國立博物館藏	<和銅250>
〃	高山寺本大敎王經卷一 (815年)	高山寺藏	<金剛大敎>
〃	東禪寺版寫大敎王經卷一 (12世紀)	京都國立博物館藏	<佛說大敎>

2006年3月 公開

敦煌南北朝寫本	P2179誠實論卷八 (514年)	フランス國立圖書館藏	<P2179>
〃	S2067華嚴經卷十六 (514年)	大英圖書館藏	<S2067>
〃	S81大般涅槃經卷十一 (506年)	大英圖書館藏	<S81>
〃	P2160摩訶摩耶經卷上 (586年)	フランス國立圖書館藏	<P2160>
隋寫本	P2413大樓炭經卷三 (589年)	フランス國立圖書館藏	<P2413>
〃	正倉院本賢劫經卷二 (610年)	正倉院藏	<賢劫經二>
〃	P2334妙法蓮華經卷五 (617年)	フランス國立圖書館藏	<P2334>
高昌本	大品經卷二十八 (高昌期)	京都國立博物館藏	<京博大品>
則天寫本	守屋本花嚴經卷八 (則天期)	京都國立博物館藏	<花嚴守屋>
盛唐寫本	S2423瑜伽法鏡經 (712年)	大英圖書館藏	<S2423>
日本書紀	圖書寮本卷二十四 (1142年頃)	宮內廳藏	<圖書紀24>
〃	兼右本卷二十四 (1540年)	天理圖書館藏	<兼右紀24>
日本寫刊本	小川本金剛場陀羅尼經 (686年)	文化廳藏	<金剛小川>
〃	高山寺本彌勒上生經 (738年)	高山寺藏	<彌勒上生>
〃	守屋本五月一日經續高僧傳 (740年)	京都國立博物館藏	<五一續高>
〃	寬治二年刊本成唯識論卷十 (1088年)	1940年複製本	<成唯識10>

3. 漢字文化圈의 訓點

樓蘭 敦煌의 加點本에 관해서는, (石塚晴通,『墨美201─樓蘭·敦煌의 加點本』, 墨美社, 1970)이래, 강연·집필을 계속해 왔다. 自言語에 의한 한문훈독 연구에 관한 국제회의는 아래와 같이 7회에 걸쳐 열렸고 이

번이 8번째가 된다.

(1) Panel 10 "Devices for Reading Chinese Text among the Neighbouring Peoples", 32nd International Congress for Asian and North African Studies, Hamburg, 1986 (Convener : ISHIZUKA Harumichi) →"The Proceedings of 32nd International Congress for Asian and North African Studies", Franz Steiner Verlag Stuttgart, 1992

(2) 제1회 아시아 諸民族의 文字에 관한 국제학술회의 Seoul 1996 (大會長 : 南豊鉉)→口訣學會 『아시아 諸民族의 文字』 太學社 Seoul 1997

(3) 국제 Workshop "漢文 古版本과 그 受容(訓讀)" Sapporo 2001(主催者 : 石塚晴通)→平成 14年度 科學研究費 補助金 間接經費 『漢文 古版本과 그 수용(訓讀)』 Sapporo 2002

(4) 제2회 국제학술대회 "漢文의 수용과 독법" Seoul 2001(運營者 : 金永旭)

(5) 日韓 漢字 漢文의 受容에 관한 국제학술회의 Toyama 2003(主催者代表 : 藤本幸夫) →日韓 漢字 漢文의 受容에 관한 국제학술회의 실행위원회 『日韓 漢字 漢文의 受容에 관한 國際學術會議』 Toyama 2003

(6) 北海道大學大學院 文學研究科 "日本學·敦煌學·漢文訓讀의 新展開" Sapporo 2004 (實行委員長 : 石塚晴通)

(7) 東方學會 50周年記念 국제 심포지움 "漢文의 自言語에 의한 訓讀" Tokyo 2005.5.20 (企畵者 : 石塚晴通)

(8) (第3回) 國際學術會議"漢文訓讀とアジアの文字", Seoul, 2005(委

員長 : 李丞宰)

　　남풍현 박사와 筆者는 위의 모든 회의에 관여하고 연구논문을 발표
해왔다. 한문훈독은 본질적으로 中國 고전의 訓詁注釋과 깊은 관련이
있기 때문에 中國 연구자가 이 분야에 관심을 가지고 참여할 것이 강
하게 요구된다. 鄭阿財, 「論敦煌文獻展開的六朝隋唐注釋學―以『毛詩音
隱』爲例」(『日本學 · 敦煌學 · 漢文訓讀の新展開』, 汲古書院, 2005) 등은
앞으로 더욱 발전할 것으로 기대한다. 또 日本 訓點資料도 小助川貞次
「訓釋資料としての漢籍訓點資料」(7) 會議, 敦煌加點資料と日本漢籍
訓點資料との共通性)와 같이 東아시아 자료를 넓은 시야로 연구해 가
야 할 것이다. 그와 함께 石塚晴通「日本語表現の原動力としての漢文
訓讀」(お茶の水女子大學『比較日本學研究センター研究年報』創刊號,
2005)와 같이 표현의 원동력으로서의 한문훈독연구도 발전이 기대된다.

　　　　　　　　　　　번역 : 오미영(숭실대학교 일본학과 교수)

武后 新字의 創製와 興廢 및 文字의 正俗 問題에 관한 논의

王三慶*

1. 서론

唐代 則天武后는 여성 군주로서 천하를 군림하면서 후대의 사학자들로부터 서로 다른 평가를 받아왔다. 民國 24년(1935)에 張默君[1]이 陝中에서 측천황제 능을 알현할 때 賦詩 2首에서 다음과 같이 말하였다.

天馬行空天運開, 천마가 하늘에 다니니 천운이 열리고,

天教淵度倚驚才。 천교의 깊이는 놀라운 재능에 의지한다.

大周文字分明在, 大周의 문자가 분명히 있으니,

獨創千秋史乘來。 천추에 독창적인 업적이 역사적으로 전해져 왔다.

經綸想見奮雷屯, 세상 다스린 일을 생각해 보면 우레의 언덕을 떨친 것과 같고,

善任知人老相尊。 지혜로운 사람을 잘 임명하고 늘 서로 존중하였다.

二十一年臨紫殿, 이십 일 년 동안 궁전에 있으면서

聲威赫赫御乾坤。 위엄 있는 목소리로 건곤을 다스렸다.

---

* 대만 國立成功大學 교수.

1) 張默君, 『書論選粹』는 『書藝獵奇』(台北・精美出版社,1985년 출판) p.111를 인용.

이 시 2首는 則天武后가 여자로서 천하를 주재한 역사를 찬미하는 시이다. 천지가 열린 이래로 이와 같은 21년의 세월은 일찍이 없었다. 집정 기간 동안 紫殿에서 인사(人事)를 잘하고 이 문자도 만들었으니 이는 지금까지 유례가 없는 처음 있는 일이라고 말하고 있다. 이것으로 볼 때 張默君이 則天武后를 얼마나 지극히 추앙하였는지 가히 짐작할 수 있다. 문체로 말하자면 書法의 성과만 살펴봐도 衛夫人의 뒤를 이을 뿐만 아니라 남성 황제를 능가하는 것이다. 후인들의 평가는 다음과 같다.

其書<昇仙太子碑>, 用筆雅健, 結體方勁, 兼能出以新意, 足以窺其天秉之高。且風骨清奇, 遠勝玄宗之<鶺鴒頌>, 乃帝王書之卓卓者。[2]

그가 쓴 <昇仙太子碑>는 필체가 우아하고 강건하며, 구조가 반듯하고 힘이 있으며, 아울러 능히 새로운 뜻으로써 드러내므로, 그 높은 권위를 엿볼 수 있다. 또 풍격이 맑고 기이하여 현종의 <鶺鴒頌>보다 뛰어났으니, 제왕의 글 가운데 뛰어난 것이다.

武氏 일생의 행적은 작게는 개인으로, 크게는 나라를 다스리는 데에 있어 그 업적에 대한 평가가 많은 차이를 보이고 있을 뿐 아니라 역사

---

2) 측천무후의 서법은 二王(王羲之와 王獻之)을 넘나들어, <昇仙太子碑>는 太宗의 <溫泉銘>과 더불어 각각 뛰어난 부분에 정통했다고 말할 수 있다. 이 거대한 석비는 편액의 높이만 1丈 7尺이고 넓이는 6尺 5寸이며, 33행으로 이루어져 있는데, 각 행은 66字로 행서와 초서로 쓰여 있다. 비액의 제목은 '昇仙太子之碑'인데 飛白體의 鳥形으로 쓰였고 뒤쪽의 첫 행에는 '大周天冊金輪神聖皇帝御製御書'라는 14개의 해서자가 있다. 葉昌熾는 <語石>에서 다음과 같이 말하였다. "나는 <墨持堂帖>에서 衛夫人이 飛白體로 쓴 글 '西方之人兮' 5글자를 보았다. 세상에서는 그것을 '插花舞女'라고 말한다. 여자가 비석에 쓴 글자는 마땅히 <昇仙太子碑>를 으뜸으로 해야 할 것이다. 서체가 장초에서 나왔지만, 이것은 아무도 알지 못하였다.

적 사실의 진실 여부를 분명히 알기가 어렵기 때문에 이 짧은 논문 한 편에서 자세하게 논의할 수는 없다. 그래서 본 연구에서는 회의 의제와 관계가 있는 「문자 창제」 및 문자의 正俗 문제에 국한해서 논의를 진행하겠다.

당대 武后가 만들어낸 新字는 역대 문헌의 기록이 상세하지 않다. 『新唐書』, 『資治通鑑胡三省注』, 『學林』, 『通志』, 『續通志』, 『集韻』, 『類篇』, 『宣和書譜』, 『書史會要』, 『正字通』 등 사적이나 字書에서의 설명도 많이 다르다. 武后 新字의 수에 대해 적게는 8개, 많게는 19개까지 서로 다른 주장을 하고 있다. 胡樸安은 『通志』에 수록된 18자(十八形)에 『學林』에 있는 「君」, 「人」, 「吹」 3자를 더해 武后가 창제한 新字는 모두 21자라고 주장하고 있는데 이것이 가장 많은 수이다. 하지만 순수하게 字書나 사적의 내용으로 말하면 정확한 것 같지는 않다. 일본인 도키와 다이죠(常盤大定)는 日本 古寫本 『王勃詩序』, 『文館詞林』, 『寶雨經』과 『金石萃編』, 『金石續編』, 『八瓊室金石補正』, 『山右石刻叢編』, 『山左金石志』, 『藝風堂書目』, 『支那美術史雕塑編』 등 각종 石刻 史料를 참조하여 <武周新字の一研究>[3]라는 논문을 썼는데, 그 논문에서 武后가 창제한 문자는 17자라고 밝히고 있다. 字體에서의 각 문자의 변형 등을 고찰해 보면 이 논문이 가장 독창적이고 가치 있는 견해라고 생각한다. 그 후 董作賓, 王恆餘가 함께 편찬한 <唐武后改字考>[4]와 사사키 도시죠(佐佐木利三) <日本金石文に見える則天文字>[5] 등의 논문도 이것을 능가하지는 못하는 것 같다. 오직 최근의 施安昌의 <從院藏拓本探討

---

3) 도키와 다이죠(常盤大定), <武周新字の一研究>, 『東方學報』제6책(1936년, 동경 출판) pp.5-42.
4) 董作賓, 王恆餘, <唐武后改字考>, 『中央研究院歷史言語所集刊』제34본 하책(1963년 12월, 台北의 본 연구소에서 출판) pp.447-476.
5) 사사키 도시죠(佐佐木利三), <日本金石文に見える則天文字>, 『東方學論集』(『小野勝年博士頌壽記念論集』 1982년 12월 1일) pp.201-210.

武則天造字>[6], <關于武則天造字的誤識與結構>와 일본인 구라나카 스스무(藏中進)의 <則天文字の成立とその本邦將來—『千唐誌齋藏誌』拓影墓誌を中にして—>[7]는 묘지 비석문자 연구의 최고로 꼽을 수 있다. 하지만 대량의 唐代 寫本을 보유하고 있는 돈황 문헌도 중요하게 인정받지 못하고 효율적으로 이용되지 못하고 있다가, 梅應運의 <敦煌石室經卷題記之研究>[8]에 이르러서야 제3절에서 런던 寫本 중 武周年代의 寫本 題記를 모아 연구를 하기 시작하였는데, 기존의 연구가 깊이 없이 진행된 것에 대해 매우 애석하게 생각한다. 그래서 프랑스 학자 J. P. Drege(戴仁)은 碑刻 및 파리와 런던 寫卷을 이용하여 'Les Caracteres de L'imperatrice Wu Zetian dans les manuscripts de Dunhuang et Turfan'[9]이라는 논문을 썼다. 자신이 이미 武周 시기의 문헌 중 武周 新字의 특징과 시간이 분명하지 않은 寫本에 대해서 더욱 더 연구를 해야 한다는 것을 알고 있었기 때문에, 武后 新字의 특징을 이용하여 돈황 사본에 대한 斷代 연구를 시도하였다. 필자는 돈황 문헌을 연구하고 있기 때문에 題記, 인명, 서명(花押) 및 문헌 판단에 도움을 주는 각종 특징이 될 수 있는 것들에 관해 많은 관심을 가지고 있다. 그래서 武后 新字의 기록까지 논의하고, 통계방법과 문헌 단대, 관련 사료 등을 이용하여 논의한 바 있으며, 이를 바탕으로 하여 <敦煌寫卷中武后新字之調

6) 施安昌, <從院藏拓本探討武則天造字> 『故宮博物院院刊』(1983년 4월) p30-38와 <關于武則天造字的誤識與結構(측천무후자의 잘못된 인식과 구조에 관하여)> 『故宮博物院院刊』(1984년 4월) pp.84-90.

7) 구라나카 스스무(藏中進), <則天文字の成立とその本邦將來—『千唐誌齋藏誌』拓影墓誌を中にして—> 『和漢比較文學構想』(汲古書院, 1986년 3월) pp.161-188.

8) 梅應運, <敦煌石室經卷題記之研究> 『新亞書院學術年刊』 제8책(1966년 9월) pp.235- 290.

9) J. P. Drege, 'Les caracteres de L'imperatrice Wu Zetian dans les manuscripts de Dunhuang et Turfan' "Bulletin de I'Ecole Francaise Dext Reme-Orient-Tome LXXIII"(1984) pp.339-354.

査研究>[10]라는 논문을 썼다. 본 논문은 이러한 연구를 기초로 하여 새로운 논의를 전개해 갈 것이며, 회의에 참가하여 논문을 발표하게 해준 것에 대한 감사를 대신하겠다.

2. 武后 新字의 흥폐 과정

2.1. 武后 新字의 창설 자수와 출현 횟수

武后 新字의 창설에 대해 <改元載初敕>에서는 다음과 같이 설명하고 있다.

> ……朕宜以 曌 爲名……特刱制一十二字, 率先百辟, 上有依於古體, 下有改於新文, 庶保可久之基, 方表還淳之意。[11]
>
> 짐은 마땅히 曌 를 나의 이름으로 삼고, 특별히 12자를 창제하여 모든 왕들에게 솔선하리니, 위로는 고체에 의지함이 있고, 아래로는 새로운 문자에 대해 개조함이 있으며, 대개 오래도록 지속될 기초를 보존하고 더욱 순수함으로 돌아온다는 뜻을 나타낸다.

이 詔令은 武后가 12자를 창제한 일이 載初 원년 정월 전(서기 689年 11月 18日)에 있었음을 설명하고 있다. 자신이 사용한 照名 외에 또 11자가 있다. 이 문자의 창설 목적은 역대 황제가 새로이 등극한 이후

---

10) 王三慶, <敦煌寫卷中武后新字之調査研究>『漢學研究』(1986년 12월, 中央圖書館 漢學研究센터가 주최한 국제 敦煌學세미나에서의 논문집) 제4권 2기 pp.437-464.

11) 宋, 宋敏求, 『唐大詔令集』(台北:鼎文書局, 1978년 4월 재판본) p.20.

연호를 바꾸는 것, 예법과 樂法을 만드는 것, 문자를 창제하는 것으로,
새로운 사람, 새로운 기상을 보여주는 전통적인 방법과 다르지 않다.
歐陽修의『新唐書』에서는 다음과 같이 말하고 있다.

　　載初中, 又享萬象神宮。……作曌, 天, 地, 日, 月, 星, 君, 臣, 戴(初),
載, 年, 正, 十有二文, 太后自名曌, 改詔書為制書。[12]

　　載初 시기에 다시 만상신궁에서 진언하였다. 曌, 天, 地, 日, 月,
星, 君, 臣, 戴(初), 載, 年, 正 12 글자를 만들었고, 태후는 스스로 曌
라고 이름 짓고 조서를 제서라고 고쳤다.

위의 문자의 기록에 따르면 최초의 改文한 수는 12자인 것이 분명
한데,『新唐書』에서 「初」를 「戴」로 잘못 표기한 실수가 있는 듯하다.
필자는 영국 런던에서 소장하고 있는 돈황 문헌 S.2658號와 S.6502號
를 보고 두 권이 모두 일치한다는 것을 설명한 바 있고, 이것은 이미
소실된『大雲經疏』에서도 증명된다. 이 經疏는 일반적인 불경 疏文 주
석이 아니라 武周의 옹호를 받는 정치 승려들이 武后가 등극할 때에
받을 정치적인 압력을 이겨내기 위해 神道를 가장하여 설교를 하고 經
文의 뜻을 의도적으로 왜곡한 疏文이다. 載初年 7월 壬午(서기 690年 7
月)에 이러한 것을 만들어 武后의 환심을 사고, 새롭게 창제된 12자를
載初 원년 정월에 천하에 반포 시행하고, 經籙에서 인용하고,[13] 각 州에

---

12) 歐陽修 등이 편찬한『後唐書』(台北:鼎文書局, 1979년 11월 景點校本 초판) p.3480
참조.
13) 毛漢光이 편찬한 <唐代墓誌銘彙編附考>(中央研究院歷史語言研究所, 1991년 10월)
에 의하면, 제11책 <元智威誌>, pp.283-288에서 다음과 같이 말하였다. '載初 원년
(AD689) 歲次 己丑12월 庚辰 초하루 甲申에 장사하다.' 생각해보면, 측천무후는
永昌 원년(己丑) 11월을 載初 원년 정월로 고쳤으므로, 이 碑誌의 연호는 새로 고
친 것에 근거하고 달은 옛 것을 계승하고 있는데 (새로 고친 것에 근거하여) 마
땅히 정월이라고 썼어야 한다. 그 가운데 이미 측천무후가 새로 만든 글자 君,

鈔賜하였으며, 유명한 승려를 높은 관직에 임명하여 천하 백성들에게 이 경전의 예언을 설명하였다. 부처가 정광선녀를 震旦 王國土로 보내서 각 州의 廟字를 大運寺로 바꾸어 불렀다. 이 경전은 후대에 武后가 정치에 종사하고 죽을 때까지 정치적인 아첨물로 인식되어 망일되었는데, 런던 돈황 문헌 17호 동굴에 보존되어 있고, 「載, 初, 年, 月, 日, 星, 正, 天, 地, 君, 臣」 등 17자의 武后 新字가 있을 줄은 전혀 생각하지 못하였다. 「君」, 「正」이 우연하게도 옛 형체를 보존하고 있는 것 이외에도 새롭게 창제된 문자들이 고스란히 이 경전에 응용되고 있으므로 歐陽修가『新唐書』에서 「初」를 「戴」로 잘못 기록하였다는 것을 증명할 수 있다.

처음에 武后 新字는 12자밖에 없었는데 후에 어떻게 해서 17자, 21자라는 견해들이 나오게 되었는가? 武后가 載初 元年 正月(서기 689年 11月 18日)에 연호를 바꾸고 황제로 등극하는 것을 준비하기 전에 이미 新字를 다 만들어 놓았다가 제후들에게 솔선수범하기 위해 먼저 자신이 시범을 보였다. 그리고『大雲經疏』가 만들어진 七月 壬午(서기 690年 7月) 上表하기 전에 원용을 가하고 官方 寫經을 천하에 반포하였다. 그래서 이 돈황 寫卷이 만약 天授 元年 十月 壬申(690年 10月)에 중앙에 반포된 문헌이 아니라면 그 당시 底本의 新字의 원래 모습을 나타내고 있을 것이다. 그 후에 여러 단계를 거치면서 여자 황제가 천명에 의해 등극하게 되었다는 <廣武銘>을 강조하여 「天授」혹은 「證聖」으로 연호를 바꾸게 되고 「授」, 「證」, 「聖」 3자를 더하게 된다. 天冊萬歲 2年(695年)에 또 「國」자가 나타나게 된다. 聖曆 年間(698年)에는

正, 年, 地, 月, 日, 載, 初, 天 등 9글자가 보이는데 모두 도말의 흔적이 있다. 분명 새로운 글자를 반포하여 시행한 후에 고친 것으로, 반포하여 시행한 시간의 근거로 삼을 수 있다. <陳平誌>에 또 '星'자가 있다.

「人」字가 더해져 후대에 소위 17자가 만들어지게 된 것이다. 照字 新體만 있고, 石刻이나 寫卷은 아직 발견되지 않고 있다. <大雲寺碑>에 「照」자(大足 元年, 서기 701年)가 보이고, P.2806 『大玄眞一本際經』(證聖元年, 西元695年)및 S.217 『觀世音經』(天冊萬歲二年, 서기 696年)에도 「照」자가 보이지만 舊體를 따르고 있다. 심지어 33개의 돈황 사본에서도 新體 「照」자는 없는데 어찌 梅應運이 「可見用者, 僅限武后之名」이라고 말한 것과 같겠는가?[14] 혹자는 避諱 때문에 원용하지 않았다고 한다. 위에서 말한 현상 때문에 武后 新字의 제작 과정에서 12자라는 주장에 대해 학자들이 서로 다른 견해를 보이고 있다. 시간의 변화에 따라 글자 수가 늘어난 것을 제대로 이해하지 못한다면, 胡三省이 註解한 『資治通鑑』이나 일부 소학자들과 같은 잘못을 범할 수 있다.

2.2. 문자창설의 의의

17자를 창설한 것은 그저 우민정책의 수단에 지나지 않는다. 처음에 만들어낸 12자, 天授의 「授」字, 聖跡을 증명하는 「證聖」, 그리고 백성을 중시하여 창설한 「國」字나 「人」字 모두 어느 정도는 정치적인 의도와 관련이 있다. 鄭樵는 이렇게 말한다.

    𠋣代天, 坔代地, ⊙代日, 𠨍代月, 又作匣, ○代星, 恶代臣, 𡔈代載, 𡔈代初, 𡕀代年, 𡔊代正, 又作𡔊, 𡆠代照, 𡎹代證, 𡔈代聖, 𤣥代授, 𡔈代戴, 圀代國。

    𠋣으로 天을 대신하고, 坔로 地를 대신하고, ⊙로 日을 대신

---

14) 梅應運, <敦煌石室經卷題記之研究>, 『新亞書院學術年刊』 제8책(1966년 9월) p.262.

하고, ▨로 月을 대신하고, 또한 ▣으로 쓰기도 하였다. 〇으로 星을 대신하고, ▨으로 臣을 대신하고, ▨로 載를 대신하고, ▨로 初를 대신하고, ▨으로 年을 대신하고, ▨으로 正을 대신하고 또한 ▨으로 쓰기도 하였다. ▨로 照를 대신하고, ▨으로 證을 대신하고, ▨으로 聖을 대신하고, ▨로 授를 대신하고, ▨로 戴를 대신하고, ▨으로 國을 대신하였다.

右武后更造十·八字代舊十·六字, 史臣, 儒生皆謂其草創無義。以臣觀之, 天作▨, 日作▨, 並篆文也。年作▨, 正作▨, 並古文。行於世者, 授古文亦有作▨, ▨者, 國亦作▨者, 地籀文或有作▨者, 星, 崔希裕『纂古』而作〔〇〕, 孰謂其草創而無所本與？[15]

위의 글자들은 武后가 다시 18자를 만들어 16개의 옛 글자를 대신하게 한 것인데, 사신과 유생들은 모두 그것이 처음 있는 일로 옳지 않다고 하였다. 그러나 신이 보건대, 天을 ▨으로 쓰고, 日을 ▨로 쓴 것은 篆文과 같고, 年을 ▨으로 쓰고, 正을 ▨으로 쓴 것은 고문과 같다. 세상에 통용되는 것 가운데 고문에서 전수 받아 ▨가 있었는데 ▨로 쓴 것도 있으며, 國 역시 ▨으로 썼다. 地의 籀文 가운데 어떤 것은 ▨으로 쓰기도 했으며, 星은 崔希裕의 『纂古』에서 〔〇〕 형태로 쓰기도 하였으니, 누가 그것이 처음이어서 근본한 바가 없다고 말할 수 있겠는가?

鄭樵는 16자, 18개의 형태가 있다고 생각한다. 적어도 7개의 자형은 篆字, 古文 혹은 籀文, 혹은 『纂古』에서 왔으며, 이것은 앞에서 인용한

---

15) 鄭樵, 『通志·六書五·志』(浙江古籍出版社, 1988년 11월 영인본) 권35, pp.509-510.

<改元載初敕>에서 설명한「上有依於古體, 下有改於新文」과 일치한다. 따라서 거짓으로 꾸며 말하거나 근거가 전혀 없는 것은 아니다. 하지만 만약 나머지 10개에 대해서 다시 분석을 해보면 그 자형 구조가 여전히 특별한 의미를 가지고 있다는 것을 알 수 있다. 董作賓의 논문에서는 17자의 창설 목적과 구조를 다음과 같이 분석하고 있다.

計 ▦(照) O(星) ▦(年) 悪(臣) ▦(人) ▦(君) 夈(載) ▦(初) ▦(證) ▦(聖) 稂(授)十一文, 爲政治作用而改。▦ₒ(月) ▦(日)二字, 據神話傳說所改。而 兂(天) 坐(地) 圡(正)(武后作正, 實是王字) 圀(國)四字, 爲武后所借用(武后之前,『玉篇』已有), 後人不察, 謂爲武后所作, 誤矣。總之, 武后時異於當時通行之字, 共十七文耳。[16]

計▦ (照) O(星) ▦(年) 悪(臣) ▦(人) ▦(君) 夈(載) ▦(初) ▦(證) ▦(聖) 稂(授)11개의 글자는 정치작용을 위하여 고친 것이고, ▦ₒ(月) ▦(日) 두 글자는 신화전설을 근거하여 고친 것이다. 兂(天) 坐(地) 圡(正)(武后는 正으로 썼지만, 실제로는 王이다) 圀(國) 네 글자는 武后가 차용한 것으로 (武后의 앞 시기『玉篇』에 이미 들어 있다) 후인들이 잘 살피지 않고 武后가 만든 것이라고 말하였으니 잘못된 것이다. 결론적으로 武后 시대에 당시에 통행되던 글자와 다른 것은 모두 17자뿐이었다.

又云:

今就改字一事言之, 武后其人, 實「巧慧多權數」(見『通鑑』一九九, 葉二八), 迷信「玉兔金烏」爲日月中物, 遂改月作▦ₒ, 日作▦。自喻光照天下, 以「明空」爲▦, 使己名之。欲享萬世帝業, 有「千千萬萬」▦之作。恐臣

---

16) 董作賓・王恒餘, <唐武后改字考>,『中央研究院歷史語言研究所』제34본 하책(1963년 12월, 台北 본 연구소에서 출판), pp.473-474.

民二心, 合一忠為忠。自認正統, 取击(正)主長(長)為鞏。祈己安康長壽, 集「永主全」為鞏。製「一生」為至, 「天大吉」為霣。復以古文坓, 击, 圀, 篆文示, 代地正國天四字, 示復古耳。要之, 武后時之改字, 皆含有神話傳說, 迷信, 愚民, 以達其政治作用目的也。[17]

또 이렇게 말하였다.

이제 글자를 고쳤다는 한 가지 일을 가지고 말한다면, 武后라는 사람은 실로 매우 영특하여 권모술수가 많으며(『通鑑』199, 葉28 참조), 「玉兔金烏」를 해와 달 가운데 있는 사물로 미신하여 마침내 月을 형태로 만들고, 日을 형태로 만들었다. 자신을 천하를 빛으로 비춘다고 비유하며 「明空」을 曌로 만들고 자신을 명칭하게 하였다. 만세의 제업을 누리려고 「千千萬萬」의 至을 만들었고, 신민이 두 마음을 가질까 두려워하여 一과 忠을 합하여 忠을 만들었다. 스스로를 정통으로 인정하며 (击正)主長(長)을 취하여 鞏으로 만들었다. 자신의 安康長壽를 기원하며 「永主全」을 모아 鞏을 만들었다. 「一과 生」으로 至을 만들고, 「天, 大, 吉」로 霣를 만들었다. 다시 古文 坓, 击, 圀과 篆文 示을 地, 正, 國, 天, 네 글자로 대신하였으니 복고를 보여줄 뿐이다.

요약하자면, 武后 시기에 고친 글자들은 모두 신화전설, 미신, 우민으로 그 정치작용을 달성하려는 목적을 포함하고 있다.

2.3. 문자의 사용과 廢除

17) 董作賓·王恒餘, <唐武后改字考>, 『中央研究院歷史語言研究所集刊』 제34본 하책 (1963년 12월, 台北 본 연구소에서 출판), pp.474-475.

새로운 인물이 새로운 정치를 하는 것은 당연한 것이며, 사람이 죽으면 그 정치도 시들해지는 것이 일반적인 현상이다. 그렇다면 武后가 창제한 이 新字들은 도대체 얼마 동안이나 사용된 것인가? 언제쯤 완전히 사용하지 않게 된 것인가? 어찌하여 宋代의 소학자나 사학자들이 하는 말이 명확하지 않은 것인가? 그 원인은 다음 두 가지로 요약할 수 있다.

1. 12자를 창제한 이후 해가 갈수록 여러 차례 증가하였다.
2. 新字는 武后가 還政이나 亡逝에 따라 廢除된 것은 아닌 것 같다.

바꾸어 말하면, 창제의 과정이나 新字의 廢除에 있어서 엄격하고 분명하게 시기를 나눌 수 있는 명확한 근거가 없다. 唐 中宗이 五王을 流殺시킨 후, 武氏의 능묘를 회복하였는데 이 때 右補闕을 담당했던 權若訥은 일찍이 상소를 하여 天地日月 등의 글자는 모두 측천의 훌륭한 일이라고 생각한다고 하였다. 賊臣 敬暉 등이 이전의 법규를 경시하고 문란하게 하며 순화에 무익한 것은 제거하고, 孝理에 빛나는 것은 보존하였다. 또 神龍 시기에 글을 만든 일을 위로 貞觀의 고사에 의지하니 어찌 어머니의 법식을 버리고 멀리 조상의 덕을 존중할 수 있겠는가! 상소가 있은 후로 中宗은 직접 칭찬하며 이에 어머니가 만든 글자를 보류하였다.[18] 文宗의 開成 2년(837) 10월에 이르러 비로소 新字를 폐지하고 本字를 다시 사용하라는 조서가 내려졌다.[19] 그러나 이 시기는 이미 100여년이 지난 후여서 모두들 문자의 사용 습관에 대해 이

---

18) 宋, 洪邁, 『容齋續筆』(大立出版社, 1987년 7월 景印초판)권2 '權若訥·憑澥'條, p.229.
19) 王欽若 등이 편찬한 『冊府元龜』(大化書局, 1984년 10월 景印排字本)권160上欄, p.852.

한 장의 명령으로 능히 전부를 개혁할 수는 없었다. 이 때문에 葉昌熾는 [당시의 군신들의 상소 문장 및 천하의 문서들이 모두 그 글자들을 사용하였다…. 내가 보건대 무주의 비가 아래로 수백 년 간 통용된 것은 아니지만 궁벽한 지방의 승려와 도사 장인들은 오직 신중하게 받들어 행하지 않음이 없었다. 當時群臣章奏及天下書契咸用其字……。余所見武周碑不下數百通, 窮鄕僻裏, 緇黃工匠, 無不奉行維謹。](『語石』권1). 梅氏도 神龍 원년 이후에 新字는 점차 소멸되어 갑자기 보이지 않게 되었다고 생각했는데, 실은 景龍 원년에 쓰여진 『佛說示所犯者瑜珈法鏡經』이라고 불리는 S.2423과 景龍 2년에 쓰여진 S.2136『大般涅槃經』의 經題를 근거한 것이다.[20] 다시 사실을 살펴보면 돈황에는 여전히 다수의 武后 시대의 것이 아닌 新體 사본이 존재한다. 예를 들어 보자.

(1) S.4037V1<禪詩>에는 新字 한 개가 있는데, 정면에는 없고, V2는 乙亥年 정월 10의 일을 기록한 문서인데, 정면과 반면의 문자 모두 동일한 사람이 옮겨 쓴 것이다.

(2) S.4117壬寅年(서기822年?) 3월 29일에 사람들이 교정을 하고, 교정하는 사람들이 頁를 다시 조사하였는데, 初자는 신체로 썼고 人, 正은 아니다. 이것들은 모두 晚唐이나 토번 시대의 사본이며 베껴 쓴 사람이 武后의 新字 사본을 연구하고 읽었기 때문에 영향을 받은 것이다.

(3) S.1177『金光明最勝王經』권1은 張氏가 그 아들 端公을 위해 선사한 것이기 때문에 시기는 大唐 光化 3년 庚申년(서기 900년)이고 2월 9일에 쓰여 이미 武后가 세상을 떠난 지 200여 년이 되었다. 新字의 사용을 폐지한다는 명령도 이미 63년이

---

20) 梅應運, <敦煌石室經卷題記之研究>, 『新亞書院學術年刊』제8冊(1966년 9월) p.267.

되었으나 武后시대의 사본을 옮겨 써서 원래의 모습을 인습하고 아직까지 이전 것을 회복하여 고치지 않았음을 설명해 준다.

(4) S.4429V『光讚摩訶般若波羅蜜經』에 新體 人자가 있는데, 오직 그 정면 서명에 무진년(서기 908년) 6월 4일에 蓮寺僧應……」이라는 글귀가 있으니 초사한 시대 역시 이 후임을 추정할 수 있다.

(5) P.2551VB『大周李義修莫高窟佛龕碑』, 內文有「聖曆元年(西元698年)五月十四日脩葺功畢」「我大周……大雲……」, 當為武后寫卷矣, 而正天二字用常字, 僅一日字為新體, 其VA部分又明署「開元十八年(西元730年)十八日劉元謀」等文字, 則非武后寫卷無疑。

P.2551VB『大周李義修莫高窟佛龕碑』안에 「聖曆 元年(서기 698년) 5월 14일에 개축의 공사를 마치다」「我大周……大雲……」이라는 문장이 있으므로 武后 시대의 사본이 아님은 의심의 여지가 없다.

(6) P.38352『不空索糸胃索神咒心經』에 武后의 新字 9개가 있는데 人자는 아니며, 오직 이전의 『觀世音菩薩秘藏無部礙如意心輪陀羅尼經』 1권 署明에서 「무인년 9월 5일 청신제자 양현이 이 경전을 받아서 적어 기록하였을 뿐으로, 후대에 유전되어 중생을 유익하게 하고 아무도 三途에 타락하지 않는다 戊寅年(西元978年?)九月五日清信弟子楊願受寫此經記之耳也, 後代流傳, 利益眾生, 莫墮三途」라고 밝히고 있다. 天, 人, 日, 國, 年, 月은 모두 新體字가 아니다. 이후로 다시 『佛說觀音經』,『水散食一本』,『大部禁方』과 諸神의 주술어가 있는데, 人, 正, 日, 證, 星. 天 등의 글자는 新體가 아니니 楊願이 抄寫한 시간 및

抄寫者가 절대 武后 시기의 사람이 아님을 족히 설명해 주니, 新體가 있는 것은 곧 底本의 영향을 받은 것이 아니겠는가!

(7) P.4525R1, <燃燈齋文> 여러 편에는 「太平興國 7년(서기982년) 2월」, 「임오년 1월 12일 郭[阿安], 康[願]」 등의 기록이 있으며, 그 후로 <大方等大集經卷十二>를 만들고 「太平興國 8年(서기983年) 9月」이라고 서명하였는데 新體 人자가 있으며 天자는 여전히 舊體를 썼으니, 후기에 기록할 때에 저본의 영향을 받았다는 실마리가 된다.

(8) P.3186『雜阿含經』은 唐末 五代 때의 사본인데, 정면에 있는 照자가 新體가 아닌 것 외에 天, 正, 人, 聖은 武后의 글자이다. 뒷면에는 또 乙酉年(서기985년)과 雍熙 2년(위와 같은 해) 6월 處份狀 두 문건이 있는데 역시 武后의 新字가 있지만, 王重民 역시 모두 武后 시대의 사본이 아니라고 설명하였다.[21] 또 P.3086『法句譬喻經』에는 「記那梨國故事」를 기록한 글이 실려 있는데, 民자는 빠져 있고, 國, 人, 年, 月, 正, 地가 모두 新體字이며, 오직 日자만 新體字가 아닌데, 종이의 빛깔과 글자의 자취로부터 증명해 보건대 武周 때의 사본은 아니며 이후에 전사된 것이다.[22]

무릇 이 여러 문건들은 변방의 지역에 정책이 아직 미치지 않았거나 혹은 일시에 누적된 습관은 고쳐지기 어려워 옛 제도를 원용하였음을 보여준다. 이는 창제 후의 사용이나 폐지를 막론하고 여전히 아직

---

21) 王重民『敦煌遺書總目索引』(台北:源流文化事業有限公司, 1982년 6월 景印초판), p.281.

22) 王重民『敦煌遺書總目索引』(台北:源流文化事業有限公司, 1982년 6월 景印초판), p.279.

고쳐지기 전의 것을 사용하는 옛 습관이 있었음을 설명해 준다.

다시 석각사료로 증명하면 <李弘禮誌>는 「神龍元年歲次乙巳正月」鐫 文勒石에 人, 初, 天, 地, 年, 聖, 月, 日, 正, 國 등의 新字가 있다. 그리고 <宋孟容誌>는 景龍 3년(709년) 7월 13일에 세워졌는데, 여전히 天, 月, 日 등의 新字가 보이는데 君, 人, 載, 地는 이미 新字가 아니니 자못 통일되지 않았다. 이는 돈황 사본의 상황과 유사하여 서로 증거를 할 수 있어서 梅氏의 견해가 잘못되었음을 잘 보여준다.[23]

3. 문자의 正俗에 대한 토론과 표준

사실 언어나 문자는 모두 約定俗成이 있을 뿐만 아니라 개인과 사회가 인정한 명문화하지 않은 계약행위이며 부호형식이다. 즉 법률로 규정하지 않았지만 오랫동안 공동체가 공감대를 형성함으로써 이러한 계약행위, 부호형식이 점차 하나의 집단 사회 혹은 국가 민족의 문화적 체계를 형성해 왔다. 그러므로 언어문자는 당시에 사용하던 개인의 심리나 단체의 의식형태와 깊은 관계가 있다. 특히 완전하게 통일이 되거나 격식을 제대로 갖추지 못했던 書寫시대에는 어떻게 발음해야

한다거나, 어떠한 억양을 이용해야 한다거나, 강약을 달리해야 한다거나 하는 것을 사용자들에게 요구하기가 매우 어렵다. 문자도 마찬가지이다. 위에서 아래로, 왼쪽에서 오른쪽으로, 가로로 한 획, 세로로 한 획 등등 이러한 것을 어떻게 사용자들에게 말할 수 있겠는가? 발음에 대한 요구는 시간, 공간의 변화와 함께 변해왔다. 陸法言은『切韻, 序』에서「시간은 고금이 있고, 지역에는 남북이 있다」라고 하였는데 이러한 관점은 소쉬르의 이론과「지리언어학」「역사언어학」에서의 주요원인으로 작용한다. 中唐에서 宋初까지 인쇄기술이 개발됨에 따라 대량의 복제인쇄가 가능해졌고, 오늘날에는 조판식자, 컴퓨터 인쇄술의 발명으로 CODE에 따라 현상을 하게 되어 이제야 비로소 통일된 격식과 표준을 갖추게 되었다. 六朝시기의『顔氏家訓, 雜藝篇』을 보면 手寫시기의 書風習尙을 알 수 있을 것이다.

晉宋以來, 多能書者, 故其時俗遞相染尚, 所有部帙, 楷正可觀。 不無俗字, 非為大損。 至梁天監之間, 斯風未變 ; 大同之末, 訛替滋生。 蕭子顯改易字體, 邵陵王頗行偽字, 前上為草, 能旁作長之類是也。 朝野翕然, 以為楷式, 畫虎不成, 多所傷敗。 爾後墳籍, 略不可看。 北朝喪亂之餘, 書籍鄙陋, 加以專輒造字, 猥拙甚於江南, 乃以百念為憂, 言反為變, 不用為罷, 追來為歸, 更生為蘇, 先人為老, 如此非一, 遍滿經卷。[24]

진송 이래로 서예에 능한 자가 많았으므로 당시의 풍속이 차츰 변하였어도 소유한 책에 적힌 해서는 볼만하였으며, 속자가 없지는 않았지만 크게 손해가 되지는 않았다. 梁의 天監에도 이러한 분위기는 아직 변하지 않았다. 대동의 말엽에 잘못 교체함이 생겨나, 소자

---

24) 顔之推撰・王利器集解,『顔氏春秋・雜藝篇』 권제7(明文書局印行, 1982년 2월 초판), p.514.

현은 자체를 고쳤고, 소릉왕은 잘못된 글자를 시행하여 前上을 草로 만들고, 能의 편방을 長으로 만든 종류가 이것이다. 조야에서 모두 (이것으로) 해서의 법식을 삼았으나 도리어 경박함에 떨어져 손상된 부분이 많았다. 이후로 전적들은 대개 볼만하지 못하다. 북조 상란의 여파로 서적들이 비루해진데다 번번이 글자를 만들어 혼잡하고 졸렬함이 강남보다 심하였다. 이에 百念을 憂로 삼았으며, 언어가 도리어 변화하여 不用을 罷라고 하고, 追來를 歸라고 하고, 更生을 蘇라고 하고, 先人을 老라고 하였다. 이와 같은 것들이 비일비재하여 경전에 편만하였다.

위의 내용은 晉宋 이후의 書風을 설명하는 것으로 변하고 변하지 않는 것이 사회의 분위기에 휩쓸려 문자구조에 맞지 않는 俗寫 字體까지 생겨났는데 이런 현상들이 책의 곳곳에서 발견되었다. 오늘날 출토되고 있는 갑골문, 금문, 簡牘에서 한 글자가 여러 가지 서체로 나타나는 것도 바로 이러한 현상과 결코 다르지 않다. 발음이든지 書體든지 시간, 장소, 사람의 변화와 함께 변해가기 마련이다. 개인의 행위도 마찬가지이다. 단체의 생각과 크게 벗어나서 이상하게 보일 정도로 서체를 잘못 사용하고 글자를 잘못 표기했더라도 일단 잘못된 것이 오래되어 옳은 것이 되면 사람들은 이를 당연하게 여기게 된다. 또 대단히 영향력이 있는 사람을 통해 점점 다수가 받아들일 수 있는 상황이 되면 당연히 단체들의 계약행위가 되어버린다. 張守節은 『史記正義, 論字例』에서 이러한 단계에서 문자의 복잡성에 관한 문제를 언급하였다.

程邈變篆為隸, 楷則有常 ; 後代作文, 隨時改易。衛宏官書數體, 呂忱或字多奇, 鍾王等家, 以能為法, 致令楷文改變, 非復一端, 咸著祕書, 傳

之歷代。又字體乖日久, 其黼黻之字法從黹, 今之史本則有從耑。若其黿鼉從龜, 辭亂從舌, 覺學從與, 泰恭從小, 匱匠從走, 巢藻從果, 耕籍從禾, 席下為帶, 羮下為火, 袞下為衣, 極下為點, 析旁著片, 惡上安西, 餐側出頭, 離邊作禹, 此之等類例, 直是訛字。寵字為寵, 錫字為錫, 以支代友, 將無混旡, 若茲之流, 便成兩失。[25]

　程邈은 篆書를 변화시켜 隷書를 만들었으며 楷書의 법칙에는 일정함이 있다. 후대에 문자를 만들 때에는 시대에 따라 개역하였다. 衛宏의 관서에는 여러 自體가 있고, 呂忱의 어떤 글자는 매우 기이했으며, 鍾王 등은 능한 것을 법식으로 여겨 해서의 글자를 개변시키는 데에 이르렀으니, 하나의 바른 문자체를 회복하지 못하고 모두 비서에 적어 역대로 전수하였다. 또 자체가 잘못된 시기가 오래 되자 黼黻이라는 글자는 黹로 구성된 것이지만 지금의 史本에는 耑으로 구성된 것도 있다. 黿鼉이 龜로 구성되고, 辭亂이 舌로 구성되고, 覺學은 與로 구성되고, 泰恭이 小로 구성되고, 匱匠이 走로 구성되고, 巢藻가 果로 구성되고, 耕籍이 禾로 구성되었으며, 席의 아랫부분이 帶이고, 羮의 아랫부분이 火이며, 袞의 아랫부분이 衣이고, 極의 아랫부분이 點이고, 析의 편방이 片이고, 惡의 윗부분은 西를 누른 것이고, 餐의 측면은 頭를 드러낸 것이며 離의 가장자리는 禹로 쓴다는 것과 같은 이러한 종류의 예가 바로 잘못된 글자이다. 寵字를 寵으로 쓰고, 錫字를 錫으로 쓰고, 支로 友를 대신하였으며, 無를 旡와 혼동하였으니 이와 같은 종류는 곧 두 가지 모두를 잃는 결과를 초래하였다.

---

25) 司馬遷, 『史記』(台北:鼎文書局, 1979년 11월 景點校本 초판), 附 : 張守節 , 『史記正義 · 論字例』, p.14.

남북조는 중국 민족이 대융합을 이룬 시기였다. 남과 북이 서로 나뉘어 각각의 정치를 하였을 뿐만 아니라, 인도불교사상의 유입과 발전이 중국문화에 뿌리 깊은 영향을 주었고 문자의 다양성과 복잡성을 초래하였다. 『說文』에서 『玉篇』에 이르기까지 1만자가 채 되지 않았었는데 2만자로 늘어나면서 언어문화의 급변하는 발생과정을 잘 보여주고 있다. 또한 서체가 篆書, 隷書에서 楷書로 바뀌기도 하였다. 전자는 중국에 현존하는 것 중 소전체로 쓰여진 첫 번째 자전이며, 후자는 현존하는 것 중 해서체로 쓰여진 첫 번째 자전이다. 이러한 언어문자의 창조, 예서가 단번에 해서로 변하는 과정에서는 당연히 많은 別書 誤字나 複體가 생기기 마련이고, 특히 書法의 필획 구조에 대한 심미적인 관점과 소학자들의 點畫에 대한 관점이 서로 전혀 다르기 때문에 위와 같은 견해가 있는 것이다.

그러므로 TV나 인터넷과 같은 매체가 없던 시대에 위정자가 천하를 통일하면 연호를 바꾸었고, 황제가 집정을 시작한 후에 가장 중요하게 여겼던 것이 도서를 수집하고 언어문자를 통일하며 約法 三章一流와 같은 율법을 만드는 것이었다. 이러한 행동은 정치적 지도력을 선도하는 필연적인 결과로 진시황 때의 書同文, 車同軌에서 한나라 때의 熹平石經, 曹魏의 三體石經까지 이 모든 것이 문자와 學術 範本을 통일하는 것을 중요한 작업으로 보고 있다는 것임을 알 수 있다. 하지만 일단 정치가 분열되면 언어문자도 서로 각자의 길을 갈 수밖에 없다. 그러므로 이 때의 교육정책은 교육을 세우는 표준 범본에서 남북 經師, 경전 전수, 문자의 正訛 교정, 문자의 點畫 분석 등에 이르기까지 소위 正本이나 定本이라고 하는 표준을 만드는 것이었다. 특히 隋唐 때에 이르러서는 남북조 삼백년간의 분열국면을 종식시켰고, 새로운 인재 등용 수단인 과거제도를 만들었다. 經帖이나 詩賦를 시험하는 것도 하나의 표준이 필요했기 때문에 陸德明의 『經典釋文』, 唐石經, 또 『切韻』 音系나 字樣學에 관한 書籍이 나오게 되었고, 唐初 顏師古가 五經을 考定하고 字體를 辨正하게 되었다. 이것이 바로 이러한 배경에서 중대한 임무를 띠게 되는 것이다. 顏元孫은 『干祿字書』에서 다음과 같이 말하고 있다.

> 元孫伯祖故祕書監, 貞觀中, 刊正經籍, 因錄字體數紙, 以示讎校, 楷書
> 當代共傳, 號爲『顏氏字樣』。懷鉛是賴, 汗簡攸資, 時訛頓遷, 歲久還變。
> 後有『群書新定字樣』, 是學士杜延業續修, 雖稍增加, 然無條貫, 或應出而
> 靡載, 或詭衆而難依。[26]

원손의 큰 할아버지는 옛날에 비서감을 지냈는데, 정관 시기에 경적을 간정하였고, 자체를 여러 종이에 기록하고 교정하여 해서가 당대에 함께 전해지게 되었고, 이 책을 『顏氏字樣』이라고 불렀다. 懷鉛은 이것을 의뢰하고 汗簡은 이것을 근거하였으니, 당시의 잘못된 것들이 점차 옮겨지고 세월이 오래되자 다시 변하였다. 후에는 『群書新定字樣』이 있었는데, 이것은 학사 杜延業이 이어서 수정한 것으로 비록 약간의 증가가 있었지만 조리가 없어 어떤 것은 마땅히 나와야 하는데 수록하지 않았고 어떤 것은 잘못되어 믿기 어렵다.

위에서 말하고 있는 역대 石經學, 韻書, 字典의 정리와 편집은 위정자들이 정치력을 이용하여 언어문자를 통일하고, 학술과 사상을 위해 표준을 만들려는 선행 작업으로 지도력을 알아보는 필연적인 결과였을 뿐만 아니라 자신의 이상적 규범에 맞는 인재를 발탁하는 수단이

---

26) 顏元孫, 『干祿字書·序』(叢書集成新編影夷門廣讀本, 新文豐出版社, 1985년 1월 출판).

되었다. 이런 관점에서 볼 때 武后가 新字를 만든 것은 위에서 말한 여러 가지 정치적 이유를 가지고 있다. 즉, 백성들을 교육하는 우민정책의 하나였으며 백성들이 완벽하게 복종하고 있는지를 알아보는 근거가 되었으니 단순하게 깊이 생각하지 않은 무의식적인 행동은 절대 아니었을 것이다. 그저 문자가 언급하고 있는 범주는 절대로 개인의 의지에 따라 바뀌는 것이 아니고, 개인의 심리나 사회단체의 계약행위에 관련된 것이므로 단체의 사용습관이나 의지와 밀접하게 연결되어야만 共生共存할 수 있는 것이다. 이런 관점에서 보면, 역대 자서의 문자에 대한 정속관념은 사실 시기나 장소 사람의 변화에 따라 변하는 것이며 更改를 전혀 할 수 없는 것은 아니다. 특히 문자는 한 시기, 한 장소, 한 사람이 개인의 의식 및 단체의 행위를 바꿀 수 있는 것이 아니며 또 전혀 변하지 않는 것도 아니다. 시대적 공간은 사용하는 사람에 따라 변화한다. 武后 新字는 武后 시대의 문자 典範을 대표하였고, 典範 대상이 소실된 백여 년 뒤에 더 이상 사용되지 않았다. 오늘날 正體의 표준 문자도 반드시 내일의 正體는 아닐 수도 있어서 이미 어떤 지역 어떤 한 사람의 눈에는 俗體字가 되었을지도 모르는데 이것과 같은 이치이다. 오늘날의 속체자도 영원히 속체자만 남지는 않을 것이며 어떤 지역 어떤 사람에게는 正體字로 인식될 수도 있다. 이것은 모두 앞으로 발생할 가능성이 있는 일이지만 통신 산업의 발달과 교류 기능성의 향상으로 네트워크의 일부 부호들이 어떻게 발전할지는 예측하기 힘들 수도 있다. 하지만 분명히 말할 수 있는 것은 어느 시대나 어느 지역을 막론하고 모든 사람들이 인정하기만 하면 正俗의 是非에 집착할 필요는 없는 듯하다.

4. 결론

則天武后는 21년 동안 천하를 군림한 여성 군주이다. 載初 元年 正月 전에(서기 688년 11월 18일) 이미 황제 등극을 도모하였으나 유가 경전에서 남성을 통치할 수 있는 유력한 근거를 찾을 수 없어서 載初 7월 壬午(689년 7월)전에 불전『大雲經』에서 淨光仙女 王國土의 예언을 발견하고 신하에게 특명을 내려 註疏하도록 하여 새롭게 창제한 12자를 經疏에 고쳐 사용하였다. 이것이 複寫되어 나누어진 것은 당시 실제 돈황 문헌이 마침 영국 런던 도서관 동방 寫本部에 소장되어 있어서 이것을 잘 증명해주고 있다. 自名의「照」를 제외하고 모두 11자를 사용하였는데 이것은 歐陽修가 撰述한『新唐書』의 내용과도 부합하고, 史臣이「載」를「初」로 생각한 잘못을 바로잡게 되었다.「天授」(690년)이나「證聖」(691년)으로 연호를 바꾸면서 또「授」,「證」,「聖」 3자를 더 만들게 되었다. 天冊萬歲2년(695년)에 또「國」자가 나타나게 되었다. 聖曆年間(698년)「人」자가 더해져서 후대의 이른바 17자가 만들어지게 되었다. 하지만 사적이나 자서에도 여러 가지 다른 견해가 있지만 실은 시간이 갈수록 17자로 늘어나게 되었고, 사용시간도 武后의 還政이나 亡逝에 따라 폐지가 된 것은 아니었다는 등 이견이 분분하다. 17개의 자형에 있어서 적어도 7개는 篆字, 古文, 籒文에서 왔다. 이는 <改元載初敕>에서 말한「上有依於古體, 下有改於新文」이 내용과도 같다. 그 형체구조와 창제의의는 신화전설, 미신, 우민 등에서 취하여 정치적인 수단과 목적을 이루려는 의도에 있는 듯하다.

언어문자는 약정속성(約定俗成)이 있어서 개인과 단체에 의한 명문화하지 않은 계약행위이며 계약부호로 공동체의 의식과 문화체계를 대표하게 된다. 書寫시대에는 이를 통일화하고 격식화할 수가 없어서 사용자들이 언어나 문자의 표준을 규격화하도록 요구하기가 매우 어려웠다. 『顔氏家訓, 雜藝篇』과 張守節의 『史記正義, 論字例』에서는 진소 이후의 서풍을 설명하고 변하고 변하지 않는 것은 사회의 분위기에 따라 흘러가는 것이므로 문자구조에 맞지 않는 俗寫 字體가 매우 성행하였는데 이것은 오늘날 출토되고 있는 甲骨, 金文, 簡牘에서 한 글자가 여러 자체로 나타나는 현상과 별다른 차이가 없다. 말소리나 書體는 시대, 장소, 사람에 따라 끊임없이 변화한다. 특히 남북조 시기는 중국 민족이 대융합을 하는 시대로 각각 서로의 정치를 하였으며 인도불교 사상의 유입과 발전이 이루어졌다. 그로 인해 중국문화가 크게 확대 팽창되고 심화 발전하게 되어 문자가 더욱 복잡해지고 다양해지게 되었다. 『說文』에서 『玉篇』까지 1만자가 채 안 되는 숫자에서 거의 2만여 자까지 늘어나게 되었다. 이것은 바로 언어, 문자, 문화의 발생 과정 즉, 서체가 전서, 예서에서 해서체로 변천해가는 과정을 잘 설명해 주고 있다. 전자는 중국에서 현존하는 소전으로 쓰여진 첫 번째 자전이며 후자는 현존하는 해서로 편찬된 첫 번째 자전이다. 언어문자의 창조와 서체가 예서에서 해서로 변하는 과정에서 別書 誤字나 複體가 생기는 것은 어쩌면 당연한 일인지도 모른다. 특히 서법구조에서 필획의 아름다움을 추구하는 사람들과 점획의 사실성을 추구하는 소학자들이 서로 다른 태도를 가지고 있기 때문에 상술한 여러 견해들이 나오게 된 것이다.

그러므로 TV나 네트워크 매체가 없던 시기에 위정자가 천하를 통일하기 위해서 연호를 바꾸거나, 황제 등극식이 있은 이후, 도서 수집을 명령하여 언어문자를 통일하고 約法三章一流의 律文을 만들었다. 이런 행동들은 정치적 지도력을 선도하기 위한 필연적인 결과였다. 진시황의 書同文, 車同軌, 漢대의 熹平石經, 曹魏의 三體石經 이 모든 것들은 문자를 통일하고 학술 範本을 考定하는 것을 중요한 작업으로 보고 있음을 잘 보여주고 있다. 하지만 일단 정치가 분열되면 언어문자도 각자의 길을 걷게 된다. 따라서 이 단계의 교육정책은 학술교육의 표준 範本을 만드는 것을 우선시하고, 南北經師, 經典傳授, 문자의 訂訛를 考定하고 문자의 點畫을 辨析함으로써 소위 標竿의 正本이나 定本을 세웠다. 특히 隋唐시기에 들어서는 남북의 3백 년 동안의 분열국면을 종식하고 통일하였으며, 새로운 인재등용 방식인 과거제를 실시하여 經帖과 詩賦를 시험하는 것도 비교적 공정하고 객관적인 표준답안을 가지려는 행동이다. 그래서 陸德明의 『經典釋文』, 唐石經, 또 『切韻』音系 등 여러 서적과 字樣學이 나타나게 되었다. 中唐에서 宋初까지 인쇄 기술의 발명으로 대량의 복제가 가능하게 되었고, 오늘날의 조판식자, 평판 인쇄술, 컴퓨터 인쇄가 나오면서 점차 통일된 격식이 나오고 표준을 마련할 수 있게 되었다.

따라서 武后가 新字를 만든 것은 여러 정치적인 이유를 가지고 있었고, 백성들을 교육하는 일종의 우민정책이었으며, 나아가서는 백성들이 완전히 복종을 하고 있는지의 여부를 알아보는 하나의 근거로 작용했다. 문자와 관련된 범주는 절대로 개인의 의지에 따라 바뀌는 것이 아니다. 문자는 개인의 심리와 사회공동체 간의 계약행위로 공동체의 사용습관이나 의지와 결합을 하여야만 공생공존할 수 있게 된다. 문자에 대한 역대 자서의 정속관념은 사실 시기, 장소, 사람에 따라 끊임없이 변화하였다. 武后新字는 武后 시대의 문자를 대표하는 것이며 그 대상을 잃어버린 백여 년 후에는 다시 사용하지 않게 되었다. 오늘날 정체로 인식되는 표준문자가 반드시 내일의 정체가 아니고, 오늘의 속체가 영원히 속체로 남지는 않을 것이라는 것과 같은 이치이다. 모든 것은 공동체의 의식에 따라 변화하고 바뀔 것이다. 통신 산업의 발달과 언어문자의 교류기능이 높아짐에 따라 인터넷에서의 부호도 약정속성을 가지게 되었다. 그러므로 더 이상 문자의 正俗의 是非를 가리는 것에 집착할 필요는 없는 듯하다.

(번역: 李美京)

敦煌遺書의 二次加工 및 句讀에 대한 小考

方廣錩*

1. 二次 加工에 대한 소개

敦煌遺書는 東晉에서 宋初까지 약 800년의 시간을 아우르며 그 시기 중국 서적의 각종 형태를 아직도 반영하고 있다. 중국의 인쇄술이 언제부터 시작되었는지에 대해서는 학계에서도 공인된 학설이 없다. 하지만 적어도 北宋 초기 돈황 藏經洞이 폐쇄되었던 시기까지는 중국의 서북지대에 인쇄술이 보급되지 않은 것이 분명하다. 돈황 지역 사람들은 여전히 寫本을 주로 이용하였다. 그러므로 돈황유서는 극소량의 刻本을 제외하고는 거의 대부분이 寫本이었다.

寫本은 손으로 쓰는 방식으로 만든 책이라는 함축된 의미를 가지고 있다. "손으로 쓴다(手寫)"는 방식은 그것의 주체, 물질적인 조건, 조직, 문헌의 특징 등을 연구할 가치가 있으므로 많은 과제를 제시하고 있다. 본 연구는 돈황유서에서 나타나는 필사본 문헌의 二次加工에 대해서 주로 논의하겠다.

본 연구에서 논의하고 있는 二次加工은 필사본에만 국한해서 사용하는 일종의 한정적인 기술이다. 필자는 문헌을 베껴 쓰는 과정을 필사본을 만드는 "첫 번째 절차(第一公序)"라고 한다. 돈황유서에서 첫

* 중국 上海師範大學 교수.

번째 절차를 통해 대단히 우수한 필사본을 만들어 낼 수 있다는 것을
알 수 있다. 하지만, 어떤 경우에는 첫 번째 절차를 통해 만들어진 사
본에 약간의 문제점이 있어서 책의 卷面에 일정한 가공을 해야 할 필
요가 있는데, 이것을 본 연구에서는 二次加工이라고 부르기로 한다. 이
러한 가공은 필사를 하는 사람이 직접 할 수도 있고, 다른 사람이 할
수도 있다.

돈황유서의 卷面에 대한 二次加工은 대체적으로 다음과 같은 두 종
류로 나뉜다. 첫 번째 종류는 문헌 내용에 대한 교정(校對加工)에 속하
는 것이다. 이것은 첫 번째 절차가 엄격하고 신중하지 못하여 책의 내
용에 衍文, 漏文, 착오 등이 발생하였기 때문에 반드시 고쳐야 한다. 이
에 대한 구체적인 방법으로는 지우고 고쳐 쓰기(塗改), 긁어내고 고쳐
쓰기(刮改), 행간에 글자 넣기(行間校加字), 행간에 행 넣기(行間校行),
부호로 교정하기(校改標註), 삭제하기(刪除), 순서 바꾸기(倒乙), 바꾸고
없애기(兌廢), 경계 표시하는 칸 넣기(補劃界欄) 등이 있다. 돈황유서에
는 상술한 여러 종류의 방법이 다양한 형태로 나타난다. 예를 들면, 지
우고 고쳐 쓸 때 먹(墨筆)으로 직접 하는 경우도 있고, 硃筆이나 雌黃,
심지어 황금색(金黃色), 흰색, 녹색 염료를 이용하는 경우도 있었다. 필
사본을 만들 때, 각 지역의 상황에 따라 적절하게 처리하였으며, 이로
인해 그것의 형태도 다양하게 변하였음을 잘 보여주고 있다.   이러
한 교정(校對加工)은 첫 번째 절차와 동시에 진행되는 경우 즉, 손으로
책을 베껴 쓸 때 자신이 잘못 쓴 것을 발견하여 그 즉시 수정을 하는
경우도 있었을 것이다. 또 전문적으로 교정을 하는 사람이 교정을 하
거나 독자가 읽다가 발견을 하고 교정을 한 경우도 있었을 것이다. 교
정할 때의 筆跡, 먹의 색깔, 형태, 풍격에 따라서 어느 것이 필사자가
첫 번째 절차 때 교정한 것이고, 어느 것이 다른 사람들이 교정한 것

인지를 구분할 수 있다.

이밖에 일부 卷面에는 종종 연결 표기(綴接標註)가 있기도 한다. 이것은 錯簡이 발생하는 것을 막기 위해 해당 권면에 어느 종이를 어느 종이의 앞이나 뒤에 붙여야 하는지에 대한 표기이다. 이것은 상술한 내용의 교정과는 관계가 없지만 필사본 자체의 정확성을 보장하기 위한 것이므로 권면의 이러한 표기도 교정의 한 종류로 포함하였다.

두 번째 종류는 읽기나 이해의 편리함을 고려해서 문헌 내용에 대해 심층 가공(深加工)을 하는 것이다. 구체적인 방법으로는 구두(句讀), 분류(科分), 표점(點標), 평어와 주해(批註) 등이 있다. 돈황유서에서 보존하고 있는 책 중 이렇게 심층 가공된 수는 많지 않지만, 이러한 것들은 상당한 연구 가치를 지니고 있다. 선인들이 어떻게 책을 보고 그들이 특정적이고 구체적인 문헌의 의미를 어떻게 이해하는지에 대해서 알려주기도 한다. 돈황유서의 이러한 책(寫卷)들은 돈황 불교의 義學 수준도 반영하고 있으므로 관심을 가질 만한 가치가 충분하다.

2. 구두(句讀)

돈황유서 卷面에서의 二次加工이나 古寫本의 二次加工이란 제목은 아직 어느 학자도 언급한 적이 없는 것이다. 본 연구는 분량의 제한이 있어서 이에 대해 간략하게 기술하겠다. 다음은 돈황유서의 句讀에 대한 내용이다.

중국어는 다른 문자와 마찬가지로 의미를 전달하는 기본 소재가 바로 단어(詞)이다. 하지만, 중국어의 단어는 네모난 형태(方塊文字)로 일정한 논리관계 조합에 따라 이루어졌다는 점이 다른 문자와의 차이점이다. 단어와 단어 간의 切換에 있어서 명확한 외제적인 표기가 없다면, 완전히 그것의 내재된 논리관계에 따라서 독자가 판단을 하게 된다. 따라서 각 글자의 함축된 의미나 글자 상호간의 논리관계를 파악하는 것 즉 단어와 단어간의 切換을 파악하고, 나아가서 의미를 표현하는 문장을 완전히 파악하는 것이 중국어를 읽고 이해하는 전제조건이 된다. 각 글자의 함의를 파악하는 것을 전통적으로 訓詁라고 불렀고, 단어와 단어 간의 切換을 파악하고, 나아가 하나의 완전한 문장을 파악하는 것을 전통적으로 句讀라고 하였다. 훈고를 밝히고, 구두를 익히는 것(明訓詁, 習句讀)은 중국 문인들이 어려서부터 반드시 배워야 하는 기본이 되어 왔다. 東漢의 高誘가 쓴 『淮南鴻烈序』에는 다음과 같은 내용이 있다.

저 高誘는 어려서부터 옛날에 시중을 지낸 같은 현의 노군(동한의 대유 노식을 가리킨다)에게서 구두를 전수 받고 모든 대의를 암송했다.
自誘之少, 從故侍中同縣盧君(指-東漢大儒盧植--方按)受其句讀, 誦擧大義.

바로 이러한 상황을 말한다.
고적을 공부하는데 구두를 통달하지 못하면 종종 웃음거리가 되기도 한다. 漢의 河休가 撰한 『春秋公羊傳序』에는 다음과 같은 내용이 있다.

다른 경전을 참고하지만 그 구두를 잃고 '무'를 '유'라고 여기는 등 매우 걱정스럽고 우스운 곳이 기록할 수 없을 정도로 많다.
援引他經, 失其句讀, 以無爲有, 甚可閔笑者, 不可勝記也.

구두를 잘못한 것에 대해 꾸짖는 내용이다. 따라서 문헌을 정리하려면 '校練句讀'해야 한다. 『魏書』 권84 孫惠蔚傳에 실린 내용이다.

문헌을 정리하려면 왜 校練句讀해야만 하는가? 첫째, 校練句讀하면 문헌의 내용을 심도 깊게 이해할 수 있다. 다음으로 校練句讀하면 문헌의 서로 다른 판본을 반영할 수 있다. 예를 들어보자. 『直齋書錄解題』 권1의 구두에 따르면 8권의 『楞伽經』이 있음을 알 수 있는데, 실제로는 4권의 『楞伽經』을 각각 상과 하 두 권으로 나눈 것이다.

또 구두의 중요성은 연구자가 이러한 방식을 이용하여 자신의 연구에 대한 감상을 문헌에 기록하였다는 데에 있다. 『郡齋讀書志』 권3에는 다음과 같은 기록이 있다.

왕안석은 평생 노자를 가장 좋아하여 노자의 해석에 가장 주의하였다. 예를 들어 '無名天地之始, '有名萬物之母. 常無欲以觀其妙, 常有欲以觀其徼.'라는 문장은 모두 '유', '무'자 아래에서 구를 끊었는데, 이는 선유들과 같지 않은 점이다. 다른 것도 모두 이와 유사하다.

王安石……平生最喜老子, 故解釋最所致意. 如'無名天地之始, 有名萬物之母. 常無欲以觀其妙, 常有欲以觀其徼.'皆於'有', '無'字下斷句. 與先儒不同. 他皆類此.

선현들이 이미 논술한 바와 같이, 불교가 중국으로 유입된 이후, 중국 전통문화의 영향을 많이 받았다. 예를 들어 불교에서 경전의 뜻을 해설할 때 都講을 만든 것도 한유의 경전 해석 방식의 영향을 받은 것이다. 또 중국 사람들이 불경을 중국어로 번역할 때 구두 등 중국식 학습방법의 영향을 받은 것은 매우 당연하였다. 삼국시대 오나라의 吳康僧이 주해한 『法鏡經』에 다음과 같은 내용이 있다고 『法鏡經後序』는 당시의 상황을 전한다.

"경전의 본래 자구는 대부분 차츰 없어지고 제거되어 그 글자들
을 바꾸어 왔는데, 그래서 구두가 맞지 않고 음성이 나란하지 않
다." 經本字句, 多漸滅除去, 改易其字. 而令句讀不偶, 音聲不比. 이로
말미암아 "의리가 어그러져 잘못되고 서로 연결되지 않아 그 마땅
함을 심히 잃었다." 義理乖錯, 不相連繼, 甚失其宜也. (『大正藏』 제12
권, 22쪽 하단)

경전의 유통과 학습의 편리 때문에 작가가 특별히 이 경전에 대해
정리를 하였다. 마찬가지로 일부 불교학자와 불교종파도 가능한 한 구
두로 어떤 경전에 대한 자신만의 독특한 이해를 표현하였다. 이러한
사실은 天台宗에서 더욱 잘 드러난다. 天台 湛然은 『法華文句記』 권1에
서 다음과 같이 말했다.

文句라고 말하는 것에서 文이란 文字를 말하며, 一部에서 시작되
고 끝난다. 그러므로 文은 바로 字이며, 두 가지가 의지하는 것이라
고 말하는 것이다. 句는 句讀를 말한다. 의미가 길게 또는 짧게 통하
게 하는 것이다. 그러므로 名은 본래의 성격을 설명하고 句는 차별
을 설명한다.
言文句者. 文謂文字, 一部始終. 故云：文即是字, 為二所依；句謂句
讀, 義通長短. 故云：
名詮自性, 句詮差別. 『大正藏』 제34권, 151쪽 상단

구두를 이용하여 문장의 의미를 이해해야 하는 것을 분명하게 보여

주고 있다. 일본의 最澄이 당에 가서 법을 구한『傳敎大師將來台州錄』에는 당시 그가 구한『天台疏點經目錄』이 모두 7부 55권이라고 기록하고 있다. 목록은 다음과 같다.

『妙法蓮華經』, 七卷 ;

『維摩經』, 三卷 ;

『大般涅槃經』, 三十八卷 ;

『請願音經』, 一卷 ;

『觀無量壽經』, 一卷 ;

『阿彌陀經』, 一卷 ;

『金光明經』, 四卷.

상술한 경전은 모두 天台疏科點(『大正藏』제55권, 1057쪽 중단)에 근거하여 이 경전에 대한 천태종의 특수한 해석을 반영한 것이다. 最澄이 일본에 가지고 간 위의 경전이 현존하는지의 여부에 대해서 필자는 아직 조사해 보지 않은 상태이다.

현재 가지고 있는 자료를 근거로 말한다면, 중국에서 宋代 이전에 句讀를 친 필사본 불경은 돈황유서를 제외하면 현존하지 않는다. 그러므로 돈황유서에서 구두가 있는 불경이 많은 관심을 불러일으키는 것은 어쩌면 매우 자연스러운 일이다.

이제 중국국가도서관에서 소장하고 있는 돈황유서에서 구두가 되어 있는 불경 중 몇 가지를 소개하기로 한다.

첫 번째 北敦00956호(천자문편호: 朕056호, 마이크로필름번호: 088:3475)

이 유서는 길이 325.3cm, 높이 26.4cm로 되어 있다. 7-8세기의 당 필사본이며, 해서로 되어 있고, 모두 7장 196행이고, 각 장은 28행, 각 행은 17자로 구성되어 있다. 수미는 모두 누락되어 있고, 황지를 사용하였다. 원래 제3, 4, 5권의 종이 이음새 부분은 아래가 열려 있고, 제6, 7권의 이음새는 두 개로 잘려져 있다. 烏絲欄이 있다. 이미 수정을 거쳤다.

이 유서는 首尾題가 없고, 『摩訶般若波羅蜜經』 4단락의 경문을 필사한 것으로 자세한 내용은 다음과 같다.

⑴ 第1行→大正223, 8/242B27, 『大正藏』 本卷四에 해당한다.
第13行→8/242C11。

⑵ 第14行→8/270B17, 『大正藏』 本卷七에 해당한다.
第75行→8/272A27。

⑶ 第76行→8/308B13, 『大正藏』 本卷一二에 해당한다.
第143行→8/309A27。

⑷ 第144行→8/323A22, 『大正藏』 本卷一四에 해당한다.
第196行→8/323C20。

위의 내용에 따라 우리는 이 유서를 『摩訶般若波羅蜜經鈔』(擬)라고 이름 지었다. 『大正藏』본과 대조하면 본 호의 품명과 품차에서 차이가 난다. 이 유서의 통권에 硃筆斷句가 있다. 다음은 이 유서의 144행에서 164행까지이며, 이것은 또 제4단 경문의 도판이기도 하다.

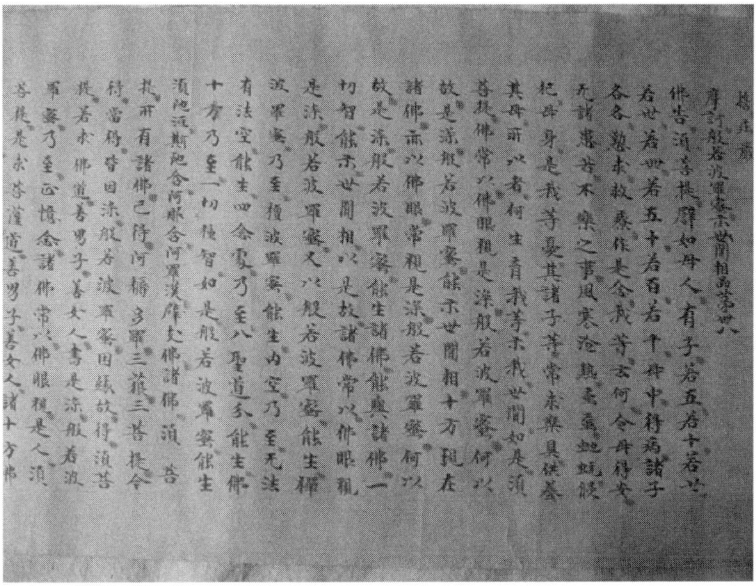

〈그림1〉北敦00956호 144행-164행

이 부분의 경문과 그 구두(모점으로 표기)를 다음과 같이 옮겨 보았다. 대조연구의 편의를 위해서 『大正藏』본의 표점과 이 經文 부분에 필자의 표점도 함께 아래 표에 나열하였다. 『大正藏』본과 돈황본의 문자는 약간의 차이가 있다. 이러한 차이는 『大正藏』校紀에서 대부분 증명 가능한 것이다. 본문의 주제와는 크게 관계가 없으므로 이곳에서는 논의하지 않겠다.

『大正藏』本標點	北敦00956號	作者標點
佛告須菩提。譬如母人有子若五若十若二十若三十若四十若五十若百若千。母中得病。諸子各各勤求救療。作是念。我等云何令母安隱無諸苦患不樂之事。風寒冷熱蚊虻蛇蚖侵犯母身是我等憂。其諸子等常求樂具供養其母。所以者何。生育我等示我世間。如是須菩提。佛常以佛眼視是深般若波羅蜜。何以故。是深般若波羅蜜能示世間相。十方現在諸佛亦以佛眼常視是深。般若波羅蜜。何以故。是深般若波羅蜜能生諸佛。能與諸佛一切智。能示世間相。以是故。諸佛常以佛眼視是深般若波羅蜜。又以般若波羅蜜能生禪那波羅蜜乃至檀那	佛告，須菩提，譬如母人，有子，若五，若十，若廿，若卅，若卌，若五十，若百，若千，母中，得病，諸子各各，勤求，救療，作是念，我等，云何，令母得安，無諸患苦，不樂之事，風寒冷熱蚊虻，蛇蚖，侵犯，母身，是我等憂，其諸子等，常求樂具，供養其母，所以者，何生育我等，示我世間，如是，須菩提，佛常以，佛眼視是深，般若波羅蜜，何以故，是深般若波羅蜜，能示世間相，十方現在諸佛，亦以佛眼，常視是深，般若波羅蜜，何以故，是深般若波羅蜜，能生諸佛，能與諸佛，一切智，能示世間相，以是故，諸佛常以，佛眼視是深，般若波羅蜜，又以般若波羅蜜，能	佛告須菩提：譬如母人有子，若五，若十，若廿，若卅，若卌，若五十，若百，若千。母中得病，諸子各各勤求救療。作是念：我等云何令母得安，無諸苦患不樂之事。風寒冷熱，蚊虻蛇蚖侵犯母身，是我等憂。其諸子等常求樂具供養其母。所以者何？生育我等，示我世間。如是，須菩提！佛常以佛眼視是深般若波羅蜜。何以故？是深般若波羅蜜能示世間相。十方現在諸佛，亦以佛眼常視是深般若波羅蜜。何以故？是深般若波羅蜜能生諸佛，能與諸佛一切智，能示世間相。以是故，諸佛常以佛眼視是深般若波羅

波羅蜜。能生內空乃至無法有法空。能生四念處乃至八聖道分。能生佛十力乃至一切種智。如是般若波羅蜜能生須陀洹斯陀含阿那含阿羅漢辟支佛諸佛。須菩提。所有諸佛已得阿耨多羅三藐三菩提今得當得。皆因深般若波羅蜜因緣故得。須菩提。若求佛道善男子善女人。當書是深般若波羅蜜乃至正憶念。諸佛常以佛眼視是人。(下略)	生, 禪波羅蜜, 乃至, 檀波羅蜜, 能生, 內空, 乃至, 無法有法空, 能生, 四念處, 乃至, 八聖道分, 能生, 佛十力, 乃至, 一切種智, 如是, 般若波羅蜜, 能生須陀洹, 斯陀含, 阿那含, 阿羅漢, 辟支佛, 諸佛, 須菩提, 所有諸佛, 已得, 阿耨多羅, 三藐, 三菩提, 今得, 當得, 皆因深, 般若波羅蜜, 因緣故, 得, 須菩提, 若求佛道, 善男子, 善女人, 書是深, 般若波羅蜜, 乃至, 正憶念, 諸佛常以, 佛眼視, 是人, (下略)	蜜。　又以般若波羅蜜能生禪波羅蜜乃至檀波羅蜜,　能生內空乃至無法有法空,　能生四念處乃至八聖道分,　能生佛十力乃至一切種智。如是般若波羅蜜能生須陀洹, 斯陀含, 阿那含, 阿羅漢, 辟支佛, 諸佛。　須菩提！所有諸佛, 已得阿耨多羅三藐三菩提。今得當得。皆因深般若波羅蜜因緣故得。　須菩提！若求佛道善男子, 善女人, 當書是深般若波羅蜜乃至正憶念。諸佛常以佛眼視是人。(下略)

위의 구두를 살펴보면 다음과 같은 몇 가지 사항을 알 수 있다.

(1) "所以者, 何生育我等, 示我, 世間"에서 "所以者何" 네 글자에서 구두를 잘못한 것을 제외하면 돈황유서의 구두가 전혀 틀린 곳이 없다. "所以者何"는 고정된 형식인데 착오가 생긴 것을 보면 실수한 것이 분

명하다. 전체적으로 볼 때, 구두의 수준이 비교적 높다는 것을 알 수 있다.

(2) 이 호의 돈황유서를 구두할 때에는 나눌 수 있는 것은 모두 나누었다. 『大正藏』과 비교하면 이런 특징이 더욱 두드러진다. 그래서 문장이 많이 흩어진 느낌을 준다. 예를 들어 "風寒冷熱, 蚊虻蛇蚖侵犯母身, 是我等憂"이 『大正藏』본에서는 "風寒冷熱蚊虻蛇蚖侵犯母身是我等憂"로 한 문장으로 이어져 있다. 하지만 돈황유서에는 "風寒冷熱, 蚊虻, 蛇蚖, 侵犯, 母身, 是我等憂"로 되어 있다.

(3) 『大正藏』본은 끊지 않아도 되는 것은 가능한 한 끊지 않았고, 심지어 나누어 놓아야 할 것도 나누지 않은 예도 있다. 예를 들어 "所有諸佛, 已得阿耨多羅三藐三菩提。今得當得"은 『大正藏』본에서는 "所有諸佛已得阿耨多羅三藐三菩提今得當得"의 한 문장으로 만들어 의미를 이해하기 어렵게 되었다. 돈황유서본은 "所有諸佛, 已得, 阿耨多羅, 三藐, 三菩提, 今得, 當得, "으로 되어 있어 마찬가지로 의미를 이해하기 어렵다. 하지만 『大正藏』본에서 나누어야 할 부분을 나누지 않아 문제가 생긴 것과 비교한다면 돈황유서본은 끊지 말아야 할 부분을 끊어서 생기는 문제점은 거의 발생하지 않는다.

(4) 돈황본의 구두는 또한 구두자의 독특한 의지와 취향을 잘 나타내고 있다. 예를 들어 "深般若波羅蜜"은 돈황본에서 모두 "深"자 다음에 끊어 "深, 般若波羅蜜, "이 된다. 이러한 문장을 읽을 때는 "深"자가 특히 강조되어서 구두자가 이것을 특히 중시하고 있다는 것을 잘 보여준다. 또 "皆因深般若波羅蜜因緣故得"은 돈황본에서 "皆因深, 般若波羅蜜, 因緣故, 得, "으로 구두하고 있는데 "深般若波羅蜜"에서 끊을 뿐만 아니라 "故"와 "得"의 사이에서도 끊어줌으로써 얻은 원인을 특히 강조하고 있다.

위의 특징들을 종합하면, 돈황본의 구두는 독자들을 위해서 한 것이 아니라 낭독을 위해서 만든 것임을 잘 알 수 있다. 낭독은 바로 당시 불경을 학습하는 주요 방법이었기 때문이다.

두 번째 北敦02838호(천자문편호 : 調038호, 마이크로필름 :119:6607)

이 유서는 길이 266.2cm, 높이 28.1cm로 되어 있는 7-8세기의 당 필사본이고, 해서로 쓰여 있다. 모두 8장 167행, 각 장은 22-24행이며 각 행은 17자로 구성되어 있다. 卷首는 있고, 卷尾는 남아 있지 않다. 卷軸裝으로 되어 있고, 折疊欄이 있다.

이 문헌은 首尾題가 없다. 『大般涅槃經』(北本) 권3-권6의 일부 經文을 필사한 것이다. 다음은 그 내용이다.

⑴ 第1-25行 : 大正374, 12/382C18~383A15 ;

⑵ 第26-34行 : 12/384C17~25 ;

⑶ 第35行 : "大般涅槃經卷第四" ;

⑷ 第36-50行上 : 12/384C27~385A13 ;

⑸ 第50行下-62行 : 12/385A22~B5 ;

⑹ 第63行 : "大般涅槃經如來云性品第四" ;

⑺ 第64-66行 : 12/387C14~16 ;

⑻ 第66-76行 : 12/389C28~390A9 ;

⑼ 第76-89行 : 12/390C27~391A10 ;

⑽ 第90行 : "大般涅槃經卷第五" ;

⑾ 第91-98行 : 12/391B6~15。

⑿ 第99-119行：12/391B22～C13(缺"大般涅槃"4字)；

⒀ 第119-127行：12/392A12～20；

⒁ 第128-136行：12/398B16～25；

⒂ 第137-149行：12/399C20～400A4；

⒃ 第49-153行：12/400C24～C28；

⒄ 第153-167行：12/401B26～C11。

위의 상황에 근거하여 필자는 이 유서를 『大般涅槃經鈔』(擬)로 명명한다. 이 자료의 분권은 『大正藏』본과 다르고, 『思溪藏』본과 같다. 이 권에는 硃筆斷句가 있다. 다음은 이 유서의 제90행에서 제111행까지이며 또한 제10단에서 12단 경문의 도판이다.

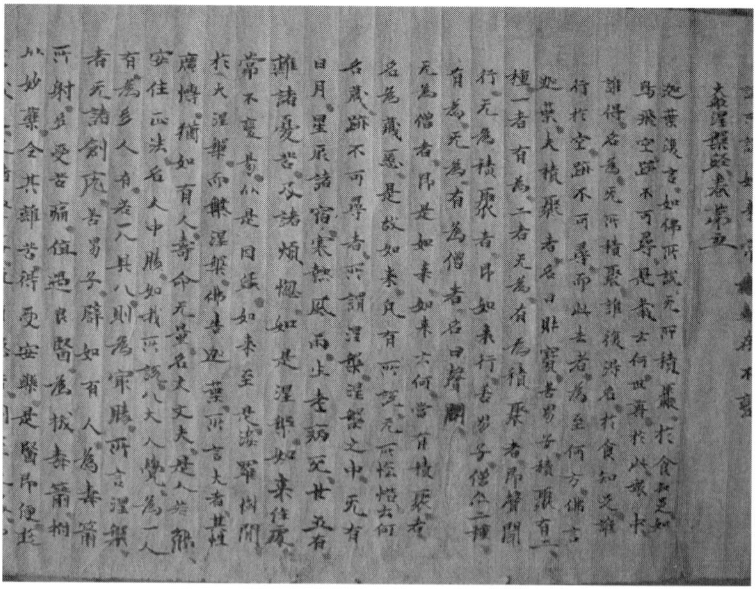

〈그림2〉 BD02838 제90행-111행

이 부분의 경문과 그 구두(모점으로 표기)를 다음과 같이 옮겨 보았다. 대조연구의 편의를 위해서 『大正藏』본의 표점과 이 경문 부분에 필자의 표점도 함께 아래 표에 나열하였다. 『大正藏』본과 돈황본의 문자는 약간의 차이가 있다. 이러한 차이는 『大正藏』校紀에서 대부분 증명 가능한 것이다. 본문의 주제와는 크게 관계가 없으므로 이곳에서는 논의하지 않겠다. 돈황본에는 "夫積聚" 세 글자가 탈락되어 있는데, 괄호([ ])로 이를 표시하였다.

『大正藏』本標點	敦煌遺書	作者標點
迦葉復言。。如佛所說 無所聚積　於食知足 如鳥飛空　跡不可尋 是義云何。世尊。於此 衆中誰得名爲無所積 聚。誰復得名於食知 足。誰行於空跡不可 尋。而此去者爲至何 方。佛言迦葉。夫積聚 者名曰財寶。善男子。 積聚有二種。一者有 爲。二者無爲。有爲積 聚者卽聲聞行。無爲積 聚者卽如來行。善男 子。僧亦有二種。有爲 無爲。有爲僧者名曰聲 聞。	迦葉復言，如佛所說，無 所聚積，於食知足，如鳥 飛空，跡不可尋，是義云 何，世尊，於此，衆中，誰 得，名爲，無所積聚，誰 復得名，於食知足，誰行 於空，跡不可尋，而此去 者，爲至何方，佛言迦葉， 夫積聚者，名曰財寶，善 男子，積聚有二，種，一 者有爲，二者無爲，有爲 積聚者，卽聲聞行，無爲 積聚者，卽如來行，善男 子，僧亦二種，有爲，無 爲，有爲僧者，名曰聲聞，	迦葉復言：如佛所說 無所聚積，於食知足； 如鳥飛空，跡不可尋。 是義云何？世尊！於 此衆中，誰得名爲無所積 聚？誰復得名於食知 足？誰行於空，跡不可 尋？而此去者，爲至何 方？ 佛言迦葉：夫積聚者， 名曰財寶。善男子！積 聚有二種：一者有爲， 二者無爲。有爲積聚者， 卽聲聞行；無爲積聚者， 卽如來行。善男子！僧 亦有二種：有爲，無爲。 有爲僧者，名曰聲聞。

無爲僧者即是如來。如來云何當有積聚。夫積聚者名爲藏匿。是故如來凡有所說無所悋惜云何名藏。跡不可尋者所謂涅槃。涅槃之中無有日月星辰諸宿寒熱風雨生老病死二十五有。離諸憂苦及諸煩惱。如是涅槃如來住處常不變易。以是因緣。如來至是娑羅樹間於大涅槃而般涅槃。佛告迦葉。所言大者其性廣博。猶如有人壽命無量名大丈夫。是人若能安住正法名人中勝。(下略)	無爲僧者, 即是如來, 如來云何, 當有積聚, [夫積聚]者, 名爲藏匿, 是故如來, 凡有所說, 無所悋惜, 云何名藏, 跡不可尋者, 所謂涅槃, 涅槃之中, 無有日月, 星辰諸宿, 寒熱風雨, 生老病死, 廿五有, 離諸憂苦, 及諸煩惱, 如是涅槃, 如來住處, 常不變易, 以是因緣, 如來至是, 娑羅樹間, 於大涅槃, 而般涅槃, 佛告迦葉, 所言大者, 其性廣博, 猶如有人, 壽命無量, 名大丈夫, 是人若能, 安住正法, 名人中勝, (下略)	無爲僧者, 即是如來。如來云何當有積聚?　夫積聚者, 名爲藏匿。是故如來凡有所說, 無所悋惜。云何名藏?　跡不可尋者,　所謂涅槃。涅槃之中,　無有日月星辰諸宿,　寒熱風雨生老病死,　二十五有, 離諸憂苦及諸煩惱。如是涅槃, 如來住處, 常不變易。以是因緣,　如來至是娑羅樹間, 於大涅槃而般涅槃。　佛告迦葉：所言大者, 其性廣博。猶如有人壽命無量,　名大丈夫。是人若能安住正法, 名人中勝。(下略)

위의 표점을 상호 비교하면 『大正藏』본은 끊지 않을 수 있는 것은 가능한 한 끊지 않은 듯하다. 심지어 끊어야 할 곳에서도 끊지 않는 경우도 있다. "是故如來凡有所說無所悋惜云何名藏"은 『大正藏』에서는 한 문장으로 되어 있어 이해가 되기도 하고 안 되기도 한다. 北敦 02838호의 구두는 北敦00956호처럼 흩어지지 않고 비교적 일정하게

되어 있다.

北敦 02838호에는 잘못 끊어진 것이 두 곳 있다. 하나는 제11단락이다. "積聚有二, 種, "은 구두자가 본 문헌을 구두할 때 대체로 네 글자 네 글자 리듬으로 만든 것이 분명해 보인다. 그런데 조금 부주의하여 "二" 다음에 끊게 되었고, 그 즉시 잘못을 발견하여 "種" 다음에 또 점을 찍게 된 것이다. 또 다른 한 곳은 제12단락이다. "當有積聚, 者, "이것의 원문은 "當有積聚。夫積聚者"이며 돈황유서에서는 "夫積聚" 세 글자가 누락되어서 "當有積聚者"가 되었다. 구두자는 네 글자의 리듬으로 문장을 끊어오다가 "者"자를 처리할 방법이 없다는 것을 알게 되어 그것을 단독으로 끊게 되었다.

北敦02838호는 四字句로 이루어진다는 점이 가장 큰 특징 중의 하나이다. 불교가 처음으로 중국에 전해졌을 때, 四字句는 중국 시가의 주요 형식이었다. 한역 불경이 잘 읽히도록 하기 위해서 한시를 모방해서 四字句의 형식을 채택하기도 하였다. 동진 남북조 때 五言詩가 중국시가의 주류가 되어 불경의 偈頌이 五言으로 바뀌기도 했지만 경문은 그대로 四字句의 형식을 채택하였다. 불교 번역가들은 四字句 형식을 맞추기 위해서 허사로 수를 채우는 것도 불사한 경우도 있었다. 北敦02838호의 구두는 구두자가 낭독을 하면서 점을 찍은 것이 분명하다. 그것은 北敦00956호와 마찬가지로 낭독이 불경을 학습할 때 중요한 위치를 차지했다는 것을 반영하고 있다.

그렇다면 돈황유서에서의 모든 구두가 낭독을 위해서 만들어진 것인가. 모두 그런 것은 아니다. 다음 유서를 보자.

세 번째: 北敦02209호 (천자문편호: 閨009호. 마이크로필름: 036:0328)

이 유서는 길이 874cm, 높이26.7m으로 8세기 당 필사본이며, 해서로 되어 있다. 모두 22장 499행이며 각 장은 보통 24행이며 다른 예도 있다. 한 행은 17자로 되어 있다. 수미는 모두 탈락되었으며 卷首의 오른쪽 아래가 殘缺되었고, 烏絲欄이 있다. 이 문헌은 首尾題가 없고,『楞伽阿跋多羅寶經』권2를 필사한 것이다. 필사한 경문의 내용은『大正藏』제670호, 제16권 491쪽 상단 7행에서 497쪽 하단 6행까지에 해당한다. 통권에 硃筆行間에 校加字가 있다. 다음은 이 유서 경문의 일부에 해당하는 도판이다.

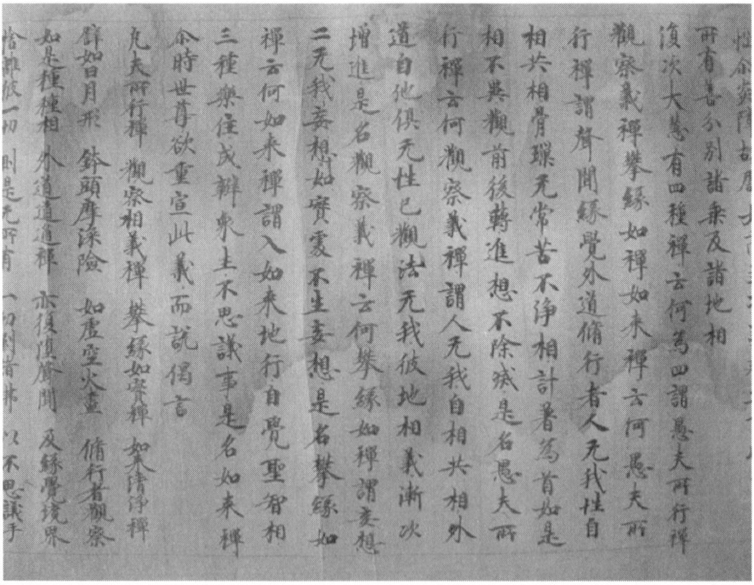

〈그림3〉 北敦02209호

　이 유서의 長行과 그 구두(모점으로 표기)를 다음과 같이 옮겨 보았다. 대조연구의 편의를 위해서 『大正藏』본의 표점과 이 經文 부분에 필자의 표점도 함께 아래 표에 나열하였다. 『大正藏』본과 돈황본의 문자는 약간의 차이가 있다. 이러한 차이는 『大正藏』 校紀에서 대부분 증명 가능한 것이다. 본문의 주제와는 크게 관계가 없으므로 이곳에서는 논의하지 않겠다.

『大正藏』本標點	敦煌遺書	作者標點
復次大慧。有四種禪。云何爲四。謂愚夫所行禪。觀察義禪。攀緣如禪。如來禪。云何愚夫所行禪。謂聲聞緣覺外道修行者。觀人無我性自相共相骨鎖。無常苦不淨相計著爲首。如是相不異觀。前後轉進想不除滅。是名愚夫所行禪。云何觀察義禪。謂人無我自相共相外道自他俱無性已。觀法無我彼地相義漸次增進。是名觀察義禪。云何攀緣如禪。謂妄想二無我妄	復次大慧, 有四種禪, 云何爲四, 謂愚夫所行禪, 觀察義禪, 攀緣如禪, 如來禪, 云何愚夫所行禪, 謂聲聞緣覺外道修行者, [觀]人無我性, 自相共相, 骨鎖無常苦不淨相, 計著爲首, 如是相, 不異, 觀前後轉, 進想不除滅, 是名愚夫所行禪, 云何觀察義禪, 謂人無我, 自相共相, 外道自他, 俱無性已, 觀法無我, 彼地相義, 漸次增進, 是名觀察義禪, 云何攀緣如禪, 謂妄想二無我妄想, 如	復次, 大慧！有四種禪。 云何爲四？ 謂愚夫所行禪, 觀察義禪, 攀緣如禪, 如來禪。 云何愚夫所行禪？ 謂聲聞, 緣覺, 外道修行者, 觀人無我性, 自相, 共相, 骨鎖無常苦不淨相, 計著爲首。如是相不異觀, 前後轉進, 想不除滅。是名愚夫所行禪。 云何觀察義禪？ 謂人無我, 自相, 共

想。如實處不生妄想。是名攀緣如禪。云何如來禪。謂入如來地行自覺聖智相三種樂住。成辦衆生不思議事。是名如來禪。(下略)	實處不生妄想，　是名攀緣如禪，云何如來禪，謂入如來地行，　自覺聖智相，三種樂住，　成辦衆生,不思議事,是名如來禪,(下略)	相，外道自他，　俱無性已，　觀法無我彼地相義,漸次增進。是名觀察義禪。 　云何攀緣如禪？ 　謂妄想二無我妄想,如實處不生妄想。是名攀緣如禪。 　云何如來禪？ 　謂入如來地,　行自覺聖智相,三種樂住,成辦衆生不思議事。是名如來禪。(下略)

돈황본의 행문에서는 '觀'자가 탈락되어 있다. 이들을 비교해 보면, 돈황본의 구두도 검토해야 할 곳이 많이 있음을 알 수 있다. 이것은 『楞伽阿跋多羅寶經』에 대한 이해에까지 관련이 있지만 논문 분량에 제한이 있어 더 이상 논의하지 않겠다. 하지만 "成辦衆生不思議事" 이외에 위의 돈황본 구두는 四字句의 형식을 완전히 벗어났다. 낭독을 위해 찍은 구두가 아니라 경문의 의미를 연구하기 위한 구두였음이 분명하다.

돈황유서에서의 구두는 큰 주제이며 여러 가지 문제와 연관이 있다. 본 연구에서는 위의 세 가지 예에 대해서 부분적으로 고찰해 보았는데 학자들의 많은 지적을 바란다.

번역 : 李美京(서울대학교 중문과 강사)

太康七年「紺紙金字法華經」八卷(金剛峯寺藏) 소개

赤尾榮慶*

이번 발표에서는 와카야마(和歌山)의 金剛峯寺에 소장되어 있는「紺紙金字法華經」八卷을 소개하고자 한다. 이 자료는 최근에 그 존재가 알려져서 2003년부터 2004년에 걸쳐 개최된 특별 전람회「空海와 高野山」과, 2004년 가을 특별 전람회「모리야(守屋) 컬렉션 기증 50주년 기념 古寫經-성스러운 문자의 세계-」에 출품된 바 있다.

이「紺紙金字法華經」八卷(이하 高野山本)에는 각 권의 권말에는 다음과 같은 기록이 있다.

太康七年辛酉六月　日高麗國金山寺重職　成元
廣利人天願成此典也

高麗時代 太康七年(1081)에 金山寺에서 중책을 맡고 있던 成元이「널리 人天을 이롭게 하기」위해 발원했다고 하는 내용이다. 즉 高麗時代에 필사된 이른바「高麗經」으로는 두 번째로 오래된 高麗時代의 사경(가장 오래된 것은 統和二十四年(1006)의『大寶積經』卷第三十二(京都國立博物館所藏)이다)이며, 高麗時代에 서사된『法華經』으로서도 가장 오래된 유품에 속한다고 할 수 있다.

---

* AKAO Eikei, 일본 京都國立博物館 기조실장.

먼저 高野山本의 서지정보를 살펴보자. 용지는 두꺼운 紺紙이고, 각 권의 세로 크기는 약 29.7㎝이다. 권두에 길이 26㎝ 안팎의 표지가 붙어 있고, 안쪽에 가로 53.1㎝에서 55.9㎝의 크기의 經意繪를 중심으로 한 說法圖가 金泥로 그려져 있다. 표지에는 金字로 된 外題가 있는데 필체는 본문과 동일한 것으로 판단된다.

경문이 서사되어 있는 本紙 부분의 길이는 약 51.4㎝에서 55.7㎝이며, 종이 한 장에 서사되어 있는 행수도 22행에서 28행으로 일정하지 않다. 界線은 金泥로 그어져 있는데, 그 높이는 22.3㎝안팎, 界巾(界幅. 界間)은 2.1㎝안팎으로 되어 있다. 용지의 크기가 일정하지 않고, 또 그에 따라 행수도 차이를 보이는 것은 統和二十四年에 千秋太后皇甫氏와 그의 寵臣인 金致陽이 발원한 『大寶積經』 卷第三十二의 종이 한 장의 크기가 53㎝안팎이며, 한 장에 서사되어 있는 행수가 각각 26행으로 규칙적이라는 것과 비교해 볼 때, 이 「紺紙金字法華經」 8卷이 민간에서 서사되었고 金山寺의 成元의 사적인 발원에 의한 것임을 짐작케한다.

字形의 측면에서, 統和二十四年의 『大寶積經』은 약간 큼지막하고 힘차며 흠잡을 곳 하나 없는 훌륭한 字形을 보인다. 그에 비해 高野山本은, 마찬가지로 字形이 큼지막하고 筆線에 큰 변화가 없는 다소 생경한 字形으로 되어 있는데, 선행하는 『大寶積經』과 상통하는 글자 모양을 하고 있다. 이는 高麗時代의 11세기 초기와 후기라는 시기상의 차이와 官과 民의 차이가 사경의 字形에도 반영된 것으로 해석할 수 있을 것이다.

卷子本을 묶은 끈은 모두 후대에 새로 보수된 것이지만, 축의 양 끝 부분에는 대부분 당초의 것으로 생각되는 六角水晶이 박혀 있다.

권말 필사기에 보이는 「高麗國 金山寺」는 창건 연대가 백제시대까지 거슬러 올라가며, 미륵신앙의 중심적 역할을 담당하였던 한국의 유명 사찰 중의 하나인 金山寺(현재 全羅北道 金堤市 金山面 金山里 소재)로 보아도 무방할 것이다.

이 高野山本은 다음 세 가지 점에서 주목할 만하다. 첫째로 調卷이 中國이나 朝鮮에서는 보기 드문 八卷本이고, 八卷이 모두 完存하며, 八卷 모두에 필사기가 있는 점이다. 둘째로 각 권의 권수에 가로로 폭이 넓은 經意繪가 金泥로 그려져 있는 점이고, 셋째로는 표지에서 권말에 이르기까지 紙背 전면에 걸쳐 銀泥로 寶相華唐草文이 연속적으로 그려져 있다는 점을 들 수 있다.

첫 번째 調卷의 문제와 관련하여,『開元釋敎錄』이나『貞元錄』등의 대표적인 경전목록에는「妙法蓮華經八卷＜或七卷二十八品＞」으로 되어 있으나, 일반적으로 中國이나 朝鮮에서는 七卷本의『法華經』이 많이 서사되고 유포되었다, 실제로 遺品을 보더라도 中國의 唐時代나 朝鮮의 高麗時代에 서사된『法華經』의 대부분은 七卷本이어서, 高野山本과 같이 高麗時代에 八卷本으로 서사된『法華經』遺品은 거의 알려져 있지 않다. 다만 中國의 山西省 應縣 佛宮寺 釋迦塔(木塔)에서 발견된『法華經』版本 같은 것도 역시 八卷本으로 되어 있다는 점을 생각할 때, 시대적으로 이들 契丹藏·契丹版과의 관련성도 고려할 필요가 있을 것이다. 아무튼, 高麗時代 11세기에 서사된『法華經』八卷 전체가 처음부터 끝까지 모두 完存하고 있다는 점은 실로 귀중하다고 하지 않을 수 없다.

두 번째는 변상도의 존재이다. 高野山本은 高麗時代 太康七年으로 제작 연대를 확실히 알 수 있는 귀중한 회화 遺品으로, 中國, 朝鮮, 日本 등의 한자문화권에서 서사된『法華經』변상도 연구에 있어서도 중요한 자료가 되는 작품이라고 생각된다. 卷第一에는 화면 중앙에 석가모니가 있고 二脇侍, 二比丘, 四供養菩薩, 四神將이 석가모니를 둘러싸고 있는 석가모니 설법도가 그려져 있다. 卷第二부터 第八까지는 모두 화면의 오른쪽 끝에 대각선 방향으로 설법하고 있는 석가모니가 그려져 있고, 설법하는 석가모니의 안전에서 교설의 일부가 그려진 經意繪가 전개되는 구도이다.

각 권에 그려져 있는 모티브를 간단히 살펴보자.

- 卷第一…寶樹 아래에서의 석가모니 설법도
- 卷第二…火宅三車喩(譬喩品第三), 長者窮子喩(信解品第四)
- 卷第三…雨中耕作圖(藥草喩品第五), 大王饗膳(授記品第六), 化城喩 (化城喩品第七)
- 卷第四…衣裏寶珠喩(五百弟子受記品第八), 高原鑿水喩(法師品第 十), 諸佛來集に寶塔涌出(見寶塔品第十一)
- 卷第五…龍女成佛？(提婆達多品第十二), 髻中明珠喩(安藥行品第十 四), 諸菩薩涌出(從地涌出品第十五)
- 卷第六…展轉하는 法華經을 듣고 隨喜하는 功德？(隨喜功德品第 十八), 모든 산속 깊고 험한 곳에 있는 香을 맡음?(法師功德品第 十九)
- 卷第七…常不輕菩薩受難(常不輕菩薩品第二十), 起塔功德(如來神力 品第二十一), 一切衆生喜見菩薩燃身(藥王菩薩本事品第二十三)
- 卷第八…諸難救済(觀世音菩薩品第二十五),(陀羅尼品第二十六), 二 子神變(妙莊嚴王本事品第二十七), 普賢菩薩影向(普賢菩薩勸發品第 二十八)

이러한 그림은 日本『法華經』의 변상도 중에서 대륙의 영향을 받은 것으로 보이는 「紺紙銀字法華經」(延曆寺所藏)와 같은 변상도 연구에도 참고가 될 만한 작품이다. 다만 그려져 있는 모티브에 대해서는 현시점에서는 아직 명확하게 밝혀지지 않은 부분이 많아서 앞으로 검토해야 할 과제도 적지 않다.

세 번째는 표지에서 권말에 이르기까지 紙背 전면에 걸쳐 銀泥로 寶相華唐草文이 연속적으로 그려져 있다는 점이다. 일반적으로 「高麗經」의 표지에는 寶相華唐草文이 그려져 있으나 그것은 표지부분에 한정되며, 紙背 전면에 寶相華唐草文이 그려져 있는 것은 이것 이외에는 없다고 생각된다. 高野山本에 그려져 있는 寶相華唐草文의 문양은 다이나믹하면서도 여유로울 뿐만 아니라 새하얗게 빛나는 아름다움도 그대로 유지되어 있다. 그 무늬나 분위기도 統和二十四年의 『大寶積經』卷第三十二의 표지와 유사하여, 高麗時代 11세기의 표준적인 작품이라고 봐도 무방할 것이다.

이 高野山本이 어떠한 경위로 일본에 건너오게 되었는가는 명확하지 않으나, 高野山에 전해지는 문서 중, 享保二十年(1735)七月의 「御影堂靈寶目錄」(『又續寶簡集』卷六十四所收)에 다음과 같은 기록이 보인다.

高麗國金山寺重職成元
紺紙金泥法華經　　　　一箱

이에 따르면 江戶時代 中期인 享保二十二年에 이미 高野山 金剛峯寺의 御影堂에 보관되었다는 것을 알 수 있다.

이상 최근에 새롭게 발견된 高野山 金剛峯寺의 高麗時代 太康七年의 「紺紙金字法華經」八卷에 대해 간단히 소개하였다. 이것은 古寫經史 뿐만 아니라 미술사 연구에 있어서도 중요한 위치를 차지하는 작품의 출현이라 할 수 있다.

　본고에서 다루지 못한 각 권의 변상도 등에 대해서는 앞으로 검토
해가고자 한다.

　　　　　　　　　　　　　　번역 : 이안구(京都大學 大學院生)

〈그림 1〉 감지금자법화경권제1(권수).

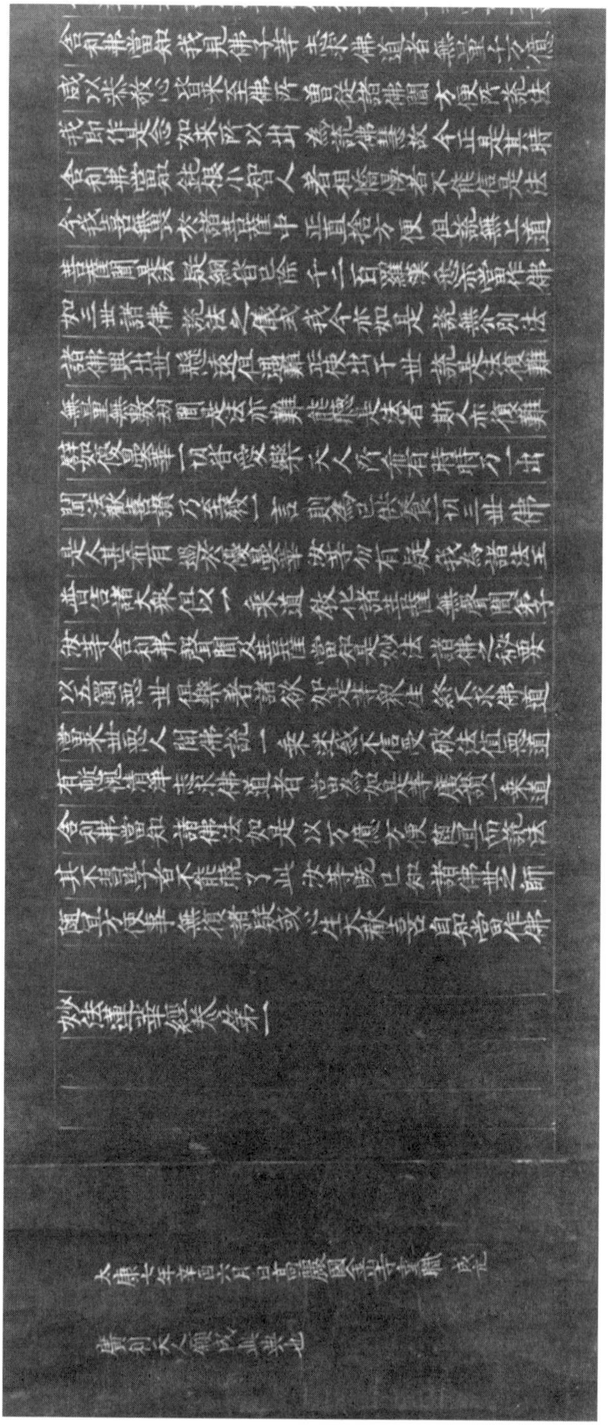
舍利弗當知 我見佛子等 志求佛道者 無量千万億
咸以恭敬心 皆來至佛所 曾從諸佛聞 方便所說法
我即作是念 如來所以出 為說佛慧故 今正是其時
舍利弗當知 鈍根小智人 著相憍慢者 不能信是法
今我喜無畏 於諸菩薩中 正直捨方便 但說無上道
菩薩聞是法 疑網皆已除 千二百羅漢 悉亦當作佛
如三世諸佛 說法之儀式 我今亦如是 說無分別法
諸佛興出世 懸遠值遇難 正使出于世 說是法復難
無量無數劫 聞是法亦難 能聽是法者 斯人亦復難
譬如優曇花 一切皆愛樂 天人所希有 時時乃一出
聞法歡喜讚 乃至發一言 則為已供養 一切三世佛
是人甚希有 過於優曇花 汝等勿有疑 我為諸法王
普告諸大衆 但以一乘道 教化諸菩薩 無聲聞弟子
汝等舍利弗 聲聞及菩薩 當知是妙法 諸佛之秘要
以五濁惡世 但樂著諸欲 如是等衆生 終不求佛道
當來世惡人 聞佛說一乘 迷惑不信受 破法墮惡道
有慚愧清淨 志求佛道者 當為如是等 廣讚一乘道
舍利弗當知 諸佛法如是 以万億方便 隨宜而說法
其不習學者 不能曉了此 汝等既已知 諸佛世之師
隨宜方便事 無復諸疑惑 心生大歡喜 自知當作佛

妙法蓮華經卷第一

太康七年辛酉六月 日

〈그림 2〉 감지금자법화경권제1(권말)

〈그림 3〉 감지금자법화경권제2（권수）

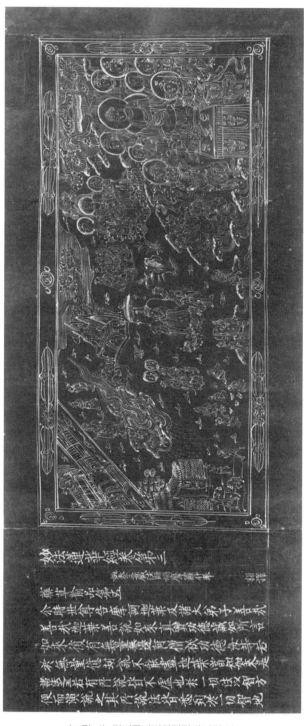

〈그림 4〉 감지금자법화경권제3(권수)

〈그림 5〉 감지금자법화경권제4(권수)

〈그림 6〉 감지금자법화경권제5(권수).jpg

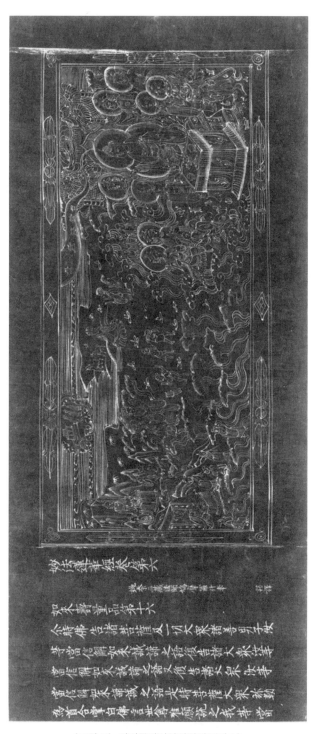

〈그림 7〉 감지금자법화경권제6〈권수〉

〈그림 8〉 감지금자법화경권제7(권수)

〈그림 9〉 감지금자법화경권제8(권수)

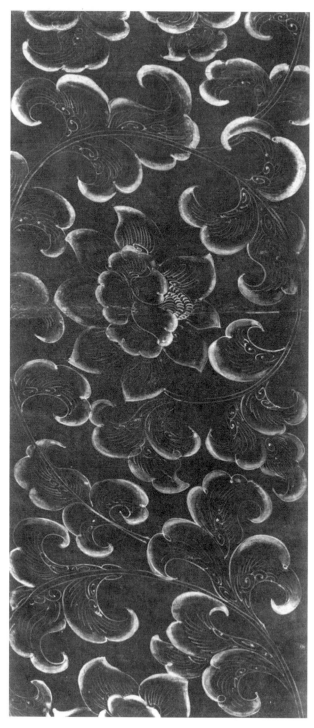

〈그림 10〉 감지금자법화경권제4(지배)

高山寺本『新譯華嚴經音義』에 대하여

池田証壽*

1. 머리말

중국에서는 특정의 經典으로부터 字句를 발췌하고, 거기에 그 音注와 釋義를 붙인 서적이 편찬되었고 그러한 서적들은 音義, 音訓, 音釋, 그리고 釋文 등으로 불리웠다. 漢籍에서는『經典釋文』三十卷(唐·陸德明撰), 佛典에서는『一切經音義』百卷(唐·慧琳撰)이 유명하다.

일본에서도 수많은 音義가 편찬되었다. 이것은 일본에서 행해진 한문 학습(訓讀·訓誦)의 실태를 반영하고 있다. 일본에서 새롭게 편찬된 漢籍의 音義는 거의 없다.[1] 이것은 漢籍 訓法의 고정화가 이른 시기에 이루어졌다는 것과[2] 중국의 音義와 注釋書가 충실해졌다는 것, 그리고 그에 따라 訓讀과 音讀 등이 관련이 있을 것이다[3]. 佛典 音義에는 새롭게 편찬된 것이 많이 있는데[4] 이것은 학풍의 차이와 중국의 音義

---

* IKEDA Shoju, 北海道大學 교수, shikeda@Lit.Let.hokudai.ac.jp

1) 宇多天皇宸翰『周易抄』는 漢籍 訓点資料로 분류되지만,『周易』에서 字句를 발췌하여 音注와 釋義 일본어 훈을 부가한 서적으로서 체재(體裁)로 보면 音義로 분류할 수 있다.

2) 漢籍 訓法의 고정화에 관해서는 小林芳規(1967)에 의한 실증적 연구가 있다. 築島裕(1964)는 일본의 사전사를 平安院政時代를 중심으로 고찰하고 漢籍의 音義가 적은 이유를 漢籍 訓法의 고정화에 관련시켜 생각하였다.

3) 漢籍 학습과 注釋書의 관련에 대해서는 松本光隆(1986)와 小助川貞次(1990) 등을 참조.

와 注釋書가 충분하지 못한 것과 관련이 있다고 생각된다.[5]

일본에서 편찬된 佛典 音義에 기재되어 있는 音注와 釋義는 중국의 字書, 韻書, 音義에 근거한 音注(反切과 類音注)와 釋義 부분과, 일본에 있어서 訓讀, 訓誦을 반영하는 萬葉假名과 片假名의 字音注·聲点 등으로 나뉘어 진다. 일본식 反切과 類音注의 예도 적지 않다.[6]

일본에서는 수많은 佛典 音義가 이용되어 새롭게 편찬되었는데, 院政時代에는 그것을 集大成한 字書가 편찬되었다. 圖書寮本『類聚名義抄』는 慈恩撰『法華音訓』, 中算撰『法華釋文』, 그리고 眞興撰『大般若經音訓』등을 주요 재료로 한 부수 분류 타입의 사전이다.[7]

高山寺本의『新譯華嚴經音義』(重書類14)는 八十卷本 華嚴經(實叉難陀 譯)의 卷音義이다. 이 音義는 明惠(1173~1232)에 의해 재건된 高山寺 華嚴教學 중에서 편찬된 것으로, 선자는 明惠의 高弟인 義林房喜海(1178~1250)이다. 현존하는 것은 嘉祿三年(1227)의 本恩書를 가지고 있는 安貞二年(1228)의 서사본이다.

근래에 高山寺本의『新譯華嚴經音義』의 音注(反切·類音注)는 單刊인 宋版『華嚴經』卷末 音義와 宋版 一切經 卷末音義에 근거를 둔 것임이 밝혀졌다[8]. 일본에서는 많은 音義가 편찬되었지만 卷末 音義를 주재

---

4) 撰者, 書名 등 상세한 부분에 대해서는 水谷眞成(1954)와 築島裕(1964)를 참조.

5) 字書와 音義 편찬에 있어서의 佛家와 博士家의 학풍 차이에 관해서는 築島裕(1964)를 참조. 奈良 時代에 진술된 大治本의『新華嚴經音義』와 信行撰의『大般若經音義』등이 모두 玄応撰의『一切經音義』에는 수록되어 있지 않은『新譯華嚴經』(八十卷本, 唐 實叉難陀 譯)과『大般若經』(六百卷, 唐 玄奘 譯)을 대상으로 하고 있는 점은 주의할 만하다. 典據로는『玉篇』과 玄応撰『一切經音義』가 이용되었다. 池田証壽(1980)를 참조.

6) 일본식인지 아닌지에 대한 판단은 때로는 매우 어려운 일이다. 그러나 奈良時代 小川本의『新譯華嚴經音義私記』에는 부분적으로 일본식의 反切과 類音注가 존재하고 있으며(「令瞻 音世牟反见也」(卷十五) 등), 保延本의『法華經單字』와 九條本의『法華經音』에는 전반적으로 일본식의 反切이 사용되었다.

7) 圖書寮本의『類聚名義抄』의 선행 연구 및 발표자의 연구는 池田証壽(2003a)에서 찾아 볼 수 있다.

료로 하는 音義(나아가 자전)의 존재는 알려지지 않았었다.

이리하여 다음과 같은 새로운 과제를 연구할 필요가 생겨났다.

　1) 처음부터 卷末 音義를 가지는 漢譯 佛典은 어떠한 것이며, 얼마나 있는가 하는 것이 지금까지 전체적으로, 그리고 체계적으로 연구되지 않았다.

　2) 일본에서 편찬된 字書와 音義의 音注와 釋義 중에, 漢譯 佛典의 卷末 音義를 典據로 하는 것이 달리 존재하는 것은 아닌가? 혹시 그것을 증명할 수 있다면 일본에서 字書와 音義의 編纂史는 다시 정리되어야 하며, 동아시아에 있어서 典籍 교류에 대해 새로운 사실을 발견할 가능성도 있다.

1에 대해서는 근래에 山田健三(2005)의 「漢譯版 經附載音釋에 관한 基礎的 硏究」와 같은 선구적인 성과가 나왔다. 이 연구에서는 다음과 같은 연구 상황의 인식이 나타나 있다.

　한편 音義書에 대해서는 한자음 연구와 사전 연구 등의 관계에서 많은 연구가 이루어져 있으며, 자료 정비(目錄 翻刻 影印 등)도 비교적 앞서 있다. 그에 비하여 附載音釋에 대해서는, 연구는 물론 자료 정비도 거의 손도 대지 못한 상태에 있다.

위의 견해에 전적으로 동감이다. 이러한 성과를 축적해 감으로써 두 가지의 과제에 직면하게 되리라고 본다[9]. 漢譯 佛典의 卷末 音義의 조

8) 池田証壽(2005b) 참조. 단 序와 卷第一을 調査한 것에 근거를 둔 것이다.
9) 山田(2005)는 「나의 최대의 관심은 이러한 간단한 音釋이 일본의 사서생활사에 어느 정도 영향을 미쳤는가에 있다」라고 서술하고 있다.

사 연구는 일본만으로 한정지어서는 결실이 적을 것이다. 앞으로 漢譯 佛典의 사본과 판본을 연구 자료로 하는 각국의 연구자들과의 정보 교환과 연구 협력이 필요하다.

이번 발표에서는 우선 高山寺本의 『新譯華嚴經音義』의 書誌와 선행 연구를 소개하고[10] 다음으로 이 책에 실린 音注의 전거에 대해서 조사 범위를 확대하여 확인하겠다. 이 때 宮內廳 書陵部藏 高山寺 旧藏本 宋版 『華嚴經』은 典據 중의 하나이다. 이 책은 喜海가 이용한 바로 그 책이다. 마지막으로 高山寺本의 『新譯華嚴經音義』는 어째서 선행하는 華嚴經 音義를 이용하지 않고 經典 卷末 附載의 音義를 이용하였는지를 생각해 보고자 한다.

2. 高山寺本의 『新譯華嚴經音義』의 書誌와 선행 연구

高山寺 典籍의 문서 종합 조사단(1973)에 의하면 書誌는 다음과 같다.

> 14新譯華嚴經音義　　　　　　　　　一帖
> ○鎌倉時代安貞二年写 粘葉装 方便智院朱印 押界 朱点(仮名、鎌倉中期) 墨点(仮字 鎌倉中期) 焦茶表紙(本紙共紙継題簽)
> (表紙) 「章疏下」「東第十四箱」
> (奥書) 嘉禄三年丁亥六月二日西赴於西山
> 　　　　栂尾之禅房　集両三本之音義
> 　　　　抄写之偏為自行転読敢不
> 　　　　可及外見矣

---

10) 논리의 전개 편의상 池田証壽(2005b)와 내용이 중복되는 부분이 있다.

　　　　　　花嚴宗沙門喜海(以上本奥書)
　　(追筆)「交了」
　　(別筆)「寛喜元年八月十八日与
　　　　　五六輩交合再治了
　　　　　寛喜元年八月廿七日子剋
　　　　　点并仮名数度檢交畢」
　(裏表紙内奥書)
　　　　　安貞二年四月廿四日於高山寺草室書写了

　이 音義의 影印은 高山寺 典籍 문서 종합 조사단(1983)에 수록되어 있다. 圖1에는 모두 부분을 실었다. 卷音義의 체재로 되어 있으며, 표제어 글자와 音注(反切과 類音注 등)를 2단으로 서사하여 표제어 글자에 聲点과 片假名 音注를 덧붙였다. 지어에 의하면 嘉祿三年(1227)에 喜海가 「兩三本之音義」를 참조하여 『新譯華嚴經』 중의 어려운 단어를 게재하고 音注(反切 同音字注)를 덧붙여 撰述하였으며, 그것을 安貞二年(1228)에 서사하여 寛喜 元年(1229)에 두 차례의 교정을 하여 聲点과 假名(字音)의 재검토가 이루어졌던 것이다.

　沼本克明(1980)는 본 音義의 假名点 및 反切의 의의를 언급하면서 喜海가 근거로 한 兩三本의 音義는 무엇이고, 그 反切과 類音注는 어떠한 성격을 지니는가를 검토한다. 音注의 典據를 탐색하기 위해서 慧苑의 『新譯華嚴経音義』, 『切韻』, 『玉篇』과 玄応撰 『一切経音義』를 비교하고, 慧苑의 『新譯華嚴経音義』와 『切韻』를 이용하였으며, 그 밖에 다른 典據가 하나 있었다고 추측하고 있다. 단 小川本 『新譯華嚴經音義私記』와 大治本 『新華嚴經音義』와 같은 일본의 『華嚴經』 古音義 『新撰字鏡』, 『経典釋文』, 『法華經釋文』, 『類聚名義抄』와 같은 것에도 일치하지 않

는다고 지적한다. 또 일본식 反切, 작성 단계에서 誤寫가 있었을 가능
성을 상정한다[11].

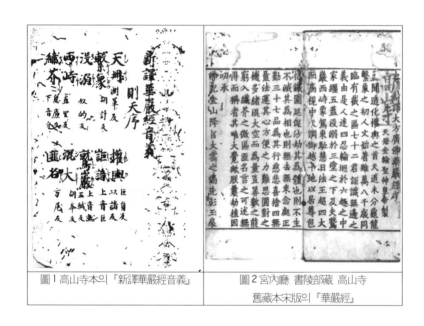

圖 1 高山寺本의 『新譯華嚴經音義』	圖 2 宮內廳 書陵部藏 高山寺 舊藏本宋版의 『華嚴經』

3. 宮內廳 書陵部藏 宋版의 『華嚴經』

宮內廳의 書陵部에 현재 所藏되어 있는 宋版 『華嚴經』은 高山寺의
舊藏本이다. 발표자는 石塚晴通 北海道大學 名譽敎授를 硏究代表者로
하는 일본학술진흥회과학연구비 프로젝트[12]에 공동연구원으로 참가하

---

11) 「飄擊 普照反古力反」의 두 反切形을 들고, 切韻音과 비교하고
    飄 滂母宵韻四等平聲 並母宵韻四等平聲 普 滂母   照 宵韻三等去聲
    擊 見母錫韻   古 見母   力 職韻
    「전자의 反切形은 「九條本法華經音」의 「不照反」에 가까운 것으로 일본식 反切의
    가능성이 전혀 없는 것은 아니다. 후자의 反切形은 보다 의심스러우며 작성 단계
    에서의 誤寫가 그대로 保留 되어진 것은 아닌가」라고 지적하였다.

여, 각지의 高山寺 舊藏本을 조사하는 과정에서 宮内廳의 書陵部에 소장되어 있는 宋版『華嚴經』의 원본 조사를 시행하고 그 卷末 音義의 존재를 알았다[13]. 圖2에 그 모두 부분을 실었다. 또한 아래에 卷第十一과 卷第十二의 内題와 尾題 卷末音義를 例示하였다.

(内題)　　大方廣佛華嚴經卷第十一／于闐國三藏沙門實叉難陀譯
(尾題)　　大方廣佛華嚴經卷第十一
(卷末)

迥極　上營頃切　　　縱廣　上足容切　　　樓櫓　下音魯

崇麗　上士弓切／下郎計切　　寶塹　下七熖切　　芬瑩　上弗文切／下烏定切

萃止　上疾醉切　　　巾馭　下魚據切　　　依怙　下胡古切

右中奉大夫直祕閣權江南東路轉運副使馬純幷本
宅孺人呂氏女弟子王氏薛氏王氏施錢開經一卷

(内題)　　大方廣佛華嚴經卷第十二／于闐國三藏沙門實叉難陀譯
(尾題)　　大方廣佛華嚴經卷第十二
(卷末)

舊蔔　上音占／下蒲北切　　瞿曇　上其俱切／下音潭　　瑿羅　上於奚切

---

12) 平成14～18年度 科學研究費 基盤研究(S)「寺院 經藏의 구성과 전승에 관한 실증적 연구—高山寺의 경우를 예로—」(課題番号14101005). http://www.lit.let.hokudai.ac.jp/kozanji/index.html를 참조.
13) 池田証壽(2005a)는 그 보고내용의 일부이다.

鮮少	上斯演切	跋那	上蒲鉢切	豐溢	上敷紅切 下夷質切
闗投	上古還切 下音藥	癰瘡	上於龍切 下楚良切	鬪諍	上都豆切 下側迸切
分柝	下音息	仇對	上音求	鄙賤	上悲几切 下才線切
龕獷	上倉胡切 下孤猛切	攫噬	上拘博切 下常制切	疲勞	上音皮
渾濁	上戶昆切 下直角切	慙恥	下勅里切	憤毒	上房吻切
驚駭	下侯楷切	匿疵	上奴力切 下疾移切	傲慢	上五到切 下謀晏切
駃流	上迭利切				

守福州助教張敦義守楊州助教鮑寓
攝紹興府助教孫茂弟子楊珪宗宥
四明周譚括蒼謝昇　共開此經一卷

宮內廳 書陵部에 소장되어 있는 高山寺의 舊藏本으로서는 『文鏡秘府論』의 六卷(釋空海 平安寫「高山寺」印 藏書番号405函12号)이 유명하다. 宮內廳 書陵部(1952~1986)에 소장되어 있던 『和漢圖書 分類 目錄』에서「高山寺」「方便智院」등의 朱印이 있는 것을 발췌하면 전부 11점의 高山寺 舊藏本을 찾아낼 수가 있다. 문제가 되는 宋版 『華嚴經』(『大方廣佛華嚴經』80卷 20冊 藏書番号450函1호)은 宮內省 圖書寮(1930)의 『圖書寮漢籍善本書目』에 수록된 선본(善本)이다. 발문에 「紹興 十二年(1142)

僧淸了」라고 격혀 있다. 南宋版으로 각책의 모두에 「高山寺」의 印記가 있어 高山寺 舊藏本으로 알려 졌다. 원본 조사에 의하면 書口에 「乙 六十九箱」라고 黑書로 적혀 있는 것을 확인할 수 있는데 이것은 高山 寺藏 『高山寺聖敎目錄』(第一部 244号 1帖과 建長年間 成立한 第一部 193호[6])의 「第六十九乙」의 「唐本 八十經 一部 小雙紙」에 대응한다고 생각된다. 折本裝 天地單辺 19.5糎×8.8糎 界高13.6糎 一紙7面 一面9行15 字(第一冊).

　그렇다면 宮內廳 書陵部에 소장되어 있는 高山寺 舊藏本 宋版의 『華嚴 經』의 書口에 보이는「乙　六十九箱」라는 기록을 언제 누가 기입한 것일 까? 이 문제를 풀기 위해서는 高山寺 經藏의 성격을 알 필요가 있다.

4. 高山寺 經藏과 目錄

　京都와 栂尾의 유명한 사찰과 高山寺의 經藏에는 방대한 양의 전적 문서가 포함되어 있으며 그 숫자는 1만점 이상에 이른다. 이 방대한 양의 전적 문서는 明惠에 의해 高山寺가 재건된 후에 그 골격이 형성 되었다. 高山寺 經藏과 古目錄에 관해서는 高山寺전적문서종합조사단 (1985)과 高山寺전적문서종합조사단(2002)에 수록되어 있는 번각(翻刻) 과 해설이 참고가 된다[14]. 그것에 의하면 高山寺 經藏의 소장체계는 세 차례나 바뀌었다. 제1차는 高山寺 초창기의 東西 두자의 經藏에 소장 하는 것을 기본으로 한 것이다. 제2차는 寬永年間(1624～1644)에 소장 한 경전을 정리한 때의 것이며 제3차가 江戶 時代 중기이후의 어느 시 기에 소장체계에 변경이 이루어진 것이며, 제4차가 현재의 소장체계로

---

14) 이 밖에 최근의 성과로서 德永良次(2002)와 德永良次(2005)가 주목된다.

정리된 것이다.

앞에서 언급한 『高山寺聖教目録』은 建長 二年(1250)에 後嵯峨院의 명에 의해 靈典(1180~1255)이 보고했다고 전해지는 목록이며 첫 번째 체계 초창기의 양상을 반영한다. 鎌倉時代의 古寫本(第一部 第244호)의 영인, 번각, 해설 등은 이미 高山寺전적문서종합조사단(1985)에 수록되어 있다. 이『高山寺聖教目録』의 「第六十九乙」에 「唐本 八十經 一部 小雙紙」라고 적혀 있기는 하지만, 이 기록만으로 이 「唐本 八十經」이 宮內廳 書陵部에 소장되어 있는 高山寺 舊藏本 宋版 『華嚴經』이라고 단정 짓는 것은 곤란하다.

그런데 宮內廳 書陵部에 소장되어 있는 高山寺 舊藏本 宋版 『華嚴經』의 書口에 보이는 「乙 六十九箱」이라는 黑書는 寬永年間에 이루어진 제2차 장서 정리 때가 면밀한 검열이이루어진 결과를 나타내는 것이다. 寬永期의 면밀한 검열 결과는 현존하는 高山寺 聖教類 第一部 第193호 목록 九卷에 잘 나타나고 있다. 목록의 서명을 조목 별로 요약해보면 다음과 같다.

1 『法鼓臺聖教目録上』

2 『法鼓臺聖教目録中』

3 『法鼓臺聖教目録下補闕』

4 『法鼓臺聖教目録中』

5 『高山寺聖教目録』

6 『高山寺聖教目録甲乙録外』

7 『高山寺聖教内真言書目録』

8 『方便智院聖教目録付御流并諸目目録』

9 『高山寺篋入子六合目録』

이 가운데 1에서 8이 聖教類이며 9가 文書類이다. 聖教類는 華嚴經과 法華經 등의 顯經藏分과 大日經 등의 密經藏分으로 나뉘는데 5와 6이 顯經藏分이고, 1에서 4와 7과 8이 密經藏分으로 구분된다. 이 목록은 제1차 시기에 만들어진 古目錄과 寬永期에 존재한 聖教類를 조합하여 결본을 확인한 후 새롭게 소장된 분량을 추가하여 목록으로 만든 것이다.

寬永期의 면밀한 검열 단계에서 소장을 확인할 수 있었던 것에는 合点이 추가되었다. 圖3에 寬永年間에 서사된 『高山寺聖教目錄』의 해당 부분을 예로 들었는데 合点을 확인할 수 있을 것이다[15]. 合点이 없는 것과 朱筆로 「欠」을 注記한 것으로 보아 寬永期 단계에서는 高山寺 經藏에 포함되어 있지 않았던 것으로 확인된다.

한편 이 때의 면밀한 검열에서는 각 聖教에 위의 1에서 8 중 어디에 대응하는지를 나타내는 略号와 상자번호가 기록되어졌다. 顯經藏分은 甲과 乙을 붙여서 상자번호를 기록하고 있다. 甲은 第一箱부터 第五十五箱까지 이며 乙은 第五十六箱에서 第百一箱까지이다. 密經分은 「眞」(7의 眞言書) 「臺」(1에서 4의 法鼓臺) 「東」(8의 東坊方便智院)의 약호를 부친 다음 각각의 상자번호를 기록하고 있다.

寬永期의 高山寺 經藏에는 존재하였지만 그 후 사정이 생겨서 산 밖으로 유출된 聖教類도 적지 않다. 「高山寺」「方便智院」「十無盡院」 등의 藏書印과 지어에는 일찍이 高山寺에 존재하였다고 알려진 聖教가 있다. 또한 「甲」「乙」「眞」「臺」「東」의 약호와 상자번호가 적힌 것으로 보아 高山寺本이라는 것을 확인할 수 있다. 宮內廳 書陵部에 소장되어 있는 高山寺 舊藏本 宋版의 『華嚴經』에 보이는 「乙 六十九箱」의 「乙」은 『高山寺聖教目錄』의 乙에 대응하며 이것은 이 서적이 建長 年

15) 전문 번각을 池田証壽(2003b)에 실었다.

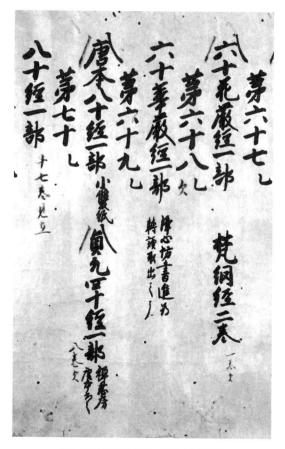

圖3 『高山寺聖教目錄』(寬永本)(部分)

　間에서 寬永 年間까지 高山寺 經藏에 분명히 존재하였다는 것을 증
명하는 것이다.

5. 宋版 一切經의 卷末 音義

　喜海가 『新譯華嚴經音義』를 찬술한 建長 年間에 高山寺 經藏에 宋版

一切經이 존재하였다는 것은 분명하다. 우선『高山寺聖教目錄』에「一切経之内／一部唐本納西経藏　刑部入道渡進」이라는 記述이 있는데,「唐本」은 宋版을 나타내는 것이라고 생각된다. 둘째로『唐本一切経目錄』(第四部208函 7 호)가 高山寺 經藏에 소장되어져 있다는 것이다. 이 목록에 기술되어져 있는「唐本一切経」은 현존하지는 않지만 明惠의 自筆 題簽에「唐本一切經目錄上(下)高山寺/福州」라고 적혀 있는 것 등으로 볼 때 福州版으로 추정된다[16].

　福州版 一切經의 東禪寺版(東禪等覺院版)에는 卷末 音義를 정리한 字音帖이 존재한다[17]. 이후로는 편의상 宮內廳 書陵部에 소장되어 있는 宋版 一切經(406函56호)을 사용하도록 하겠다. 折本裝 天地單边 30.2糎×11.0糎 界高約24糎 一紙5面 一面6行17字. 平字函音釋에서 第十一卷과 第十二卷의 부분을 圖 4 에 표시하였다.

　또한 宋版 一切經에는 慧苑의『新譯華嚴經音義』二卷이 수록되어 있다. 建長 年間의 高山寺 經藏에 宋版 一切經이 있었다고 하는 것은, 喜海 자신이 慧苑의『新譯華嚴經音義』을 참조할 수 있는 환경에 있었다는 것이다. 이후의 비교에서는 편의상 宮內廳 書陵部藏 宋版 一切經에 수록되어 있는 慧苑의『新譯華嚴經音義』을 이용하기로 하겠다.

6. 高麗版 一切經의 卷末 音義

　高麗版 一切經(高麗大藏經)의 卷末 音義는 어떠한가. 高麗 初彫本은 顯宗(1010～1031)의 사업이며, 高麗 再彫本은 高宗二三年(1236)에서 三

---

16) 明惠의 자필 題簽의 해석은 石塚晴通(1998)를 참조.
17) 상세한 내용은 山田健三(2005)를 참조.

八年(1251) 사이에 행해진 사업인데, 再彫本에는 卷末 音義가 존재한다. 그러나 高山寺本의 『新譯華嚴經音義』는 安貞二年(1228)에 서사이므로 再彫本 高麗大藏經의 이용은 무리이다. 初彫本의 卷末 音義는 어떠하였는가 하는 것은 어려운 문제이다.[18] 여기에서는 再彫本 高麗大藏經의 『華嚴經』(80卷本)의 卷末 音義를 참조하는 것에 그칠 수밖에 없다.

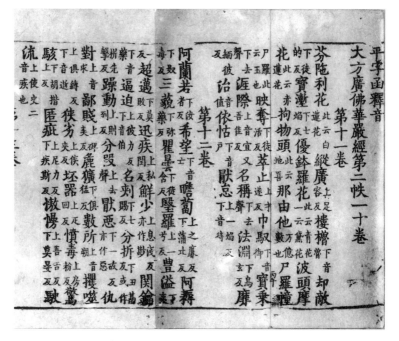

〈圖4〉宮內廳 書陵部藏 宋版 一切経 平字函音釋(部分)

---

18) 山田健三(2005)는 「覆刻開宝藏으로 여겨지는 金藏과 高麗藏에 函別 音釋과 卷末
音釋은 존재하는 것일까. 高麗藏에 관해서는 增上寺 高麗藏 목록에 의하면 그 수
는 얼마 되지 않지만 卷末音釋이 있다고 한다」라고 하였다. 앞으로의 정밀한 조
사가 기다려진다. 李丞宰(2003)에 실린 사진에 의하면 誠庵古書博物館 소장의 周
本『華嚴經』卷第五十七에는 卷末音義가 보인다.
　　鄭在永외(2003)에는 誠庵古書博物館 소장의 周本『華嚴經』卷第三十六의 사진이
게재되어져있는데 卷末 부분은 생략되어있다. 吳美寧博士가 보여 주신 디지털 사
진에는 卷末音義가 존재한다.
　　湖林博物館(1988)에 게재된 도판에서 卷末 音義를 확인할 수 있는 예는 없었다.

7. 高山寺本의『新譯華嚴經音義』의 音注의 전거

高山寺本『新譯華嚴經音義』의 音注에 대해서 池田証壽(2005b)에서는 序와 卷第一～卷第十의 범위에 대해서 조사하였으며, 그 전거로서 宮內廳 書陵部에 소장되어 있는 高山寺 舊藏本 宋版의『華嚴經』과 宋版 (東禪寺版) 一切經의『華嚴經』卷末 音義가 사용되었음을 지적하였다. 이하 조사의 편의상 高山寺本『新譯華嚴經音義』의 卷 第十一, 十二, 二十一, 二十二, 三十一, 三十二, 三十三, 四十一, 四十二, 四十三, 五十一, 五十二, 六十一, 六十二, 七十一, 七十二의 형편상 16卷을 대상으로 하여 이 점을 확인하겠다. 이 조사 범위에는 反切224와 類音注63, 그리고 字體注1 을 더하여 合計288의 注記가 있다. 비교 대상으로 채택하는 것은 高山寺本의『新譯華嚴經音義』(喜海라고 약칭) 宮內廳 書陵部에 소장되어 있는 高山寺 舊藏本 宋版의『華嚴經』(高山寺 舊藏本이라고 약칭) 宮內廳 書陵部에 소장되어 있는 宋版 一切經의『華嚴經』字音帖(東禪寺版이라고 약칭) 高麗版 大藏經의 華嚴經 卷末 音義(高麗版이라고 약칭) 慧苑의『新譯華嚴經音義』(慧苑과 약칭)『大宋重修廣韻』(廣韻이라고 약칭)의 6편이다. 이상의 조사 범위에, 이들 6편에 공통적으로 출현하는 反切과 類音注44예를 발췌하여 反切 用字의 일치 불일치를 조사하여 표1의 결과를 얻었다.

앞에서 인용하였듯이 沼本克明(1980)은 音注의 典據를 탐색하기 위해서 慧苑의『新譯華嚴經音義』과『切韻』,『玉篇』, 玄応撰의『一切經音義』를 비교하고, 慧苑의『新譯華嚴經音義』와『切韻』을 이용하였으며, 그 밖에 다른 한편의 전거가 있었다고 추측하였다. 표1에 의하면 慧苑의『新譯華嚴經音義』와『廣韻』(『切韻』)과 일치하는 反切과 類音注가 많지 않음을 알 수 있다. 그러나 이 두 저서를 참고하지 않더라도 宮內

廳 書陵部에 소장되어 있는 高山寺 舊藏本 宋版『華嚴經』의 卷末 音義
와 宋版 一切經(東禪寺版)의 華嚴經字音帖에서 모든 反切과 類音注를 기
록할 수가 있다.

　이러한 조사범위의 모든 反切에 대해서 비교한 결과를 집계한 것을
표2에 나타내었다.

　「喜」는 高山寺本의『新譯華嚴經音義』「高」는 宮內廳 書陵部에 所藏
되어 있는 高山寺 舊藏本 宋版의『華嚴經』「東」은 東禪寺版「慧」은 慧
苑 音義「麗」은 高麗版이다.「○」는 일치「△▲▽」는 불일치「－」은
결여 된 것을 의미한다. 표2의「小計1」은「高」와「東」의 어느 한 쪽
에 의해서 高山寺本『新譯華嚴經音義』의 反切을 기록할 수 있는 것으
로 18예가 나타난다.「小計2」은「高」에 의해서 高山寺本『新譯華嚴經
音義』의 反切을 기록할 수 있는 것으로 97예가 있다.「小計3」은「東」
에 의해 高山寺本『新譯華嚴經音義』의 反切을 기록할 수 있는 것으로
88예가 있다. 합계 224예 중에서 21예이므로 명확하지 않은 反切의 비
율은 9.3퍼센트이다. 역으로 말하면 9할이상의 反切이「高」(宮內廳 書
陵部에 所藏되어 있는 高山寺 舊藏本 宋版의『華嚴經』)와「東」(東禪寺
版一切經)에 의해 구성하는 것이 가능한 것이다.

表1 高山寺本『新譯華嚴經音義』의 反切의 典據

卷	字	喜海	高山寺舊藏本	東禪寺版	慧苑	高麗	廣韻
11	縱	足容反	○足容切	▽足容反	×紫容反	×卽容切	平聲鍾韻、卽容切
11	櫓	音魯	○音魯	○音魯	×郎古反	○下魯音	上聲姥韻、郎古切(魯)
11	塹	七焰反	○七焰切	○七焰反	×七談反	○七焰切	去聲豔韻、七豔切
11	馭	魚據反	○魚據切	×下音御	○魚據反	×牛倨切	去聲御韻、牛倨切(御)
11	怙	胡古反	○胡古切	×下音戶	○胡古反	×侯古切	上聲姥韻、侯古切(戶)
12	溢	夷質反	○夷質切	▽夷一反	×夷日反	○夷質切	入聲質韻、夷質切(逸)
12	鮮	息淺反	×斯演切	▽息淺反	×斯演反	○息淺切	上聲獮韻、息淺切(獮)

12	投	下音藥	○音藥	○下音藥	×餘灼反	○下藥音	入聲藥韻、以灼切(藥)
12	仇	上音求	○音求	○上音求	×渠尤反	○上求音	平聲尤韻、巨鳩切(裘)
12	鄙	碑美反	×悲几切	○碑美反	×悲几反	×方美切	上聲旨韻、方美切
12	獷	孤猛反	○孤猛反	×俱猛反	古猛反	○古猛切	上聲梗韻、古猛切(獷)
12	攫	拘日反	○拘博反	×俱縛反	○拘博反	×居縛切	入聲藥韻、居縛切(攫)
12	噬	常制反	○常制切	×下音逝	○常制反	×時制切	去聲祭韻、時制切(逝)
12	憤	房粉反	×防吻切	○房粉反	○夫問反	×防吻切	上聲￼韻、防吻切
12	駭	侯反	○侯揩切	×胡揩反	閑楷反	○侯楷切	上聲駭韻、侯楷切
12	仂	奴力反	○奴力切	×尼力反	○尼力反	×女力切	入聲職韻、女力切
12	疵	疾移反	○疾移切	×疾斯反	○疾移反	○疾移切	平韻支韻、疾移切
12	傲	五到反	○五到切	×吾告反	×五告反(傲)	○五到切(傲)	なし、傲は去聲号韻、五到切
12	駛	疏利反	○踈利切	×使史二音	○所吏反	×踈吏切	去聲志韻、踈利切
21	嬰	於盈反	○於盈切	×一盈反	○於盈反	○於盈切	平聲清韻、於盈切
21	榮	渠營反	○渠營切	×上音瓊	○渠營反	○渠營切	平聲清韻、渠營切(瓊)
21	寠	其矩反	○其矩切	×其主反	○其矩反	○其矩切	上聲麌韻、其矩切
21	嬈	乃鳥反	○乃鳥切	×音遶	○乃鳥反	×奴鳥反	上聲篠韻、奴鳥切(嬲)
22	煥	呼換反	○呼換切	×下音喚	○呼換切	×火貫切	去聲換韻、火貫切(喚)
22	楙	莫勾反	○莫勾切	○莫勾反	×莫搆反	×下戊音	去聲候韻、莫候切(茂)
22	瞬	舒閏反	○舒閏切	×詩閏反	○舒閏反	○舒閏切	去聲稕韻、舒閏反(舜)
32	繒	疾陵反	○疾陵切	×自陵反	○疾陵反	○疾陵切	平聲蒸韻、疾陵切
33	楙	莫構反	○莫構切	○莫候反	×莫構反	×莫候切	去聲候韻、莫候切(茂)
33	撩	力彫反	×零鳥切	○力彫反	×零鳥反	×盧鳥切	平聲蕭韻、落蕭切(聊)
42	衄	女六反	○女六切	×尼六反	○女六如育日反	○女六切	入聲屋韻、女六切(朒)
42	澒	胡孔反	×胡動切	○胡孔反	×胡動切	○胡孔切	上聲董韻、胡孔切
53	嬰	一盈反	×於盈切	○一盈反	×於征反	×於盈切	平聲清韻、於盈切
62	徽	上音暉	○上音暉	○上音暉	×許韋反	×許䢜切	平聲○C、許歸切(揮)
62	羈	居宜反	○居宜	○居宜反	○居宜反	○居宜切	平聲支韻、居宜切
62	鞅	於兩反	○於兩	○於兩反	○於兩反	○於兩切	上聲養韻、於兩切
72	皴	七旬反	○七倫切	○七旬反	×七倫反	×七倫切	平聲諄韻、七倫切(逡)
72	佚	夷一反	○夷日切	○夷一反	×夷日反	×夷質切	入聲質韻、夷質切(逸)
72	涸	何各反	○何各切	×下音鶴	○何各反	×下各切	入聲鐸韻、下各切
72	豚	下音屯	×徒魂切	○下音屯	×徒魂反	×徒魂切	平聲魂韻、徒渾切(屯)
72	僉	七廉反	○七廉切	○七廉反	○七廉反	○七廉切	平聲鹽韻、七廉切(籤)

表2 反切典據의 集計

喜高東慧麗	例數		喜高東慧麗	例數
○○○○○	3		○「○○」	1
○○○○−	1		○「○「○	1
○○○○△	1		○△○△△	1
○○○△▲	2		○△○△▲	3
○○○−○	8		○△○▲△	2
○○○−△	3		○△○−○	1
小計P	18		○△○−△	4
○○△○○	7		○△○−▲	5
○○△○△	1		○△○−−	2
○○△○▲	7		○−○○○	2
○○△△▲	1		○−○○△	1
○○△▲○	3		○−○○−	1
○○△▲▲	1		○−○△○	1
○○△▲、	1		○−○△▲	2
○○△−○	12		○−○△−	3
○○△−△	3		○−○−○	5
○○△−▲	10		○−○−△	10
○○△−−	4		○−○−−	43
○○−○○	2		小計R	88
○○−○△	2		○△▲−、	1
○○−○−	2		○−△▲△	1
○○−△○	1		○−−○△	2
○○−−○	21		○−−△▲	1
○○−−△	14		○−−△−	1
○○−−−	5		○−−−○	1
小計2	97		○−−−△	5
			○−−−−	9
			小計4	21
			合計	224

　高山寺本『新譯華嚴經音義』의 喜海의 지어(識語)에는「兩三本之音義」
라고 적혀 있으므로, 참고한 책이 또 한권 있었던 것으로 추측되지만,
주요한 音義로서는 앞에서 설명한 두 가지라고 결론지어도 크게 틀리
지는 않을 것이다. 특히 宮內廳 書陵部에 所藏되어 있는 高山寺 舊藏本
宋版의『華嚴經』이 喜海가 이용한 바로 그 책이라는 것은 高山寺 經藏
의 성격과 관련지어 생각해볼 때 주목할 만하다.

8. 高山寺本『新譯華嚴經音義』의 意義

　마지막으로 高山寺本의『新譯華嚴經音義』는 왜 선행하는 華嚴經音義
를 이용하지 않고 經典 卷末 附載의 音義를 이용하였는가를 생각해 보
고자한다.

　선행하는『華嚴經』(八十卷本) 音義書로는 중국에 慧苑의『新譯華嚴
經音義』가 있고, 일본에는 慧苑音義와는 별도로 奈良時代에 撰述된 大
治本『新華嚴經音義』,[19] 慧苑音義와 大治本『新華嚴經音義』(의 祖本)를
주재료로 하며 거기에 독자적인 注文을 다수 첨가하여 奈良時代 말기
에 성립한 小川本『新譯華嚴經音義私記』[20]가 있다. 沼本克明(1980)도 지
적하였듯이 大治本『新華嚴經音義』와 小川本『新譯華嚴經音義私記』를
참조한 흔적은 없다. 앞서 제시한 표1의 앞부분의 예를 조금 비교하여
표3에 나타내고자 한다. 高山寺經藏의 古目錄에 大治本『新華嚴經音義』

---

19) 이 책은 大治三年(1128)에 法隆寺에서 서사된 玄応撰『一切經音義』의 卷第一의
　　末尾에 附載되어져 있다.「貓狸 倭言上尼古 下多々既」(卷七十八)에서처럼 일본어
　　훈이 존재하는 것으로 보아 일본에서 진술되었음에 틀림없다.
　　　三保忠夫(1974)는 그 撰述 年代를 天平勝宝(749~757)경으로 추정하였다.
20) 岡田希雄(1941)를 시작으로 선행연구가 많이 있는데, 그것은 小林芳規(1978)에
　　잘 정리되어 있다. 池田証壽(1986)도 참조.

와 小川本『新譯華嚴經音義私記』와 깊은 관련이 있는『新譯華嚴經音義』는 기재되어 있지 않은 듯하다. 처음부터 高山寺 經藏에 두 책 모두 소장되어 있지 않았으므로 喜海가 참조할 수 없었던 것 같다.

表3 大治本의『新華嚴經音義』와 小川本의『新譯華嚴經音義私記』와의 비교

卷	字	喜海	高山寺旧藏本	大治本	小川本
11	縱	足容反	○足容切	(無)	(無)
11	櫓	音魯	○音魯	(無)	×郎古反
11	塹	七焰反	○七焰切	(無)	×音漸
11	馭	魚據反	○魚據切	(無)	(無)
11	怗	胡古反	○胡古切	(無)	(無)
12	溢	夷質反	○夷質切	(無)	×餘一反
12	鮮	息淺反	×斯演切	(無)	×斯演反
12	投	下音藥	○音藥	(無)	×餘灼反
12	仇	上音求	○音求	×渠牛反	×渠尤反
12	鄙	碑美反	×悲几切	(無)	(無)
12	獷	孤猛反	○孤猛切	×古猛反	×古橫反

한편 慧苑의『新譯華嚴經音義』는 東禪寺版 一切經에 수록되어 있었으며 高山寺 經藏에 東禪寺版 一切經이 所藏되어 있었으므로 喜海가 참조 못할 이유는 없다. 그럼에도 불구하고 적극적으로 이용한 흔적은 없다. 왜일까?

高山寺本『新譯華嚴經音義』의 漢文注는 대부분이 反切과 類音注이다. 한편 慧苑의『新譯華嚴經音義』는 反切과 類音注는 물론이고, 그 밖에 釋義도 꽤 많이 있다. 喜海는 音注(反切과 類音注)를 간편하게 알 수 있는 책을 찾고 있었으며 慧苑의 책은 그러한 조건에 적합하지 않았다고 생각된다.

한층 추측의 강도를 높인다면 音義의 내용은 말할 것도 없이 서적의 체재(體裁)가 관계하고 있는 것은 아닐까 한다. 宮內廳 書陵部에 소장되어 있는 高山寺 舊藏本 宋版『華嚴經』은『高山寺聖教目錄』에「小雙紙」라고 기록되어있는 것처럼 縱19.5糎 橫8.8糎의 소형 책자본이다. 『華嚴經』의 본문 전체를 보는데도 편리하며 각 卷末에서 音注를 발췌하는 것도 용이하다. 또한 宋版 一切經(東禪寺版)의『華嚴經』의 卷末 音義는 字音帖으로서 독립한 책자로 되어 있다. 洪字 函音釋으로서 序와 第一~十卷, 平字 函音釋으로서 第十一~二十卷, 章字 函音釋으로서 第二十一~三十卷, 愛字 函音釋으로서 第三十一~四十卷, 育字 函音釋으로서 第四十一~五十卷, 黎字 函音釋으로서 第五十一~六十卷, 首字 函音釋으로서 第六十一~七十卷, 臣字 函音釋으로서 第七十一~八十卷을 수록하고 있다. 體裁는 縱 30.2糎, 橫 11.0糎과 宮內廳 書陵部에 소장되어 있는 高山寺 舊藏本 宋版『華嚴經』보다 크다.

高山寺本『新譯華嚴經音義』의 音注가 어느 쪽에 많이 의거하고 있는가는, 표1과 표2를 참고해 하여볼 때 宮內廳 書陵部에 소장되어 있는 高山寺 舊藏本 宋版『華嚴經』에 의거하는 성도가 높은 것으로 보인다. 이것은 내용상의 우위라기 보다는 宮內廳 書陵部에 소장되어 있는 高山寺 舊藏本 宋版『華嚴經』이 컴팩트하여 音注를 발췌하기에 편리하였기 때문이 아닐까 생각된다. 만약 이러한 추정이 타당하다고 한다면, 字書와 音義의 편찬을 검토할 때 재료가 된 서적의 체재(體裁)와 크기가 중요한 요소라고 볼 수 있을 것이다.

參考文獻

池田証壽(1980),「上代의 仏典音義와 玄応의 一切経 音義—大治本 新華嚴経 音義와 信行大般若經 音義의 경우—」『國語國文研究』 64호

北海道大學 國語國文學會.

池田証壽(1986),「新譯華嚴経 音義 私記의 性格」『國語國文研究』 第75호 北海道大學 國語國文學會.

池田証壽(2003a),「圖書寮本 類聚名義抄와 東宮 切韻의 關係에 대해서」,『訓点語와 訓点 資料』第111輯 訓点語學會.

池田証壽(2003b),「高山寺藏『高山寺聖教目錄』(寬永本)에 대해서」,『平成十四年度 高山寺 典籍文書 綜合調査団 研究報告論集』, 高山寺 典籍文書 綜合調査団.

池田証壽(2005a),「宮內廳 書陵部에 所藏되어 있는 高山寺 舊藏本 宋版 華嚴経 調査報告(一)」,『平成 十六年度 高山寺 典籍文書 綜合調査団 研究報告論集』, 高山寺 典籍文書 綜合調査団.

池田証壽(2005b),「高山寺藏 新譯華嚴経 音義와 宮內廳 書陵部藏 宋版 華嚴経」,『日本學 敦煌學 漢文訓讀의 新展開』, 石塚晴通教授 退職記念會 編 汲古書院.

石塚晴通(1998),「唐本一切経 目錄書誌 解題」,『明惠上人資料第四』, 東京大學出版會.

宮內廳書陵部(1952~1986),『和漢図書分類目錄』, 宮內廳 書陵部.

宮內省図書寮(1930),『図書寮漢籍善本書目』, 宮內省図書寮.

小助川貞次(1990),「上野本漢書楊雄伝의 聲点에 대해서」,『國語國文研究』 第86호, 北海道大學 國文學會.

小林芳規(1967),『平安 鎌倉 時代에 있어서 漢籍訓讀의 國語史的 研究』, 東京大學出版會.

小林芳規(1978),「新譯花嚴経音義私記解題」,『古辭書音義集成第一卷 新 譯華嚴経音義私記』汲古書院

白藤礼幸(1983),「解說」, 高山寺 典籍文書 綜合調査団.

築島裕(1964),「中古辭書史小考」,『國語와 國文學』 第41卷 第10호, 東京大學 國語國文學會.

高山寺典籍文書綜合調査団(1973),『高山寺経藏典籍 文書目錄 第一』, 東京大學出版會.

高山寺典籍文書綜合調査団(1983),『高山寺古辭書資料第二(高山寺資料叢書第十二冊)』, 東京大學出版會.

高山寺典籍文書綜合調査団(1985),『高山寺経藏古目錄』, 東京大學出版會.

高山寺典籍文書綜合調査団(2002),『續高山寺経藏古目錄』, 東京大學出版會

德永良次(2002),「高山寺 経藏의 古目錄에 대해서―『禪上房書籍欠目錄』와
　　　　　　『法皷臺聖敎目錄』―」,『北海學園大學人文論集』第22호.

德永良次(2005),「高山寺 初期에 있어서 聖敎의 保管과 整理―古目錄을 根據
　　　　　　로 하여 ―」,『訓点語와 訓点資料』第114輯, 訓点語學會.

沼本克明(1980),「高山寺藏 字音資料에 대해서」,『高山寺典籍文書의 研究』,
　　　　　　東京大學出版會.

松本光隆(1986),「漢書楊雄伝 天曆二年点에 있어서 訓讀의 方法」,『國語學』
　　　　　　第128集, 國語學會.

水谷眞成(1994),『中國語史研究―中國語學과 인도학과의 接点―』, 三省堂.

水谷眞成(1954),「仏典音義書目」,『大谷學報』第28卷 第2호, 水谷(1994)所收

三保忠夫(1974),「大治本新華嚴経音義의 撰述과 背景」,『南都仏敎』第33호.

山田健三(2005),「漢譯版 経附載音釋에 관한 基礎的 研究」, 平成15 · 16年度
　　　　　　科學研究費 特定領域研究「東아시아 出版文化의 研究」公募研
　　　　　　究報告書(과제번호 15021213).

湖林博物館(1988),『湖林博物館所藏初雕大藏経調査研究』, 財団法人 成保文化
　　　　　　財団 韓國서울.

鄭在永他(2003),『韓國角筆符号 口訣資料와 日本訓点資料연구』, 태학사, 韓國
　　　　　　서울.

李丞宰(2003),「周本의『華嚴経』卷第五十七의 書誌와 角筆符点口訣에 대하
　　　　　　여」, 鄭在永他(2003)所收

번역 : 김양숙(北海道大學 大學院生)

韓國 古文獻의 特徵과 高麗時代 出版文化

南權熙*

1. 머리말

古文獻은 기록과 기록물이란 측면에서 과거의 사상과 문화를 후대로 이어주는 교량적인 매체역할을 하여 왔으며 특히 한국의 출판 및 인쇄문화는 목판이나 금속활자를 이용한 인쇄문화면의 인류문화사에서 그 기반을 제공하는 중요한 논의 대상이 되어왔다.

統一新羅時代의 木板印刷術과 製紙術의 발전을 더불어, 高麗時代의 大藏經을 비롯한 佛敎文獻의 간행, 朝鮮時代의 儒學書籍이 국가적인 중심인 가운데 왕실과 각 지역 사찰에서의 佛敎文獻의 간행, 이를 지원하기 위한 다양한 金屬活字, 木活字의 鑄造와 印刷方法의 고안과 개량 등 시대별로 특징을 가지고 발전하여 왔다.

특히 高麗時代에는 佛敎國家로서의 이념과 맞물려 각종 佛經의 刊行과 功德이 깃든 金이나 銀으로 된 寫經의 제작, 大藏經의 板刻과 같은 거대한 국가사업으로서의 기록정비가 이루어졌으며 현존 세계 최초의 金屬活字 印本인「白雲和尙抄錄佛祖直指心體要節」이 지방의 사찰에서 인출되었을 정도로 시대를 앞선 다종다양한 인쇄기술을 보유하고 있었다.

* 慶北大學校 사회대 문헌정보학과 교수.

따라서 韓國의 古印刷와 出版文化의 특징을 언급하기 위해서는 그 始原과 발전의 분수령이 되었던 高麗時代를 대상으로 당시의 筆寫本, 木板本, 金屬活字本 등의 관련 자료를 살펴보는 것이 필수적 과정인 까닭에 이 연구에서는 韓國 古文獻의 형태와 내용면에서의 일반적 특징을 다루고 구체적으로는 각 자료의 형태별 분석에서 언급하였다.

高麗時代 記錄·出版文化에 있어서 빠뜨릴 수 없는 전제조건은 고대로부터 이미 中國에서 전파된 漢字와 이를 기록한 碑文, 金石文, 古墳의 壁畵나 遺物에 쓰여지거나 새겨진 기호로부터 文章에 이르는 초기의 記錄文化段階가 있었다는 점이다. 이후 中國에서 각종 서적이 流入되고, 記錄媒體의 普及과 流通의 필요성이 제기되면서 독자적인 板本을 만들어 多量으로 기록을 재생산하는 단계에 이르게 되었다. 이러한 발전은 먹(墨), 붓(筆), 종이(紙)와 인쇄기술이 일정수준에 도달하게 되었음을 의미하며 그 결과 현존 최고의 목판본으로 慶州 釋迦塔에서 발견된 8세기 統一新羅時代의 「無垢淨光大陀羅尼經」 등으로 나타났다. 특히 고려시대는 인쇄기술발달의 전제조건들과 불교국가로서의 이념과 체제정비, 여러 학문분야의 발달 등의 요인이 국가, 사찰, 개인별 문헌 수요의 창출로 이어져 인쇄사적 측면에서 눈부신 발전을 이룩하였던 것이다. 또 文獻의 形態的 發展 段階라는 측면에서도 高麗時代는 卷子本, 折帖本, 蝴蝶裝, 包背裝 및 그 후에 線裝本의 이어지는 대부분의 유형이 망라되었던 시기이므로 각 유형별의 특징을 개괄적으로 살펴보기 용이하다.

여기서는 韓國 古文獻의 일반적인 특징과 흐름을 바탕으로 高麗時代의 찬란한 佛敎文化를 記錄과 記錄物들의 유형과 시대에 따라 나누고 가장 기본적인 형태적 특색을 살펴보았다.

2. 韓國 古文獻의 特徵

三國時代로부터 高麗, 朝鮮時代에 이르기까지 古文獻의 형태는 韓·中·日 東北亞 三國은 같은 漢字文化圈의 영향아래 시대별로 비슷한 모양을 유지하고 변천과 발전의 단계도 같은 과정을 거쳐 왔다. 한국의 고문헌들은 중국과의 빈번한 교류에 의하여 여러 주제에 관련된 저술이 유입되고 그에 따라 내용이 수록된 매체로서의 책이나 자료들을 접하게 되어 두루마리 형태의 卷子本, 병풍형태의 折帖本, 실로 묶은 線裝本 등으로 기능과 목적에 맞게 나름대로 변용되었다.

線裝本이 등장된 이후 현존하는 가장 많은 책들이 만들어진 朝鮮時代 간행의 韓國版 變遷의 특징은 학자들에 따라 시대별 구분 방법이나 특징적인 요소의 설명에는 각기 다른 기준이 있을 수 있지만 시기별로 네 단계로 나누어 볼 수 있다.

① 15세기 초~16세기 말

이 시기의 刻板은 後代의 것에 비해서 字體 등이 雄勁한 모습을 나타내고, 刻工 등에서도 후기의 것보다 그 정돈된 상태가 그다지 좋지는 않으나 나름대로의 특징이 있다.

그러나 전체적으로 高麗時代의 것에 비해서는 書體나 版式, 板刻術, 印出狀態 등 모든 면에서 정제되지 못한 느낌이 있다.

② 17세기

이 시기의 板本은 전란으로 인한 정치·사회·경제적인 급변의 시기였던 까닭에 版式에 있어서도 여러 가지의 변화 양상을 보여준다. 壬亂前에 유행하였던 판식중의 하나인 黑口本이 없어지거나 일부 책에

서는 몇 장씩 혼입되는 현상과 3葉(6瓣)의 魚尾形式이 1-3葉으로 숫자
면이나 위치면에서 혼재되어 있다.

③ 18세기~19세기 초

肅宗년간에서부터 純祖 초기까지 주로 18세기에 해당하는 시대는
康熙, 乾隆에 이르는 淸朝 文物의 隆盛한 영향을 받은 官板의 全盛期로
서 글자의 크기와 書體 등이 다양하고, 刻板의 기술은 정교하고 세밀
하여 쓰며, 그 印出에서 用紙와 製本에 이르는 모든 출판의 기술영역에
서 정점에 달한 시기로 볼 수 있다. 書院版이나 私版 또한 모두 이런
풍조를 따랐기 때문에 매우 화려하고 아름다운 시대였다고 할 수 있을
것 같다. 그러나 寺刹版은 다른 시기에 비하여 상대적으로 후퇴한 느
낌을 준다.

④ 19세기 중·후반~20세기 초

앞 시기의 다양한 面貌는 남아 있지만, 그 판각의 기술이나 裝訂 등
에 있어서는 상당히 退步하고 中國 書籍의 영향을 받은 판식과 모방하
는 판식이 성행하던 시기이다. 특히 20세기 초에서는 지방에서 지역
士族들의 文集이나 族譜를 간행하기 위한 木活字 印刷術이 성하였고
석판인쇄술의 보급으로 문집과 족보 등이 이 방식을 채택하는 비율이
계속 높아져갔다. 목활자 인쇄술의 경우 영남지역에서는 尙州, 山淸,
陜川 등에서 1960-70년대까지 앞 시기의 기술을 이어 개인문집, 시집
등을 간행하였다.

이와 같은 간행서적의 형태와 내용의 변화를 通時的, 共時的 흐름의
관점에서 개별 책들을 중심으로 살펴보고 이를 바탕으로 책을 구성하

는 요소별로 정리하면 다음과 같다.

2.1. 冊의 크기

삼국시대와 고려 중기까지는 卷子本 형태가 주를 이루기 때문에 휴대나 보관의 측면에서는 그리 문제가 되지 않았다. 그러나 펼쳐 보고 공부하는 열람이라는 관점에서 대단히 불편하여 이후 절첩본으로 발전되었지만 또 다른 보존관리라는 측면에서 단점이 노출되어 이를 극복할 목적으로 한 쪽을 고정시키는 包褙裝과 線裝本으로 변형되었다.

이러한 변천과정에서 책의 전체 크기로 볼 때 당시 문헌들의 가로와 세로의 비율은 후대인 조선시대에 만들어진 책과 비교할 때 상대적으로 세로가 긴 편이었다. 그 이유는 高麗時代 중기이후의 책은 이전 시기에 유행된 折帖本에서 유래되어 권자본이나 절첩본의 기본 단위가 되는 1장이 처음에는 22-23행, 많게는 30행이 되었으며 이를 4등분으로 접어 만든 절첩본은 세로가 상대적으로 긴 형태였기 때문이다. 즉 절첩의 한 면은 4-6의 行數로 이루어졌으며 麗末鮮初에 線裝本으로 변하는 과정에서 折帖 두 면이 합쳐져 8-12행까지 한 면에 포함되었다. 그러나 高麗末 元과의 교류에서 趙孟頫의 松雪體가 유입되어 서체의 유행에도 영향을 끼쳐 단위 글자로 볼 때 歐陽詢體보다는 가로가 넓어지고 굵어진 관계로 行數는 줄어들었지만 전체적인 비율은 늘어나게 되어 書體의 선호 등이 동북아 삼국 중에서 형태적으로 비교적 큰 책을 만드는 경향으로 발전되었다.

한편 책의 크기는 그 수록하고 있는 주제나 용도에 따라서 대소와 두께의 차이, 장정의 차이까지 영향을 주어 王室과 官에서 사용돠었던 책은 상대적으로 크고 장정도 호화롭게 꾸며져 품위가 느껴지는 것들이 많았다. 또 휴대용 地圖冊, 韻書, 喪禮書 등 항상 손쉽게 볼 수 있도록, 즉 시를 지을 때 韻字를 참고하거나, 의식을 치를 때 잊지 않도록 몸에 지니거나, 이동 중에도 지니고 다닐 수 있는 필요한 책들은 작고 다루기 쉽게 만들어져 유통되었다.

2.2. 編綴의 方法

卷子本, 折帖本에서 인쇄된 낱장물의 끝을 풀로서 연결하던 방법이 包背裝本으로 변천되면서 낱장을 겹치고 합한 뒤 책의 등을 천으로 감싸는 방법으로 제본하였다. 이 때 여러 장으로 겹쳐진 인출된 冊張들이 흩어지는 것을 방지하기 위하여 書腦 부분에 5~11개(5, 7, 9, 11)의 구멍을 뚫고 종이 심지(紙念)를 만들어 박고 'I'형태로 아래 위에서 못머리처럼 두드려 끝을 늘리고 넓힌 다음 고정시켜 빠져나오지 못하게 하였다. 그러나 朝鮮 太宗 무렵까지 계속되던 이런 제본의 방법은 安心寺 간행의 「妙法蓮華經」 등까지 볼 수 있으며 이후 16세기 가 되면 2-3곳에 인접된 두 針眼을 뚫고 'U'자 형태로 종이심지를 끼운 후 매는 방식으로 바뀌어 구한말까지 계속되었다. 이러한 개선된 방법은 종이심지의 수를 줄이면서도 더 튼튼하고 견고한 제본을 유지할 수 있어서 전자의 방식보다는 훨씬 편리하고 효과적인 방법이었다.

따라서 표지에 외관상 나타나는 실매기는 앞뒤표지를 책의 본문과 합치는 기능이 주목적이며 책 전체의 편철에는 보조적인 기능을 할 뿐이었다. 그러나 청색표지에 흰색의 실, 황색표지에 적색의 실, 옥색, 연두색 표지에 진한 청색의 실의 사용에 보듯이 표지 색과 끈의 색상 조화가 고려된 미적인 아름다움도 포함하고 있다.

2.3. 表紙 製作의 方法

冊의 表紙는 종이, 베, 비단 등의 材料를 사용하여 冊의 本文을 잘 保存하고, 外觀을 꾸미며, 記錄을 통해서 冊을 識別할 수 있도록 하는 機能을 지닌다.

종이로 冊表紙를 만들기 위해서 한지에 치자물을 들이고 잘 건조시켜 여러 장 褙接을 하였다. 치자물은 冊의 색깔을 아름답게 하고 좀이 쓸지 않도록 하는 역할을 한다. 褙接한 종이를 菱花板 크기에 맞추어 裁斷한 다음 종이에 물을 뿌린 후 菱花板위에 놓고 菱花板 紋樣이 드러날 때까지 두드린다. 이렇게 菱花紋을 누른 이유는 여러 장 褙接한 종이들을 서로 密着시켜서 表紙를 좀 더 단단하게 만들어 本文을 保護하고 여러 가지 紋樣으로 裝飾함으로서 外觀을 아름답게 하는 역할을 한다. 그리고 菱花紋이 드러날 때까지 서로 密着시킨 다음 蜜蠟으로 문지르고 잘 말린 후, 인두로 다려서 蜜蠟이 종이에 배이도록 한다. 蜜蠟이 종이에 배여들면 表紙가 좀 더 堅固하여 지며, 수분에 잘 견디고 오랫동안 保存할 수 있게 된다. 마지막으로 적당한 크기로 裁斷하여 네 귀를 접어 손질하고 表紙의 안쪽에 종이를 덧붙여서 褙接하는데 이는 表紙를 더 두껍게 하고 튼튼하게 한다. 이렇게 褙接하는 종이는 白紙를 사용하는데 종이의 생산과 사용에 여유가 없을 때에는 한번 사용한 종이를 재활용하기도 하였다.

한편, 古書表紙에 새겨진 菱花紋이라 불리는 表紙紋樣은 時代別로 다양하게 流行되었다. 이러한 紋樣은 儒敎·佛敎 등 冊의 主題나 內容과는 관련 없이 이용되었으며 朝鮮 前期의 연꽃·국화를 포함한 작은 花紋으로부터 15~16世紀 연꽃·보상화문에 七寶가 포함되어 가장 대표적인 전형을 이루게 되었다. 또 작은 새와 물고기가 포함된 무늬도 간

혹 보인다. 임란후 보상화문이 없어지고 主題무늬는 形態的으로 작아
지면서 연꽃문양에 부수된 七寶도 점차 없어지는 傾向을 띠고 연꽃도
바탕선으로 表現되거나 디자인화하는 추세로 나타났다.

그러나 17世紀에는 매우 다양한 소재가 등장하여 七寶·八寶·雜
寶·圓形·덩굴무늬 등이 나타나고 18世紀末에서 19世紀初까지 연꽃
의 테두리만을 굵은선으로 처리하고 보상화문을 없앤 무늬가 주종을
이룬다. 또 이와 같은 時期에 '卍'자가 등장하여 독립적으로 쓰이거나
七寶와 연꽃·천도 등과 複合된 形態로 나타나기도 하였으며 四方連續
의 定型化된 形態가 틀을 잡게 되었다. 19世紀末에서 20世紀初 까지는
다시 多樣한 形態로 나타나 대담한 獨立紋樣으로 국화·나비·龍·鳳
凰·文字에 이르기까지 纖細하고 完熟된 정제의 이미지는 없으나 여러
가지 수복 등 상징성을 띤 紋樣을 보여주고 있다.

2.4. 紙

통일신라때의 「無垢淨光大陀羅尼經」과 「華嚴經」에서 잘 알려진 것
과 같이 당시 寫經을 목적으로 만들어진 종이는 닥나무를 기를 때부터
온갖 정성을 들였으므로 희고 좋은 품질의 우수한 書寫材料가 될 수
있었다. 그 중 冊紙로 쓰이는 종이는 발로 뜬 후 도침 즉, 두드리고 문
지른 까닭에 표면이 매끄럽고 광택이 난다.

한편 11세기에 완성을 본 初雕大藏經은 국내외의 전존본을 조사해
볼 때 여러 종류의 다양한 품질이 있으며 이는 닥과 함께 섞인 材料간
의 차이와 종이의 두께, 밀도 등에 의하여 달리 나타난다. 문서의 경우
는 종이의 물리적 요소들이 시대별, 지역별의 영향이 균정하게 나타나
지 않지만 冊紙의 경우는 대체적인 흐름을 알 수 있다. 그 한 요소로서

가로발을 유지해주는 세로발끈의 폭이 高麗에서 朝鮮初期까지는 넓게 유지되다가 점차 줄어드는 경향을 보이다가 17세기에 이르면 1.5센티 정도로 줄어드는 현상을 볼 수 있고 16세기초인 中宗年間에는 冊張의 한 면 가운데 두 장을 이은 표시가 나는 冊紙를 간혹 볼 수 있어서 이는 많아진 수요에 대응하는 절약책 중의 하나일 것으로 추정된다. 그 밖에 冊紙의 부족을 해결하기 위하여 이미 처결·파기된 公文書의 뒷면에 木版本을 찍어낸 것이 16세기 중후반에 간혹보인다.

14세기 후반부터의 현존본을 살펴보면 지질은 두꺼워지고, 거칠고, 여러 재료가 혼합되거나 不純物 섞인 종이가 자주 보이고 이러한 현상은 조선 초기까지 계속되었다.

冊紙의 경우 世宗대부터 中國의 華紙와 日本의 倭紙 제작법을 받아들여 製紙法을 개선하고, 각종의 재료를 이용한 새로운 종이도 용도와 목적에 따라 개발되어 刊經事業으로 늘어난 수요 때문에 노란 빛을 띤 얇은 닥종이로 찍은 불경들도 많았다. 세조때의 刊經都監에서 간행된 책은 볏짚을 많이 섞어 만든 藁精紙가 많고 그 藁精紙 중에 간혹 흰 색의 닥종이도 포함되어 있었다. 책의 간행을 위한 책지의 생산은 주로 兩南地方을 대상으로 닥나무를 키우고 종이로 만드는 제지업이 성해졌으나 壬亂後 어려운 경제사정 속에서 여러 寺刹에 부과된 지나친 製紙의 양으로 인한 많은 弊端이 발생되기도 하였다.

2.5. 寫經

寫經은 닥나무 종이의 바탕에 천연염료로 염색을 만든 紺紙나 麻紙에 金泥나 銀泥로 글씨를 정성들여 써서 발원자의 공덕을 밝히고 내부의 장식 그림을 그리며 표지를 호화롭게 장엄하여 눈에 띄게 하였다.

본문에 쓰여진 書體는 현존하는 자료로 살펴보면 統一新羅, 高麗初期의 墨書 寫經들은 분방하면서도 筆劃이 활달한 寫經體로 쓰여졌다. 이후 책에 대한 수요가 증가하고 이의 충족을 위한 木板印刷術이 발달함으로써 板本類에서 점차 歐陽詢體로 통합되는 경향으로 나타나다가 고려말에 들어서는 趙孟頫의 松雪體로 바뀌는 경향이 짙게 나타난다.

형태면에서 길이는 1장을 겹쳐 연결된 형태로 한 권이 끝나는 부분에는 두루마리를 마는 기능의 축이 있고 앞부분에는 내용을 보호하고 장엄하는 표지가 있다.

현존본들로 볼 때 高麗時代 후기에 만들어진 寫經은 주로 진한 紺紙나 麻紙 바탕에 金泥과 銀泥로 글을 써 이루어진 것이 많으며 朝鮮初期의 것은 수량이 많은 편은 아니지만 搗砧이 잘된 白紙에 金沙로 쓴 「妙法蓮華經」 등의 佛經이 일부 남아있다.

寫經이 많이 이루어진 經典은 法華經과 華嚴經 등의 주요 경전이 많지만 14세기 초중엽 즉 元의 간섭기에는 국가의 주도하에 大藏經을 金과 銀으로 寫成하여 金字大藏, 銀字大藏을 만들었다. 또 이 시기에는 권신들에 의하여 眷屬들의 消災와 福壽無疆을 비는 개인과 가문의 祈求가 담긴 사경들이 만들어지기도 하였다.

2.6. 活字本

주지하고 있는 바와 같이 直指로 대표되는 高麗時代의 金屬活字 印刷術은 쿠텐베르그의 서양활자와 비교할 때 현존 인쇄물로는 70여년 먼저 만들어진 것이며 蒙古의 침입으로 옮긴 江華島 政府때 번각된 「南明泉和尙頌證道歌」의 최소한 기록을 비교할 때도 1세기이상의 차이를 보이는 빠른 시기의 출판활동이었다. 13-14세기에 걸친 중앙과

지방에서의 보편화된 金屬活字 印刷術은 活字의 鑄造나 組版과 印出技
術에 이르기까지 초보적인 수준을 벗어나 본격적인 출판활동의 단계
로 진입하였다.

高麗의 金屬活字 印刷機術은 朝鮮初期로 이어지면서 錄券, 大明律(直
解) 등 木活字本의 출현과 1403년에 鑄造된 金屬活字 癸未字의 鑄造는
안정된 정치상황과 더불어 학문과 문물제도 정비가 본격적 궤도에 올
랐던 世宗代의 庚子字, 甲寅字, 丙辰字로 이어지는 金屬活字 鑄造와 조
판·인쇄 기술의 기초가 되었다.

국가적 필요성과 지원사업으로 추진된 書籍刊行과 印刷事業은 여러
가지 재료를 사용하여 활자를 주조하거나 글자의 크기를 책의 용도에
맞게 주조하거나 조판의 형태와 방법을 개선하는 계기를 제공하였다.
이를 몇가지 범주로 나누어 보면 다음과 같다.

① 書體의 多樣性 ; 歐陽詢體, 松雪體(甲寅字體, 安平大君字體)
② 活字의 크기와 종류 ; 漢字活字(大, 中, 小), 한글활자
③ 活字의 材料 ; 銅, 鉛, 鐵, 土·陶磁活字
④ 鑄造方法 ; 蜜蠟鑄造法, 鑄物沙鑄造法
⑤ 組版方法 ; 組立式, 固着式, 邊欄의 固定과 組立

이와 같은 活字印刷術의 발달은 16세기에도 지속적으로 되었다가
壬辰倭亂 등의 전쟁으로 황폐화되었으나 17세기 후반부터 다시 文藝振
興의 기틀을 잡고 18세기 후반의 正祖에 이르러 活字 印刷와 관련된
여러 분야가 눈에 띄는 발전을 보게 되었다.

2.7. 木板의 板刻과 刊行部數

책이 간행된 시대나 지역, 주제를 막론하고 대부분의 출판방법은 木板으로 새겨 찍어내는 방법이었고 그 선호도에 있어서도 왕실과 관련된 책이나 聖賢의 言行이나 유명학자의 저작을 간행하는 방법에서 우선적으로 고려된 내용은 活字보다는 木板이나 유명 書寫者가 직접 써서 책을 간행하는 것이었다. 이는 아름다운 筆跡의 收錄과 오래도록 보관하여 후손들로 하여금 볼 수 있도록 할 목적이었으나 목판제작과 인출에 소요되는 경비가 막대하여 부담이 되므로 後期에 와서는 지방에서 민간 木活字가 만들어져 손쉽게 상업 출판에 활용되었다. 이러한 상황속에서 간행된 책의 부수는 高麗, 朝鮮時期를 분리하여 생각할 수는 없지만 대개 50-100부를 기준으로 文集 등은 300부까지의 기록이 있고 예를 들어 국가적인 목적인 忠孝를 강조할 목적이나 민중들의 풍속을 교화할 의도를 가진 저술의 경우는 「三綱行實圖」와 같이 2900부나 인쇄하여 전국적으로 배포되었던 경우도 있었다.

책의 간행에 소요되었던 시간은 동원된 인력과 분량, 부수 등에 따라 차이가 있지만 각종 기록에 의하면 冊板을 새기는 기술자인 刻手는 1板을 새기는 데 평균 3일이 소요되었고 寫本의 책을 만들 때 筆寫者 1日 평균 3張을 쓸 수 있는 것으로 나타난다. 그러나 이 역시 熟練度에 따르며 전국적으로 기능이 우수한 각수들은 중앙까지 알려져 있어서 중요한 일에는 수시로 교대·동원되기도 하였다.

2.8. 刊行場所 및 主題

책이 만들어진 장소와 주제는 상호 밀접한 관계가 있어서 佛經은 주로 寺刹에서 간행되었고 역사, 법률, 경제류 서적과 교육을 목적으로 한 儒家書籍 및 四書五經類는 국가중앙기관에서 編纂, 刊行되었으며 個人 文集이나 그 밖의 著述들은 書院, 鄕校 등 각종 단위에서 필요에 의하여 수시로 간행되었다.

그 중 書院板은 書院에서 輩出된 先賢에 대한 추모로서 그 遺稿를 출판한 것인데, 그것이 곧 그 書院의 權威와 傳統을 빛내 주는 것이 되었다. 그러나 書院板이란 이런 것 외에도 기능면에서 교육기관이기도 했기 때문에 필요한 敎材를 활발히 출판하였다. 흔히 지방 교육기관인 鄕校에서는 初級 敎材인 千字文과 그 다음 단계인 童蒙先習, 唐音, 通鑑 등을 교육했고, 書院에서는 주로 經書를 교육한 까닭에 그런 종류의 책들이 끊임없이 출판되었던 것이다.

한편 중앙과 지방정부 주도하에 책을 출판하여 士大夫와 필요한 일부에게 배포한 것 외에도 讀者의 需要에 따라서 市場에서 출판한 坊刻本이 있어서 소량으로 판매되었으며 비록 官에서 간행된 책과 비교할 때 기술수준은 낮았지만 필요한 사람들의 요구에 부응하여 자생적으로 만들어진 측면에서 높이 평가된다. 즉 少量으로 간행된 坊刻本의 주제는 공부방 즉 書堂에서 쓰던 千字文, 童蒙先習, 十八史略, 四書 등이 중요한 것이고, 그 밖에 詩, 書, 易, 小學과 같은 것도 수시로 간행되었다.

2.9. 飜刻本과 版式

조선시대 간행의 문헌들에서는 고려로부터 전통적으로 전해지던 형식 즉 불교 경전에서 볼 수 있었던 卷子本, 折帖本의 변형된 형태가 15세기까지 유지되고, 개국과 더불어 새로운 국가 이념인 性理學을 바탕으로 한 유교사회 구현을 목적으로 중국으로부터 四書五經類를 수입하여 이를 번각하고 각 지역에 보급함으로써 새로운 시대에 부합하는 교육과 인재양성의 목표를 이루고자 하였다.

이러한 과정에서 중국에서 折帖本 형태로 간행된 22-30行의 한 張 단위는 한 面에 4,5,6행으로 접혀져 있고 이 목판본을 수입한 뒤 보급·유통시킬 목적으로 뒤집어 새기고 책을 간행할 경우 全匡 단위로 매겨진 張次와 板首題가 包褙裝이나 線裝本의 단위 면으로 바뀔 때 그 위치가 임의대로 바뀌게 된다. 따라서 線裝本의 면수 표시와 중복되고 서로 맞지않은 혼란스러운 상태로 번각되어 있는 경우도 많다. 그러한 예로 「梵網經」과 「佛說大報父母恩重經」 등을 들 수 있다.

한편 四書五經類의 경우는 기본적인 판식체제는 유지되지만 行間의 句讀點이 飜刻 板本에 따라 없어져 16세기 이후의 판본에서는 板刻의 상태도 나빠지고 새겨진 글자의 자획이 둔해지고 精巧度가 떨어진다.

특히 佛敎書 중 宋版 飜刻의 경우에 나타나는 특징들을 살펴보면,

① 上版口 內에 한 면에 새겨진 글자 수(大, 中, 小)가 표시되어 있고,

② 下版口 內에 刻手의 표시가 있으며(楞嚴經, 大藏一覽集),

③ 上下魚尾가 폭이 좁으면서 아랫부분은 두 곳에서 꺽어진 二重弧의 모양과,

④ 下版口 內 黑口 부분 小圓点과 연결된 絲黑口가 있고,

⑤ 佛經의 경우 魚尾가 없거나,

⑥ 上下單邊, 左右雙邊의 邊欄을 가진 판이 많다.

또 元版 飜刻의 경우는,

① 판 전체적으로 글자의 배열이 꽉 들어찬 느낌을 주고,

② 版心에 上下의 黑魚尾외에 중단부근에 魚尾가 하나 더 있는 경우도 있다.

한편 明版 飜刻의 경우는,

　① 四書五經類는 句讀点, 聲榜点을 充實하게 반영하고 있고,

　② 上下版口에 긴 大黑口가 많다.

이와 같은 중국본의 飜刻 이외에도 飜刻을 필요로 하는 경우는 책이 간행된 후 이미 殘本이 없어지거나 수요가 재창출되어 다시 간행의 필요를 느끼는 경우와 중앙에서 활자본으로 소량을 간행하고 이를 지방의 여러 곳에서 배포한 뒤 목판으로 번각하여 다량의 복본을 만들어 해당 지역에 배포한 경우도 있다.

이러한 번각본의 경우 형태적으로 底本과 비교할 때 각 장에서 邊欄의 크기가 작아진 경우를 자주 볼 수 있다. 이는 나무를 잘라 찌고 말린 후 목판에 새기고 먹을 발라 인출한 뒤 건조되는 여러 과정 중에서 목질의 섬유소 부분의 수분이 증발되어 수축되는 관계로 전체적으로 줄어드는 현상이 생기기도 한다.

2.10. 避諱

高麗時代의 佛敎, 儒敎 서적에서는 역대 왕들에 대한 避諱가 比較的 지켜지고 있었으나 初雕大藏經과 再雕大藏經의 경우 宋 太祖와 관련된 諱에 대한 적용이 있으나 불규칙적으로 지켜지고 있다. 中國의 원본들을 바탕으로 飜刻하거나 다시 간행해내는 과정에서 이러한 변화가 있으며 原本을 대상으로 충실하게 새겨내었을 경우와 아니면 정확한 校正에 의하여 의도적으로 避諱를 없앤 경우라 할 수 있을 것이다.

3. 寫經

3.1. 寫經의 意義 및 特徵

寫經이란 부처님의 말씀을 문자화한 佛敎 經典을 베껴 쓴 것을 말하며 佛敎의 전래를 목적으로 베껴 쓴 貝葉經에서 그 유래를 찾을 수 있다. 사경 제작은 엄숙하고 장엄한 의식 절차에 따라 단순 필사가 아니라 신앙의식으로 행해졌는데 현존하는 8세기 新羅에서 만들어진 華嚴經의 卷末 기록에 그 과정이 잘 나타나있다. 먼저, 寫經할 종이로 쓸 닥나무는 재배할 때 나무뿌리에 향수를 뿌리면서 키워 사용하였으며 寫經의 제작에 참여하는 사람은 모두 菩薩戒를 받고 반드시 향수를 사용하여 목욕을 하였다. 寫經할 때에는 두 명의 青衣童子가 灌頂針을 받들며 네 명의 伎樂人들이 연주하는 가운데 한 사람은 향수를 길에 뿌리고 또 한 사람은 꽃을 뿌리며 한 법사는 香爐를 받들고 또 한 法師는 梵唄를 부르며 인도하였다. 이 뒤를 여러 筆師들이 각기 향과 꽃을 받들고 불도를 행할 것을 念하면서 寫經所에 도착하면 三歸依를 하면서 세 번 반복하여 예배하고 불, 보살에게 「華嚴經」등을 供養하고 자리에 올라 寫經하였다. 寫經을 마치면 經의 심을 만들고 佛·菩薩像을 그려 莊嚴하고 마지막으로 經心 안에 한 알의 舍利를 넣는다. 그러나 세월이 흐름에 따라 이러한 의식들도 변화를 거쳤으며 더욱이 木板印刷가 유행되면서 사경은 불교를 널리 알리고 유포하는 것보다는 공덕의 의미를 만족시키기 위한 裝飾經으로 발전하게 되었다.

高麗時代의 寫經은 재료와 發願者 등에 따라 그 종류가 나누어지지만 일반적으로는 쓰여진 재료에 의해서는 먹으로 쓴 墨書經, 金과 銀으로 쓴 金字經·銀字經으로 나누어진다. 발원자에 따라서는 國王發願

寫經과 個人發願寫經이 있는데 현존하는 高麗寫經의 대다수가 個人發願寫經에 해당한다. 다만 國王發願寫經은 국왕이 발원하여 전문 寫經僧에 의해서 이루어졌기 때문에 본문 글씨나 표지 裝飾과 製本 등에 있어서 個人發願寫經에 비해 그 정교함이 뛰어나다.

高麗時代에서 주로 많이 필사되었던 寫經의 종류는 木板本이나 活字本의 경우와 마찬가지로 妙法蓮華經이 가장 많으며 다음으로 大方廣佛華嚴經, 金剛經, 金光明經, 阿彌陀經, 地藏菩薩本願經, 父母恩重經, 圓覺經, 楞嚴經 등의 經典이다.

3.2. 高麗初期의 寫經

현존하는 高麗寫經 중 가장 오래된 것은 穆宗 9년(1006) 7월에 紺紙에 金字로 쓰여진 「大寶積經, 卷32」로 현재 日本의 경도박물관에 소장되어 있다. '大寶積經'이란 보배를 모아 놓은 큰 경이라는 뜻으로 인간세상의 모든 번뇌를 벗어나 열반에 들기 위한 방법적인 문제들을 담고 있다. 이밖에 2004년에야 비로소 알려진 紺紙金字經으로는 「法華經, 卷8」이 있다. 卷末에 顯宗 9年(1081) 金山寺의 重職인 成元이 發願하였다는 기록이 있으며 「大寶積經」에 이은 寫經으로 주목할 만한 것이다. 특히 일반적으로 韓國에서는 法華經이라고 하면 7卷本이 널리 유포되었다고 알려져 있는데 이 1081년의 法華經은 7卷이 아니라 8卷本이라는 점에서 무척 흥미롭다.

高麗 초기의 사경으로는 그밖에도 靖宗 12년(1046)의 묵서경 「大般若波羅蜜多經」이 있으며 「佛說度厄經」, 「佛頂心陀羅尼經, 卷下」, 「佛說長壽滅罪護諸童子陀羅尼經」이 있다. 한편, 같은 11세기의 寫經으로 文宗 9年(1055) 紺紙에 銀字로 베껴 쓴 「大般若波羅蜜多經, 卷175」가 전해진다.

이 밖에도 11세기의 墨書經으로 정확한 간행년을 알 수 없지만 실물로 전해지는 것으로는 「大方廣佛華嚴經, 卷32」와 「十地論明地, 卷3」이 있다. 그밖에도 당시에 제작된 寫經에 관한 다양한 기록이 문헌들을 통해 전해지며 이를 통해서도 高麗 初期에 여러 차례 寫經이 이루어진 사실을 확인할 수 있다.

3.3. 12~13세기의 寫經

12세기에 제작된 寫經들은 현존하여 전해지는 것보다 「高麗史」 등의 기록으로 전하는 것이 많다. 그 예를 살펴보면, 우선 肅宗 6年(1101) 4월에 임금이 日月寺에 행차하여 金으로 寫成한 「妙法蓮華經」을 慶祝하였고, 이듬해 5월에는 玄化寺에 행차하여 紺紙銀字 「瑜伽師地論」, 「顯揚聖敎論」의 寫成을 경축하였다는 기록이 있어 불경을 인쇄하는 것에 못지않게 寫經에도 깊은 관심을 보인 것으로 추정된다. 이 시기에 제작되어 현존하는 寫經으로는 우선 仁宗 13년(1135) 5월에 寫成된 것으로 추정되는 「佛說彌勒成佛經」을 들 수 있다. 이 寫經은 淸州官內의 회인현 호장 李英位가 紺紙에 金으로 寫成한 것으로 현재 일본으로 유출되어 禪岡 東長寺에 소장되어 있다.

한편 13세기의 寫經은 크게 高宗朝(1213~1259)와 忠烈王朝(1275~1308)의 것들로 나눌 수 있다. 高宗年間에 제작된 사경은 현재 국내에 남아 있는 것보다, 일본으로 유출되어 전해지는 것이 많아, 그 중 高宗 9年(1222)에 寫成된 墨書의 「大般若波羅密多經, 卷2」가 日本 京都의 南禪寺 소장으로 전해지며, 金字와 銀字가 같이 쓰인 「法華書塔」이라는 사경도 제작연대가 '己酉'라는 것 만 알려지고 있다.

이러한 국왕발원의 寫經들은 初期에는 寺刹에서 부분적으로 사성되었으나, 忠烈王朝에 들어서면, 金字院과 銀字院을 설립하여 보다 대량으로 寫成되었고 八萬大藏經의 雕板에서 기리던 護國과 王室의 安寧을 위한 공덕의 의미를 經에서 찾고자 한 것이었다. 이러한 國王發願大藏經의 寫成은 '忠'자가 이름에 들어간 임금 때 전성기를 이루었는데, 忠烈王은 집권 초기에 銀字 大藏經을 먼저 寫成하였고, 그 뒤 金字 大藏經의 寫成을 시작하였다. 뿐만 아니라 「高麗史」의 기록을 보면 忠烈王代에는 元과의 교류도 잦아서 高麗의 일류 寫經僧을 元에 보냈으며 그 이후에도 계속적으로 진행되었는바 그 징발된 高麗 寫經僧의 수는 2백여 명에 이르렀다.

3.4. 14세기의 寫經

14세기 전반에 제작된 寫經으로 忠宣王 3年(1311) 濟州牧使 崔瑞가 자기의 壽福과 돌아가신 부모의 극락천도를 위해 紺紙에 金으로 寫成한 「妙法蓮華經分別功德品, 卷17」이 전해지고 있으며 같은 해에 寫成된 것으로 현재 日本 京都博物館에 소장되어 있는 紺紙에 銀으로 된 「妙法蓮華經, 卷5」가 있다. 이 외에도 忠穆王 4年(1348)에 제작된 것으로 추정되는 橡紙에 銀字로 寫成한 「大般若波羅密多經, 卷210」이 있으며 「放光般若波羅蜜多經, 卷12」, 「佛說大方廣十輪經, 卷5」, 「等集衆德三昧經, 卷下」가 보물 959호로 일괄 지정되어 祇林寺에 소장되어 있다.

14세기 후반의 寫經으로는 우선 忠定王 3年(1351) 10월에 月城府院君 崔瀣이 부인 김씨와 함께 발원, 施財하여 紺紙에 銀으로 사성한 「金剛般若波羅密經」 1帖이 있으며, 같은 해에 銀字로 쓰여진 「彌勒成佛經」이 북한 국립역사박물관 소장되어 전하고 있다. 이밖에도 恭愍王 2年(1353)에 紺紙에 은으로 寫成한 「妙法蓮華經, 卷7」 한 질 등 많은 자료들이 日本에 남아있는 점은 안타까운 현실이다.

　이외에도 제작 연대가 불분명한 많은 寫經들이 보물로 지정되어 전해지고 있으며 이러한 寫經들은 貴族佛敎라는 高麗時代 신앙의 성격이 말해주듯 국왕과 귀족이 중심이 되어 초기에는 도읍의 主要寺刹을 중심으로 寫經되었으나 武臣이 집권한 이후부터는 국가에서 설치한 寫經院에서 행해졌다. 忠烈王 初期부터 국왕발원 金銀字大藏經의 寫成이 지속적으로 이루어졌으며 현재까지 확인된 일반 金銀字 寫經으로서 제작 연대가 확실한 것은 약 70여 건에 불과하지만, 산질되어 전해지는 것을 합친다면 그 숫자는 훨씬 상회할 것으로 추정된다.

　이와 같은 高麗時代 寫經의 특징은 紺紙銀字經이 많고 아래위 界線의 상하에 여백이 크며 안쪽에 세밀한 變相圖가 그려진 점을 들 수 있다. 표지에는 독특한 寶相花唐草紋이 새겨져 있으며 折帖裝 형태에 두꺼운 종이가 사용된 것이 많다. 또 單獨 經典으로「華嚴經」과「法華經」이 가장 많이 남아서 전해지고 있다. 이러한 특징들을 통해 高麗時代의 寫經文化는 中國, 日本과는 다른 독특한 성격을 지니고 성행하였다는 것을 알 수 있다.

4. 木板 印刷術

　木板印刷는 간행하고자 하는 著作을 筆寫하여 나무판에 뒤집어 붙이고 새긴 후 먹을 칠하고 종이에 찍어 내는 것으로 韓國 木板印刷의 起源은 1966년 慶州의 佛國寺 釋迦塔에서 발견된「無垢淨光大陀羅尼經」에서 출발한다. 釋迦塔이 세워진 新羅 景德王 10年(751) 무렵에 간행하여 塔에 安置한 것으로 추정되는 이 經은 木板印刷術의 성격과 특징을 갖춘 최초의 木板 卷子本으로, 이를 통해 먹이나, 붓과 같은 印刷術의 기본 조건들이 이때에 이미 일정수준에 도달되어 있었음 알 수 있으며 이는 곧 高麗時代 印刷術의 기반이 되었다.

이러한 新羅時代때 처음으로 시작된 板刻의 기술은 高麗 때에는 大藏經과 各種 佛經의 刊行, 朝鮮에서는 佛經 및 각종 儒家書籍, 文集 등의 간행으로 朝鮮末까지 계속해서 발전하였다. 특히 高麗時代는 인쇄발달사적 측면에서 살펴보았을 때 新羅의 木板印刷術을 이어받고 筆寫本과 活字印刷와 더불어 木板印刷는 佛敎의 융성에 따라 각종 佛經과 陀羅尼經이 인쇄를 통해서 보편화되고 中國의 五代時代 및 北宋 初期 (907-1009)의 印刷術 및 板本들이 수입되면서 더욱 발전하게 되었다.

4.1. 佛經

4.1.1. 一切如來心秘密全身舍利寶篋印陀羅尼經

印刷術의 발전과는 대조적으로 高麗는 여러 차례의 외침과 잦은 병화로 귀중한 자료와 전적이 거의 소실되고 사라졌다. 그 가운데 남아있는 일부가 탑이나 불복장에서 전존되는 인본들이고 이 중 가장 오래된 것이 바로 金完燮 소장본이었던 穆宗 10年(1007)에 摠持寺에서 간행되었던 「一切如來心秘密全身舍利寶篋印陀羅尼經」이다. 이 經은 신라의 「無垢淨光大陀羅尼經」보다 板刻이 정교하며 글자체도 균일하여 고려의 木板印刷가 고도로 발달했음을 입증해주는 실례가 된다.

經의 내용은 보협인다라니 40구의 공덕을 설명한 것으로서 이를 암송하여 받아들이면 일체여래의 偉神力과 誓願力에 의한 호념으로 모든 번뇌에서 해탈할 수 있고, 지옥에 떨어진 사람은 극락에 갈 수 있고 질병을 가진 자는 쾌유하여 생명을 연장시킬 수 있고, 각종의 難解, 공포, 저주도 물리칠 수 있으며 빈궁에 처한 사람도 헤아릴 수 없는 복리를 받을 수 있다는 내용을 수록하고 있다.

이는 木板의 卷子本 곧 두루마리본으로서 현재 전하고 있는 高麗 최고의 문화유산이며 전체적으로 볼 때 이 經은 우리나라의 서지학, 인쇄술, 미술사 및 불교사 연구에 있어서 중요한 자료가 되는 점에서 그가치가 크게 평가되며, 또한 高麗 文化의 정수인 대장경 개판사업의 기반을 확인해 주었다는 점에서 의의가 높다.

4.1.2. 11세기 간행의 佛經

이 밖에도 高麗 初期의 대표적인 木版本 佛經으로는 「金剛般若波羅蜜經」, 「佛說續命經」, 「佛說解百生寃結陀羅尼經」 등이 전한다. 「金剛般若波羅蜜經」은 소형의 折帖本 형태를 지니고 있으며 卷末의 刊記에 따르면 靖宗 8年(1042) 당시에 1천부를 찍었다는 것은 비록 經典 한 권의 분량이 많은 것은 아니나 지방에서 간행된 것으로 제법 규모 있는 板刻事業이었을 것으로 初雕大藏經이 간행되던 시기에 지방의 印刷文化를 보여주는 중요한 자료이다.

「佛說續命經」도 소형의 折帖本으로 卷末의 기록에 의하면 전 부호장 中尹의 지위를 가진 李東壽가 원주의 彌勒寺에서 木板으로 새겨 널리 배포하였던 것이다. 또 「佛說解百生寃結陀羅尼經」은 寺刹 刊行本이나 大藏經 등에서 그 서명을 확인할 수 없으며 다만 돈황의 寫經 중에 일부 확인되는 중요한 자료이다.

4.1.3. 12~13세기 간행의 佛經

12세기로 접어들어 寺院經濟가 풍요해지고 왕실, 귀족, 권신 및 부유한 개인들이 國泰民安과 功德, 追薦을 기원하는 施主佛事가 활발하게

펼쳐짐에 따라 寺刹板 간행도 점차 촉진되었다. 이 시기의 판본으로는
敎藏의 雕造를 주재해 온 義天이 돌연 발병하자 그 치유를 기원하기
위하여 肅宗 7年(1102)에 興王寺의 교장도감에서 간행된 「藥師瑠璃光如
來本願功德經」이 있으며 仁宗 3年(1125)에 합천의 般若寺에서 「釋苑詞
林」과 「圓宗文類」 250卷을 편성한 기록이 元景國師碑의 기록에 의해
추정된다. 이밖에도 12세기 간행의 「大方廣佛華嚴經」周本과 비록 단행
의 책은 아니지만 穆宗 6년(1152)에 梵學大師 道輝가 쓴 「一切如來心秘
密全身舍利寶篋陀羅尼」가 海眞寺에서 開板되었다.

13세기에 이르면 佛經의 간행이 崔忠憲 일족이 武斷政治의 토대를
구축, 세습화하면서 자신들의 護身과 壽福無疆을 위한 수단으로 변질
되어 다양한 私家板이 간행되었다. 이러한 私家板에는 개인이 발원하
여 刻板한 경전이 있는 반면 高麗에서 중요시하여 수집한 宋元本들을
공양한 기록들이 있으며 板本을 인출한 기록도 나타난다.

한편 高麗 私家板本의 佛書는 두 가지로 크게 대별된다. 하나는 무인
정권의 수뇌부가 자기 자신의 身邊保護와 壽福無疆 그리고 異變不發을
위해 발원하거나, 부하 또는 고관 그리고 친인척들을 위해 발원하여
간행한 것이고, 다른 하나는 信佛子 또는 好佛者가 일반에게 佛心을 널
리 심거나 자기 자신들의 돈독한 신앙을 위하여 개인 혼자 또는 몇 사
람이 함께 출자하여 간행한 것도 있었다. 이러한 예로 熙宗 2年~高宗 6
年(1206~1219)간의 초기에 崔忠獻과 그의 아들 瑀・珦 3父子의 護身을
위해 「佛頂心觀世音菩薩大陀羅尼經」이 간행되었고 高宗 2年(1215)에는
知訥이 지은 「看話決疑論」을 李克이 施財하여 開板하였으며 同王 3年
(1216)에는 그의 壽福無疆을 빌기 위하여 부하 金叔龍이 「佛說熾盛光大
威德金輪王消災吉祥陀羅尼經」卷子本을 개판하는 등 지배계층의 護身과
壽福無疆을 위한 다양한 佛經들이 사가에서 간행되었다.

한편 사찰에서는 熙宗 3年(1207)에 曹溪山 修禪寺에서 「六祖大師法寶壇經」과 「華嚴論節要」가 간행되었고, 같은 해 興王寺에서는 「大乘阿毘達磨雜集論疏」를 개판하였으며 同王 5年(1209)에는 普濟寺의 了悟沙門이 「永嘉眞覺大師證道歌」를 번각 인시하였다. 고종대에 이르면 「金剛般若波羅密經」(1214), 「看話決疑論」(1215)이 개판되었고 「梵書摠持集」(1218), 「梵字大藏」(1218)을 板刻하였으며 그밖에도 「天台四教儀」(1223), 「科分金剛經」(1230), 「佛說梵釋四天王陀羅尼經」(1236)을 간행하였다. 또 정확한 간행 기록은 보이지 않으나 13세기 중엽에 인출된 것으로 추정되는 天台宗 관련 經典 몇 종이 전하는 바 「圓覺類解」, 「弘贊法華傳」, 「法華文句幷記節要」가 있다. 忠烈王代에 간행된 것으로는 「妙法蓮華經觀世音菩薩普門品」(1275), 「人天寶鑑」(1290), 「大悲心陀羅尼經」(1293), 「金光明經」(1296) 등이 있다.

이와 같이 13세기로 접어든 이후 간행해 낸 佛教典籍 중에 종파 관계의 찬술서가 많은 것도 주목의 대상이 된다. 이들 종파 관계 찬술서 중 으뜸으로 손꼽히는 것이 禪宗 계통의 佛教典籍이다. 이것이 13세기 초 曹溪山 修禪社에서 그 개판이 싹터 각 寺刹로 퍼져 高麗末期까지 꾸준히 진행되어 오늘에 전래되는 불교 종파 관계 자료 중 가장 많은 부분을 차지하고 있다.

현존하는 高麗의 인본 중 初雕와 再雕大藏經, 教藏을 제외하면 寺刹版, 私家版, 官版 등으로 이루어지고 있는데, 그 중 주축을 이루는 것은 寺刹版 佛書로서 대다수를 차지하고 있다. 이와 같이 사찰은 현존하는 서적으로 볼 때 중앙과 지방의 관서보다 월등할 정도로 도서의 간행에 주력하였다고 볼 수 있다. 이는 사찰이 정쟁이나 전화의 표적에서 벗어나 보존하기 좋은 여건으로 기술을 발전시킬 뿐만 아니라 이를 유지하고 전승하는 유리한 조건인 기술과 정성, 신앙심을 갖추고 있었기 때문이었다.

4.2. 大藏經

'大藏經'이란 부처님의 말씀을 기록한 책으로 佛敎의 敎理가 기록되어 있는 經典이다. 즉 부처님이 생전에 수많은 제자와 중생들에게 한 설법과 교화내용을 문자로 기록되지 못해서 열반에 드신 후 제자들이 말씀을 기록으로 남겨야 할 필요성을 느끼게 되면서 시작된 것이다.

大藏經은 經藏, 律藏, 論藏의 三藏으로 구성되는데 經藏이란 부처님께서 따르는 제자와 일반 대중을 상대로 설파한 내용을 기록한 경을 담아 놓은 것이고, 律藏은 제자들이 지켜야 할 계율의 조항과 그 밖에 공동생활에 필요한 규범을 적어 놓은 율을 담은 것이며, 論藏은 위의 경과 율에 관하여 스님들이 이해하기 쉽게 해설을 달아 놓은 글, 즉 論을 담은 것이다. 이러한 일정한 규준 아래 집대성한 佛敎 經典들을 中國에서는 大藏經이라 하였는데 이러한 大藏經이라는 말을 쓰게 된 것은 당나라 때부터였으며 그 이전에는 衆經 혹은 一切經, 三藏經, 藏經 등으로 불리었다.

4.2.1. 初雕大藏經

(1) 背景

新羅時代부터 高麗에 이르기까지 동양에서 문명국의 위치는 불교문화의 깊이 여부에 따라 좌우되었고 그 척도는 大藏經의 간행으로 평가되기도 하였다. 따라서 北宋에서 동양 최초로 거질의 開寶勅版 大藏經이 開板되어, 8년 후인 成宗 10년(991)에 고려에 전래되었으니 불교가 국가적 신앙이었던 高麗는 이를 판각하여 문화국으로서의 면모를 갖추고자 하였다. 그러나 그 가운데 契丹의 외침이 빈번하게 일어나게 되자, 이러한 國難을 大藏經 板刻에 의한 佛力으로 타개하고자 하였다. 이와 같이 大藏經의 板刻은 문화국으로서의 위력을 이웃나라에 선양코자 했음은 물론 특히 신앙으로 당시 당면한 국난을 극복하고자 하는 발원에서 시작되었는데, 顯宗 2년(1011)무렵에 착수된 것이 바로 初雕大藏經의 板刻이었다.

初雕大藏經의 板刻에는 주로 宋本이 밑바탕이 되었으나, 한편 契丹本에 의한 것도 적지 않게 편입되었다. 契丹本은 高麗 初雕大藏經보다 늦게 遼의 景福年間(1031)에 착수되어 重熙 23년(1054)무렵까지 대체로 완성을 본 것인데, 그것이 高麗에는 文宗 17年(1063) 3월에 도입되어 初雕大藏經의 간행에 영향을 주었을 것으로 추정된다. 이러한 宋本과 契丹本에 기초를 둔 고려 初雕大藏經의 雕造時期는 남아있는 기록들로 보아 대체로 顯宗 2年(1011)부터 宣宗 4年(1087)로 보고 있다.

(2) 形態書誌學的 特性

初雕大藏經의 바탕이 되는 經典은 주로 北宋版과 契丹版이나 初雕本의 대부분이 宋本을 바탕으로 했다는 것은 주로 그 본문을 많이 받아들였음을 뜻하며, 형태적인 면에서도 영향을 많이 받았다는 것을 알 수 있다.

初雕大藏經의 첫 장에는 卷首題와 卷次 그리고 函次가 반드시 새겨져 있고 다음 행에는 造·譯者名이 표시되어 있다. 그리고 行字數는 全紙 한 張에 수록된 본문의 行數와 各行에 수록된 본문의 字數는 첫 장이 22行 14字, 그 이하의 장은 23行 14字로 되어있다. 板首題, 卷次, 張次, 函次의 표시는 國刊의 대장경은 사찰판과 달리 각 장마다 板首題,

卷次, 張次에 이어 函次가 대부분 책장의 앞에 새겨져 있는데 그 표시
위치와 표시문자의 일부가 海印寺 所藏의 大藏經과는 서로 다른 형태
상의 차이가 있다. 곧 뒤에 만들어진 再雕大藏經과 비교하면 본문의
내용이 서로 다른 부분이 많고 특히 「大方廣佛華嚴經」의 경우는 책의
편차가 달라져 50권본의 華嚴經 등이 확인되고 있다.

판각상의 특이점을 현존하는 자료들의 인출된 면으로 볼 때, 전반적
으로 나무결이나 마모의 흔적이 적은 점으로 보아 새긴 후 그리 오래
지 않아 인출된 것이 대부분이며 획이 둔해지는 않았으나 획의 부분
부분이 끊어진 곳을 종종 볼 수 있다. 이는 사용된 나무판이 성격상
외부 충격 등으로 쉽게 떨어져나가는 재질이었거나 새기는 과정 혹은
이동이나 보관관리상의 잘못으로 말미암아 떨어져 나간 것으로 추정
된다.

行字數의 특징에서 修補를 위한 補刻의 경우가 많아서 일반적으로
板刻의 修正을 위한 글자의 삽입과 삭제 등이 어려우므로 다른 판에서
字나 行을 보충하여 작게는 1行에서부터 많게는 數行에 걸쳐 새긴 다
음 埋木으로 끼운 후 인쇄하였다.

(3) 現存本

初雕大藏經의 雕造 규모에 대하여는 義天이 쓴 「寄日本國著法師求
集敎藏疏」에서 「開元釋敎錄」과 「貞元續開元釋敎錄」 등을 비롯한 송의
新譯經論을 합쳐 6천여 권이라 하였는데 그 수록 범위가 당시까지 開
板된 것 중 가장 포괄적인 漢譯 正藏이었음을 특히 주목하여야 할 것
이다. '更'함에 들어 있는 「大藏目錄」에 의해 수록범위를 살펴보면 '天'
함부터 '楚'함까지의 570함이 된다.

현재까지 소장처가 알려진 외국의 것은 1984年 日本 對馬島 學術調

査에서 「大般若波羅蜜多經」 600권 중 584권이 발견되었고 安國寺에서
도 같은 經典 600권 중에서 219첩이 高麗의 初雕本임을 확인되었다. 가
장 많이 소장된 곳은 日本 京都의 南禪寺로 약 1,800권의 高麗 大藏經
중 일부를 제외하고 初雕大藏經이 많은 것으로 알려져 있고 2005年 高
麗大藏經硏究所에서 국내외 소장본 중 일부인 170여종이 조사·영인
되었다.

4.2.2. 敎藏

(1) 背景

11세기에 大覺國師 義天(1055~1101)은 신라 고승의 저술 4백여 권을
비롯하여 전체 5천권에 달하는 당시 어느 누구도 손대지 않았던 大藏
經에 대한 고금의 硏究 註釋書를 國內·宋·契丹·日本 등에서 수집하
여 간행·유포시켰다. 이는 의천이 불교를 널리 펴는 데 있어 대장경
에 대한 연구서의 필요성을 일찍부터 자각하였기 때문이다. 義天은 앞
서의 대장경을 통하여 經과 論은 갖추고 있었지만 연구 주석서인 章疏
는 결여되었으므로 당시 遼와 宋에 있는 자료들을 모아 간행하기를 발
원하게 되었다.

이렇듯 敎藏의 수집 간행을 계획한 의천은 19세 되던 文宗 38年
(1074)에 初雕大藏經의 간행이 거의 마무리 단계에 이르자 이에 대한
논문을 모으려는 「大世子集敎藏發願疏」를 올렸으나 좌절되었고 또 宣
宗이 즉위하자 다시 「大宣王諸宗敎藏雕印疏」를 올려 더욱 적극성을 띠
었으나 다시 좌절되어 결국 微服으로 宋에 들어가서 求法 겸 敎藏을 3
천권이나 수집해 왔다. 귀국 후에는 興王寺의 주지가 되어서 또한 4천
여 권을 확보하여 敎藏都監을 설치하고 수집된 자료의 간행에 착수하

였다.

그 敎藏의 간행은 의천이 송에 들어가기 전부터 章疏의 수집 및 간행에 대한 간절한 홍원을 돕기 위해 慧德王師가 추진하였다. 혜덕은 의천과 뜻을 같이 하여 金山寺 廣敎院에 판각시설을 갖추고 宣宗 卽位年(1083)부터 肅宗 2年(1097)까지 32부 353권을 간행하였다. 한편 海印寺에서도 宣宗 6年(1089)에 「天台四敎儀」가 간행되었고 또 책 말미의 결락으로 간기를 잃어 그 간행처를 알 수 없으나 교장으로 인정되고 있는 「注仁王護國般若經」이 전해지고 있다. 그밖에 의천의 「大覺國師文集」에서는 송의 법사와 율사들과의 서신에서 역시 간행처 미상의 간본 교장에 대하여 여러 종을 언급하고 있다.

(2) 新編諸宗敎藏總錄

敎藏 즉 正藏의 疏鈔를 모으고 이를 바탕으로 宣宗 7年(1090)에 엮어낸 目錄이 「新編諸宗敎藏總錄」 上中下 3권이며, 수록된 총 교장은 약 1천여종 4천8백여권에 달하는 방대한 양이다. 교장의 대부분이 수·당 시대를 전후한 중국 학문승들의 것이며, 신라와 고려 학문승들의 것을 포함한 동양 학문승들의 장소를 최초로 집성하여 간행을 하고자 편찬된 목록이다.

(3) 形態的인 特色

교장이 지닌 우수성을 살펴보면 그 내용면에서 章疏를 수집하여 집대성한 것 외에 형태적으로는 書體와 刀刻이 精巧하여 板面의 인쇄가 깨끗하고 鮮明한 점도 높게 평가할 만하다. 초조 및 재조대장경이 매 줄에 대체로 14자씩 배자되어 있다면 교장은 매 줄에 20~22자씩 배자되어 글자가 비교적 작고 조밀한 것이 첫 눈으로 여겨지는 두드러진

차이며, 글자체는 주로 歐陽詢體인 점에서 두 번의 대장경과 교장이
대체로 공통이지만, 敎藏本은 초기에는 契丹本 등 이미 간행된 책을 바
탕 또는 참작하여 새긴 것으로부터 후기에는 當代의 名筆家를 동원하
여 새로 淨書하고 철저한 校補를 거쳐 板刻해낸 것으로 선진 불교문물
의 도입은 물론 고려의 독자적 특성을 살린 개판본인 점에서 初雕 및
再雕大藏經보다 높게 평가되고 있다.

(4) 現存本

교장은 그 판각의 성격이 다양한 것이 특징이나, 내란과 외침 등으
로 소실되고 그 일부마저 해외로 유출되어서 간기가 있는 초각 원본은
2종뿐이며 이 모두 일본에 소장되어 있다. 하나는 日本 奈良縣 東大寺
圖書館에 간직되어 있는 「大方廣佛華嚴經隨疏演義鈔」 20권 40축의 완
질 卷子本이다. 다른 하나는 同庚 大東急記念文庫에 소장되어 있는 「貞
元新譯華嚴經疏, 卷10」의 영본 1축으로 顯宗 元年(1095)에 간행한 初刊
本이며, 판각의 상태도 정교하다. 국내에는 권말 결락으로 간기를 잃
은 淨源이 지은 「注仁王護國般若經, 卷1-4」의 1책과 松廣寺에 판이 소
장되어 있는 朝鮮時代 刊經都監에 새로 뒤집어 새긴 飜刻本 판과 개인
소장에서 여러 종이 전래되고 있으나 당초의 규모로 볼 때 지금 알려
진 수는 아주 희소하다. 2003년에 松廣寺의 四天王像에서 같은 시기의
飜刻本 數種이 발견되어 소개되었다.

4.2.3. 再雕大藏經

(1) 背景

고려시대는 국초부터 거란족과 여진족의 외침에 이어 高宗 때에는

蒙古가 침략하여 끊임없이 외침에 시달렸다. 高宗 18년(1231)에 몽고군이 국도 松京에 육박해 오던 즈음 初雕大藏經板은 大邱 附近의 符仁寺에 간직되어 있었으나 살리타이가 이끄는 몽고군에 의하여 燒失되고 말았다. 하지만 초조대장경의 소실은 몽골군의 침략과 그들의 방화에 의한 것이 아니고, 사찰의 수탈에 대한 불만이 누적되어 있었던 고려인에 의하여 실화 혹은 방화로 소실되었다는 일부 견해도 있다. 초조대장경의 소실로 인해 받은 충격이 컸던 고종은 그 외침을 물리치기 위해서는 또 다시 대장경을 조조하여 불력의 수호를 비는 것이 최상의 방책이라 생각했으며 또한 국가적인 목표를 설정하여 흐트러진 민심을 수습하고자 새 대장경을 새길 계획을 세워 거국적으로 발원하였다.

李奎報의 글에 의하여 마침 顯宗 때 初雕大藏經을 제작하기 시작하면서 契丹이 스스로 물러간 과거의 예를 보아 정성껏 大藏經을 간행하면 포악한 몽고군도 물러갈 것이라는 기원과 정권의 유지와 사상계의 장악을 위한 목적과 민심의 수습과 일체감의 강조를 위한 것이 어우러져 목적이 되었다. 그리하여 난중의 어려운 역경임에도 불구하고 마침내 다시 새길 것을 결행하여 완성시킨 것이 곧 再雕大藏經으로 현재 海印寺에 소장된 八萬大藏經이다.

(2) 板刻 時期 및 規模

재조대장경의 판각 시기는 각종 문헌의 기록과 해인사대장경의 각 권 끝에 나와 있는 간지에 의해 알 수 있다. 이규보의 「大藏刻板君臣祈告文」과 「高麗史」의 기록을 살펴보면 高宗 23년(1236)에 착수하여 동왕 38년(1251)에 끝난 것으로 나타난다. 그러나 새겨진 간지에 의하여 조사를 하면 실제로 판을 조성한 기간은 高宗 24年(1237)에서 35年(1248)까지의 12年間으로 이 점에 관련해서도 학설이 많으나 결국 經

板을 새기기 시작한 연도는 실제로 경판을 제작하여 최초의 각판을 낸 것이 바로 착수 다음해임을 감안하면 그 준비 작업은 분명히 앞서서 이루어졌던 것으로 여겨진다.

10여년 넘는 기간 동안 大藏都監에서 開板된 藏經의 수량에 대해서도 서로 주장들이 있는데 千惠鳳은 구대장경목록의 '天'에서 '洞'자까지의 636함에 수록된 장경의 총부수는 1,547부 6,547권이고, 보유판을 추가한 대장경목록의 '洞'에서 '務'자까지, 그리고 중복된 '祿'에서 '茂'자까지의 24함에 들어있는 15부 231권을 합치면 총 663함 1562부 6778권이며 그 경판총수는 8만 1천여판이 된다고 보고 있다. 그러나 국가적으로 대규모의 판각사업이 이루어지고 고려 고종때 전체적으로 새겨지기 시작하여 완성 후 移運을 거치고 일부 중복판을 만들어지는 과정을 통하여 지금까지 알려진 해인사 재조대장경의 전체수량은 권수와 판의 수량에 대한 서로 다른 견해차로 조사 시기나 조사자에 따라 달리 나타나고 있다.

(3) 雕造事業과 大藏都監

大藏都監은 初雕大藏經板이 몽고의 병화로 소실되어 없어졌기 때문에 다시 대장경판을 조조하기 위해 설치한 한시적 기관이었다. 이 대장도감이 언제 설치되었는지 구체적인 사료가 없어 알 길이 없으나 「高麗史」의 기록에 따르면 高宗 38年(1236) 전후에 설치되었을 것으로 추측된다.

대장도감의 위치와 체제는 최씨정권이 강화도로 천도한 후, 그 이듬해인 高宗 20년경에 설치되어 本司와 分司로 나누어져 本司는 崔氏政權의 임시 수도인 江華島에 있으며 대체로 지금까지 연구들에서는 당시의 禪源寺를 대장도감이 있었던 곳으로 추정하고 있다. 대장도감의 분사는 南海縣에 설치되어 있었으며 海印寺「大藏經目錄」중「宗鏡錄, 卷27」의 말미에 기록된 '丁未歲高麗分司南海大藏都監開板'이라는 간기와 기록에 의하여 丁未年 즉 高宗 34年(1247)에 남해에 위치한 分司大藏都監에서 開板했다는 기록을 통해서 분사대장도감의 위치가 확인되고 있다.

한편 이러한 대장도감에서 이루어진 판각을 위한 기초과정을 살펴보면 먼저 모집 정리된 대장경을 각판하기 위하여 각판의 재료인 목재를 준비하며, 대장경의 각판에는 산벚나무가 가장 많이 사용되었고 돌배나무나 자작나무, 층층나무, 후박나무 종류 등도 사용되었다. 벚나무를 벌채하여 수년간 바닷물에 담그고 또 소금물에 삶는 등 여러 절차를 거쳐 판자로 제재한 다음에 판본을 만들어 조조하였다. 당시 판각용 목재는 주로 남해안지역에서 선박으로 운반하여 왔으나, 거리나 수송의 어려움으로 분사를 진주목의 관할인 남해에 두었다. 남해안 지방 일대는 최씨 일족과 그의 처남 정안(처음이름 : 奮) 일가의 주된 활동지역이었다. 최이가 재정문제를 책임지고 총괄을 하였다면 실제로 팔만대장경에 올릴 경의 내용을 결정하고 새기는 과정을 총감독하고 경판을 완성시킨 사람은 開泰寺 주지 守其大師가 이 역할을 담당하였을 것으로 추정된다.

(4) 形態的인 特色 및 內容 構成

再雕大藏經은 형태적으로 板面의 上下單邊에 版心이 없는 卷子本 형식이고 매 줄에 14자 씩 배자된 점에서 初雕대장경과 비슷하다. 그러나 再雕大藏經은 初雕大藏經을 바탕으로 삼고 松板과 契丹板 藏經의 對校와 더불어 각종의 釋敎錄까지 범위로 하여 본문의 誤脫과 錯誤를 철저하게 校正 또는 보완한 다음에 飜刻하였기 때문에 初雕大藏經과 版

式과 字體가 대체로 비슷하지만, 同一書의 本文과 注를 대조하면 차이가 적지 않다.

또한 권말에 기록된 간행기록 중 간기는 初雕大藏經에는 없던 것이며 중국의 연호를 쓰지 않고 高麗國이라는 이름과 또 황제가 쓸 수 있는 용어인 奉勅이라는 단어를 사용한 것 이 그 특징이다.

지금까지 알려진 高宗官版으로 조성된 補板은 거의 曹溪宗과 華嚴宗의 著述에 해당하였다. 이는 조성에 있어서 최이, 최항 등의 실권자들이 禪宗을 후원하고 正版에 「校正別錄」을 남기면서 이론을 제공하였던 守其가 華嚴宗에 속한 高僧이었으므로 補板은 이러한 배경을 뚜렷하게 반영하고 있다. 禪宗 典籍의 중요한 부분인 「宗鏡錄」과 「祖堂集」을 신고 있으면서도 오히려 「傳燈錄」을 제외한 補板의 구성은 禪宗이 주도적 종세를 유지했던 고종시의 현실성을 반영하고 있다고 할 수 있다.

한편 大藏經 刊行을 책임 맡았던 守其大師는 初雕대장경, 開寶勅版大藏經, 契丹大藏經 등을 서로 비교하고, 또 여러 경전을 참고하여 경문의 잘못된 것을 바로 잡아 그 정문을 제시하였고 경판이 완성된 후에는 팔만대장경 총목차에 해당하는 「高麗國新雕大藏校正別錄」 30卷을 완성하였다. 「高麗國新雕大藏校正別錄」은 줄여서 「校正別錄」이라고 줄여서도 부르며 이 「校正別錄」은 재조대장경중의 俊·乂·密의 3함 중에 입장되어 있다.

4.3. 陀羅尼

4.3.1. 陀羅尼의 意義

불교와 관련된 인쇄 자료 중 다라니와 만다라는 고려시대부터 조선 후기에 이르기까지 불사에 필요한 낱장의 인쇄물이나 진언집의 간행,

탑이나 종, 향로와 같은 유물에 부분적으로 나타나는 梵字 등을 통하여 면면히 그 전통을 이어왔다. 다라니경의 인쇄사는 일반적으로 다른 서적의 인쇄사와 비교할 때 오랜 배경을 지니고 있는 것으로 한·중·일 동양 삼국의 인쇄사에서도 거의 最古의 간행물들은 대부분 다라니인 것이다. 본디 다라니란 산스크리트어를 音寫한 것으로 한역하면 '持' 혹은 '總持'이며 정신을 통일하고 마음을 한 점에 집중하는 의미 즉 들어서 受持하여 잊어버리지 않는 聞持, 憶持라는 의미로 사용되었다.

한편 다라니가 어떠한 형태로 유전되었을 것인가를 살펴보면 탑이나 불상 등의 납입은 물론 수지독송을 위한 판본이나 필사본 등의 형태로 나타나고 있고 또 다른 형태로 11세기부터는 높은 기둥에 다라니경의 경문을 새긴 다라니석당의 방식으로도 일부 남아 있다. 다라니 또는 다라니경이 腹藏에 사용된 유래는 아직 정확한 근거는 제시되어 있지 않지만 대체로 조탑이나 납탑공양의 양식에 있어서「무구정광대다라니경」이 포함된 것으로부터 변화된 것이라 추정되고 있다. 지금까지 알려진 신라시대의 탑내에서 많이 발견되는 이 경은 무구정단의 밀교적 공능을 갖는 것으로 탑이 가지는 의의 즉 진호국가, 양재추복적인 성격 이외에도 망자에 대한 추복 내지 민속적인 연관이 있을 것으로 보고 있다.

4.3.2. 陀羅尼 刊行의 歷史

다라니의 간행에 대하여 현재까지의 발견되거나 문헌상에 타나난 것을 중심으로 그 유형과 목적을 관련지어 살펴볼 때, 대체로 세 가지로 나뉘어 질 수 있는데 이는 첫째 조탑이나 납탑공양을 목적으로 한 無垢淨光陀羅尼의 法舍利 安置, 둘째 舍利莊具나 經典 및 供養物에 대한 보호를 목적으로 하는 一切如來心秘密全身舍利寶篋印陀羅尼의 납입, 셋째 13세기말부터 14세기 초의 대부분을 차지하는 密敎 儀式上의 胎藏界와 金剛界의 兩部 曼茶羅와 각종 眞言이나 呪 등이다.

그러나 불상에 있어서는 조탑기준의 무구정광다라니는 없으며 법사리 안치와 같은 摠持集이나 빈 공간을 채우기 위한 充壙龍의 眞言이 많은 양을 차지하고 있음을 볼 수가 있다. 그밖에 호신과 기복, 소재를 목적으로 휴대하고 다니던 소형의 卷子本이나 折帖形態의 것도 있다

우리나라의 다라니 간행 사실을 살펴보면 먼저 통일신라의 景德王 10년(751) 이전에 간행되었을 것으로 추정되는 「무구정광대다라니경」의 목판 권자본이 있으며 고려조에 들어와서는 穆宗 10년(1007) 摠持寺에서 간행한 「일체여래심비밀전신사리보협인다라니경」이 弘哲에 의하여 간행되기도 하였다. 근래에 개인소장으로 알려진 毅宗 6년(1152)의 陀羅尼는 본문이 '卍'자의 좌우가 뒤집어진 4줄 정도 폭의 圖形 內面에 梵字로 쓰여져 있으며 제목은 한자로 좌에서 우측으로 쓰여져 있다.

또 高宗 5년(1218) 7월에는 김제의 金山寺에서 「梵書摠持集」을 惠謹大師의 발원과 開泰寺 仁赫大師의 판각으로 간행되었다. 이외에도 13~14세기의 金剛經 등 일부 袖珍本에 合綴되어 佛頂心陀羅尼와 그 밖의 眞言類가 수록되어 전하고 또 각 사찰별로 여러 차례의 간행이 있었을 것으로 추정된다.

5. 金屬活字 印刷術

5.1. 金屬活字 印刷術의 起源

5.1.1. 活字 印刷의 始作

中國의 膠泥活字를 시초로 하는 活字 印刷術은 木板 印刷術에 비하여 인력, 시간, 비용을 절감하고 신속한 생산으로 인쇄기술사에 있어서 커다란 진보를 가져왔다. 그 중에서도 특히 금속활자 인쇄술은 우리 민족이 발명하여 이미 고려시대부터 실용화 되었으나, 그 정확한 시기에 대해서는 文宗朝 起源說, 肅宗朝 起源說, 12世紀中葉 起源說, 12世紀後半~13世紀初 起源說 등 여러 가지 학설이 제기되었다.

고려시대 鑄字의 관리기관으로는 肅宗 때 國子監에 두었던 書籍鋪, 文宗 때 설치한 서적에 관한 사무를 관장한 書籍店, 鑄字와 書籍을 印出하는 업무를 담당했던 書籍院 등이 있었다.

5.1.2. 詳定禮文

고려시대의 금속활자인본으로 가장 빠른 시기의 책은 현재까지 발견되지 않았지만 기록에 근거하여 가장 오래된 금속활자본임을 짐작케 하는 「詳定禮文」을 들 수 있다. 이 책은 고려 의종의 명령으로 당시 평장사로 있던 崔允儀 등이 편찬한 책으로 모두 50권으로 되어 있는 예서인데, 이 책을 주자로 찍었다는 것은 이규보의 문집인 「東國李相國後集」에 진양공 崔怡를 대신하여 지은 '新印詳定禮文跋尾'라는 글에 의하여 알 수 있는 바, 그 핵심되는 내용을 간추려 보면 최윤의 등이 편찬한 상정예문이 오랜 세월을 거치는 동안 책장이 탈락되고 글자가 결락되어 그 내용을 파악하기 어려워, 최이의 선친인 崔忠獻이 이를 補輯하게 하여 두 부를 완성한 다음 한 부는 예관, 다른 한 부는 자기의 집에 두었는데, 몽고군의 침입으로 강화도로 천도할 때 예관의 것은 가져오지 못하여 소실되었고, 최이의 소장본만 남게 됨에 이를 다행으로 여기다가 마침내 주자로 28부를 찍어 여러 관사에 나누어 간직하게 하였다는 내용으로 주자인쇄의 근거를 두고 있다.

이 기록에는 인출한 동기와 간행 부수를 명시하고 있지만 그 간행 연대가 나타나 있지 않다. 다만 책을 대신 저술토록 한 최이가 진양후에 책봉된 해가 高宗 21년(1234)이고 이규보가 죽은 해가 동왕 28년 (1241)이므로 그 사이에 찍은 것임은 알 수 있다. 만약 기록대로라면 50권이나 되는 거질의 책을 28부나 인출하였다는 것은 당시의 활자의 수량과 간행의 소요시일이 상당하였을 것이며 주조와 조판의 기술 또한 숙련되었을 것으로 추정할 수 있다.

5.2.3. 南明泉和尙頌證道歌

「南明泉和尙頌證道歌」는 고종 26년(1239)에 앞서 금속활자로 찍었던 「南明泉和尙頌證道歌」를 번각하여 인출한 책으로서 1책이 목판본으로서 현재 보물 제758호로 지정된 것이 있다. 이 책은 당나라의 玄覺이 지은 「證道歌」의 각 구절 끝에 송나라의 南明禪師 法泉이 7자 3구씩, 그리고 원문이 3자인 경우에는 3자를 더한 형식으로 총 320편을 계송하여 증도의 깊은 뜻을 보다 구체적으로 밝힌 책이다.

「南明泉和尙頌證道歌」의 간행시기는 몽고의 침입을 받고 高麗 高宗 19년(1232)에 수도를 임시 강화로 옮긴지 8년째가 되는 동왕 26년 乙亥年(1239) 9월에 江華 武人政府의 제일인자인 중서령 최이가 쓴 권말의 글 내용으로 파악할 수 있는데, 이 책의 간행 동기를 선문의 중요한 책인 「南明泉和尙頌證道歌」는 후학들이 참선을 하는데 의거하는 중요한 책이나 그것이 흩어지고 없어져 전하지 않으므로 기술자를 이를 모아 활자본을 다시 번각하였다고 한다. 즉 번각본의 간행시기가 이미 인출되었던 금속활자의 인본을 몽고군이 쳐들어와 강화도로 천도한 1239년 9월에 중조하였다는 기록으로 나타나는 바, 그 저본이 되는 금속활자 인본은 강화도로 천도하기 이전에 개경에서 이미 간행되었다는 것을 알 수 있다.

주자본의 특징을 보여주는 두드러진 특징으로 우선 글자의 크기와 모양이 비교적 가지런한 점에서 우선 주자의 특징이 인지되며, 두 번째로 본문의 항렬이 바르지 않고 좌우로 들어갔다 나왔다 삐뚤어졌으며, 세 번째로 책장마다 한 글자가 유달리 옆으로 비스듬하게 기울어진 것이 자주 나타나며, 네 번째로 윗글자의 아래 획과 아랫글자의 위 획이 서로 닿거나 엇물린 것이 없는 점 등을 들 수 있다. 부족한 고려 금속활자 인쇄에 관한 초기 자료에 있어서 이 주자판 번각본이 고려 중앙관서의 주자 인쇄시기와 성격을 규명함에 중요한 역할을 담당하고 있으며, 현존 자료 중 가장 앞선 것이라는 점에서 그 의의를 찾을 수 있다.

5.2. 興德寺字와 印本

고려 말기에 청주목 교외에 있던 흥덕사에서 주조된 활자를 흥덕사자라 이르고 그 인본을 흥덕사자본이라 말한다. 그 활자 인본으로는 현재 파리에 소재한 「白雲和尙抄錄佛祖直指心體要節 하」권만이 유일하게 남았으며, 번각본으로는 「慈悲道場懺法集解, 上下」1冊이 전해진다.

5.2.1. 直指: 白雲和尙抄錄佛祖直指心體要節

(1) 發見과 存續經緯

「白雲和尙抄錄佛祖直指心體要節」은 인쇄 당시 上・下 2冊으로 인쇄되었는데, 下卷 1冊이 19세기말(1888~1891)에 주한 프랑스 대리공사로

조선에 주재하였던 꼴랭 드 플랑시(Collin de Plancy, 1853~1922)가 프
랑스로 귀국할 때 가져가게 되었다. 플랑시는 원래 파리대학에서 법학
을 공부하고 동양어학교에서 중국어를 공부한 후 1877년 중국 주재
프랑스 공사관 통역에 임명되어 6년 동안 근무한 인물이다. 그는 1896
년부터 1906년까지 십년동안 총영사 겸 서울주재 공사로 한국에 체류
하면서 고서적을 수집하였다. 이 가운데 「백운화상초록불조직지심체
요절」이 포함되어 있었으나 그 정확한 수집방법이나 수집시기는 알려
지지 않고 있다.

이 책은 1900년 파리에서 열린 세계만국박람회에 전시된 적이 있고
1902년 모리스 쿠랑에 의하여 「한국서지(La Bibliographie Coréenne)」의
제4册 부록에 수록되어 있었으나 가치를 인정받지 못하였으며 1911년
3월 27일부터 30일 사이에 있었던 플랑시의 물품경매 때에 골동품 수
집가인 앙리 베베르(Henry Vever)가 180프랑에 구입하여 소장하였다
가 그가 사망한 후 유언에 따라 프랑스 국립도서관에 1950년에 기증
되어 현재까지 보관중이다.

또 1931년의 「朝鮮活字印刷資料展觀目錄」에서도 중요한 자료로 발
표되었지만 주목을 끌지 못한 채 70년을 기다리게 되었다. 그러다가
마침내 1972년 5월에서 10월까지의 프랑스 파리의 국립도서관에서 개
최된 유네스코의 '세계 도서의 해' 전시회에서 박병선에 의하여 고려
말에 간행된 금속활자본으로 소개되고 국내의 관련 학자들의 공동연
구로 고증되었다.

(2) 內容 및 名稱

이 책의 내용은 한국의 학승들이 대교과를 마치고 隨意科에서 학습
하게 되는 「景德傳燈錄」, 「禪門拈頌」 등 史傳部의 여러 서적에 나타난

역대의 여러 부처님과 祖師들의 偈, 頌, 讚, 歌, 銘, 書, 法語, 問答 중에서 선의 요체를 깨닫는데 필요한 내용만을 가려 뽑은 것으로 上, 下 2卷 2冊으로 구성되어 있다. 上卷에서는 인도와 중국의 유명한 조사를 수록하였으며, 下卷에서도 조사들의 게송, 찬송, 법어, 문답, 서신 등이 수록되어 있다. 그러나 이 책의 편집체제는 단락구분이 명확하지 못하여 편집구성에서 다소 미흡한 점이 보인다.

(3) 形態的인 特色

현재 유일하게 전하는「白雲和尙抄錄佛祖直指心體要節」의 하권의 경우 첫째 장이 결락되어 2장부터 39장까지 총 38장이 남아 있다. 이 冊의 현 상태는 조선후기에 斜格子卍字紋蓮花紋으로 표지를 다시 만들어 붙이고, 표지에 쓴 제목도 그 때 소장자가 쓴 것으로 보인다. 본문의 각 장마다 한지로 배접을 한 후애 붉은 실을 사용하여 오침안으로 다시 장정을 하였으며, 본문은 나무의 진이 묻어 상단 좌우에 얼룩이 진 반면, 표지에는 그런 현상이 전혀 보이지 않는다. 한편, 표지의 안쪽면에는 프랑스 국립도서관의 도서번호 'COREEN 109'번이 덧붙어져 있으며, 본문과 표지 사이의 간지도 후대에 덧붙인 것으로, 안쪽에는 Collin de Plancy의 도서임을 표시하고 있다. 그리고 한문으로 '葛'자가 써 있는데, 이것은 플랑시가 조선에 초대 대리공사로 부임하면서 한자로 표현한 이름인 '葛林德'의 첫 자를 따서 적어 놓은 것이다. 또한 여기에는 1377년에 금속활자로 인쇄했음을 명확히 기재되어 있으며, 그 아래 Henry Vever가 1911년부터 1943년까지 소장하고 있었음을 명기하고 있다.

書誌的 형태는 四周單邊에 크기가 24.6×17.0㎝로 계선이 있고, 11행 18~20자로 되어 있으며 小字雙行에 어미가 없다. 1장이 없어 卷首題는

알 수 없지만, 版心題는 '直指 下', 卷末題는 '白雲和尙抄錄佛祖直指心體要節 卷下', 書根題는 墨書로 '直指心經'이라 명기되어 있다.

'직지'의 활자를 만드는 방법인 밀랍 주조법은 활자 모양으로 만든 정제된 황랍에 정서한 글씨를 뒤집어 붙이고 글자를 새겨서 이를 鳥土에 점토를 섞은 재료를 덮어 자형을 만들고 열을 가하여 밀랍을 녹여 내고 쇳물을 흘러 들어가게 한 뒤 식으면 주형을 부수어 활자를 떼어 내어 완성하는 방법으로 이러한 방식은 전통적으로 사찰에서 소형 佛具를 만들 때 주로 사용하던 방법이다.

이 책이 鑄字 즉 金屬活字本이라는 것은 興德寺자 印本의 권말에 나타나는 印出記錄만 보더라도 高麗 禑王 3년(1377) 7월에 淸州牧의 郊外에 있던 홍덕사에서 주자로 만들어 낸 것임을 '宣光七年丁巳七月 日 淸州牧外 興德寺鑄字印施' 라는 기록을 통하여 알 수 있다.

이러한 간행기록과 더불어 이 책의 활자본은 초기의 미숙한 주자 인본에서 볼 수 있는 성격과 특징이 나타난다. 그 두드러진 특징으로 우선 글자의 먹색에 진하고 엷음의 차이가 극단적으로 나타나고 있으며, 활자는 본문에 쓰인 中字와 雙行의 細注를 찍는 데 쓰인 小字가 있는데, 특히 소자는 세주 이외에도 본문의 中字가 부족하거나 미처 찾아내지 못한 경우에 代用되고 있다. 그 대용에는 單行으로 排印한 것이 있는가 하면, 마치 細注처럼 雙行으로 排印한 것도 보인다.

(4) 印刷文化史的 意義

「白雲和尙抄錄佛祖直指心體要節」이 갖는 1차적인 의의는 기록으로 추정할 수 있는 13세기 초의 주자 인본에 대한 사실을 제외하더라도 독일의 구텐베르그(Johann Gutenberg)가 1440년 말에 인쇄한 「世界審判」과 「天文歷」 그리고 1455년 전후에 찍어낸 「四十二行聖書」보다 반

세기 가량 앞서는 고려 주자본의 유일한 실물이 국제전시회에 출품됨
으로 인해 우리 조상들이 세상에서 최초로 금속활자인쇄를 창안, 발전
시킨 슬기로운 문화민족이었음을 세계에 널리 알린 것임은 두 말할 여
지도 없다. 활자인쇄에 관한 지식이 비록 북송의 교니활자에서 비롯되
었지만, 그것을 금속활자로 고안, 보급시키는데 성공한 것은 우리 조
상들이었으며, 금속활자인쇄의 창안이야말로 문화민족으로서의 긍지
를 새삼 느끼게 하고 있다.

또한 13세기 전기에 보급되었던 중앙관서의 주자인쇄가 원의 지배
로 그 기능이 점차로 마비되었던 시기에, 지방 사찰인 흥덕사에서 주
자를 만들어 책을 찍어냄으로써 고려 주자인쇄의 맥을 이어 주었다는
점과 고려의 주자인쇄술이 조선조로 계승되어 단계적인 개량 발전을
거쳐 말기에 이르기까지 무수히 많은 종류의 활자를 만들어 活字印刷
文化를 크게 발달시켰으며, 나아가 이웃나라의 活字印刷文化 발전에
큰 영향을 끼친 점에서만 보아도 「白雲和尙抄錄佛祖直指心體要節」이
가지는 印刷文化史的 의의는 대단히 크다고 할 수 있다.

그러나 이러한 가치를 인정받는 데는 여러 방면의 노력이 필요하여
유네스코의 기록문화유산으로 등재되어 세계문화유산으로 알려지기도
하지만 끊임없는 국제적인 金屬活字本 시비에 오르내리기도 한다. 근
년의 1997년 서울과 청주에서 있었던 국제학술회의에서 일부 참석자
는 중국에서 소장하고 있는 「御試策」이라는 책이 1341~1345년간에 인
쇄한 것이므로, 元이 金屬活字 인쇄술의 발명국이라고 발언한 적이 있
었다. 이에 대하여 국내 연구자들이 즉각적으로 조선시대 15세기에 만
들어진 乙亥字 小字를 닮은 木活字로 간행된 책임을 밝히기도 하였다..

5.2.2. 慈悲道場懺法集解

(1) 刊行 背景과 意義

참법이란 경전을 읽어 조장을 참회하는 법회로「慈悲道場懺法集解」
가 유행된 사상적 배경은 高麗末의 불교사상이 토착적인 신비사조의
흐름과 민중불교, 지방중심 불교로서의 경향에 밀교 의식적인 필요성
과 미수를 정점으로 하는 瑜伽業의 참회사상과의 혼합으로 경전의 주
송, 禮懺과 참회를 통하여 복을 기원하고 병을 낫게 하며 장수를 바라
는 등 현세이익을 기원하는 일반 민중의 요구에 있었다. 편찬시기에
있어서「白雲和尙抄錄佛祖直指心體要節」과 관련지어 간행시기를 추정
하면, 찬자인 祖丘의 승직과 승계에 의하여 같은 시기에 활동을 한 自
超를 비롯한 당시의 대표적 고승들과 비교할 때, 역시 1377년을 전후
한 시기로 판단되지만 정확한 것은 결장된 권말이 나타나기를 기다릴
수밖에 없다.

곧 이 책은「慈悲道場懺法集解」에 나오는 어려운 글자나 어구, 내용
에 대하여 음석이나 상세한 설명을 하고 그에 관한 여러 학자의 견해
를 수록하여 공부하는 사람들로 하여금 쉽게 이해할 수 있도록 풀이한
것이다. 따라서 문장의 일관된 흐름이나 연결성을 배제하고 수시로 필
요한 부분에 설명을 붙이고 있다.

(2) 著者 및 形態的 特色

「慈悲道場懺法集解」는「白雲和尙抄錄佛祖直指心體要節」과 더불어 흥
덕사자로 찍은 것으로 1987년에 소개되었다. 비록 발견본은 활자본이
아닌 번각본이지만 찬자가 확인되고 서문이 있어서 간행의 경위는 알
수 있으며, 형태적으로는「白雲和尙抄錄佛祖直指心體要節」과 같은 주

자본으로서 두 책의 공통점이 여러 곳에서 검증되고 있으므로 언젠가는 저본이 되는 활자본의 출현이 기대되는 책이다. 편찬 목적은 해석과 문장의 연결, 자의 음, 문의가 제대로 전해지지 않기 때문에 여러 학자가 풀이한 것을 취사선택하여 배우는 자가 쉽게 이해하도록 단어와 문장을 풀이하는 것이었다.

이 책의 찬자는 祖丘이며 그는 여말선초에 활약한 天台宗 僧侶로 朝鮮 太祖때에는 王師인 自招와 더불어 國師로 활약한 적도 있다.

「慈悲道場懺法集解」는 활자본을 번각한 목판본이며, 그 저본은 「白雲和尙抄錄佛祖直指心體要節」을 찍었던 흥덕사의 같은 금속활자로 인출된 것이다. 즉 형태적인 면에서 「白雲和尙抄錄佛祖直指心體要節」과 판식을 비교하면 거의 같은 형식으로 흑구나 어미가 없으며 행수도 같고 글자의 크기도 같으나 다만 글자 수는 평균 20~21자로 「白雲和尙抄錄佛祖直指心體要節」보다 많은 편이며 그 출입도 심하게 나타난다.

본문에서의 소자 사용은 「白雲和尙抄錄佛祖直指心體要節」보다 적으며, 중복자의 사용을 부호화시켜 자수를 상대적으로 줄이는 방법을 사용하였고 조판기술의 미숙함 등으로 미루어 볼 때 그 저본은 「白雲和尙抄錄佛祖直指心體要節」와 같은 시기 내지는 먼저 간행되었을 가능성도 배제할 수는 없을 것이다. 다만 이 책의 번각 저본에 쓰인 활자가 「白雲和尙抄錄佛祖直指心體要節」의 것과 같으므로 1377년을 전후로 한 어느 때일 것으로 추정된다.

그러나 찬자 등 여러 가지 관계 사실이 밝혀지긴 하였으나 역시 그 간기가 있었을지도 모르는 권말 부분이 결장되어 확실하게 구명하지 못함은 안타까운 일이며 새로운 판본이 알려지고 또 언젠가 간기와 조구에 관한 보완할 수 있는 자료가 나오기를 기대할 뿐이다.

6. 맺음말

이상에서 韓國의 古文獻에 대한 형태적 특징을 개괄하고 그 특징의 대표적 시기로서 고려시대를 설정한 후 판본별로 寫經, 木板 印刷術, 金屬活字 印刷術로 나누어 살펴보았다.

구체적으로 寫經에서는 시대별 양식에서 초기의 卷子本 형태에서 12세기경에 折帖 형태로 변화되고 현존본에서는 초반의 墨寫經에서 13세기 후반부터 元 干涉期에는 미적으로 훌륭한 金寫經, 銀寫經이 국가 주도의 金・銀字大藏都監 등에서 만들어지고 유력한 개인이나 가문에 의한 祈福 목적의 寫經도 많이 만들어졌다.

高麗의 木板印刷는 新羅末期의 목판인쇄술을 그대로 이어받아 계승하였을 뿐만 아니라 筆寫와 活字 印刷의 중간 발전단계로서 佛敎의 융성과 더불어 각종 佛經과 大藏經의 간행사업 및 陀羅尼經을 통해 보편화되었다. 佛經에서는 11세기초 간행된 卷子本 형태의 「一切如來心秘密全身舍利寶篋印陀羅尼經」에서 시작하여 折帖本 형태의 佛經이 많아지고, 사원경제가 풍요로워진 12~13세기에는 지방의 寺刹版 불경이 대다수를 차지하게 되었다.

高麗 인쇄문화에서 빠뜨릴 수 없는 大藏經은 9세기 말부터 中國에서 수입하여 유포되다가 11세기에는 국가적 사업으로 初雕大藏經을 간행하였고 12세기에는 正藏에 이은 註釋書인 敎藏을 義天이 주관하였다. 13세기에는 守其가 당시의 여러 大藏經을 대조하여 완성한 再雕大藏經에서 절정에 이르게 되었다.

高麗는 이러한 木板印刷에 의한 서적 간행 뿐만 아니라 독일의 쿠텐베르그보다 한 세기 이상 앞서는 시기에 金屬活字를 창안하고 발전시켰다. 특히 14세기 후반에는 지방 사찰인 興德寺에서 鑄字를 만들어 책을 찍어낼 정도의 고도의 인쇄기술을 보유하고 있었으며 이러한 앞선 인쇄문화는 이후 朝鮮朝로 계승되어 金屬活字의 단계적인 개량과 발전을 거치는 토대를 마련하였다.

이러한 高麗時代 기록문화 번영의 저변에는 불교가 있었다. 곧 고려시대 인쇄술은 국교로서의 불교의 융성과 맞물려 거대한 상승효과를 내게 된 것이다.

이상에서 살펴보았던 것처럼 韓國의 古文獻은 佛經을 손으로 직접 베껴내는 寫經과 같은 필사본에서부터 고려시대의 각종 陀羅尼, 佛經, 大藏經에 이르는 木板本, 「白雲和尙抄錄佛祖直指心體要節」과 같은 金屬活字本에 이르는 다양한 판본의 기록자료들이 활발하게 간행하게 된 원동력이 된 불교와 더불어 발전하다가 儒敎문화 중심의 조선시대에서는 四書五經 등 性理學 중심의 기록문화로 변화하게 되었다. 특히 국가 중앙기관에서 문헌을 편찬, 관리하고 각종의 활자를 시대의 흐름에 맞추어 주조하여 사용하였으며 나아가 조선후기에 들어서면 지방과 개인들이 활자를 만들어 책을 간행하고 유통하는 수준에까지 이르게 되었다.

따라서 高麗時代의 印刷文化는 韓國의 出版文化史에서 뿐만 아니라 世界의 出版文化史에서도 큰 의의를 가진다고 하겠다. 고려시대의 이러한 印刷文化는 이후 朝鮮朝로 계승되어 金屬活字의 단계적인 개량과 발전을 거치는 토대를 마련하였고, 古代의 初期 記錄文化에서 朝鮮에 이르는 後期 記錄文化 번영을 연결하는 교두보로서 그 의미가 크다고 하겠다.

角筆의 起源에 대하여

김영욱*

1. 실마리

각필학의 대가인 고바야시 요시노리 교수는 2002년 6월, 각필에 관한 놀라운 발표를 하였다. 오타니 대학 소장의 판비량론에 聲調符, 合符, 節博士, 文字 등이 角筆로 새겨져 있다는 것이다. 이것은 7세기 중반의 것으로 여기에 새겨진 문자는 신라어를 반영한다고 하였다. 그는 이 책에서 한자의 생획자로 만들어진 신라문자도 발견하였다.[1]

고바야시 선생은 이것이 가타가나(片假名)의 기원을 밝힐 수 있는 중요한 단서라고 하였다. 그는 日本 訓点의 發想이 新羅에서 起因한 것으로, 新羅의 文字가 日本에 傳해졌을 可能性이 높다고 發表하였다. 이러한 發表에 鼓舞된 筆者는 角筆이 도대체 어디에서 비롯되었으며 이것이 어떠한 경로를 통하여 한국에 존재하게 되었는지에 대하여 관심을 가지게 되었다.

동아시아의 필기 문화를 도구의 관점에서 살피자면 毛筆 文化라고 할 수 있다. 모필은 중국에서 발명이 되어서 한국에 들어온 것이다. 현재 한국에서는 창원의 고대 유적지에서 발견된 붓이 가장 오래된 것이

다. 전문가들은 이것을 기원전 1세기경으로 추정하고 있다. 그러나 각필이 언제부터 한국에서 쓰이게 된 것인지에 대한 것은 아직까지 알려져 있지 않다.

이 글의 목적은 각필이 한국에서 언제부터 쓰이게 되었으며 이것이 어디에서부터 비롯되었는지를 추정하는 데에 있다. 조사하는 과정에서 각필의 유래에 관한 기록들을 찾기가 매우 어려웠다.

그러나 각종 고대 유적지의 출토 유물들에 대한 해석과 사찰에서 전해오는 탱화에 대한 필자 나름의 해석을 통하여 기록의 결함을 어느 정도 보충할 수 있었다. 특히 2005년 5월에 있었던 필자의 남인도 유적 답사가 이 글의 결론을 도출하는 데에 큰 보탬이 되었다.

본론에 들어가기 전에 각필의 개념에 대해서 정리하고자 한다. 본고에서 정의하는 각필은 글자 그대로 사슴의 뿔로만 된 것을 가리키는 것은 아니다. 때로는 코끼리의 상아로 된 터스크 펜(tusk pen)이나 쇠로 만들어진 스틸루스(stylus) 혹은 금속성 재질로 이루어진 鉛筆, 대나무로 만들어진 竹筆(bamboo pen), 칼로써 나무에 글씨를 새기는 刀筆(knife pen) 등, 요컨대 角筆은 毛筆과 대비되는 硬筆들을 모두 아우르는 개념이다.

2. 義相의 鉛筆

韓國에는 나무에 칼로 문자를 새긴 百濟木簡이 있다. 筆者는 2003년 5월, 부여박물관에서 칼로 문자를 새긴 百濟木簡을 본 적이 있다. 국립부여박물관에서 2002년에 발간한 '백제의 문자'라는 題下의 圖錄 90면에서 이것을 確認할 수 있다. 종이에 새겨진 것으로는 誠庵古書博物館

所藏의 金剛般若波羅蜜經에서 校訂符號에 해당하는 角筆符號가 있다. 여기에 대해서는 李丞宰(2000:149)를 參照할 수 있다.

각필의 흔적은 朝鮮 後期까지 發見된다. 韓國의 角筆資料는 百濟時代부터라고 할 수 있는데 百濟時代의 文字生活에 關한 全般的인 說明은 鄭在永(2003)을 參照할 수 있다. 筆者는 修德寺 所藏의 法華經에서 각필의 흔적을 확인한 바가 있다. 그 책들 중에는 壬亂 以後에 刊行된 것도 있다.

古代의 筆記道具로 보이는 七世紀 鐵製遺物이 백제 지역의 부여 궁남지에서 出土된 바 있다. 궁남지 출토 철제 도구에 대한 설명은 拙稿(2003:296~7)을 참조할 수 있다. 아직 완전히 確認된 것은 아니지만 태고종 계열의 寺刹에서 사슴뿔로 만든 것으로 짐작되는 角筆이 제주도에 傳하고 있다.

筆者가 調査한 것 중에서 角筆의 使用에 대한 最古의 記錄은 대각국사 의천의 '新編諸宗敎藏總錄'이다. 여기에는 의상 대사의 '要義問答'과 '一乘問答'에 대해 다음과 같은 註釋이 있다.

    宋僧史義湘傳云 惑執筆書紳 懷鉛札葉 抄如結集 錄似載言 如是義門
    隨弟子爲目 如云道身章是也 或以處爲名 如云錐穴問答云云 但以當時集
    者 未善文體 遂致章句鄙野 雜以方言 或是大敎濫觴 務在隨機耳 將來君
    子 宜加潤色.

여기에서 注目할 구절은 '執筆書紳 懷鉛札葉'이다. 붓을 들어 종이에 글을 쓰기도 하고 납을 품고 다니면서 木札에 글을 새기기도 하였다는 것이다. 여기에 '筆'과 '鉛'이라는 2가지의 筆記道具가 등장한다.

'筆'은 毛筆임에 틀림이 없겠지만 '鉛'이 무엇인지는 분명하지 않다.

이것은 납과 같이 금속성으로 된 硬筆의 일종으로 보인다. 木札에 글자를 새길 수 있는 필기도구는 금속성이나 단단한 뼈와 같은 것이어야 한다. '鉛'은 금속성 재료이므로 이것으로 나무에 글을 새길 수 있었을 것이다.

鉛筆은 毛筆과 다른 것이다. 筆者의 定義에 따르자면 鉛筆도 角筆의 一種이다. 그러나 위의 記錄만으로는 의상이 角筆을 發明하였다고 단언하기 어렵다. 角筆의 歷史는 中國까지 거슬러 올라가야 할 필요가 있다.

의상 대사는 알다시피, 당나라 수도인 장안의 종남산 자락의 지상사라는 절에서 당시 중국 화엄학의 대가였던 지엄 스님의 문하생이었다.

그렇다면 의상이 사용했던 불경의 서사 방식은 중국에서 배웠을 가능성이 높다. 의상과 지엄사 간의 관계를 보여주는 불교 그림이 경남 합천의 해인사에 남아 있다.

합천 해인사에 전하는 불교 탱화 중에는 지엄사가 의상에게 불법을 전수하는 장면이 묘사된 것이 있다. 왼쪽의 그림을 보면 고승은 지엄사이고 그의 제자로 보이는 젊은 승려는 의상이다.

의상이 쓰고 있는 글은 華嚴一乘法界圖이다. 이것은 현재까지 그 내용이 전해 내려오는 것으로 신라 화엄학을 이해하는 데에 필요한 불서이다. 이 책이 지엄사의 가르침을 바탕으로 저술되었다는 것을 이 그림이 말해주고 있다.

이 그림의 우측 상단 부분에는 지엄의 머리속 문자 세계가 묘사되어 있다. 이 문자들은 한자가 아니다. 굳이 비슷한 문자를 찾는다면 그 형태가 인도의 브라미(Brahmi) 문자에 가깝다. 이 문자들을 자세히 보면 모필로 쓰기에는 적절한 형태가 아니다.

각필처럼 끝이 딱딱한 필기도구가 아니면 이와 같은 수직선, 수평선, 정사각형 등과 같은 기하학적 문양을 만들어 내기가 어렵다. 모필로는 이와 같은 서체를 구사하기가 어려운 것이다.

위의 그림은 지엄사가 모필이 아닌 다른 필기도구를 이용할 줄 알았다는 점을 시사하고 있다. 그렇다면 7세기경 당나라의 수도였던 장안에서는 승려들이 모필이 아닌 다른 필기도구를 이용하여 불교와 관련된 문자들을 기록하는 데에 사용했으리라는 추정이 가능하다.

우리는 앞에서 '新編諸宗教藏總錄'에 기록된 의상에 관한 이야기를 살펴보았다. 거기에는 의상이 모필이 아닌, 鉛이라는 금속성 도구를 이용하여 부처의 말씀을 전하였다는 기록이 있다.

의상사 이전에도 한국에서는 鐵筆이 있었다. 扶餘 宮南池에서 출토된 유물 중에는 17.5 센티미터 길이의 鐵製 도구가 있다. 막대 모양으로 끝이 뾰족하며 손잡이 부분과 촉 부분이 구분되어 있다. 국립공주박물관(2002:101)에서 유물 번호 124인 철제촉의 사진을 확인할 수가 있다. 글을 새기는데 사용되었으리라고 짐작되는 이 유물은 7세기 혹은 그 이전부터 사용되었을 것이다.

이 유적지는 삼국사기 백제본기 무왕 35년(634) 기록에 근거하여 출토 작업이 이루어졌다. 따라서 궁남지의 鐵筆이 의상의 鉛筆에 영향을 미쳤다는 증거를 확보하기는 어렵다. 의상의 鉛筆은 당나라에서 유학을 할 당시에 그의 스승이었던 지엄의 영향을 받았을 것이다. 해인사의 탱화에 적힌 지엄의 문자들은 모필로 서사하기가 어렵다. 브라미 문자와 흡사한 기하학적 형태의 문자들은 모필로 필사하기보다는 펜 끝이 딱딱한 각필로 쓰기가 쉬운 것들이다.

필자는 중국에서 각필의 사용에 관한 기록을 확인하지 못했다. 중국의 불경 서사 도구는 전통적으로 모필이었다. 秦始皇의 무덤에서 출토된 土俑 중에는 문서전달병도 있다. 여기에서 그 병사가 허리에 削刀를 차고 있는 모습을 확인할 수 있다. 그러나 이것은 목간에 씌어 진 글을 수정하거나 기존의 문서를 지우고 새 문서를 작성할 때 사용되었을 것이다. 이것을 刀筆로 볼 수 있는 증거가 아직까지는 없는 듯하다.

그러면 당시의 중국 승려들이 사용했던 각필은 어디에서 유래했을까? 칠세기 장안 시대 이전에도 각필의 전통이 있었을 것이다. 지엄이 각필에 대해서 알고 있었다면 이것은 당대의 승려들이 각필을 사용하였음을 뜻한다.

각필이 중국 고유의 발명품이 아니라면 이것이 다른 나라에서 수입한 것임에 틀림없다. 그리고 불교 승려들이 그것을 이용했다는 점과 불경을 전사할 때에 각필을 사용했다는 점으로 미루어 보아 각필은 불교와 밀접한 관련이 있음을 생각하지 않을 수 없다.

角筆의 재료 중에는 쇠, 납 등 금속성 재료 외에도 사슴의 뿔이나 코끼리의 어금니, 대나무 등이 있다. 그 중에서 사슴의 뿔이나 코끼리의 상아 등은 신성함과 관련이 있다. 사슴이 불교와 깊은 관련이 있듯이, 코끼리도 불교와 깊은 관련이 있다.

인도에는 상아가 필기도구로 쓰였다는 신화가 있다. 힌두 신의 하나인 가네샤가 고대 서사시를 기록할 때에 자신의 象牙를 사용하였다는 것이다. 그러나 이러한 신화가 이야기로만 그치는 것은 아니다. 印度의 서사 문화를 살펴보면 상아로 된 각필의 痕迹을 發見할 수 있다. 인도에서는 상아뿐만 아니라 스틸루스로 야자수 잎에 성스러운 문자를 새기는 관습이 지금까지 전해지고 있다.

3. 가네샤의 부러진 象牙

인도의 언어문화는 고래로 동북아시아 지역에 영향을 미쳤다. 인도의 대표적인 고대 서사시로는 라마야나(Ramayana)와 마하바라타(Mahabharata)가 있다. 라마야나에는 14살 때에 계모에 의해 정글로 추방된 아요디아(Ayodhya) 왕국의 라마 왕자를 도운 원숭이 하누만(Hanuman)의 이야기가 있다. 이것은 중국의 고전인 '西遊記'의 한 원형이다.

현재 인터넷에서 젊은이들이 愛用하는 아바타(Avatar)도 인도어에서 유래하였다. 아바타는 화신(incarnation)이라는 뜻이다. 생명 불멸이라는 힌두이즘에 근거하고 있다. 힌두교에서는 삼신이 있다. Brahman은 창조의 신이고 Vishunu는 유지 및 보수의 신이며 Shiva는 파괴의 신이다.

힌두의 삼신 중에서 아바타를 가질 수 있는 것이 비슈누이다. 인도 사람들은 석가모니도 비슈누의 화신이라고 믿고 있다. 이러한 믿음에 따르면 불교도 넓은 의미에서는 힌두교의 일종이다.

마하바라타는 선과 악의 전쟁을 그린 고대 인도의 서사시이다. 성인 인 비아사(Vyasa)가 이야기를 口述하고 그것을 가네샤(Ganesha)가 받아 적었다는 것이다. 가네샤는 힌두교에서 풍요를 상징하는 신이다.

가네샤는 인도에서 대중적인 인기가 높다. 가령 한국에서는 건물을 짓기 시작하거나 상량식을 할 때에 돼지머리를 놓고서 고사를 지내기도 하지만 인도에서 가네샤의 상을 모시고서, 하는 일에 아무런 장애가 없이 무사히 마칠 수 있도록 기원하곤 한다.

가네샤는 파괴의 신인 시바의 아들이다. 코끼리 머리에 사람의 몸을 한, 말하자면 반인반수의 형상이다. 이때 가네샤의 코끼리 머리는 지혜를 상징한다. 여기에는 그럴 만한 설명이 따른다.

가네샤의 얼굴을 자세히 보면 오른쪽 어금니가 부러져있다. 사실 어떠한 신상이라도, 그것이 동물의 형상이든 인간의 형상이든, 완전함을

유지하는 것이 일반적일 터인데
가네샤의 코끼리 얼굴에는 왼쪽
상아만 있고 오른쪽 상아는 부러
져 있는 것이다.

신화에 따르면, 가네샤의 오른
쪽 상아는 성인의 말씀을 기록하
는 필기도구로 사용하였던 것이
다. 가네샤는 여러 가지 모습으로
그려지고 있다. 위의 그림도 그
중의 하나이다. 성인인 비아샤가
구술하고 있는 서사시 마하바라
타의 내용을 상아의 뾰족한 끝으
로 종이에 눌러 적고 있는 그림이
다.

비록 신화이지만 이것을 통하여 우리는 인도의 언어문화적 전통을
읽어낼 수가 있다. 가네샤는 성인의 말씀을 자신의 귀중한 신체의 일
부로 기록했다. 신의 이야기인 마하바라타는 그 내용 자체가 신성한
것이다. 이때의 상아는 신성한 언어를 기록하는 도구였던 것이다.

다음의 사진은 필자가 인도의 라자스탄 지역에서 발견한 가네샤이
다. 비교적 최근에 조성된 것으로 짐작되는 이 신상은 위의 신화에서
보여주는 내용과 일치한다. 가네샤가 상아를 이용하여 글을 쓰고 있는
장면을 확인할 수 있다.

이것은 신화에 있는 가네샤의 '부러진 상아' 이야기가 신화에 그치
는 것이 아님을 보여주고 있다. 인도인들은 가네샤가 상아를 이용해서
글을 썼다는 것을 믿고 있을 뿐만 아니라, 이러한 전통이 아득한 옛날

에서부터 비교적 최근에 이르기까지 이어지고 있음을 짐작하게 하는 것이다.

다음은 필자가 남인도의 카르나타카 주에 있는 밀림 속의 한박물관의 부설 도서관에서 확인한 인도의 책과 필기도구이다. 남인도의 항구 도시인 맹갈로르(Mangalore)에서 로컬 버스를 타고 세 시간 정도 밀림 속으로 들어가면 사원의 도시인 다르마스탈라(Dharmasthala)에 도착하게 된다.

인도에서는 전통적으로 야자수 잎에 글을 새겨서 책을 만들었다. 야자수잎에 글을 새기는 도구로는 여러가지 종류가 있었다. 대표적인 것이 스틸루스이다. 쇠끝을 뾰족하게 갈아서 그것으로 야자수 잎에 글을 새겼다. 때로는 대나무로도 필기도구를 만들어 사용했다는 말을 인도인으로부터 들은 적이 있으나 대나무로 만든 필기도구를 필자가 본 적은 없다

야자수잎 책에 글을 새기는 방식이 한국의 각필 문헌의 그것과 일치하는 것으로 보인다. 한국의 각필 문헌은 닥나무로 만든 종이에 스틸루스처럼 끝이 뾰족한 철필이나 끝이 단단한 대나무로 만들어진 죽필을 이용하였을 것이다. 節博士라고 불리는 불교 음악의 악보는 대부분 각필의 선이 제법 두껍게 남아 있다. 이것은 아마도 節博士를 각필

로 새길 때에, 그 각필은 사슴의 뿔과 같은 것을 이용했기 때문으로 짐작된다.

인도에서는 넓적한 야자수 잎을 말려서 이것을 종이처럼 사용하였다. 때로는 그 잎들을 이용하여 그림을 그리기도 하였다. 인도의 전통 그림 중에서 야자수 잎에 새긴 세밀화가 유명하다. 뾰족한 철필의 끝으로 그림을 새긴 다음, 거기에 잉크를 붓는 것이다. 그런 다음 마른 헝겊으로 야자수 잎을 문지르면 철필에 의해 새겨진 그림 자국에는 잉크가 스며들고 그렇지 않은 부분에는 잉크가 지워져서 야자수 잎에는 그림이 남게 된다.

야자수 잎에 문자를 새기는 방식도 이와 동일하다. 아래의 그림은 인도의 팜리프 책을 촬영한 것이다. 이것은 남인도 카르나타카 주에 있는 밀림 속의 사원 도시인 다르마스탈라의 도서관에 보관된 책이다.

끝이 뾰족한 스틸루스로 새겨진 것인데 힌두교 관련 서적이다. 한국의 각필과는 달리, 특수한 스코프의 도움이 없이도 책을 읽을 수 있을 만큼 문자가 선명하였다. 여기에 잉크를 묻혀서 더욱 선명하게 보일 수 있도록 한 책도 있다.

인류가 끝이 뾰족한 필기구를 이용하여 문자를 기록하는 관습은 꽤 오랜 것으로 짐작된다. 한국에서는 의상 대사 시절에 鉛을 이용하여 부처님의 말씀을 기록했다는 것이 나온다. 이것은 7세기경의 일이지만 인도에서는 이것보다도 훨씬

이전에 있었다.

아쇼카 대왕 시기에도 철필 같은 것을 이용하여 문자를 새겼다. 아쇼카 시대의 문자 유물들이 지금까지도 전해지고 있다.

다음은 인도의 녹야원에 있는 문자 유물이다. 야쇼카 석주에 문자가 새겨져 있다. 이것은 기원전 3세기경의 것으로 추정하고 있는데 오늘날까지도 생생하게 볼 수 있을 정도로 문자가 정교하게 새겨져 있다.

인도의 사르나트에 있는 고고학 박물관에 아쇼카 시대의 석주가 보존되어 있으며 비석들도 있다. 거기에 당시의 문자들이 새겨져 있다. 이것은 아마도 스틸루스 같은 것으로 돌에 글씨를 새긴 것이 아닌가 한다.

한국에서는 사슴의 뿔을 필기도구로 이용하였다. 제주도의 태고종 계열의 사찰에는 角筆이 전해져 내려오고 있다. 사슴의 뿔도 가네샤의 뿔과 같은 신성한 의미가 있었을 것으로 짐작된다. 한국과 일본에는 코끼리가 자연적으로 서식하기 어려웠겠지만 사슴들은 그렇지가 않았다. 부처가 처음으로 법을 전한 곳은 鹿野苑이다. 사슴은 불교적인 의미가 있는 동물이다. 그것의 뿔로 만든 필기도구도 불성이 깃들여 있을 것이라는 생각을 할 수가 있다.

한국의 절에는 鹿苑轉法의 광경을 새긴 조각들을 어렵지 않게 찾아볼 수가 있다. 角筆의 根源과 그것의 宗敎的 含意에 대한 논의는 현재로서는 실증적인 문헌자료로서 확인하기 어렵다는 점에서 象徵的 解釋에 의존할 수밖에 없는 노릇이다.

角筆이 중국에서 발명되었다기보다는 인도에서 비롯되었을 가능성이 짙다. 아쇼카 시대부터 있었던 인도의 오랜 필기 문화가 불교의 전파와 함께 중국으로 전해지고 이것이 중국에 유학하였던 의상을 통하여 한국에 전파되었으며 그 이후에 일본에도 전파된 것으로 보인다.

그렇다면 인도의 각필 문화가 어떤 경로를 통해서 중국으로 전해졌는지가 궁금하지 않을 수가 없다. 필자가 짐작하기에는 날란다 (Nalanda) 대학이 이것과 관련이 있는 듯하다. 날란다 대학은 지금도 존재하는 세계 최고의 불교대학이다. 6세기 내지 7세기경에 중국의 학승들이 인도에 불교를 배우러 날란다 대학으로 몰려들었다. 玄裝師도 인도에 유학한 중국의 승려 중의 하나였다. 그는 날란다에서 공부를 한 뒤에 장안으로 돌아가서 印度의 唯識學을 중국에 전파한다. 7세기 전반기에 현장의 영향력은 대단했던 것으로 보인다. 唐의 皇帝도 그에게 경의를 표할 정도였다.

인도의 각필을 중국에 전파한 사람들은 현장을 비롯한 印度遊學僧이었을 것이다. 지엄도 이러한 유학승들의 영향으로 각필을 사용하였을 것으로 짐작이 된다. 중국의 각필이 한국에 전파된 것은 아마도 義相을 비롯한 新羅의 中國遊學僧들 때문이었을 것이다.

4. 結言

동아시아의 문자 문화는 모필 문화와 각필 문화로 대별될 수 있다. 中國의 文字文化에 짝을 이루는 것이 毛筆이라면, 印度의 口述文化에 짝을 이루는 것이 角筆이다. 모필의 원류는 북방이요 각필의 원류는 남방이다.

한반도는 북방의 문화와 남방의 문화가 접목하는 곳이었다. 한국에서의 모필과 각필의 존재는 남북 문화 융화의 한 예이다. 인도의 각필 문화가 어떠한 경로를 거쳐서 한반도까지 오게 된 것인지에 대해서는 분명하게 알 수가 없다. 필자가 추정한 내용을 요약하면 다음과 같다.

기원전 3세기: 아쇼카 시대, 각필 문화가 융성.

기원후 육세기 혹은 칠세기: 인도의 날란다 대학,

인도에 유학한 중국의 승려에 의해
중국으로 전파.

기원후 칠세기: 중국의 장안,

중국에 유학한 한국의 승려에 의해 한국으로 전파.

참고문헌

甘肅人民美術出版(1995), 『敦煌漢簡書法精選』, 蘭州新華印刷廳: 中國 甘肅省.

國立慶州博物館(2002), 『文字로 본 新羅』, 학연문화사: 서울.

國立慶州博物館(2002), 『특별전 '금강' 최근 발굴 10년사』, 씨티파트너: 서울.

國立慶州博物館(2002), 『大佛開眼1250年東大寺 すべて』, 國立奈良博物館: 日本 奈良.

國立慶州博物館(2002), 『백제의 문자』, 국립부여박물관.

金東華(1987), 『삼국시대의 불교사상』, 민족문화사.

金永旭 外 多數 共著(2001), 『국어교육이란 무엇인가』, 서울시립대 인문학
총서1, 혜안: 서울.

金永旭(2001가), 「11세기 문법형태들을 찾아서」, 『문법과 텍스트』, 서울대
학교 출판부: 서울.

金永旭(2001나), 「瑜伽師地論 점토의 해독방법연구」, 『口訣硏究』 7: 57-77.

金永旭(2003가), 「佐藤本 華嚴文義要訣의 國語學的 硏究」, 『口訣硏究』 10: 47-77, 口訣學會.

金永旭(2003나), 「11세기 국어 문법 형태 연구」, 『국어교육』 111호: 293-312, 한국국어교육 연구학회.

金永旭(2003다), 「百濟 吏讀에 對하여」, 『口訣硏究』 11: 125-151, 口訣學會.

金永旭(2004), 「判比量論의 國語學的 硏究」, 『口訣硏究』 12: 81-98, 口訣學會.

金煐泰(1987), 『신라불교연구』, 민족문화사.

김상일(2003), 『괴델의 불완전성 정리로 풀어본 元曉의 判比量論』, 지식산업사.

김성철(2001), 「元曉의 判比量論」, 『佛敎原典硏究』 第2號, 東國大學校 佛敎文化硏究院.

김성철(2003), 『원효의 판비량론 기초 연구』, 지식산업사.

김완진(1982), 『文學과 言語』, 탑출판사.

김천학 역주(1998), 『화엄문의요결문답』, 민족사.

南豊鉉(1999), 『국어사를 위한 구결연구』, 태학사.

南豊鉉(2000), 「조건법 연결어미 '-면'의 발달」, 『口訣硏究』 6: 11-40.

南豊鉉(2001), 「설총과 차자표기법」, 『새국어생활』 11권3호: 21-36, 국립국어연구원.

南豊鉉(2002), 「新羅時代 口訣의 再構를 위하여」, 『口訣硏究』 8: 77-109, 口訣學會.

卞麟錫(2000), 『唐 長安의 新羅史蹟』, 아세아 문화사.

石塚晴通(2003), 「聲點의 起源(김혜진·오미영 譯)」, 『口訣硏究』 11: 23-52, 口訣學會.

小林芳規(2002가), 「大谷大學藏新出角筆文獻について−特に, '判比量論'に書き入れられた新羅の文字と記號−」, 『書香』 第19號 4-6면, 大谷大學圖書館報: 日本 京都.

小林芳規(2002나), 「韓國의 角筆點과 日本의 古訓点의 關係」, 『口訣硏究』 8: 50-76.

小林芳規(2003가), 「新羅經典에 기입된 角筆文字와 符號−京都 大谷大學藏 '判比量論'에서의 發見−」(尹幸舜 譯), 『口訣硏究』 10: 5-30, 口訣學會.

小林芳規(2003나), 「大谷大學藏新出角筆文獻について」, 『大谷學報』 第八十
　　　　　二卷 第二號: 58-88, 日本 京都.

小林芳規(2003다), 「奈良時代の角筆訓点から關た華嚴經の講說」, The Great
　　　　　Buddha Symposium at Todaiji 2003.

신라문화연구소(2001), 「황룡사의 종합적 고찰」, 『신라문화제 학술논문집』 22.

尹善泰(2000), 「新羅 統一期 王室의 村落支配－新羅古文書와 木簡의 分析을
　　　　　中心으로－」, 서울大學校 博士學位 論文.

義　相(668(?)), 華嚴一乘法界圖, 『한국불교전서』 제2권, 동국대학교 출판부:
　　　　　1-8.

의상기념관 편(2001), 『의상의 사상과 신앙연구』, 불교시대사.

이기영(2001), 「華嚴一乘法界圖의 根本精神」, 『義相의 思想과 信仰硏究』, 불
　　　　　교시대사.

李成市(2001), 『만들어진 고대』, 삼인: 서울.

李丞宰(2000), 「새로 발견된 角筆 부호구결과 그 의의」, 『새국어생활』 10권
　　　　　3호: 135-152, 국립국어연구원.

李丞宰(2001), 「화엄경 권22의 각필 부호구결에 대하여」, 『口訣硏究』 7:
　　　　　1-32.

이영무(1987), 『한국의 불교사상』, 민족문화사.

李智冠 校勘譯註(1994), 『歷代高僧碑文(新羅篇)』, 伽山文庫.

李智冠(1969), 『韓國佛敎所衣經典硏究』, 伽山文庫.

정병삼(1998), 『의상화엄사상 연구』, 서울대학교 출판부.

鄭在永(1996), 「순독구결 자료 '범망경 보살계'에 대하여」, 『口訣硏究』 1:
　　　　　127-177.

鄭在永(2001), 「성암고서박물관 소장 진본 화엄경 권20에 대하여」, 『口訣硏
　　　　　究』 7: 33-56.

鄭在永(2003), 「百濟의 文字 生活」, 『口訣硏究』 11: 87-124면, 口訣學會.

최재석(1998), 『고대 한일 불교 관계사』, 일지사.

韓金科(1998/2002), 『法門寺文化史』, 五洲傳播出版社, 西安: 中國.

황규찬(1998), 『新羅表員의 華嚴學』, 民族社.

Choodamani Nandagopal(2000), *Manjusha An art genre*, Manjusha museum,
　　　　　India.

Kannaiyan, K(1960/2000), *Scripts: in and around India*, Government

Museum, Chennai, India.

Otani University Library(1998), *Catalogue of Valuable Rare Books of the Otani University Library－Buddhist Books Edition－*, Otani University: Kyoto.

Shakunthala Jagannathan(1984), *Hinduism*, Vakil, Feffer and Simons Pvt. Ltd, India.

岩崎本『日本書紀』의 聲點에 대한 一考察
— 韓國系 固有名詞 資料를 中心으로 —

權仁瀚*

1. 머리말

　岩崎本『日本書紀』(卷第二十二 推古紀・卷第二十四 皇極紀)가 이른바 古寫本系『日本書紀』[1] 중에서도 현존 最古의 訓點本으로서 한・일 양 국어사 연구에 多大한 가치를 지닌 자료임은 周知하는 바와 같다. 이를 포함하여『日本書紀』諸寫本들의 한국 관계 기사에는 한국계(新羅系, 百濟系, 高句麗系 등) 고유명사 표기들과 함께 傍訓 등의 형식으로 고대국어에 관한 많은 정보들이 실려 있다. 古代 韓國漢字音 注音과 聲

---

* 성균관대학교 국어국문학과 교수.
1) 岩崎本・圖書寮本・前田本・北野本 등의 네 寫本을 말한다(尹幸舜 1996, 33~35면). 필자는 최근 두 차례에 걸쳐 岩崎本을 직접 열람할 기회를 얻은 바 있다. 2003년 7월 30일과 2005년 2월 1~2일에 京都國立博物館 資料調査室에서 열람한 것인데, 첫 번째는 卷22의 서너 폭 정도를 제한적으로 본 것에 그쳤으나, 두 번째는 이틀 동안 卷24에 대한 전반적인 조사를 할 수 있었다. 귀중 자료의 열람을 위하여 물심양면으로 도움을 주신 石塚晴通・藤本幸夫 교수님을 비롯하여 赤尾榮慶 실장님, 小助川貞次・李丞宰・吳美寧・朴鎭浩 교수님께 진심으로 감사의 말씀을 드린다. 특별히 두 번째의 조사가 이루어질 수 있도록 日本 科學硏究費(課題番號16320058)의 연구책임자로서 온갖 지원을 아끼지 않으신 富山大學 小助川貞次 교수님과 同 조사 기간 중 필자를 위하여 岩崎本『日本書紀』에 관한 특강을 해주시는 등 여러 가지로 세심한 배려를 아끼지 않으신 北海道大學 石塚晴通 명예교수님께 가장 큰 感謝의 인사를 드리고 싶다. 또한 발표장에서 유익한 조언을 해주신 石塚晴通・金永萬・鄭光・尹幸舜 교수님께 감사의 말씀을 드린다.

點(tone mark)을 비롯하여 "王(キシ kisi), 城(サシ sasi), 主嶋(ニリム
セマ nirimu-sema), 熊川(コムナリ komu-nari~クマナレ kuma-nare)"
등 상당량의 한국어 어휘 표기들이 등장하고 있는데, 이들은 고대국어
에 관한 국내 자료의 零星함을 보충할 수 있는 귀중한 자료들로서 이
방면의 연구들에서 소중하게 이용되고 있다. 이에 관한 국내외의 최근
업적으로는 兪昌均(1983), 尹幸舜(1996), 金宗澤(1998), 柳玟和(2000), 水
野俊平(2001), 石塚晴通(2003) 등을 들 수 있으며,2) 이들을 통하여 한국
계 고유명사의 表記字나 고대 한국한자음 정보 및 고대국어 어휘 등에
관한 다각도의 고찰이 행해진 바 있고, 또 저마다 상당한 성과를 올리
고 있음이 사실이다.

그러나 전반적으로 볼 때는 原本을 직접 보고 행한 연구가 드물 뿐
만 아니라 아직까지 聲點에 관한 조사가 전혀 행해지지 않은 점 등을
기존 연구들의 문제점으로 지적하지 않을 수 없다. 이러한 사정을 감
안하여 본고에서는 필자와 인연이 있는 岩崎本『日本書紀』의 한국계
고유명사들에 나타난 聲點에 대한 기초적인 조사와 고찰을 목표로 한
다. 이를 위하여 2장에서는 岩崎本『日本書紀』에 대한 전반적인 소개
와 함께 한국계 고유명사들에서의 고대 한국한자음 注音 및 성점을 조
사한 결과를 정리할 것이며, 3장에서는 우리의 성점 자료와 漢語 中古
音의 성조 사이의 대응관계를 밝히고, 일본 성점 자료들과의 비교를
통하여 우리의 자료가 고대국어 성조에 대한 논의에 이용되어 문제가
없는지를 중점적으로 점검할 것이다. 다만, 사정상 고대국어의 성조에
대한 보다 본격적인 논의는 別稿에서 행할 것임을 미리 밝혀 독자들께
양해를 구하고자 한다.

---

2) 이 밖에도 단편적인 자료 인용에 그치고 있으나, 都守熙(1977/1997), 金完鎭(1980),
金芳漢(1983), 李基文(1991) 등도 이 방면의 연구 성과로 볼 수 있을 것이다.

2. 자료의 소개와 정리

1.1. 岩崎本『日本書紀』의 소개

먼저 岩崎本『日本書紀』의 書寫 年代에 대해서는 당시의 기록이 없어서 단정하기는 어려우나, 日本風의 筆致가 이미 상당히 발달된 단계에 접어든 시기에 나온, 流麗하고도 端正한 書寫物이라는 점 등에 근거하여 대체로 10세기 전반 平安中期에 書寫된 것으로 추정하고 있다(築島裕 1978: 465~466). 원 소장처는 東洋文庫였으나, 현재는 京都國立博物館에 소장되어 있다.3)

이어서 이 자료에 나타난 訓點에 대하여 사진(뒷면)과4) 함께 소개하면 다음과 같다.

첫째는 사진상의 朱點들로서(단, 첫 행 中段 "…(弟)王子…"의 左下 朱點들은 제외) 10세기 후반에 加點된5) 平安中期點이다. 朱點은 다시 오코토(ヲコト)點, 傍訓(仮名), 聲點(圈點), 合符線 등으로 나뉘는데, 이들은 모두『日本書紀』중 最古의 訓點으로 알려져 있다. 이들 중 고대 국어 관련 정보는 傍訓의 어휘 표기, 한자음 주음 및 성점에서 찾을 수 있다. 약칭: Ⓐ점.

둘째는 사진상에 다소 짙게 보이는 墨點으로서(셋째 행 下段 "…爲 王…" 왼편에 표기된 コキシ 등 참조) 11세기말에 加點된 院政期點이

---

3) 石塚 先生의 설명에 따르면, 근대시기까지 岩崎地方에 전래되어 오다 東洋文庫에 소장되었다가 20여 년 전에 국가에 매입되어 현재에 이르렀다고 한다.

4) 이 사진은 卷24의 28~31行에 해당되는 부분인데, 조사에 동행하였던 한양대 박진호 교수에 의해 촬영된 것임을 밝혀 다시 한번 감사의 마음을 전한다.

5) 朱點이 가점된 시기에 대해서는 논자마다 조금씩 추정을 달리하고 있다. 10세기말~11세기초(吉澤義則; 築島裕 1978 참조), 10세기말(尹幸舜 1996), 10세기 중반(築島裕 1978) 등. 여기에서는 石塚 先生의 가르침을 따른 것이다.

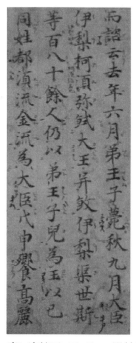

다. 오코토(ヲコト)點, 傍訓(仮名), 合符線이 대부분이나, 드물게 聲點도 나타난다(셋째 행 中段 "…弟王子…"의 '子'字 左上 墨圈點 및 첫 행 中段 "…(弟)王子…"의 左下 朱點들 참조). 덧붙여 院政期 墨點이 卷24에는 左書되어 있으나, 卷22에는 우측의 Ⓐ점과 重書되어 있음도 特記할 만하다. 여기에서도 고대국어 관련 정보는 傍訓의 어휘 표기, 한자음 주음 및 성점에서 찾을 수 있다. 약칭: Ⓑ점.

셋째는 위의 설명에서 제외된 일체의 墨點들로서 室町時代 寶德 3年(1451), 文明 6年 (1474) 두 차례에 걸쳐 一條兼良에 의해 加點된 것이다. 이 사실은 卷24 말미에 있는 "(墨書) 寶德三 二 卅一 點校畢/ (墨書別筆) 文明六 五 晦重以卜氏本/ 校之畢 (花押) 覺惠"라는 筆寫記(識語)를 통해 확인된다. 여기에는 傍訓이 대부분인데, 우측에 쓰인 한자음 주음 표기와 좌측에 쓰인 해독 순서를 지시하는 순서점(一, 二 …), 좌우측에 걸쳐 나타나는 어휘 표기(둘째 행 中段 "大王" 좌측의 コニキシ, 셋째 행 中段 "弟王子" 우측의 ヲト キ シノ ヘセシム 등 참조) 등이 주로 보이는 한편, 곳곳에 註記가 나타나기도 한다(둘째 행 上段 "伊梨柯須彌" 좌측의 〖伊梨姓也 柯須彌名也〗 참조). 여기에서의 고대국어 관련 정보는 傍訓의 어휘 표기와 한자음 주음만 나타나고 성점은 보이지 않는다. 약칭: 寶德 3年點 Ⓒ점, 文明 6年點 Ⓒ점.6)

---

6) 寶德 3年點과 文明 6年點은 동일인의 필체인 관계로 그 구별이 쉽지 않다. 이에 따라 築島裕・石塚晴通(1978)에서는 이들을 통합하여 Ⓒ점으로 표시한 바 있으나,

이상의 설명과 함께 본고의 논의 대상으로 삼고자 하는 聲點의 절대 대다수가[7] 10세기 후반의 Ⓐ點에 분포함을 고려하면 우리의 자료가 우선 시기적인 면에서 그 가치가 상당한 것임을 확인할 수 있을 것이다.

1.2. 한국계 고유명사 자료의 정리

이제 앞 절에서의 소개를 바탕으로 岩崎本『日本書紀』에 나타나는 한국계 고유명사들의 성점 및 한자음 주음 자료를 국가별로 인명·지명·관직명 순으로 정리하여 보이면 다음과 같다.

[凡例] 一. 한자의 좌측에는 Ⓐ의 성점(a, b, c, d, f, g)을, 우측에는 Ⓒ의 한자음 주음(仮名)을 [ ] 안에 표기함을 원칙으로 삼았다(시대가 다른 경우는 따로 ⒶⒷⒸ●를 표시함).

二. 성점은 平聲(各 漢字의 左下), 上聲(同 左上), 去聲(同 右上), 入聲(同 右下), 平輕(同 左中央과 左下 사이), 入輕(同 右中央과 右左 사이)의 六聲點의 체계로 나타나는데, 이들을 각각 a, b, c, d, f, g의 약호로 표시하였다.

三. 고유명사 표기 끝에는 <출전‖고유명사 종류>의 정보를 덧붙였다. 출전은 "卷次-行次"로 표시하였으며, 고유명사의 종류로는 인명·지명·관직명으로 大別하되 ( ) 속에 『日本書紀』 본문을 참조하여 人的 情報 등을 附記하였다.

본고에서는 石塚 先生의 同書 手澤本에 표시된 메모에 의거하여 Ⓒ, ●점으로 구별한 것임을 밝혀둔다.

7) 다음 절에서 제시한 자료 중 (1)-⑨a多(Ⓑa多)a羅<22-051>, (3)-⑪c弟Ⓑa王Ⓑa子<24-028>~弟王Ⓑb子<24-030> 등 밑줄친 세 곳을 제외한 모든 성점이 Ⓐ점임을 참조.

四. 기타 { } 속에는 후대에 修正된 내용을, ( ) 속에는 후대
　　에 補入된 내용을, 〖 〗 속에는 註記의 내용을 담았으
　　며, 빗금은 행이 바뀌는 자리를 표시한다.

(1) 新羅: 인명 7, 지명 7, 관직명 4 <18항목>

①a迦[カ]a摩[マ]b多[タ]<22-066 ‖ 인명(新羅之閒諜者)>

②a堪[タ]a遲[チ]<22-422 ‖ 인명(大舍)>

③a比{ⓒ→北[キ]}d叱[シ]a智[チ]<22-281 ‖ 인명(沙喙部 奈末)>

④c洗[●セ]a爾[●ニ]<22-390 ‖ 인명(大使奈末智)>

⑤c洗[セ]a遲[チ]<22-412 ‖ 인명(奈末智)>

⑥a伊[イ]a彌[ミ]c買[メ]<22-388 ‖ 인명(奈末)>

⑦d竹[チク]c世[セイ]a士[シ]<22-259>~g竹c世a士<22-345 ‖ 인명(沙喙
　　部 奈末)>

⑧南a迦a羅<22-052 ‖ 지명(城)>

⑨a多(Ⓑa多)a羅<22-051 ‖ 지명(城)>

⑩d弗[キツ]a知[チ]a鬼[キ]<22-052 ‖ 지명(城)>

⑪a沙[サ]d喙[タク]a部[キウ]<22-259>~a沙d喙[タク]a部[キウ]<22-280 ‖
　　지명(部)>

⑫a素[Ⓐⓒス]a奈[ナ]a羅[ラ]<22-052 ‖ 지명(城)>

⑬c阿b羅b羅<22-052 ‖ 지명(城)>

⑭a委[ヰ]a陀[タ]<22-052 ‖ 지명(城)>

⑮a奈[ナ]a末⁸⁾[ミ]<22-259, 281, 388>~a奈/a末<22-344/345 ‖ 관명>

⑯a奈a末a智<22-412 ‖ 관명>

---

8) 우리의 史書類 또는 『日本書紀』의 다른 傳本들에는 '末'字로 나타나나, 한자음
　주음이 [ミ]로 나타남을 고려하여 원문대로 제시한 것이다.

⑰a大a舍<22-422 ‖ 관명>

⑱a大(ⓒ使)a奈[ⓒナ]a末[ⓒミ]a智[ⓒチ]<22-390 ‖ 관명>

(2) 百濟: 인명 14, 지명 0, 관직명 5 <19항목>

①a觀d勒[ロク]<22-074>~a觀d勒<22-446 ‖ 인명(僧)>

②a翹a岐<24-023, 041 ‖ 인명(弟王子兒)>

③『a軍a善』<24-056>~a軍a善<24-135 ‖ 인명(副使 恩率)>

④a岐[キ]a味[ミ]<24-024 ‖ 인명(內佐平)>

⑤a道a欣[コン]<22-245 ‖ 인명(僧)>

⑥b武[ム]b子[ⒶⒷⒸシ]<24-136 ‖ 인명((百濟)質 達率)>

⑦a味[ミ]/a摩[マ]a之[シ]<22-310/311 ‖ 인명>

⑧a阿[ア]a佐[サ]<22-036 ‖ 인명(王子)>

⑨a餘f豐<24-202 ‖ 인명(太子)>

⑩c自[シ]a斯[シ]<24-135>~c自a斯<24-136 ‖ 인명(大使 達率, ⑥武子之子)>

⑪a長d福<24-074 ‖ 인명(百濟質 達率)>

⑫智[チ]d積[シャク]<24-022 ‖ 인명(大佐平)>

⑬a芝[ⓒシ]a耆[ⒶⒷコ]a摩b呂<22-310 ‖ 인명(百濟系 歸化人)>

⑭a惠a彌[ミ]<22-245 ‖ 인명(僧)>

⑮a內[ナイ]a佐a平<24-024 ‖ 관명>

⑯d達d率<24-074 ‖ 관명>

⑰a大『Ⓐ音昆[コム]ⓒ私記曰大讀渾』使<24-041 ‖ 관명>

⑱a大[タイ]a佐/a平[ヘイ]<24-021/022 ‖ 관명>

⑲c弟[ⒶⒷタイ]a王[ワウ]a子[シ]<24-023>~c弟a王a子<24-124 ‖ 관명>

   (3)   高句麗: 인명 10, 지명 0, 관직명 1 <11항목>

      ①c曇a徵[テウ]<22-256 ‖ 인명(僧)>

      ②c大f興[●カウ]王[●カウ]<22-163 ‖ 인명(王號)>

      ③a都[Ⓐ Ⓑ]ツ]a須[ス]a流[ル]c金[コム]a流[ル]<24-031 ‖ 인명(大臣)>

      ④d法a定[テイ]<22-256 ‖ 인명(僧)>

      ⑤a僧a阼{Ⓒ→隆[リウ]}<22-079 ‖ 인명(僧)>

      ⑥a雲a聰<22-079 ‖ 인명(僧)>

      ⑦a伊[イ]a梨[リ]a柯[カ]a須[ス]a彌[ミ]<24-029 ‖ 인명(大臣)>

      ⑧a伊[イ]a梨[リ]a渠[コ]c世[セ]a斯[シ]<24-029 ‖ 인명>

      ⑨惠/a灌<22-470/471 ‖ 인명(僧)>

      ⑩a慧/a慈<22-339/340 ‖ 인명(僧)>

      ⑪c弟Ⓑa王Ⓑa子<24-028>~弟王Ⓑb子<24-030 ‖ 관명>9)

   (4)   任那(=加耶?): 인명 3, 지명 2, 관직명 3 <8항목>

      ①奈[ナ]末[ミ]智[チ]<22-391>~a奈a未a遲<22-413 ‖ 인명(達率)>

      ②a首c智a置{Ⓒ→買[メ]}<22-260 ‖ 인명(喙部 大舍)>

      ③b周[シコ]a智[チ]<22-281 ‖ 인명(習部 大舍親智)>

      ④d習[シコ]a部[ホウ]<22-281 ‖ 지명>

      ⑤d喙[タク]a部[ホウ]<22-259 ‖ 지명>

      ⑥d達[●タツ]d率[●ソツ]<22-391>~d達/d率<22-412/413 ‖ 관명>

      ⑦a大[タ]/a舍[サ]<22-259/260 ‖ 관명>

      ⑧a大[タ]a舍[サ]c親[シン]a智[チ]<22-281 ‖ 관명>

---

9) Ⓑ點의 聲點들이 주로 나타나는 곳인데, 28행에는 朱點으로, 30행에는 墨圈點으로 표시되어 있을 뿐만 아니라 '子'字의 성점에 차이를 보이는 등 특이한 加點 樣相을 보이고 있다.

2.3. 고유명사 표기의 用字別 한자음 색인

이상에서 보듯이 岩崎本『日本書紀』에는 총 56항목의 한국계 고유
명사들이 나타나고 있는데, 여기에 쓰인 글자들의 한·중·일 한자음
정보를 종합하여 보이면 다음과 같다.

[凡例] 一. 각 항목은 "固有名詞 表記用字·ⓒ中古音·Ⓚ中世 韓國
漢字音·Ⓙ日本 吳音‖Ｊ日本 漢音·Ⓝ日本書紀音"의
순서로 나열하였다.

二. "ⓒ中古音"은 李珍華·周長楫 編(1993)에 의하여 漢語 中
古音의 音位를 제시한 것인데, 攝·開合·等呼·聲調·
韻母·聲母의 순서로 구성되어 있다. ※ ☰=3等甲.

三. "Ⓚ中世 韓國漢字音"은 權仁瀚(2005)에서 조사된 결과를
반영하였다.

四. "Ⓙ日本 吳音"은 '日本吳音資料 安田八幡宮藏大般若波羅蜜
多經 分紐分韻表'(金正彬 2004: 243~333)/'觀智院本類聚名
義抄和音分韻表'(沼本克明 1995: 123~186)/'九條本法華經
音'(沼本克明 1997: 216~227)에 제시된 吳音을 필자가 정
리한 것이다.

五. "Ｊ日本 漢音"은 '長承本蒙求分韻表'(沼本克明 1995: 187~
243)/'新漢音分紐分韻表'(沼本克明 1997: 411~457)에 제시
된 漢音을 필자가 정리한 것이다.

六. "Ⓝ日本書紀音"은 앞 절에서 조사된 한국계 고유명사들
의 表記字에 나타난 성점과 한자음 주음 표기를 재정리
한 것이다.

① 柯	C果開一平歌見	K L가	J cカ/--/-- ‖ J --/--		N a[カ]
② 迦	C假開二平麻見10)	K L가	J b~cカ/--/cカ ‖ J --/bキャ		N a[カ]
③ 堪	C咸開一平覃溪	K L감	J cカム/cカム/cカム ‖ J bカム/--		N a[タン]
④ 渠	C遇中三平魚羣	K L거	J a~cコ/コ/-- ‖ J --/--		N a[コ]
⑤ 灌	C山合一去換見	K R~H관	J a~b~cクワン/c/-- ‖ J aクワン/--		N a
⑥ 觀	C山合一平桓見11)	K L~R~H관	J a/aクワン/cクワン ‖ J f/クワン		N a
⑦ 翹	C效開㊂平宵羣12)	K --13)	J cケウ/c/-- ‖ J --/--		N a
⑧ 軍	C臻合三平文見14)	K L군	J c~bクン/aクン/-- ‖ J fクン/--		N a
⑨ 鬼	C止合三上尾見	K R귀	J c/aクヰ/a~cクヰ ‖ J b/bクヰ		N a[キ]
⑩ 金	C深開三平侵見	K L금(김)	J --/--/cユム ‖ J fキム/aキム~fキン		N c[ユム]
⑪ 岐	C止開㊂平支羣	K L기	J --/--/-- ‖ J aキ/--		N a[キ]
⑫ 耆	C止開㊂平脂羣	K L~R기	J b~cキ/--/cキ ‖ J --/--		N a[コ]
⑬ 奈	C果開一去箇泥15)	K R내	J bナ/--/aナイ ‖ J --/--		N a[ナ]
⑭ 內	C蟹合一去隊泥	K R~H뇌	J --/aナイ/aナイ ‖ J --/--		N a[ナイ]
⑮ 多	C果開一平歌端	K L다	J bタ/タ/cタ ‖ J fタ/fˉbタ		N a~b[タ]
⑯ 達	C山開一入曷定	K H달	J b~cタ/dタツ/-- ‖ J d/bタラ		N d[タツ]
⑰ 曇	C咸開一平覃定	K --16)	J aタム/cトム/cトム ‖ J --/--		N c
⑱ 大	C蟹開一去泰定17)	K R~H대	J a/aタイ/aタイ ‖ J c/a~cタイ		N c~a[タ(イ)]
⑲ 道	C效開一上皓定	K R~H도	J --/隨ウ/aタウ ‖ J b~c/--		N a

---

10) 又音 果開三平戈見
11) 又音 山合一去換見
12) 又音 效開㊂去笑羣
13) 교ꜛ<三聲下:1>~효<구간3:11>
14) 又音 臻合三平文曉
15) 又音 蟹開一去泰泥
16) 담ꜛ<三聲下:38>
17) 又音 果開一去箇定

⑳都 Ｃ遇中一平模端 ＫＬ도 Ｊa~cト/cト/-- ‖ Ｊfト/a~bト Ｎa[ツ]

㉑羅 Ｃ果開一平歌來 ＫＬ라 Ｊb~cラ/--/cラ ‖ Ｊa/cラˇ ˇbラ(ン) Ｎa[ラ]~b

㉒呂 Ｃ遇中㊂上語來 ＫＲ려 Ｊ--/--/-- ‖ Ｊbリヨ~ロ/-- Ｎb

㉓流 Ｃ流開㊂平尤來 ＫＬ~Ｈ류 Ｊcル/--/cル ‖ Ｊ--/aリウ Ｎa[ル]

㉔隆 Ｃ通中㊂平東來 ＫＬ릉 Ｊ--/--/-- ‖ Ｊaリウ/-- Ｎ[リウ]

㉕勒 Ｃ曾開一入德來 ＫＨ륵 Ｊdロク/ロク/dロク ‖ Ｊ--/dロク Ｎd[ロク]

㉖梨 Ｃ止開㊂平脂來 ＫＬ리 Ｊbリ/--/cリ ‖ Ｊ--/bリ Ｎa[リ]

㉗摩 Ｃ果中一平戈明[18] ＫＬ마 Ｊa~b~cマ/cマ/aマ ‖ Ｊ--/a~bマ Ｎa[マ]

㉘買 Ｃ蟹中二上蟹明 ＫＲ미 Ｊa~b~cマイ/cマイ/-- ‖ Ｊbハイ/-- Ｎc[ハイ]

㉙武 Ｃ遇中三上麌微 ＫＲ무 Ｊaム/--/-- ‖ Ｊbフ/-- Ｎb[ム]

㉚味 Ｃ止中三去未微 ＫＲ~Ｈ미 Ｊ--/--/aミ ‖ Ｊ--/-- Ｎa[ミ]

㉛彌 Ｃ止中三平支明 ＫＬ미 Ｊ--/cミ/cミ ‖ Ｊ--/aミ Ｎa[ミ]

㉜未 Ｃ止中三去未微 ＫＲ~Ｈ미 Ｊdミ/ミ/aミ ‖ Ｊ--/-- Ｎa[ミ]

㉝法 Ｃ咸中三入乏非 ＫＨ법 Ｊ--/ホウ/dホフ ‖ Ｊ--/d~gハフ/ハウ Ｎd

㉞福 Ｃ通中三入屋非 ＫＨ복(북) Ｊ--/--/dフク ‖ Ｊ--/dフク Ｎd

㉟部 Ｃ流開一上厚並[19] ＫＨ부 Ｊフ/aフ/-- ‖ Ｊb~cホウ/bホウ Ｎa[ホウ]

㊱北 Ｃ曾中一入德幫 ＫＨ븍 Ｊdホク/ホク ‖ Ｊ--/gホ Ｎ[ホク]

㊲弗 Ｃ臻中三入物非 ＫＨ블 Ｊdホチ/ホツ/dホチ ‖ Ｊ--/-- Ｎd[ホツ]

㊳比 Ｃ止中㊂上旨幫[20] ＫＬ~Ｒ~Ｈ비 Ｊヒ/--/aヒ ‖ Ｊbヒ/-- Ｎa

㊴士 Ｃ止開三上止崇 ＫＲ~Ｈ亽 Ｊaシ/--/aシ ‖ Ｊb~cシ/-- Ｎa[シ]

㊵斯 Ｃ止開㊂平支心 ＫＬ亽 Ｊ--/--/a~cシ ‖ Ｊ--/-- Ｎa[シ]

㊶沙 Ｃ假開二平麻生[21] ＫＬ사 Ｊbシャ/aシャ/cシャ ‖ Ｊ--/-- Ｎa[サ]

---

18) 又音 果中一去過明

19) 又音 遇中一上姥並

20) 又音 止中㊂去至幫, 止中㊂去至並, 止中㊂平脂並

21) 又音 假開二去禡生

㊷舍	C假開㊂上馬書22)	KR~H샤	J b~cシャ/aシャ/aシャ ‖ J cシャ/--	N a[サ]
㊸善	C山開㊂上獮禪	KR~H션	J --/aセン/aセン ‖ J bセン/b~cセン	N a
㊹世	C蟹開㊂去祭書	KR~H~Lセ	J --/--/aセ ‖ J c/c~aセイ	N c[セ(イ)]
㊺洗	C山開四上銑心23)	KR션(세)	J aセン/セン/--24) ‖ J --/--	N c[セン]
㊻素	C遇中一去暮心	KR소/R조	J bソ/--/-- ‖ J cソ/bソ	N a[ス]
㊼率	C臻合入術生25)	KH솔(률)	J --/dソチ/dソチ ‖ J gスキツ26)/--	N d[ソツ]
㊽須	C遇中㊂平虞心	KL슈	J --/--/cシユ ‖ J fスウ/--	N a[ス]
㊾首	C流開㊂上有書27)	KH~R슈	J cシユ/シフ/aシユ ‖ J bズ~シユ/--	N a
㊿習	C深開㊂入緝邪	KH습	J d/シフ/dシフ ‖ J dシウ/--	N d[シフ]
⑤僧	C曾開一平登心	KL승	J c/aソウ/cソウ ‖ J --/aソウ	N a
⑤阿	C果開一平歌影	KL아	J cア/cア/cア ‖ J --/bア	N c~a[ア]
⑤餘	C遇中㊂平魚以	KL여	J ヨ/c/cヨ ‖ J aヨ(ウ)/--	N a
⑤王	C宕合三平陽雲28)	KL~R~H왕	J --/--/cワウ ‖ J aワウ/--	N a[ワウ]
⑤雲	C臻合三平文雲	KL운	J a~c/--/aウン ‖ J aウン/a キン	N a
⑤委	C止合三上紙影29)	KR~H위	J a~cヰ/aヰ/aヰ ‖ J bヰ/--	N a[ヰ]
⑤伊	C止開㊂平脂影	KL이	J bイ/cイ/-- ‖ J aイ/--	N a[イ]
⑤爾	C止開㊂上紙日	KR~H싀	J --/ニ/-- ‖ J --/bジ	N a[ニ]
⑤子	C止開㊂上止精	KH~R~Lスᆞ	J a/シ/aジ ‖ J bジ/bジ	N a~b[ジ]
⑥慈	C止開㊂平之從	KLスᆞ	J aジ/cジ/cジ ‖ J aジ/--	N a

---

22) 又音 假開㊂去禡書
23) 又音 蟹開四上薺心
24) 又音 aサイ/セイ/--
25) 又音 止合三去至生
26) 又音 gリィ
27) 又音 流開㊂去宥書
28) 又音 宕合三去漾雲
29) 又音 止合三平支影

㉑ 自　Ⓒ止開㈢去至從　Ⓚ H˜R ᄌ　Ⓙ --/--/aシ ‖ Ⓙ cシ/cシ　Ⓝ c[シ]

㉒ 長　Ⓒ宕開㈢平陽澄30)　Ⓚ L˜R˜H 댱　Ⓙ a˜cチャウ/cチャウ/a˜cチャウ ‖ Ⓙ a/--　Ⓝ a

㉓ 積　Ⓒ梗開㈢入昔精　Ⓚ H 젹　Ⓙ dシャク/--/-- ‖ Ⓙ gセキ/セキ　Ⓝ d[シャク]

㉔ 定　Ⓒ梗開四去徑定　Ⓚ R˜H 뎡　Ⓙ --/チャク/aチャウ ‖ Ⓙ cテイ/--　Ⓝ a[テイ]

㉕ 弟　Ⓒ蟹開四上薺定31)　Ⓚ R˜H 데　Ⓙ aタイ/aテイ˜テエ/-- ‖ Ⓙ --/--　Ⓝ c[タイ]

㉖ 阼　Ⓒ遇中一去暮從　Ⓚ R 조　Ⓙ --/--/-- ‖ Ⓙ --/--　Ⓝ a

㉗ 佐　Ⓒ果開一去箇精　Ⓚ R˜H 좌　Ⓙ a˜b˜cサ/aサ/cサ ‖ Ⓙ --/--　Ⓝ a[サ]

㉘ 周　Ⓒ流開㈢平尤章　Ⓚ L 쥬　Ⓙ bシユ/シウ/cシユ ‖ Ⓙ fシユ˜シウ/--　Ⓝ b[シユ]

㉙ 竹　Ⓒ通中㈢入屋知　Ⓚ H 둑　Ⓙ --/dチク/-- ‖ Ⓙ dチク/--　Ⓝ g~d[チク]

㉚ 之　Ⓒ止開㈢平之章　Ⓚ L˜ 지　Ⓙ --/シ/-- ‖ Ⓙ fシ/--　Ⓝ a[シ]

㉛ 智　Ⓒ止開㈢去寘知　Ⓚ H˜R 디　Ⓙ --/aチイ/aチ ‖ Ⓙ c/--　Ⓝ c~a[チ]

㉜ 知　Ⓒ止開㈢平支知　Ⓚ L˜H 디　Ⓙ --/cチ/cチ ‖ Ⓙ f/チ　Ⓝ a[チ]

㉝ 芝　Ⓒ止開㈢平之章　Ⓚ L 지　Ⓙ --/--/-- ‖ Ⓙ fシ/--　Ⓝ a[シ]

㉞ 遲　Ⓒ止開㈢平脂澄　Ⓚ L 디　Ⓙ --/--/-- ‖ Ⓙ --/--　Ⓝ a[チ]

㉟ 叱　Ⓒ臻開㈢入質昌　Ⓚ H 즐　Ⓙ dシチ/--/-- ‖ Ⓙ gシ/□/--　Ⓝ d[シ]

㊱ 徵　Ⓒ曾開㈢平蒸知32)　Ⓚ L 딩(티)　Ⓙ cチ(ヨ)ウ/--/-- ‖ Ⓙ --/--　Ⓝ a[テウ]

㊲ 聰　Ⓒ通中一平東清　Ⓚ L 총　Ⓙ a˜cソウ/aソウ/-- ‖ Ⓙ --/--　Ⓝ a

㊳ 置　Ⓒ止開㈢去志知　Ⓚ R˜H 티　Ⓙ bチ/cチ/cチ ‖ Ⓙ aチ/--　Ⓝ a

㊴ 親　Ⓒ臻開㈢平眞清33)　Ⓚ L 친　Ⓙ cシン/--/cシン ‖ Ⓙ fシン/aシン　Ⓝ c[シン]

㊵ 陀　Ⓒ果開一平歌定　Ⓚ L 타(다)　Ⓙ bタ/cタ/cタ ‖ Ⓙ --/aタ　Ⓝ a[タ]

㊶ 平　Ⓒ梗中三平庚並　Ⓚ L 평　Ⓙ aヘイ/--/a˜cヒャウ ‖ Ⓙ fヘイ/--　Ⓝ a[ヘイ]

㊷ 豐　Ⓒ通中三平東敷　Ⓚ L 풍　Ⓙ aフウ/フウ/aフウ ‖ Ⓙ --/--　Ⓝ f

---

30) 又音 宕開㈢去漾澄, 宕開㈢上養知

31) 又音 蟹開四去霽定

32) 又音 止開㈢上止知

33) 又音 臻開㈢去震清

㊤惠　Ｃ蟹合四去霽匣　ＫＲˇＨ혜　Ｊ--/aㄱ/aㄱ ‖ **Ｊ**ｃクエイ/--　Ｎa

㊤慧　Ｃ蟹合四去霽匣　ＫＲˇＨ혜　Ｊ--/--/aㄱ ‖ **Ｊ**＝惠ｃクエイ/--　Ｎa

㊤喙　Ｃ蟹合三去廢曉34)　ＫＲ 훼　Ｊ--/--/-- ‖ **Ｊ**--/--　Ｎd[タイ]

㊤欣　Ｃ臻開三平欣曉　ＫＬ흔　Ｊaコン/aコン/aコン ‖ **Ｊ**--/--　Ｎa[コン]

㊤興　Ｃ曾開三平蒸曉35)　ＫＬˇＲ흥　Ｊaコウ/コウ/-- ‖ **Ｊ**ｆキョウ/--　Ｎf[クウ]

3. 聲點의 대응관계와 그 의미

　이제 앞에서의 자료 조사 결과를 바탕으로 한국계 고유명사들의 성점 자료가 고대국어의 성조 문제에 대한 논의에 이용되어 큰 무리는 없는지를 집중적으로 점검하고자 한다. 이를 위하여 우리의 성점 자료가 漢語 中古音 및 중세 한국한자음의 성조와 어떠한 대응관계를 보이는지를 살핀 후, 일본의 관련 자료들에서의 성점과는 어떠한 차이점을 보이며 또한 그 의미는 무엇인지를 논의하고자 한다.

3.1. 한어 중고음 및 중세 한국한자음 성조와의 대응관계

　먼저 한국계 고유명사 자료에 나타난 성점과 한어의 중고음 성조 사이의 대응관계를 살펴볼 필요가 있다. 여기서 어떠한 의미있는 대응관계가 나타나는가에 따라 고대국어의 성조체계에 대한 윤곽을 잡아 볼 수 있을 것이기 때문이다. 아래의 <표 1>은 한어 중고음에서 單數의 성조를 보이는 글자들만을 대상으로36) 그 대응관계를 조사한 결과

---

34) 又音 蟹合㈢去祭昌
35) 又音 曾開三去證曉
36) 여기서 複數의 聲調字들을 제외한 것은 우리의 자료가 단어 차원의 것이므로 복수의 성조 중 어느 쪽에 대응시킬 지가 분명하지 않은 점을 고려한 것이다. 다만,

를 보인 것이다.

〈표 1〉한국계 고유명사들의 성점과 한어 중고음 성조의 대응관계

C＼N	a	b	c	d	f	g	기타
平	26 (78.8%)	1 (3.0%)	2 (6.0%)		1 (3.0%)		3 (9.1%)
上	6 (54.5%)	2 (18.2%)	2 (18.2%)				1 (9.1%)
去	12 (70.6%)		2 (11.8%)	1 (5.9%)			2 (11.8%)
入				8 (88.9%)			1 (11.1%)

（대응률 10% 미만: 무표시, 10～29%: 目, 30～49%: 皿, 50% 이상: 卌)

<표 1>에서 대응률 50% 이상으로서 卌로 표시한 '平↔a, 上・去↔a, 入↔d'의 대응을 보이는 예들을[37) 의미있는 대응관계로 보는 데에는 아무런 문제가 없을 것이나, 目로 표시한, 대응률 10% 대의 미약한 수치를 보이는 '上↔b, 上↔c, 去↔c'의 대응 예들은 해당되는 글자수도 두 글자씩에 불과하여 현재의 자료만으로는 이들을 의미있는 대응관계로 보기 어려운 것이 아닌가 한다. 대응관계에 대한 우리의 해석

王名에 쓰인 '王'字와 같이 의미 파악이 분명한 경우는 複數의 聲調字라도 조사 대상에 포함시키되, '堪'字와 같이『日本書紀』에 注音된 한자음에 문제가 있는 경우는 單數의 聲調字라도 조사 대상에서 제외하였음과 조사 대상 글자 중『日本書紀』의 聲點이 복수로 나타나는 경우는 '기타'란에 표시하여 구별한 것임도 밝혀 둔다.

37) 平↔a: 柯, 迦, 渠, 軍, 岐, 耆, 都, 流, 梨, 彌, 斯, 須, 僧, 餘, 王, 雲, 伊, 慈, 之, 知, 芝, 遲, 聰, 陀, 平, 欣(26)
   上↔a: 鬼, 道, 部, 士, 善, 爾(6)
   去↔a: 灌, 奈, 內, 味, 未, 素, 定, 阼, 佐, 置, 惠, 慧(12)
   入↔d: 達, 勒, 法, 福, 弗, 習, 積, 叱(8)

이 옳은 것이라면 <표 1>에서 드러난 중고음 성조와 성점의 대응관계는 '平·上·去↔a, 入↔d'라는 매우 단순한 양상을 보이는 것으로 정리해도 좋을 것이다. 이는 한국계 고유명사들에서의 성점이 한어 중고음의 성조와는 平行되지 않은 대응관계를 보임을 의미하는데, 여기에서 우선 고대국어의 성조가 한어 중고음과는 특히, 上·去聲字에서 상당한 차이를 보이는 체계였으리라는 暗示를 받을 수 있을 것이다.

다음으로 문제의 성점들이 중세 한국한자음 성조와는 어떠한 대응관계를 보이는지도 궁금해진다. 왜냐하면 중세 한국한자음과 한어 중고음 사이에 성조상의 정연한 대응관계 즉, '平↔L, 上·去↔R~H, 入↔H'의 대응을 보이기 때문에 <표 1>과 비슷한 결과를 보일 것으로 예상되면서도 실제의 대응 양상이 과연 그러한지를 확인할 필요가 있기 때문이다. <표 1>에서와 동일한 글자들로 그 대응관계를 조사한 결과를 정리해 보이면 다음과 같다.

(5) 한국계 고유명사들의 성점과 중세 한국한자음 성조의 대응관계
① 平-L-a: 柯, 迦, 渠, 軍, 岐, 都, 梨, 彌, 斯, 須, 僧, 餘, 王, 雲, 伊, 慈, 之, 芝, 遲, 聰, 陀, 平, 欣(23)
② 平-L-b: 周(1) 　　③ 平-L-c: 金(1) 　　④ 平-L-f: 豐(1)
⑤ 平-L-a/b: 多, 羅(2) 　　⑥ 平-L-c/a: 阿(1)
⑦ 平-L~H-a: 流, 知(2) 　　⑧ 平-L-R-a: 耆(1) 　　⑨ 平-?-c: 曇(1)

⑩ 上-R~H-a: 道, 士, 善, 爾, 定(5)
⑪ 上-R-a: 鬼(1) 　　⑫ 上-R-b: 呂, 武(2) 　⑬ 上-R-c: 買, 洗(2)
⑭ 上-H-a: 部(1) 　　⑮ 上-R~H~L-a/b: 子(1)
⑯ 去-R~H-a: 灌, 內, 味, 未, 佐, 置, 惠, 慧(8)

⑰去-R-a: 奈, 素, 阤(3)　　⑱去-R-d: 喙(1)

⑲去-R~H-c/a: 大, 智(2)　　⑳去-R~H-c: 自(1)　　㉑去-R~H~L-c: 世(1)

㉒入-H-d: 達, 勒, 法, 福, 弗, 習, 積, 叱(8)　　㉓入-H-g/d: 竹(1)

위의 조사 결과를 보면, 해당되는 글자수에 약간의 감소는 있으나, 중
고음의 平聲字(①~⑨)에서는 'L↔a'(Ⓚ-Ⓝ)의 대응이, 上聲字(⑩~⑮)=
去聲字(⑯~㉑)에서는 'R~H↔a'의 대응이, 入聲字(㉒~㉓)에서는 'H↔
d'의 대응이 다수의 의미있는 대응관계를 보이는 것으로 나타남으로
써, 이는 위에서 예상한 대로 <표 1>에서의 대응관계와 완전히 일치하
고 있음을 확인할 수 있다. 따라서 여기에서도 고대국어의 성조가 한
어 중고음에 평행되게 중세 한국한자음의 성조와도 큰 차이를 보이는
체계였으리라는 暗示를 더욱 강하게 받을 수 있게 된다.

3.2. 일본계 고유명사 성점과의 비교

앞 절에서의 논의를 통하여 고대국어의 성조가 한어 중고음의 성조
뿐만 아니라, 이를 일정하게 반영하고 있는 중세 한국한자음의 성조와
도 상당한 차이를 보이는 체계였을 가능성이 매우 큰 것으로 드러났
다. 다만, 이러한 추정이 사실로 되기 위해서는 문제의 성점이 일본인
에 의해 加點되었다는 점에서 당시 일본어의 성조(또는 악센트)에 의
한 干涉이 없었거나, 있었다고 해도 미미한 수준에 그쳤음을 논증해야
할 필요가 있다.

이를 위하여 우선적으로 이용될 수 있는 자료는 岩崎本『日本書紀』
에 나타난 일본계 고유명사 자료에 보이는 성점들이다. 필자가 조사한
바에 의하면, 일본계 고유명사는 총 103항목으로38) 한국계 고유명사

---

38) 상당수의 인명들은 관직명과 결합된 것으로 보이나, 현재 필자의 능력으로는

자료보다 더 많은 항목수가 나타나므로 이들을 대상으로 <표 1>에서와 동일한 방식으로 聲點과 한어 중고음 聲調 사이의 대응관계를 조사한 결과를 비교한다면 일본어와의 간섭 여부가 어느 정도 가려질 것으로 기대해도 좋을 것이다. 아래에 해당 자료들을 제시한 후, 그 대응관계를 조사한 결과를 보이면 다음의 <표 2>와 같다.

(6) 日本: 인명 71, 지명 18, 관직명 7, 기타 7 <103항목>

①a君c人[タイ]/a郎[ラウ]<24-333/334 ‖ 인명>

②a奈[ナ]b羅[ラ]譯語a惠[エ]a明[ミヤウ]<22-240 ‖ 인명>

③a多a須b那<22-177 ‖ 인명>

④a人b生a部多<24-263 ‖ 인명>

⑤a善[セ]d德[トコ]臣<22-034 ‖ 인명>

⑥a蘇/a因a高<22-200/201 ‖ 인명>

⑦a惠a齊[●サイ]<22-395 ‖ 인명>

⑧a惠c光<22-395 ‖ 인명>

⑨a惠d日[●ニチ]<22-395 ‖ 인명>

⑩b茅b淳王女<24-005 ‖ 인명>

⑪b三b成<24-162 ‖ 인명>

⑫b陽[ヤ]b胡[コ]史祖玉陳<22-077 ‖ 인명>

⑬b入b鹿<24-011 ‖ 인명>

⑭c司/a馬d達a等<22-175/6 ‖ 인명>

⑮c塞[サイ]a上[シヤウ]<24-020 ‖ 인명>

⑯d覺b舸<22-019 ‖ 인명>

___

이를 정확히 분석하기 어려워 未分析 상태로 제시한 항목들도 있으므로 항목수는 더 늘어날 가능성이 있음을 밝혀둔다.

⑰d得b志<24-295, 297 ‖ 인명>

⑱d福a利<22-255 ‖ 인명>

⑲d福a因<22-395 ‖ 인명>

⑳d塞[サイ]a上[シヤウ]<24-043 ‖ 인명>

㉑葛城稚犬養連b綱/b田<24-233/234 ‖ 인명>

㉒犬上君b御b田b鍬<22-334 ‖ 인명>

㉓境部臣b摩b理b勢<22-299 ‖ 인명>

㉔高向臣b國b押<24-181 ‖ 인명>

㉕高向漢人c玄[ケン]a理[リ]<22-240 ‖ 인명>

㉖國b勝吉士水鷄…/…‖水鷄此云a倶[ⒶⒷク]a毗[ⒶⒷヒ]a那[ⒶⒷ
ナ]‖<24-033/034 ‖ 인명>

㉗錦織首久a[ク]b僧[ソウ]<22-273 ‖ 인명>

㉘難波吉[キ]/師[シ]a神<22-055/056 ‖ 인명>

㉙南淵漢人a請[シヤウ]a安[アン]<22-241 ‖ 인명>

㉚大德境部臣b雄/a摩a侶<22-414/415 ‖ 인명>

㉛大禮b乎b那a利<22-238 ‖ 인명>

㉜大友村主c高[カウ]a聰[ソウ]<22-077 ‖ 인명>

㉝菟田b諸a石<24-168 ‖ 인명>

㉞物部依綱連b抱<22-217 ‖ 인명>

㉟使人b長[チヤウ]c吏[リ]<22-221 ‖ 인명>

㊱舍人b姬王<22-091 ‖ 인명>

㊲山背臣b日(爾Ⓒ[ニ])b立<22-078 ‖ 인명>

㊳上宮a大娘姬王<24-109 ‖ 인명>

㊴船史a惠[エ]d尺[サカ]<24-338 ‖ 인명>

㊵小德巨勢臣d德[トコ]b大[ⒶⒷタ~Ⓒタイ]<24-094 ‖ 인명>

㊶小德近江脚身臣a飯b蓋<22-417 ‖ 인명>

㊷小德物部依網(ⓒ納)連d乙b等<22-416 ‖ 인명>

㊸小德粟田臣b細b目<24-095 ‖ 인명>

㊹小德波多/臣廣b庭<22-416/417 ‖ 인명>

㊺小德平羣/臣b宇b志<22-417/418 ‖ 인명>

㊻小德河邊/臣b禰[ネ]a受[ス]<22-415/416 ‖ 인명>

㊼粟田/b細b目臣<22-276/277 ‖ 인명>

㊽新漢人a廣a濟[サイ]<22-242 ‖ 인명>

㊾新漢人a大/d國<22-240/241 ‖ 인명>

㊿新漢a濟[サイ]c文[モノ]<22-313 ‖ 인명>

51阿曇連b比b羅b夫<24-013>~阿曇山背連b比b羅b夫<24-017 ‖
인명>

52阿閉臣a大b籠<22-266 ‖ 인명>

53鞍部d德[❶トク]d積[ⓒシャク]<22-455 ‖ 인명>

54鞍作d得[トク]b志[シ]<24-291 ‖ 인명>

55鞍作d福[フク]a利[リ]<22-196 ‖ 인명>

56額田部/連b比b羅b夫<22-215/216>~額田部連b比b羅b夫
<22-262, 277 ‖ 인명>

57倭漢直d福[フク]/a因[イン]<22-239/240 ‖ 인명>

58伊勢b何{ⓒ→阿}b部b堅b經<24-168 ‖ 인명>

59中臣宮地/連b烏a摩b侶<22-297/298 ‖ 인명>

60志/賀漢人a慧[エ]a隱[オン]<22-241/242 ‖ 인명>

61津守連大/a海<24-032/033 ‖ 인명>

62眞野/首a弟[テ]b子[シ]<22-312/313 ‖ 인명>

63草壁吉士b眞a跡<24-034 ‖ 인명>

(64)草壁吉[キ]/士[シ]f磐c金<24-017/018>~b磐b金<22-037 ‖ 인명>

(65)土士a娑[サ]b婆[ハ]連b猪b手<24-143 ‖ 인명>

(66)坂本吉士a長f兄<24-035 ‖ 인명>

(67)學問僧新漢人d日[ニチ]c文[モン]<22-241 ‖ 인명>

(68)間人連a鹽b蓋<22-266 ‖ 인명>

(69)穴穗b部間人皇女<22-014 ‖ 인명>

(70)b渟b中f倉a太a玉a敷<22-002 ‖ 인명(皇號)>

(71)b天a豐a財重日〖c重[🅒テウ]日此云a伊[Ⓑイ]a柯[Ⓑカ]a之[Ⓑシ]f~b
Ⓑ比[Ⓑヒ]〗足姬天皇<24-003 ‖ 인명(皇號)>

(72)a大b丹a穗山<24-281 ‖ 지명>

(73)a不a盡/河<24-262/263 ‖ 지명>

(74)a娑b婆/連<22-086/087 ‖ 지명>

(75)a阿a斗河邊館<22-264 ‖ 지명>

(76)a乳[Ⓐミ]a部[フ]之民[乳[シウ]部[ホ]此云b美[ミ]b父[フ]]<24-108 ‖ 지명>

(77)b耳b梨行宮<22-064 ‖ 지명>

(78)b壬b生a部<22-189 ‖ 지명>

(79)b周a芳a娑[🅒サ]b婆[🅒ハ]<22-085 ‖ 지명>

(80)b蒲/b生河<22-359/360 ‖ 지명>

(81)a掖[ヤ]f玖[ク]人<22-341>~掖[ヤ]玖[ク]人<22-363 ‖ 지명>

(82)今b來<24-106 ‖ 지명>

(83)難波b荒b陵<22-022 ‖ 지명>

(84)大f井家<24-053 ‖ 지명>

(85)河內b磯長陵<22-021 ‖ 지명>

(86)a四c天b王寺<22-394 ‖ 지명>

(87)a桙a削寺<24-281 ‖ 지명>

⑧⑧c金b剛寺<22-184 ‖ 지명>

⑧⑨飛鳥a板a蓋/新宮<24-125/126 ‖ 지명>

⑨⓪a大/d德<22-098/099 ‖ 관명>

⑨①大c仁[二ン]<22-099>~a大c仁[二ン]<22-183>~a大c仁<24-012 ‖ 관명>

⑨②大a禮[ライ]<22-099>~a大a禮[ライ]<22-195, 221 ‖ 관명>

⑨③大a信<22-099 ‖ 관명>

⑨④大b義<22-099 ‖ 관명>

⑨⑤大a智<22-100 ‖ 관명>

⑨⑥吉[キ]士[シ]<22-407 ‖ 관명>

⑨⑦『髻花云a于[ウ]a孺[ス]』<22-101 ‖ 기타>

⑨⑧『a休a留a茅a鴟也』<24-234 ‖ 기타>

⑨⑨『b母[モ]b慮[ロ]b紀[キ]舟』<24-072 ‖ 기타>

⑩⓪『靫[◯サ]此云b由[ユ]b岐[キ]』<22-097 ‖ 기타>

⑩①谷宮門{谷此云a波[ハ]a佐[サ]a廐[ク]}<24-278 ‖ 기타>

⑩②大a觀[◯クワン]a頂[◯チャウ]幡<22-392 ‖ 기타>

⑩③曼椒『曼[マン]a椒此云a襄[ホ]a曾[ソ]a紀[キ]』<24-274 ‖ 기타>

　　<표 2>의 대응관계를 보면, 앞서 제시한 <표 1>에서와는 달리 '平
↔b, 去↔b, 入↔a~b'의 대응 예들이 상당히 의미있는 관계를 보임으
로써 전반적으로 b點이 대폭 늘어나 있고, 이렇게 됨으로써 상대적으
로 '平·上·去↔a, 入↔d'의 대응률이 어느 정도 떨어져 있는 등 상
당히 의미있는 차이들을 찾을 수 있다.

〈표 2〉 일본계 고유명사들의 성점과 한어 중고음 성조의 대응관계

C\N	a	b	c	d	f	g	기타
平	22 (33.8%)	32 (49.2%)	5 (7.7%)		2 (3.1%)		4 (6.2%)
上	13 (48.1%)	8 (29.6%)			2 (7.4%)		4 (14.8%)
去	9 (56.3%)	5 (31.3%)	1 (6.3%)				1 (6.3%)
入	5 (25.0%)	5 (25.0%)		8 (40.0%)			2 (10.0%)

(대응률 10% 미만: 무표시, 10~29%: ▤, 30~49%: ▥, 50% 이상: ▦)

3.3. 한·일 성점 대응관계의 차이와 그 의미

이러한 차이가 나타난 원인은 어디에 있으며, 그것이 의미하는 바는 무엇인가? 먼저 이러한 차이의 원인으로는 양국 고유명사 표기에 쓰인 用字上의 차이 또는 성점 加點時의 기반이 된 한자음(또는 한자음에 대한 인식)의 차이를 들 수 있을 것이다. 양자가 복합적으로 작용한 결과일 가능성이 높을 것이나, 굳이 둘 중 어느 하나를 들라고 한다면 전자보다는 후자일 가능성이 더 높은 것으로 판단된다. 왜냐하면 양국의 고유명사 표기에 쓰인 用字들을 조사해보면, 한국계는 87字가 쓰인 반면에 일본계는 151字가 쓰임으로써 일본계의 用字가 1.7배 정도 많으므로 이러한 用字上의 차이를 1차적인 원인으로 지목할 수는 있겠지만, 글자수가 늘어났다고 해서 위에서와 같이 특정 성점이 대폭 늘어나는 일은 특정 聲調字가 집중적으로 쓰인 상황이 아니면 일어나기 어려울 것인데 사실은 이와 다르기 때문이다. 필자가 조사한 바에 의하면, 일본계 고유명사 表記用字의 수는 平聲字 65, 上聲字 27, 去聲字 16, 入聲字 20, 기타 複數聲調字 23으로서 특별히 한국계 表記用字에 비하

여 특정 聲調字가 많이 쓰인 것은 아님에서 그러하다. 따라서 성점 加點時의 기반이 된 한자음(또는 한자음에 대한 인식)의 차이를 주요 원인으로 보아야 할 것인 바, 이러한 해석에 도움을 주는 자료로는 양국 고유명사에 공통으로 쓰인 글자들의 성점을 비교한 결과이다.

(7) 한・일 고유명사 공통 表記用字의 성점 비교

柯 Ⓙcカ/--/-- ‖ Ⓙ--/--	Ⓚa	Ⓙa	○
觀 Ⓙa/aクワン/cクワン ‖ Ⓙf/クワン	Ⓚa	Ⓙa	○
奈 Ⓙbナ/--/aナイ ‖ Ⓙ--/--	Ⓚa	Ⓙa	○
達 Ⓙb~cタ~dタツ/--/dタチ ‖ Ⓙd/bタラ	Ⓚd	Ⓙd	○
福 Ⓙ--/--/dフク ‖ Ⓙ--/dフク	Ⓚd	Ⓙd	○
善 Ⓙ--/aセン/aセン ‖ Ⓙbセン/b~cセン	Ⓚa	Ⓙa	○
須 Ⓙ--/--/cシュ ‖ Ⓙfスウ/--	Ⓚa	Ⓙa	○
伊 Ⓙbイ/cイ/-- ‖ Ⓙaイ/--	Ⓚa	Ⓙa	○
積 Ⓙdシャク/--/-- ‖ Ⓙgセキ/セキ	Ⓚd	Ⓙd	○
周 Ⓙbシュ/シウ/cシュ ‖ Ⓙfシュゴ~シウ/--	Ⓚb	Ⓙb	○
之 Ⓙ--/シ/-- ‖ Ⓙfシ/--	Ⓚa	Ⓙa	○
聰 Ⓙa~cソウ/aソウ/-- ‖ Ⓙ--/--	Ⓚa	Ⓙa	○
惠 Ⓙ--/aエ/aエ ‖ Ⓙcクエイ/--	Ⓚa	Ⓙa	○
金 Ⓙ--/--/cコム ‖ Ⓙfキム/aキム~fキン	Ⓚc	Ⓙb~c	△
多 Ⓙbタ/タ/cタ ‖ Ⓙfタ/f~bタ	Ⓚa~b	Ⓙa	△
大 Ⓙa/aタイ/aタイ ‖ Ⓙc/a~cタイ	Ⓚc~a	Ⓙa~b~c	△
羅 Ⓙb~cラ/--/cラ ‖ Ⓙa/cラン~bラ(ン)	Ⓚa~b	Ⓙb	△
摩 Ⓙa~b~cマ/cマ/aマ ‖ Ⓙ--/a~bマ	Ⓚa	Ⓙa~b	△
阿 Ⓙcア/cア/cア ‖ Ⓙ--/bア	Ⓚc~a	Ⓙa	△

子	Ｊa/シ/aシ ‖ Ｊbシ/bシ	Ⓚa~b	Ⓙb	△
長	Ｊa˜cチャウ/cチャウ/a˜cチャウ ‖ Ｊa/--	Ⓚa	Ⓙa~b	△
智	Ｊ--/aヂイ/aヂ ‖ Ｊc/--	Ⓚc~a	Ⓙa	△
梨	Ｊbリ/--/cリ ‖ Ｊ--/bリ	Ⓚa	Ⓙb	×
比	Ｊヒ/--/at ‖ Ｊbヒ/--	Ⓚa	Ⓙb~f	×
僧	Ｊc/aンウ/cンウ ‖ Ｊ--/aンウ	Ⓚa	Ⓙb	×
王	Ｊ--/--/cワウ ‖ Ｊaワウ/--	Ⓚa	Ⓙb	×
豐	Ｊaフウ/フウ/aフウ ‖ Ｊ--/--	Ⓚf	Ⓙa	×

(약호: Ⓚ한국계 성점, Ⓙ일본계 성점, ○완전 일치, △부분 일치, ×불일치)

위의 자료들에서 가장 눈에 띄는 점은 Ⓚ한국계 성점과 Ⓙ일본계 성점 사이에 불일치를 보이는 '梨(平), 比(平·上·去), 僧(平), 王(平·去), 豐(平)'의 다섯 자의 성점이 한국계는 a점, 일본계는 b점이 절대 다수를 차지하고 있는 사실이다. 이 글자들은 중고음의 성조로 平聲을 공통적으로 가지는 것들인데, Ⓚ한국계 성점이 중고음 성조와 평행적임에 비하여 Ⓙ일본계 성점은 일본 漢音과 일치하는 비율이 높다는 점에서(특히 '梨, 比'字의 경우) 이와 같은 확연한 구별이 나타나는 것에서 적어도 양국의 고유명사들에 성점 加點時의 기반이 된 한자음의 차이가 존재한 것만은 분명해졌다 할 것이다.

이상의 사실로써도 일단은 한국계 고유명사 자료의 성점에 대한 일본어 성조(또는 악센트)의 간섭 정도가 그리 크지 않았을 가능성을 찾을 수 있으나, 아직은 만족할 만한 수준에 이르지 못하였다는 점에서 마지막으로 일본 吳音·漢音의 성점들과의 일치도를 살피는 것으로 다시 한번 이 문제를 점검하고자 한다.

(8) 吳音 성점과의 일치도

　①완전 일치: 金, 內, 大, 道, 勒, 味, 法, 福, 部, 弗, 比, 土, 善, 率, 習, 積, 定, 叱, 親, 惠, 慧, 欣<22字>

　②부분 일치: 渠, 灌, 觀, 軍, 鬼, 奈, 多, 達, 曇, 都, 羅, 摩, 買, 未, 斯, 沙, 舍, 首, 僧, 阿, 雲, 委, 子, 慈, 長, 佐, 周, 竹, 智, 聰, 平<31字>

　③불일치: 柯, 迦, 堪, 翹, 耆, 流, 梨, 武, 彌, 世, 洗, 素, 須, 餘, 王, 伊, 自, 弟, 知, 徵, 置, 陀, 豐, 興<24字>

(9) 漢音 성점과의 일치도

　①완전 일치: 灌, 岐, 呂, 流, 勒, 武, 彌, 福, 習, 僧, 餘, 王, 雲, 伊, 慈, 自, 長, 置, 陀, 興<20字>

　②부분 일치: 金, 多, 達, 大, 都, 羅, 摩, 法, 世, 子, 竹<11字>

　③불일치: 迦, 堪, 觀, 軍, 鬼, 道, 梨, 買, 部, 比, 土, 舍, 善, 素, 率, 須, 首, 阿, 委, 爾, 積, 定, 周, 之, 智, 知, 芝, 叱, 親, 平, 惠, 慧<32字>

위의 조사 결과를 비율로 환산하면, 吳音과의 일치율은 22/77＝28.6%(부분 일치와 합산할 경우 (22+31)/77＝68.8%), 불일치율은 24/77＝31.2%로 나타남에 대하여 漢音과의 일치율은 20/63＝31.8%(부분 일치와 합산할 경우 (20+11)/63＝49.2%), 불일치율은 32/63＝50.8%로 나타난다. 여기서 첫째로 吳音에 비해서 漢音과의 불일치율이 현저히 높음은 우리의 성점 자료가 漢音보다는 吳音에 더 가깝다는39) 사실을 알

---

39) 漢字音 注音에 대한 조사에서 尹幸舜(1996)에서도 『日本書紀』 古寫本에 나타난

수 있을 뿐만 아니라, 둘째로 吳音이든 漢音이든 성점의 일치율이 30% 내외에 머물러 있음은 한국계 성점 자료가 일본한자음의 간섭을 그리 크게 받지 않았으리라는 추정이 가능함을 알 수 있는 것이다.

　이상 다소 장황한 논의를 통하여 결론적으로 한국계 고유명사의 성점 자료에 대한 일본한자음의 간섭이 그리 크지 않았을 가능성이 높음을 확인한 셈이므로 우리의 자료로써 고대국어의 성조 문제를 논의하여 큰 무리는 없는 것으로 판단하여도 좋을 것이다.

4. 맺음말

　본고는 岩崎本『日本書紀』가 현존 最古의 10세기 후반 訓點本으로서 고대국어 연구에 필요한 어휘 및 한자음 관련 자료들을 상당량 포함하고 있으나, 아직까지 이 문헌 속의 한국계 고유명사들에 보이는 聲點에 대한 연구가 전혀 없었음에 유의하여 이에 대한 자료 조사 결과를 학계에 보고함에 力點을 둔 것이다. 우리의 조사 및 논의를 통하여 밝혀진 사항들을 정리하여 보이면 다음과 같다.

　첫째, 岩崎本『日本書紀』 본문 속의 한국계 고유명사들에 나타난 성점은 10세기 후반에 加點된 平安中期點이 절대 다수를 차지한다.
　둘째, 이 문헌의 한국 관계 기사들에는 新羅系 18항목, 百濟系 19항목, 高句麗系 11항목, 任那系 8항목 등 총 56항목에 걸쳐 한국계 고유명사 자료가 나타난다.

　한국계 고유명사의 音仮名 한자음의 특징의 하나로 吳音에 가까운 것임을 지적한 바 있다.

셋째, 한국계 고유명사 자료에 나타난 성점들과 한어의 중고음 및
중세 한국한자음 성조 사이의 대응관계를 조사한 결과, '平·
上·去↔a, 入↔d'라는 매우 단순하면서도 특이한 양상으로
정리되었다. 이는 고대국어의 성조가 한어 중고음이나 중세
한국한자음과는 평행되지 않은 독특한 체계였을 가능성이 높
음을 암시한다.

넷째, 이 문헌에 보이는 일본계 고유명사 자료(총 103항목)에 나타
난 성점들에 대해서도 한어 중고음 성조와의 대응관계를 조
사한 결과, 한국계와는 달리 전반적으로 a점과 b점의 대응 비
율이 平·上·去·入聲에 걸쳐 거의 대등한 정도로 나타나
한국계 성점과 상당한 차이점을 보이고 있다.

다섯째, 한국계와 일본계 고유명사 자료에서 나타난 이러한 성점의
차이는 성점 加點時에 기반이 된 한자음의 차이에서 비롯되었
을 가능성이 높음을 양국 공통 表記用字들의 성점 비교를 통
하여 확인하였다. 이어서 한국계 자료의 성점과 일본 吳音·
漢音의 성점들을 비교한 결과, 吳音에 비하여 漢音과의 불일치
율이 현저히 높음에서 우리의 성점이 漢音보다는 吳音에 더
가까운 것임을 알 수 있고, 吳音이든 漢音이든 성점의 일치율
이 30% 내외에 머물러 있음은 일본한자음의 간섭을 그리 크
게 받지 않았음을 말해주므로 우리의 자료로써 고대국어의
성조 문제를 논의함에 이용되어 큰 무리는 없는 것으로 판단
되었다.

이상과 같이 본고의 논의는 岩崎本『日本書紀』에 나타난 한국계 고
유명사들의 성점 자료를 학계에 보고하고, 이 자료들이 고대국어의 성

조 문제를 논의함에 손색이 없음을 확인하는 선에서 머물고 말았다. 지면상의 한계에 주원인이 있는 것이지만, 고대국어의 성조체계에 대한 논의가 국어사 연구에서 難題 중의 難題라는 점에서 선불리 논의를 전개하기에는 주저되는 바가 없지 않은 결과임을 솔직히 고백하고 싶다. 서두에서 말한 바와 같이 이에 대한 논의는 別稿에서 행할 것인 바, 몇 가지 앞으로의 논의 방향을 제시하면서 부족한 글을 맺기로 한다.

첫째로 성점 자료의 추가 발굴이다. 본고에서의 조사가 岩崎本『日本書紀』만을 대상으로 한 것이기에 앞으로 圖書寮本·前田本 등 이른바 古寫本系『日本書紀』에 우리의 성점 자료가 없는지를 면밀히 조사하여 추가하여야 할 것이다. 둘째로 岩崎本『日本書紀』성점들의 調値를 정확히 파악하는 것이다. 성점 調値의 정확성 여부는 앞에서 제시한 <표 1>에서의 대응관계에서 고대국어 성조체계를 재구하려는 우리의 논의에서 關鍵이 될 것이기 때문이다. 앞으로 이 방면의 일본학계에서의 연구 결과를 참조하는 노력이 필요할 것이다. 셋째로 가장 중요한 문제로 우리의 성점 자료가 어떠한 과정을 거쳐『日本書紀』의 訓點 속에 나타나게 되었는지를 밝히는 것이다. 이에 대한 해명 없이는 우리가 찾아낼 고대국어의 성조체계가 虛構의 체계로 남게 될 위험성이 도사리고 있기 때문이다. 어쩌면 영원히 밝히기 어려운 숙제의 하나가 될 수도 있겠지만,『日本書紀』에 대한 歷代 私記들에 대한 논의를 참조하여 이 문제를 풀 수 있는 작은 端緖라도 찾을 수 있기를 희망한다. 이 밖에도 필자가 미쳐 파악하지 못한 여러 문제들이 있을 수 있거니와 이들에 대해서는 江湖諸賢의 간곡한 叱正을 바라마지 않는다.

參考 文獻

康仁善,「일본한자음 연구사」,『언어학연구사』(김방한 편), 서울대학교출판부, 1991, 227~289면.

權仁瀚,「한자음의 변화」,『國語史研究』(국어사연구회 편), 太學社, 1997, 283~ 344면.

_____,「신라 관등 이표기와 한국한자음의 관계」,『震檀學報』96, 震檀學會, 2003, 149~171면.

_____,「성씨 김(金)의 한자음 연원을 찾아서」,『새국어생활』14-4, 국립국어원, 2004, 143~155면.

_____,『中世韓國漢字音訓集成』, 제이앤씨, 2005.

金芳漢,『韓國語의 語源』, 民音社, 1983.

金完鎭,『鄕歌解讀法研究』, 서울대학교출판부, 1980.

金正彬,『日本吳音と韓國漢字音の比較研究』, 廣島大學大學院 敎育學研究科 博士學位 論文, 2004.

金宗澤,「일본서기(日本書紀)에 나타난 고대한국어 자료 연구」,『국어교육연구』30, 국어교육학회, 1998, 167~214면.

都守熙,『百濟語研究』, 百濟文化社, 1977/1997.

成殷九 譯,『日本書紀』, 고려원, 1987/1993.

水野俊平,『『日本書紀』의 고대 한국어 표기 연구―특히 고유명사 차자표기의 한자음을 중심으로』, 全南大學校大學院 國語國文學科 博士學位 論文, 2001.

柳玟和,『日本書紀 朝鮮固有名表記字의 研究』, 혜안, 2000.

兪昌均,『韓國 古代漢字音의 研究Ⅱ』, 啓明大出版部, 1983.

尹幸舜,『日本書紀諸寫本に存する訓法の研究』, 中央大學大學院 文學研究科 博士學位 論文, 1996.

李基文,『國語語彙史研究』, 東亞出版社, 1991.

李成根,「日本書紀 音假名에 反映된 原音聲調 體系―中世 韓國語聲調 類型과의 關聯性을 中心으로」,『日本學報』50, 韓國日本學會, 2002, 83~96면.

高山倫明,「字音聲調と日本語のアクセント」,『國語學』 54-3, 國語學會, 2003, 16~29면.

高松政雄, 『日本漢字音の研究』, 東京: 風間書房, 1982.

李珍華・周長楫 編, 『漢字古今音表』, 北京: 中華書局, 1993.

森博達, 『古代の音韻と日本書紀の成立』, 東京: 大修館書店, 1991.

石塚晴通, 「日本書紀古訓に於ける古代朝鮮語」, 『日韓漢字・漢文受容に關する國際學術會議』, 2003, 275~293면.

沼本克明, 『日本漢字音の歴史』, 東京: 東京堂出版, 1986.

_____, 「吳音・漢音分韻表」, 『日本漢字音史論輯』(築島裕 編), 東京: 汲古書院, 1995, 120~243면.

_____, 『日本漢字音の歴史的研究』, 東京: 汲古書院, 1997.

小松英雄, 「アクセントの變遷」, 『岩波講座 日本語 5 音韻』, 東京: 岩波書店, 1977, 361~410면.

奥村三雄, 「日本的吳音の聲調」, 『日本漢字音史論輯』(築島裕 編), 東京: 汲古書院, 1995, 67~90면.

築島裕, 『平安時代の漢文訓讀語につきての研究』, 東京: (財)東京大學出版會, 1963/1980.

_____, 「岩崎本日本書紀の點法について」, 『東洋文庫藏 岩崎本日本書紀 本文と索引』(築島裕・石塚晴通), 東京: 財團法人 日本古典文學會, 1978, 463~486면.

坂本太郎 外 校注, 『日本古典文學大系 68 日本書紀下』, 東京: 岩波書店, 1965.

『日本書紀』의 中國口語起源 漢語의 訓点을 통해 보는 漢文訓讀의 性格

唐煒*

1. 머리말

일본에서 가장 오래된 역사서로서 漢文體로 적혀 있는『日本書紀』에는 中國口語起源의 漢語가 교묘하게 도입되어 저술되어 있는데 平安시대 이후의 훈점본을 살펴보면 정확하게 訓讀되어 있는 부분과 그렇지 않은 부분이 있다. 예를 들면 二字一語의 동사는 일본어를 한 단어로 읽고 있는 예가 36단어 중 33단어로 압도적으로 많으며 원문에 적합한 일본어 훈으로 읽고 있는 예가 대부분이다(唐煒,「日本書紀에 있어서 中國口語起源 二字動詞의 訓点」, 第91回 訓点語學會 研究發表, 2004). 이에 비해 二字一語의 부사는, 한 단어의 일본어 훈으로 읽고 있는 예가 55단어 중 6단어밖에 되지 않고, 또한 한 단어로 읽지 않으면서 일본어 훈도 부당한 예도 4단어에 지나지 않고, 한 단어로서 읽지는 않지만 文意는 크게 다르지 않거나 또는 명확하지 않은 예가 대부분이다(唐煒,「日本書紀에 있어서 中國口語 起源漢語의 受容,『日本學・敦煌學・漢文訓讀의 新展開(石塚晴通敎授 退職記念會)』, 2005). 즉 동사는 정확하게 훈독되는 데 비해, 부사의 훈독이 부정확하다. 이것은 개념 등을 나타내는 "詞"의 훈독에 비해, 감정 등을 나타내는 "辭"

---

* 일본 北海道大學 교수.

의 훈독은 정확하게 나타내기 어렵다는 漢文 訓讀이라는 學習 作業의 性格을 나타내는 것이라고 볼 수 있다.

이번 발표에서는 상기의 내용을 더욱 깊게 고찰하기 위해 二字一語 명사 및 連詞(接續語)에 대해 검토하고자 한다. 또한 二字 漢語의 유래를 개관하는데 「國學宝典」「CBETA電子佛典」『敦煌変文校注』를 사용하지만 본 발표의 주목적은 그러한 二字 漢語를 도입한 日本書紀의 해당 부분의 훈독의 실태를 해명하는 점에 있다는 것은 前稿와 같다. 용례의 표기 방법은 아래와 같다.

    <용례의 표기 방법>

『日本書紀』의 원문은 岩波 日本古典文學大系本에 의한다. 훈독문은 『日本書紀』의 古훈점본으로 부터 필요한 부분만을 인용한다. 원문 뒷부분의 숫자는 왼쪽으로 부터 순서대로 卷·頁·行을 나타낸다. 古훈점본의 仮名点은 片仮名·ヲコト点은 平仮名를 이용하여 나타내고 筆者가 補讀한 부분에는 ( )를 붙인다. 合符, 句讀点도 古훈점본을 그대로 사용한다. 原本의 右訓은 윗첨자로 左訓은 語句 右横下에 작은 글씨로 표시한다. 또한 原本의 中央의 合符는 横組 中央에 左側의 合符는 横組 下段에 표시한다. 資料로 사용하는 『日本書紀』의 古훈점본은 岩崎本 平安中期点, 前田本 院政期点, 図書寮本 永治二年点, 北野本 鎌倉初期点, 兼方本 弘安点 등이며 인용시에는 典據를 밝혔다.

2. 二字 名詞의 訓讀

松尾1987에 인용되어 있는 全104語 중 二字 名詞 15語(漢音五十音順)

阿姉	後頭	寺家	指甲	此間	娘子	嬢子	女郎	新婦	前頭
刀子	桃子	男女	李子	路頭					

및 발표자가 동일한 二字 名詞로서 보충한 20語(漢音五十音順)

行業	官家	官司	罪過	床席	終日	人物	消息	頭端	道理
男子	朝庭	朝廷	中間	底下	田家	德業	法則	風姿	夜半
老夫									

를 고찰 대상으로 한다.

2.1. 二字一語로서 읽고 있는 예

2.1.1. 일본어 훈 한단어로 읽고 있는 예 34語

1阿姉 2行業 3官家 4官司 5後頭 6罪過 7床席 8寺家 9指甲 10此間 11娘子 12嬢子 13終日 14女郎 15新婦 16人物 17消息 18前頭 19刀子 20桃子 21頭端 22道理 23男子 23朝庭 朝廷 25中間 26底下 27田家 28德業 29法則 30風姿 31夜半 32老夫 33李子 34路頭	

2.1.1.1. 官家

① 故因以、定内官家屯倉。: (09)上339 20

　　水戸本日本書紀私記(内本)「内_官_家」

② 爲内官家、無絶朝貢。(09)上341 13

　　水戸本日本書紀私記(内本)「内_官_家」

③ 寡人聞、百濟國者爲日本國之官家、(14)上497 12

　　前田本院政期点「官-家ミヤケ」

④ 與大臣武内宿禰、每國初置官家、 (17)下027 18

　前田本院政期点「官_家を」

⑤ 自胎中之帝、置官家之國、輕隨蕃乞、輒爾賜乎。(17)下029 08

　前田本院政期点「官_家」

⑥ 此津、從置官家以來、爲臣朝貢津渉。(17)下039 08

　前田本院政期点・図書寮本1142年点「官_家を」

⑦ 新羅、恐破蕃國官家、不遣大人、而遣夫智奈痲(17)下039 16

　前田本院政期点「官_家を」

⑧ 置内官家、不棄本土、因封其地、良有以也。(17)下041 07

　前田本院政期点「官家を」

⑨ 修造官家、那津之口。(18)下059 14

　北野本南北朝期点「官-家」

⑩ 遂使海西諸國官家、不得長奉天皇之闕。(19)下081 14

　北野本南北朝期点「官一家」

⑪ 若欲國家無事、長作官家、(19)下099 14

　北野本南北朝期点「官-家」

⑫ 廿三年春正月、新羅打滅任那官家。(19)下119 18

　北野本南北朝期点「官一家ヲ」

⑬ 違我恩義、破我官家。(19)下121　07
　　北野本南北朝期点「官-家」

⑭ 屬我先考天皇之世、新羅滅内官家之國。(20)下143　10
　　前田本院政期点「官ミヤケ一家」

⑮ 故云新羅滅我内官家也。(20)下143　11
　　前田本院政期点「官家ミヤケ」

⑯ 官家、皆同陛下所詔。(21)下169　21
　　図書寮本1142年点「官ミヤケ＿家」

⑰ 任那是元我内官家。(22)下207　10
　　岩崎本平安中期「官ミヤ-家」

⑱ 隨常定内官家、願無煩矣。(22)下207　15
　　岩崎本1451年点「官チツミヤ＿家」

⑲ 以百濟國、爲内官家、譬如三絞之綱。(25)下273　09
　　北野本鎌倉初期点「官ミヤヶ一家」

⑳ 領此官家、治是郡縣。(25)下275　12
　　北野本鎌倉初期点　「官家ミヤケを」

漢籍의 용례를 『國學宝典』을 이용하여 검색하면 『漢書』 0例, 『後漢書』 0例, 『晋書』 3例, 『梁書』 1例, 『魏書』 5例, 『樂府詩集』 12例, 『世說

新語』0例, 『隋書』0例, 『遊仙窟』0例, 『祖堂集』0例가 존재한다. 2例를
표시하겠다.

　　愿官家千万歲壽, (『魏書』卷21)
　　官家若判不得,須喚村公斷。(『祖堂集』卷18)

　佛典의 용례를 「CBETA電子佛典」을 이용하여 검색하면 28용례가
존재한다. 2例를 표시하겠다.

　　官家求取。馳走叵得。(西晉三藏竺法護譯『生經卷第四』3　100)
　　若求大官家婦人等來恭敬者。(般若斫羯囉譯『摩訶吠室囉末那野提婆
　　喝囉闍陀羅尼儀軌(一卷)』21　222)

『敦煌変文校注』에는 3例가 있다. 2例을 표시하겠다.

　　雖自官家明有宣頭(『韓擒虎話本』)
　　農人辛苦官家見(『長興四年中興殿應聖節講經文』)

　松尾1987에서는 「…家」는 공적 기관에 붙는 접미사 「官家」「縣家」
「寺家」「社家」 등이 있다고 되어 있다.
　太田辰夫의 『中國語歷史文法』에서는 接尾辭 「家」는 名詞에 붙어서
그에 공통되는 성질, 신분, 직업 등을 표시하는 것이다. 唐代에 이미
사용되었다고 한다.
　南北朝時代부터 사용된 새로운 二字漢語인데, 日本書紀의 많은 용례
가 나타내는 바와 같이 平安中期, 院政期, 鎌倉初期, 室町中期와 계통도

연도도 다른 훈점체에 모두 「みやけ」라고 한 단어로 나타내고 있다.

2.1.1.2. 指甲

①三年冬十月、解人指甲、使掘署預。(16)下015　12

図書寮本1142年点「指の 甲を」

漢籍의 용례를 『國學宝典』을 이용해서 검색하면 『漢書』0例, 『後漢書』0例, 『晋書』0例, 『梁書』0例, 『魏書』1例, 『樂府詩集』0例, 『世說新語』0例, 『隋書』0例, 『遊仙窟』0例, 『祖堂集』0例, 『太平廣記』4例가 존재한다. 2例를 표시하겠다.

去年九月二十日右手大拇指甲下生毛九莖, (『魏書』卷112)

宣乃視其十指甲, (『太平廣記』卷393)

佛典의 용례를 「CBETA電子佛典」을 이용해서 검색하면 383용례가 존재한다. 2例를 표시하겠다.

三者指甲潤澤。(中天竺國沙門地婆訶羅奉詔譯『方廣大莊嚴經卷第三』3-557)

指甲清淨如赤銅(西天譯經三藏朝散大夫試鴻臚卿傳法大師臣施護奉詔譯『佛説護國尊者所問大乘經卷第一』12　2)

『敦煌変文校注』에는 용례가 존재하지 않는다.

松尾1987에서는 古訓에 「ナマツメ」「ユビノツメ」라고 있으며 爪을 意味한다고 되어 있다.

중국어로서 南北朝時代부터 사용된 새로운 용법에서만, 日本書紀 平安時代의 古훈점본에서는 정확하게 읽고 있다.

2.1.1.3. 此間

①不知道路、留連嶋浦、自北海廻之、經出雲國至於此間也。(06)上
259-10
熱田本南北朝期点「此_間」

②爲當此間留。爲當欲向本鄕。(19)下115　09
兼右本1540年点「此一間に」

漢籍의 용례를 『國學宝典』을 이용하여 검색하면 『漢書』0例, 『後漢書』0例, 『晋書』2例, 『梁書』0例, 『魏書』2例, 『樂府詩集』3例, 『世說新語』0例, 『隋書』1例, 『遊仙窟』5例, 『祖堂集』40例가 존재한다. 5例를 표시하겠다.

此間有傖父,欲作三都賦(『晋書』卷92)

此間用武之地,非可文治,(『魏書』卷19)

此間何能不答, (『遊仙窟』)醍醐寺本1344年点「此_間」

至于此間, (『遊仙窟』)醍醐寺本1344年点「此_間」

此間幸甚, (『遊仙窟』)醍醐寺本1344年点「此_間」

佛典의 용례를 「CBETA電子佛典」을 이용하여 검색하면 1678용례가 존재한다. 2例를 표시하겠다.

此間鬼神放逸婬亂。(後秦弘始年佛陀耶舍共竺佛念譯『佛説長阿含經卷第二十二』1-144)

生於此間。於此間死。(後秦三藏鳩摩羅什譯『十住經卷第二』10 508)

『敦煌変文校注』에는 32例가 있다. 2例를 표시하겠다.

此間無本草(『王昭君變文』)
得至此間, 不是惡人(『張議潮變文』)

松尾1987에서는 古訓「ココニ」는 場所를 나타내는 近称의 指示代名詞이며『変文集』에는「此中」과 함께 사용되었으며 양쪽 모두「ここ」의 뜻. 遠称은「彼中」이 사용되었다고 한다.

중국어로서 南北朝時代부터 사용된 새로운 용법인데 日本書紀의 南北朝期, 室町後期의 훈점본『遊仙窟』醍醐寺本 1344年点과 함께 정확하게 한 단어로 읽고 있다.

2.1.1.4. 頭端
①床席頭端、一宿之間、稲生而穂。(27)363-11
北野本鎌倉初期点「頭-端に」

漢籍의 용례를『國學宝典』을 이용하여 검색하면『漢書』0例,『後漢書』0例,『晋書』0例,『梁書』0例,『魏書』0例,『樂府詩集』0例,『世說新語』0例,『隋書』0例,『遊仙窟』0例,『祖堂集』0例이며 용례가 보이지 않는다.

佛典의 용례를「CBETA電子佛典」을 이용해서 검색하면 3例가 존재한다. 2例를 표시하겠다.

圓通眼在舌頭端(明州天童山覺和尚偈頌箴銘侍者道京淨覺編『宏智禪師廣録卷第八』48-84)

兩頭端聳百丈。(『南嶽總勝集敘』51-1058)

『敦煌変文校注』에는 용례가 존재하지 않는다.

조금 특수한 단어이지만『日本書紀』의 北野本 鎌倉初期点은 정확하게 한 단어로 읽고 있다.

2.1.2. 合符만을 加点하고 있는 例　0語

2.2. 二字 一語로서 읽지 않은 例

2.2.1. 二字 一語로서 읽지 않고 일본어 훈도 적당하지 않은 예 例　0語

2.2.2. 二字 一語로서 읽지는 않았지만 文意는 크게 벗어나지 않거나 혹은 문의가 명확하지 않은 例 1語 : 男女

2.2.2.1 男女

①夫天皇之男女、前後并八十子。(07)上287　11
　　北野本南北朝期点「男　　女」
　　熱田本南北朝期点「男　女」

②凡是天皇男女、并廿王也(10)上365　11
　　北野本南北朝期点 · 熱田本南北朝期点「男　　女」

③元無男女、可絶継嗣(17)下019　13

前田本院政期点「男 ヲとコミコ 女 ヲらナミコ 」

④呼男女曰王子。家外作城■、門傍作(24)下261　07

岩崎本平安中期点「男 ヲノコ、 女を メノコ、 」
図書寮本1142年点「男 ヲノコ、 女を メノコ、 」

⑤又有宮人生男女者四人(27)下369　12

北野本鎌倉初期点 · 南北朝期点無点 · 兼右本1540年点「男 ヒコミコヒノミコ 女 」

　漢籍의 用例를 『國學宝典』을 이용해서 검색하면 「男女」「こども」라는 의미로서 『漢書』 1例, 『後漢書』 3例, 『晋書』 5例, 『梁書』 1例, 『魏書』 6例, 『樂府詩集』 3例, 『世說新語』 0例, 『隋書』 5例, 『遊仙窟』 0例, 『祖堂集』 0例가 존재한다. 2例를 표시하겠다.

　　人家見生男女好,不知男女催人老(『樂府詩集』卷30)
　　召弘妻及男女于東宮,厚撫之。(『晋書』卷122)

　佛典의 用例를 「CBETA電子佛典」을 이용해서 검색하면 4246例가 존재한다. 2例를 표시하겠다.

　　一切男女處于胎中。(大唐罽賓國三藏般若奉詔譯『大乘本生心地觀經卷第二』3　297)
　　所生男女具大相好。(大唐總持寺沙門智通譯『千眼千臂觀世音菩薩陀羅尼神咒經卷上』20　87)

『敦煌変文校注』에는 27例가 있다. 2例를 표시하겠다.

　　婦女男女，共為歓楽(『燕子賦』)
　　莫若親生男女(『太子成道經』)

　　松尾1987에서는「男女」는 文語로서는「おことおんな」이며「日本書紀」中에도 물론 文語의「男女」는 적지 않지만, 口語로서는「男女」는「こども」의 뜻이라고 한다.

　　松尾의 설명대로 口語로서는「こども」의 뜻이지만『日本書紀』의 용례는 文脈上「おとこのこども」「おんなのこども」의 뜻으로도 통하며 잘못된 훈이라고는 말할 수 없다.

　　이상 35語의 名詞의 訓讀例를 검토했다. 34語까지 한 단어의 일본어 훈으로 읽고 있으며, 남은 한 단어도 日本書紀의 문맥상 잘못된 훈이라고 말할 수는 없다. 二字一語로서 읽지 않는 일본어 훈도 적절하지 않은 단어는 전혀 없다. 앞에서 검토한 동사의 경우와 같이 어쩌면 그 이상으로 정확하게 읽히고 있으며 명사의 훈독에 있어서는 정확한 개념 파악이 학습되어진 것이라고 말할 수 있다.

3. 二字 連詞(接續語)의 訓讀

　　松尾1987에 인용되어 있는 全 104語 중 二字 連詞 7語(漢音五十音順)

| 假使 | 縱使 | 雖然 | 遂乃 | 遂卽 | 雖復 | 所以 |

및 발표자가 동일한 二字 連詞로서 보충한 9語(漢音五十音順)

| 因復 | 因為 | 加以 | 何況 | 然是 | 然則 | 乃可 | 乃至 | 寧可 |

을 대상으로 고찰한다.

3.1. 二字一語로 읽고 있는 例

3.1.1. 일본어 훈 한 단어로 읽는 例　9語

| 加以　2假使　3縱使　4雖然　5遂卽　6然是　7然則　8所以　9乃至(一部) |

3.1.1.1. 加以

①吾婦女之、加以不肖。(09)上335　14

　　北野本南北朝期点「加ᴹᵀ-以」

②顔色不秀。加以、情性拙之。(13)上453　10

　　図書寮本1142年点「加ᴹᵀ-以、」

③加以幼而穎脱、早擅嘉聲、性是寛和、務存矜宥。(19)下065　08

　　兼右本1540年点「加ᴹᵀ-以、」

④先日復十年調稅既訖。且加以、帰化初年俱來之子孫、(29)下449　09

　　兼右本1540年点「加　-　以、」

漢籍 용례를『國學宝典』을 이용하여 검색하면『漢書』20例,『後漢書』

22例, 『晋書』49例, 『梁書』23例, 『魏書』65例, 『樂府詩集』0例, 『世說新語』1例, 『隋書』43例, 『遊仙窟』0例, 『祖堂集』0例가 존재한다. 2例를 표시하겠다.

加以亡天災數年之水旱,(『漢書』卷24)
加以去年三方逆亂,(『隋書』卷45)

佛典의 용례를 「CBETA電子佛典」을 이용하여 검색하면 497용례가 존재한다. 2例를 표시하겠다.

所遊之方加以仁心。(姚秦涼州沙門竺佛念譯『十住斷結經卷第二』10－976)
加以是義故我不命終。(高齊天竺三藏那連提耶舍譯『大悲經卷第二』12－953)

『敦煌変文校注』에는 5例가 있다. 2例를 표시하겠다.

加以長纓廣袖(『降魔變文』)
加以深崇三寶,(『頻婆娑羅王後宮綵功德意供養塔生天因緣變』)

王政白의 『古漢語虛詞詞典』에서는 「加以」은 뒷 부분의 分句에 사용되어 원인 혹은 조건을 나타내는 접속사로 「加上」에 해당된다고 설명하고 있다.

옛부터 존재하는 二字漢語로 日本書紀의 平安時代 院政期, 南北朝期, 室町後期의 훈점본에서 한 단어 접속사로 읽고 있다.

3.1.1.2. 假使

①故其父母勅曰、假使汝治此(01)上089　17

　　兼方本弘安点「暇-使、」

②假使天孫、不斥妾而御者、　(02)上155　14

　　兼方本弘安点「暇-使、」

③別遣疾使迅如飛鳥、奉奏天皇。假使二人、(19)下085　12

　　寛文九年版訓「暇-使」

④假使卓淳國主、不爲內應新羅招寇、豈至滅乎。(19)下087　18

　　北野本南北朝期点「假_使」

⑤假使、得明三證、而俱顯陳、然後可諮。(25)下297　08

　　北野本鎌倉初期点「暇-使」

　　漢籍의 용례를 『國學宝典』을 이용해서 검색하면 『漢書』2例, 『後漢書』3例, 『晋書』4例, 『梁書』6例, 『魏書』5例, 『樂府詩集』0例, 『世說新語』0例, 『隋書』1例, 『遊仙窟』0例, 『祖堂集』3例가 존재한다. 2例를 표시하겠다.

　　假使异世不及陛下, 尙望國家追彔。(『漢書』卷七十)
　　假使成王殺邵公, 周公可得言不知邪? (『後漢書』卷五十四)

　　佛典의 용례를 「CBETA電子佛典」을 이용하여 검색하면 3167용례가 존재한다. 2例를 표시하겠다.

> 假使汝種為真貴者。(吳月支國居士支謙譯『佛開解梵志阿[颱　台+(友又+又)]經』1 −259)
> 假使爾時知其道人縁覺道成。(失譯人名附東晉録『佛説古来世時経』1 −829)

『敦煌変文校注』에는 12例가 있다. 2例를 표시하겠다.

> 假使祁婆浓药,扁鹊行针(『盧山遠公話』)
> 假使身肉布地,尚不辭勞,(『降魔變文』)

松尾1987에서는 仮定表現을 나타내는 接續詞 古訓「タトヒ」,『日本書紀』 중에는 「縱使」도 사용되었는데 모두 「仮定の辭」+「命令 · 使役辭」라는 구조를 지닌다고 한다. 太田辰夫의 『中國語歷史文法』에서는 『使』는 원래 사역을 나타내는 것이라고 하는데, 이것이 가정으로 바뀐 것으로 古代語에도 있는『假』와『使』가 부합된 것은 옛부터 있었다고 한다.

日本書紀의 鎌倉初期 中期의 훈점본에서는 「タトヒ」라고 정확하게 한 단어로 읽고 있다.

3.1.1.3. 縱使
①縱使星川得志、共治國(14)上501-07

前田本院政期点 · 図書寮本1142年点「縱　使」

②要須道理分明應教。縱使能用耆老之(19)下117-11
　　兼右本1540年点「縱-使」

　　漢籍의 용례를 『國學宝典』을 이용하여 검색하면 『漢書』1例, 『後漢書』0例, 『晋書』2例, 『梁書』0例, 『魏書』1例, 『樂府詩集』0例, 『世說新語』0例, 『隋書』2例, 『遊仙窟』1例, 『祖堂集』0例가 존재한다. 2例를 표시하겠다.

　　縱使百姓習久, 未能頓同。(『隋書』卷69)
　　縱使身遊萬里外, 終歸意在十娘邊(『遊仙窟』)醍醐寺本1344年点「縱に身」

　　眞福寺本1353年点 · 陽明文庫本1389年点도 동일.
　　佛典의 용례를 「CBETA電子佛典」을 이용해서 검색하면 245용례가 존재한다. 2例를 표시하겠다.

　　縱使失諸比丘衣物。我饒財寶。(元魏西域三藏吉迦夜共曇曜譯『雜寶藏經卷第八』4-486)
　　縱使如此。續當蒙於大聖日照。西晉月氏三藏竺法護譯『佛說如來興顯經卷第二』10-599)

　　『敦煌変文校注』에는 7例가 있다. 2例를 표시하겠다.
　　縱使求船覓渡, 在此寂絕舟船(『伍子胥變文』)
　　縱使無籍貫, 終是不關君(『燕子賦』)

松尾1987에서는「縱使」는 古訓「タトヘ」의 의미가 있다고 한다. 太田辰夫의『中國語歷史文法』에서는『使』는 사역에서 바뀌어 가정과 縱予에 자주 사용되는 것으로『縱』과 결합된 것은 唐代이라고 한다. 塩見邦彦의『唐詩口語의 硏究』에서는「縱」은 上古에 讓步關係를 표시한다고 한다. 그러나 그 複式「縱使 縱令 縱然 縱爾」은 전부 魏晉시대에 시작되었다고 한다.

日本書紀의 平安時代 院政期点은「タトヒ」라고 정확하게 한 단어로 읽고 있지만『遊仙窟』의 醍醐寺本 1344年点, 眞福寺本 1353年点, 陽明文庫本 1389年点에서는「縱使」를 한 단어로 인식하고 있지 않다.

3.1.1.4. 雖然

①雖然、吾當寢息。 (01)上093-12

　　兼方本弘安点「雖_然、」

②雖然不治天下、常以啼泣恚恨。 (01)上097-10

　　兼方本弘安点「雖一然、」

③雖然、日神、恩親之意、不慍不恨。 (01)上115-17

　　兼方本弘安点「雖然、」

④凡此惡事、曾無息時。雖然日神不慍(01)上117-16

　　兼方本弘安点「雖_然、」

漢籍의 용례를『國學宝典』을 이용해서 검색하면『漢書』16例,『後漢書』4例,『晋書』9例,『梁書』3例,『魏書』4例,『樂府詩集』3例,『世說新

語』0例, 『隋書』0例, 『遊仙窟』0例, 『祖堂集』45例가 존재한다. 2例를 표시하겠다.

　　邑雖然其言,而竟不用。(『後漢書』卷36)
　　雖然端正,不堪為王。(『祖堂集』卷1)

　佛典의 용례를 「CBETA電子佛典」을 이용해서 검색하면 1156용례가 존재한다. 2例를 표시하겠다.

　　雖然善惡兩途。(『御製大乘妙法蓮華經序』9-11)
　　雖然故不如我已得阿羅漢道。(宋罽賓三藏佛陀什共竺道生等譯『五分律卷第十六』22-

『敦煌変文校注』에는 31例가 있다. 2例를 표시하겠다.

　　雖然與朕山河隔(『王昭君變文』)
　　雖然懷孕十月,却乃愁懷(『太子成道經』)

　예로부터 존재하는 二字漢語이며 『日本書紀』의 鎌倉時代 훈점본에서도 한 단어의 접속사로서 읽고 있다.

　3.1.2. 合符만을 加点하고 있는 例　0語

3.2. 二字一語로 읽지 않는 例
　3.2.1. 二字一語로 읽지 않고 일본어 훈도 적절하지 않은 例　4語

> 1 因復　2雖復　3然是　4乃至(一部)

3.2.1.1. 因復

①因復縱兵急攻之。(03)上209-13

　　熱田本南北朝期点「因て復(去)」(「復(去)は「マタ」の意)

②因復赴敵、同時殞命。(14)上483-09

　　前田本院政期点・図書寮本1142年点「因て復(去)」

漢籍의 용례를 『國學宝典』을 이용해서 검색하면 『漢書』2例, 『後漢書』20例, 『晋書』2例, 『梁書』2例, 『魏書』0例, 『樂府詩集』0例, 『世說新語』0例, 『隋書』2例, 『遊仙窟』0例, 『祖堂集』0例가 존재한다. 2例를 표시하겠다.

　　漢王亦瘡, 因復罵曰:(『漢書』卷34)

　　義軍迫之, 因復散步。(『梁書』卷1)

佛典의 용례를 「CBETA電子佛典」을 이용해서 검색하면 195용례가 존재한다. 2例를 표시하겠다.

　　因復無性失自他。(京西大原寺沙門釋法藏述『十二門論宗致義記卷上』42-212)

　　因復說龍所囑之語。(呉月支優婆塞支謙譯『撰集百緣經卷第六』4-233)

『敦煌変文校注』에는 용례가 없다.

朱慶之의 『佛典與中古漢語詞匯研究』에서는 「復」은 주로 단음절 부

사와 조동사의 뒤에 사용되며 동시에 단음절 連詞 등 功能詞(function word)의 뒤에도 사용되어, 그것과 이음절어를 구성하여 「そこで、それで、それゆえ」 등의 의미를 나타낸다고 한다.

『日本書紀』의 平安時代, 院政期, 南北朝期의 훈점본에서는 「復」과 「マタ」의 뜻을 분리하지 않았고 「因復」으로 한 단어로 인식하고 있지 않다.

3.2.1.2. 乃至

①乃至于海中、暴風忽起、王船漂蕩、(07)上305-13

北野本南北朝期点「乃至二于海中」

熱田本南北朝期点「乃至二于海中」

②乃至於人、豈得无慮。(17)下033-07

前田本無点、兼右本1540年点「乃至二於人」

③此法能生無量無邊福德果報、乃至成辨無上菩提。(19)下101-16

北野本南北朝期点「乃-至」

漢籍의 용례를 『國學宝典』을 이용해서 검색하면 『漢書』8例, 『後漢書』11例, 『晋書』17例, 『梁書』11例, 『魏書』30例, 『樂府詩集』1例, 『世說新語』4例, 『隋書』14例, 『遊仙窟』0例, 『祖堂集』24例가 존재한다. 2例를 표시하겠다.

乃至率天下皆終重服, (『晋書』卷20)

遠與君別者, 乃至雁門關,(『樂府詩集』卷71)

佛典의 용례를 「CBETA電子佛典」을 이용하여 검색하면 89857용례가 존재한다. 2例를 표시하겠다.

　　乃至天人見神變化乃取滅度。(後秦弘始年佛陀耶舍共竺佛念譯 『佛説
　　長阿含經卷二』)
　　最勝我色勝乃至識勝。(北涼天竺三藏曇無讖於姑臧譯 『大方等大集經
　　卷第二』)

『敦煌變文校注』에는 48例가 있다. 2例를 표시하겠다.

　　乃至一時禮拜供養,(『妙法蓮華經講經』(三))
　　乃至化身千丈(『妙法蓮華經講經』(四))

　張永言의 『世說新語辭典』에서는 「以至」라는 의미의 접속사라고 한다.
일본어에는 없는 어법이며 일본 훈점자료에 있어서 「乃至」의 훈법에
대해서는 春日政治의 『西大寺 金光明 最勝王經의 國語學的研究』(1942),
大坪併治의 『平安時代에 있어서 訓点語의 文法』(1981), 尹幸舜「韓日의
漢文 讀法에 있어서 나타나는 [乃至]에 대해서」(『口訣研究』14, 2005)
등에 분석이 있다. 『日本書紀』의 훈점본에서는 ①, ②와 같이 「乃」
와 「至」를 분해하여 읽는 경우와 ③과 같이 한 단어의 접속사로서 읽
는 경우가 있다.

3.2.2. 二字一語로서 읽지 않지만 文意는 크게 벗어나지 않거나 또는 명
확하지 않은 例語

| 1 遂乃 | 2何況 | 3寧可 | 4因為 |

3.2.2.1. 何況

①何況禍福所倚、國家存亡者乎。(19)下115-14

前田本釈日本紀訓「何　況」

漢籍의 용례를 『國學宝典』을 이용해서 검색하면 『漢書』10例, 『後漢書』9例, 『晋書』3例, 『梁書』0例, 『魏書』2例, 『樂府詩集』17例, 『世說新語』0例, 『隋書』1例, 『遊仙窟』0例, 『祖堂集』3例가 존재한다. 2例를 표시하겠다.

革木盡皆不可, 何況金象者乎? (『隋書』10卷)

何況故園貧與賤, (『祖堂集』卷7)

佛典의 용례를 「CBETA電子佛典」을 이용해서 검색하면 6314용례가 존재한다. 2例를 표시하겠다.

何況欲生別離去乎。(呉月支優婆塞支謙譯 『佛説頼吒和羅經』1-869)

何況讀誦受持之者。(後秦龜茲國三藏法師鳩摩羅什奉詔譯 『妙法蓮華經卷第五』9-45)

『敦煌変文校注』에는 4例가 있다. 2例를 표시하겠다.

何況千里之客? (『韓朋賦』)

何況卒悟眾生 (『盧山遠公話』)

太田辰夫의 『中國語歷史文法』에서는 文語에서도 사용하였지만 그

후 後漢시대부터 사용되었던 것 같다고 지적하고 있다. 香坂順一의『中國語大辭典』에서는 接續詞로「まして…」라고 설명하고 있다.

『日本書紀』의 鎌倉中期의 訓讀에 있어서 한 단어의 접속사로 읽는 훈법은 성립되지 않았다.

3.2.1.2. 因爲

①因爲吐。此化爲神。(01)上091-10

兼方本弘安点「因て爲_吐」タクリス

漢籍의 용례를『國學宝典』을 이용해서 검색하면『漢書』15例,『後漢書』9例,『晉書』10例,『梁書』7例,『魏書』8例,『樂府詩集』3例,『世說新語』1例,『隋書』9例,『遊仙窟』0例,『祖堂集』2例가 존재한다. 2例를 표시하겠다.

因爲高祖所知。(『魏書』卷27)
因爲流涕。(『世説新語』尤悔第33)

佛典의 용례를「CBETA電子佛典」을 이용해서 검색하면 1079용례가 존재한다. 2例를 표시하겠다.

因爲立字。名衆寶莊嚴。(吳月支優婆塞支謙譯『撰集百緣經卷第九』4-247)
因爲少事。有所嫌恨遂便不共優波伽語。(隋天竺三藏闍那崛多譯『佛本行集經卷第五十四』3-901)

『敦煌変文校注』에는 2例가 있다.

因為西門見死尸(『孟姜女變文』)
因為國王,居士等百千万人皆來休問,(『維摩詰經講經文』(三))

太田辰夫의 『中國語歷史文法』에서는 「因」과 「爲」가 부합되어 「因爲」로 되는 것은 극히 자연스러운 것이며, 옛부터 있었던 용법이지만 현대어에서는 또 이것을 主句로 사용하는 용법도 있다고 한다.

日本書紀의 鎌倉中期의 훈독에 있어서 한 단어의 접속사로 읽는 훈법은 성립되어 있지 않다.

이상 16語의 連詞(接續語)의 훈독례를 검토했다. 한 단어의 일본어 훈으로 읽고 있는 例가 9語 二字一語로서 읽지 않고 일본어 훈도 적절치 않은 例가 4語(一部重複) 二字一語로서 읽지는 않지만 文意는 크게 벗어나지 않거나 불명확한 例가 4語이다. 앞에서 검토한 副詞의 경우보다는 일본어 한 단어로 읽고 있는 단어의 比率이 높지만 中國口語문법을 이해하지 못하여 일본어 한 단어로 읽지 않고 일본어 훈도 부적절한 단어도 있다. 또한 한 단어의 접속사로서의 훈독법을 재구할 수 없는 단어도 있다.

4. 마무리

이상을 요약하면

· 구어적 二字漢語라고 하더라도 명사의 경우는 거의 한 단어의 일본어 훈으로 정확하게 읽고 있다.

·連詞(接續語)의 경우는 약 반수의 단어는 한 단어 일본어 훈으로 읽고 있지만 한 단어 일본어 훈으로 읽지 않고 일본어 훈도 적절치 않은 단어도 있어서 한 단어 접속사로서의 훈독법을 재구하지 못한 단어도 있다.

앞서 검토한 동사, 부사의 경우와 병행해서 생각하면 名詞, 動詞 등의 개념을 나타내는 「詞」의 훈독은 정확하지만 부사, 連詞(接續語)의 일부의 감정 등을 나타내는 「辭」의 훈독에는 정확성을 기하기 어렵다는 학습 작업의 성격을 짐작할 수 있다. 『日本書紀』의 훈독은 원칙적으로 모든 단어를 일본어 훈으로 읽으므로 한문 훈독의 성격의 일면이 뚜렷하게 나타난다.

參考資料

春日政治(1942), 『西大寺本 金光明 最勝王経 古点의 國語學的 研究』, 岩波書店.

築島裕・石塚晴通(1978), 『東洋文庫藏岩崎本 日本書紀 本文과 索引』, 日本古典文學會

石塚晴通(1977), 「前田本 日本書紀 院政期点(本文篇)」, 『北海道大學文學部紀要』 25-2.

石塚晴通(稿本), 『前田本 日本書紀 院政期点 總索引』

石塚晴通(1980, 1981), 『図書寮本 日本書紀 院政期点(本文篇)(索引篇)』, 美季出版社

石塚晴通(稿本) 『北野本日本書紀(本文篇)』

石塚晴通(稿本) 『兼方本日本書紀(本文篇)(索引篇)』

醍醐寺本 『遊仙窟』(古典保存會)(1927)

眞福寺本 『遊仙窟』(貴重古典籍刊行會)(1954)

尹小林(2002), 『國學宝典』北京國學時代文化伝播有限公司

中華電子協會(1988～1991), 『CBETA電子仏典』(大正新脩大藏経第一～五十五・八十五卷)/

張涌泉・黃征(1997)『敦煌変文校注』中華書局

參考文獻

春日政治(1942),『西大寺金光明最勝王経의 國語學的研究』, 岩波書店.

神田喜一郎(1949),『日本書紀古訓攷證』, 養德社.

大坪併治(1981),『平安時代에 있어서 訓点語의 文法』, 風間書房.

太田辰夫(1981),『中國語歷史文法』, 江南書店.

志村良治(1984),『中國中世語法史研究』, 三冬社.

石塚晴通(1985),「岩崎本 日本書紀 初点의 合符」,『東洋學報』66 1.2.3.4.

石塚晴通(1986),「岩崎本 日本書紀 初点의 合符에 보이는 單語 意識」,『築島裕博士還曆記念國語學論集』, 明治書院

松尾良樹(1987),「『日本書紀』와 唐代口語」,『和漢比較文學』第3号.

松尾良樹(1988),「漢代譯經과 口語─譯經에 의한 口語史 初探─」,『和漢比較文學』第5号.

松尾良樹(1991),「訓点 資料를 읽기─仏典의 口語表現을 중심으로─」,『叙說』第18号.

朱慶之(1992),『佛典與中古漢語詞彙研究』, 文津出版社.

程湘淸(1992),『魏晋南北朝漢語研究』, 山東教育出版社.

王云路(1992),『中古漢語語詞例』, 吉林教育出版社.

吳金華(1994),『世說新語考釋』, 安徽教育出版社.

劉堅・江藍生(1995),『唐五代語言詞典』, 上海教育出版社.

香坂順一(1995),「『水滸』語彙와 現代語』, 光生館.

塩見邦彦(1995),『唐詩口語의 研究』, 中國書店.

王云路(1999),『六朝詩歌語詞研究』, 黑龍江教育出版社.

周日健・王小莘(1998),「『顏氏家訓』詞彙語法研究』, 廣東人民出版社.

王力(2000),『王力古漢語詞典』, 中華書局.

程湘淸(2003),『漢語史專書復音詞研究』, 商務印書館.

唐煒(2004),「日本書紀에 있어서 程度表現의 二音節語(二字漢語)에 대해서─「極甚」「更亦」「更復」「最爲」「再三」「茲甚」을 중심으로─」,『訓点語와 訓点資料』113輯.

尹幸舜(2005),「韓日의 漢文 讀法에 있어서 나타나는「乃至」에 대해서」,『口訣研究』14輯.

번역 : 김양숙(北海道大學 大學院生)

漢字 字体 硏究와 文字 情報 데이터 베이스

高田智和*

1. 머리말

한자의 字体, 특히 「異体字」에 관해서는 지금까지 많은 연구가 있었다. 중국 唐代의 字樣書와 역대 왕조의 한자 사전, 그러한 영향에 의한 일본 고사전의 성립, 그리고 근세의 고증학에의 異体字 연구서와 규범적인 「올바른 자체」와 그에 대립하는 「異体字」(「俗字」로 대표된다)를 나타내고자 하는 연구의 축적은 지극히 방대하다. 한편 표준적인 字体는 어떠한 특정 시대와 지역에 따라 다르고, 변천사를 실증적으로 해명하려고 하는 연구도 있다. 石塚晴通 외(2004)에서 소개된 「한자 자체 규범 데이터베이스」는 표준적인 문헌에 나타나는 표준적인 자체의 추이를 모델로서 제시하고 있다.

일찍이 필자는 池田証壽 외(2002)에 宋版 『大廣益會玉篇』 표제한자(言部 糸部 水部)의 데이터베이스화를 시도하고, 宋版 『大廣益會玉篇』의 漢字 字体에 대해서 논한 적이 있다. 사전은 전거주의(典據主義)에 바탕을 둔 일종의 규범적인 성격을 띠고 있으며, 현실에서 운용되는 것과는 거리가 있기는 하지만, 한자 자체를 논하는 데 있어서는 참고할 만하다고 할 수 있다. 특히 『玉篇』은 『說文解字』의 뒤를 잇는 것으

* TAKADA Tomokazu, 日本 國立國語硏究所 연구원.

로서, 동아시아 한자문화권에서 오랫동안 중시되어왔다. 宋版『大廣益會玉篇』을 중심으로 이전 시대의 사본(寫本)의 한자 자체와, 그 이후의 인쇄본의 한자 자체를 살펴보는 것은 의미가 있다.

또한 근래에 컴퓨터로 취급할 수 있는 한자가 증가하여, 다한자(多漢字) 환경이 실현되고 있다. 일본의 국내 규격 JIS X 0213:2004(JIS한자)는 약 10,000자이지만 동아시아의 한자문화권의 문자를 통합한 국제부호화 문자 집합ISO/IEC10646(UCS Unicode)은 『康熙字典』과 諸橋의 『大漢和辭典』을 능가하는 거대 문자 집합을 제공하고 있다. 그러나 사본과 판본 등의 古典籍을 취급하는 경우 50,000자 집합을 이용하더라도 자체의 재현을 충실히 이룰 수 없는 것이 현 상황이다. 古典籍에 출현하는 「異体字」가 최대의 문제이며, 「異体字」의 처리야말로 한자 정보 처리에 있어서 무엇보다도 중요한 과제라고 할 수 있다.

이번 발표에서는 高麗版『龍龕手鏡』을 자료로 하며 宋版『大廣益會玉篇』의 한자 자체와의 대조를 통해서 宋版의 한자 자체와 高麗版의 한자 자체에 대해서 고찰하려고 한다. 또한 현재 국립 국어 연구소 및 정보 처리 학회가 중심이 되어 개발을 추진하고 있는 「문자 정보 데이터베이스」를 한자 자체 연구에 활용하는 구상에 대해서도 언급하려고 한다.

2. 高麗本 『龍龕手鑑』의 漢字 字体

『龍龕手鑑』은 遼의 僧 行均의 저술로서 遼의 統和 15(997)년의 序文이 있다. 사성(四聲)에 의한 부수 분류와 「正 俗 今 誤」 등의 자체 주기(注記)를 붙임으로써 異体字를 풍부하게 나타낸 것이 특징이다. 이번

俗	52
正	49
今	21
同	17
或作	14
通	9
古文	3
其他	3
計	168

同上	33
古文	10
俗	3
籒文	1
計	·47

表1 : 『龍龕手鑑』의 字體 注記   表2 : 『大廣益會玉篇』의 字體 注記

발표에서는 오래된 형태를 포함하고 있는 것으로 알려진 高麗本을 텍스트로 사용하였다[1].

고사전의 한자 자체를 취급하는 경우에는, 표제한자의 자체에 초점을 맞추는 방법과 표제 한자에 붙어 있는 자체 주기를 검토하는 방법이 있다. 후자의 방법에 착목한 연구에서는 사전의 성립에 관한 논(論)이 세워져서 田村夏紀(1997, 1998, 2000)는 『龍龕手鑑』과 觀智院本 『類聚名義抄』의 관련을 고찰하고 있다. 여기서 시험적으로 高麗本 『龍龕手鑑』의 糸部(387자)에서 자체 주기를 갖는 표제 한자를 발췌하여 자체에 주어 진 가치(자체 규범)에 따라 분류하면 표1 과 같다. 마찬가지로 『大廣益會玉篇』의 糸部(461자)는 표2 와 같은 결과를 보인다. 『龍龕手鑑』에서는 糸部 표제 한자의 약 3할이, 『大廣益會玉篇』은 약 1할이 異体字이다.

『龍龕手鑑』과 『大廣益會玉篇』에서 자체 주기가 날리 표세 한자로서

---

1) 『龍龕手鏡』 影印, 京城帝國大學法文學部, 1929년.

龍龕所在	龍龕image	龍龕字体	玉篇所在	玉篇image	玉篇字体	JIS	大漢和	大字典
25-5-6		俗	c057b021		(同上)俗			
26-7-3		今	c056b101		同上		M27340	08776
27-1-1		古文	c056b071		同上		M27555	08874
27-2-2		或作	c057a032		同上		M27668	
27-4-3		或作	c057b053		同上		M27662	08949
27-8-2		俗	c056b021		同上		M27998	09079×
29-3-1		今	c055b041		同上	繰	M27953	09034
29-9-1		古文	c055b034		古文		M27466	09031
32-3-3		或作	c058a011		同上	絖	M27409	08810
32-5-2		俗	c058a082		(同上)俗	継	M27531	09047
33-9-1		同	c055b052		同上		M27274	08933
33-9-5		通	c057a085		同上		M27810	08977
34-5-2		俗	c057b071		同上		M27884	09054
34-6-6		或作	c058a062		同上		M27706	
34-7-2		正	c058a063		同上		M27499	08853

表3 : 『龍龕手鑑』과 『大廣益會玉篇』의 자체 주기가 달린 표제 한자의 대조표

공통되는 것은 다음의 15자이다(표3 참조). 『龍龕手鑑』은 불전(仏典)을 『大廣益會玉篇』은 한적(漢籍)과 소학(小學)을 기반으로 하고 있는 것에 원인이 있다고 볼 수 있을 것이다.

또한 주기(注記) 된 자체의 가치가 동일하다고 볼 수 있는 것은 4자에 불과하다. 15자 전체에서는 『龍龕手鑑』은 「俗」과 「今」 등 字樣書와 같은 내용인데 비해 『大廣益會玉篇』에서는 다수가 「同上」이라고 기술되어, 전항(前項)과 동일한 가치임을 나타낼 뿐이다. 「同上俗」이라는 주기가 있는 것으로 볼 때, 「同上」은 자체에 대한 주기일지라도, 그 자체의 가치나 규범을 나타내는 것은 아니라고 생각된다.

다음은 표제한자의 자체에 주목하여 보기로 하겠다.

앞에서 열거한 예는 『龍龕手鑑』의 표제한자의 자체와 『大廣益會玉篇』의 표제 한자 자체가 다르다. 原本玉篇, 『篆隷万象名義』, 図書寮本 『類聚名義抄』에서는 『龍龕手鑑』과 같은 자체를 사용되었다. 거꾸로 말하면 『龍龕手鑑』과 필사된 고사전과 같은 자체를 사용했다는 것이다.

『龍龕手鑑』과 필사된 고사전에 나타난 자체가 표준적인 古典籍에 존재하는지 여부를 한자 자체 규범 데이터베이스를 통해서 검사해 보겠다.

「純」은 한자 자체 규범 데이터베이스에 존재하지만 「繽」, 「縊」은

데이터베이스 등재된 16문헌에는 없는 문자이다.「繽」,「繪」은 데이터
베이스에 존재하지는 않지만『龍龕手鑑』과『大廣益會玉篇』에서는 자
체의 차이를 나타내는 旁의 부분의 자체인「眞」「益」은 데이터베이스
에서 찾아볼 수 있다. 공통되는 부분 자체를 채택하는 것은 한자 자체
를 논하는 경우에는 일반적이며, 이와 같이 부분 자체를 채택하는 경
우에도 한자 자체 규범 데이터베이스를 활용할 수 있다.

純 :『龍龕手鑑』의 자체는 漢書楊雄伝과 같으며『大広益会玉篇』의
　　자체는 南宋版의 華厳孔目과 같다. (開成石経은『大広益会玉
　　篇』의 자체의 결획(欠画))
眞 :『龍龕手鑑』의 자체는 宮廷写経과 같으며 初唐 표준 자체이다.
益 :『龍龕手鑑』의 자체는 宮廷写経과는 일치하지 않으며 初唐 표
　　준 자체라고는 부르지 못하더라도 漢書楊雄이나 岩崎書紀와
　　같으며 일정한 범위 내에서 유통되었던 자체이다.

　대체로 高麗本『龍龕手鑑』의 한자 자체는 宋版 출현 이전의 필사 자
체의 동요를 반영하고 있는 것으로 예측할 수 있다고 보겠다.

3. 문자 정보 데이터베이스

　國立國語研究所에서는 経済産業省의 위탁을 받아「汎用 電子情報交換 環境整備 프로그램」을 개발하고 있다.[2] 總務省 住民基本台帳 統一文字와 法務省 戶籍統一文字에서 합계 약 80,000자를 수집하고 문자속성 정보(부수, 획수, 읽는 법, 國語施策 JIS X 0213:2004 ISO/IEC106461 등)의 부여와, 그에 기반을 둔 문자의 정리와 체계화를 실시하여, 문자 정보 데이터베이스의 개발을 추진하고 있다. 이 데이터베이스는 행정 문자 정보교환에 활용될 것으로 기대하고 있다.

　문자 정보 데이터베이스는『大漢和辭典』의 일부를 전자 데이터로 등재하여 학술적인 문자정보처리에 응용되는 것까지를 시야에 넣고 있다. 그중에서도 異体字를 다루는 것은 컴퓨터를 이용한 한자 정보처리의 중대한 과제이다. 한 가지 해결책으로서 문자 간의 異体字 관계를 기술한「異体字 지도」(異体字 사전 한자시소러스[3])를 개발 중이다 (図1 참조).

　예를 들면『龍龕手鑑』에서는「縱」이『大廣益會玉篇』에서는「縱」이 표제 한자이다. 康熙字典体를 표제로 하든가, 혹은 현대 통용 자체를 채용하는 등 자체 처리에 대해서 일정한 방침을 세워서 그것을 관철할 수만 있다면 複數의 資料는 잘 연결되어 질 것이다. 그러나 한자 자체 연구의 입장에서는 원전에 존재하는 자체의 차이를 가능한 한 충실하게 표현하고자 하는 요구도 생겨날 수 있다. 이러한 경우「縱」과 縱」은 분리될 수밖에 없어서 용이하게 연결 짓기란　쉽지가 않다.

　2) 國立國語研究所情, 報處理學會, 日本規格協會의 三者連合로 위탁받았다. 情報處理學會는 문자정보 데이터베이스의 운영, 日本規格協會는 지형(字形)의 차이를 통일한 平成 明朝体 그리흐를 작성하고 있다.
　3) 田嶋一夫(1984) 참조.

　　단일 자료 내부에서는 상세한 자체의 구분을 실시하며 복수 자료의 照合에서는 자체의 차이가 있다 하더라도 하나로 묶어서 생각하려고 하는 것은, 컴퓨터에서 한자를 취급할 때에는 커다란 모순을 내포하게 된다. 왜냐하면 문자 코드가 다르면 컴퓨터상에서는 전혀 다른 문자가 되기 때문이다. 이러한 모순을 어느 정도 해소하기 위해서는 異体字 사전의 도입이 유익하다

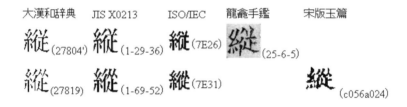

図1 : 異体字 지도(개발중)

4. 맺음말

근래에 컴퓨터 한자 환경은 다한자화(多漢字化)의 경향을 보이고 있다. 그러나 늘어나는 문자 중에 컴퓨터로 취급할 수 있는 기존 문자의 異体字가 다수 포함되어 있다. 정보 교환의 장래를 내다보면서 신뢰할 수 있는 異体字 사전을 개발하는 것은 실용 면에서 뿐만 아니라 학술 면에 있어서도 유익한 자산이 될 것이다.

고문헌의 연구와 컴퓨터에 의한 한자 정보처리는 언뜻 보기에는 동떨어진 이야기처럼 생각되기 쉽지만, 한자 정보처리 현장에서는『龍龕手鑑』과 같이 異体字를 많이 수록한 사전이 요구되고 있다.

참고문헌

池田証壽(1994),「篆隷万象名義 데이터 베이스에 대해서」,『國語學』178, 國語學會.
池田証壽 白井純 高田智和(2002),「宋版漢字字体の處理」,『京都大學 大型計算機 센터 제 69회 연구세미나 보고 東洋學에의 컴퓨터 이용」, 京都大學 大型計算機 센터.
石塚晴通(1984),『図書寮本 日本書紀 研究篇』,汲古書院
石塚晴通 豊島正之 池田証壽 白井純 高田智和 山口慶太(2004),「漢字 字体 규범 데이터 베이스」,『日本語學會 2004年度 秋季大會 予稿集』.
工藤祐嗣(2002),「『大廣益會玉篇』『大宋重修廣韻』의 字体 注記에 대해서」,『訓点語와 訓点資料』109, 訓点語學會.
高田智和(2002),「漢字處理와『大字典』」,『訓点語와 訓点資料』,109, 訓点語學會
高田智和(2004),「大字典데이터베이스를 사용한다」,『情報處理學會研究報告』2004-CH-62, 情報處理學會.
田嶋一夫(1984),「漢字시소라스의 구상과 과제」,『日本語學』3-3, 明治書院.
田村夏紀(1997),「觀智院本『類聚名義抄』와『龍龕手鑑』의 正字 異体字의 記

載의 比較」, 『鎌倉時代語 研究』 20, 武藏野書院.

田村夏紀(1998), 「觀智院本 『類聚名義抄』와 『龍龕手鑑』에 있어서의 漢字 字體의 記載 比較—異体字가 연속해서 기록되는 형식에 대해서—」, 『早稻田 日本語研究』 6.

田村夏紀(2000), 「觀智院本 『類聚名義抄』와 『龍龕手鑑』의 한자 항목의 類似性」, 『訓点語와 訓点資料』 105, 訓点語學會.

當山日出男(1996), 「漢字의 標準字体에 대해서—金澤文庫本 白氏文集과 JIS 漢字」, 제75회 訓点語學會 研究發表會 要旨.

西原一幸(1992), 「改編本系 『類聚名義抄』 『龍龕手鑑』에 보이는 「或」 및 「或作」의 字体 注記에 대해서」, 『日本語論究 2 古典日本語와 사전』, 和泉書院.

藤塚鄰(1929), 「景楡岾寺本 龍龕手鏡 解說」, 『龍龕手鏡』 京城帝國大學 法文學部

山田健三(1995), 「奈良 平安時代의 사전의 역사」, 『일본 고사전을 배우는 사람들을 위해서』, 世界思想社.

橫山詔一 笹原宏之 黑田信二郎 澤田照一郎 野島伸一 石岡俊明(2004), 「漢字-유비쿼터스를 유지하는 문자정보 집적체의 개발」, 『情報處理學會 研究 報告』 2004-CH-64, 情報處理學會.

陳飛龍(1974), 『龍龕手鑑研究』, 台北：文史哲出版社

Ken Lunde(1999), *CJKV information processing*, Sebastopol：O'Reilly.

번역 : 김양숙(北海道大學 大學院生)

찾아보기